中國佛教思想資料選編

（全十冊，附索引）

石　峻　樓宇烈　方立天　許抗生　樂壽明 編

八

宋元明清卷（三）

中華書局

目 録

道忞

〔簡介〕 道忞，字木陳，號山翁，夢隱，俗姓林，生於公元一五
九六年（明神宗萬曆二十四年），死於公元一六七四年（清聖祖康熙
十三年），潮陽（今廣東潮陽）人。他少年時習儒學，後因讀金剛經、
法華經、大慧語錄等而信仰佛教，投廬山開先寺智明出家。後因父
母命，一度還俗，娶妻生子，二十七歲時再度出家，從憨山德清受具
足戒，最後得法於臨濟宗師天童圓悟，並繼席天童。

清順治十六年，道忞奉詔入京爲清世祖說法，頗受賞識，賜號
弘覺禪師，並贊譽說："禪僧道忞，嗣法天童。傳宗臨濟，克證無生
之旨；機自玄明，允通向上之關。""固已登堂入室，堪主法門之席，
允稱禪衆之尊。"（新續高僧傳卷二十二）自此，道忞躊躇滿志，一心
爲新朝服務，而他所代表的這一派，也就取得了欽封臨濟正宗的地
位。

道忞的主要著作有北遊錄、奏對機緣、弘覺忞禪師語錄等。

一、奏對機緣 (選錄)

....

上攜學士王熙、馮溥、曹本榮，狀元孫承恩、徐元文至方丈，賜
坐。上命學士問：老和尚來自天童，如何是天童得力句？師云：奉
皇上敕書特特到此。問：如何是正法眼藏？師豎拳云：突出難辨。

又問：如何是觀自在？師鼓掌云：還聞麼？復問：大學之道在明明德，朱子云，明，明之也。如何是明之底道理？師云：問取朱文公去。學士無語。

∙∙∙∙∙∙∙∙∙∙∙∙

上云：老和尚因甚機緣悟道？師云：長疑產難因緣，後來有個會處。

∙∙∙∙∙∙∙∙∙∙∙∙

又問：發心參禪卽是善，如何又說不思善，不思惡？既善惡都不思，當何處著力？師云：善惡總從心生，心若不生，善惡何著？士沉吟，師震威一喝。

∙∙∙∙∙∙∙∙∙∙∙∙

上問：如何是悟後底事？師云：待皇上悟後卽知。學士進云：悟卽不問。師云：問卽不悟。上首肯。

∙∙∙∙∙∙∙∙∙∙∙∙

上問：參禪悟後，人還有喜怒哀樂也無？師云：逆之則怒，順之則歡。上欣然。復云：大都此事甚難。師云：也不難。不見龐公云：難難！千石油麻樹上攤。龐婆云：易易！百草頭上祖師意。靈照云：也不難，也不易，饑來喫飯困來睡。上云：卻是靈照超過龐公。師云：非父不生其子。

∙∙∙∙∙∙∙∙∙∙∙∙

上隨問：向上一路，千聖不傳，如何是不傳底事？師良久問上云：陛下會麼？上云：不會。師云：只者不會底是個甚麼，是何境界，作何體段？皇上但恁麼翻覆自看，看來看去，忽若桶子底脱，自然了辦。上云：求老和尚更下一語看。師云：無毛鐵鷂過新羅。上又問：如何做工夫始得與此事相應？苕溪進云：皇上當謝絕諸緣，閉門靜坐，饑來喫飯，困來打眠，如大死人相似，始得。師云：此語在我禪和家卽得，皇上日應萬機，若一日稍不勵精，則諸務叢脞矣。上云：畢竟如何用心卽得？師云：先德有言，但能於心無事，於事無心，則虛而靈，寂而妙。皇上但遇大小事務，不妨隨時支應，事後返觀，向來酬應底畢竟從甚麼處起，從甚麼處滅，刻刻提撕，念念不舍，自然打成一片，事事無礙。上云：恐有間斷時如何？師云：參禪無別訣，只要生死切。皇上果生死切時，如孝子喪卻父母，卽欲不哀痛，不可得也。上云：生死心切誠如老和尚所說，但見聞覺知昔人所訶，今欲用心參禪，未免落他見聞覺知。師云：譬如大火聚，觸之卽燎人，然道火何曾燒卻口？不見古人道：卽此見聞非見聞，無餘聲色可呈君，個中若了全無事，體用何妨分不分。

上云：參禪悟道後，還入輪迴麼？師云：唯悟明生死底人，正可入他輪迴。譬如皇上尊居黃閣，忞與羣臣何由得望恩光？皇上唯屈尊就卑，故忞等乃得共天語聞法要。所以八地菩薩當證真之後，如夢斯覺。上無佛道可成，下無衆生可度，卽欲入般涅槃，十方諸佛同聲勸請：善男子！爾雖證此法門，然而衆生沒在諸苦，我諸佛等，不以證此便爲究竟。不妨示如幻之法門，覺如夢之衆生，從此起大功行，較前所修日劫相倍焉。

上復問：老、莊悟處，與佛祖爲同爲別？師云：此中大有淆譌。佛祖明心見性，老、莊所說，未免心外有法，所以古人判他爲無因，濫同外道。上云：孔、孟之學又且如何？師云：中庸說心性，而歸之天命，與老、莊所見大段皆同。然佛祖隨機示現，或爲外道，或爲天人。遠公有言，諸王君子，不知爲誰。如陛下身爲帝王，乾乾留心此道，卽不可以帝王定陛下品位也。非但帝王，卽如來示現成佛，亦是脫珍御服，著敝垢衣，佛亦不住佛位也。

・・

上攜兩學士至方丈，命學士王熙問：如何是三界唯心，萬法唯

識？師云：一字兩頭垂。上問：三教歸一，一歸何處？師云：大家在者裏。學士復問：善知識既是佛祖兒孫，因甚卻要殺佛殺祖？師云：有了你沒了我，有了我沒了你。上以手指點云：中庸道天命之謂性，作麼生是性？師云：不離。

通　琇

〔簡介〕通琇，號玉林，俗姓楊，生於公元一六一四年（明神宗萬曆四十二年），死於公元一六七五年（清聖祖康熙十四年），江陰（今江蘇江陰）人。他在十五歲時，閱禪宗語録，疑情大發，遂有出家參決"究竟大事"之意。十九歲從臨濟宗師天隱圓修出家，受具足戒。幾年後即透關得法，圓修贊嘆爲："此吾宗獅子兒也。"修示寂時，遺命由通琇繼主法席，據説當時他才二十三歲。

清順治十五年（一六五八年），世祖聞其名，遣使詔之，上諭中説："爾僧通琇，慧通無始，智洞真如，掃末世之狂禪，秉如來之正覺。"第二年春，通琇入京爲清世祖福臨説法，受到贊賞，敕諭説通琇"心源明潔，行解孤高"，並命近侍傳語云"恨相見之晚"，賜號大覺禪師。又次年（一六六〇年）秋，再次入京，更進號大覺普濟能仁國師。其大弟子茆溪行森亦同時受到隆遇，賜號爲明道正覺禪師。於是，師弟一時名重朝野，成爲禪門顯貴。

通琇的著作，由其弟子彙編爲大覺普濟玉林禪師語録十二卷。

一、示　衆（選録）

示衆。師云：道高一尺，魔高一丈。有識者共須簡辯，庶可驅邪歸正。昔日高峰大師，懷香詣北礀墻頭參雪巖欽禪師，打頭須遇作家。峰方問訊插香，巖便打出閉卻門。此乃從上宗師爪牙。峰垂淚至僧堂熟睡，一拳驚不醒。次日粥罷，復上，須是恁麼。巖問其從前做處，令看無字，從頭開發做工夫一徧，屈曲垂慈。峰自謂，如暗得燈，如懸得救，沙裏無油，事可哀。巖又令日日上方丈一轉，要見工夫次第，如人行路，日日要見工程，不可今日也恁麼，明日也恁麼，鶻鳩樹上啼。巖每日見峰入門，便問今日工夫如何？因見説得有緒，後竟不問。看他有放有收，一入門便問：阿誰與你拖者死屍來！聲未絶，便以痛拳打出。每日但恁麼問、恁麼打。看他是何等手眼，豈如魔外妄爲人師，也學問人；誰與你拖者死屍來？卻要人先認昭昭靈靈的識神爲主人公，坑陷好人家男女。如把刮臀金針，作人眼中之刺，狂妄謬亂，害人不淺。貧人妄號帝王，罪不容誅，況假冒法王，妄行法王之令耶？峰後挂搭徑山，憶著萬法歸一，一歸何處話，疑情頓發，工夫成片，直得東西不辯，寢食俱忘，從朝至暮，從暮至朝，澄澄湛湛，卓卓巍巍，純清絶點，一念萬年，境寂人忘，如癡如兀。至第六日，隨衆在三塔諷經，擡頭忽睹<u>五祖演</u>和尚真讚，打破拖死屍句子，魂飛膽喪，絶後再甦，何啻放下百二十斤擔子！又云：直得虛空粉碎，大地平沉，物我俱忘，如鏡照鏡。<u>百丈</u>野狐，狗子佛性，<u>青州</u>布衫，女子出定話，從頭密擧，驗之無不了了。般若妙用，自信不誣，真參實悟，迺是如斯。

　　大衆！你看<u>高峰</u>錄中，前後自述悟縣甚是分明。迺如魔外因自己參杜撰長老，亦曾被問，甚麼人拖著你者死屍來？又被連牽問道，即此問話者又是誰人？便錯會道，長老要我識得者拖死屍的，者問話的。瞎做幾日工夫，見神見鬼，道忽然間似乎一提，者邊提過那邊，便曉得者拖死屍的，者問話的，妄謂此回真得心體了。如是認識神爲自己，如認驢鞍橋作阿爺下頷邪，謬之甚。妄云<u>高峰</u>打破拖死屍句子，日間夢中作得主，亦與我一般。遂道守住個昭昭靈靈的識神，便是悟得主人公也。凡參禪如此，認著識神，便是初進步了，遂妄頌高峰打破拖死屍句子，謂之有主初進步。咄！自已墮在迷津，豈可更塗污先聖！曷不思高峰是何等工夫，何等省發，許魔外混濫臓誣的？他分明道拖死屍句子驀然打破，豈同你認識神云，曉得者拖死屍的，者問話的？他分明道魂飛膽喪，絶後再甦。如放下百二十斤擔子，豈同你守住個昭昭靈靈的？他分明道百丈野狐，狗子佛性，青州布衫，女子出定話，從頭密舉，驗之無不了了，豈同你被人問著柏樹子，乾矢橛話，便不能對，心中疑惑的？他分明道打破拖死屍句子，直得虛空粉碎，大地平沉，物我俱忘，如鏡照鏡，故能隨處作主，如何誣他道是認識神？魔外自驚怪道，似乎一提，者邊提過那邊，忽曉得者拖死屍的，者問話的，守住個昭昭靈靈。如斯邪解，真是妄認識神，真是強作主宰，真是第二念，真是麻纏紙裏，正是教中所謂生死根本，認賊爲子，迷中之迷。如何狂妄，未得謂得，未證謂證，造大妄語，云悟得主人公也，此一番得常住心體也！咄！認識爲心，最爲蹉路，敢胡亂云有主初進步？

　　蓋罪盈敗露，故如此自呈罪狀。須知雪巖和尚正恐人認識爲心，不知自性本空，故問云：誰與你拖者死屍來？聲未絶便痛棒打出。此等大機大用，鵝王擇乳，素非鴨類。終日與麼問，與麼打，教人進不得，退不得，驅耕夫之牛，奪饑人之食。高峰卒未易湊泊，直待工窮力極，命根子卒地折爆地斷，親見本來面目，與大地情與無情，同成正覺，方透巖老之機，者裏豈許認識神耶？高峰看破巖老機用，方解好手中呈好手。看他悟後下徑山省欽，悟了決須見人，欽一見便問，阿誰與汝拖個死屍到者裏？猶自放憨。峰便喝，獅子踞地。欽拈棒不輕放過，峰便把住云：今日打某甲不得。吾猶昔人非昔人也。欽曰：爲甚打不得！真金不百鍊，争見光輝！峰拂袖便出，草鞋獰似虎，拄杖活如龍。非徹見本源者，安能有如是機用？翌日，欽問：萬法歸一，一歸何處？養子方知父母慈，峰云：狗舐熱油鐺,函蓋乾坤。欽曰：你那裏學者虛頭來大義滅親？峰曰：
正要和尚疑著,頭正尾正。欽休去,惟有個老較些子。今時魔外不
必言,即以一悟便休,及見人透得一機便輕許可者,安能具如是心
眼？

　　高峰累蒙巖翁鍛鍊,明得公案,不受人瞞,及乎開口,心下又覺
得渾了,於日用中尚不得自繇,如人欠債相似,疑殺許多無眼狗,吠
叢逐塊不知羞。若知有見地不脱之過者,必堪一笑。巖後問：日間
浩浩,作得主麽？南山起雲,北山下雨。峰云：作得主。如實供通,
此處共須著眼。愧今知音者少,山僧不妨分明揭示。此正高峰既
悟了,如貧得寶,守而弗失,虛空粉碎,大地平沉,物我俱忘之境時
時現前。故巖又問：夢中作得主麽？峰亦云：作得主。豈非一切處
能轉物,不爲物轉耶？魔外迺敢配合自己妄認識神。咄! 你能把
高峰録中前後所載悟繇,盡情毀去否？高峰録徧布寰中,人人盡
見,其所述悟處,你豈可以自己邪見塗污得他？巖又問：正睡著時,
無夢無想,無見無聞,主在甚麽處？此從上真師資向上一關,千佛
萬祖靡不透過此關,方可與佛祖爲師,方纔見過於師,可以傳受。故
云：末後一句始到牢關。若一見不再見,始覺即合本覺者,自然透
脱無疑,否則雖云出格漢,尚難頓超,未免重疑,如世尊覩明星徹
悟。昔年張無盡雖然是俗人,他一見便知,其立地處解道,始覺即
合本覺。又如善財入彌勒樓閣云：入已還閉。又如靈雲見桃花大
悟。玄沙云：諦當甚諦當,敢保未徹。而靈雲卻是透過重關的,故
玄沙眼明舌利,相見却又云：汝怎麽方始徹頭。如斯頓超,能有幾
人？

　　若夫百丈再參馬祖,臨濟重上黃檗,興化打克賓,白雲徵演祖,
及兜率、雪巖等,盡是蓋古蓋今大老,未嘗不於此重新鈍置。故高峰
見地未脱礙,正知見一時透不得,數年後聞鄰單墮枕作聲,疑團方

破，如在網羅中跳出。日前所疑，淆訛公案，差別因緣，恰如泗洲見大聖，遠客還故鄉，元來只是舊時人不改舊時行履處，安邦定國，天下太平，一念無爲，十方坐斷，此是何等境界？洒魔外敢以自己避溺投火邪見配合，道高峰到此方纔知從前認的是識神，到此方識神空，連主人公也沒有了。安頌云：無主末後工。咄！魔外如捉狗糞，塊塊皆臭；高峰如析旃檀，片片俱香，何得舉自狗糞，比他旃檀？他打破拖死屍句子，直得物我俱忘，何曾認識神？豈待到此方自知非？蓋因外道承嗣的杜撰長老，無簡魔辯外手眼，不能指其邪謬，竟至誣罔高峰。魔魅學者，帶累無數好人家男女，明眼者得不痛心酸鼻！

山僧恐轉轉悞賺，不得不出手指出。蓋種種邪見魔外，悉具先認昭昭靈靈識神爲主人公，此是外道常見。次避溺投火，以識神空脫落身心，連主人公也沒得爲究竟，此是外道斷見。有主初進步，無主末後工，非魔外自頌斷常見乎！嗟嗟！識神空，身心脫落，無本可據，連主人公也不可得，此避溺投火邪見，教所深呵，於教乘極則事，尚遠之遠矣，況在宗門爲末後工乎？魔外又矢上加尖云：有無俱打脫，石女撞金鐘，此正外道矯亂見，遂以矯亂見妄配洞上回互旨。巧辯飾非，邪見疊出，不知高峰大師是何等知識，何等悟徹，許你以自己邪見玷污他！真如棒糞撒天，自污其手。然而分別邪正，簡魔辯異，原是不難。何以言之？徹悟本來正知正見者，道有不是有，道無不是無。道有也，纖塵不立；道無也，萬象森羅。若邪知惡解，外道始則認識神、弄精魂，以有爲有；後則身心脫落，連主人公也不可得，以無爲無。故我呵爲斷常邪見外道，此天下後世明眼者所共呵，豈我一人之言哉！蓋過量人自然迥異魔外，自然千聖同途。當知高峰打破拖死屍句子時，直得空虛粉碎，大地平沉，物我俱忘，如鏡照鏡。後被雪巖問，正睡着時無夢無想，無見無聞，主在甚處? 又無言可答,無理可伸,直待聞墮枕大悟。此正白雲端翁云: 有數禪客,皆有悟入處,教伊説亦説得有來由,舉因緣問伊亦明得,下語亦下得,只是未在。直饒五祖老漢,也不能不大疑,私自計曰: 既悟了,説亦説得,明亦明得,如何卻未在? 遂參究累日方省悟,放下從前寶。惜自云: 吾因兹出一身白汗,便明得下載清風。又不見兜率悦得法洞山,出世鹿苑後,以平生所得舉似清素老人。素曰: 可以入佛而不能入魔。悦曰: 何謂也? 素曰: 豈不見古人道,末後一句始到牢關。如是累月,素迺印可,仍曰: 文示子者皆正知見,然子離文太早,不能盡其妙。吾今點破,使子受用,得大自在。如此者歷歷可考,故高峰正與五祖、兜率等,先聖後聖,若合符節。且分明道,依然還是舊時人,不改舊時行履處; 豈容外道云,高峰前來認的是識神,今日一悟,方知前來認的不是。高峰分明道,安邦定國,天下太平,一念無爲,十方坐斷; 豈同外道妄休妄歇,忽然身心脱落,主人公都無,立去半炷香,又漸漸覺來,不可住著。外道入門既蹉,一蹉永蹉,妄休妄歇,忽然無身心,立去半炷香邪? 謬最甚,虛空粉碎,大地平沉話,尚爾錯會,迺敢云: 如高峰枕子墮地時。高峰公案塗污不得,誠顯然矣。更謬亂把非有非無、即有即無的矯亂見,足在後要有無俱打脱,石女撞金鐘,可發一笑。邪人説正法,正法亦邪。思以外道矯亂見,配合石頭回互旨,誰知邪正終不容混。今人被此等套語所瞞,儘聰明的一點好名心不忘,貪他贊爲悟道。大妄語成地獄,招報不少,我是以不容不明判痛呵之。庶外道知非,人既不可欺,心亦豈可欺? 如斯矯亂見識,全以識情用事,莫道生死到來用不著,一睡睡去就用不著了。況以此種種魔見增長魔業,甚至云一切習氣總是自心發現,無差別,無羈絆,使人殺盜婬妄,靡所不至,喫得肉飽,對人譚禪。一音引衆盲,相牽入火坑。三塗一報五千劫,出得頭來是幾時? 凡被外道魔魅的,各宜覺察,莫以善因而

招惡果。所冀正知正見者，大家出手，曲喻無知。見義不爲非勇士，
詔他邪鬼禍良深！

　　　　　（選自同治十三年杭城昭慶寺刻本普濟玉林禪師語録卷三）

二、客　問

　　客問：士大夫可學道乎？曰：噫！難言之矣。士大夫不可學道
乎？曰：噫！是何言歟？客驚異曰：師半肯半不肯，何也？曰：吾明
語子。世之言道者不一教，子問道於我，豈非了生脱死，見性成佛
之道乎？此道不可以有心得，不可以無心求。離婁無以用其明，師
曠無以用其聰，公輸子無以用其巧，寧武子無以用其愚。不能忘身
不可以學道，不能忘心不可以學道，不能忘世不可以學道。名不能
忘不可以學道，利不能忘不可以學道。妻孥眷屬不忘不可以學道，
家園事業不忘不可以學道。知見不忘不可以學道，記習不忘不可
以學道。喜有靠傍不可以學道，貪易畏難不可以學道。而士大夫
果能如是乎？然而舜何人也，子何人也？況佛稱兩足尊，士大夫
非福慧具有之人乎？倘把智慧不向他處唐喪，猛看破此身虛幻，一
息不來，即便敗壞。此身尚爾，無可把捉，身外更有何可留戀？努
力向天地未成，人物未立，自己身心亦無之前一回，證自廣大性體，
方知自性本自清淨，本自具足，本自不生滅。自天子以至於庶人，
無一不宜爲，無一不可到，豈士大夫而云不可學道耶？

　　客問：何等士大夫易於學道？曰：具足三事者易於學道。何等
三事？一，知有三世。若不知有過現未來，則上者勉爲聖賢而不高
遠，下者尋常修省尚未必能，況可與言出世之道？二者，知畏三世。
知而不畏，與不知者相去無幾。三者，知了三世。畏而不了，終被

三世之所籠絡。所言知者，灼見性滅論之謬。眼見耳聞，多過現未來之感應，不可不信。今生所處之順逆，由於前生所爲之善惡；今生所爲之善惡，關乎後生所處之順逆。一當安分順受，二當防微杜漸。何以云安分順受？今生仁而夭，貞而屬，皆係前生之因，無可怨尤。今生富而貪，壽而忍，皆感後世之果，無可僥倖。如是知者，具有學道氣分。所言畏者，猛念三際輪迴相續不斷，一念之差，升沉頓異。且不獨惡可畏，而善亦未足恃。縱今生修爲盡美，安知來生處順境而不迷乎？知此而不坐臥不安，飲食無味者，未之有也。如是畏者，具有學道階梯。所言了者，三世之妄，本於一迷。由前世迷自本性，認物爲己，以四大爲身，以對境而生者爲心，增長妄想妄業，故感今生妄身妄世。今世復迷自本性，認物爲己，不知四大虛假，心本無生，則現在復多妄想妄業，而成來世妄身妄世。若欣慕從上佛祖無量劫來，喫盡千辛萬苦覓得捷徑的法門，教人於身心世界未有以前識自本性，則便本自無生，何滅之有？現在尚不可得，何過去未來之有？方知也無人，也無物，十方世界海中漚，一切聖賢如電拂。然後不妨乘自願輪，於無生死中示有生死，於無身世中示有身世，於無三際中示有三際。出沒卷舒，如同夢幻。求如是了者，方可以學道。

　　客問：學道如何不蹉路。曰：善哉問！世之不參涅槃堂裏禪者，難乎其不蹉路矣。雖然，當今傳法者遍界，方行等慈，不擇淨穢，開闡無遮，度諸疑謗。先進者以廣接爲心，後進者以易人爲事。知名盛而實衰，辯名似而實非者，難道全無，敢謂罕有，吾言之安足爲人重，而可與子深言之也哉！客固請。曰：如子之不以人廢言，吾姑與子漫言之：

　　學道欲無首越之燕之歎，第一須發心諦當。或志小見近，圖作世間善人，只消讀治世聖賢之書，行治世聖賢之事。或遵行如來權教法門,助其修省,亦有益無損。若欲究竟出世無上妙道,當專爲生死始得。專爲生死,則博聞强記如慶喜,一門十答如香嚴,百鳥啣花如牛頭,千指繞座如夾山,尚須捨己從人,況降斯而下者乎?不爲生死,必尚知見,此道不屬知見;不爲生死,必務功能,此道不屬功能;不爲生死,必慕豪放,此道不屬豪放。一尚知見、務功能、慕豪放,則非愚卽狂,成魔落外,善因而招惡果,多自不專爲生死學道者而成,豈不一蹉永蹉哉!

第二須工夫諦當。既爲生死發心學道,可不返躬自省?果能具大根器,一聞千悟也未?若也未能,須參一句話頭。一日不透一日參,一月不透一月參,一年不透一年參,一生不透一生參,今生不透來生參,永無退失,永無改變,方謂之諦當工夫。參定一句話頭,便是斬知見稠林之利刃,渡生死苦海之慈航,解雜毒入心之聖藥,指萬古迷津之導師。不集善而自集,不斷惡而自斷,不持戒而自戒,不習定而自定,不修慧而自慧,不課佛而卽課,不誦經而卽誦,不求生勝處而自生勝處,不求多善友而自多善友。本不求譽,亦莫可毀。如是專一,如是精進,如是久遠,縱未發明,亦現在可爲後學規模,將來必得佛祖心髓。倘名色爲生死學道,而起旁疑求別助,生異見多外騖,憚艱辛喜快便,管教百妄交集,其蹉可勝言哉!

第三須悟處諦當。既專爲生死,純一參究,必待工窮力極時,至理彰、命根斷,本來面目現,不疑生死,不疑古今,不墮坑落塹,不强作主宰,不認識神,不陷空豁,不涉矯亂,不入邪師圈繢,不犯明眼料揀。倘魚目爲珠,瞌睡當死,以鹵莽承當爲有力量,以硬差排爲不疑,以粗放狂亂爲大機大用,以顢頇爲透脫無餘;竿頭宜進而不進,言句應參而不參;不煩穿鑿而穿鑿,不可抹殺而抹殺;入門一蹉,異解雜陳,所謂可痛哭流涕長太息者,非此類乎!

第四須師承諦當。非但無真傳杜撰阿師不可承虛接響,卽沿流不斷者,亦須察其行實,不擔條斷貫索,謬自主張,蹉過師家相爲處否? 不辜負師家腦後深錐否? 洞明從上綱宗否? 不施爲偏重瞎人眼目否? 若無真正作家宗師,爲之打瞎頂門眼,奪卻肘後符,則雖有實悟,自了則可,爲人則禍生。倘若己見既偏,投人又謬,自方空豁,復向瞎棒瞎喝下,似水合水,如空合空,謬執金剛寶劍,斬盡一切,爲實不知我王庫內無如是刀。盲引衆盲,江河日下。或自人處廉纖沾着邪知惡解家滋味,邪毒入心如油入麵,更或不知錯認,漫云自肯不受人究竟,謂之不被他轉卻。又或云,我見處是的, 只要行履了,此等何足掛之齒頰」

第五須末後諦當。末後一句始到牢關,靈龜負圖,自取喪身之兆。不透末後牢關,而言得大機大用;不透末後牢關,而言具本分草料,其不爲粗惡狂徒者鮮矣。不透此關,有正悟者猶可爲一時唱導之師,如無正悟,不知有此關者,其於古人參悟與悟後重疑,不移前作後,指悟爲迷者鮮矣。謗先聖,誤後人,皆繇不知向上一關,可不畏懼乎」自利不全,利人不足,皆繇不透向上一關,可不惕厲乎」

第六須修道諦當。雖發心諦當,工夫諦當,悟處諦當,師承諦當,末後透脫諦當,更須自己覺察,是頓悟頓修根器否? 是果地善知識否? 打成一片,速於香林否? 不走作過涌泉否? 現業流識淨盡否? 事事無礙否? 行解相應,名之爲祖,試看先宗是何標格」

第七須爲人諦當。不可有實法與人,不可騙人云: 有方便助汝易入,不可教人不參死話頭。決要人真參,決要人實悟,決要人悟後達向上關棙,決以見性謂之悟,不可輕意牢籠人。於人認識之謬,哄云:有省; 於人向念未生時,認妄爲真,印云: 有人。圖一時門庭熱鬧,不顧展轉誤賺邪法,縱橫病發。於此,寧絶嗣,不亂傳,方謂之爲人諦當。前六種不諦當則自錯,後一種不諦當則錯人。良藥苦口，忠言逆耳。憐子請之誠而示之甚，弗輕以語人。

（選自同治十三年杭城昭慶寺刻本普濟玉林國師語錄卷十）

三、工　夫　説

　　大圓鏡中，富有萬德，淨無纖塵。在聖不增，在凡不減，本是無迷，復有何悟！迷悟尚不可得，復何工夫之可説？但有生之後，人多執小忘大，執近忘遠，以四大爲身，以對境而生之見聞覺知爲心。教中所謂，澄清百千大海棄之，唯認一浮漚體目爲全潮，窮盡瀛渤。繇是，於無迷中成迷，便須於無悟中有悟。所以釋迦文佛雖成佛已久，欲作大天榜樣，示生王宫，示有父母妻子，示學文射御。自兒戲以至成人者之所爲，無一不示與世人同之。至年十九，示畏生死，示避喧求寂，示踰城出家，示雪山苦行，示灰心滅智，示冰雪六年，示覩星悟道，乃與大地情與無情，齊成正覺。歎曰：奇哉！一切衆生具有如來智慧德相，但以妄想執着而不證得。示轉法輪四十九年，見人根機已熟，遂示直指單傳，拈花微笑，付囑正法眼藏，涅槃妙心，代有聖賢傳持慧命。或示言下便了，或示久參契悟，總之，欲人知本來是佛，各各證自本來面目而已。凡信有此事者，皆親受靈山記莂來，於本來面目一聞卽達者，更無工夫可作。若不能言下證得本自圓滿、本自清淨、本自解脱、本自靈異，一了百了，一通萬通，切須於一切處、一切時，把一切有思有爲境界，皆作文彩已彰之事，看那無思無爲之前，如何是本來面目。四威儀皆可參，要以坐爲正；動靜閒忙皆可參，要以閒靜爲正。雖以坐爲正，行住卧不得力，坐亦不得力；雖以閒靜爲正，忙動不得力，閒靜亦不得力。若於行住卧與忙動得力，到坐時閒靜時愈得力。若坐時閒靜時得力，於行住卧及忙動時自然得力。所謂行住坐卧、動靜閒忙打作一片。工夫到得一片時節，若至其理，自彰自然，不求悟而自悟矣。於忙時不可厭忙，於有事時不可怕事，事忙須耐煩理事，理事至周至到，極有精彩。或正理事中，或理事後，猛提云：此我或思善時也，或思惡時也。不思善不思惡時本來面目是如何？此古人所謂急處一提。於此若能一念回光，卽同諸聖，卽古人所謂，從緣薦得，相應捷也。豈動靜打作兩橛，就體消停者可同年而語哉！若動中不善用心，靜中必然悠悠忽忽，動靜兩失之矣。然要動中得力，須時刻痛念人命在呼吸間，生死之際，斷不容僞，無有一毫假借處，無有一毫靠傍處。用不得一毫氣力，用不着一點心思。若非早證本來面目，安能得大自在，與諸佛諸祖同證不生不滅大安樂法門？雖然説箇證悟，不過對迷而言，踏着本來田地。悟之一字，亦用不着以鏡智爲宗，出三種生，達磨不來東土，二祖不往西天。雪竇云：本是釣魚船上客，偶除鬚髮着袈裟，佛祖位中留不得，夜來依舊宿蘆花。神光不昧，萬古徽猷，入此門來，莫存知解。

（同上）

【附】　王熙：勅封大覺普濟能仁國師塔銘

　　洪惟世祖皇帝聖德顯道，彰于退邇，深仁厚澤，洽于幽明，妙智圓通，與如來心印爲一。嘗命訪僧伽之行解圓證者，與論向上宗旨。於時有大禪師奉詔入京，曰玉林琇公，蓋天隱磐山之子，而臨濟三十一世孫也。

　　師諱通琇，號玉林，常州江陰人，族姓楊氏。父芳，母繆氏，皆與般若有大因緣。師之生也，母夢大士攜童子自牖入，寤而生師。墮地，敏悟凤成，能語，輒誦佛號，坐常跏趺。十五，閱語錄，參誰字，疑情大發，寢食俱廢，晝夜徬徨室中。因觸翻溺器有者，遂蟬蛻萬緣，決意究竟大事。

時磬山修禪師方弘化荆溪，爐鞴正赤，師直造其席依止，受其戒爲侍者。進則決疑請益，立雪不移；退則宴默凝神，危坐達旦，必欲見道乃已。一日，于一口吸盡西江水下，瞥見馬祖用處，不覺身心慶快，曰：佛法落吾手矣！自此，遇勘辨發語，縱橫自如，當機不讓。無何，辭歸省母，磬山密囑徵信曰：善自護持，勿輕洩也。

師既歸江陰，益韜晦，日放曠雲水間。偶乘月泛小舟，舉頭頓忘迷悟，如虛空玲瓏，不可湊泊，急就證天隱于武康之報恩。叩擊之次，迎刃不留，至掀案而出。隱知其透關，歎曰：此吾宗獅子兒也。隱示寂，遺命令師主法席。師不從，避之凌霄峰絶頂。時天龍業已推出，雖欲埋名煙塹，而衆莫之許。師不得已起應之。開法筵之日，黑白環繞者萬指，莫不霑被化雨，隨根沃潤而去。

丙戌，遇大雄，樂其山川幽寂，就荒煙蔓草茸茅爲屋，有終焉之志。然聲光外流，逐羶者益衆，期年復成藂席。是時，天童方唱道東南，其機鋒迅利，諸方無能抗者，惟師以法門猶子，後先角立。應機接物如疾雷破山，龍泉出匣，非真實證悟者，不能窺其縱奪之妙。以故年甚少，出世最早，而握機行令，卷舒自由，聞者莫不欽服焉。

順治戊戌，世祖皇帝聞師名，遣使詔師。己亥春，師應詔赴闕，見上於外朝，慰勞優渥。卽命近侍送居萬善殿，不時臨訪道要。一日問如何用工，師曰：端拱無爲。又問如何是大，師云：光被四表，格于上下。又問孔、顏樂處，師云：憂心悄悄。皇情大悅，命近侍傳語，恨相見之晚焉。特賜號曰大覺禪師。名香法衣之錫，殆無虛日。尋以母未葬，懇乞還山，詔許之，由內府金錢助之襄事。師受賜歸，以十九飯僧放生，而以其一助營塔費，凡畚土運石，一一皆身自爲之。庚子秋，復詔至京，禮遇尤渥，進號大覺普濟能仁國師。

至臘月，世尊成道日，命于京師阜成門外慈壽寺爲千五百僧説菩薩大戒，又命作工夫説刊行之。次年，世祖皇帝升遐，師領大弟子作佛事七晝夜畢，辭還山。欽命遣官護送，其寵榮稠疊，近代無與同者。

師雖遭際昌辰，然性恬，于榮利無毫髮矜重意。既歸，如埜鶴孤雲，無所留礙。會於潛，天目師子正宗禪寺歲久隤廢，郡人順天少京兆岵瞻戴君謂，非師無以舉揚宗風，光輝祖席。率衆延師居之，遠邇學徒聞風奔赴，堂序殆不能容，于頹垣敗壁中，一彈指間，金輝碧明，樓殿上插雲際，而未嘗見其有所作爲。善權之請，師雖勉强一赴，然旋思歸老舊林，亦未嘗久留也。

天性至孝，十二歲卽喪父，得法後別構草堂于報恩之側，奉母居之，躬進飲膳。母殁，斷食禪定者七日，行道不離殯次者三年。先是師之父振陵翁，與受雲棲大戒，深味禪悦，臨終染衣自度，謂師兄弟，不讀書，卽當出家。母氏亦受磐山記莂，晚年離俗，依師得悟，世號爲大慈老人。蓋非積慶之家，不能生此大士，而師其全戒孝友，陳睦州大慧杲之風，豈非契經所謂，五因緣中真友者耶！晚年慈心益切，不憚跋涉之勞，意將窮搜泉石，接引縛禪物外，而不與塵世接者。嘗歎曰：趙州八十行脚，彼何人哉！

乙卯春，遂屏給侍，飄然常住，因觸熱渡江，止於淮安清江浦之慈雲庵，索浴説偈而逝。時康熙乙卯八月十日也。壽六十有二，臘四十三。弟子奉龕歸天目，全身塔于東塢庵之後隴。

師凡六坐道場，七會説法，解結發覆，妙具善巧。雖沉迷重障，一遭鉗鎚，罥索無不斷絶；焦芽小草，一蒙溉灌，身心無不光潤。得法弟子二十餘人，皆能傳燈續命，接席分輝者也。師廣顙豐頤，平頂大耳，面白玉色，目光炯炯射人。宴坐如臨大衆，故見者不威而慴。一生不蓄私財，卽纖細供養，亦不輕受。嘗過青縣，有苦行僧負斗麪設供，隨舟行者數日，師憐其誠，爲説法要，即揮之使去，終不納也。每檀施至，輒教以持歸，放贖生命，同於攝受。雖膺紫衣之寵，而服用不及恆僧。既悟逸格之禪，復教人兼修淨業。五曾弟子，從師持藥師琉璃光如來名號得度者，至不可算數，皆謂師從彼世界應化來此方云。

余昔侍從内廷間，立法席之後，親覩師據獅子座，舉明正法，發轟雷掣電之機，雖老參宿學，罔知所措。既而閉關習静，龍象萃處一室，而户外不聞人聲。至於廣廈細旃，從容詔對，語巧意圓，窮極實際，能助九重增長法喜，一時貴近無不函香問道。師于弘法外，不發一言，其善慧深厚如此。是以緇素四衆，罔不傾心馴至，名德上聞於天寵，被鴻名，龍光赫奕，則師豈非乘鳳世願輪，隨助聖人敷揚大化者乎！謂之優曇鉢華千年一現，良不誣也。銘曰：

西來妙旨，五燈分繼，震動鏗鍧，厥惟臨濟。國師嗣法，三十一傳，金輪御曆，佛日中天。兜率親升，演説般若，光燭大千，聲施九野。應機而出，乘願以來，心光内發，樓閣門開。西江一吸，劈面全體，布袋打失，凡情盡死。扁舟夜汎，水月明融，直入無見，爍破虚空。六坐道場，大施政令，凡聖皈依，天龍恭敬。顯號榮名，自天之祐，開士何心，白雲出岫。天目高峰，上摩穹碧，師錫振飛，祖庭生色。寶臺珠網，彈指立成，□□世間，何經何營。蓮盧終宿，曳杖江口，起滅空幻，我尚不有。坐脱淮上，遊戲自如，死生者誰，隱現在吾。六十二年，悄然無事，居士勒名，僅有半字。

康熙乙丑仲夏，賜進士出身，光禄大夫、禮部尚書、保和殿大學士加三級，宛平王熙薰沐拜撰。

（選自同治十三年杭城昭慶寺刻本普濟玉林國師語録卷首）

道　霈

〔簡介〕　道霈,字爲霖,號旅泊、非家叟,俗姓丁,生於公元一六一五年(明神宗萬曆四十三年),死於公元一七〇二年(清聖祖康熙四十一年),建寧(今福建建寧)人。他少年時讀四書,十五歲出家,十八歲從聞谷(廣印)老人習浄土“念佛畢竟成佛”之旨,旋隨永覺元賢修習曹洞宗禪法。但是,“隨侍以至前後四年,苦無所入”,於是辭元賢至杭州,徧歷諸講肆,凡五年,而於“法華、楞嚴、維摩、圓覺、起信、唯識,及台、賢、性、相,大旨無不通貫。”(以上旅泊幻蹟)後又曾參臨濟宗師密雲圓悟問法。清順治七年（一六五〇年）重上鼓山隨侍元賢,終受嗣法。

道霈受元賢啓示,悟祖師西來之意,着重發揮“自悟”,“内悟”的思想。他說:“所謂佛者,非外有相佛,乃當人本有靈覺之性也。”又說:“千經萬論,廣破身心二見,二見既破,佛性自現。身見破,則幻身即是法身;心見破,則幻心即是靈明佛性。”(雲山法會録)道霈也提倡會通禪教,融合儒、釋。他在講到佛法當從信門而入時說:“所謂信者,一信佛語,二信自心”,“今之不信佛語者,非不信佛語,是不信自心也。”(同上)在評論宋儒的主静、主敬修養論時說,“即釋氏入道之方,亦豈能外此?”“若果於佛法深生正信,子細研窮,豁然貫通,則不獨静敬與佛法合,凡四書、五經中,無一句一字,不是佛法中第一義諦也。”(同上)

道霈著作甚多,語録有: 秉拂録、鼓山録、餐香録、還山録、雲山法會録、旅泊菴稿等,集古有: 聖箭堂述古、禪海十珍等,修浄土業有：續净土生無生論、净土旨訣等，經論注疏有：心經請益説、佛祖三經指南、發願文注、華嚴疏論纂要、金剛般若經疏論纂要刊定記略、護國仁王般若經合古疏等。

一、最後語序

梁普通間，菩提達磨自南天竺國來，倡爲禪宗，不立文字，直指人心，見性成佛，其付法偈曰：我本來兹土，傳法捄迷情，一華開五葉，結果自然成。嗣是，六代傳衣，五宗競出，由唐歷宋，其化大焉。五宗者，潙仰、雲門、法眼三宗與宋運俱終，其傳至今日者，唯臨濟、曹洞二宗，其洞上一宗亦已久衰。至萬曆間，壽昌無明老祖傑出，始中興於世。壽昌入室弟子凡數人，其最著者，博山無異和尚，與先師鼓山永覺老人。老人年二十五省發，四十出家，四十六悟道，五十七歲出世，八十歲入滅。二十餘年間，四坐道場，大作佛事，言滿天下，道被域中。凡叢林久參耆衲，罔不腰包來覲，而海内賢士大夫亦多折節問道。其生平語録著述甚富，俱已刊行於世，而此萬語言，是其最後絶唱，標名最後語者，老人所自命也。竊惟老人之道廣大精微，其學貫通該博，其見地圓明超絶，其説法縱橫無畏，其所守嚴，其所養到，其福德壽考允稱圓備。而臨終之日説偈辭衆，危然坐脱，頭正尾正，即求之古尊宿，亦不多得，況時輩乎？嗚呼！達磨一宗，傳至今日，而弊已極矣，老人出而挽之以力行，鎮之以正大，繩之以綱宗，驗之以言行，牢把鐵關，不少假借。故雖諸方號飽參者，其始至，無不行行然擎頭戴角，而老人不動聲氣，微垂勘辨，即皆土崩瓦解，憷慄而去。唯真參之士，具擇法眼，乃能俯就鑪鞴，久煉不退。蓋知當今之世，少林一綫之脉不至墜地者，唯老人是賴耳」無何世緣告畢，遽戢化權，人天眼滅，孰不哀慕」於是建州弟子謝飛卿氏，請以最後語壽諸梨棗，公之海內，庶幾他日問道者，知路頭在茲，不至迷誤，入于邪林，甚盛心也。小子霈忝預法席有年，茲又濫膺付囑，凡老人生平履歷，頗得其詳，于是謹序其梗概於卷首。其他備乎林涵齋居士行業曲記云。

（選自秉拂語錄卷下，據續藏經
第一輯第二編第三十套第五冊）

二、餐香錄自序

余住山方三年，其上堂語要，林涵齋居士已序而刊行之。後見法門流弊日深日下，至不忍聞見，遂辭說法之任，自甘與二三有志衲子，栽田博飯而已，蓋不欲混入羣隊也。而諸檀信爲法心深，競齋香供入山，強請陞座，弗獲已，隨岸復決，滾滾不休，書記仍錄成鉅帙，而監院源公請梓流通。余曰：此乃博飯喫底閑言語耳，安用刻爲？源曰：政當使天下有鼻孔衲僧，嗅著飯氣，腦門迸裂，虛心果腹而去，其於法門之弊，庶有振乎」余聞其言，又不免隨風倒柂，乃以餐香名之，而自書諸簡首曰：釋迦掩室，已涉廉纖，淨名杜辭，葛藤滿地。山僧今日向虛空裏安橛，陸地上生波，木扎羹、鐵釘飯，一齊拈出，可謂是真精通，是名真法供養也，若有咀嚼得下者，負吾負汝，二俱免矣。如或不然，山僧自山僧，闍黎自闍黎，且喜不相帶累。

時康熙六年臘月十日，爲霖道人題于聖箭堂。

（選自餐香錄，同上）

三、四家頌古序

古公案無頌，頌自汾陽始，陽之後，雪竇繼之，號稱頌古之聖。嗣是，諸家皆有頌。洞上頌名最著者三人：投子青、丹霞淳、天童覺是已。頌無評，評自圓悟始，悟之後，萬松、林泉繼之。悟評雪竇，松評天童，林泉評丹霞與投子，是已，後人合之，目爲四家頌古，禪者倚爲指南。予以爲，道本離言，言莫之及，古尊宿爲物作則，臨機拈出，如石火電光，苟非眼辨手親，早是白雲萬里。所以頌之者，猶寫鳥跡于空中，數魚蹤于澗底，但髣髴於想像之間而已，況又從而評之哉？雖則慈悲之故，有此落草之談，不知如水益乳，轉失本味，識者惜之。茲特刪去評唱，録其本頌，壽諸剞劂，以公天下。儻有本色衲僧一見心許，則余是刻功不唐捐，如謂不然，自有諸師之評本在。

（選自餐香録卷下，同上）

四、刻佛果圓悟禪師法語序

達祖西來，直指人心，見性成佛，而曹溪猶云：説箇直指，早是曲了也。矧乎後代，牽枝引蔓，説參究，説踐履，以至種種關防，得非以實法繫綴人，而背祖宗之明訓耶？是大不然。蓋衆生根性，萬有不同，上根利智，單刀直入，固所不論，若中下之機，未能領荷，全賴至人間出，苦口垂慈，曲施方便。不然，何以救末流之乾慧，起狂學之痼疾哉！宋圓悟禪師，飽參諸方，備嘗艱苦，後於演祖聲色中頓斷命根，遂嗣其法。故其示徒法語，皆自真參實悟，力踐純養中來，所以能攻人之偏蔽，策人所未至。<u>杲大慧</u>，禪中傑也，於大悟之際，乃爲渠曰：正好參禪。又云：一切但低細和合，先防自犯三業，提向上那一著子，教兄弟日有趣向。至於<u>虎丘隆</u>、<u>佛智裕</u>、<u>華藏民</u>，皆一代偉人，其教之修己之方，接人之要，亦靡不委曲周至，不致滲漏而後已。今之學者，資稟志氣，較<u>大慧</u>輩不啻霄壤之隔，而又弁髦參悟操履之功，妄欲荷擔佛祖重任，是奚異跛鱉而逐飛龍，凡庸而希梵位哉？師嘗有言，同學之中，唯<u>龍門智海</u>，昔嘗熟與究明，但逢緣遇境，莫不管帶，何止此生而已，窮未來際，證無量聖身，也未是他泊<u>頭處</u>。迹斯語也，則當時之知此者，蓋亦鮮矣，又何怪乎今之世哉！<u>霈</u>生也晚，且駑鈍無似，每思<u>唐</u>、<u>宋</u>法運之隆，龍象之盛，未嘗不心飛神馳，將奮力而企及之，不可得也。茲於師全錄中**得此法語讀之**，如暗遇明，如貧人得寶，<u>霈</u>雖不敏，請事斯語，故手錄出，將鐫板別行於世。客有難於予曰：此濟家語耳，子業洞宗，不本宗是圖，而亟亟於他宗之語，毋乃迂乎？予應之曰：佛法者，自心之佛法也。雖建立門戶，有若不同，而究竟窮極，豈有二致？故師有云：佛法本無彼此，諸宗皆六祖下兒孫，若謂我<u>臨濟宗</u>須得我宗派盛，寧粉身碎骨，終不作此見解。予何人斯！顧敢別生異見乎！客慚而退，因併筆之，以冠諸卷首。

（同上）

五、重刻天如禪師淨土或問序

昔世尊於三乘教外，別示淨土一門，詳開九品，普接三根，本是至簡至易之道，又是難信難解之法。故經云：不可以少福德因緣得生彼國。可見能諦信淨土者，乃是多福德、多因緣之人也。近世參禪未得旨者，樂談向上，佛祖在所詆訶，心性亦復掃蕩，況教令念阿彌陀佛，求生净土？是猶資章甫而適越，匪徒無用，反滋鄙笑。昔永明壽禪師作四料揀，以禪净二門，抑揚誡勸，政爲此輩耳。其意蓋謂，參禪者縱得一念，從緣領悟，猶有無始習氣，一生功行，未能卒盡，若不求生净土，親覲諸佛，以自磨煉，久居娑婆，則有陰境之患，故有十人九錯路之誡。念佛者雖現在未曾開悟，而一生彼國，即階不退，一見彌陀，即悟無生，故有萬修萬人去之勸。夫永明爲法眼嫡孫，不專以本分事接人，而乃於净土一門，曉曉若此，是豈無故而然耶？學者盍深思之。天如和尚得法天目，禪净圓融，固是家法。又慮禪者不達永明料揀之旨，乃作净土或問一書，自立主客，反覆酬詰，釋其羣疑，示其修法，策其怠情，然皆博引大經大論，及諸祖成言，以證其説，以生其信。余觀净土諸書，不啻汗牛，求其婆心苦口，剴的示人，無出或問。是不獨爲净土指南，實乃禪學者之金針也。銓部林公涵齋居士，長齋繡佛，棲心禪净者有年，痛今時禪者，務虚名，忽實踐，弁髦净土，自失法利，深可悲恨，乃特倡刻是書，庶幾藥其萬一，是亦永明、天如之心也。命余一言以發其意，勸讚净土，本屬夙懷，不敢以不文辭，漫爲識諸簡首。

（同上）

六、旅泊幻蹟

旅泊道者住山既久，諸禪者每以生緣道履見問，因思一期幻蹟，不足以示人，淹滯三十餘載，未嘗拈出。近富沙南山啓鑰上座，同徒郁文，請之尤懃，不容推諉，於是略敍梗概。

余名道霈，乃先師所命；字爲霖，則聞谷老人所賜也。自號旅洎，亦云非家叟。本貫建寧建安丁氏，家世奉佛。父少軒公，性任俠而實有陰德。母朱，事佛惟謹，年三十無子，禱於觀世音而姙。有僧過門，謂母曰：汝所姙者佛子，非汝子也。母欣然曰：若果生男，當令事佛。將臨盆，腹中動轉，母苦不堪忍，乃密祝曰：兒勿動，兒勿動！遂寂然。既而再動，復再祝，寂然如故。母喜曰：此吾孝順子也，遂生。時萬曆乙卯歲十一月二日卯時也。七歲入塾學，授論語，喃喃上口，即窺曉大意，輒爲人講解，衆以爲異。父喜曰：大吾門者，此子也！年十四，講上孟未終，得病瀕死，母日夜惶懼，禱觀世音曰：此本佛子，非吾子，病愈當令事佛。已而病果愈，遂遣出家。父難之，母曰：此子非塵埃中物，吾業已許佛久矣，安用阻爲。父不能奪，遂送歸郡東白雲寺，禮老僧深公，爲驅烏，明年落髮。凡諸經業，不由師訓，誦之如流。一日，覩隣房僧死，忽悟自身無常，遂深厭火坑，憤然有超方之志。至十八歲，聞谷老人自楚入閩，居汾常之寶善，余聞之驚喜曰：古佛猶在耶！即辭受業，一鉢一衲，飄然而去。請問出生死路頭，老人授以念佛畢竟成佛之說，遂諦信不疑。一日，侍老人山行，忽回顧熟視曰：噫！子可教也！惜余老不能成褫子，此去東粵荷山，有永覺靜主，真善知識也，子能傾心事之，必有所得。余業已聞老和尚名，茲承指示，甚愜夙心。明日，將束裝辭去，而老和尚適至，老人遂以余囑託之。老和尚唯唯，命報侍左右，令看栢樹子因緣，汲水負薪，罔敢忽怠。

　　崇禎甲戌春，老和尚出世鼓山，隨侍以至前後四年，苦無所入。一日，自訴曰：吾數載勤苦，參禪既不會，而學業又荒，得毋辜負此生乎！遂拜辭老和尚，出嶺至杭州，經歷諸講肆，凡五年。法華、楞嚴、維摩、圓覺、起信、唯識，及台、賢、性、相，大旨無不通貫。屬聞老人遷化，老和尚赴吊來真寂，余即往見之。正欲供通數年聽講經義，老和尚忽問曰：栢樹子話作麼生？余茫然不知加答。老和尚叱曰：入海算沙，有甚麼限？禮拜而退，不勝惶愧。自是，日夜不安，寢食無味，凡數閱月。一日，讀正法眼藏，見臨濟示衆曰：有一無位真人，在諸人面門上出入。忽然有省，乃曰：元來得恁麼現成。回觀諸祖語錄，勢如破竹，了無滯礙。復上真寂通所得，老和尚徵曰：山河大地，與汝是同是別？答曰：豈有別耶。老和尚以戒尺擊案曰：汝爲什麼不痛？余不知落處。老和尚曰：汝須向這裏參始得。余禮拜而去。時密雲老和尚盛化天童，遂往參禮，一見即問曰：山河大地與學人自己，是同是別？童便打，余無語禮拜而退。自是，入室余只恁麼問，童只恁麼打，不勝迷悶。經六閱月，一日經行至三鼓，昏倦已極，將解衣就寢，忽然虛空迸裂，髑髏爆散，全體現前，如貧得寶，如病得汗，其踊躍慶快無以云喻，遂危坐達旦。次晨，作偈呈方丈，曰：一水一山何處得，一言一默總由伊，全是全非難背觸，冷暖從來只自知。童閱罷顧謂西堂朝宗曰：也不易渠到恁麼地。後顧謂余曰：如何是汝自知的道理？余曰：分明舉似和尚了也。童曰：舉似箇甚麼？余便喝，童擬拈棒，余拂袖便出。次日入室，童問曰：薰風自南來，殿閣生微涼，意作麼生？余陵憑答曰：薰風自南來，殿閣生微涼，昨夜火燒山，弄得大家忙。童曰：不是這箇道理。昔日某正同子見，老僧不肯他，乃致有今日之爭論也，子宜於此體究始得。余再拜而退，乃私自念，恁麼答有什麼不是處？復念欲還真寂，見老和尚吐露一上，將請假辭去，乃爲同參兄弟苦留，復强住一月，乃作偈辭同參，曰：九上三登稱象骨，吾今去住敢辭艱，諸公道愛曾心銘，故訂秋初再上山。遂去真寂見老和尚，禮拜起，即以所悟白之。老和尚喜曰：子已入門，但未升堂入室耳。余曰：更有什麼事？老和尚曰：子向後自知。余禮拜退，留兩月，復辭去，登西天目，訪高峰死關。凡一年，因閱明教嵩和尚孝論，遂念雙親垂老，乃下山至真寂圓大戒，辭老和尚，還閩省親。既而老和尚亦還鼓山，復得時時親炙。

後結茅於大百丈山，親貧，每下山乞食以供甘旨。及父殁，遂度母出家，同入山修淨業，凡五載。至庚寅正月，母告寂，哀毀治喪事峻，復上鼓山。老和尚曰：參堂去，因領維那職。凡入室勘詰前所印可者，皆翻案不許，不勝迷悶。一日，老和尚謂余曰：子還知病之所在否？余曰：不知。老和尚曰：雲門云，達得一切法空，隱隱地似有箇物，豈非子之病耶？余沉吟良久，曰：正坐此耳。老和尚曰：無妨，放下便穩也。余便禮拜。一日，堂中靜坐，聞放生所中，羣鵝噪鳴，于耳根中，三真實法一時現前，動靜二相了然不生。次日，上方丈道所得，老和尚曰：前皆識境，此智境也，宜善保護。遂示偈曰：一番入處一番親，親處何妨更轉身，徹底窮源何所有，眉下從來是眼睛。余禮拜而退。又一日，老和尚示衆，舉龐居士問馬祖曰：不與萬法爲侶者是什麼人？祖云：待汝一口吸盡西江水，卽向汝道。龐大悟。後來草堂青拈云：許多魚龍蝦蟹，向什麼處去？老和尚云：諸人試於草堂語下，代馬祖下一轉語看。余便喝。衆下語竟，老和尚復云：諸人各能爲馬祖出氣，老僧看來，馬祖語亦只得八成，還有道得十成語者麼？余下語不契，被老和尚呵出，歸堂一夜不安，將抽解捲簾出堂，正迷悶，不覺撞破石門，乃廓然開解，泮然冰釋，卽衝口説偈曰：哭不得兮笑不成，觸瞎娘生兩眼睛，有人問我西來意，拳頭擘面沒疏親。又曰：烈燄光中木馬飛，得便騎來卽便騎，當機覿面無回互，擬議鋒鋩失却伊。又曰：法法本來法法，撥與不撥俱傷，便欲十成道出，不覺滿口含霜。次日，偕同參明一，上方丈禮拜曰：某今日有箇十成語，舉似和尚。老和尚云：汝試道看。余乃背身叉手向老和尚云：請和尚鑒。老和尚云：好與七藤條！余便禮拜，復呈前三偈。老和尚頷之，乃囑曰：此事高而無頂，深而無底，不可以限量心入無限量法，須于一切處及得淨盡始可保住。余卽再拜頂受。後和尚時出洞上宗旨示之，余一一答頌，皆泯然契合，時年已三十有八矣。

明年，辭歸建寧廣福菴，掩關三載，密自鍛煉，切欲棧絕人世。老和尚乃垂書誠之云：佛法欲滅，汝當勉勵，不可因時難而自退也。又值寇亂，乃出關上山省覲，老和尚曰：吾待子來久矣。仍令歸堂。凡三年，日加淘煉，深資智證。至順治丁酉，老和尚年八十，于正月上元日，聲鐘集衆，以平生所著僧伽黎、塵拂見付，說偈曰：曾在壽昌橋上過，豈隨流俗漫生枝，一髮欲存千聖脉，此心能有幾人知。潦倒殘年今八十，大事于茲方付伊，三十年中鹽醬事，古人有語不相欺。逆風把舵千鈞力，方能永定太平基。余以法乳恩深，黽勉拜受，卽日令首衆秉拂，凡遇節臘，皆代陞座示衆，觀其提唱，老人無不擊節稱善。冬十月，老人示寂。明年正月，入塔畢，檀護方公克之、林公孔碩，率衆護法善信及諸山本山大衆，強令繼席開法，時戊戌正月念二日，余年四十有四矣。一住十四載，雖座下常繞五千指，愧無法與人，徒結粥飯因緣耳。至辛亥秋，倦於接納，適法姪石潮寧公入山省覲，乃爲林公孔碩議曰：昔博山老人開法此山，雪關繼之，先師重興，某忝繼之。浪杖人曾住此山，未有繼之者，今寧公是其的嗣，願請繼席，以續浪公一脉。某疲津梁，因得休退，是公之賜也。公欣然力荷其事。余卽說偈辭衆曰：本是無家客，隨緣住此山，俄經十四載，乘輿出松關。卽日拂衣去，一衆涕泣挽留不可，追至臺江而罷。寧公以衆情向背不一，亦不果住，而余因得謝事，深愜夙志，時年已五十有七矣。至建州，復爲衆留，插草聚沙，作空花佛事。自是，以旅泊僧自號，隨緣漂泊，住無定蹤，若白雲、若開元、若廣福、鏡湖諸處，皆余杖錫往來之地。後至東和之寶福，乃稅駕焉。因初離山數載間，山中大衆每持衆護法書，逼請還山，絡繹於道，余紿曰：七十不掩息，當歸矣。俄爾間不覺年臨七旬，

又值静公謝事，<u>純一</u>一脉二監寺同時遷化，山門無主，由是衆護法
僧衆，請踐前約，逼迫還山，二三載間，源源而來，弗容少緩，只得以
老病殘軀，舍己從人，冒昧而至，時<u>康熙</u>甲子四月廿有二日也。還山
上堂，有"艻崩峯頭雲一片，乘風飛去又飛來，作霖作雨渾閒事，惹
得虛空笑滿腮"之語云。

　　余嘗有願，不另造塔，蓋不欲以臭髑髏費檀信膏血。若終此
山，如亡僧常規，津送茶毗，拾骨入舍利窟衆塔足矣；若終他山，當
處死當處埋，萬勿移動。此吾至囑，不可違也。

　　余在<u>鼓山</u>有秉拂録一卷、<u>鼓山</u>録六卷、餐香録八卷、還山録四
卷，在<u>温陵</u>有開元録一卷，在<u>玉融</u>有靈石録一卷，在<u>建州</u>諸處有旅
泊菴稿六卷、法會録三卷。其集古有聖箭堂述古一卷、禪海十珍一
卷，其懺悔法有<u>八十八佛懺一卷</u>、準提懺一卷，其修浄業有浄業常
課一卷、浄土旨訣一卷、續浄土生無生論一卷，註釋有心經請益説
一卷、佛祖三經指南三卷、舍利塔號註一卷、發願文註一卷，其往復
書問有筆語一卷，以上共二十種，四十四卷。其纂述有華嚴疏論纂
要一百二十卷、金剛般若經疏論纂要刊定記略三卷、護國仁王般若
經合古疏三卷。

（選自還山録卷四，同上）

七、雲山法會録

　　師云：今日與諸公聚首，將東語西話，結箇般若因緣，不知從
甚麼處啓口。良久云：浄法界身，本無出没，大悲願力，示現受生。
我<u>釋迦如來</u>，成道以來，已經塵點劫數，此番出現，不爲別事，唯爲
一大事因緣，所謂欲令衆生開示悟入佛之知見。然衆生本來是佛，

知見是佛本有，只爲無人開示，無由悟入，所以無始劫來，念念只開衆生知見。造業受報，沉淪生死，無由得出，世尊以同體大悲，深生愍念，乘願出現。華嚴經云："爾時世尊以無障礙清淨智眼，普觀法界衆生，皆具有如來智慧德相，但以妄想顛倒執著而不證得。若離妄想，一切智、自然智、無礙智卽得現前，我當教以聖道，令離妄想，于自身中得見如來廣大智慧，與佛無異。"於是於菩提場，示成正覺，爲諸根熟大士，及天龍八部，稱法界性，説華嚴經。又，爲一類聲聞緣覺，雖在法會，如聾如瞽，不見不聞，乃脱珍著弊，示釋迦丈六之身於鹿野苑，爲諸根劣者，於一佛乘分別説三：所謂爲聲聞乘説四諦法，爲緣覺乘説十二因緣法，爲權乘菩薩説事六度。至方等，則爲諸菩薩廣説大乘諸經，以誘引小乘入於大乘。又以般若多方淘汰，蕩其法執，直至法華會上，開權顯實，會三歸一，所謂"十方佛土中，唯有一乘法，無二亦無三"。爲諸聲聞弟子授記作佛。至今日，但有信解之者，亦在授記之內。至此，出世事畢，乃唱入無餘涅槃。以此觀之，如來從始至終，種種方便，權實偏圓，説無量法，無非爲諸衆生破諸妄想，令見佛性，不爲別事也。然身心世界一切諸法，無非是妄，若能達妄本空，非使之空，知真本有，非是新有，則入佛法也，其庶幾乎！

師云：世尊一日陞座，拈一枝金色波羅花示衆，百萬人天悉皆罔測，唯迦葉尊者一人破顏微笑。世尊云：吾有正法眼藏，涅槃妙心，實相無相，微妙法門，不立文字，教外別傳，付囑摩訶迦葉，傳化將來，毋令斷絕。宗門不立文字，直指人心，見性成佛，其源始此。蓋世尊四十九年以語言文字，權實頓漸，逐機演説，未暢本懷，至此覿面拈出，全體現前，唯上根利智，頓見頓證，始堪領荷。迦葉傳二祖阿難，阿難傳三祖裔那和修，三祖傳四祖優波毱多。乃至第二十八祖菩提達磨，見我東土有大乘法器，乃特航海而來，是爲東土初祖,始見梁武帝,問以有爲之事,不契,遂潛渡江至魏,居止少林,凡九年,終日面壁而坐。後得二祖神光,斷臂安心,禮拜得髓,遂付法衣。有偈云：吾本來兹土,傳法救迷情,一花開五葉,結果自然成。所云傳法者,乃傳一心之法,非自心外別有法可傳,唯爲人解粘去縛,反迷就悟,令見自性,是爲傳耳。二祖傳三祖僧璨大師,三祖傳四祖道信大師,四祖傳五祖弘忍大師,五祖傳六祖慧能大師。六祖八十生爲善知識,示不識文字,唯開見性法門,其道大振。永嘉云："六代傳衣天下聞,後人得道無窮數。"曹溪門下,得道如林。先是達磨以來,唯人傳一人,至六祖止其衣鉢,其法普傳,大弟子二人,一曰青原思,一曰南嶽讓。讓出馬祖一,馬祖出八十餘員善知識,大弟子曰百丈海。海出二人,一曰潙山祐,一曰黃檗運。運出臨濟玄,是爲臨濟宗。祐出仰山寂,是爲潙仰宗。青原出石頭遷,遷大弟子二人,一曰天皇道悟,一曰藥山惟儼。儼出雲巖晟,晟出洞山价,价出曹山寂,是爲曹洞宗。天皇出龍潭信,信出德山鑒,鑒出雪峰存。存大弟子二人,一曰雲門偃,是爲雲門宗。一曰玄沙備,備出地藏琛,琛出法眼益,是爲法眼宗。雖五宗接人機用不同,無非發明世尊拈花一著子,直指人心,見性成佛而已。其潙仰、雲門、法眼三宗,與宋運俱終,傳至今日唯臨濟、曹洞二宗。時當末法,人根下劣,學人既無真實爲生死之心,又少真正師承,唯以拂子名利居懷,人我鬪諍爲事,充塞閭閻,成風成俗。先師嘗言,今日臨濟不成臨濟,不待曹洞非之也；曹洞不成曹洞,不待臨濟非之也。此言盡之矣。有志之士,一聞此言,痛心疾首,孰肯受之？唯望法門有越格道流,向釋迦未現西乾,達磨未來東土,自己未入父母胞胎已前,一覷覷破,釋迦、達磨、自己是什麼陽燄空花,始好向這裏赤身擔荷,庶幾挽回末法弊惡之風。苟無其人,則所謂宗門者,掃地盡矣,尚何言哉！又云：學佛法者,學出世法也,苟夾雜一念世法之心,則

雖勤苦修持，談玄説妙，總在世法上著倒，與佛法没交涉。須信得
這一件是出世大事因緣，須辦得一副出世心行，始堪入門。如今日
與諸大衆，焚香静坐，講論片時，乃是世人所無者。傅大士云："世
人愛黄金，我愛刹那静，金多亂人心，心静入正定。"唯杜絶諸緣，堅
凝正念，使静慧發生，方能明理。不然，雖終日談宗説教，畢竟法不
入心也。

　　隱和尚曰：大珠禪師云："身口意清净，是名佛出世，身口意
不清净，是名佛滅度。"所謂佛者，非外有相佛，乃當人本有靈覺之
性也。三業清净則現，不清净則隱。不清净者，以三業具于十惡。
身有三惡，謂殺、盗、淫；口有四惡，謂妄言、綺語、惡口、兩舌；意
有三惡，謂貪、嗔、痴。是惡若止，即名十善。以惡有逆性之用，故佛
性隨之而隱，義説爲滅度耳。善有順性之功，故佛性隨之而現，義
説爲出世耳。所以學道之士，當時時檢較三業，諸惡莫作，衆善奉
行，自净其心，是諸佛意也。

　　士雲居士問曰：此心難制，晝夜不住，行坐紛馳，爲之奈何？師
曰：此心意識作祟，正當以佛知見治之。永嘉云："損法財，滅功
德，莫不繇兹心意識，是以禪門了却心，頓入無生知見力。"唯知見
力，爲能了心而入無生也。衆生無始劫來未曾離念，若無佛知見
力，則永無止息之時。此佛知見，真伐煩惱根之利斧，渡生死海之
迅航，不可須臾離者也。

　　師云：衆生妄想無量，其最樛轕難解者，不出身心二見。圓覺
經云："一切衆生，妄認四大爲自身相，六塵緣影爲自心相。譬彼
病目，見空中花。"然空實無花，病目者妄見有花；圓覺自性本無身
心，迷圓覺者，妄認四大六塵爲身心。所以千經萬論，廣破身心二
見，二見既破，佛性自現。身見破，則幻身即是法身；心見破，則幻
心即是靈明佛性。所謂無明實性即是佛性，幻化空身即是法身是

也。七佛世尊，各以一偈傳法，而偈偈皆破身心二見。如毗婆尸佛偈云：“身從無相中受生，猶如幻出諸形象，幻人心識本來無，罪福皆空無所住。”無相者，實相也，以非心意識所緣之境，故云無相。此身於無相中仗因託緣而生，猶如幻出，既如幻出，則幻人之心意識，本來自無，非使之無也。心意識既無，則所造之善惡罪福，但如浮雲度空，來無所從，去無所至，安有所住著之處乎？其毗舍浮佛偈曰：“假借四大以爲身，心本無生因境有，前鏡若無心亦無，罪福如幻起亦滅。”四大者，地水火風也。圓覺經云：“我今此身，四大和合，所謂髮毛爪齒，皮肉筋骨，髓腦垢色，皆歸於地；唾涕膿血，津液涎沫，痰淚精氣，大小便利，皆歸於水；暖氣歸火，動轉歸風。四大各離，今者妄身當在何處？卽知此身，畢竟無體，和合爲相，實同幻化。四緣假合，妄有六根；六根四大，中外合成；妄有緣氣，於中積聚；似有緣相，假名爲心；此虛妄心，若無六塵，則不能有。”以此觀之，前佛後佛，同一舌頭，同一音吼。身本無身，唯假借四大以爲生；心本無生，唯因前境而妄生。前境若無，則心亦不可得，心不可得，而所起之善惡罪福，又豈可得乎？故云：無所住，以無法可住也。萬曆間，達觀老人一生説法接人，唯此一偈。且曰：老漢只持得前兩句熟，若後兩句總熟，則生死二字，不奈我何矣。嘗令人離四大觀身，則此身乃龜毛兔角；離前境觀心，則此心乃陽燄空花。此言尤爲痛切，不可不審知也。迦葉佛偈曰：“一切衆生性清净，從本無生無可滅，卽此身心是幻生，幻化之中無罪福。”此偈直提出清净之性，本無生滅，身心但是幻生，而幻化之中罪福不可得，較前後諸偈，更痛切明白也。

　　師云：博地凡夫，未階聖位，孰能無過？但知非改悔，則善莫大焉，苟不知非，則永無改悔之日。而恣情造業，不至泥犁不止也。

　　師云：一部楞嚴經，最初開口便曰："一切衆生，生死相續，皆由不知常住真心，性净明體，用諸妄想，此想不真，故有輪轉。"意云，若知有常住真心，則不用諸妄想，而無生死輪轉。以常住真心是人人本有底，只爲不知，以不知故，反認妄爲真，造生死業，永無出苦之日耳。如僧問古德，如何是頭？古德答曰：只須知有。僧曰：如何是尾？古德曰：盡却今時。蓋有頭方有尾，直得頭尾完全，更須知有向上一著。

　　師云：佛祖出世，建立無量法門，別無他事，只是要人知有。如達摩祖師西來，最初見梁武帝，帝問：如何是聖諦第一義？祖曰：廓然無聖。達祖可謂劈腹剜心了也。無奈武帝不領，猶存人我之見，乃曰：對朕者誰？祖曰：不識。只這不識二字，盡大地人不奈何！唯知有者，默契于言外可也。

　　師云：臨濟一日上堂曰："有一無位真人，在諸人面門出入。"未證據者看看，臨濟已貴買賤賣了也。若也搆得，則知赤肉團上，壁立萬仞，更討甚麼生死。時有僧出問："如何是無位真人？"臨濟下禪床擒住曰："速道速道！"可謂徹困婆心，恩大難酬。怎奈這僧不會。臨濟推開曰："無位真人是甚麼乾屎橛！"臨濟到這裏又現出三頭六臂了也，誰人湊泊得他！古德云：若無後語，討什麼臨濟！知言哉！

　　師云：藥山一日在石上坐次，石頭問曰："汝在這裏作麼？"曰："一物不爲。"頭曰："恁麼則閑坐也？"曰："若閑坐即爲也。"頭曰："汝道不爲，不爲箇甚麼？"曰："千聖亦不識。"頭以偈讚曰："從來共住不知名，任運相將祇麼行，自古上賢猶不識，造次凡流豈可明！"師云：藥山只箇閑字亦不肯受，坐斷凡聖路頭，直見根柢，石頭不得不讚之也。大衆若要知有，只須識得箇千聖不識底。只如千聖不識底作麼生識，不識不識！

　　師云：藥山坐次，有僧問："兀兀地，思量箇甚麼？"山曰："思量
箇不思量底。"曰："不思量底作麼生思量？"曰："非思量。"師曰：這
箇便是古人參禪底捷徑工夫。凡夫終日在思量裏過日，焉知得自
己本有箇不思量底？若也知得，然後時時但思量那箇不思量底是
何面目。思之思之，又重思之，思之既久，豁然了悟，如雲開見月，
始知這箇思量底，原非思量。如此，可謂善思量者矣。

　　師云：南泉曰："三世諸佛不知有，白牯貍奴却知有。"師云：三
世諸佛爲什麼不知有？只爲無有可知。白牯貍奴爲什麼却知有？
爲他不曾失。山僧分明道破矣，大家各自看取。

　　士雲居士問曰：佛法廣大，畢竟從何門而入？師云：從信門而
入。大智度論云："佛法大海，信爲能入，智爲能度。"華嚴經云："信
爲道源功德母。"宗門云："一入信門，便登祖位。"世尊多生不妄語，
感廣長舌相之報。每說法，出舌示人，顯言可信，無虛妄也。故云：
佛言不信，何言可信！所謂信者，一信佛語，二信自心。忠國師云：
"禪宗學者，須信佛語。一乘了義，契自心源，不了義者，互不相許。
如師子身中蟲，自食師子肉。"今之不信佛語者，非不信佛語，是不
信自心也。

　　夢蘇居士問曰：苦空之理，請師開示。師曰：昔世尊臨滅度，阿
難問佛：世尊涅槃後，我等依止何人？佛告阿難，若今現在，若我過
去，依止四念處，莫依止餘。四念處者，謂身、受、心、法。一觀身不
淨。不淨有五：一種子不淨，謂父母赤白二點；二住處不淨，謂母腹
中熟臟之下，生臟之上，如處厠坑；三相不淨，謂九孔常流；四性不
淨，謂性是不淨，卽洗至微塵，亦臭穢故；五究竟不淨，謂捐棄塚間，
如朽敗木。二觀受是苦。受者，領納義。受有三種：一領違境，則
生苦受；二領順境，則生樂受；三領中庸境，則生捨受。三觀心無
常。謂乍善乍惡，起滅不停。遺教經云："心之可畏，甚于毒蛇、惡

獸、怨賊，大火越逸，未足喻也。"古德云："當作心師，勿師於心"。四觀法無我。謂此身唯有四大，無有我者，身且無我，況身外乎？此四念處，以智慧力常勤觀察，勿令暫忘，除世貪愛，速證泥洹。

師云：盰江壽昌無明師翁，諱慧經，撫州崇仁裴氏子，嗣廬山忠和尚。閱傳燈，見僧問興善：如何是道？善曰：大好山。不諭其旨，遂致疑苦參。一日因舉石，豁然大悟，有偈曰：欲參無上菩提道，急急疏通大好山，知道始知山不好，翻身跳出祖師關。道霈嘗頌曰：問道無端答好山，木人推倒出重關，而今拔地凌空起，依舊蒼蒼薄霧間。

師云：博山無異師伯，諱元來，舒城沙氏子。一日覩上樹人，大悟，走見壽昌。昌問曰：近日如何？山曰：有一條活路，只是不許人知。昌曰：爲什麼不知？山曰：不知不知。道霈頌曰：一條活路滑如苔，捷足如飛不點埃，佛祖不傳真秘訣，鼇奴自得笑盈顋。

師云：先師永覺老人，諱元賢，建陽蔡氏。初聞南泉斬貓話有省，作偈呈壽昌，昌令放下苦參。一日讀法華，至寂寞無人處，讀誦此經典，我爾時爲現清淨光明身，喜不自勝。遂問昌曰：如何是清淨光明身？昌挺身而立。師曰：祇此更別有？昌遂行。師當下豁然，如釋重負，隨入方丈道所得，昌遽棒之三，曰：向後不得草草。仍示偈曰：一回透入一回深，佛祖從來不許人，直饒跨上金毛背，也教棒下自翻身。師猶疑，因甚更要棒下翻身？越四載，因過延津，聞同行僧唱經云：一時謦欬，俱共彈指，是二音聲，徧至十方諸佛世界。廓然大悟，徹見壽昌用處。道霈頌曰：奇珍滿載泊延津，兩岸風光越樣新，一自釣船翻却後，疊疊無地著閑身。

師云：諸佛說法，有二種語，一者隨自意語，二者隨他意語。隨自意語者，如來出世，無非爲一大事因緣，所謂欲令眾生開示，悟入佛之知見。無奈眾生積習濃厚，不能領荷　只得隨他意語。始于鹿野苑，爲憍陳如五比丘，三轉四諦法輪。四諦者，謂苦、集、滅、道也。苦、集是世間果因，滅、道是出世間果因。三轉者，謂示轉、勸轉、證轉。示轉者，謂此是苦，逼迫相，欲界苦苦，色界壞苦，無色界行苦是也；此是集，招感相，貪、嗔、痴、慢、疑、身見、邊見、戒取、戒禁取、邪見等是也；此是滅，可證相，眞諦涅槃，離諸生滅是也；此是道，可修相，三十七助道品等是也。勸轉者，謂此是苦，汝應知；此是集，汝應斷；此是滅，汝應證；此是道，汝應修。證轉者，謂此是苦，我已知，不復更知；此是集，我已斷，不復更斷；此是滅，我已證，不復更證；此是道，我已修，不復更修。陳如五比丘聞佛法音，頓斷見思，證阿羅漢，是爲聲聞乘也。緣覺乘有兩種：一者利根，出無佛世，是爲獨覺。孤峯獨宿，觀緣散滅，自悟無生。二者出有佛世，觀十二因緣得道，名爲緣覺。十二因緣者，一、無明，不了第一義諦，故名無明。二、無明緣行，行，謂罪行、福行、不動行。此二支是因，屬過去。三、行緣識，識者，第八阿賴耶識，爲行牽引，最初投胎。四、識緣名色，與識共生四取蘊，爲名色也。五、名色緣六入，謂名色增長，爲六入也。識、名色、六入三支，俱在胎位。六、六入緣觸，謂出胎之後，漸至長大，根、境、識三事和合生觸。七、觸緣受，謂觸境領納爲受也。識、名色、六入、觸、受五支是果，屬現在。八、受緣愛，於受染着生愛也。九、愛緣取，謂受增長是取也。十、取緣有，謂取所起有漏業爲有也。愛、取、有三支是未來因。十一、有緣生，謂從業起蘊爲生。十二、生緣老死憂悲苦惱。謂蘊熟爲老，蘊壞爲死，意地爲憂，涕泗咨嗟爲悲，五根爲苦，憂苦轉多爲惱。已上十二因緣，三世流轉，此因緣故集，無有集者。無明滅則行滅，行滅則識滅，乃至有滅則生老死憂悲苦惱滅，此因緣故滅，無有滅者。如是隨順觀察緣起之相，是緣覺乘也。菩薩乘，修行六度，謂施、戒、忍、進、禪、慧也。六度度六弊，謂布施度慳貪，持戒度毀犯，忍辱度嗔恚，精進度懈怠，禪定度散亂，智慧度愚痴。是權乘菩薩事六度。若了知自性本無慳貪，隨順修行檀波羅蜜；了知自性本無毀犯,隨順修行尸波羅蜜;了知自性本無嗔恚,隨順修行羼提波羅蜜;了知自性本無懈怠,隨順修行毗離耶波羅蜜;了知自性本無散亂,隨順修行禪定波羅蜜;了知自性本無愚癡,隨順修行般若波羅蜜。度度皆是隨順自性,非自性外別有六度可修,如是則能優入圓頓,是謂無作妙行,爲菩薩乘也。

師曰:三因佛性,應須知。三因者,一曰正因,二曰了因,三曰緣因。正因者,即一切衆生,本有靈覺之性。了因者,謂衆生雖有此性,無始劫來,未嘗了悟,須得了因力,方能照見。所謂非生因之所生,惟了因之所了是也。緣因者,既了悟已,應稱性修行六度萬行,自利利他,福慧圓滿,成兩足尊。

師曰:學道之士,先須究明萬法生起根本,根本若明,入道自然無惑。昔世尊未出世,西天九十六種外道各宗其宗,入主出奴,互相是非,猶如水火。總而言之,不出無因邪因二種。無而忽有,是曰無因;所計虛謬,是曰邪因。有計萬物無因無緣,皆自然生自然滅,如烏色非染,鶴色自白。瑜伽論中有問曰:何因緣故,彼諸外道起自然見?答:謂見世間無有因緣。或時欻爾,大風卒起,或時一日,寂然止息;或時忽爾,暴沙瀰漫,於一時間,頓即空竭;或時鬱爾,果木敷榮,或一時間,颯然衰頹。由如是故,起如是見,立無因論。或計二十五諦從冥生等,或計六句,謂實、德、業、大有、同異、和合等生,或謂大梵天等生,或計時、方、微塵、虛空等,而爲世間及涅槃本,即是邪因也。如此方儒道二教,儒以太極爲因,道以自然爲因。道經云:“人法地,地法天,天法道,道法自然。”周易云:“易有太極,是生兩儀,兩儀生四象,四象生八卦,八卦定吉凶,吉凶生大業”等,皆不出此。若謂無因,乃成大過,謂不應生物,則合常生。石女則應生兒,龜毛亦應生物。不修萬行,應得涅槃,則世出世法,一時俱壞。若計邪因,因雖不無,不達唯心,所計虛謬,其過亦等。

世尊出世，立正因緣，諸計皆破。正因緣者，人天教中謂三界六道，依正二報，皆從業因緣生。小乘教以六識三毒爲世間根本，_{中論}云：“三毒因緣，起于三業；_{身、口、意。}三業因緣，起于三行，_{謂罪行、福}_{行、不動行。}是故有一切法。”大乘始教説有八識，唯是生滅，建立生死及涅槃因。故攝論云：“無始時來界，一切法等依，由此有諸趣及涅槃證得。”界即因義，謂種子識也。其所立識，唯業惑生，真如凝然，常恒不變，不許隨緣。大乘終教所立八識，遍如來藏，隨緣成立。經云：“佛説如來藏，以爲阿賴耶，如金與指環，展轉無差別。”一切衆生，平等一性，但是真如，隨緣成立。頓教總不説法相，唯辨真性，亦無法識差別之相，一切所有，唯是妄想，一切法界，唯是絶言。一乘圓教所説唯是無盡法界，性海圓融，緣起無礙等。若能從淺至深，究竟窮極，知一切法皆是性海緣起，圓融無礙，一即一切，一切即一，生死即涅槃，煩惱即菩提，平等平等，無盡無盡，不唯始終頓是圓，即小乘人天，以及儒道、西天九十六種等，皆是圓教也。

　　師曰：諸佛衆生，山河大地，與我同一法身，諸公還信得及麽？夫法身者，即當人本有之自性也。周遍十方，彌綸萬有，迎之不見其首，隨之罔眺其後，高而無頂，深而無底，旁而無邊，中而無在，淨躶躶，赤洒洒，譬如虛空，具含衆相。於諸國土平等隨入，於諸境界無所分別。口欲譚而詞喪，心欲緣而慮忘，唯證者相應耳。昔<u>小壽</u>禪師因負薪墮地，豁然開悟，乃作偈曰：“撲落非他物，縱橫不是塵，山河並大地，全露法王身。”看他得底人吐語何等親切，直下如空合空，了無縫罅也。如或不然，當信佛語，一乘了義，契自心源。蓋佛語者，一句是一句，一字是一字，真實不虛，非浪語也。<u>華嚴經</u>云：“十方諸如來，同共一法身，一心一智慧，力無畏亦然。”此偈蓋謂佛佛同體也。又云：“心佛及衆生，是三無差別。”謂上至諸佛，下至羣生，與當人自心，同一體性，何差別之有！又云：“法身遍在一切處，

一切衆生及國土，三世悉在無有餘，亦無形相而可得。”謂此法身雖
無形相可得，而與衆生同，與國土同，與三世同。蓋衆生、國土、三
世卽法身，法身卽衆生、國土、三世。設有毫末許不是法身，則法身
有不遍之處，故肇法師云：“天地與我同根，萬物與我一體。”亦是發
明此者。又云：“會萬物爲己者，其唯聖人乎！”昔石頭遷禪師讀至
此，乃拊几歎曰：“聖人無己，靡所不己，法身無象，誰云自他。圓鑑
靈炤于其間，萬象體玄而自現，境智非一，孰云去來！”至哉斯語也！
此可謂善會者也。諸公若欲會萬物爲己，不妨恁麼會也。石頭後
上堂示衆云：“吾之法門，先佛傳受，不論禪定精進，唯達佛之知見，
卽心卽佛。心佛衆生，菩提煩惱，名異體一。汝等當知自己心靈，
體離斷常，性非垢淨，湛然圓滿，凡聖齊同，應用無方。離心意識，
三界六道，唯自心現，水月鏡像，豈有生滅？汝能知之，無所不備。
今衆生不見法身者，以目前有法，見有自己身心，見有三界六道，只
在髑髏上作活計，所以眼不超色，耳不越聲。若明得萬法皆是自心
變現，如水中月、鏡中像，本無生滅，則所謂法身者，泠泠然、頭頭中
顯露矣。”時有僧問曰：“曹溪意旨，誰人得？”頭曰：“會佛法人得。”
曰：“師還得否？”頭曰：“不得。”曰：“爲什麼不得？”頭曰：“我不會佛
法。”你看他古人下語，這裏箇會字也容不得。又僧問：“如何是解
脱？”頭曰：“誰縛汝？”曰：“如何是淨土？”頭曰：“誰垢汝？”曰：“如何
是涅槃？”頭曰：“誰將生死與汝？”若知得石頭落處，兩頭坐斷，中道
不居，許渠親見法身。三世諸佛證極法身，與諸佛衆生，山河國土，
同一體性，故能具足同體大悲，一苦一切苦，一樂一切樂，盡法界、
虛空界，凡一衆生起一念處，悉皆知得，現身拔拔。故經云：“佛身
充滿於法界，普現一切羣生前，隨緣赴感靡不周，而恒處此菩提
座。”若能信佛功德者，此人具足大福智，不是等閒人也。

　　師曰：諸佛衆生，皆具三身四智。三身者，法身、報身、化身也。

六祖大師云:"清淨法身,汝之性也;圓滿報身,汝之智也;千百億化身,汝之行也。"佛與衆生,同一法身,無二無別。佛之報身有二:一自受用身,唯佛與佛乃能知之;二他受用身,則盧舍那佛,萬德莊嚴,爲十地菩薩説華嚴經者是也。化身者,卽梵網經云:"爾時盧舍那方坐蓮花臺,周匝千華上,復見千釋迦。一華百億國,一國一釋迦,各坐菩提樹,一時成佛道"者是也。但諸佛已證,衆生猶迷,體雖本具,日用不知也。四智者,曰大圓鏡智、曰平等性智、曰妙觀察智、曰成所作智。迷卽爲識,悟卽成智。識有八種:第一眼識,第二耳識,第三鼻識,第四舌識,第五身識,第六意識。第七末那識,此云染污意,卽六識之根也,以與我癡、我愛、我見、我慢四惑相應,執第八阿賴耶識見分爲自内我,一向内緣,衆生我執堅固,牢不可拔,根本在此。第八阿賴耶識,此云藏識,具三藏義故。一能藏,以能含藏根身器界種子故;二所藏,以自體藏於根身器界種子中故;三我愛執藏,爲末那執爲我故。亦名根本識,爲前七識作根本故。又名異熟識,以能酬第六識所造引滿二業,隨類受生,謂異時而熟、異性而熟、異類而熟故。轉智者,轉阿賴耶識爲大圓鏡智,轉末那識爲平等性智,轉第六意識爲妙觀察智,轉前五識爲成所作智。識智本無二體,但有迷悟之殊,衆生用識,菩薩用智。湼槃經四依品中,令依智不依識者,正令其轉之之功也。

師曰:衆生無始以來,昧却靈明廣大自性,妄認四大爲身,見聞覺知爲心。楞嚴所謂,譬如百千澄清大海棄之,唯認一浮漚,目爲全潮,窮盡瀛渤,名爲可憐愍者。夫四大者,無過一髑髏耳,雖行坐去來,語言音響猶如機關木人,線斷卽休;見聞覺知者,無過一六塵緣影耳,雖聞聲見色,昭昭靈靈,猶如水中之月,旋卽蕩漾。目因業受身,身還造業,從心起境,境復生心,繆轉纏綿,無由得出。華嚴經云:"此諸凡夫,愚癡無智,甚爲可愍。有無數身,已滅、今滅、當滅，如是盡滅。”不能於身而生厭想，轉更增長機關苦事，隨生死流，不能還反。於諸蘊宅不求出離，不知憂畏四大毒蛇，不能拔出諸慢見箭，不能息滅貪恚癡火，不能破壞無明黑暗，不能乾竭愛欲大海，不求十力大聖導師，入魔意稠林，於生死海中，爲覺觀波濤之所漂溺。此諸衆生，受如是苦，孤窮困迫，無捄無依，無洲無舍，無薑無目，無明覆翳，黑暗纏裹。我今爲彼一切衆生，修行福智助道之法，獨一發心，不求伴侶，以是功德，令諸衆生畢竟清淨，乃至獲得<u>如來</u>十力無礙智慧。今菩薩發心欲度衆生，先令看破此身。身見既破，則心見不破而自破矣。昔有人獨宿空亭，至中夜，見一鬼持髑髏至，後一鬼隨來，二鬼各争，謂是我屍。争之不已，遂問人曰：此尸是誰持來？其人思惟，二鬼凶惡，不若實言。遂指前鬼曰：是彼持來。後鬼大怒，遂拔其人一手食之。前鬼曰：是吾累汝。遂拔尸一手補之。通身拔食既盡，乃舉手拭口而去，前鬼一一以尸補之。天明，其人心中狂亂，乃至祇陀林，見諸比丘問曰：我有身否？由一僧房，至一僧房，皆如是問。有尊者曰：此人知無身，可以度矣。遂謂之曰：汝本無身，乃假借四大以爲身耳。其人大悟，證阿羅漢果。

陳<u>蔚公</u>居士曰：“維天之命，於穆不已”，此天命之本體也。“天命之謂性”，此天命之流行及物也。師曰：此亦一說也，但性字似說得淺了。愚謂，天命二字，卽本詩“維天之命，於穆不已”而來。“於穆”謂天，“不已”謂命。“之謂性”三字，乃<u>子思</u>子註脚之詞，謂天命卽凡聖共有之妙性也。衆人與聖賢，皆同此一性，但衆人背之而妄行，日用不知，聖賢盡之而還源，循性起用。若能依道修習，忘情合性，則衆人亦可以至於聖賢也。

<u>蔚公</u>居士曰：<u>周子</u>主静，<u>程</u>、<u>朱</u>主敬，此超凡作聖要訣云云。師曰：静、敬，<u>孔</u>門妙諦也，<u>宋</u>儒拈出示人，極力發揮，最爲親切，卽<u>釋</u>氏入道之方，亦豈能外此。若更明得静、敬之本體，如伐樹得根，灸

病得穴，皆可應手而驗矣。古云：學佛始知儒。此語豈欺人哉！但
今初學佛法，且從一門深入，不必一一配合，若果於佛法深生正信，
子細研窮，豁然貫通，則不獨靜、敬與佛法合，凡四書五經中，無一
句一字，不是佛法中第一義諦也。

（據續藏經第一輯第二編第三十套第五冊）

八、答　客　難

　　旅泊道者一日坐多寶塔下，方與諸子論聚沙成佛之旨。有客
坐旁，氣色艴然，犯衆而出，曰：吾儒聖經一章，其中格致誠正，修齊
治平八條，乃孔門之大綱領，佛家竊去前一半，作明心見性工夫，而
將後一半抛了，陷爲無父無君之人。此某所以素抱不平，欲排之而
不暇，今子又誇詡成佛之理，以張大其門庭，得無重欺吾人乎！道
者欣然而笑曰：聖經八條工夫，前半佛家竊得去，後半抛得下。而
子儒者，反竊不去抛不下？竊不去所以利欲擾其心，軒冕累其志；
抛不下，所以不自信作佛，甘作闡提人，亦無怪其然也。坐！吾試
語汝。以儒佛各具八條之理，異而同，同而異，未可入主出奴，作矮
人觀場之見也。夫儒所謂格物者，格事物之物；致知，致見聞覺知
之知；誠意，誠意根之意；正心，正虛妄生滅之心；修身，則修四大之
身；齊家，則齊一己之家；治國，則治一區之國；平天下，則平率土之
天下。此内聖外王之學，孔子治世聖人，化導人類，設教不得不然
也。八者備而後爲真儒，否則優孟之衣冠而已。夫佛所謂格物者，
格轉物爲己之物；致知者，致般若無知之知；誠意者，誠意識本空，
全體妙觀察智之意；正心者，正本有常住之真心；修身，則修幻身即
法之身；齊家，則齊三界之家；治國，則治三千大千之國；平天下，則

平盡法界虛空界，極十方三世微塵刹土之天下。此乃盡理盡性之學，釋迦世出世大聖人，普接三根及最上乘大根器，設教廣大精微如此。苟學佛而不能入此大法門，雖不滯於人天，亦必墮於小乘。若與儒較量，則佛教之淺淺，已爲名教之深深，更與竊前拋後之論，而欲排之，是徒泥其迹而眛其本也。所云無君父者，得無謂其薙髮毀形，辭親離黨，高蹈物表乎？良由不知方外之教，而以方内求之，誤矣！故古人有言，事君以治一國，未若弘道以濟萬邦；事親以成一家，未若弘道以濟三界。且被袈裟，振錫杖，飲清流，詠般若，雖公王之服，八珍之饌，鏗鏘之聲，煒燁之色，不與易也。以此觀之，所重者在此而不在彼耳。客於是釋然悟曰：某溺名相，苟不遇子，幾空度一生，焉知佛法庭宇廣大深遠若此者乎！而今而後更不敢輕議乎佛矣！乃再拜而去。良久，問侍僧曰：適來夢語哆唎，道箇甚麼？侍僧無對，道者亦嗒然忘言。

（選自爲霖禪師旅泊菴稿卷四，據續藏經
第一輯第二編第三十一套第一册）

九、至聖孔子贊有引

　　余讀諸家孔子贊，皆各得其一偏，未見大全。竊欲作孔子全贊，而不可得。一日讀中庸，至"仲尼祖述"一章，始知子思子已贊之矣。以孔子配天地而稱爲至聖，寧復有加於此者乎？宋儒不達，乃分爲兩章，使文理隔斷，迷亂後學，乃特錄一篇，寄潘土閣道兄，不知鄙見有當否？

　　仲尼祖述堯、舜，憲章文、武，上律天時，下襲水土。辟如天地之無不持載，無不覆幬；辟如四時之錯行，如日月之代明，萬物並育而不相害，道並行而不相悖。小德川流，大德敦化，此天地之所以爲大也。唯天下至聖，爲能聰明睿知，足以有臨也；寬裕温柔，足以有容也；發强剛毅，足以有執也；齊莊中正，足以有敬也；文理密察，足以有別也。溥博淵泉而時出之，溥博如天，淵泉如淵。見而民莫不敬，言而民莫不信，行而民莫不説，是以聲名洋溢乎中國，施及蠻貊。舟車所至，人力所通，天之所覆，地之所載，日月所照，霜露所墜，凡有血氣者，莫不尊親，故曰配天。

（同上）

續　法

　　〔簡介〕　續法，後名成法，字柏亭，別號灌頂，俗姓沈，生於公元一六四一年(明思宗崇禎十四年)，死於公元一七二八年(清世宗雍正六年)，仁和(今浙江杭州)人。他自幼出家，九歲禮杭城慈雲寺華嚴宗師明源爲師，於課誦大小經讖外，兼通四書、詩、易等。十六歲落髮，十九歲受具足戒。

　　續法是一位博通佛典的學僧，他精研般若、華嚴、法華、楞嚴、梵網、圓覺、起信論等各種經論，對諸宗的旨趣異同，有相當的研究，其中尤其對華嚴宗更有很深的研究。他後來住杭州天竺寺，五十年中專講華嚴，其所著賢首五教儀，爲以後學賢首宗者必讀之教科書。他詳細地考訂了華嚴宗的傳授系統，被認爲是清代華嚴宗的"中興"者。

　　續法一生著作極富，主要的有：華嚴別行經圓談疏鈔記十二卷，楞嚴經序釋圓談疏二十五卷，賢首五教儀六卷，賢首五教儀開蒙一卷，賢首五教斷證圖一卷，法界觀鏡纂注二卷，法界宗蓮花章一卷，華嚴鏡燈章一卷，五祖略記一卷，大乘起信論疏記會閱十卷，金剛經直解五卷，心經事觀解、性理解一卷等。

中國佛教思想資料選編

一、賢首五教儀開蒙

叙

丙午出教儀六卷，欲誦之而未能也。己酉略成一卷，練習之以爲日課，久久漸得其奧妙。初集錄也，知教觀之創於華嚴諸祖；次閲藏也，知教觀之本於經論；後精純也，知教觀之從於自心流出，不從遮那佛口所宣。從兹，於如來一代時教，或判或釋，無有不當者矣。乙卯秋，講全本教儀一遍，聽衆茫然。辛酉再講，落堂考之，衆亦不知教觀義之終始，此皆不熟究之故也。遂於篋中出是略本，普令錄之，晝夜研誦，然後各各慶其不月而工成。教觀義果，燦發於心花，入室禮謝時，問之，果然豁通而無礙焉，因請梓流傳。予曰：詳而又略，不亦贅乎？衆曰：詳之略之，各有其益。非略本不能開童蒙、便記誦，非詳本不能訓久學、施化導。苟能利於生物，幸無祕惜也。壬戌春，募資刻之。蓋大千之人，莫不有法界心，具法界心者，莫不以教觀昭廓，俾現前知見而成普賢甚深知見，則此略本非僅應蒙童之求耳，實爲行遠登高之要訣也。學佛法者，顧可負諸！

賢首大師判釋一代佛教，不出三時、十儀、五教、六宗、三觀。

言三時者，有別有通。

別三時者，第一，日出先照時。爲圓頓大根衆生，轉無上根本法輪，名爲直顯教。令彼同教一乘人等，轉同成别，所謂或日初分時入，初善是也。故華嚴云：譬如日出，先照須彌山等諸大高山，如來亦復如是，成就無邊法界智輪，常放無礙智慧光明，先照菩薩諸大山王。法華方便品云：我始坐道場，時即自思惟，若但讚佛乘，衆生没在苦，不能信是法，破法不信故。信解品云：爾時長者，處師子座，眷屬圍繞，諸人侍衛，出内財産，注記券疏，窮子見父，馳走而去，即勑使者追捉將來，窮子驚喚，迷悶躃地。其經即是華嚴、梵網等也。

第二，日昇轉照時，先總後別。

總者，此轉照時，爲下中上三類衆生，轉依本起末法輪，名爲方便教。令彼三類人等，轉三成一，所謂或日中分時入，中善是也。故華嚴云：但以山地有高下，故照有先後。楞伽云：日出光等照，下中上衆生，如來照世間，爲分部諸法。法華方便品云：復作如是念，我出濁惡世，如諸佛所説，我亦隨順行。以方便力故，爲五比丘説，爲諸衆生類，分別説三乘。雖復説三乘，但爲教菩薩。

別者，於日中分，照有三轉，謂初轉、中轉、後轉時也。

初轉時者，謂佛初於鹿苑，爲鈍根下類衆生，轉小乘法輪，名爲隱實教。令彼凡夫外道，轉凡成聖。華嚴云：次照黑山。如來智輪，次照聲聞緣覺。法華云：長者知子，愚癡狹劣，即以方便，更遣餘人。眇目矬陋，無威德者，汝可語之，云當相雇，除諸糞穢，倍與汝價，窮子聞之，歡喜隨來，爲除糞穢，淨諸房舍。其經即是提胃、阿含等也。

中轉時者，謂佛次於中時，爲中根一類衆生，轉三乘法輪，名爲引攝教。令彼二乘人等，轉小成大。華嚴云：次照高原。如來智輪，次照決定善根衆生，隨其心器，示廣大智。法華云：長者有智，漸令入出，經二十年，執作家事。其經即是深密、方廣等也。

後轉時者，謂佛次於後時，爲利根上類衆生，轉大乘法輪，名爲融通教。令彼權教三乘，轉權成實。華嚴云：然後普照一切大地。如來智輪，然後普照一切衆生，乃至邪定，亦皆普及。爲作未來利益因緣，令成熟故。法華云：爾時長者，自知不久，示其金銀，真珠玻璨，諸物出入，皆使令知。其經即是妙智、般若等也。

第三，日没還照時。爲上上根衆生，轉攝末歸本法輪，名爲開會教。令彼偏教五乘人等，轉偏成圓，所謂或日後分時入，後善是也。故古德義取出現文意説云：如日没時，還照高山。如來智輪，最後還照菩薩諸大山王。十定品云：譬如日天子，周行照曜，晝夜不住。日出名晝，日没名夜，菩薩亦復如是。法界品云：譬如日輪，無有晝夜，但出時名晝，没時名夜。菩薩智輪，亦復如是，無有分別，但隨心現，教化衆生。法華方便品云：我見佛子等，志求佛道者，我即作是念，如來所以出，爲説佛慧故。今正是其時，正直捨方便，但説無上道，教化諸菩薩，無聲聞弟子。信解品云：父知子心，漸已曠大，即聚親族，説是我子，凡我所有，舍宅人民，悉以付之，恣其所用。子念昔貧，今於父所，大獲珍寶，甚大歡喜。其經即是法華、涅槃等也。

通三時者，第一，唯約一念時。謂於一刹那中，即遍法界無盡之處，頓説無量諸法門海。

第二，盡該一化時。謂從我佛初成道時，第二七日，乃至如來般涅槃夜，於此一代時化之中，普遍重重法界之處，常説種種無盡經法。

第三，遍周三際時。謂盡前後際各無邊劫，常恒周遍，演説諸經，初無暫息。

第四，攝同類劫時。謂彼三際無邊劫中，一一劫内，各攝無量同類劫海，如長劫唯攝長劫，短劫唯攝短劫。然時與劫各有多相，華嚴明時有八：謂長、短、染、淨、廣、狹、多、少；劫有十二：謂長、短、一、無數、有量、無量、有盡、無盡、一念、不可説、一切、非劫。於彼無量同類劫中，恆説一切權實教門。

第五，收異類劫時。謂彼無邊一一劫中，各攝無量異類劫海，如長劫攝短劫，短劫攝長劫等。於彼一切異類劫内，恆説諸法。

　　第六，以念攝劫時。謂於一念之中，即攝前後無量無邊同異類劫。一念既爾，餘一切念，一一念中，皆各普攝盡前後際一切劫海，如是時劫説無盡教。

　　第七，劫念重收時。謂一念中所攝劫內復有諸念，而彼諸念，復攝諸劫。一念既爾，餘一切念劫內諸念，攝劫亦然。是則，念念既不盡，劫劫亦無窮，如因陀羅網，重重無盡，於彼諸劫説諸經海。

　　第八，異類界劫時。謂前之七重且約同類，如今娑婆一類界等。今辨樹形、江河形等無量無邊異類界刹，刹既同處，而有時劫不同，亦有時劫相同，而有長短各別分齊，然世界形相，略開二十種。華藏品云：須彌山形，江河形，迴轉形，旋流形，輪輞形，壇墠形，樹林形，樓閣形，山幢形，普方形，胎藏形，蓮華形，佉勒迦形，衆生身形，雲形，諸佛相好形，圓滿光明形，種種珠網形，一切門闥形，諸莊嚴具形。如是等有世界海微塵數，又收彼界，總成八類：謂穢世界，净世界，小世界，大世界，亂世界，妙世界，狹世界，廣世界。並盡彼界時劫，常説一切諸法。

　　第九，彼此攝入時。即彼異類界中所有時劫，亦復各別相收，或同異類界時，互相攝入。若念若劫，重重無盡，同前四五六七，悉於彼時恆説諸門。

　　第十，以本收末時。謂以非劫爲劫故，如華藏界中，以非劫爲劫，劫即非劫。念等亦爾，以時無長短，離分限故，以染時分，説彼劫故。以時無別體，依法上立，法既融通，時亦隨爾故。於此無量不可説劫，常説諸教，初無休息。

　　言十儀者，第一，本末差別門。謂本末同時，始終一類，各無異説。然有三位：一、若小乘中，則初度陳如，後度須跋，中間亦唯説小益小，如四阿含、五部律等。二、若約三乘，則始終説三，通益三

機,中亦説三益三,如密迹等。三、若約一乘,則始終唯爲圓機,説
於圓極,其中不通小乘三乘,復攝九世,該於前後,更無異説,如華
嚴等。然此三類,依於此世根性定者,常開如上一類之法,故佛所
演,各通始終,更無前後。

　　第二,依本起末門。此有五類:謂初爲菩薩説大,二爲緣覺,三
爲聲聞,四爲善根衆生,五爲邪定。如出現品,日照高山,及三千初
成喻中,廣辨其相,皆明先大後小,約法名從本起末。以於一佛乘
分別説三故,十八本二皆大乘出故。約機各是一類之機,非約一機
前大後小。

　　第三,攝末歸本門。依無量義經,初時説小,次説中乘,後時説
大。法華亦云:昔於波羅奈,轉四諦法輪,今復轉最妙無上大法輪。
深密、妙智説,皆先小後大。然此門中有二類人:一者,一人備歷小
大,如四大聲聞等;二者,先裹小人,未必後時裹大,以小性定故。而
聞後時説大,故異前始終俱小。後裹大人,未必要從小來,以有頓
悟機故。而知先來説小,故非前始終俱大。

　　第四,本末無礙門。謂初舉照山王之極説,明非本無以垂末;
後顯歸大海之異流,明非末無以歸末。故本末交暎,與奪相資,方
爲攝生之善巧矣。是故通論總有五位:一、根本一乘,如華嚴;二、
密意小乘;三、密意大乘;四、顯了三乘,皆如深密;五、破異一乘,如
法華。

　　第五,隨機不定門。謂上之四門,初門明三類機,始終常定;次
門明五類機,異時常定;三門明一類機,自淺之深;四門明二類機,
初機聞頓,後機從淺至深。更有一類不定之機,或從小乘,次入三
乘,後入一乘;亦有從小直入一乘;或多類機,隨聞一句,異解不同。

　　第六,顯密同時門。謂同聽異聞,若互相知者,是顯不定;若互
不相知者,即是祕密。顯密同時,亦無前後。

第七，一時頓演門。謂上來諸門，一時頓演。華嚴經云：如來於一語言中，演說無邊契經海。

第八，寂寞無言門。謂從初得道，乃至涅槃，不説一句。般若云：我從成道已來，不説一字，汝亦不聞。

第九，該通三際門。謂此上諸門，盡通三際。經云：一法門中無量門，無量千劫如是説。

第十，重重無盡門。謂前之九門，隨時隨處，重重無盡，皆無前後。經云：毗盧遮那佛，願力周法界，一切國土中，恆轉無上輪。

言五教者，初，小乘教，亦名愚法二乘教。異大乘故，逐機設故，隨他語故，以明法數，一向差別。所謂揀邪正、辨聖凡、分欣厭、析因果也。

二，大乘始教，亦名分教。但明諸法皆空，未盡大乘法理，故名爲始；但明一切法相，有成佛不成佛，故名爲分。

三，終教，亦名實教。由明緣起無性，一切皆如，定性二乘，無性闡提，悉當成佛，方盡大乘至極之説，故名爲終，以稱實理，故名爲實。

上之二教，並依地位漸次修成，故總名漸。

四，一乘頓教。但一念不生，即名爲佛，不依地位漸次説故。思益云：得諸法正性者，不從一地至於一地。楞伽云：初地即爲八，無所有何次。不同於前漸次修行，不同於後圓融具德，故立名頓。問：此若是教，更何是理？答：頓詮此理，故名頓教。別爲一類離念機故，亦爲對治空有俱存三種著相人故，即順禪宗。

五，圓教。統該前四，圓滿具足，一位即一切位，一切位即一位，是故十信滿心，即攝五位成正覺等。依普賢法界，性相圓融，主伴無盡，身刹塵毛，交遍互入，故名圓教。華嚴云：顯現自在力，爲説圓滿經，無量諸衆生，悉受菩提記。

　　若約所詮法相者，初小教中，説有七十五法，唯明人空，不明法空，縱説法空，少不明顯，但依六識三毒，建立染淨根本。故阿含云：貪恚愚癡，是世間根本。未盡法源，故多静論。

　　總相如是，別舉十門。

　　説唯六識，分爲心意識。除佛一人有菩提性，餘諸衆生無佛種性。資加見修證中，忍位得不退轉。聲聞下根，極疾三生得果，最遲經六十劫；獨覺中根，極疾四生，遲經百劫；如來上根，定滿三祇。但分段身，至究竟位。斷煩惱障，證我空理。既趣寂後，皆無回心。佛果相好，唯是無常。娑婆閻浮，爲佛報土，三千百億，即攝化境。此釋迦身，報非法化，或立爲二，即有生身化身佛別。

　　二，始教中，廣談法相，少及法性，其所云性，亦是相數。説有百法，抉擇分明，故少静論。但説諸法一切皆空，不説不空中道妙理。

　　總相雖爾，別開二門：先對他教辨異。

　　初，相義有十。説有八識，唯是生滅，依生滅識，建立生死及涅槃因。法爾種子，有無永別，是故三乘五性，決定不同。既所立識唯業感生，故所立真如常恆不變，不許隨緣。依他起性，似有不無，非即無性真空圓成，經説空義，但約所執。既言三五乘性不同，故説一分衆生決不成佛，名生界不減。真俗二諦，迥然不同，非斷非常，果生因滅。同時四相，滅表後無。根本後得，緣境斷惑，義説雙觀，決定別照。以有爲智，證無爲理，義説不異，而實非一。既出世智依生滅識種，故四智心品爲相所遷，佛果報身有爲無漏。

　　次，空義有五。説一切法皆無自性，即是真如。能了此者，即名真智。所詮法義不出二諦，法相名俗，無爲爲真，有謂依計，空謂圓成。雖説佛身，五求不得，得即虛妄，無得乃真，離一切相，名佛功德。

次約當教詳明，亦有十門。

說賴耶識爲諸法依，從業種生，唯是生滅。就有爲中立五種性，由法爾故，無始時來，一切有情有無永別。資等五位，乾等十地，修至加行性地位中，得不退墮。成菩提道，定滿三祇。亦是分段，至究竟果。聲聞緣覺，斷煩惱種，分斷所知，菩薩俱斷。但於二障，分別起者，地前伏現，見道斷種，俱生起者，於十地中，漸次斷滅，金剛定盡。決定性者，趣寂不回，不定性者，並回向大。三十二相，是化身好，八萬四千，是報身德。但此修生及佛法身，俱常無常。以釋迦身隨他受用，實報淨土在首羅天，化身充滿百億閻浮。如來法身，唯真境界，釋迦佛身，化非法報，或分生法二身，或開三佛四佛。

三，終教中，多談法性，少及法相，其所云相，亦會歸性。盡大乘說，故無諍論。由明不空真如中道，不但說空以爲至極。

總相雖爾，別亦二門：先對他教辨異。

初，對相亦十。所說八識，通如來藏，隨緣成立，生滅與不生滅，和合而成，非一非異。一切衆生，平等一性，皆同一乘，同一解脫。但是真如，隨緣成立。依他無性，卽是圓成。一理齊平，故說生界佛界，不增不減。第一義空，該通真妄，真非俗外，卽俗而真故，雖空不斷，雖有不常。四相同時，體性卽滅。緣境斷惑，不二而二，有能所斷，二而不二。說爲內證，照惑無本，卽是智體，照體無自，卽是證如。非智外如爲智所證，非如外智能證於如。既世出世智，依如來藏，始本不二，則有爲無爲，非一非異。故佛化身，卽常卽法，不墮諸數，況於報體，卽體之智，非相所遷。

次，對空亦五。但明自性常住真心方爲實理，此真如體唯是一心。一心真實，本自能知，通於理智，徹於染淨。所詮法義，具足三諦：色等即空，是爲真諦；空即色等，乃爲俗諦；一真心性，非色非空，能空能色，名爲中道第一義諦。遍計執性，情有理無；依他起性，相有性無；圓成實性，理有情無，性有相無。一切諸佛，自體皆具常樂我淨真實功德，身智通光，一一無盡，性自本有，不待機緣。

次約當教詳明，亦有十門。

說黎耶識，乃是真如隨緣合成，是故八識通如來藏，非唯生滅。就真如中立種性故，遍諸衆生皆有佛性。信等五十二位之中，修至初住，即得不退。行成佛果，不定三祇，亦無百劫修相好業。地前留惑，受分段身，初地斷種，受變易身。於二障中，正使習氣，三賢伏現，見道除種，地上侵習，佛位究淨。一切二乘，無不回心。報身相好，八萬四千，修生法身，亦常無常。所住依果，在三界外，數世界種無量恆沙，爲一佛界所攝化境。如來法身，唯以妙智，或以境智；釋迦佛身，亦法報化，成立二身三身，或建四佛五佛。

四，頓教中，總不說法相，唯辨真性。一切所有，唯是妄想，一切法界，唯是絕言。五法與三自性俱空，八識與二無我盡遣。訶教勸離，毀相泯心。生心即妄，不生即佛。亦無佛無不佛，無生無不生。如淨名默住顯不二等，是其意也。

總相如是，別亦十門。

說一切法，唯一真如。離言說相，名爲種性。一念不生，即名爲佛，有何行位漸次差別。既惟一念，無時可說。所依身分，亦不可說。一切煩惱，本來自離。二乘聲聞，非回不回。一切佛身，唯一法身，相盡離念，平等平等。不可說有功德差別，亦不可說常與無常。依真而住，非有國土。如來法身，非境非智；釋迦佛身，法非報化，是故唯立一實性佛。

五，圓教中，所說唯是無盡法界，性海圓融，緣起無礙，相即相入。如因陀羅網，重重無際，微細相容，主伴無盡，十十法門，各攝法界。

總相如是，別亦十門。

説一法界性起爲心，或開十心以顯無盡。菩薩種性，卽因卽果，盡三世間一切諸法，甚深廣大，與法界等。攝前諸教所明行位，始從十信，乃至佛地，六位不同，隨得一位，得一切位。一切時分，悉皆不定，念劫圓融，自在無礙。但分段身，至於十地。斷除惑障，一卽一切。一切二乘，並已回竟，悉無所回。佛實相好，有十蓮華藏世界海微塵數相，彼一一相，皆遍法界。業用亦爾，然德用體，通常無常。靈山淨土，華藏世界，無量雜類諸國土海，皆是十佛攝化境界。如來法身，境智存泯，或具或絶；釋迦佛身，非但三身，亦卽十身，故立十佛以顯無盡。

若出斷證分齊者，初，小教中，先聲聞位有五：一、資糧位。修五停心，總別相念，三種觀行。二、加行位。觀四真諦，漸能伏除煩惱分別。三、通達位。卽須陀洹，斷三界八十八使分別見惑。見真諦故，又名見道。四、修習位。謂於欲界九品俱生思煩惱中，斷前六品，名斯陀含，斷後三品，名阿那含。五、無學位。斷上八地七十二品俱生思煩惱盡，名羅漢果。子縛已斷，果縛猶存，名有餘涅槃；若灰身泯智，名無餘涅槃。

次辟支，有二：一、緣覺。值佛出世，稟因緣教，觀生滅門，覺真諦理故。二、獨覺。出無佛世，獨宿孤峰，觀物變易，自覺無生故。雖名不同，行位無別。然斷三界分別俱生，與聲聞同，更侵習氣，故居其上。

後明佛，從本因地初發心時，緣四諦境，發四弘願，於三僧祇修六度行。初祇從古釋迦至於尸棄，值七萬五千佛，若望聲聞，卽資糧位。二祇從尸棄至於然燈，值七萬六千佛，齊煖位。三祇從然燈至毗婆尸，值七萬七千佛，齊頂位。修行六度各各滿後，更住百劫種相好因，是下忍位。次入補處，生兜率，托胎出胎，出家降魔，安坐不動，爲中忍位。次一刹那入上忍位，後一刹那入第一位。發真無漏，三十四心，頓斷分別俱生煩惱習氣。在於染變化土，成劣應身佛，坐生草座，説小乘諦緣之法，令彼一類下下凡夫外道，轉凡成聖也。

二，始教中，信等四位，伏除二障分別現行，與小教總相念齊，即資糧、乾慧地也。煖等四加，伏除二障分別種現，與小教四善根齊，即加行、性地也。初地斷二障分別種，與小教初果齊，即通達、見地也。三五七地，斷二障俱生現種三五七分，與小教二三四果齊，即薄欲、離欲、已辦地也。八地斷八分，與小教辟支齊，即辟支地也。九地斷九分，與小教佛果齊，等覺斷十一分，即菩薩地、修習位也。妙覺十二分盡，即佛地、究竟位。在於淨變化土，成勝應身佛，坐天衣座，説大乘空相之法，令彼小乘，及下根凡夫外道，轉小成大也。

三，終教中，七信伏二障分別俱生現行麤分，與始十向齊。十信伏二障分別俱生現行細分，與始第一齊。初住除煩惱分別俱生現行，與始初地齊。七住除所知分別俱生現行，與始七地齊。二行伏二障分別俱生種子麤分，與始妙覺齊。十行伏二障分別俱生種子細分，初向除二障分別俱生種子麤分，十向除二障分別俱生種子細分，四加伏二障習氣，初地至妙覺，斷習氣十二分。在於受用土中，成受用身佛，坐金剛座，説大乘藏心之法，令彼權教菩薩，及二乘人，並一類中根凡夫外道，轉權成實也。

四，頓教中，初信伏二障分別俱生現行，與終十信齊。七信除煩惱分別俱生現行，與終初住齊。初住除所知分別俱生現行，與終七住齊。七住伏二障分別俱生種子，與終二行齊。十行除二障分別俱生種子，與終十向齊。初向除習氣一分，與終初地齊。二地除習氣十二分，與終妙覺齊。妙覺除習氣二十二分盡。在於法性土中，成法性身佛，坐虛空座，説一乘眞性之法。令彼漸教菩薩，及二乘人，並一類上根凡夫外道，轉漸成頓也。

五，圓教中，初信除煩惱分別俱生現行，與頓七信齊。七信除所知分別俱生現行，與頓初住齊。九信伏二障分別俱生種子，與頓七住齊。十住除二障分別俱生種子，與頓十行齊。初行除習氣一分，與頓初向齊。初向除習氣十一分，與頓初地齊。二地除習氣二十二分，與頓妙覺齊。妙覺除習氣三十二分盡。在於無障礙法界土中，成無障礙法界身佛，坐普融無盡師子座，説一乘緣起法界之法。令彼偏教菩薩，及一切回心佛果二乘，並一類上上根凡夫外道，轉偏成圓也。

言六宗者，一，隨相法執宗。謂一切我法中，起有無執故。卽小乘諸師，依阿含、緣生等經，造婆沙、俱舍諸部論等。

於中又六：一，我法俱有宗。此中有二：一、人天乘，二、小乘，謂犢子、法上、賢冑、正量、密林山部等。彼立三聚法：一、有爲聚法，二、無爲聚法，三、非二聚法。初二是法，後一是我。又立五法藏：一、過去，二、現在，三、未來，四、無爲，五、不可説藏。此卽是我，以不可説是有爲無爲故。然此一部，諸部論師共推不受，呼爲附佛法外道。以諸外道所計雖殊，皆立我故。

二，法有我無宗。謂薩婆多、上座、多聞等。彼説諸法，二種所攝：一、名，二、色。或四種所攝，謂三世及無爲。或五種所攝，謂：一、心，二、心所，三、色，四、不相應，五、無爲。故一切法，皆悉實有。於諸法中，並不立我，以無我故，異外道計。又於有爲之中，立正因緣，以破外道邪因無因。然外道見雖有九十五種，或計二十五諦從冥生等，或計六句和合生等，或謂自在梵天等生，或謂微塵宿作等生，或執時方虛空等，而爲世間及湼槃本。統收所計，不出四見：謂數論計一，勝論計異，勒沙婆計亦一亦異，若提子計非一非異。若計一者，則謂因中有果；若計異者，則謂因中無果；三則因中亦有無果，四則因中非有無果。餘諸異計，皆不出此。雖多不同，就其結過，不出二種。從虛空生，即是無因，餘皆邪因。然無因邪因，乃成大過。謂自然虛空等生，應常生故。以不知三界由乎我心，從癡有愛流轉無極，迷正因緣故。異計紛然，安知因緣性空，真如妙有耶！廣明異計，如瑜伽、顯揚、婆沙、中、百、金七十論等。

三，法無去來宗。謂大衆、説轉、雞胤、制多、西山、北山、法藏、飲光部等。唯説現在諸有爲法及無爲法耳，以過未之法，體用俱無故。

四，現通假實宗。謂説假部。就前現在有爲法中，在五蘊爲實，在界處爲假，隨應諸法，假實不定。其成實論末經部師，即是此類。

五，俗妄真實宗。即説出世部等。謂世俗法皆假，以虛妄故；出世法皆實，非虛妄故。

六，諸法但名宗。即一説部等。謂一切我法，但有假名，無實體故。

二，唯識法相宗。謂一切諸法，皆唯識現故。即無著、天親，依方廣、深密等經，造瑜伽、唯識論等。

三，真空無相宗。謂一切諸法，皆空無相故。即提婆、清辨，依般若、妙智等經，造中、百、門、掌珍論等。

四，藏心緣起宗。謂一切諸法，唯是真如隨緣，具恒沙性德故。即堅慧、馬鳴，依勝鬘、湼槃等經，造寶性、起信論等。

五，真性寂滅宗。謂相想俱絶，直顯性體故。即馬鳴、龍樹，依楞伽、般若等經，造真如三昧、智度論等。

六，法界圓融宗。謂無盡法界，如因陀羅網，主伴重重圓融無礙故。卽龍樹、天親，依華嚴等經，造不思議、十地論等。

言三觀者；先所依體事，總爲十對。

一，教義。卽小、始、終、頓、圓，爲教；七十五法、五位百法、八十一科、二門三大、一百八句、二智十如、六相十玄，爲義。

二，理事。人空、二空、依言、離言、法界、真如，爲理；亦漏無漏、有爲無漏、無爲無漏、非漏無漏、普融無盡身土，爲事。

三，境智。四諦、二諦、三諦、第一義諦、無盡諦理，爲境；無漏淨慧、根本後得、權實無礙、內證自覺、十十無盡，爲智。

四，行位。觀四真諦、六度萬行、四信五行、遣二無我、一攝一切，爲行；資加等五、信住等六，爲位。

五，因果。七方便等、等覺已下，爲因；須陀洹等、妙覺，爲果。

六，依正。淨化、劣、勝受用、法性、法界、身土，爲依，爲正。

七，體用。五分法身、丈六報身，離一切相凝然法身、功德滿足四智報身、體大法身、相大報身、絕待離言一實之性不分三異清淨法報、真應相融一多無礙圓滿十身，爲體；隨形六道，三類分身，真如用大爲他報化，智隨物現，法界緣起無盡身雲，爲用。

八，人法。人天、小乘、菩薩及佛，爲人；四諦因緣、三空八識、三覺九相、四十一門、十無盡句，爲法。

九，逆順。六羣比丘、尼犍、達多、廣額世論、無厭勝熱，爲逆；十大聲聞、彌勒、文殊、大慧、普賢、五十三員、諸善知識，爲順。

十，感應。六道二乘、五性三乘、權教聖凡、漸教賢聖、偏教種類最上利根圓器，爲感；化身佛及菩薩、真佛悲願起報化等、如來大定智悲願力現他受用、三種無作意成身、諸善知識及十身佛，爲應。

此十對法，諸佛、菩薩、辟支、聲聞，四聖法界；乃至地獄、餓鬼、畜生、天、人、修羅，六凡法界，性中無有不起具也。經云：若人欲了知三世一切佛，應觀法界性，一切唯心造。

次，能依觀法門，有三重。

第一，真空絕相觀，於中自有四句十門。

第一句，會色歸空觀，又開四門：一、色非斷空門，幻色不即是斷空故。二、色非真空門，實色不即是真空故。三、色空非空門，實色斷空，非真空故。四、色即是空門，色空無性，即真空故。

第二句，明空即色觀，亦有四門：一、空非幻色門，斷空不即是幻色故。二、空非實色門，真空不即是實色故。三、空非空色門，真空非斷空實色故。四、空即是色門，空無我理，即空色故。

第三句，空色無礙觀，謂色即空而色不盡，空即色而空不隱，無障無礙，爲一味法。

第四句，泯絕無寄觀，謂此所觀真空，不可言即色不即色，即空不即空，迥絕無寄，言解不及。

如色空既爾，一切法亦然。經云：法性本空絕，無取亦無見，性空即是佛，不可得思量。

第二，理事無礙觀，亦有十門。

一，理遍於事門，謂無分限之理，全遍有限事故。

二，事遍於理門，謂有分限之事，全同無分理故。

三，依理成事門，事攬理成故。

四，事能顯理門，理因事顯故。

五，以理奪事門，理外無事可得故。

六，事能隱理門，事外無理可得故。

七，真理即事門，理非事外有故。

八，事法即理門，事非理外有故。

九，真理非事門，謂即事之理而非事故。

十，事法非理門，謂全理之事而非理故。

如理事既爾，餘九對亦然。經云：如金與金色，其性無差別，法非法亦然，體性無有異。

第三，周遍含容觀，亦有十門。

一，理如事法門，謂全理爲事，理亦如事無有盡故。

二，事如真理門，謂事不異理，事亦隨理而圓遍故。

三，事含理事門，不唯理含事理，亦且事含理事故。

四，通局無礙門，不唯全遍十方，而又不動本位故。

五，廣狹無礙門，不唯廣容刹海，而能不壞一塵故。

六，遍容無礙門，以一望多，則一法遍一切時，還復容彼一切。蓋由普遍卽是廣容故。

七，攝入無礙門，以多望一，則一切攝一法時，還復入彼一法。蓋由攝他卽是入他故。

八，交涉無礙門，一多俱爲能入攝故。而有四句：初，一攝一、一入一；次，一攝一切、一入一切；三，一切攝一、一切入一；四，一切攝一切、一切入一切。一能攝入與多能攝入，交涉無礙。

九，相在無礙門，多一俱爲所攝入故。亦有四句：初，攝一入一；次，攝一切入一切；三，攝一入一切；四，攝一切入一。多所攝入在於一所攝入，互相無礙。

十，普融無礙門，一多遍容，能所攝入，普皆同時，圓融無盡故。若望前八九門，具有兩重四句：初重四句者，一法攝一入一，一法攝一切入一切，一法攝一入一切，一法攝一切入一。二重四句者，一切攝一入一，一切攝一切入一切，一切攝一入一切，一切攝一切入一。如是一能攝入，融於多所攝入，普無障礙。

古德準此十義，重開爲十玄門。

一，同時具足相應門。以是總故，冠於九門之初。

二，廣狹自在無礙門。別中先辨此者，此是別門之由。

由前初二門事理相遍故，生餘八門。且約事如理遍，故廣；不壞事相，故狹，故爲事事無礙之始。

三，一多相容不同門。由廣狹無礙，所遍有多，以己一望彼多，故有一多相容。相容則二體俱存，但力用交徹耳。

四，諸法相卽自在門。由此容彼，彼便卽此，由此遍彼，此便卽彼等，故相卽也。

五，祕密隱顯俱成門。由互相攝，則互有隱顯，故有此門。謂攝他他可見，故有相容門；攝他他無體，故有相卽門；攝他他雖存而不可見，故有隱顯門。此三皆由相攝而有，爲門別故。相容，則如二鏡互照；相卽，則如波水相收；隱顯，則如片月相暎。

六，微細相容安立門。由此攝他，一切齊攝，彼攝亦然，故有微細相容。

七，因陀羅網境界門。由互攝重重，猶如帝網無盡故。

八，託事顯法生解門。由既如帝網已，隨一卽是一切無盡故。

九，十世隔法異成門。由上八門，皆是所依。所依之法既融，次辨能依。能依之時亦爾，故有十世異成。

十，主伴圓明具德門。由法法皆然，故隨舉其一，則便爲主，連帶緣起，便有伴生，故有主伴門。

事如理遍既爾，餘九具玄亦然。

若以喻之，炳然齊現，猶彼芥缾；具足同時，方之海滴；一多相入，等虛室之千光；隱顯俱成，似秋空之片月；重重交暎，若帝網之垂珠；念念圓融，類夕夢之經世；法門層疊，如雲起於長空；主伴遍周，例星圍於北極；彼此相卽，像百般之具，體依一金；廣狹融通，比徑尺之鏡，影現千里。

將前能起十觀門中，各具十玄，則爲百門。而此十觀，又各互具,皆含十玄,卽成千門。千中取一,亦具一千,餘皆例爾,卽爲百萬。前二觀事,準此知之。

一卽具多名總相,多卽非一名別相;彼此不違名同相,互不相濫名異相;共相成辦名成相,各居自位名壞相。

令此諸法得有如是混融無礙者,唯心所現故,法無定性故,緣起相由故,法性融通故,如幻夢事故,如影像現故,因無限量故,**佛**果證窮故,深定大用故,神通解脫故。

於此圓明顯了,則常入重重法界之境。經云:一法解無量,無量中解一,了彼互生起,當成無所畏。

以上五門,散在諸部,今爲開蒙,略錄如此。

(據金陵刻經處本)

〔附圖〕

賢首大師判釋如來一代時教,不出右圖三觀。初祖杜順集成五教,二祖雲華草創儀等,四祖清涼添足宗等,五祖圭峯加揀。今圖標三祖賢首一師者,蓋教觀由三祖而圓備,宗儀由三祖而建興。述作功德,推尊獨在,故不舉餘祖耳。後之學法者,務知開宗立教之主,餘祖自該顯矣。

雲山灌頂行者續法識。

〔圖一〕

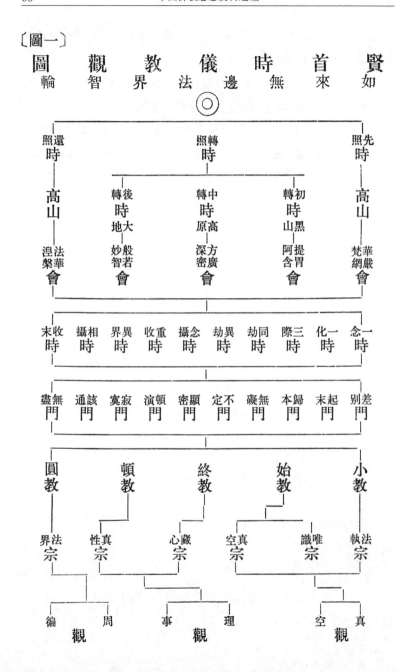

〔圖二〕

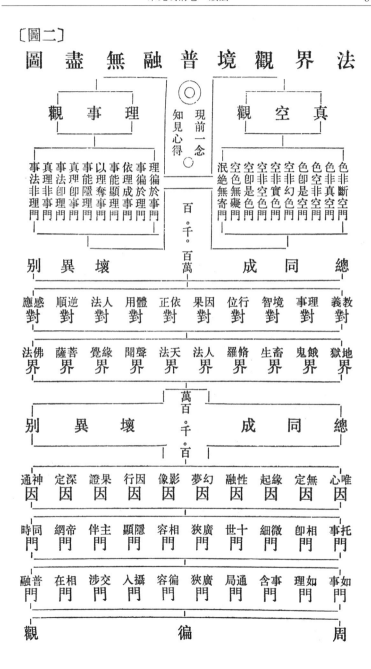

法界觀境普融無盡圖

理事觀　現前一念知見心得　真空觀

理事非理門
理事偏於事門
事理偏於理門
以理成事門
事能隱理門
事能顯理門
真理即事門
真理非事門
事法即理門
事法非理門

○百。千。百萬○

色非斷空門
色空非真空門
色即是空門
色空非幻色門
空即是色門
空非實色門
空非幻色門
空色無礙門
泯絕無寄門

別　異　壞　　成　同　總

應感對　順逆對　法人對　用體對　正依對　果因對　位行對　智境對　事理對　義教對

法佛界　薩菩界　覺緣界　聞聲界　法天界　法人界　羅脩界　生畜界　鬼餓界　獄地界

別　異　壞　萬百。千。百　成　同　總

通神因　定深因　證果因　行因因　像影因　夢幻因　融性因　起緣因　定無因　心唯因

時同門　網帝門　伴主門　顯隱門　容相門　狹廣門　世十門　細微門　即相門　事托門

融普門　在相門　涉交門　入攝門　容偏門　狹廣門　局通門　含事門　理如門　事如門

觀　　　　偏　　　　周

二、賢首五教儀序

孔子不可無思、孟，老子不可無莊周，釋尊不可無慶喜，爲道之須傳也。南嶽不可無智者，戒賢不可無玄奘，達摩不可無慧可，爲教之須人也。又，智者不可無章安，玄奘不可無慈恩，慧可不可無僧璨，爲其授受有源而不竭，奕葉相承而無盡也。迨於賢首大師，何獨不然？以言呼師，則有杜順、雲華開其先，以言乎資，則有清涼、圭峯紹其後。其立教也，有始、有終、有頓、有圓。斷則斷其厚薄，證則證其淺深，位則品其高下，行則定其遠近。顯法相，若然燭之朗明；揀機益，比析薪之分剖。其判宗也，有小、有大、有性、有相。相則妄相爲相，空則真空亦空。頓則無所不絶，似影離於㸑日；圓則無所不容，如相涵於海空。其分時也，有先、有後、有別、有通。非先無以知其爲開漸之頓，非後無以知其爲攝末之本，非別無以見説法之次第，非通無以見教理之圓融。其敍儀也，有本、有末、有顯、有密。非本無以了一乘之頓實，非末無以識三乘之權漸，非顯無以抉擇其一定，非密無以測度其不定。其明觀也，有方便、有因緣、有對法、有觀門、有六相、有十玄。非方便無以辯修證，非因緣無以明德用，非對法無以解無盡，非觀門無以入法界，非六相無以顯圓通，非十玄無以彰無礙。何者？凡夫見色爲實色，見空爲斷空，故開真空絶相門，使之觀色非實色，舉體是真空，觀空非斷空，舉體是幻色。如是，於理則見矣，於事猶未也，復開理事無礙門，使觀不可分之理，皆圓攝於一塵，本分限之事，亦通遍於法界。如是，以理望事則可矣，以事望事猶未也。又開周遍含容門，使觀全事之理，隨事而一一可見，全理之事，隨理而一一可融。然後一多無礙，大小相含，則隱顯施爲，神通不測矣！教觀既周，時儀已備，則判釋諸佛説法儀式，至矣盡矣，無復加矣。以此自修，無法不通；以此教化，無機不被。是以三帝歸崇，兩朝悦服。李長者論讚於前，崔學士傳美於後。至於海内海外，無不揚其化，天上天下，靡不仰其徽。質諸千古以上之聖賢而無謬，俟諸百世以下之俊傑而不惑。遂令法門隆盛，代有哲人，長水流布於東吳，蒼山崛起於西蜀，雲棲敷衍於南海，交光發明於北嶺。猗歟休哉！奈何至今義學家不得其門而入？見其教部廣大，意旨幽深。即如賢首大師，著述凡有一百餘卷，清涼國師，現流傳者約有四百餘卷，圭峯大師，疏注總有九十餘卷。浮狂者詆爲葛藤，愚鈍者視爲砂石，誰復能探其微，窺其奥哉？幸我乳峯得水大師，自宏法以來，朝夕提撕，時爲演唱，特未布諸方策，普令一切見聞耳。續法雖忝輪下，性極顓蒙，晝夜參隨，日漸熏熟。竊謂此皆賢家所傳心法，若不傳於後葉，在己則有恪法之愆，在他安得正眼之益？爰將先師常所樂説者録之，復尋諸大部中所有切要者集之。十餘年間，考閲再三，窮思至四，始成六卷，名之曰五教儀。庶得華嚴宗旨，彌播於塵寰，法界心印，重光於昔日，燈燈相續，化化無窮矣。謹述顛末，冀見此衷。至於知我罪我，所不暇計焉。時康熙十四年，歲次乙卯，秋仲望日。古杭慈雲灌頂行者續法題。

三、集刻五教儀緣起

五教儀者，諸佛説法之規矩，歷祖判釋之權衡也。教理智斷皆出乎此，行位因果亦不離此。一乘由之而成三覺，大乘由之而階三道，三乘隨之而超三界，人天仗之而越三途。是知捨此無以瑩煜乎自體，去此無以化導乎衆生，外此無以宏揚乎佛教，絶此無以傳持

乎祖印，遠此無以津梁夫末世，背此無以救療乎饑時。故此一書，
誠法門中之要典也。噫！諸祖教部，卷多義廣，末學驚心，罔知所
適，予初參卽以爲慮。自庚子夏，蒙先師授清涼玄談，遂錄出賢首
教儀誦之。辛丑春，偶於坊間得賢首五教儀，檢之，乃西蜀道閑潛
法師本也，亦全依華玄中教儀、宗趣、義理三門，疏鈔錄成八卷。持
呈於先師，師曰：“此乃清涼教儀，非賢首教儀也，現具華玄，何勞
多此？”乃復授以賢首教章，予卽錄出，分教開宗所詮差別二門。到
此始知有賢首宗、清涼宗之別。壬寅間，閱佛祖統紀，謂賢家有教
無觀，無斷無證，遂以此説請決先師。師以五教解誚論、賢宗未知
圓義解三章開示之。癸卯春，復將賢首、清涼二祖判釋時儀，及杜
順法界觀合錄一帙，求證先師。師曰：“觀師集四教儀，錄義也，非
錄文也。汝今集五教儀，文義雙取，可謂得矣。非昔人單錄華玄，
單錄教章之可比也。汝再研之，還有無盡妙意得焉。”乙巳年，有
一同學在蓮居聽唯識，語予，清涼十宗似爲錯謬。予未之對，重爲
考華嚴、起信、般若行願諸疏，及圭山圓覺廣略鈔，高原真唯識量等
解。始知清涼立無差忒，但後學膚淺，讀彼不讀此，致多譏刺耳。丙
午夏，重治教儀，將三寶章之方便，會入觀中；取禪源詮之辨異，會
入宗中；圓覺疏之空性五門，教儀章之機益，會玄記之通妨，並會
教中；會玄記之出没三照，指歸中之經時，禪源詮之説意，並會時
中，就正於先師。師首肯曰：“賢家要旨，今方備矣。較前覺得，教
觀斗星，時宗眉目，斷證位次，猶如鏡像，性相空義，似爲掌果。”丁
未，痛師逝，閉户數載，再四研磨，逐一對會，弗令要義有所遺漏。缺
者增之，澀者潤之，倒者次之，譌者正之。復删出五教儀開蒙一卷，
日爲常課。庚戌春，排五教斷證圖一紙，便人觀覽。壬子冬，天溪
景淳和尚至，亦以五教儀並開蒙、斷證圖請正。和尚合十稱曰：“賢
首家之得人也，毘盧佛之遣使也。”癸丑春至甲寅冬，楞伽圓談十卷

稿成。乙卯秋，脱五教儀六卷稿，兼講一遍。乙卯冬至戊午夏，出五教儀科注四十八卷。書成矣，未梓。迨己未秋，欲論教儀，諸弟子苦録不及，改演楞嚴，因而請先募刻。予亦發心未果，偶見雲棲集中有云：工大施微，心力多則功自不朽。遂於九月望旦，立千佛願單，一願一錢，一單十願。時岵瞻戴先生並大公郎仁長，並加讚善，願領數單。繼而髻中法師，同門諸兄，及餘知識檀護，各各樂助。即於庚申新正刻始，及門中月、標指，又哲賢啓南詢三人閲，至八月告成。是則，纂集此書也，十五六年，募刻此書也，三百餘日。所冀學者，從凡入聖，回小向大，轉權成實，自因至果，生生利生，世世救世，是所願也。果能依此修持，不入毘盧性海，乃至讀一言半句，不解其教，不悟其理，我墮耕犁，受妄語報。倘有見聞，生疑起謗，所招罪報，緣佛法致，願我代受其苦；所植善種，因自發心，願彼早成其果，覽者鑒之。將欲流通，詳記集刻之事如此。時康熙庚申年，仲秋下弦日，灌頂行者續法識。

（以上選自金陵刻經處本賢首五教儀）

【附】　徐自洙：浙江天竺山灌頂伯亭大師塔誌銘

維雍正六年，歲在著雍涒灘，孟夏月朔，有灌頂大師示寂於上竺焉。師本無疾，猝于月朔前一日，明示遷化，即説偈曰：生死路上，逍遥自在，稱觀音佛，往生蓮界。蒙佛授記，圓通無礙，依佛願力，度生億載。翌日日正午，沐浴辭衆，趺坐合掌，西向而逝。越六日入龕，色如生，異香滿室，觀者萬人，咸羅拜垂涕，以活佛稱之。嗚呼！使非功行超卓，足動遠邇，胡爲生慕死哀若是耶！爰諏日，將建塔于法華山之陽，時有嗣法門人等，羣請銘於余，余曰：大師慧命弘深，豈予塵俗所能道其萬一？但余與師遊于兹四十餘年矣，知之深久而彌篤。今之舍余而歸也，苟無片言以道，故没其生平，是負師也，余何敢以不文謝！

按，師初名續法，更名成法，伯亭其字，灌頂其號也。仁邑亭溪人，俗姓沈，父諱相，母張氏。遡厥淵源出世，初祖帝心和尚，諱法順，時號燉煌菩薩，隋文帝給月俸，唐太宗賜號帝心。二祖雲華法師。三祖賢首國師。四祖曰澄觀，號清涼國師。五祖曰宗密，號圭峯大師。自雲華至圭峰，皆名震朝野。唐自太宗以至文宗，咸賜封號，歷朝撰記，炳如日星。圭峰傳徹微，徹微傳海印，印傳法燈，燈傳長水，長水傳伯長，伯長傳中和，中和傳佛智，智傳玉峰。自玉峰而後有性空、竹坡、潔庵、珍林、聚英、春谷、一雲、古峯、止翁、達菴、魯山、徧融等。由是一十二傳，歷唐、宋、元、明，各建法幢，備載新註華嚴佛祖傳。凡二十六傳，至蓮池大師，諱袾宏，大弘净土之教，爲末法慈航，卽師之高高師祖也。二十七傳，則有土橋紹覺法師，名明理。二十八傳，則有蓮居新伊大師，名太真。二十九傳，而爲乳峰焉，稱德水法師，諱明源，號寶輪。初生有白鶴之徵，參講有香水之夢，解脱時有花幡天樂引導。三閱大藏，註釋萬言，洵爲前輩指南，而師實受其囑法師。

師早失怙恃，卽有出塵志。九歲禮慈雲祖源名宿爲師，十六薙染，十九圓戒，二十參乳峯，聽楞嚴，遂爾宿慧駿發，洞澈微旨，復講四席。次于蓮居，聽聖宣師唯識，臨滄師起信，併資古月、朗碧諸人並參焉。時學者千二百餘，唯師法契於心，如針投芥，獨得其奧。平居嘗論天台、賢首之異同，折衷于乳峯，乳峯以先師雲棲大師之説曰："汝研清涼，當審二派之所以異，而毋濫狙其所以同。能審其所由異，自辯其所由同，而並參其非同非異者而證悟焉，則功圓。俄頃見佛于塵毛矣，何彼此分歧之異執也。"是時師正容諦聽，豁然頓悟，以爲真吾師也，而乳峯亦喜傳炷之得人矣。遂卜臘月八日，受衣拜囑詞曰："志超界外,慈徧塵刹,律是汝師,論是汝友。依佛弘化,大小隨緣,忍定願智,習久力生。如佛所行,盡未來際。"遂更師名爲成法。乳峯隨于廿四遷化。法嗣有三,而師爲上座云。

初,乳峯待師恩義兼至,而師亦執弟子禮唯謹。至是,痛乳峯之長逝,乃泫然曰:佛經有大報恩七篇,孝以繼述,雖衲子何獨不然?乃葺其塔院設位,以時祭之。遂杜門却埽,研誦楞嚴、梵網、圓覺、般若、華嚴、法華、四分律、起信等,極晝夜無倦容。自二十至三十,十年中精研諸部經典,不唯一家教觀朗然洞曉,卽諸宗歧途,亦深入融會。因講金剛、楞嚴於慈雲大殿,聽者淪肌浹髓而去。非真實了悟,何能辦此也。自是戒律精嚴,應四方之請,無虛歲。所至不一地,而所演說者亦非一經。卽如仁壽時,會江潮猝至,傾瀉塘磕二十餘里,民居漂溺者不可勝數,而師之講席獨安然無恐,豈非說法之明驗歟!

年四十開堂,爲慈雲兩修彌陀大殿,裝四王之聖像。又,丁酉重整後殿,新裝接引大佛。余聞慈雲創于唐,大于南渡,歷今九百餘稔,可謂歷年多而爲時久,而師以一力新之,不忍湮沒,功何偉也。他如重建聖果、仁壽,並葺諸梵宇,指不勝屈。

先是康熙乙丑春,宮詹周公、兵科任公,延師于楊梅塢講楞伽。未幾聖祖仁皇帝南巡,學士邵公率衆以禮,請入方丈,恭迎聖駕,囑峻毗盧殿工。自康熙三十八年至四十六年,凡幸五次,賜賚優渥。御製碑文一道,永鎮靈山,前後疊賜匾額,心經、寶塔藥師經、讚金剛經,恩賚有加無已。又值總河王公捐俸千五百金,未兩載,毗盧殿成,師爲陞座,講彌陀、觀經、金剛、遺教、普門品、勢至、光明空品等,善姓感仰,樂助多金,師復塑十六王子像,重修梵刹。師之肈新于上竺也,筆難殫述。

閱六載,師欲退院,諸紳衿耆老,修札欵留。師曰:"濫膺丈

室，豈佛子所宜。"遂辭歸<u>仁壽</u>，仍幽居斗室，木食草衣，一衲十年，
一履三載，手不停披者五十春秋，註釋六百餘卷。人驟見之，不知
其爲敷坐説法人也。憶昔<u>西湖斷橋</u>，有菴曰<u>德生</u>，爲師<u>止静處</u>。創
自向若<u>錢</u>老夫子，太史<u>毛</u>先生，孝子<u>周雲子</u>父執，暨余兄<u>東表孟師</u>
等主其事。凡祀聖拾字，掩骼放生，薦祖度孤，皆行於中。師撰二
儀篇，以記其事。迄今師臘已高，方期行瓢帶笠，面壁天涯，終其身
爲無事人而已，詎意<u>康熙</u>辛丑春，<u>上竺</u>致羅祝融，遂使靈山鐘鼓，寂
然無聲，寶地樓臺，悉爲瓦礫。嗟乎！以師數年心血，一旦盡付丙
丁，垂淚傷心，可勝言哉！不得不再邀慈雲之法雨，顒望于遠公也。
是以<u>悟慈</u>等二十八人，先稟當道，暨諸縉紳先生。時則有少宰<u>湯</u>、
學士<u>陳</u>、翰林<u>徐</u>、提學<u>翁</u>、御史<u>柴</u>，三十餘位，並三學同人六十餘友，
啓請大師入山主持重建。師于是立規策，衆明佛法、廣福田施、樹
祇園者，布金給苑，踵相接矣。辛丑夏至戊申春，大士龍庭樓臺，行
宫香案，西禪堂，北客寮，東伽藍，祖師、地藏、天王各殿，門扉坦牗，
經營布置，規模略成，師之功固大，而用心良苦矣。歲壬寅，御賜龍
眼菩提子四粒，植于大士殿左右，師恭咏賦一章，以頌無疆之盛典。
今我皇上御極，以大士爲民慈父，旱乾水溢，有禱輒應，于<u>雍正元</u>
年，特命大臣進香，二年，敕修<u>慶山</u>祖塔。皆師之精誠，有以默致。
惜工將竣而師已西歸，良可悼也。

　　師生于<u>崇正(禎)</u>十四年十月十一日戊時，世壽八十八，僧臘七
十九。其一生梗概，心不違<u>如來</u>之訓，性不染塵俗之累，體不損沙
門之表，行不違法律之經。目不視非儀，口不食重味，手不釋念珠，
脇不觸塵榻，足不履邪徑，宿不離衣鉢。入污泥而不染，處混濁而
不淆。以清净弘法門，以智慧爲福果。皇皇于超濟，汲汲于普渡，
不以一行自高，一功自許。人有歸依者，不俟請而往，有求益者，不
待憤則啓矣。雖幼釋不簡于應接，縱傲狠不憚于開誘。洵乎佛祖

之化身，衆生之模範也。師爲德水嗣六十載，凡遇忌辰，必親臨埽塔，以禮供，非唯罔缺，直事之如生，不忘師教又如此。其付衣傳法者有：長明月標、姚園悦峯、仁壽旭如、曹源可久、筏喻劍眉、東來弘苑、報國與安、興福玉山、馬鞍默聞、鳳山明藏、拈花大振、北京體閑、慈雲啓南、上竺培慧、慈裔、正中、天懷，通計廿有餘人。其僧臘者，不能悉記。

　所著經典有：華嚴別行經圓談疏鈔記十二本、楞嚴經序釋圓談疏廿五本、賢首五教儀六卷、科註四十八卷、起信論疏記會閲十本、藥師疏鈔六卷、觀音疏鈔八卷、金剛直解五卷、四十二章經疏鈔五卷、觀經直指疏十本、瑜伽施食經疏十本、觀音疏、彌陀略註、如意經疏、心經二解、尊勝經疏、勢至疏鈔、像想章疏、八大人覺經解、大悲呪釋、準提呪釋各一卷、佛祖綱宗四卷、賢宗十要二卷、持念因果記、念佛異徵記、樂邦浄土咏、醒世善言、西資歸戒儀、瑜伽歸戒儀、繫念儀、放生儀各一卷、餒口儀疏十本、餒口摘釋一卷，共一百六十八本。己亥秋，余兄東表，損貲遣余送入楞嚴寺藏，嘉禾郡尊吳公作序，以待後之取者。其未付梓者，統計一百二十六本，皆師歷年手輯，余所目擊。惜乎！辛丑雲房失火，化爲灰燼。自回禄後，所註並代刻未入藏者，如法華圓談科註十七本，命予手録請解，則自閩一法師作序，則有理安迦陵於康熙六十年寄送入都南觀音寺，轉勸配天法主，募刻流通。又，萬佛懺、報恩懺、彌陀懺、七佛藥師懺、改訂觀音懺，各三卷，並華嚴別行品經，便于四衆一日禮誦，板存昭慶。又，金剛、開蒙註、開道註、開悟註、心經開蒙註，共四集，便三乘人一目了然。又，上竺誌、慈雲誌、仁壽誌、楞嚴誌，板存各寺。又，去冬撰仁皇懺三卷，以祝聖祖不可思議之弘恩，保釐懺三卷，以佑兆民時和年豐之利賴，稿存丈室。獨雍正四年所註華嚴宗佛祖傳十四卷未鐫。蓋自佛祖至今，源流始末，辯駁異同，悉從藏

經考摘，非曰爲賢首伸説，卽諸宗靡不受益，迺示後學入德之津梁
也。詎意騰録較訂方畢，而師猝然遷化于上竺。必付諸梓，俟後入
藏，以垂不朽。又，嘗序四書、序圖章、解綱鑑、隨筆、問道説、覺迷
録，皆深入性理，足以知其通儒也。惜乎以浮屠氏終焉。嗚呼！師
年已登耄耋，篝燈纂註，雖蠅頭細楷，罕有塗抹。嘗謂余曰：“每當
註釋浩繁，略閉目間，甘露灌頂，神思飈發，迅筆成文，不假思索。”
噫！此皆師之夙慧圓明。

　　余與師心相莫逆，數十年來，交最久，知之又深，非師孰能鑒
我，非我無由誌師，故不自知其言之津津，而筆之縷縷也。卽註釋
一事實，足以繼往開來，闢千古未有之暢典，謂之一代之祖師也可，
卽謂之千百世之祖師也，亦無不可。師之標靈顯異，誠難枚舉，兹
撮其大端，而爲之銘曰：

　　　　我聞萬生，各具物性，人苦未見，見而未盡。偉哉大師，福
　　慧宿定，受囑乳峯，遂傳心印。蓮池嫡派，賢首宗乘，神光上
　　燭，故號灌頂。三藏覺迷，五部深省，飛錫慈雲，梵宇是興，竪
　　竿上竺，琳宮復整。施食兮鬼神潛伏，説法兮魚龍出聽。受聖
　　朝之寵渥，爲士庶之信敬，八十八年，功完果證。勿云明鏡，胡
　　然而隱，一物本無，何用照映。勿云空谷，叩之不應，萬象
　　皆空，覺然後醒。摘葉拈花，搏風捕影，雲散水流，天空月
　　靜。

　　　　　　　　（選自續藏經第壹輯第二編乙第二十三套第一册）

王　安　石

〔簡介〕　王安石,字介甫,號半山,小字獾郎,生於公元一〇二一年(宋真宗天禧五年),死於公元一〇八六年(宋哲宗元祐元年),撫州臨川(今江西省撫州市)人。他出身於中下層官僚家庭。一〇四二年(宋仁宗慶曆二年)中進士以後,曾先後爲淮南判官、鄞縣知縣、舒州通判等地方官近二十年。宋仁宗嘉祐五年,入朝爲三司度支判官。熙寧二年(一〇六九年),宋神宗任命他爲參知政事,次年拜相,積極推行新法,是當時著名的社會改革家。但由於各種舊勢力的反對,變法終於失敗。一〇七六年罷相後,閑居江寧十年,一〇八六年病逝。與政治革新相聯繫,王安石在哲學上具有一定的樸素唯物主義和辯證法的觀點。他針對傳統的"天不變,道亦不變"和"畏天命,畏大人,畏聖人之言"的説教,提出了"天變不足畏,祖宗不足法,人言不足恤"的思想,體現了一個改革家的生氣勃勃的精神面貌。但是,自變法失敗、隱居江寧以後,王安石卻逐漸滋長起出世思想,走上了消極避世的習禪道路。

王安石在隱居期間,不僅與僧人交往甚密,而且對佛經也產生了濃厚的興趣。據宋史本傳記載:"晚居金陵又作字説,多穿鑿傅會,其流入於佛、老。"蘇東坡也説王安石"少學孔、孟,晚師瞿、聃"(王安石贈太傅)。王安石六十四歲時,蘇軾見到了他,子瞻與滕達道書説:"某到此時見荊公,甚喜。時誦詩説佛也。"王安石自己在許多詩文中,對此也有所表白。在書金剛經義贈吳珏中,他把金剛經的思想説成是"最上乘者"。其讀維摩經有感更説:"身如泡沫亦如風，刀割香塗共一空；宴坐世間觀此理，<u>維摩</u>雖病有神通。”在這裏，他簡直把自己看成是勘破紅塵的<u>維摩詰</u>了。<u>王安石</u>爲了“永遠祝延聖壽”和給“父母及<u>雰</u>營辦功德”，還以所居的園屋及<u>上元</u>縣荒熟田捐作寺産，儼然成爲篤信佛教的居士了。

　　<u>王安石</u>的著作很多，在佛教方面曾寫過<u>楞嚴經疏解</u>，對<u>金剛經</u>、<u>維摩經</u>、<u>妙法蓮華經</u>等也多所涉獵，可惜絶大部分已經佚失。現選録其文集中有關佛教的一些書、記、讚、銘等，以備研究。

　　<u>王安石</u>的事蹟，見<u>宋史</u>本傳、<u>宋元學案</u>卷九八<u>荊公新學略</u>和<u>蔡上翔</u>的<u>王荊公年譜考略</u>等。

一、贈寶覺_{并序}

　　予始與<u>寶覺</u>相識於京師，因與俱東。後以翰林學士召，會宿<u>金山</u>一昔，今復見之，聞<u>化城閣</u>甚壯麗，可登眺，思往遊焉，故賦是詩。

　　大師京國舊，興趣江湖迴，往與<u>惠詢</u>輩，一宿<u>金山</u>頂。懷哉苦留戀，王事有朝請。別來能幾時，浮念極含梗。今朝忽相見，眸子清炯炯。夜闌接軟語，令人發深省。<u>化城</u>出天半，遠色有諸嶺。白首對<u>汀州</u>，猶思理煙艇。

（選自<u>中華書局</u>影印<u>南宋</u>本<u>王文公文集</u>卷七十九）

二、南鄉子二首

一

嗟見世間人，但有纖毫卽是塵。不住舊時無相貌，沉淪。秖爲從來認識神。作麼有疎親，我自降魔轉法輪。不是攝心除妄想，求真。幻化空身卽法身。

二

自古帝王州，鬱鬱蔥蔥佳氣浮。四百年來成一夢，堪愁。晉代衣冠成古丘。繞水恣行遊，上盡層城更上樓。往事悠悠君莫問，回頭。檻外長江空自流。

（同上　卷八十）

三、空覺義示周彥眞

覺不徧空而迷，故曰覺迷。空不徧覺而頑，故曰空頑。空本無頑，以色故頑。覺本無迷，以見故迷。

（同上　卷三十七）

四、乞以所居園屋爲僧寺并乞賜額劄子

臣幸遭興運，超拔等夷，知獎眷憐，逮兼父子。戴天負地，感涕難勝。顧迫衰殘，糜捐何補，不勝螻蟻微願，以臣今所居江寧府上元縣園屋爲僧寺一所，永遠祝延聖壽。如蒙矜許，特賜名額，庶昭希曠，榮遇一時。仰憑威神，誓報無已。

（同上　卷十九）

五、乞將荒熟田割入蔣山常住劄子

臣父子遭值聖恩，所謂千載一時。臣榮禄既不及於養親，雱又不幸嗣息未立，奄先朝露。臣相次用所得禄賜及蒙恩賜雱銀置到江寧府上元縣荒熟田，元契共納苗三百四十二石七斗七升八合，簸一萬七千七百七十二領，小麥三十二石五斗二升，柴三百二十束，錢五十四貫一百六十二文，省見託蔣山太平興國寺收歲課，爲臣父母及雱營辦功德。欲望聖慈特許施行充本寺常住，令永遠追薦。昧冒天威，無任祈恩屏營之至。取進止。

（同上　卷十九）

六、答蔣潁叔書

阻闊未久，豈勝思渴。承手筆訪以所疑，因得聞動止，良以爲慰。如某所聞，非神不能變，而變以赴感，特神足耳。所謂性者，若四大是也。所謂無性者，若如來藏是也。雖無性而非斷絕，故曰一性所謂無性；曰一性所謂無性，則其實非有非無。此可以意通，難以言了也。惟無性，故能變；若有性，則火不可以爲水，水不可以爲地，地不可以爲風矣。長來短對，動來靜對，此但令人勿著爾。若了其語意，則雖不著二邊而著中邊，此亦是著。故經曰："不此岸，不彼岸，不中流。"

長爪梵志一切法不變，而佛告之以受與不受亦不受，皆争論也。若知應生無所住心，則但有所著，皆在所訶，雖不涉二邊，亦未出三句。若無此過，卽在所可，三十六對無所施也。妙法蓮華經説實相法，然其所説，亦行而已，故導師曰"安立行净行，無邊行上行"也。其所以名芬陁利華，取義甚多，非但如今法師所釋也。

佛説有性，無非第一義諦，若第一義諦，有卽是無，無卽是有，以無有像計度言語起，而佛不二法。離一切計度言説，謂之不二法，亦是方便説耳。此可冥會，難以言了也。

（同上　卷七）

七、城陂院興造記

靈谷者，吾州之名山，衛尉府君之所葬也。山之水東出而北折，以合於城陂。陂上有屋曰城陂院者，僧法沖居之，而王氏諸父子之來視墓者，退輒休於此。當慶曆之甲申，法沖始傳其毁而有之。至嘉祐之戊戌，而自門至於寝，浮圖之所宜有者，新作之皆具。乃聚其徒而謀曰："自吾與爾有此屋，取材於山，取食於田，而又推其餘以致所無，然猶不足以完也；而又取貨力於邑人以助，蓋爲之以八年，而後吾志就。其勤如此，不可無記。惟王氏世與吾接，而衛尉府君之葬於此也，試往請焉，宜肯。"於是其徒相與礱石於庭，而使來以請。

（同上　卷三十五）

八、揚州龍興寺十方講院記

予少時客遊金陵，浮屠慧禮者，從予遊。予既吏淮南，而慧禮得龍興佛舍，與其徒日講其師之說。嘗出而過焉，庫屋數十椽，上破而旁穿，側出而視後，則榛棘出人，不見垣端。指以語予曰：“吾將除此而宮之。雖然，其成也，不以私吾後，必求時之能行吾道者付之。願記以示後之人，使不得私焉。”當是時，禮方丐食飲以卒日，視其居枵然。余特戲曰：“姑成之，吾記無難者。”後四年，來曰：“昔之所欲爲，凡百二十楹，賴州人蔣氏之力，既皆成，盍有述焉？”噫！何其能也？

蓋慧禮者，予知之，其行謹潔，學博而才敏，而又卒之以不私，宜成此不難也。世既言佛能以禍福，語傾天下，故其隆向之如此，非徒然也，蓋其學者之材，亦多有以動世耳。今夫衣冠而學者，必曰自孔氏。孔氏之道易行也，非有苦身窘形，離性禁欲，若彼之難也。而士之行可一鄉，才足一官者常少，而浮圖之寺廟被四海，則彼其所謂材者，寧獨禮耶？以彼之材，由此之道，去至難而就甚易，宜其能也。嗚呼！失之此而彼得焉，其有以也夫！

（同上　卷三十五）

九、真州長蘆寺經藏記

西域有人焉，止而無所繫，觀而無所逐。唯其無所繫，故有所繫者守之；唯其無所逐，故有所逐者從之。從而守之者，不可爲量數，則其言而應之、議而辨之也，亦不可爲量數，此其書之行乎中國，所以至於五千四十八卷，而尚未足以爲多也。

真州長蘆寺釋智福者，爲高屋，建大軸兩輪，而棲匭於輪間，以藏五千四十八卷者。其募錢至三千萬，其土木丹漆珠璣，萬金之閎壯靡麗，言者不能稱也，唯觀者知焉。夫道之在天下莫非命，而有廢興，時也。知出之有命，興之有時，則彼所以當天下貧寠之時，能獨鼓舞得其財以有所建立，每至於此，蓋無足以疑。智福有才略，善治其徒衆，從余求識其成，於是乎書。

（同上　卷三十五）

十、漣水軍淳化院經藏記

道之不一久矣，人善其所見，以爲教於天下，而傳之後世。後世學者，或徇乎身之所然，或誘乎世之所趨，或得乎心之所好，於是聖人之大體，分裂而爲八九。博聞該見有志之士，補苴調胹，冀以就完而力不足，又無可爲之地，故終不得。蓋有見於無思無爲，退藏於密，寂然不動者，中國之老、莊，西域之佛也。既以此爲教於天下而傳後世，故爲其徒者，多寬平而不忮，質靜而無求，不忮似仁，無求似義。當士之夸漫盜奪，有己而無求者多於世，則超然高蹈，其爲有似乎吾之仁義者，豈非所謂賢於彼，而可與言者邪？若通之瑞新、閩之懷璉，皆今之爲佛而超然，吾所謂賢而與之遊者也。此二人者，既以其所學自脱於世之淫濁，而又皆有聰明辯智之才，故吾樂以其所得者聞語焉，與之遊，忘日月之多也。

璉嘗謂余曰：“吾徒有善因者，得屋於漣水之城中，而得吾所謂經者五千四十八卷於京師，歸市匭而藏諸屋，將求能文者爲之書其經藏者之歲時，而以子之愛我也，故使其徒來屬，能爲我强記之乎？"<u>善因</u>者，蓋常爲屋於<u>漣水</u>之城中，而因<u>瑞新</u>以求予記其歲時，予辭而不許者也。於是問其藏經之日，某年月日也。夫以二人者與余遊，而<u>善因</u>屬我之勤，豈有他哉？其不可以終辭，乃爲之書，而并告之所以書之意，使鑱諸石。

（同上　卷三十五）

十一、請秀長老疏二

一

伏以性無生滅，不出於如，法有思修，但除其病。故牟尼以無邊闡教，諸祖以直指明宗，雖開方便之多門，同趣湟槃之一路。知言語之道斷，凡爾忘緣；悟文字之性空，燼然常説。至於窮智之所不能到，諭言之所不可傳，苟非其人，曷與於此？<u>秀公</u>早種多識，獨悟唯心，或以羣言開有學之迷，或以一指應無窮之問。<u>雲門</u>法印，既所親承；正覺道場，誠資演暢。宜從衆志，來嗣一音。

二

伏以正法眼藏，諸祖之所親傳，大甘露門，衆生之所祈向，非由開士，曷振宗源？伏惟某人性悟無生，識趣有學，喻法常知於舍筏，陶真已得於遺珠。靈焰無窮，能作千生之續；妙音普振，同霑一雨之滋。願臨真覺之道場，親受<u>雲門</u>之法印，仰惟慈證，俯徇衆求。

（同上　卷二十四）

蘇　軾

〔簡介〕　蘇軾,字子瞻,一字和仲,號東坡居士,生於公元一〇三七年(宋仁宗景祐四年),卒於公元一一〇一年(宋徽宗建中靖國元年),眉州眉山(今四川省眉山縣)人。他是北宋著名的文學家和書法家。一〇五六年(宋仁宗嘉祐元年)舉進士。先在河南福昌縣等地做小官。宋神宗熙寧四年(一〇七一年)出任杭州通判,後轉知密州、徐州、湖州。一〇七九年(宋神宗元豐二年),因"烏臺詩案"被捕下獄;出獄後,貶爲黃州團練副使。哲宗卽位後,一度在朝任翰林學士。不久,又出知杭州、潁州和定州。蘇軾晚年,又貶官到南方的惠州和儋州。後在北還途中,於一一〇一年病死在常州。

　　蘇軾一生在政治上頗不得志,他的思想也比較複雜,儒、道、釋都對他有一定的影響。對於佛教,蘇軾早年並不甚相信,後因政治失意,就逐漸從中去尋找精神慰藉。自出獄後,他就開始持不殺戒。到黃州不久,就築"雪堂"於東坡,自號東坡居士。他爲了克己悔過,"歸誠佛僧",訪得"城南精舍曰安國寺",且暮五年,"間一二日輒往焚香默坐,深自省察,則物我相忘,身心皆空,求罪始所從生而不可得"(黃州安國寺記)。宋神宗元豐八年(一〇八五年),蘇軾寫書楞伽經後;宋哲宗元祐元年(一〇八六年),寫法雲寺鍾銘和真相院釋迦舍利塔銘;次年寫興國寺六祖畫贊;哲宗紹聖二年(一〇九五年)寫虔州崇慶禪院新經藏記和書金光明經後;徽宗建中靖國元年(一一〇一年),寫南華長老題名記。可見,蘇軾對楞伽、華嚴、金光明、阿彌陀等佛經,均有較深刻的研究。他相信"乃知法界性,一切惟心造"（地獄變相偈）的唯心主義宗教哲學，並嚮往極樂淨土的佛國世界。

蘇軾的著作很多，後人輯爲蘇東坡集。有關佛教方面的詩文，主要見於該書各册的"釋教"部分。

蘇軾的事蹟，詳見宋史本傳、王宗稷編的東坡先生年譜、蘇轍的東坡先生墓誌銘以及淸彭紹升所撰的居士傳卷二十六蘇子瞻傳等。

一、答畢仲舉書

軾啓：奉別忽十餘年，愚瞀頓仆，不復自比於朋友。不謂故人尚爾記錄，遠枉手教，存問甚厚，且審比來起居佳勝，感慰不可言。羅山素號善地，不應有瘴癘，豈歲時適爾！既無所失亡，而有得於齊寵辱、忘得喪者，是天相子也。僕既以任意直前，不用長者所教，以觸罪咎，然禍福要不可推避，初不論巧拙也。黃州濱江帶山，既適耳目之好，而生事百須，亦不難致，早寢晚起，又不知所謂禍福果安在哉？偶讀戰國策，見處士顔蠋之語，晚食以當肉，欣然而笑。若蠋者，可謂巧於居貧者也，菜羹菽黍，差飢而食，其味與八珍等；而既飽之餘，芻豢滿前，惟恐其不持去也。美惡在我，何與於物？所云讀佛書及合藥救人二事，以爲閑居之賜，甚厚。佛書舊亦嘗看，但闇塞不能通其妙，獨時取其麤淺假說以自洗濯，若農夫之去草，旋去旋生，雖若無益，然終愈於不去也。若世之君子，所謂超然玄悟者，僕不識也。往時陳述古好論禪，自以爲至矣，而鄙僕所言爲淺陋。僕嘗語述古公之所談，譬之飲食龍肉也，而僕之所食，猪肉也，猪之與龍，則有間矣；然公終日說龍肉，不如僕之食猪肉，實美而真飽也。不知君所得於佛書者果何耶？爲出生死超三乘遂作佛乎，抑尚與僕輩俯仰也？學佛、老者，本期於靜而達，靜似懶，達似放，學者或未至其所期，而先得其所似，不爲無害，僕常以此自疑，故亦以爲獻。來書云，處世得安穩無病，癩衣飽飯，不造冤業，乃爲至足。三復斯言，感歎無窮。世人所作，舉足動念，無非是業；不必刑殺無罪，取非其有，然後爲冤業也。無緣面論，以當一笑而已。

（選自商務印書館 1958 年版蘇東坡集卷三十）

二、清　風　閣　記

　　文慧大師應符，居成都玉谿上，爲閣曰清風，以書來求文爲記，五返而益勤。余不能已，戲爲浮屠語以問之。曰：符！而所謂身者，汝之所寄也；而所謂閣者，汝之所以寄所寄也。身與閣，汝不得有，而名烏乎施？名將無所施，而安用記乎！雖然，吾爲汝放心遺形而強言之，汝亦放心遺形而強聽之。木生於山，水流於淵，山與淵且不得有，而人以爲己有，不亦惑歟！天地之相磨，虛空與有物之相推，而風於是焉生。執之而不可得也，逐之而不可及也，汝爲居室而以名之，吾又爲汝記之，不亦大惑歟！雖然，世之所謂己有而不惑者，其與是奚辨？若是而可以爲有邪，則雖汝之有是風可也，雖爲居室而以名之，吾又爲汝記之可也，非惑也。風起於蒼茫之間，彷徨乎山澤，激越乎城郭道路，虛徐演漾，以汎汝之軒窗欄楯幔帷而不去也，汝隱几而觀之，其亦有得乎？力生於所激，而不自爲力，故不勞；形生於所遇，而不自爲形，故不窮。嘗試以是觀之。

（同上　卷三十一）

三、大悲閣記

羊豕以爲羞，五味以爲和，秋稻以爲酒，麴糵以作之，天下之所同也。其材同，其水火之齊均，其寒煖燥溼之候一也，而二人爲之，則美惡不齊，豈其所以美者，不可以數取歟！然古之爲方者，未嘗遺數也，能者卽數以得妙，不能者循數以得其略，其出一也；有能有不能，而精粗見焉。人見其二也，則求精於數外，而棄迹以逐妙，曰我知酒食之所以美也。而略其分齊，捨其度數，以爲不在是也，而一以意造，則其不爲人之所嘔棄者寡矣。今吾學者之病亦然。天文、地理、音樂、律曆、宮廟、服器、冠昏、喪祭之法，春秋之所去取，禮之所可，刑之所禁，歷代之所以廢興，與其人之賢不肖，此學者之所宜盡力也。曰是皆不足學，學其不可傳於書而載於口者。子夏曰："日知其所亡，月無忘其所能，可謂好學也已。"古之學者，其所亡與其所能，皆可以一二數而日月見也；如今世之學，其所亡者果何物，而所能者果何事歟！孔子曰："吾嘗終日不食，終夜不寢，以思無益，不如學也。"由是觀之，廢學而徒思者，孔子之所禁，而今世之所上也。豈惟吾學者，至於爲佛者亦然。齋戒持律，講誦其書，而崇飾塔廟，此佛之所以日夜教人者也，而其徒或者以爲齋戒持律不如無心，講誦其書不如無言，崇飾塔廟不如無爲。其中無心，其口無言，其身無爲，則飽食而嬉而已，是爲大以欺佛者也。

杭州鹽官安國寺僧居則，自九歲出家，十年而得惡疾，且死，自誓於佛：願持律終身。且造千手眼觀世音像，而誦其名千萬遍。病已而力不給，則縮衣節口，三十餘年，銖積寸累，以迄于成。其高九仞，爲大屋四重以居之，而求文以爲記。余嘗以斯語告東南之士矣，蓋僅有從者。獨喜則之勤苦從事於有爲，篤志守節，老而不衰，異夫爲大以欺佛者，故爲記之，且以風吾黨之士云。

（同上　卷三十一）

四、黄州安國寺記

元豐二年十二月，余自吳興守得罪，上不忍誅，以爲黄州團練副使，使思過而自新焉。其明年二月至黄，舍館粗定，衣食稍給，閉門卻掃，收召魂魄，退伏思念，求所以自新之方。反觀從來舉意動作，皆不中道，非獨今之所以得罪者也，欲新其一，恐失其二，觸類而求之，有不可勝悔者。於是喟然歎曰："道不足以御氣，性不足以勝習，不鋤其本而耘其末，今雖改之，後必復作，盍歸誠佛僧，求一洗之。"得城南精舍，曰安國寺，有茂林脩竹，陂池亭榭，間一二日輒往焚香默坐，深自省察，則物我相忘，身心皆空，求罪姤所從生而不可得；一念清淨，染汙自落，表裏翛然，無所附麗。私竊樂之。且往而暮還者，五年於此矣。寺僧曰繼連，爲僧首七年，得賜衣。又七年當賜號，欲謝去，其徒與父老相率留之，連笑曰："知足不辱，知止不殆。"卒謝去。余是以媿其人。七年，余將有臨汝之行，連曰："寺未有記。"具石請記之，余不得辭。寺立於偽唐保大二年，始名護國，嘉祐八年賜今名。堂宇齋閣，連皆易新之，嚴麗深穩，悦可人意，至者忘歸。歲正月，男女萬人會庭中，飲食作樂，且祠瘟神，江、淮舊俗也。四月六日，汝州團練副使員外置眉山蘇軾記。

（同上　卷三十三）

五、宸奎閣碑

皇祐中，有詔廬山僧懷璉住京師十方淨因禪院，召對化成殿，問佛法大意，奏對稱旨，賜號大覺禪師。是時北方之爲佛者，皆留於名相，囿於因果，以故士之聰明超軼者，皆鄙其言，詆爲蠻、夷下俚之説，璉獨指其妙與孔、老合者。其言文而真，其行峻而通，故一時士大夫喜從之游。遇休沐日，璉未盥漱，而户外之屨滿矣。仁宗皇帝以天縱之能，不由師傳，自然得道，與璉問答，親書頌詩以賜之，凡十有七篇。至和中，上書乞歸老山中，上曰："山郎如如體也，將安歸乎？"不許。治平中再乞，堅甚，英宗皇帝留之不可，賜詔許自便。璉既渡江，少留於金山、西湖，遂歸老于四明之阿育王山廣利寺。四明之人，相與出力，建大閣，藏所賜頌詩，榜之曰"宸奎"。時京師始建寶文閣，詔取其副本藏焉。且命歲度僧一人。璉歸山二十有三年，年八十有三。臣出守杭州，其徒使來告曰："宸奎閣未有銘，君逮事昭陵，而與吾師游最舊，其可以辭1 "臣謹按古之人君號知佛者，必曰漢明梁武，其徒蓋常以藉口而繪其像於壁者。漢明以察爲明，而梁武以弱爲仁，皆緣名失實，去佛遠甚。恭惟仁宗皇帝在位四十二年，未嘗廣度僧尼，崇侈寺廟，干戈斧質，未嘗有所私貸，而升退之日，天下歸仁焉。此所謂得佛心法者，古今一人而已。璉雖以出世法度人，而持律嚴甚，上嘗賜以龍腦鉢盂，璉對使者焚之，曰："吾法以壞色衣，以瓦鐵食，此鉢非法。"使者歸奏，上嘉歎久之。銘曰：

巍巍仁皇，體合自然，神耀得道，非有師傳。維道人璉，逍遙自在，禪律並行，不相留礙。於穆頌詩，我既其文，惟佛與佛，乃識其真。咨爾東南，山君海王，時節來朝，以謹其藏。 　（同上　卷三十三）

六、大悲閣記

大悲者，觀世音之變也。觀世音由聞而覺，始於聞而能無所聞，始於無所聞而能無所不聞。能無所聞，雖無身可也；能無所不聞，雖千萬億身可也，而況於手與目乎！雖然，非無身無以舉千萬億身之衆，非千萬億身無以示無身之至，故散而爲千萬億身，聚而爲八萬四千毋陀羅臂，八萬四千清淨寶目，其道一爾。昔吾嘗觀於此，吾頭髮不可勝數，而身毛孔亦不可勝數，牽一髮而頭爲之動，拔一毛而身爲之變，然則髮皆吾頭，而毛孔皆吾身也。彼皆吾頭而不能爲頭之用，彼皆吾身而不能具身之智，則物有以亂之矣。吾將使世人左手運斤，而右手執削，目數飛鴈，而耳節鳴鼓，首肯旁人，而足識梯級，雖有智者有所不暇矣，而況千手異執，而千目各視乎！及吾燕坐寂然，心念凝默，湛然如大明鏡，人鬼鳥獸雜陳乎吾前，色聲香味交遘乎吾體，心雖不起，而物無不接。接必有道，卽千手之出，千目之運，雖未可得見，而理則具矣。彼佛菩薩亦然，雖一身不成二佛，而一佛能遍河沙諸國。非有它也，觸而不亂，至而能應，理有必至，而何獨疑於大悲乎！成都，西南大都會也，佛事最勝，而大悲之像，未睹其傑。有法師敏行者，能讀內外教，博通其義，欲以如幻三昧爲一方首，乃以大旃檀作菩薩像，端嚴妙麗，具慈愍性，手臂錯出，開合捧執，指彈摩拊，千態具備，手各有目，無妄舉者。復作大閣，以覆菩薩，雄偉壯峙，工與像稱，都人作禮，因敬生悟。余游於四方二十餘年矣，雖未得歸，而想見其處。敏行使其徒法震乞文，爲道其所以然者，且頌之曰：

吾觀世間人，兩目兩手臂，物至不能應，狂惑失所措。其有欲應者，顚倒作思慮，思慮非真實，無異無手目。菩薩千手目，與一手目同，物至心亦至，曾不作思慮。隨其所當應，無不得其當，引弓挾白羽，劍盾諸械器。經卷及香華，盂水青楊枝，珊瑚大寶炬，白拂朱藤杖。所遇無不執，所執無有疑，緣何得無疑，以我無心故。若猶有心者，千手當千心，一人而千心，内自相攪攘，何暇能應物？千手無一心，手手得其處。稽首大悲尊，願度一切衆，皆證無心法，皆具千手目。

（同上　卷四十）

七、真相院釋迦舍利塔銘并敘

洞庭之南，有阿育王塔，分葬釋迦如來舍利。嘗有作大施會出而浴之者，緇素傳捧，涕泣作禮，有比丘竊取其三，色如含桃，大如薏苡，將實之他方，爲衆生福田。久而不能，以授白衣方子明。元豐三年，軾之弟轍，謫官高安，子明以畀之。七年，軾自齊安恩徙臨汝，過而見之。八年移守文登，召爲尚書禮部郎，過濟南長清真相院，僧法泰，方爲塼塔，十有三層，峻峙蟠固，人天鬼神，所共瞻仰，而未有以葬。軾默念曰：“予弟所寶釋迦舍利，意將止於此耶？”昔予先君文安主簿，贈中大夫，諱洵；先夫人武昌太君程氏，皆性仁行廉，崇信三寶。捐館之日，追述遺意，捨所愛作佛事，雖力有所止，而志則無盡。自頃憂患，廢而不舉，將二十年矣，復廣前事，庶幾在此。”泰聞踊躍，明年來請於京師，探篋中得金一兩，銀六兩，使歸求之衆人，以具棺槨。銘曰：

如來法身無有邊，化爲丈六示人天，偉哉有形斯有年，紫金光聚飛爲煙。惟有堅固百億千，輪王阿育願力堅，役使空界鬼與仙，分衆置刹莫山川。棺槨十襲閟精圜，神光晝夜發層巔，誰其取此智且權，佛身普現衆目前。昏者坐受遠近遷，冥行黑月墮坎泉，分身來化會有緣，流轉至此誰使然。并包齊、魯窮海壖，懷悍柔淑冥愚賢，願持此福達我先，生生世世離垢纏。

（同上　卷四十）

八、阿彌陀佛頌并敍

錢塘圓照律師普勸道俗，歸命西方極樂世界阿彌陀佛，眉山蘇軾敬捨亡母蜀郡太君程氏遺留簪珥，命工胡錫采畫佛像，以薦父母冥福。謹再拜稽首而獻頌曰：

佛以大圓覺，充滿河沙界，我以顛倒想，出没生死中。云何以一念，得往生淨土，我造無始業，本從一念生。既從一念生，還從一念滅，生滅滅盡處，則我與佛同。如投水海中，如風中鼓橐，雖有大聖智，亦不能分別。願我先父母，與一切衆生，在處爲西方，所遇皆極樂，人人無量壽，無往亦無來。

（同上　卷四十）

九、地獄變相偈

我聞吳道子，初作酆都變，都人懼罪業，兩月罷屠宰。此畫無實相，筆墨假合成，譬如説食飽，何從生怖汗？乃知法界性，一切惟心造，若人了此言，地獄自破碎。

（同上　卷四十）

十、書楞伽經後

楞伽阿跋多羅寶經，先佛所説，微妙第一，真實了義，故謂之佛語心品。祖師達磨以付二祖曰："吾觀震旦所有經教，惟楞伽四卷可以印心，祖祖相受，以爲心法；如醫之有難經，句句皆理，字字皆法。"後世達者，神而明之，如槃走珠，如珠走槃，無不可者；若出新意而棄舊學，以爲無用，非愚無知，則狂而已。近歲學者各宗其師，務從簡便，得一句一偈，自謂了證，至使婦人孺子，抵掌嬉笑，爭談禪悦，高者爲名，下者爲利，餘波末流，無所不至，而佛法微矣。譬如俚俗醫師，不由經論，直授方藥，以之療病，非不或中，至於遇病輒應，懸斷死生，則與知經學古者不可同日語矣。世人徒見其有一至之功，或捷於古人，因謂難經不學而可，豈不誤哉！楞伽義趣幽眇，文字簡古，讀者或不能句，而況遺文以得義，忘義以了心者乎？此其所以寂寥於世，幾廢而僅存也。太子太保樂全先生張公安道，以廣大心，得清淨覺，慶曆中嘗爲滁州，至一僧舍，偶見此經，入手悦然，如獲舊物。開卷未終，凤障冰解，細視筆畫，手迹宛然，悲喜太息，從是悟入。常以經首四偈，發明心要。軾游於公之門三十年矣，今年二月過南都，見公於私第。公時年七十九，幻滅都盡，惠光渾圓，而軾亦老於憂患，百念灰冷，公以爲可教者，乃授此經，且以錢三十萬使印施於江、淮間。而金山長老佛印大師了元曰："印施有盡，若書而刻之則無盡。"軾乃爲書之，而元使其侍者曉機走錢塘，求善工刻之板，遂以爲金山常住。元豐八年九月日，朝奉郎新差知登州軍州兼管内勸農事騎都尉借緋蘇軾書。

（同上　卷四十）

十一、書孫元忠所書華嚴經後

余聞世間凡富貴人，及諸天龍鬼神，具大威力者，修無上道難，造種種福業易。所發菩提心，旋發旋忘，如飽滿人厭棄飲食；所作福業，舉意便成，如一滴水，流入世間，卽爲江河。是故佛説此等，真可畏怖，一念差失，萬劫墮壞。一切龍服，地行天飛，佛在依佛，佛成依僧，皆以是故。維鎮陽平山子龍，靈變莫測，常依覺、實二大比丘。有大檀越孫溫靖公，實能致龍，與相賓友，曰雨曰霽，惟公所欲。公之與此二大比丘，及此二龍，必同事佛，皆受佛記，故能於未來世，各以願力而作佛事。觀公奏疏，本欲爲龍作廟，又恐血食與龍增業，故上乞度僧以奉祠宇。公之愛龍，如愛其身，祇令作福，不令造業，若推此心，以及世間，待物如我，待我如物，予知此人與佛無二。覺既圓寂，公亦棄世，其子元忠，爲公親書華嚴經八十卷，累萬字，無有一點一畫見怠墮相。人能攝心，一念專静，便有無量應感，而元忠此心盡八十卷，終始若一，予知諸佛，悉已見聞。若以此經置此山中，則公與二士若龍，在在處處，皆當相見，共度衆生，無有窮盡，而元忠與予，亦當與焉。

（同上　蘇東坡集後集卷十九）

十二、虔州崇慶禪院新經藏記

如來得阿耨多羅三貌三菩提，曰以無所得故而得；舍利弗得阿羅漢道，亦曰以無所得故而得。如來與舍利弗若是同乎？曰：何獨舍利弗，至于百工賤技，承蜩意鉤，履狶畫墁，未有不同者。論道之大小，雖至於大菩薩，其視如來，猶若天淵然；及其以無所得故而得，則承蜩意鉤，履豨畫墁，未有不與如來同者也。以吾之所知，推至其所不知，嬰兒生而導之言，稍長而教之書，口必至於忘聲，而後能言，手必至於忘筆，而後能書，此吾之所知也。口不能忘聲，則語言難於屬文，手不能忘筆，則字畫難於刻琱，及其相忘之至也，則形容心術，酬酢萬物之變，忽然而不自知也。自不能者而觀之，其神智妙達，不既超然與如來同乎！故金剛經曰：“一切賢聖，皆以無爲法，而有差別。”以是爲技，則技疑神；以是爲道，則道疑聖。古之人與人皆學，而獨至於是，其必有道矣。吾非學佛者，不知其所自入，獨聞之孔子曰：“詩三百，一言以蔽之曰：‘思無邪！’”夫有思皆邪也。善惡同而無思，則土木也，云何能使有思而無邪？無思而非土木乎？烏乎！吾老矣，安得數年之暇，託於佛僧之宇，盡發其書，以無所思心，會如來意，庶幾於無所得故而得者。謫居惠州，終歲無事，宜若得行其志，而州之僧舍無所謂經藏者，獨榜其所居室曰“思無邪”齋，而銘之致其志焉。始吾南遷過虔州，與通守承議郎俞君括游，一日訪廉泉，入崇慶院，觀寶輪藏，君曰：“是於江南壯麗爲第一，其費二千餘萬，前長老曇秀始作之，幾於成而寂；今長老惟湜嗣成之。奔走二老之間，勸導經營，銖積寸累，十有六年而成者，僧知錫也。子能愍此三士之勞，爲一言記之乎？”吾蓋心許之。俞君博學能文，敏於從政，而恬於進取，數與吾書，欲棄官相從學道，自虔罷歸，道病卒於廬陵。虔之士民，有巷哭者，吾亦爲出涕，故作此文，以遺湜、錫，并論孔子思無邪之意，與吾有志無書之歎，使刻于石，且與俞君結未來之因乎！紹聖二年五月二十七日記。

（同上　後集卷十九）

十三、書金光明經後

軾之幼子過，其母同安郡君王氏諱閏之，字季章，享年四十有六，以元祐八年八月一日卒于京師，殯于城西惠濟院。過未免喪，而從軾遷于惠州，日以遠去其母之殯爲恨也。念將祥除，無以申罔極之痛，故親書金光明經四卷，手自裝治，送虔州崇慶禪院新經藏中，欲以資其母之往生也。泣而言於軾曰："書經之勞微矣，不足以望豐報，要當口誦而心通，手書而身履之，乃能感通佛祖，升濟神明。而小子愚冥，不知此經皆真實語耶，抑寓言也？當云何見云何行？"軾曰："善哉問也。吾常聞之張文定公安道曰：'佛乘無大小，言亦非虛實，顧我所見如何耳！'萬法一致也，我若有見，寓言即是實語；若無所見，實寓皆非。故楞嚴經云：'若一衆生未成佛，終不於此取涅槃。'若諸菩薩急於度人，不急於成佛，盡三界衆生皆成佛已，我乃涅槃。若諸菩薩覺知此身，無始以來，皆衆生相；宛親拒受，內外障護，即卵生相；壞彼成此，損人益己，即胎生相；愛染留連，附記有無，即溼生相；一切物變，爲己主宰，即化生相。此四衆生相者，與我流轉，不覺不知，勤苦修行，幻力成就。則此四相，伏我諸根，爲涅槃相，以此成佛，無有是處。此二菩薩，皆是正見，乃知佛語，非寓非實。今汝若能爲流水長者，以大願力，像取無礙法水，以救汝流浪渴涸之魚，又能觀諸世間，雖甚可愛，而虛幻無實，終非我有者，汝即捨離，如薩埵王子捨身。雖甚可惡，而業所驅迫，深可憐憫者，汝即布施，如薩埵王子施虎。行此捨施，如飢就食，如渴求飲，則道可得，佛可成，母可拔也。"過再拜稽首，願書其末。紹聖二年八月一日。

（同上　後集卷十九）

十四、廣州東莞縣資福寺舍利塔銘

自有生人以來，人之所爲見於世者，何可勝道，其鼓舞天下，經緯萬世，有偉於造物者矣。考其所從生，實出於一念。巍乎大哉，是念也，物復有烈於此者乎！是以古之真人，以心爲法，自一身至一世界，自一世界至百千萬億世界，於屈信臂，須作百千萬億變，如佛所言，皆真實語，無可疑者。至於持身厲行，練精養志，或乘風而仙，或解形而去，使枯槁之餘，化爲金玉，時出光景，以作佛事者，則多有矣。其見伏去來，皆有時會，非偶然者。予在惠州，或示予以古舍利，狀若覆盂，圓徑五寸，高三寸，重一斤一兩，外密而中疎，其理如芭蕉，舍利生其中無數，五色具備，意必真人大士之遺體。蓋腦之在顱中，顱亡而腦存者。予曰：“是當以施僧，與衆共之，藏私家非是。”其人難之。適有東莞資福長老祖堂來惠州，見而請之曰：“吾方建五百羅漢閣，壯麗甲於南海，舍利當栖我閣上。”則以犀帶易之。有自京師至者，得古玉璧，試取以薦舍利，若合符契，堂喜，遂并璧持去，曰：“吾當以金銀琉璃爲宰堵波，置閣上。”銘曰：

真人大士何所脩，心精妙明含九州，此身性海一浮漚，委蛻如遺不自收。戒光定力相烝休，結爲寶珠散若旒，流行四方獨此留，帶犀微矣何足酬。璧來萬里端相投，我非予堂堂非求，共作佛事知誰由？瑞光一起三千秋，永照南海通羅浮。

（同上　後集卷十九）

十五、南華長老題名記

學者以成佛爲難乎？累土畫沙，童子戲也，皆足以成佛。以爲易乎？受記得道，如菩薩大弟子，皆不任問疾。是義安在？方其迷亂顛倒，流浪苦海之中，一念正真，萬法皆具；及其勤苦功用，爲山九仞之後，毫釐差失，千劫不復。嗚呼！道固如是也，豈獨佛乎！子思子曰："夫婦之不肖，可以能行焉，及其至也，雖聖人亦有所不能焉。"孟子則以爲聖人之道，始於不爲穿窬，而穿窬之惡，成於言不言。人未有欲爲穿窬者，雖穿窬亦不欲也；自其不欲爲之心而求之，則穿窬足以爲聖人。可以言而不言，不可以言而言，雖賢人君子，有不能免也；因其不能免之過而遂之，則賢人君子有時而爲盜。是二法者，相反而相爲用，儒與釋皆然。南華長老明公，其始蓋學於子思、孟子者，其後棄家爲浮屠氏，不知者以爲逃儒歸佛，不知其猶儒也。南華自六祖大鑒示滅，其傳法得眼者，散而之四方，故南華爲律寺。至吾宋天禧三年，始有詔以智度禪師普遂住持，至今明公，蓋十一世矣。明公告東坡居士曰："宰官行世間法，沙門行出世間法，世間卽出世間，等無有二。今宰官傳授，皆有題名壁記，而沙門獨無有，刱吾道場，實補佛祖處，其可不嚴其傳，子爲我記之。"居士曰諾。乃爲論儒釋不謀而同者，以爲記。建中靖國元年正月一日。

（同上　後集卷二十）

十六、禪　戲　頌

　　已熟之肉，無復活理，投在東坡無礙虀釜中，有何不可！問天下禪和子，且道是肉是素，喫得是喫不得是？大奇大奇！一盆虀，勘破天下禪和子。

（同上　蘇東坡集續集卷十）

十七、篆般若心經贊

　　草隸用世今千載，少而習之手所安，如舌於言無揀擇，終日應對惟所問。忽然使作大小篆，如正行走值牆壁，縱復學之能粗通，操筆欲下仰尋索。譬如鸚鵡學人語，所習則能否則默，心存形聲與點畫，何暇復求字外意。世人初不離世間，而欲學出世間法，舉足動念皆塵垢，而以俄頃作禪律。禪律若可以作得，所不作處安得禪？善哉李子小篆字，其間無篆亦無隸，心忘其手手忘筆，筆自落紙非我使。正使忽忽不少暇，倏忽千百初無難，稽首般若多心經，請觀何處非般若。

（同上　續集卷十）

十八、阿彌陀佛贊

　　蘇軾之妻王氏，名閏之，字季章，年四十六，元祐八年八月一日卒于京師。臨終之夕，遺言捨所受用，使其子邁、迨、過爲畫西方阿彌陁佛。紹聖元年六月九日，像成，奉安于金陵清涼寺。乃爲贊曰：

佛子在時百憂繞，臨行一念何由了，口誦南無阿彌陁，如日出地萬國曉，何況自捨所受用，畫此圓滿天日表？見聞隨喜悉成佛，不擇人天與蟲鳥，但當常作平等觀，本無憂樂與壽夭。丈六長身不爲大，方寸千佛夫豈小，此心平處是西方，閉眼便到無魔嬈。

（同上 續集卷十）

十九、六觀堂贊

我觀衆生，念念爲人，晝不見心，夜不見身。佛言如夢，非想非因，夢中常覺，孰爲形神？我觀衆生，終日疑怖，土偶不然，無罣礙故。佛言如幻，永離愛惡，飢飡畫餅，無有是處。我觀衆生，起滅不停，以是爲故，乃有死生。佛言如泡，泡本無成，能壞能成，雖佛不能。我觀衆生，顛倒已久，以光爲無，以影爲有。佛言光影，我亦擧手，從此永斷，日中狂走。我觀衆生，同游露中，對面不見，衣沾眼蒙。佛言如露，一照而通，蒙者既滅，照者亦空。我觀衆生，神通自在，於電光中，建立世界。佛言如電，言發意會，佛與衆生，了無雜壞。垂慈老人，嘗作是觀，自一至六，六生千萬；生故無窮，一故不亂，東坡無口，孰爲此贊？

（同上 續集卷十）

二十、觀妙堂記

　　不憂道人謂歡喜子曰:"來! 我所居室,汝知之乎? 沉寂湛然,無有喧争,嗒然其中,死灰槁木,以異而同。我既名爲觀妙矣,汝其爲我記之。"歡喜子曰:"是室云何而求我? 況乎妙事,了無可觀;既無可觀,亦無可説。欲求少分可以觀者,如石女兒,世終無有;欲求多分可以説者,如虚空花,究竟非實; 不説不觀,了達無礙,超出三界,入智慧門。雖然,如是置之,不可執偏,强生分别,以一味語,斷之無疑。譬用筌蹄,以得魚兔,及施燈燭,以照丘坑,獲魚兔矣,筌蹄了忘,知丘坑處,燈燭何施? 今此居室,孰爲妙與,蕭然是非,行住坐卧,飲食語默,具足衆妙,無不現前。覽之不有,覿之不無,倏知覺知,要妙如此。當持是言,普示來者,入此室時,作如是觀。"

　　　　　　　　　　　　　　　　　(同上　續集卷十二)

黄 庭 堅

〔簡介〕 黄庭堅，字魯直，號涪翁，又號山谷道人，生於公元一
〇四五年（宋仁宗慶曆五年），卒於公元一一〇五年（宋徽宗崇寧四
年），洪州分寧（今江西省修水縣）人，後人稱爲豫章先生。他是北
宋著名的文學家和書法家，"蘇門四學士"之一。宋英宗治平四年
（公元一〇六七年）中進士。哲宗元祐初，以祕書省校書郎爲神宗
實錄檢討官，遷著作佐郎，又起爲祕書丞。紹聖初，外知宣州，又改
鄂州。後以修實錄不實的罪名，貶爲涪州別駕，又安置黔州。徽宗
卽位，起監鄂州税，屢奉詔命，辭不行。後又以"文章謗國"的罪名，
羈管宜州（今廣西宜山），崇寧四年死。宋高宗時，追謚文節。

黄庭堅寫詩著文，早年好作艷辭，遭到僧人法秀的呵斥："汝以
綺語勤天下人淫心，不懼入泥犁耶！"結果使黄庭堅"悚然悔謝"，決
心學習佛法。他在四十歲左右過泗州僧伽塔時，曾經作發願文，對
佛菩薩宣誓："願從今日盡未來世，不復淫欲"、"不復飲酒"、"不復
食肉"。他曾向晦堂禪師問道，又參謁過死心禪師。後來，他檢討自
己之所以尚未真正悟道，就在於"疑情不盡，命根不斷"。屢遭貶斥
的政治生涯，不僅使他接受了佛教"諸行無常，一切皆苦；諸法無
我，寂滅爲樂"（清隱院順濟王廟記）的説教，而且還陶醉於一切隨
緣的自得之場。

黄庭堅不僅爲菩薩羅漢作贊頌，還爲很多佛教徒，諸如清涼國
師、大嚴禪師、定應大師、法雲秀禪師、仰山簡和尚等作贊。他不只
爲翠巖真、雲居祐、大潙喆、翠巖悦等禪師的語録作序，還爲黄龍

心、福昌信、法安、智悟諸大師作塔銘，儼然成了一個真正的"山谷道人"。

黃庭堅的著作，後人編爲豫章黃先生文集。其事蹟主要見宋史本傳、清彭紹升所撰的居士傳卷二十六黃魯直傳，以及五燈會元等。

一、李元中難禪閣銘

龍眠道人李元中，爲宜春決曹掾，盡心於狂獄，忠信慈惠於百度，訟者伏辜而卽罪，如罪在己；治罪之器，人服而病焉，如傷在己。郵其寒飢苛蟁，加以保惠教誨，使宥者煥然而悔，杖者至今而悔，流者在塗而悔，死者方來而悔。孔子曰："子産，衆人之母也，而書言不盡其行事，未知其能若是乎？"獄事既筋於定，築閣以退聽，已無憾而後安禪，而乞名於其友山谷道人，山谷曰："菩薩久習勝妙禪定，於諸三昧心得自在，哀憫衆生，欲令成熟，捨第一禪樂，而生欲界，是名菩薩難禪，可名曰'難禪'閣。"龍眠曰："若是則吾豈敢，敢不勉焉，請爲我銘之。"山谷曰："勸己以不倦，勸同事以不倦，勸萬物以不倦，故曰難爾。天禪又何難？"銘曰：難一作義。

正念現前，常樂我禪，於法不難；生死險地，施物無畏，於法不易。能易能難，則無難易。俎豆鴆毒，使令虎兕，蜕乎其無功，澹乎其無味。至道之極，不出於聖人；萬物之祖，不歸於天。後百世而見堯、舜，忘義忘年，不動不禪，坐無生禪。義一作人。

（選自四部叢刊影印宋本豫章黃先生文集第十三）

二、跨牛菴銘

吉州太和縣普覺禪院，其東北皆脩竹，長老楚金，開息軒於竹間。予作縣時，嘗謂金爲我結草菴於竹北，金方經營經藏，未暇也。它日菴成，予已去。金知予隨食於四方，不能有是菴也，則自名曰"跨牛"，而乞予銘。金蓋學牧牛於鄧峯永，永學牧牛於黄蘗南，南無牛，來者穿鼻焉。永牧牛者也，然其牧不勤，其牛不煩；金之牛純白矣，跨而不敢下，恐其蹂人之田。予之與佛者游，觀蹂田之牛，其角觺觺，如金之能自牧者，蓋寡矣。故作銘：

唯水牯牛，頭角堂堂，以作意力，徧行道場。舉頭看月，終不觀指，浮鼻渡河，蹴踢源底。三界爲田，衆生爲稻，由我深耕，世無寸草。我跨此牛，無繩與鞭，要下即下，馬後驢前。

（同上　第十三）

三、無等院生臺銘

呵利底母衆，以血食爲命，探懷取嬰兒，而其父母愁痛。如來慈威力，爲開甘露門，乃敕清净衆，受食施已分。稱誦五如來，及佛金口敕，粒粒遍十方，施衆生飽滿。彼呵利眷屬，化形來受供，若有彈射者，死墮畜生道。若彼慳貪心，謂少不飽衆，是人違佛敕，死入餓鬼道。司馬竦、旦、泰，母夫人白氏，琢石作生臺，以施無量故，獲福亦無量。竦、旦、泰，司馬氏三子名。

（同上　第十三）

四、觀世音贊六首

海岸孤絕補陀巖，有一衆生圓正覺。八萬四千清净眼，見塵勞中華藏海，八萬四千母陀臂，接引有情到彼岸。涅槃生死不二見，是則名爲施無畏，八風吹播老病死，無一衆生得安隱。心華照了十方空，卽見觀世音慈眼，設欲真見觀世音，金沙灘頭馬郎婦。

自心海岸孤絕處，戒定慧香補陀伽，觀身實相净聖尊，自度衆生大悲願。一一漚漚鏡本空，八萬四千垂手處，夢時捉得水中月，親與彌猴觀古鏡。

聖慈悲願觀自在，海岸孤絕補陀巖，貫花纓絡普莊嚴，度生如幻現微笑。有一衆生起圓覺，卽現三十二應身，壁立千仞無依倚，住空還以自念力。

以法界印印諸善根，以平等印普印諸業，八萬四千母陀臂，諸佛承我稱提刀；八萬四千清净眼，衆生依我成正覺，補陀巖下白花風，月照海漩三昧底。

聖慈悲願觀自在，小白花山住道場，海漩三昧覺澄圓，三十二應施無畏。有一衆生發大心，願度我身及含識，萬仞峯前撒手過，觀音豈復異人乎？

敬禮補陀巖下水邊，十方三世無不現前，願我亦證空覺極圓，處處悲救火中生蓮。

（同上　第十四）

五、南安巖主定應大師真贊

定光古佛，不顯其光，古錐透穿，大千爲囊。卧像出家，西峯參道，亦俗亦真，一體三寶。彼逆我順，彼順我逆，過卽追求，虛空鳥迹。驅使草木，教誨蛇虎，愁霖出日，枯旱下雨。無男得男，無女得女，法法如是，誰奪誰予。令君威怒，免我伽梨，既而釋之，遂終白衣。白帽素履，鬚髮皤皤，壽八十二，與世同波。窮巖草木，枯臘風雨，七閩香光，家以爲祖。薩埵御天，宋有萬姓，乃錫象服，名曰定應。

（同上　第十四）

六、鐵羅漢頌并序

峨眉山之下，蟆頤津之淵，有百鍊金剛，鑄成二怖魔。開士人物表儀，隨世尺度，其中空洞，不留一物。叩之鏗然，應大應小，香塗刀割，受供不二。沈之水則著底，投之火則熾然，水火事息，二老相視而笑。涪翁曰：“吳兒鐵人石心，吾不信也，二老者真鐵石耳。”乃爲之頌曰：

人言怖魔像，非金亦非鐵，若作世金鐵，開士亦不現。禪坐應念往，一鉢千家供，順佛遺敕故，不宣示神通。有爲中無爲，火聚開蓮花；無爲中有爲，甘露破諸熱。魔子自怖畏，我無怖畏想，或欲坯鎔之，爲已富貴梯。賴世主慈觀，虎兒失爪角，或得野狐書，有字不可讀；狐涎著其心，字義皆炳然，却來觀六經，全是顛倒想。今世青雲士，慎莫作此解。

（同上　第十五）

七、翠巖真禪師語録序

　　石霜山中有三角虎，孤游獨坐，萬木生風，至於千里無人，草深一丈。有一人料其頭而得道，是爲黃龍慧南，有一人履其尾而得道，是爲翠巖可真。南之子孫江西、湖南，若揭日月。而真得子晚，所乳之子，是爲潙山道人慕喆，林棲谷隱，堅密深静，霜露果熟，諸聖推出，枯木朽株，雲行雨施，然後翠巖之道光明。蓋翠巖之入石霜，適遭一吼，凡聖情盡，參承咨决，徹佛徹祖，行住坐卧，亙古亙今。行川之水，無不盈之科；走盤之珠，無可留之影。十聖三賢當路，亦須草偃風行，四方八面俱來，無不投戈散地。金章五句，具在可知，然明月夜光，多逢桉劍，陽春白雪，難爲賞音。維黃龍罷參之客，必遣之曰：百鍊真金，直須入翠巖鑪韝。今坐鎮諸方，龍吟虎嘯者，無不稱翠巖室中之句，以接大根器凡夫，而叢林號爲真點胸者。蓋同門數老，雖目視眈眈，文采炳焕，似從慈明法窟中來，實不解石霜上樹之機耳。各夢同牀，不妨殊調，冷灰爆豆，聊爲解嘲云耳。

（同上　第十六）

八、雲居祐禪師語録序

　　佛言："我於一切法無執，報得常光一尋身，真金色，乃至三十二大人相，八十種隨形好，一一皆對妙因。"固知釋迦老子不會祖師禪。今有人灰頭土面，而種種光明遍照；卑濕重遲，而進道猛利，超過百萬阿僧祇劫；哆哆唧唧，而法音如雷如霆，慧辯如雲如雨；踜踜挈挈,而十二時中,遍往十方國土,調伏衆生。如來油花脱子,全無用處,不可是超佛知見,倒用如來印也。此語若傳山北山南,必且懷疑起諍,若問是誰？但向道是雲居祐老子。若有人問言句内識,此老子言句外識,此老子不可道,不卽言句,不離言句,對諸方説如來禪也。我觀此老子,雖不設陷虎之機,大空升堂,小空入室;雖不結羨魚之網,烏鵲遷巢,龍蛇避宅。子湖狗口裏剌得手,祕魔巖叉下有出身路,所以鏡有山鬼之形,妙於不見;骨衡波句之鏃,本自無瘡。若人信得及,萬株衫裏方藏影;若信不及,五老峯前又出頭。此老子是無爲無事人,何須鄙夫百千偈贊？諸人還會麼,巨鼇莫戴三山去,吾欲蓬萊頂上行。

（同上　第十六）

九、大潙喆禪師語録序

喆禪師烹佛祖鑪鞴,鍛十地鉗椎,坐大潙山,孤峯萬仞。倒用魔王之印,追大軍於藕絲孔中;全提金翅之威,取毒龍於生死海底。擊毒塗鼓,死却偷心,傳法蝮蛇,命與雪山藥,吐却室中密語。野狐涎若相如之璧無瑕,不但二十五城,十方一契,盡爲祖業;驢負麟角,羊蒙虎皮,來者峥嶸,皆納敗闕。向潙山去者,合如是去；從潙山來者,吾則有以驗之。昔石霜山中生二虎,其一爲黄蘗南,其一爲翠巖真。黄蘗之虎乳數子,皆哮吼一方,弭伏百獸；而翠巖之虎生一夔,是爲喆禪師。余不能盡贊其道,而以印於余心者書之。潙山語録之後,後世僧中有董狐,深知正法眼藏之樞紐,能持直筆,使雅頌各得其所,必將有取於斯文。

（同上　第十六）

十、福州西禪暹老語録序

佛以無文之印，密付摩訶迦葉，二十八傳而至中夏，初無文字言説。可傳可説真佛子者，即付即受，必有符證，印空同文，於其契會。雖達磨面壁九年，實爲二祖鑄印，若其根器不爾。雖親見德山，棒如雨點，付與臨濟，天下雷行，此印陸沈，終不傳也。今其徒所傳文字典要，號爲一四天下品，盡世間竹帛，不能載也。蓋亦如蠹蝕木，賓主相當，偶成文爾。若以爲不然者，今有具世間智、得文字通者，自可閉户無師，讀書十年，刻菩提印而自佩之矣。故曰："神而明之，存乎其人，苟非其人，道不虛行。"怡山暹老初寄瓶鉢於古田，時人不識也。曾福州子固拔於稠人之中，授以西禪，而道俗皆與之，團蒲曲几，於今十二年矣。暹之徒浄圓，以其言句求予爲序引，予問浄照禪師，以爲其人有道心。知子莫若父也，聞予此言，必不驚也。至於録開堂升座之語，以續祖燈，則其門人之志也。

（同上　第十六）

十一、天鉢禪院準禪師舍利塔記

維東福勝，故號天鉢，有來鎡鎮，在同光之末，令初堂堂，大覺印可。干戈日尋，禪子宴坐，真人開宋，六合爲家，時維令準，以弟繼初，持臨濟家法，鼓板鍾魚。寂寥百年，有僧父子，父齁其鄰，子乞于市；文慧重元，海岱維清，如雷如霆，十州震驚。盲者得眼，檀者傾施，日飯三百，猶故不賜。覺海若沖，提印了空，雪山醍醐，法示一味，飲者不同。沖子智航，蓋士夫選，諸根猛利，透出魔罥；昔

在天鉢，風雨及牀，瓶鉢三世，冬溫夏涼。有窣堵波，夯築所開，發
函得骨，莫詔其誰？稽首摩拂，舍利涌出，衙齒附骨，如珠瑟瑟。迺
考圖記，準實藏此，壽七十五，同光之季。累甓莊嚴，鍾唄威儀，使
見聞發心，維航、智悲。林下家間，得意自足，蒿萊荆棘，不純不緰。
因時成文，證德訓俗，如象遇雷，如龜藏六，攻石作銘，閲世陵谷。

（同上　第十八）

十二、清隱院順濟王廟記

諸行無常，一切皆苦；諸法無我，寂滅爲樂。無上兩足尊，初説
脩妬路，爲海居種性，開此甘露門，故娑竭以無耳聞經，無垢以非男
成佛。維順濟王承佛記莂，有大福田，爲世津梁，得自在力。當時
十處十會，皆聽圓音；今日三江五湖，不忘外護。所以作南山之檀
越，應清隱之爐香，以佛事作神通，化血食爲净供。雖然天陽門下，
法士徧周，普光法堂，當仁分坐；不妨於法界海，見作魚龍，入觀音
門，能施無畏。鍾魚鼓板，釋迦苦口，丁寧雷雨，風濤順濟。冢常相
助，因行不妨，掉臂南山飯在，往來船非唯曲。爲今時亦與後人作
古記。

（同上　第十八）

十三、自 然 堂 記

佛者惠言，吾同郡人，自豫章來，客於湖陰將二十年。其居故
屋數間，舊開東軒於鄰室之籬角，黮黑漸泇，不堪人居，蝸涎蛛網，

經緯几席。有以改作告之者，則應之曰："未遑也。"間而徘徊其下，徜徉乎旁，久乃得之，因其舊蓋不易一瓦，塞故牖以爲壁，搴故壁以爲明，不加一木而堂成。知言師而來者，莫不粲然，油然忘其歸。予獨嘉其意近於自然，爲之名曰"自然堂"。且爲道其所以名曰：動作寢休，頹然於自得之場。其行也，不以爲人，其止也，不以畏人；時損時益，處順而不逆，此吾所謂自然也。彼體弱而健强，名辱而羨榮，汩汩然日有是心，然且取混沌之術而假脩之者，自然尚能存乎？雖然，凡此者近之矣，而未也。若夫道之妙者，則吾不能爲若言之，而使若得之也，亦不能爲吾言之矣。言師善鼓琴丹青，而不有其能，讀經論多自得其意，不事外飾，如山野人，可與言者也。

（同上　第十八）

十四、發 願 文

　　菩薩獅子王，白淨法爲身，勝義空谷中，奮迅及哮吼。念弓明利箭，被以慈哀甲，忍力不動搖，直破魔王軍。三昧常娛樂，甘露爲美食，解脱味爲漿，游戲於三乘，住一切種智，轉無上法輪。我今稱揚，稱性實語，以身語意，籌量觀察，如實懺悔，我從昔來，因癡有愛，飲酒食肉，增長愛渴，入邪見林，不得解脱。今者對佛發大誓願：

　　願從今日盡未來世，不復淫欲；願從今日盡未來世，不復飲酒；願從今日盡未來世，不復食肉。設復淫欲，當墮地獄，住火坑中，經無量劫；一切衆生爲淫亂故，應受苦報，我皆代受。設復飲酒，當墮地獄，飲洋銅汁，經無量劫；一切衆生，爲酒顛倒故，應受苦報，我皆代受。設復食肉，當墮地獄，吞熱鐵丸，經無量劫；一切衆生，爲殺生故，應受苦報，我皆代受。願我以此，盡未來爾，忍可誓願，根塵清净，具足十忍，不由它教，入一切智，隨順如來。於無盡衆生界中，現作佛事，恭惟十身洞澈，萬德莊嚴。於刹刹塵塵，爲我作證設經，歌邏羅身，忘失本願。唯垂加護，開我迷雲，稽首如空，等一痛切。

（同上 第二十一）

十五、黃龍心禪師塔銘

師諱祖心，黃龍惠南禪師之嫡子。見性諦當，入道穩實，深入南公之室，許以法器，爲之道地。雲峯文悅發之，脱略窠臼，游戲三昧；翠巖可真與之住持黃龍山，十有二年，退居菴頭二十餘年。元符三年十一月十六日，中夜而没，葬骨石於南公塔之東，住世七十有六年，坐五十有五夏。賜紫衣，親賢徐王之請也；號寶覺大師，駙馬都尉王詵之請也。

初南雄州始興縣鄔氏—作鄒氏。子，爲儒生有聲，年十九而目盲，父母許以出家，忽復見物。乃往依龍山寺僧惠全，全名之曰祖心，云明年與試經業。師獨獻所業詩，比試官奇之，遂以合格聞。雖在僧次，常勤俗學，衆中推其多能。久之繼住受業寺，不奉戒律，且逢橫逆，乃棄去來。入叢林，初謁雲峯，雲峯孤硬難入，見師慰誨接納，師乃決志歸依，朝夕三載，終不契機。告悅將去，悅曰：“必往依黃蘗南禪師。”師居黃蘗四年，雖深信此事，而不大發明。又辭而上雲峯，會悅謝世，於是就止石霜。無所參决，因閲傳燈，至僧問：“如何是多福一叢竹？”多福曰：“一莖兩莖斜。”僧云：“不會。”多福曰：“三莖四莖曲。”此時頓覺親見二師，歸禮黃蘗，方展坐具，南公曰：

"汝入吾室矣！" 師亦踽躍自喜，即應曰："大事本來如是，和尚何用教人看話下語，百計搜尋？" 南公曰："若不令汝如此究尋到無用心處，自見自了，吾則埋没汝也。" 師從容游泳，陸沈於衆。時往諮決雲門語句，南公曰："知是般事便休，安用許多功夫？" 師曰："不然。但有纖介疑在，不到無學，如何得七縱八橫，天迥地轉！" 南公肯之。已而往謁翠巖，翠巖貶剥諸方，諸方號爲"真點胸"，見師即云："禪客從黃蘗師兄處來，未見有地頭者箇，嶺南子却有地頭，汝能久住，吾亦不孤負汝。" 師依止二年。翠巖没後，乃歸黃蘗南公，分座令接後來。及南公遷住黃龍，師往就泐潭曉月講學。蓋月能以一切文字入禪悦之味，同列或指笑師下喬木入幽谷者。師聞之曰："彼以有得之得，護前遮後；我以無學之學，朝宗百川。"

中以小疾求醫章江院，轉運判官夏倚公立，雅意禪宗，見楊傑次公而問黃龍之道，恨未即見，次公曰："有心首座在章江，公能自屈，不待見南也。" 公立聞之，亟至章江，見師在僧堂後，持經問曰："非心公耶？" 對曰："是。" 揖坐而歎曰："達磨一宗，將掃地矣。" 因劇談道妙，至會萬物爲自己，及情與無情共一體。有犬卧香案下，師以壓尺擊香案曰："犬有情即去，香案無情自住，情與無情如何得成一體？" 公立不能答。師曰："才入思惟，便成剩法，何曾會物爲己？" 公立於是參叩鄭重。

南公入滅，僧俗請師繼坐道場，化俗談真，重規疊矩，四方歸仰，初不減南公時。然師雅尚真率，不樂從事於務，五求解去，乃得謝事閑居，而學者益親。謝景溫師直守潭州，虛大溈以致師，三辭不往。又屬江西轉運判官彭汝礪器資起師，器資請所以不應長沙之意？師曰："願見謝公，不願領大溈也。馬祖百丈以前，無住持事，道義相求於空閑寂寞之濱而已。其後雖有住持，王臣尊禮，謂之人天師。今則不然，掛名官府，如有户籍之民，直遣五百追呼之耳，此豈可復爲也。"器資以此言反命，師直由是致書，願得一見，不敢以住持相屈。師遂至長沙。蓋於四方公卿，意合則千里應之，不合則數舍亦不往。其於接納，潔己以進，無不攝受，容有匪人，不保其往。至於本色道人，參承諮決，鑪韝鉗椎，厭功妙密，故其所得法子，冠映四海。雖博通內外，而指人甚要；雖直以見性爲宗，而隨方啓迪。故撮內外書之要指，徵詰開示，使人因所服習，克己自觀，悟則同歸，歸則無教。諸方訾師不當以外書揉佛説，師曰："若不見性，則祖佛密語，盡成外書；若見性，則魔説狐禪，皆爲密語。"南公道貌德威，極難親附，雖老於叢林者，見之汗下。師之造前，意其閑暇，終日笑語，師資相忘，四十年間，士大夫聞其風而開發者甚衆。惟其善巧無方，普慈不簡，人未見之，或生慢疑謗，承顔接辭，無不伏膺。庭堅夙承記莂，一作嘗承凤記。堪任大法，道眼未圓，而來瞻宰堵實，深安仰之歎。乃勒堅珉，敬頌遺美，其詳則見於師之嫡子惟清禪師所譔行狀。銘曰：

鹿野孤園，衆千二百，空寂而住，時至乞食。法王啓運，三界爲家，皆是吾子，實無等差。宴坐經行，無資生物，病而須乳，侍者行乞。溈潭百丈，住成法席，國不入禪，禪不入國。末法住持，以食爲宗，王官作牧，驅羊西東。師嘗一出，歲行十二，鍾魚轟轟，如垢不釀。脱梏以往，娑婆林立，龍蛇混居，雷藏電收。抱道在旁，不誰不汝，及其震驚，萬物時雨。師之於道，日行大空，讐日之明，勞而少功。

（同上　第二十四）

十六、法安大師塔銘

禪師號法安,出於臨川許氏,幼謝父母,師事承天長老慕閑。年二十誦經通,授僧服,則無守家傳鉢之心,求師問道,不見山川寒暑。初依止雪竇重顯,顯没,則依天衣義懷。雖蒙天衣印可,猶栖法席數年,同參皆推上之法雲,禪師法秀,尤與之友善。以經論入微,爲同業參玄入不二,爲同門故也,辭天衣,又探頤鉤深;靡不經歷,年三十有七,歸在臨川。

初受請住黄山之如意院,破屋壞垣,無以風雨,師住十年,大厦崇成,僧至如歸,乃謝去。下江、漢,航二淛,上天台四明,泝淮、汶而還。所至接物利生,未嘗失言,亦未嘗失人,白首懷道,蕭然無侣。倚杖於南昌,又受請住武寧之延恩寺。延恩父子傳器,貧不能守之,初以爲十方始至,草屋數楹,敗牀不簀,師處之超然。縣尹裴士章欲糾合豪右,爲師一新之,師曰:"檀法本以度人,今不發心而强之,是名作業,不名佛事。"裴以師苦口,因上不爲,師亦住十年。凡安衆之地,冬燠而夏涼,鍾魚而粥,鍾魚而飯,來者息焉。以元豐甲子歲七月,命弟子取方丈文書,勿復料簡商略爲聚,如共住僧數人,與其一則示微疾,其八月辛未,終于寢室,閱世六十有一年,坐四十有一夏。弟子普觀營塔於後山,距寺百步。師平生常教勸人,萬事隨緣,是安樂法。師之居延恩,人視之不堪其憂,於是法雲秀常有衆千數百,説法如雲雨,所居世界莊嚴,其威光可以爲兄弟接羽翼而天飛也,以書招師云云,師發書一笑而已。

予舊聞禪師爲有道而陸沈者,每歎息其無傳,晚得友道人惟清,清之言曰:"我初發心,實在延恩安公告戒,策勵如父母師友,中心以謂凡住山者,法如是爾,及游諸方,罕遇如安公者,以是提耳之誨,不忘於心。若安公名稱利養,實不能與天下衲師爭衡,然此自不滿安公之一笑。公可作石置安公道場,使來者知住山規矩當如是。"於是追跡行李,摠其化緣起滅如此,而繫之以詞。詞曰:

三際十方,心田一契,威音以來,諸佛所印。其中種子,皆本來法,東西相付,唯證乃知;證得祖契,如是而住,爲萬物主,是故無諍。若有造作,無印之契,妄認界畔,如空如海。維此契心,有無根樹,問其所在,則伏冒佪。由初不知,自本自根,懷藏偃契,籌其丘角。一九非九,謂傳密記,目盲爲幻,醫窮子眼。披如來衣,作大妄語,見地不直,與萬物訟。見境崢嶸,故多諍論,土牛耕石,終不得稻。堂堂安公,是大田主,絕學無爲,終日修行;出入生死,無作無造,法住法位,無有爭地。布慈悲雲,雨一味法,飛蝗蔽天,赤旱千里;而我境界,萬物有年,鑿井耕田,不荷帝力。安公法爾,一切亦爾,安公道場,來者敬禮。

(同上　第二十四)

十七、智悟大師塔銘

聖壽禪院僧明教大師慧表、寶月大師慧雲,狀其師懷璉行業始終,來乞銘。予聞璉游王公戚里四十年,委金帛如山,未嘗留一錢褚中,度門人百八十有二,禮其勤奮而教養,其罷不能,內外無間,言其趣操,類賢士大夫,是宜銘。故敍而銘之:

璉,賈姓,開封民家,母劉氏方娠,夢旛干出青囊中,占曰:"干出於囊,萬夫之望,兒不爲家,人子去家而有光。"及璉生,而骨相與閭里兒異,九歲依普明道者,歸恭出家。經梵禪律,無所不學,落髮而左右普明,於緣事盡心力,不愛一毫。普明沒,即以璉知院事,璉於經行輒作佛事，皆赫赫成就。治平中，普明所作僧伽浮圖壞，謹力新之，至於躬土木之功，未嘗過人之門，聞者傾施其半，縣官佐之。閱二歲而崇成，繚以周廊複屋，十倍其初，費萬萬計。於是詔廢印經院，以經板十六萬畀謹刻印，賜之兄謹，賜服號名及它錫。予皆以行業聞不錄，錄因人也。僧夏五十有九，住持二十有八年，如出一日生，以大中祥符辛亥九月丁酉没，以元豐乙丑十月戊寅而葬，以其十一月庚申，其浮圖在祥符縣樊村之崇臺云。表有謀略，處煩而知務，雲佐謹凤有力，謹没，衆皆推院事，莫敢承。曰非表則雲，而表與雲又孫辟相先，以是益知謹之賢。銘曰：

　　維智悟祥於天，爲法器不家傳，謝斯文以游方，維德機與事會。勞而不伐，丘山其成之；不切其有，稛載而歸之；以躬爲律，杖履其信之；孔欣孔時，乖寡者順之；以彼易此，士夫或吝之；有似有續，我銘以洵之。

（同上　第二十四）

十八、跋王荆公禪簡

　　荆公學佛，所謂吾以爲龍又無角，吾以爲蛇又有足者也。然余嘗熟觀其風度，真視富貴如浮雲，不溺於財利酒色，一世之偉人也。暮年小詩，雅麗精絶，脱去流俗，不可以常理待之也。

（同上　第三十）

張　商　英

〔簡介〕　張商英,字天覺,號無盡居士,生於公元一〇四三年(宋仁宗慶曆三年),卒於公元一一二一年(宋徽宗宣和三年),蜀州新津(今四川新津縣)人。早年任地方小官吏。宋神宗時,以王安石推薦,任監察御史,後又因事謫於外地。元祐中,除河東提點刑獄,後爲江西運使等。紹聖初,爲左司諫。宋徽宗崇寧中,遷至尚書左丞。因與宰相蔡京不合,罷知亳州,復又被安置到歸州與峽州。大觀四年,蔡京罷相,起用爲資政殿學士,旋除中書侍郎。因張商英有反對蔡京的政聲,羣共稱賢,不久拜相。爲相逾年,又被排擠出京,知河南府,旋又安置衡州。病逝時,年七十九,謚曰文忠。

張商英早年不信佛,並欲著無佛論,經其妻向氏的勸阻乃止。後在寺院中見到了維摩經,熟讀以後,認爲佛經含義深邃,便逐漸深信佛法。元祐中,他曾順道到清涼山(五臺山),向文殊菩薩祈禱,並塑文殊像,著發願文,對佛"五體皈依"。在江西時,他到了廬山,謁東林總禪師。後又遇兜率悦禪師,反覆請教,互相贈頌。在峽州,他又訪問了覺範洪禪師,深受教誨,信佛彌篤。

護法論是張商英捍衛佛教的代表作。在這篇文章中,他着重與韓愈和歐陽修的排佛觀點進行了論戰,堅持了佛教的一系列基本理論,尤其是其中的因果報應説。他説:"三教之書,各以其道善世礪俗,猶鼎足之不可缺一也。"他認爲,僅僅只有儒家的"世間法",是遠遠不能維護封建統治的,必須有佛教的"出世間法",才能使人與人之間"無侵凌争奪之風",達到"刑措而爲極治之世"。他還以藥石治病爲喩,说:"儒者使之求爲君子者,治皮膚之疾也; 道書使之日損,損之又損者,治血脈之疾也; 釋氏直指本根,不存枝葉者,治骨髓之疾也。"這就是説,佛教比儒道二教還要高出一籌。他把人生看成是如"浮泡之起滅",鼓勵人們應爲後世打算,去追求佛教的所謂"無尚妙道"。

張商英的事蹟,見宋史本傳、清彭紹升所撰的居士傳卷二十八張天覺傳、清涼通傳、羅湖野錄等。

一、護　法　論

孔子曰: "朝聞道,夕死可矣。"以仁義忠信爲道耶,則孔子固有仁義忠信矣; 以長生久視爲道耶,則曰夕死可矣,是果求聞何道哉! 豈非大覺慈尊識心見性,無上菩提之道也。不然,則列子何以謂孔子曰: "丘聞西方有大聖人,不治而不亂,不言而自信,不化而自行,蕩蕩乎民無能名焉。"列子學孔子者也,而遽述此説,信不誣矣。孔子聖人也,尚尊其道,而今之學孔子者,未讀百十卷之書,先以排佛爲急務者,何也? 豈獨孔子尊其道哉,至于上下神祇,無不宗奉,矧茲凡夫,輕恣毀斥,自昧己靈,可不哀歟!

韓愈曰: "夫爲史者,不有人禍,則有天刑, 豈可不畏懼而輕爲之哉!"蓋爲史者,採摭人之實迹,尚有刑禍,況無故輕薄,以毁大聖人哉? 且茲人也,無量刼來,沉淪諸趣,乘少善力而得此身,壽夭特未定也; 縱及耳順從心之年,亦暫寄人間耳。以善根微劣,不能親炙,究竟其道,須臾老之將至,爲虛生浪死之人,自可悲痛; 何暇更從無明業識,造端倡始,誘引後世闡提之黨,背覺合塵, 同入惡道,罪萃厥身,可不慎哉! 且佛何求於世,但以慈悲廣大,願力深重,哀见一切衆生，往来六道，受種種苦，无有已時，故從兜率天宫示現浄飯國王之家，爲第一太子，道德文武，端嚴殊特，於聖人中而所未有。於弱冠之年，棄金輪寶位，出家修道，成等正覺，爲天人師，隨機演説三乘五教。末後以正法眼藏，涅槃妙心，付囑摩訶迦葉，爲教外別傳，更相傳授，接上根輩。故我本朝太宗皇帝之序金剛般若也，則曰："嘆不修之業溥傷，强執无之愚迷，非下士之所知，豈淺識之能究大哉！"聖人之言，深可信服。一從佛法東播之後，大藏教乘无處不有，故余嘗謂，欲排其教，則當盡讀其書，深求其理，摭其不合吾儒者，與學佛之見，質疑辨惑，而後排之可也。今不通其理，而妄排之，則是斥鷃笑鷗鵬，朝菌輕松柏耳。

歐陽修曰："佛者善施无驗不實之事。"蓋亦未之思耳。嘗原人之造妄者，豈其心哉！誠以睆急飢寒，苟免患難而已。佛者捨其至貴極富，爲道忘身，非飢寒之急，无患難可免，其施妄也，何所圖哉？若以造妄垂裕其徒，凡夫尚知，我躬不閲，遑恤我後，而佛豈不知耶？古今世人，有稍挾欺紿者，必爲衆人所棄，況有識之賢者乎？若使佛有纖毫妄心，則安能俾其佛教，綿亘千古，周匝十方，天龍神鬼，无不傾心，菩薩羅漢，更相弘化？職此論之，有詐妄心者，求信於卑凡下愚尚不可得，況能攝伏於具神通之聖人哉！經云："如來是真語者，實語者，如語者，不誑語者，不異語者。"又云："諸佛如來，无妄語者。"信哉斯言，明如皎日。孟子曰："誦堯之言，行堯之行，是堯而已矣。"余則曰："誦佛之言，行佛之行，是佛而已矣。"何慊乎哉！佛祖修行，入道蹊徑，其捷如此，而人反以爲難，深可憫悼。撮其樞要，戒定慧而已。若能持戒，決定不落三塗；若能定力，決定功超六慾；若能定慧圓明，則達佛知見，入大乘位矣，何難之有哉！詩曰："德輶如毛，民鮮克舉之。"其是之謂乎！韓愈與大顛論議，往復數千言，卒爲大顛一問曰："公自揣量，學問知識，能如晉之佛圖澄乎？能如姚秦之羅什乎？能如蕭梁之寶誌乎？”愈曰：“吾于斯人則不如矣”大顛曰：“公不如彼明矣，而彼之所從事者，子以爲非，何也？”愈不能加答。其天下之公言乎！佛豈妨人世務哉！金剛波若云：“是故如來説一切法，皆是佛法。”維摩經偈云：“經書呪禁術，工巧諸伎藝，盡現行此事，饒益諸羣生。”法華經云：“資生業等，皆順正法。”傅大士龐道元豈無妻子哉？若也身處塵勞，心常清净，則便能轉識爲智。猶如握土成金，一切煩惱，皆是菩提；一切世法，無非佛法；若能如是，則爲在家菩薩，了事凡夫矣，豈不偉哉！

歐陽修曰：“佛爲中國大患。”何言之甚歟！豈不爾思，凡有害於人者，奚不爲人所厭而天誅哉！安能深根固蒂於天下也？桀紂爲中國天子，害迹一彰，而天下後世共怨之，況佛遠方上古之人也，但載空言傳於此土，人天向化，若偃風之草，苟非大善大慧，大利益大因緣，以感格人天之心者，疇克爾耶？“一切重罪皆可懺悔，謗佛法罪不可懺悔。”誠哉是言也。謗佛法則是自昧其心耳！其心自昧，則猶破瓦不復完，死灰不重木矣，可懺悔哉！佛言惟有流通，佛法是報佛恩，今之浮圖，雖千百中無一能髣髴古人者，豈佛法之罪也？其人之罪！雖然如是，禮非玉帛而不表，樂非鐘鼓而不傳，非藉其徒以守其法，則佛法殆將泯絶無聞矣，續佛壽命何賴焉？濫其形服者，誅之自有鬼神矣，警之自有果報矣，威之自有刑憲矣，律之自有規矩矣，吾輩何與焉？然則是言也，余至於此，卒存二説。蘇子瞻嘗謂余曰：“釋氏之徒，諸佛教法所繫，不可以庶俗待之，或有事至廷下，則吾徒當以付囑流通爲念，與之闊略可也。”又曾逢原作郡時，釋氏有訟者，閲實其罪，必罰無赦，或有勉之者，則曰：“佛法委在國王大臣，若不罰一戒百，則惡者滋多。當今之世，欲整齊之，捨我輩其誰乎？”余考二公之言，則逢原所得多矣。其有不善者，誠可惡也，豈不念皇恩度牒不與征役者，人主之惠哉！豈不念古語有云，一子出家，九族生天哉！豈不念辭親棄俗，當爲何事哉！豈不念光陰易往，而道業難成哉！豈不念道眼未明，而四恩難報哉！豈不念行業不修，而濫膺恭敬哉！豈不念道非我修而誰修哉！豈不念正法將墜而魔法增熾哉！蓋昔無著遇文殊時，已有凡聖同居、龍蛇混雜之説，況今去聖世愈遠，求其純一也，不亦難乎！然念大法所寄，譬猶披沙揀金，哀石攻玉，縱於十斛之沙得粒金，一山之石得寸玉，尚可以爲世珍寶也，非特學佛之徒爲然。孔子之時，已分君子儒小人儒矣，況兹後世服儒服者，豈皆孔、孟、顏、閔者哉！雖曰學者求爲君子，安能保其皆爲君子耶？歷觀自古巨盜奸臣，强叛猾逆，率多高才博學之士，豈先王聖教之罪歟！豈經史之不善歟！由此喻之，末法像教之僧，敗羣不律者，勢所未免也。

　　韓愈曰："佛者夷、狄之一法耳，自後漢時流入中國，上古未曾有也。自黄帝以下，文武以上，舉皆不下百歲，後世事佛漸謹，年代尤促。陋哉！"愈之自欺也。愈豈不聞孟子曰："舜生于諸馮，遷于負夏，卒于鳴條，東夷之人也；文王生于岐周，卒于畢郢，西夷之人也。"舜與文王皆聖人也，爲法于天下後世，安可夷其人、廢其法乎？況佛以净飯國王爲南贍部州之中，而非夷也。若以上古未嘗有而不可行，則蚩尤瞽叟生于上古，周公仲尼生于後世，豈可捨衰周之聖賢，而取上古之凶頑哉！而又上古野處穴居，茹毛飲血，而上棟下宇、鑽燧改火之法起于後世者，皆不足用也。若謂上古壽考，後世事佛漸謹而年代尤促者，竊鈴掩耳之論也。愈豈不知外丙二年、仲壬四年之事乎？豈不知孔鯉、顏淵、冉伯牛之夭乎？又書無逸曰："自時厥後，亦罔或克壽，或十年，或七八年，或五六年，或四三年。"彼時此方未聞佛法之名。自漢明佛法至此之後，二祖大師百單七歲，安國師百二十八歲，趙州和尚七百二十甲子，豈佛法之咎也？又曰："如彼言可憑，則臣家族合至灰滅。"此亦自蔽之甚也。佛者,大慈大悲,大喜大捨,自他無間,寃親等觀,如提婆達多種種侵害于佛,而終憐之,受記作佛。而後世若求喜怒禍福以爲靈,則是邀祭祀之小小鬼神矣,安得謂之大慈悲之父乎？世間度量之人,尚能遇物有容,犯而不校,況心包大虛、量廓沙界之聖人哉！信與不信,何加損焉。佛者,如大醫王,善施法藥,有疾者信而服之,其疾必瘳；其不信者,蓋自棄耳,豈醫王之咎哉！夏蟲不可語冰霜,井蛙不可語東海,吾于韓愈見之矣。若謂事佛促壽,則毀佛者合當永壽,後世之人排佛者故多矣,士庶不足道也,如唐武宗會昌五年八月下旬廢教,至六年三月初,纔及半年而崩者,此又何也？如唐李白、杜甫、盧仝、李翱之輩,韓愈亦自知其不及矣,然諸子亦未嘗排佛,亦不失高名也。衆人之情,莫不好同而惡異,是此而非彼；且世之所悅者,紛華適意之事,釋之所習者,簡靜息心之法,此其所以相違于世也。諸有智者,當察其理之所勝,道之所在,又安可不原彼此之是非乎！林下之人食息禪燕,所守規模,皆佛祖法式,古今依而行之,舉皆證聖成道,每見譏于世者,不合流俗故也。佛之爲法,甚公而至廣,又豈止緇衣祝髮者得私爲哉！故唐相裴公美序華嚴法界觀云："世尊初成正覺,嘆曰：'奇哉！一切衆生具有如來智慧德相,但以妄想（報）〔執〕着而不證得。'于是稱法界性,說華嚴經。"佛之隨機接引,故多開遮權變,不可執一求也。

　　歐陽永叔曰："無佛之世,詩書雅頌之聲,其民蒙福如此。"永叔好同惡異之心,是則是矣,然不能通方遠慮,何其隘哉！若必以結繩之政施之于今,可乎？殊不知天下之理,物稀則貴,若使世人舉皆爲儒,則孰不期榮,孰不謀祿？期謀者衆,則爭競起,爭競起,則妬忌生,妬忌生,則褒貶勝,褒貶勝,則仇怨作,仇怨作,則擠陷多,擠陷多,則不肖之心無所不至矣,不肖之心無所不至,則爲儒亦不足爲貴矣。非特儒者爲不足貴也,士風如此,則求天下之治也亦難矣。佛以其法付囑國王大臣，不敢自專也，欲使其後世之徒，無威勢以自尊，隆道德以爲尊，無爵禄以自活，依教法以求活。乞食于衆者，使其折伏憍慢，下心于一切衆生。又維摩經："佛令迦葉前往問疾，迦葉憶念昔于貧里而行乞食時，維摩詰來謂我言，唯大迦葉有慈悲心，而不能普捨豪富，從貧乞也。"肇法師註云："迦葉以貧人昔不植福，故生貧里；若今不積善，後復彌甚。愍其長苦，故多就乞食。"又曰："見來求者，爲善師想。"什法師注云："本無施意，就彼來求，發我施心，則爲我師，故爲善師想也。"不畜妻子者，使其事簡累輕，道業易成也；易其形服者，便其遠離塵垢，而時以自警也。惜乎竊食其門者，志願衰劣，不能跂及古人，良可欺也。且導民善世，莫盛乎教，窮理盡性，莫極乎道，彼依教行道，求至乎湼槃者，以此報恩德，以此資君親，不亦至乎！故後世聖君爲之建寺宇、置田園，不忘付囑，使其安心行道，隨方設化，名出四民之外，身處六和之中。其戒净，則福蔭人天，其心真，則道同佛祖。原其所自之恩，皆吾君之賜也。

苟能以禪律精修于天地，無愧表率一切衆生，小則遷善遠罪，大則悟心證聖，上助無爲之化，密資難報之恩，則不謬爲如來弟子矣。苟違佛祖之戒，濫膺素湌，罪豈無歸乎！上世雖有三武之君，以徇邪惡，下臣之請，鋭意剪除，既廢之後，隨而愈興，猶霜風之肅物也，亦暫時矣。如冬後有春之譬：欲盡殲草木者，能使冬後無春則可矣，苟知冬後有春，則何苦自當其惡，而彰彼爲善也，于己何益哉？余嘗觀察其徒，中間有辭榮捨富者，俊爽聰明者，彼亦不知富貴可樂，春色可喜，肥鮮之甘，車服之美，而甘心于幽深閴寂之處，藜羹韋布，僅免飢寒，縱未能大達其道，是必漸有所自得者歟！議者深嫉其徒不耕而食者，亦人知其一，而莫知其他也。豈不詳觀通都大邑，不耕而食者十居七八，以至山林江海之上，草竊姦宄；市廛邸店之下，倡優廝役；僻源斜徑之間，欺公負販；神祠廟宇之中，師童巫祀者，皆然也，何獨至于守護心城者而厭之哉！今户籍之民，自犁鋤者，其亦幾何？釋氏有刀耕火種者，栽植林木者，灌溉蔬果者，服田力穡者矣。豈獨今也，如古之地藏禪師曰："每自耕田，嘗有語云諸方説禪浩浩地，争如我這裏種田博飯喫。"百丈惟政禪師命大衆開田，曰："大衆爲老僧開田，老僧爲大衆説大法義。"大智禪師曰："一日不作，一日不食。"潙山問仰山曰："子今夏作得箇什麽事？"仰山曰："鋤得一片地，種得一畲粟。"潙山曰："子可謂不虚過時光。"斷際禪師每集大衆栽松钁茶，洞山聰禪師常手植金剛嶺松，故今叢林普請之風尚存焉。釋氏雖衆，而各止一身，一粥一飯，補破遮寒，而其所費亦寡矣；且其既受國恩，紹隆三寶，而欲復使之爲農，可乎？況其田園，隨例常賦之外，復有院額科敷，官客往來，種種供給，歲之所出，猶愈于編民之多也，其于公私，何損之有？余嘗疾今官，有勸農之虚名，而挾抑農之實患。且世之利用，苟有益者，不勸而人自趨矣；今背公營私者，侵漁不已，或奪其時作不急之務，是抑之也，何勸之有？今游惰者，十常七八，耕者十止二三，耕者雖少，若使常稔，則菽粟亦如水火矣；近歲或旱或潦，無歲無之，四方之稼秀而不實者，歲常二三，甚者過半，亦豈爲耕者少而糧不足哉！老子曰"我無爲而民自富。"苟無以致和氣而召豐年，雖多耕而奚以爲？歲之豐凶，繫乎世數，意其天理，亦自有準量歟！歲常豐，穀愈賤，耕者愈少，此灼然之理。

　　僧者，佛祖所自出也，有苦行者，有密行者。各人有三昧，隨分守常德，孜孜于戒律，念念在定慧。能捨人之所難捨，能行人之所不能行，外富貴若浮雲，視色聲如谷響，求道則期大悟而後已，惠物則念衆生而不忘。今厭僧者，其厭佛祖乎！佛以持戒當行孝，不殺、不盜、不淫、不妄、不茹葷酒，以此自利利他，則仁及含靈耳，又豈現世父母哉？蓋念一切衆生無量劫來，皆曾爲己父母宗親，故等之以慈，而舉期解脱，此以爲孝，不亦優乎！且聰明不能敵業，富貴豈免輪回，銅山奚補于餒亡，金穴靡聞于長守。余忝高甲之第，仕至聖朝宰相，其于世俗名利，何慊乎哉？拳拳繫念于此者，爲其有自得于無窮之樂。重念人生幻化，不啻浮泡之起滅，于兹五蘊完全之時而不聞道，可不惜哉！若世間更有妙道可以印吾自肯之心，過真如湼槃者，吾豈不能捨此而趣彼耶？惡貧欲富，畏死欣生，飲食男女，田園貨殖之事，人皆知之，君子不貴也，所貴也者，無尚妙道也。

　　或謂余曰：僧者毀形遁世之人，而子助之何多哉？余曰：余所存誠者，佛祖遺風也，豈恤乎他哉！子豈不聞孟子言，人少則慕父母，知好色則慕少艾。孰謂巾髮而娶者，必爲孝子賢人？今世俗之間，博弈飲酒，好勇鬥狼，以危父母者，比比皆是也，又安相形而不論心哉！前輩有作無佛論者，何自蔽之甚也。今夫日月星辰，雷霆風雨，昭昭然在人耳目，豈無主張者乎？名山大川，神祇廟貌，可謂無乎？世間邪精魍魎，小小鬼神，猶尚怗然信其是有，何獨至于佛而疑之？曠大劫來，修難行苦行，成等正覺，爲聖中至聖，人天法王，明極法身，充滿沙界，而謂之無，可乎哉！大集經云："商主天子問：'佛在世之日，有所供養，世尊是受者，而施者獲福；世尊滅後，供養形像，誰爲受者？'佛言：'諸佛如來法身也，若在世，若滅後，所有供養，其福無異。'"華嚴亦云："佛以法爲身，清净如虚空。"雖然諸佛而名其道，蓋善權方便接引之門耳，若必謂之無，則落空見外道、斷見外道，自昧自棄，可悲也矣。如雲門大師云"我當時若見，一棒打殺與狗子吃"者，此大乘先覺之人，解粘去縛，遣疑破執而已，豈初學者可躐等哉！此可與智者道，不可與愚者語。其教之興也，恢弘之，則有具神通之聖人；信向之，則有大根器之賢哲，以至天地鬼神之靈，無不景慕，豈徒然哉！大抵所尚必從其類，擬之必從其倫，般若正智，菩提真見，豈凡庸之人所能睥睨哉！故同安察云："三寶尚未明斯旨，十聖那能達此宗。"緣覺辟支四果，聲聞尚不與其列，況其下者乎！在聖則爲大乘菩薩，在天則爲帝釋梵王，在人則爲帝王公侯，上根大器，功成名遂者，在僧俗中，亦必宿有靈骨，負逸羣超世之量者，方能透徹。故古德云："聞而不信，尚結佛種之因；學而未成，猶益人天之福。"惜乎！愚者昧而不能學，慧者疑而不能至，間有世智辨聰者，必爲功名所誘，思日競辰，焚膏繼晷，皇皇汲汲然，涉略六經子史，急目前之應對，尚且不給，何暇分陰及此哉！或有成名仕路者，功名汩其慮，富貴蕩其心，反以此道爲不急，罔然置而不問，不覺光陰有限，老死忽至，臨危湊巫，雖悔奚追！世有大道遠理之如此也，而不窺其涯涘者，愧于古聖賢多矣。既不聞道，則必流浪生死，散入諸趣，而昧者甘心焉，是誰之過歟！嵩嶽珪禪師云："佛有三能三不能：佛能空一切相，成萬法智，而不能即滅定業；佛能知羣有性，窮憶劫事，而不能化導無緣；佛能度一切有情，而不能盡衆生界，是謂三能三不能也。"今有心憒憒，口悱悱，聞佛似寇讐，見僧如蛇虺者，吾末如之何也。已矣！且佛尚不能化導無緣，吾如彼何哉！

　　議者皆謂梁武奉佛而亡國，蓋不探佛理者，未足與議也。國祚之短長，世數之治亂，吾不知其然矣。堯舜大聖，而國止一身，其禪位者，以其子之不肖而後禪也，其子之不肖，豈天罪之歟！自開闢至漢明帝以前，佛法未至于此，而國有遇難者，何也？唐張燕公所記梁朝四公者，能知天地鬼神變化之事，了如指掌，而昭明太子亦聖人之徒也。且聖者以治國治天下爲緒餘耳，豈無先覺之明，而慎擇可行之事以告武帝哉？蓋定業不可逃矣。嗚呼！定業之不可作也，猶水火之不可入也，其報之來，若四時之無爽也，如西土師子尊者，此土二祖大師，皆不免也。又豈直師子、二祖哉，釋迦如來尚且不免金鏘馬麥之報，況初學凡夫哉！蓋修也者，改往修來矣，且宿業既還已，则將來之善豈捨我哉！今夫爲女形者，實劣于男矣，遽欲奉佛而可亟變爲男子乎？必將盡此報身，而願力有待于來世乎！梁武壽高九十，不爲不多，以疾而卒，不至大惡。但捨身之謬，以其先見禍兆，筮得乾卦上九之變，取其貴而無位，高而無民，以此自卑，欲圖弭災召福者，梁武自謬耳，于佛何有哉！梁武小乘根器，專信有爲之果，茲其所以不遇達摩之大法也。過信泥跡，執中無權者，亦其定業使之然乎！但聖人創法，本爲天下後世，豈爲一人設也。孔子曰："仁者壽。"而力稱回之爲仁，而回且夭矣，豈孔子之言無驗歟？蓋非爲一人而言也。梁武之奉佛，其類回之爲仁乎！侯景兵至，而集沙門念摩訶般若波羅蜜者，過信泥跡，而不能權宜適變也。亦猶後漢向詡，張角作亂，詡上便宜，頗多譏刺左右，不欲國家興兵，但追將兵于河上，北向讀孝經，賊則當自消滅。又如後漢蓋勳傳：中平元年，北地羌胡與邊章等，寇亂隴右，扶風宋梟爲守，患多寇叛，謂勳曰："涼州寡于學術，故屢多反暴，今欲多寫孝經，令家家習之，庶或使人知義。"此亦用之者不善也，豈孝經之罪歟！抑又安知梁武前定之業，禍不止此，由作善以損之，故能使若是之壽也。帝嘗以社稷存亡久近問于誌公，公自指其咽示之，蓋識侯景也。公臨滅時，武帝又復詢詰前事，誌公曰："貧僧塔壞，陛下社稷隨壞。"公滅後，奉敕造塔已畢，武帝忽思曰："木塔其能久乎？"遂命徹去，改創以石塔，貴圖不朽，以應其記，拆塔纔畢，侯景兵已入矣，至人豈不前知耶！如安世高帛法祖之徒，故來畢前世之對，不遠千里自投死地者，以其定業不可逃也。如晉郭璞亦自知其不免，況識破虛幻，視死如歸者乎？豈有明知宿有所負，而欲使之避拒苟免哉！

　　歐陽永叔跋萬回神跡記碑曰："世傳道士罵老子云：'佛以神怪禍福恐動世人，俾皆信向，致僧尼得享豐饒；而吾老子高談清净，遂使我曹寂寞。'"此雖鄙語，有足采也。永叔之是其説也，亦小有才，

而未達通方之大道者歟1不撝其本之如此也。神怪禍福之事，何世
無之？但儒者之言，文而略耳。又況真學佛者，豈以溫飽爲志哉，
本以求无上菩提出世間之大法耳。且道士是亦棄俗人也，若以出
家求道，則不以寂寞爲怨；若以圖餔啜爲心，則不求出離，不念因
果。世間萬途，何所不可哉1或爲胥徒，或習醫卜，百工伎藝，屠沽
負販，皆可爲也，棄此取彼孰禦焉。唐太宗方四歲時，已有神人見
之曰：龍鳳之姿，天日之表，必能濟世安民。及其未冠也，果然建大
功業，亦可謂大有爲之君矣。歐陽修但一書生耳，其修唐書也，以
私意臆説妄行褒貶，比太宗爲中才庸主，而後世從而和之，無敢議
其非者。嗚呼1學者隨世高下，而歐陽修獨得專美于前，誠可歎也1
作史者，固當其文直，其事核，不虛美，不隱惡，故謂之實録。而修
之編史也，唐之公卿好道甚多，其與禪衲遊，有機緣事迹者，舉皆削
之，及其致事也，以六一居士而自稱，何也？以居士自稱，則知有佛
矣；知有而排之，則是好名而欺心耳，豈爲端人正士乎？今之恣排
佛以沽名者亦多矣。如唐柳子厚移書韓退之，不須力排二教，而退
之集無答子厚書者，豈非韓公知其言之當而默從之，故不復與之辨
論也。近世王逢原作補書，鄙哉1逢原但一孤寒庸生耳，何區區闡
提之甚；退之豈不能作一書，而待後人補也，其不知量也如此。蓋
漢唐以來，帝王公侯奉佛者，不可勝計也，豈害其爲賢聖哉1余嘗謂
歐陽修曰："道先王之言，而作囂訟匹夫之見。今匿人之善，偏求其
短以攻刺之者，囂訟匹夫也，公論天下後世之事者，可如是乎？"甚
哉1歐陽修之自蔽也，而欲蔽于人，又欲蔽天下後世，幸其私臆之流
言，終必止于智者，雖見笑于通今博古之士，而未免誘惑于躁進狂
生耳。如斯人也，使之侍君則佞其君，絶佛種性，斷佛慧命；與人爲
友，則導其友戕賊真性，奔競虛名，終身不過爲一聰明凡夫矣，其如
後世惡道何？修乎，修乎1將謂世間更不別有至道妙理，止乎如此，

緣飾些小文章而已，豈非莊生所謂河伯自多于水，而不知復有乎海若也。使其得志，則使後世之人，永不得聞曠刧難逢之教，超然出世之法，豈不哀哉1歧人天之正路，瞎人天之正眼，昧因果之真教，澆定慧之淳風，無甚于修也。

余嘗觀歐陽修之書尺，喋喋以憂煎，老病自悲，雖居富貴之地，戚戚然若無容者，觀其所由，皆真情也，其不通理性之明驗歟1由是念之，大哉真如圓頓之道，豈僻隘淺丈夫之境界哉1六道輪回，三途果報，由自心造，實無別緣；謂彼三途六道，自然而然者，何自棄之甚也。一失人身，悔將何及？三界萬法，非有無因而妄招果；苟不顧因果，則是自欺其心；自欺其心，則無所不至矣。

近世伊川程顥，謂佛家所謂出世者，除是不在世界上，行爲出世也。士大夫不知淵源而論佛者，類如此也。殊不知色受想行識，世間法也；戒定慧解脫，解脫知見，出世間法也。學佛先覺之人，能成就通達出世間法者，謂之出世也；稍類吾儒之及第者，謂之登龍折桂也，豈其真乘龍而折桂哉1佛祖應世，本爲羣生；亦猶吾教聖人，吉凶與民同患，五百年必有王者興，其間必有名世者，豈以不在世界上行爲是也？超然自利而忘世者，豈大乘聖人之意哉1然雖如是，傷今不及見古也，可爲太息。古之出世，如青銅錢萬選萬中，截瓊枝寸寸是玉，析旃檀片片皆香。今則魚目混珠，薰蕕共囿，羊質虎皮者多矣，遂致玉石俱焚。古人三二十年，無頃刻間雜用身心，念念相應，如雞伏卵，尋師訪友，心心相契，印印相證，琢磨淘汰，淨盡無疑，晦跡韜光，陸沉于衆，道香果熟，諸聖推出，爲人天師，一言半句，耀古騰今，萬里同風，千車合轍。今則習口耳之學，裨販如來，披師子皮，作野干行，説時似悟，對鏡還迷；所守如塵俗之匹夫，略無媿恥，公行賄賂，密用請託，刮掠常住，交結權勢，佛法凋喪，大率緣此，得不爲爾寒心乎1

余嘗愛本朝王文康公著大同論，謂儒、道、釋之教，沿淺至深，猶齊一變至于魯，魯一變至于道，誠確論也。余輒是而詳之。余謂羣生失真迷性，棄本逐末者，病也；三教之語，以驅其惑者，藥石也。儒者使之求爲君子者，治皮膚之疾也；道書使之日損，損之又損者，治血脉之疾也；釋氏直指本根，不存枝葉者，治骨髓之疾也。其無信根者，膏肓之疾，不可救者也。儒者言性而佛者見性，儒者勞心而佛者安心，儒者貪著而佛者解脫，儒者誼譁而佛者純静，儒者尚勢而佛者忘懷，儒者爭權而佛者隨緣，儒者有爲而佛者無爲，儒者分別而佛者平等，儒者好惡而佛者圓融，儒者望重而佛者念輕，儒者求名而佛者求道，儒者散亂而佛者觀照，儒者治外而佛者治内，儒者該博而佛者簡易，儒者進求而佛者休歇，不言儒者之無功也，亦静躁之不同矣。

老子曰："常無欲以觀其妙。"猶是佛家金鎖之難也，同安察云："無心猶隔一重關，況着意以觀妙乎。"老子曰"不見可欲使心不亂"，佛則雖見可欲，心亦不亂，故曰"利衰毀譽，稱譏苦樂，八法之風，不動如來"，猶四風之吹須彌也。老子曰"弱其心"，佛則立大願力。老以玄牝爲天地之根，佛則曰："若人欲識佛境界，當净其意如虚空，外無一法而建立。"法尚應捨，何況非法？老以抱一專氣、知止不殆、不爲而成、絶聖弃智，此則正是圓覺作止任滅之四病也。老曰"去彼取此"，釋則圓同大虚，無欠無餘，良由取捨，所以不如。老曰"吾有大患，爲吾有身"，文殊師利則以身爲如來種，肇法師解云："凡夫沉淪諸趣，爲煩惱所蔽，進無寂滅之歡，退有死生之畏，故能發迹塵勞，標心無上，植根生死，而敷正覺之華。蓋幸得此身，而當勇猛精進，以成辦道果。如高原陸地，不生蓮花，卑溼淤泥，乃生此花，是故煩惱泥中，乃有衆生起佛法耳。"老曰"視之不見名曰夷，聽之不聞名曰希"，釋則曰"離色求觀非正見，離聲求聽是邪闻。”老曰“豫兮若冬涉川，猶兮若畏四鄰”，釋則曰“隨流認得性，無喜亦無憂。”老曰“智慧出，有大僞”，佛則“無礙清净慧，皆從禪定生”，以大智慧到彼岸。老曰“我獨若昏，我獨悶悶”，楞嚴則以明極爲如來，三祖則曰“洞然明白”，大智則曰“靈光洞耀，迥脱根塵。”老曰“道之爲物也，唯恍唯惚，窈兮冥兮，其中有精”，釋則務見諦明了，自肯自重。老曰“道法自然”，楞伽則曰“前聖所知，轉相傳受”。老曰“物壯則老，是謂非道”，佛則“一念普觀無量刦，無去無來亦無住”，以謂道無今古，豈有壯老？人之幻身亦老也，豈謂少者是道，老者非道乎？老則堅欲去兵，佛則以一切法皆是佛法。老曰“道之出言，淡乎其無味”，佛則云“信吾言者，猶如食蜜，中邊皆甜。”老曰“上士聞道勤而行之，中士聞道若存若亡，下士聞道大笑之”，若據宗門中，則勤而行之正是下士，爲他以上士之士，兩易其語。老曰“塞其兑，閉其門”，釋則屬造作，以爲者敗，執者失，又成落空。老欲“去智”、“愚民”、“復結繩而用之”，佛則以智波羅蜜變衆生業識爲方便智，换名不换體也。不謂老子無道也，亦淺奥之不同耳！

　　雖然，三教之書，各以其道善世礪俗，猶鼎足之不可缺一也。若依孔子行事，爲名教君子，依老子行事，爲清虚善人，不失人天可也，若曰盡滅諸累，純其清净本然之道，則吾不敢聞命矣。

　　余嘗論之，讀儒書者，則若趨炎附竈而速富貴；讀佛書者，則若食苦嚼澀而致神仙，其初如此，其效如彼。富貴者，未死以前温飽而已，較之神仙孰爲優劣哉！儒者但知孔孟之道而排佛者，舜犬之謂也。舜家有犬，堯過其門而吠之，是犬也，非謂舜之善而堯之不善也；以其所常見者舜，而未常見者堯也。吴書云：“吴主孫權問尚書令闞澤曰：‘孔丘、老子得與佛比對否？’闞澤曰：‘若將孔、老二家比校佛法，遠之遠矣。所以然者，孔老設教，法天制用，不敢違天；諸佛説教，諸天奉行，不敢違佛。以此言之，實非比對明矣。’吴主大悅。"或曰佛經不當誇示，誦習之人必獲功德。蓋不知諸佛如來，以自得自證誠實之語，推己之驗以及人也，豈虛言哉！諸經皆云：以無量珍寶布施，不及持經句偈之功者，蓋以珍寶住相布施，止是生人天中福報而已，若能持念如說修行，或于諸佛之道一言見諦，則心通神會，見謝疑亡，了物我於一如，徹古今于當念，則道成正道，覺齊佛覺矣，孰盛于此哉！儒豈不曰：爲其事而無其功者，毖未嘗視也。或曰：始乎爲士，終乎爲聖人。語不云乎："學也，禄在其中矣！"易曰："積善之家，必有餘慶。"書曰："作善降祥。"此亦必然之理也，豈吾聖人以禄與慶祥誇示于人乎！或曰：誦經以獻鬼神者，彼將安用？余曰：子固未聞財施猶輕，法施最重，而古人蓋有遠行，臨別不求珍寶，而乞一言以爲惠者。如晏子一言之諷，而齊侯省刑，景公一言之善，而熒惑退舍。吾聖人之門弟子，或問孝，或問仁，或問政，或問友，或問事君，或問爲邦，有得一言長善救失，而終身爲君子者矣。此止終身治世之語耳。比之如來大慈法施誠諦之語，感通八部龍天，震動十方世界，或向一言之下，心地開明，一念之間，性天朗徹，高超三界，穎脱六塵，清凉身心，剪拂業累，契真達本，入聖超凡，得意生身，自然無礙，隨緣作主，遇緣卽宗，先得菩提，次行濟度，世間之法，復有過此者乎！一切鬼神，各欲解脱其趣，其于如來稱性實談，欣戴護持也宜矣。又況佛爲無上法王，金口所取，說聖教靈，文一誦之，則爲法輪轉地，夜叉唱空，報四天王，天王聞已，如是展轉，乃至梵天，通幽通明，龍神悦懌。猶若綸言誕布，詔令横流，寰宇之間，孰不欽奉？又況佛爲四生慈父，如父命其子，奚忍不從？誦經之功，其旨如此。

　　教中云：若能七日七夜心不散亂者，隨其所作，定有感應。若形留神往，外寂中摇，則尋行數墨而已，何異春禽晝啼，秋蟲夜鳴，雖百萬篇，果何益哉！余謂耿恭拜井而出泉，魯陽揮戈而駐日，誠之所感，只在須臾，七日之期，尚爲差遠。十千之魚得聞佛號而爲十千天子，五百之蝠因樂法音而爲五百聖賢，蟒因修懺而生天，龍聞説法而悟道，古人豈欺我哉！三藏教乘者，權教也；實際理地者，唯此一事實也。唯佛世尊是究竟法，而一切法者，爲衆生設也。今不藉權教啓迪初機，而遽欲臻實際理地者，不亦見彈而思梟炙乎？此善惠大士所謂渡河須用筏，到岸不須船也。其不然乎！佛法化度世間，皎如青天白日，而迷者不信，是猶盲人不見日月也，豈日月之咎哉？但隨機演説，方便多門，未易究耳。學者如人習射，久久方中。棗柏大士云：“存修却敗，放逸全乖，急亦不成，緩亦不得，但知不休，必不虛棄。”又白樂天問寬禪師：“無修無證，何異凡夫？”師曰：“凡夫無明，二乘執著，離此二病，是曰真修；真修者不得勤，不得忘，勤則近執着，忘則落無明，此爲心要耳。”此真初學入道之法門也。

　　或謂佛教有施食真言，能變少爲多，如七粒變十方之語，豈有是理？余曰：不然。子豈不聞句踐一器之醪而衆軍皆醉，欒巴一噀之酒而蜀川爲雨，心靈所至，而無感不通；況托諸佛廣大願力，廓其善心，變少爲多，何疑之有？妙哉！佛之知見，廣大深遠，具六神通。唯其具宿命通，則一念超入于多劫；唯其具天眼通，則一瞬遍周于沙界。且如阿那律小果聲聞爾，唯其天眼一通，尚能觀大千世界如觀掌中，況佛具真天眼乎！舍利佛亦小果聲聞爾，于弟子中但稱智慧第一，尚能觀人根器至八千大刧，況佛具正徧知乎！唯其智見廣大深遠，則説法亦廣大深遠矣，又豈凡夫思慮之所能及哉！試以小喻大，均是人也，有大聰明者，有極愚魯者。大聰明者，于上古興亡治亂之跡，六經子史之論，事皆能知，至于海外之國，雖不能到，亦可觀書以知之；極愚魯者，誠不知也，又安可以彼知者爲誕也？

　　一自佛法入此之後，間有聖人出現，流通輔翼。試摭衆人耳目之所聞見者論之：如觀音菩薩示現于唐文宗朝；泗州大聖出現于唐高宗朝。婺州義烏縣傅大士，齊建武四年乙丑五月八日生時，有天竺僧嵩頭陀來謂曰："我昔與汝毗婆尸佛所同發誓願，今兜率天宮衣鉢現在，何日當還命？"大士臨水觀形，見有圓光寶蓋，大士曰："度生爲急，何思彼樂乎！"行道之時，常見釋迦、金粟、定光三如來，放光襲其體。虢州閿鄉張萬回法雲公者，生于唐貞觀六年五月五日，有兄萬年久征遼左，相去萬里，母程氏思其信音，公早晨告母而往，至暮持書而還。豐干禪師居常騎虎出入，寒山、拾得爲之執侍。明州奉化布袋和尚，坐亡于嶽林寺，而復見于他州。宋太始初誌公禪師，乃金城宋氏之子，數日不食，無飢容，語多靈應。晉石勒時，佛圖澄掌中照映千里。鎮州善化臨終之時，搖鈴騰空而去。五臺鄧隱峰，遇官兵與吳元濟交戰，飛錫乘空而過，兩軍遂解。嵩岳帝受戒法于元珪禪師，仰山小釋迦有羅漢來參，並受二王戒法，破竈墮之類，皆能證果鬼神。達磨大師一百五十餘歲，滅于後魏孝明帝太和十九年，葬于熊耳山；後三歲，魏宋雲奉使西域回，遇于葱嶺，攜一革履歸西而去；後孝莊聞奏，啓墳觀之，果只一履存焉。文殊師利，佛滅度後四百年猶在人間。天台南嶽羅漢所居，應供人天，屢顯聖跡。汀州南安岩主，靈異頗多。潭州華林善覺禪師、武寧新興嚴陽尊者，俱以虎爲侍，從道宣律師，持律精嚴，感毗沙門、天王之子，爲護戒神，借得天上佛牙，今在人間。徽宗皇帝初登極時，因取觀之，舍利隔水晶匣，落如雨點，故太平盛典有御製頌云："大士釋迦文，虛空等一塵，有求皆感應，無刹不分身。玉瑩千輪皎，金剛百鍊新，我今恭敬禮，普願濟羣倫。"皇帝知余好佛，而嘗爲余親言其事。如前所撾，諸菩薩聖人，皆學佛者也，余所謂若使佛有纖毫妄心，則安能攝伏于具神通聖人也？釋有如彌天道安，東林慧遠，生、肇、融、叡，陳慧榮，隋法顯，梁法雲、智文之徒，皆日記數萬言，講則天花墜席，頑石點頭，亦豈常人哉！如李長者、龐居士，非聖人之徒歟！孫思邈寫華嚴經，又請僧誦法華經。呂洞賓參禪設供，彼神仙也，豈肯妄爲無益之事乎！況茲凡夫，敢恣毀斥！但佛之言，表事表理，有實有權，或半或滿，設漸設頓，各有攸當，苟非具大信根，未能無惑。亦猶吾儒所謂子不語怪力亂神，而春秋石言于晉，神降于莘，易曰"見豕負塗，載鬼一車"，此非神怪而何？孟子不言利，而曰善教得民財，于宋受兼金，此非利而何？蓋聖人之言，從權適變，有反常而合道者，又安可以前後異同之言議聖人也？

諸同志者，幸于佛祖之言，詳披諦信，真積力久，自當證之，方驗不誣。天下人非之，而吾欲證之，正如孟子所謂一薛居州獨如宋王何？余豈有他哉！但欲以公滅私，使一切人以難得之身，知有無上菩提，各識自家寶藏，狂情自歇，而勝淨明心，不從人得也，吾何畏彼哉！晉惠帝時，王浮僞作化胡經，蓋不知佛生于周昭王二十四年，滅于穆王五十二年，歷恭、懿、孝、夷、厲、宣、幽、平、桓、莊、僖、惠、襄、頃、匡、定一十六王，滅後二百四十二年，至定王三年，方生老子；過流沙時，佛法遍被五天竺及諸鄰國，著聞天下已三百餘年矣，何待老子化胡哉！呂夏卿序八師經曰："小人不知刑獄之畏，而畏地獄之慘，雖生得以欺于世，死亦不免于地下矣。"今有人焉，姦雄氣焰足以塗炭于人，而反不敢爲者，以有地獄報應不可逃也。若使天下之人，事無大小，以有因果之故，皆不敢自欺其心，善護衆生之念，各無侵凌争奪之風，則豈不刑措而爲極治之世乎！謂佛無益于天下者，吾不信矣。諒哉！人天路上，以福爲先；生死海中，修道是急。今有欲快樂人天而不植福，出離生死而不明道，是猶鳥無翼而欲飛，木無根而欲茂，奚可得哉！古今受五福者，非善報而何？嬰六極者，非惡報而何？此皆過去所修，而于今受報，寧不信哉！

或妄謂天堂是妄造，地獄非真説者，何愚如此。佛言六道，而人天鬼畜，灼然可知，四者既已明矣，唯修羅、地獄二道，但非凡夫肉眼可見耳，豈虛也哉？只如神怪之事，何世無之，亦涉史傳之載録，豈無耳目之聞見，雖愚者亦知其有矣。人多信于此，而疑于彼者，是猶終日數十，而不知二五也，可謂賢乎！

　　曾有同僚謂余曰：佛之戒人不食肉味，不亦迂乎？試與公詳論之：雞之司晨，貓之捕鼠，牛之力田，馬之代步，犬之司禦，不殺可也；如猪羊鵝鴨，水族之類，本只供庖廚之物，苟爲不殺，則繁殖爲害，將安用哉？余曰：不然。子未知佛理者也，吾當爲子言其涯略。彰明較著，善惡報應，惟佛以真天眼宿命通，故能知之。今惡道不休，三途長沸，良有以也。一切衆生，遞相吞噉，昔相負而冥相償，豈不然乎！且有大身衆生，如鯨鰲獅象，巴蛇鷗鵬之類是也；細身衆生，如蚊蚋蠓螟，螻蟻蚤蝨之類是也，品類巨細雖殊，均具一性也。人雖最靈，亦只別爲一類耳，倘不能積善明德，識心見道，眷眷然以嗜欲爲務，成就種種惡業習氣，于倏爾三二十年之間，則與彼何異哉！且迦樓羅王展翅闊三百三十六萬里，阿修羅王身長八萬四千由旬，以彼觀之，則此又不直毫末耳，安可以謀畫之差大，心識之最靈，欺他類之眇小不靈，而恣行殺戮哉！只如世間牢獄，唯治有罪之人，其無事者，自不與焉，智者終不曰建立都縣，設官置局，不可閑冷，却須作一兩段事，往彼相共鬧熱也。今雖衆生無盡，惡道茫茫，若無宄對，即自解脱，復何疑哉！若有專切修行，決欲疾得阿耨菩提者，更食衆生血肉，無有是處；唯富貴之人，宰制邦邑者，又須通一線道。昔陸亘大夫問南泉云："弟子食肉則是，不食則是？"南泉曰："食是大夫禄，不食是大夫福。"又宋文帝謂求那跋摩曰："孤愧身徇國事，雖欲齋戒不殺，安可得如法也？"跋摩曰："帝王與匹夫所修當異。帝王者，但正其出言發令，使人神悦和；人神悦和，則風雨順時；風雨順時，則萬物遂其所生也。以此持齋，齋亦至矣，以此不殺，德亦大矣，何必輟半日之餐，全一禽之命乎！”帝撫几稱之曰：“俗迷遠理，僧滯近教，若公之言，真所謂天下之達道，可以論天人之際矣。”由是論之，帝王公侯有大恩德陶鑄天下者，則可矣；士庶之家春秋祭祀，用之以時者，尚可懺悔。圓顱方服者，承佛戒律，受人信施，而反例塵俗，飲酒食肉，非特取侮於人，而速戾于天，亦袈裟下失人身者，是爲最苦，忍不念哉！吾儒則不斷殺生，不戒酒肉，于盜則但言慢藏誨盜而已，于淫則但言未見好德如好色而已，安能使人不犯哉！佛之爲教，則彰善癉惡，深切著明，顯果報說地獄，極峻至嚴，而險詖强暴者，尚不悛心，況無以警之乎？然五戒但律身之麄跡，修行之初步，若升高必自下，若陟遐必自邇，求道證聖之人，亦未始不由此而入也。至于忘思慮，泯善惡，融真妄，一聖凡，單傳密印之道，又非可以紙墨形容而口舌辯也。文章蓋世，止是虛名，勢望驚天，但增業習，若比以定慧之法，治本有之神明，爲過量人超出三界，則孰多於此哉？士農工商，各分其業，貧富壽夭，自出前定，佛法雖亡，于我何益；佛法雖存，于我何損？功名財祿，本繫乎命，非由謗佛而得榮貴；利達亦在乎時，非由斥佛而致。一時之間操不善心，妄爲口禍，非唯無益，當如後患何？智者慎之，狂者縱之，六道報應，勝劣所以分也。余非佞也，願偕諸有志者，背塵合覺，同底於道，不亦盡善盡美乎！或有闡提之性根于心者，必不取于是說，余無恤焉。

（選自涵芬樓本說郛卷八十五）

耶 律 楚 材

〔簡介〕 耶律楚材，字晉卿，法名從源，號湛然居士，生於公元
一一九〇年（西遼末主天禧十三年），卒於公元一二四四年（蒙古乃
馬真后三年）。遼皇族突欲八世孫。早年曾仕金爲開州同知，後爲
燕京左右司員外郎。成吉思汗（元太祖）十年（一二一五年）取燕
後，耶律楚材被召用，日益受到信任。窩闊台汗（太宗）卽位後，楚
材被拜爲中書令。他不僅爲元朝撫定中原出謀獻策，還爲其奠定
了立國之規模。楚材還扈從西征，足迹遍於今甘肅新疆等地區。
太宗死後，乃馬真后稱制，任人非賢，楚材屢諫不聽，不久病逝。至
順元年（一三三〇年），贈太師，追封廣寧王，謚文正。

耶律楚材少年時，主要涉獵於六藝之學，“尚未染指於佛書”
（屏山居士金剛經別解序）。後來學無不閱，特別對佛經發生了濃
厚的興趣。居燕時，與名僧聖安澄公過從甚密。後經聖安推薦又
結識了“兼通儒釋”的名僧行秀（萬松老人）。楚材“既謁萬松，杜絕
人迹，屏斥家務，雖祈寒大暑，無日不參，焚膏繼晷，廢寢忘飱者幾
三年”（同上）。得到萬松認可以後，賜名從源，號湛然居士。

耶律楚材做了大官以後，雖日理萬機，但平常起居生活，仍表
現出神明淡泊、如處深山的樣子。在實際政治生活中，他把佛教的
“修心”與儒家的“治國”巧妙地結合了起來，調和儒釋道三教，認
爲：“三聖之説，不謀而合”（辨邪論序）。在寄趙元帥書中，他説：
“若夫吾夫子之道治天下，老氏之道養性，釋氏之道修心，此古今之
通議也。舍此以往，皆異端耳”。他不僅贊賞那些“守不殺戒，奉慈

忍行”的高僧，並且還專門著了辨邪論，爲萬松的萬壽語録、屏山的
鳴道集説和金剛經別解等作序，以宣傳佛教的基本理論和實踐。

耶律楚材的著作，見湛然居士文集。他的事蹟見元史本傳、清
彭紹升著居士傳卷三十六耶律晉卿傳、清涼通傳等。

一、辨邪論序

夫聖人設教立化，雖權實不同，會歸其極，莫不得中。凡流下
士，惟務求奇好異，以眩耳目。噫！中庸之爲德也，民鮮久矣者，良
以此夫。吾夫子云：“中人以下，不可以語上也。”老氏亦謂：“下士
聞道，大笑之。”釋典云：“無爲小乘人，而説大乘法。”三聖之説，不
謀而合者，何哉？蓋道者易知易行，非掀天拆地，翻海移山之詭誕
也。所以難信難行者，舉世好乎異，岡執厥中；舉世行乎難，弗行厥
易，致使異端邪説，亂雅奪朱，而人莫能辨。悲夫！吾儒獨知楊墨
爲儒者患，辨之不已，而不知糠糟爲佛教之患，甚矣。不辨猶可，而
況從而和之，或爲碑以記其事，或爲賦以護其惡。噫！天下之惡一
也，何爲患於我，而獨能辨之；爲患於彼而不辨，反且羽翼之，使得
遂其奸惡，豈吾夫子忠恕之道哉？黨惡佑奸，壞風傷教，千載之下，
罪有所歸，彼數君子，曾不捫心而静思及此也邪！

予旅食西域且十年矣，中原動静，寂然無聞。邇有永安二三友，
以北京講主所著糠糟教民十無益論見寄，且囑予爲序。予再四繹
之，辨而不怒，論而不縵，皆以聖教爲據，善則善矣，然予辭而不序
焉。予以謂昔訪萬松老師，以問糠糟邪正之道，萬松以予酷好屬文，
因作糠禪賦見示，予請廣其傳，萬松不可，予强爲序引以行之，至
今庸民俗士，謗歸於萬松，予甚悔之。今更爲此序，則又將貽謗於

講主者也。謹以萬松講主之餘意，借儒術以爲比，述辨邪論以行世，
有謗者予自當之，安可使流言飾謗，汙玷山林之士哉！後世博雅
君子有知我者，必不以予爲嘴嚅云。乙酉日南至，湛然居士漆水移
刺楚材晉卿，敍於西域瀚海軍之高昌城。

（選自四部叢刊影印元本湛然居士文集卷八）

二、寄趙元帥書

　　楚材頓首，白君瑞元帥足下，未審邇來起居何如？昔承京城士
大夫數書，發揚清德，言足下有安天下之志，仍託僕爲先容。僕備
員翰墨，軍國之事，非所預議，然行道澤民，亦僕之素志也，敢不鞭
策駑鈍，以羽翼先生之萬一乎！僕未達行在，而足下車從東旋，僕
甚快快。夫端人取友必端矣，京城楚卿、子進、秀玉輩，此數君子，
皆端人也，推揚足下，談不容口，故知足下亦端人已。然此僕於足
下，少有疑焉。

　　若夫吾夫子之道治天下，老氏之道養性，釋氏之道修心，此古
今之通議也，舍此以往，皆異端耳。君子尊儒重道，僕尚未見於行
事，獨觀君所著頭陀賦序，知君輕釋教多矣。夫糠蠍，釋教之外道
也，此曹毀像謗法，斥僧滅教，棄布施之方，杜懺悔之路，不救疾苦，
敗壞孝風，實傷教化之甚者也。昔劉紙衣扇偏説以惑衆，迨今百
年，未嘗聞奇人異士羽翼其説者，夫君子之擇術也，不可不慎。今
君首倡序引，黨護左道，使後世陷邪歧，墮惡趣，皆君啓之矣。千古
遺恥，僕爲君羞之。糠蠍異端也，輒與佛教爲比，萬松辨賦，甘泉勸
書，反以孟浪巨蠹之言虛之，以此行己化人，僕不知其可也。僕謂
足下輕釋教者，良以此也。夫於所厚者薄，無所不薄，君既輕釋教，

則儒道斷可知矣；君之於釋教則重糠秕，於儒道則必歸楊墨矣。行路之人，皆云足下吝嗇，故奉此曹，圖其省費故也。昔諸士大夫書來，咸謂足下以濟生靈爲心，且吾夫子之道，以博施濟衆爲治道之急，誠如路人所説，則吾夫子之道，亦不可行矣。又將安濟生靈乎？

又君序頭陀賦云："冀請宗師祈冥福，以利斯民。"足下民之儀表也，崇重糠秕，毀斥宗師，將使一郡從風漸化，斷知斯民罪惡日增矣，又將安以利斯民乎！僕謹撰辨邪論以寄，幸披覽之，更請涉獵藏教，稽考儒書，反復參求，其邪正之歧，不足分矣。僕素知君爲邪教所惑，亦未敢勸諭，君不以僕不才，轉託諸士大夫，萬里相結爲友，故敢以區區忠告。易曰："方以類聚，物以羣分。"經云："士有諍友，故身不離於令名。"若知而不争，安用友爲？若所尚不同，安可爲友？或萬一容納鄙論，便請杜絶此輩，毀頭陀賦板，以雪前非；如謂僕言未當，則請於兹絶交。夏暑，比平安好。更宜以遠業自重，區區不宜。

（同上　卷八）

三、萬松老人評唱天童覺
和尚頌古從容菴録序

昔予在京師時，禪伯甚多，惟聖安澄公和尚，神氣嚴明，言詞磊落，予獨重之，故嘗訪以祖道，屢以古昔尊宿語録中所得者扣之；澄公間有許可者，予亦自以爲得。及遭憂患以來，功名之心，束之高閣，求祖道愈亟，遂再以前事訪諸聖安，聖安翻案，不然所見，予甚惑焉。聖安從容謂予曰："昔公位居要地，又儒者多不諦信佛書，惟搜摘語録，以資談柄，故予不敢苦加鉗鎚耳。今揣君之心，果爲本分事以問予,予豈得猶襲前愆,不爲苦口乎?予老矣,素不通儒,不能教子。有萬松老人者,儒釋兼備,宗説精通,辨才無礙,君可見之。"予既謁萬松,杜絶人迹,屏斥家務,雖祁寒大暑,無日不參,焚膏繼晷,廢寢忘飱者幾三年。誤被法恩,謬膺子印,以湛然居士從源目之。其參學之際,機鋒罔測,變化無窮,巍巍然若萬仞峯,莫可攀仰;滔滔然若萬頃波,莫能涯際;瞻之在前,忽焉在後,回視平昔所學,皆塊礫耳。噫!登東山而小魯,登太山而小天下者,豈虛語哉!其未入閫域者,聞是語必謂予志本好異也,惟屏山閑閑其相照乎!爾後奉命赴行在,扈從西征,與師相隔,不知其幾千里也。

師平昔法語偈頌,皆法□隆公所收,今不復得其稿。吾宗有天童者,頌古百篇,號爲絶唱。予堅請萬松評唱是頌,開發後學,前後九書,間關七年,方蒙見寄。予西域伶仃數載,忽受是書,如醉而醒,如死而甦,踴躍歡呼,東望稽顙,再四披繹,撫卷而歎曰:"萬松來西域矣!"其片言隻字,咸有指歸,結款出眼,高冠今古,是爲萬世之模楷。非師範人天權衡造化者,孰能與於此哉!予與行宮數友,旦夕游詠於是書,如登大寶山,入華藏海,巨珍奇物,廣大悉備,左逢而右遇,目富而心飫,豈可以世間語言形容其萬一耶!予不敢獨擅其美,思與天下共之,京城惟法弟從祥者,與僕爲忘年交,謹致書請刊行於世,以貽來者。迺序之曰:

佛祖諸師,埋根千丈,機緣百則,見世生苗。天童不合抽枝,萬松那堪引蔓,湛然向枝蔓上更添芒索,穿過尋香逐氣者鼻孔,絆倒行玄體妙底腳根,向去若要腳根點地,鼻孔撩天,卻須向這葛藤裏穿過始得。甲申中元日,漆水移剌楚材晉卿,敍於西域阿里馬城。

(同上　卷八)

四、楞嚴外解序

昔洪覺範有言，天台智者禪師聞天竺有首楞嚴經，且暮西向拜祝，願此經早來東土，續佛慧命，竟不得一見。今板蕩遍天下，有終身不聞其名者，因起法輕信劣之歎。若夫徵心辯見，證悟窮魔，明三界之根，深七趣之本，原始要終，廣大悉備，與禪理相爲表裹，雖具眼衲僧，不可不熟繹之也。

余故人屏山居士，牽引易、論語、孟子、老氏、莊、列之書，與此經相合者，輯成一編，謂之外解，實漸誘吾儒不信佛書者之餌也。吾儒中喜佛乘者，固亦多矣，具全信者鮮焉。或信其理，而棄其事者；或信其理事，而破其因果者；或信經論，而誣其神通者；或鄙其持經；或譏其建寺；塵沙之世界，以爲迂闊之言，成壞之劫波，反疑駕馭之説。亦何異信吾夫子之仁義，詆其禮樂；取吾夫子之政事，舍其文學者耶！或有攘竊相似之語，以爲皆出於吾書中，何必讀經然後爲佛？此輩尤可笑也。且竊人之財猶爲盜，矧竊人之道乎！我屏山則不然，深究其理，不廢其事。其於因果也，則舉作善降祥之文，引羊祜鮑靚之事。其於塵界也，則隘鄒子之説，婉禦寇之談。其神通也，則云左慈術士耳，變形於魏都，皆同物也，疑吾佛不能變千百億化身乎？其於劫波也，則云郭璞日者，卜年於晉室，若合符券，疑吾佛不能記百萬之多劫耶？其於持經也，則云佛日禪師，因聞誦心經咒，言下大悟。田夫俚婦，持念諸課者，詎可輕笑之哉！其於建寺也，則云阿蘭若法當供養，彼區區者，尚以土木之功爲費，何庸望之甚耶！其評品三聖人理趣之淺深也，初云：稍尋舊學，且窺道家之言，又繙内典，至其邃處，吾中國之書，似不及也。晚節復云：余以此求三聖人垂化之理，而後知吾佛之所以爲人天師,無上大法王者,非諸聖之所能侔也。學至於佛,則無可學者,乃知佛卽聖人,聖人非佛,西方有<u>中國</u>書,<u>中國</u>無西方書也。或問<u>屏山</u>何好佛之深乎? 答云:"感恩之深,則深報之"。<u>屏山</u>所謂心不負人者矣。渠又云:"吾佛之所誨人者,其實如如,不誑不妄,豈有毛髮許可疑者耶! "噫! 古昔以來,篤信佛書之君子,未有如我<u>屏山</u>之大全者也,近代一人而已。

泰和中,<u>屏山</u>作<u>釋迦文佛贊</u>,不遠千里,以序見託於<u>萬松老師</u>。<u>永長</u>巨豪<u>劉潤甫</u>者,笑謂老師曰:"<u>屏山</u>兒時聞佛,以手加額,既冠排佛,今復贊佛,吾師之序,可慎與之,庸詎知他日得不復似<u>韓歐</u>排佛乎?"老師曰:"不然。今<u>屏山</u>信解入微,如理而說,豈但悔悟於前非,亦將資信於來者。且兒時喜佛者,生知宿裏也; 既冠排佛者,華報蠱惑也; 退而贊佛者,不遠而復也。而今而後,世尊所謂吾保此木,決定入海矣。"後果如吾師言。余與<u>屏山</u>通家相與,爾汝曹不檢矙,其子<u>阿同</u>輩,待余以叔禮。天兵既克<u>汴梁</u>,<u>阿同</u>挈遺稿來<u>燕</u>,寓居<u>萬松老師</u>之席。老師助鋟木之資,欲廣其傳,<u>阿同</u>致書請余爲引,余亦不讓,援筆疾書,以題其端。不惟彰我<u>萬松老師</u>冥有知人之鑑,抑亦記我<u>屏山居士</u>克終全信之心,且爲方來淺信竊道者之戒云。甲午清明後五日,<u>湛然居士漆水移刺楚材晉卿</u>,序於<u>和林城</u>。

(同上　卷十三)

五、心經說後序

<u>白華山</u>主,搉折腳鐺,煮熟没米粥,<u>萬松野</u>老,用穿心椀,盛與無口人。雖然指空說空,爭奈依實具實。嗟見渾掄吞棗,只管誦

持，故教混沌開眉，妄生穿鑿。如明以字，莫認經頭；未解本文，且
看註腳。<u>湛然居士漆水移剌楚材晉卿</u>，詳勘印行。

（同上　卷十三）

六、糠孽教民十無益論序

　　昔予友以此論見寄，屬予求序以行世，予恐謗歸於講主者，辭
而不序。遂採<u>萬松老師</u>賦意，及講主餘論，述<u>辨邪論</u>之意。以謂世
人皆云，<u>釋</u>子黨教護宗，由是飛謗流言，得以藉口。予本書生，非<u>釋</u>
非<u>糠</u>，從傍仗義，辨而證之，何爲不可乎 ! 予又謂，昔<u>屏山居士</u>序<u>輔</u>
<u>教編</u>有云：“儒者嘗爲佛者害，佛者未嘗爲儒者害。”誠哉是言也。
蓋儒者率掌銓衡，故得高下其手；其山林之士，不與物競，加以力孤
勢劣，曷能爲哉 ! 予觀作<u>頭陀賦</u>數君子，皆儒也，予不辨則成市虎
矣。不獨成市虎，抑恐<u>崔浩</u><u>李德裕</u>之徒，一唱一和，撼搖佛教，爲患
不淺。故率引儒術，比而論之，以勵吾儒爲糠孽所惑者。

　　論既述，所謂予友者，復以書見示。其大略曰：講主上人者，以
糠孽叛教積風，乃檢閱藏教，尋繹儒經，積有年矣。窮諸佛之深意，
達三乘之至真，列十篇之目，成一家之言。語辨而詞溫，文野而理
親，聞之者是非莫逃，誦之者邪正斯分，雷震獅吼，邪摧魔奔，良謂
偃德草之仕風，釋疑冰之陽春。噫 ! 或佛道之未喪也，諒必由予斯
文乎？是以信奉佛教者，展轉錄傳，不可勝記。京城禪伯尊宿，欲
流之無窮，不憚萬里，往復數書，託予爲序。今之士大夫，才筆勝予
者，固亦多矣，豈不能序此一書乎？以予素淘汰禪道，涉獵佛書，頗
知旨歸故也，子何讓焉。此老不避嫌疑，自興謗議而爲此書，彼且
不避，子何代彼而避謗乎 ! 吾觀子所著<u>辨邪論</u>，止爲儒者述。儒之

信糠者，止二三子而已矣，市井工商之徒，信糠者十居四五，自非此
書，彼曹何從而化之乎！子所得者少，所失者不爲不多矣。

　　書既至，予不能答，謹以書意，序諸論首。丙戌重午日，題於廬
州鄮善城。

（同上　卷十三）

七、屏山居士金剛經別解序

　　佛法之西來也，二千餘祀，寶藏琅函，幾盈萬軸，可謂廣大悉備
矣。獨金剛一經，或明眼禪客，若脱白沙彌，上至學士大夫，下及野
夫田婦，里巷兒女子曹，無不誦者。以頻見如閑，姑置而不問者有
之；以至理叵測，望涯而退者有之。噫！信其小而不信其大，信其
近而不信其遠，信其所聞而不信其所未聞，信其所見而不信其所未
見，自是而非他，執一而廢百者，比比然，又何訝焉。

　　偉哉！屏山居士取儒道兩家之書，會運、奘二師之論，牽引雜
説，錯綜諸經，著爲別解一編，莫不融理事之門，合性相之義，析六
如之生滅，剖四相之鍵關。謂真空不空，透無得之得，序圓頓而有
據，識宗説之相須。辨因緣自然，喻以明珠；論諸佛衆生，譬之圓
鏡。若出聖人之口，冥契吾佛之心，可謂天下之奇才矣。嘻！此書
之行於世也，何止化書生之學佛者，偏見衲僧，無因外道，皆可發藥
矣。昔予與屏山同爲省掾時，同僚譏此書，此爲餌餕餡之具，予尚
未染指於佛書，亦少惑焉。今熟繹之，自非精於三聖人之學者，敢
措一辭於此書乎！吁！小人之言，誠可畏哉！乙未元日，湛然居士
漆水移剌楚材晉卿，序於大磧黃石山。

（同上　卷十三）

八、書金剛經別解後

孔子有云："吾十有五，而志於學，三十而立，四十而不惑。"是知學道未至於純粹精微之域，雖聖人亦少惑焉。昔樂天答制策，稍涉佛教之譏，中年鄙海山而修兜率，垂老爲讚佛發願文，乃云起因張本。其事見於本集。子瞻上萬言，頗稱釋氏之弊，晚節專翰墨爲佛事，臨終作神咒浪出之偈，且曰着力卽差。其事見於年譜。退之屈論於大巔，而稍信佛書，韓文公別傳在焉。永叔服膺於圓通，而自稱居士，歐陽公別傳在焉。是知君子始惑而終悟，初過而後悛，又何害也。屏山先生幼年作排佛説，殆不忍聞，未幾翻然而改，火其書，作二解以滌前非，所謂改過不吝者。余於屏山有所取焉。後之人立志未定，惑於初年者，當以此數君子爲法。乙未清明日，湛然居士題於別解之後。

（同上　卷十三）

九、題萬壽碑陰

昔達磨西來，禪宗大播，門庭峻峭，機變驟馳，非世智辯聰所能曉也。其與奪之閒，固有賓主；抑揚之際，不無權實。其未具透關眼者，豈免隨語注解之病哉！香山俊公和尚，受法於大明渠，謂洞山之後，偏正五位，失其本意，亦行權之語歟！同參榮公聞之，果吞鈎餌，俊公門人輩，從而勒諸石，遠發後世之一笑。噫！受師之道，而反謗之，是自謗也。何止自謗也，曹山技子青州諸師之道，皆不足法矣。顧香山亦近世之豪邁者也，忍爲此事耶？昔雲門拈世尊初生因緣云："我當時若見，一棒打殺與狗子喫。"瑯琊覺云："雲門可謂將此身心奉塵刹，是則名爲報佛恩。"臨濟臨終謂三聖云："誰知吾正法眼藏，向這瞎驢邊滅卻。"至今道法大行，是知宗門之語，一擡一搦，豈可以世間語言，定其準的也哉！若香山果無毀大明意，後之子孫，宜改覆車之轍。不然，則自有勝默老人之韻語，予手書於故碑之陰，以爲來者誡。其辭曰：

燕俊與朔榮，齊足出大明，俊趣住巨刹，黨奮梟猇猙，探抱洞山足，逆坋大明睛，聞見弔澆季，搦腕皆含情。榮甘溺蠆甕，掉尾求羶腥，曲助碑其言，欺賊晚來誠。我覽取諸礜，譬彼秦築城，秦非不謀固，無德秦亦傾。上德無可德，下德方記銘，端然居上德，非碑道亦行。況聖不自會，_{古德云：其足聖人法，聖人不會。}其肯自矜盈，修母致子有，反是而來聆。目花只自見，耳磬約誰聽，雖欲信天下，未必同爲聲。不見三葉祖，削跡捨身名，兒孫愈岳立，史傳愈金鏗。不見北宗下，功勳石上争，期昌竟何昌，千古招論評。俄柔慶基敗，_{大明老師}舊記曰："彼有黨借，必不得好嗣。"果敗於慶、柔、基三人也。玷累斯文貞，贅然寘虛堂，徒表黨宗明。

（同上　卷十三）

十、寄萬松老人書

嗣法弟子從源，頓首再拜師父丈室，承手教，諭及弟子有以儒治國、以佛治心之語。近乎破二作三，屈佛道以徇儒情者，此亦弟子之行權也。教不云乎："無爲小乘人而説大乘法。"弟子亦謂舉世皆黄能，任公之餌不足投也，故以是語餌東教之庸儒，爲信道之漸焉。雖然，非屈佛道也，是道不足以治心，僅能治天下，則固爲道之餘滓矣。戴經云："欲治其國，先正其心，未有心正而天下不治者也。"是知治天下之道，爲治心之所兼耳。普門示現三十二應，法華治世資生，皆順正法，豈非佛事門中，不捨一法者歟！孔子稱夷齊之賢，求仁而得仁，死而不怨，後世行者難之，又安知視死生如逆旅，坐脱立亡，乃衲僧之餘事耳！且五善十戒，人天之淺教，父益慈，子益孝，不殺之仁，不妄之信，不化自行於八荒之外，豈止"有恥且格"哉！是知五常之道，已爲佛教之淺者，兼而有之。弟子且讓之以儒治國，以佛治心，庸儒已切齒，謂弟子叛道忘本矣，又安足以語大道哉？又知稚川子尚以參禪卜之，立見其効。師嘗有頌，試招本分鉗鎚一下，便知真假，正謂此耳。呵呵！春深，萬冀爲道珍重，區區不備。

（同上　卷十三）

十一、萬松老人萬壽語録序

余忝侍萬松老師，謬承子印，因遍閲諸派宗旨，各有所長，利出害隨，法當爾耳。雲門之宗，悟者得之於緊俏，迷者失之於識情；臨濟之宗，明者得之於峻拔，昧者失之於莽鹵；曹洞之宗，智者得之於綿密，愚者失之於廉纖。獨萬松老人，得大自在三昧：決擇玄微，全曹洞之血脈；判斷語緣，具雲門之善巧；拈提公案，備臨濟之機鋒；潙仰、法眼之爐韛，兼而有之；使學人不墮於識情莽鹵廉纖之病，真闢世之宗師也。

略舉中秋日爲建州和長老圓寂上堂，云："有人問：'既是建州遷化，爲甚萬壽設齋？'師云：'此夜一輪滿，清光何處無。'又問：'不是盡七、百日，又非周年、大祥，闕勘今日設齋？'師云：'月色四時好，人心此夜偏。'衆中道：'長老座上誦中秋月詩，佛法安在？' 師云：'萬里此時同皎潔，一年今夜最分明。將此勝因，用嚴<u>和公</u>覺靈，中秋玩月，徹曉登樓。直饒上生<u>兜率</u>，西往净方，未必有<u>燕京</u>蒸梨餾棗，爆栗燒桃。'衆中道：'長老只解說食，不見有纖毫佛法。' 師云：'謝子證明即且致，爲甚中秋閉目坐？ 卻道月無光，有餘勝利，迴向諸家檀信。然煨蒸茞角，新爇雞頭，蒲萄駐顔，西瓜止渴，無邊功德，難盡讚揚。假饒今夜天陰，暗裏一般滋味，忽若天晴月朗，管定不索點燈。'"老師語緣，似此之類尤多，不可遍舉。且道五派中是那一宗門風，具眼者試辨看。噫！ 千載之下，自有知音。乙未夏四月，<u>湛然居士漆水</u>移剌<u>楚材晉卿</u>，序於<u>和林城</u>。

（同上　卷十三）

十二、法語示猶子淑卿

汝自謂幼年嘗禮<u>空</u>禪師求名，因書頌云："父母未生前，凝然一相圓，<u>釋迦</u>猶不會，<u>迦葉</u>豈能傳？"此語極妙，且道汝作麽生會。古昔以來，有志師僧，辭親出家，尋師訪道，千辛萬苦，三二十年，祇爲此一段空劫以前大事，尚有未透脱者。汝幼居閨閣，久在掖庭，未嘗用功叩參大善知識，但博尋宗師語錄，徒增狂慧，深背真道，賣弄滑頭，於道何益？所以古人道："參須實參，悟須實悟。"又云："滿肚學來無用處，閻王不要葛藤看。"真良言也。只如<u>空</u>老所書頌，亦論父母未生前面目。又道"<u>釋迦</u>猶不會，<u>迦葉</u>豈能傳"，此是何意趣？若云<u>釋迦</u>不會，<u>能仁</u>四十九年，橫説豎説，貝藏琅函，遍滿人間，末後拈花以傳教外之旨，且道此法從何而得？若云<u>迦葉</u>無傳，西天二十八祖、東土歷代諸師相傳之道，自何而來？若謂<u>釋迦</u>不會，<u>迦葉</u>

無傳,這空禪師亦是佛祖兒孫,寫此頌圖箇甚麼?箇中關捩,盡在此兩句,不可不細參詳。余今爲汝透漏些子消息,父母未生前,老夫云:"水泄不通";凝然一相圓,老夫云:"針劄不入";釋迦猶不會,老夫云:"非思量處";迦葉豈能傳,老夫云:"識情難測。"父母未生前,老夫云:"三更神世界";凝然一相圓,老夫云:"半夜鬼乾坤";釋迦猶不會,老夫云:"只許老胡知";迦葉豈能傳,老夫云:"直饒將來,他亦不要。"父母未生前,老夫云:"頭圓象天";凝然一相圓,老夫云:"足方象地";釋迦猶不會,老夫云:"寒山撫掌";迦葉豈能傳,老夫云:"拾得呵呵。"老夫爲汝橫批豎判,正用顛拈,十字打開,兩手分付了也。一句子薦得,可與佛祖爲師;一句子薦得,可與人天爲師;一句子薦得,自救不了。閑中試定省看,其或未明,若到燕然,問取萬松老子。

(同上　卷十四)

十三、屏山居士鳴道集序

　　屏山居士年二十有九,閱復性書,知李習之亦二十有九,參藥山而退著書,大發感歎,日抵萬松老師,深攻亟擊,宿稟生知,一聞千悟。注首楞嚴、金剛般若、贊釋迦文、達磨祖師夢語、贅談、翰墨佛事等數十萬言,會三聖人理性之學,要終指歸佛祖而已。

　　江左道學,倡於伊川昆季,和之者十有餘家,涉獵釋老,膚淺一二,著鳴道集,食我園椹,不見好音,誣謗聖人,聾瞽學者。噫!憑虛氣,任私情,一讚一毀,獨去獨取,其如天下後世何?屏山哀矜,著鳴道集説,廓萬世之見聞,正天下性命,發揮孔聖幽隱不揚之道,將攀附游龍,駸駸乎吾佛所列五乘教中人天乘之俗諦疆隅矣。鳴道諸儒，力排釋老，拚陷韓歐之隘黨，孰如屏山尊孔聖，與釋老鼎峙耶！諸方宗匠，皆引屏山爲入幕之賓；鳴道諸儒，鑽仰藩垣，莫窺戶牖，輒肆浮議，不亦僭乎！余忝歷宗門堂室之奧，懇爲保證，固非師心昧誠之黨，如謂不然，報惟影響耳。

　　屏山臨終，出此書付敬鼎臣曰：“此吾末後把交之作也，子其祕之，當有賞音者。”鼎臣聞予購屏山書甚切，不遠三數百徒步之燕，獻的稿於萬松老師，轉致於余。余覽而感泣者累日。昔余嘗見鳴道集，甚不平之，欲爲書糾其燕謬而未暇，豈意屏山先我着鞭，遂爲序引，以鍼江左書生膏肓之病焉。中原學士大夫有斯疾者，亦可發藥矣。甲午冬十有五日，湛然居士漆水移剌楚材晉卿序。

（同上　卷十四）

趙　孟　頫

〔簡介〕　趙孟頫,字子昂,號松雪道人,又號水精宮道人,生於公元一二五四年(宋理宗寶祐二年),卒於公元一三二二年(元英宗至治二年)。他是宋太祖趙匡胤十一世孫,在南宋孝宗時,趙孟頫的四世祖伯圭被賜第居湖州,故孟頫爲湖州(今浙江吳興)人。元世祖至元二十三年(公元一二八六年),經程鉅夫的選拔和推薦,官刑部主事。一二九二年以後,曾進朝列大夫同知濟南路總管府事,除太原路汾州知州,陞中順大夫揚州路泰州尹兼勸農事等。一三一〇年至一三一六年,先後進拜翰林侍讀學士、集賢侍講學士、翰林學士承旨。元文宗至順三年(一三三二年),追封魏國公,諡文敏。

據元史趙孟頫傳記載,元仁宗“嘗與侍臣論文學之士,以孟頫比唐李白,宋蘇子瞻。又嘗稱孟頫操履純正,博學多聞,書畫絕倫,旁通佛老之旨,皆人所不及。”又元楊載所撰的趙公行狀,亦說孟頫“旁通佛、老之旨,造詣玄微。”他與當時不少著名僧尼有來往,對佛教經論深有研究。他曾爲御集百本經作序,爲長興的大雄寺、天目山的大覺正等禪寺、濟南的福壽禪院等作記,爲勅建的大興龍寺、大普慶寺等作碑銘,爲中峰和尚作贊。在這些序、記、銘、贊以及其他詩文中,趙孟頫闡發了佛教神學“諸性本空”、“性相本自圓融”的世界觀,贊揚了“蕭然無世累,卓爾出埃塵”的僧侶主義道路, 強調了佛教“以不用爲大用之原”、“警人欲之橫流”的社會政治作用。

趙孟頫的著作,見松雪齋文集。其事蹟見元史本傳、元楊載的趙公行狀等。

一、大雄寺佛閣記

閼逢涒灘之歲春正月，長興大雄寺僧道成使其徒得恩以書來謁曰："大雄故陳之報德寺，而今名則宋治平間所更也。廣廷大殿，規制偉傑，殿北故有華嚴殿，荒陋迫阨，見者咸謂弗稱。道成乃與居拱者謀，即其地建佛閣三十楹。既成，中置大像，復作小像千翼之，黃金莊嚴，勝相備具。蓋哀人之施，竭己之資，崇積銖寸，忍可誓願，歷一星周而僅有濟。今拱既死，而道成亦已老矣，恐遂泯泯，無以示後人，敢以記請。"予竊嘉其志，乃爲之記曰：

天下之事，類非苟且欲速者所能爲也。夫欲速則志不達，苟且則功易墮。吾觀二子經營謀度，忘十年之久，而以必成爲期，故能關隘陋爲高明，化荊棘爲岑樓，繚以朱闌，覆以重檐，然後視殿若廷，始若無愧。微夫二子堅持之操，勤篤之行，弗遽弗撓，安能以小致大，以難致易，訖不違其志如此哉！其視世之苟且欲速，徼倖旦莫者，所成就爲何如？是可書已。按長興爲陳高祖故里，寺其宅也。有檜在廷，直殿之西偏，邑長老言當時故物也。蒼皮赤文，破裂奇詭，而茂悅之色，千載不渝。余故每至，輒盤桓其下而不能去。及登斯閣，爲之四顧，山川寂寥，萬像蒼茫，古人遺跡，皆已湮沒無餘矣。而此樹婆娑，獨以浮屠氏故得全，是豈偶然也哉！則又爲之咨嗟歎息而不能已。寺在唐會昌間嘗廢，至大中乃復；又一百餘年，當宋天聖三年，寺僧志肇等始新作三門；又二百□十年，而閣始建。緜陳天嘉至于今，其廢興大略如此。寺故無紀載，故余併及之，使來者有攷焉。　　　　（選自四部叢刊元刻本松雪齋文集卷七）

二、瑞州路北乾明寺記

瑞州城東北有山曰妙高，登兹山者，山川之高深，樹木之陰森，蓮花之敷芬，禽鳥之翔吟，凡一郡之勝，萃於人目。蓋俗氛所不能至，而佛境之所融攝也。在昔宋時，祠洪山靈峰尊者於其顛，郡人禱焉，雨暘弗愆，而物無疵癘，於是延乾明寺尼妙智俾主祠事。智以苦行淨業，檀施聿來，因闢祠爲寺，而自別爲北乾明焉。仍乾明之名，示不忘本；而加北者，以方所言也。

既乃度元勝、永遠、了敬、紹勤爲徒。敬也，勤也，得智之道，相與刻苦勵志，拓故宏新。而敬之徒法玉貴亨，益思所以卒智之始圖，乃構堂以安清鉢，築室以嚴淨居，法堂西敞，靈祠南啓，佛天菩薩羅漢之像，經律論教之藏，各爲大屋以覆之。棟宇之隆，雕塑之巧，繪畫之工，黃金丹砂，璀璨芬郁之飾，種種莊嚴，咸詣其極。最後作堂於萬竹中，以爲宴坐之處，紫節湘斑，森然林立，如植幢蓋，風生而璆琳鳴，雨集而鷺鶴舞。見者驚喜，至者忘歸。其所成就如此，而錄教事者，方且以事撓之，若不可朝夕居。

元貞二年，了敬乃携其徒玉與亨之建康，求直其枉。遂絶長江，渡大河，北走京師，行御史臺中丞張閭公，宣政院參議旦牙公引以見大護國仁王寺膽八大師，以其事上聞。有旨護持，禁毋擾其寺，且賜了敬號圓覺大師。已而，皇太后妃子皆憐之，賜衣與食，又降懿旨，以其寺充位下焚脩道場，度弟子出入宮掖，得乘水驛往來，大恩優渥，可謂至矣。山靈川祇，亦大歡喜。適中丞公行宣政院於杭，敬與其徒自江右來謁公，公示孟頫以事狀，命爲文記其始末。乃敍其事以爲記。了敬宜以遭逢自慶，益自砥礪，究竟六度，上報國恩；其徒亦宜淑慎持戒，精進不退，以成敬之志，則庶幾無負國家崇重之意。未幾，中丞公拜中書左丞，將行，以一大藏經與之，使迎至乾明，有以見中丞公之能施。而二三比丘尼，其道有足以動王公大人者，皆可書也。自智之建寺，其法蓋甲乙相傳云。

（同上　卷七）

三、勑建大興龍寺碑銘奉懿旨撰

儀天興聖慈仁昭懿壽元全德泰寧福慶皇太后既顯受寶册於興聖宮，大備天下之養，迺皇慶二年七月丙午，內出旨若曰："維茲懷孟，予寡躬暨今天子，昔嘗臨幸其地，既而入正紀綱，登大位，若稽祖宗故事，卽行殿作大阿蘭若，宅净信比丘其中，嚴奉三寶，庶幾上報皇天后土及祖宗之德，明近國釐，以衍皇祚於無窮。維爾徽政臣，以興以輸，式時底績，俾予翁受成福。"命下之明日，大徵工師，經畫基構，計慮尋引，卽市荆揚大木，使就繩削，浮舟以來，迺若鐵石甀甓、髹丹堊墁之物，像繪幢蓋、函度鍾磬之儀，費皆時給。越二年寺成，皇太后賜名大興龍寺，命僧廣開主之；斥陸田三百頃，以贍食于寺者；而以其碑之文，命翰林序書之。臣孟頫職在紀載，謹拜手稽首而獻文曰：

維皇元誕受天命，仍世作德，明配在上，淳恩豐澤，漸涵煦育。東西極日所出入，而南北際於炎荒玄朔之地，海虛瘴徼，廣輪不知其幾萬里，聲被教洽，蕭爲泰和，度越唐、虞、三代之盛矣。迹其所以，多得於大雄氏之道者。竊嘗觀之，自象教旁靡，時君世臣，固亦尊信隆事，傾悅企嚮，而徒揣迹於言語文字之間，謂足以殫盡其道；而不知吾佛世尊，大圓悲智，方便聞脩，六度俱證，萬有咸宗者，以能一本於仁，求諸吾心而已。今皇帝陛下，重純累熙，而皇太后殿下,執坤承乾,前朝後閣,雍雍懌懌,明孝深慈,化覃率普,是維有得於其道,而且全得於其心者矣。宜乎紹開天地之休,迓續烝民之生,焯然爲萬世皇極之主也。矧茲覃懷,維昔異方,舜封禹城,咸在都畿之內,龍光所被,車轍馬迹,澤奕如新,紺宮金刹,雲湧山立,諸佛世尊,固將隨境應現,發祥委祉。翼慈籌於萬億,登洪圖於三五,所謂由佛之道,得佛之心者,明徵定保,庶其在是。銘曰:

昔在能仁,出震五天,具正徧知,垂教萬年。付累之弘,須聖乃傳,於維皇元,啓運非後;念茲法印,如手授受,累聖同符,以有九有。仁聞既敷,義聲以鋪,苞山絡海,悉貢悉輸;格于穹昊,肇我今皇,皇侍長樂,聖孝孔彰。太母曰嘻,予有攸得,諸佛應心,在予一德;睠思河內,帝昔潛龍,宜卽舊邦,塔廟是崇。爾徽政臣,畫堵爲宮,其堅其良,駿發爾功;庶工子來,奔走先後,既畚既斲,亦塗亦釦。豐棟華榱,文網雕牖,珉堦斌級,翼映左右;慈顏載豫,瑞慶有開,錫名興龍,聖言大哉! 旃檀苾蒭,以道實來,既寧爾居,亦豐爾食;迺割井腴,迺弘經席,花雨繽紛,唄聲晨夕。懷人盈庭,頌言以讙,龍德方中,萬目齊觀;豈惟懷人,有懌其顏,既開化城,兆民孔安。濟流湯湯,王屋峙峙,蛾眉非遙,五臺非邇;青狻白象,時戾時止,函香歲來,以格緜祉。降祉既緜,表佛勝相,放種種光,照燭無量。飛潛動植,冰釋罪障,證一切智,歸福於上。皇上孝仁,德並羲軒,纂綑祖武,光裕後昆。兩宮萬壽,與天長存!

(同上　卷九)

四、大元大崇國寺
佛性圓明大師演公塔銘

　　至大二年九月廿二日，大都大崇國寺住持沙門佛性圓明大師演公卒。越二年，其大弟子告於天子曰："先師入般涅槃，浮屠氏法，遺骨舍利必奉之以塔。先師以道行承列聖寵遇甚厚，非著之文字，無以下久永。在廷之臣孰宜爲之銘，維陛下擇焉。"天子以命臣孟頫，臣孟頫謹奉詔，按其行事而敍之曰：

　　師名定演，俗姓王氏，世爲燕三河人。自幼性不能肉食，祖母教之佛經，應聲成誦。七歲入大崇國寺，事隆安和尚爲弟子，徧習五部大經，服勤左右，朝夕不懈。隆安亟稱之，於是遂使之研精抄疏，求第一義。及隆安順世，遺命必以師補其處，法兄揔統清慧寂照大師，亦退而讓之，師固辭。是夕其徒有夢净室中一燈燁然，且爲師言，且勗師曰："正法不可以無傳，人天眷眷，望有所歸。"師計不得已，遁去。三遊五臺山，還居上方寺，博觀海藏，兼習毗尼三昧。屬崇國寺復虛席，衆泣而告之，師始從其請。日講華嚴經，訓釋孜孜，曾無厭懌。世祖皇帝聞而嘉之，賜號佛性圓明大師。至成宗時，別賜地於大都，建大崇國寺，復受詔主昊天寺，戒壇宿德，號雄辯大師，授之以金書戒經。於是祝髮之徒以萬計，咸稽首座下，尊禮師爲羯磨首。歲以六月六日，用所得布施資飯僧五百衆，誦諸大經，及於兩寺講筵，捨長財以脩珍供。弟子百餘人，得法者二（一作"三"）十人。師未卒時，其大弟子薊州延福寺住持義敬等，先爲師建塔，至是奉之以葬焉。壽七十三，臘三十有五。師自涖講席，數蒙聖恩，嘗賜白玉觀世音像；皇太后聞師道行，亦降懿旨，以護其法。銘曰：

維天渾然，理以充塞，人異於物，以全有德。欲勝而争，爰失厥性，聖人憂之，以藥療病。爲道無形，易流而蕩，立之範防，寔毗尼藏。不肆而拘，曷既厥能，非説所説，演最上乘。歷年二千，旁行是宣，不顯而晦，其義則玄。維此聖諦，如海無際，不有先覺，孰覺一世。皇元聿興，爰有異人，食避有知，其性已仁。高道厚德，涖此講席，人以允迪，不塞而闢。復登戒壇，爲羯磨首，如大將誓，衆惕然受。仰承列聖，被之休光，盛爲建宮，厚不可量。生滅滅已，傳大弟子，正法不壞，利及生齒。帝念不忘，勑臣孟頫，著銘於石，以告萬古。

（同上　卷九）

五、臨濟正宗之碑_{奉勑撰}

佛以大智慧破一切有，以大圓覺攝一切空，以大慈悲度一切衆。始於不言，而至於無所不言，無所不言，而至於無言。夫道非言不傳，傳而不以言，則道在言語之外矣，是爲佛法最上上乘；如以薪傳火，薪盡而火不窮也。故世尊拈花，迦葉微笑，一笑之頃，超然獨得，尚何可以言語求哉！

自摩訶迦葉廿八傳而爲菩提達磨，達磨始入中國，居嵩山少林寺，面壁坐者九年。達磨六傳而爲能，能十傳爲臨濟。臨濟生於曹州，遊學江左，事黃檗，黃檗種松，劚地有聲，師聞之，豁然大悟，歸鎮州築室滹沱河之上，今臨濟院是也，因號臨濟大師。師之於道，得大究竟，繇臨濟而上至於諸佛，繇諸佛而下至於臨濟，前聖後聖，無間然矣。直指示人，機若發矢，學者聞之，耳目盡喪，表裹無據。自能後，禪分爲五，唯師所傳，號爲正宗。一傳爲興化獎，再傳爲南院顒,三傳爲風穴昭,四傳爲首山念,又五傳而爲五祖演,演傳天目齊,齊傳嬾牛和,和傳竹林寶,寶傳竹林安,安傳海西堂容菴, 容菴傳中和璋,璋傳海雲大宗師簡公。海雲性與道合,心與法冥, 細無不入,大無不包。師住臨濟院,能系祖傳,以正道統,佛法蓋至此而中興焉。

當世祖聖德神功文武皇帝在潛邸, 數屆至尊,請問道要,雖其言往復紬繹,而獨以慈悲不殺爲本。師之大弟子二人,曰可菴朗、曠菴儇。朗公度菫菴滿及太傅劉文貞, 儇公度西雲大宗師安公。師以文貞公機智弘達,使事世祖皇帝。當是時,君臣相得,策定天下, 深功厚德,及於元元,卒爲佐命之臣,皆自此啓之也。元貞元年,成宗有詔,迎西雲住大都大慶壽寺,進承清問,經歷三朝。發撝玄言, 得諸佛智,懸判三乘,如一二數。由是臨濟之道, 愈擴而大。今皇帝欽承祖武,獨明妙心,刻玉爲印,以賜西雲, 其文曰"臨濟正宗之印"。特加師榮禄大夫、大司空,領臨濟一宗事。仍詔立碑臨濟院,且命臣孟頫爲文,稱揚佛祖之道, 以示不朽。臣孟頫既敍其所傳授,又繫之銘。銘曰:

佛有正法,覺妙明心,二十八傳,至於少林; 赫赫少林,師我震旦,使爲佛種,不鎮而斷。傳後十世,而得臨濟,爲道坦然, 如指而示;又傳十世,是爲海雲,坐祖道場,能紹厥聞。維我世祖,誕膺天命,威震九有,維佛是敬;聞師之名,若古賢聖, 嘗進一言,深入聖聽。不殺之仁,其利甚弘,俾大弟子,爲帝股肱。至西雲公,能嗣其業,據師子座,爲衆演説; 聞者讚歎,信者嚮風,得者如寶, 悟者如空。今皇帝聖,深契道要,曰臨濟宗,繄爾能紹; 卽心卽佛,時乃世守,傳不以言,而以心受。皇帝萬年,正法永傳,尚迪後人, 勿昧其原。

(同上　卷九)

六、中峰和尚真贊

身如天目山，寂然不動尊，慈雲洒法雨，徧滿十方界；化身千百億，非幻亦非真，覓贊不可得，爲師作贊竟。

（同上　卷十）

七、御集百本經敍

奉勑撰：蓋聞滄海之大，一勺可以知其味；玄天之高，土圭可以測其景。所謂聞一而知十，執簡以御繁，殊塗而同歸，分殊而理一者也。佛以一音演説妙法，細無不入，大無不包，廣博淵深，莫知涯涘；圓融權實，未易槩量。散於大藏之中，斂於無言之內。皆所以敷揚至理，究竟真空，括萬法而靡遺，歷曠刦而恒在，施羣生之藥石，作彼岸之津梁。兼體用而並行，故列敍於三藏；憂性資之異等，故分別於三乘。非聖哲莫究其宗，非英才莫燭厥義。頓悟者，以言語爲末，泥象者，起文字之塵，徒使幽玄，悉歸汗漫，況於愚昧，益墮渺茫。非資上聖之照臨，孰憫迷途而開導，弘通無礙，利益有情。皇上法天聰明，齊佛知見，爰以萬機之暇，深參內典之微；乃取諸經，共成百卷，釐爲十帙，歸於一乘，隱奧兼明，廣大悉備。繙閲者不難於寓目，誦讀者亦易於銘心，可謂設網而提綱，挈裘而知領。以因因而證果果，由本本以達原原，警人欲之横流，契佛心之正覺。所願在天列聖，同證菩提，皇太后益增福壽，普及沙界，咸獲勝因。乃命臣僧明仁，刊板流布，仍俾微臣孟頫，製敍篇端。臣聞命震兢，深慚淺陋，莫盡標題之意，敢抒讚歎之誠。謹梓御集百本經總目，列之卷首云。至大四年十月序。

（同上　松雪齋詩文外集）

八、五臺山文殊菩薩顯應記

　　聖上卽位之二年，以世祖聖德神功文武皇帝遺旨，將建寺于五臺山。春三月，詔中書右丞張公九思，偕平章政事段公那懷，往相其宜。公奉詔星馳，越四月既望至五臺，寓宿金界寺。寺僧五臺僧錄出宋張商英所著清涼傳示公，載當時所見圓光金橋、聖燈菩薩、獅子顯現之異甚詳。公意商英文士，容有增飾，未之信也。十七日訖事言還。閏四月廿二日，再被旨至五臺，鳩工興事，祠后土龍王。公時行初獻事莫畢，寺東南有雲氣，如兜羅綿狀，漸升至日邊，遂成五色，中有億萬菩薩，升降出没，至於旌幡幢蓋之屬，亦以億萬計，不可名狀。一時同行者，若中殿所遣使，若軍官，若從者、役徒，莫不具睹。廿三日，中殿飯四千僧，食時，東南方復見，光景如獻奠之日。日既西，還自山中，方據鞍次，復見如初。行三十里餘，光亦隨之，其靈祥若此。寺僧乞記於公，以傳久遠；公以命孟頫。蓋聞諸佛菩薩，以神通力，放大光明，自短見淺聞，莫不以爲誕，然古書所載，亦往往而有，不可盡以爲怪而非之。昔昌黎開衡山之雲，蘇子有海市之異，彼山靈川祇，猶能感動於二公；況以公之忠誠，銜天子命，建佛塔廟，菩薩神力，能無感應乎？此理之必然者也。遂略記其槩，以爲山中故實云。元貞元年六月十一日記。

（同上　外集）

九、重修觀堂記

　　佛以慈悲哀愍一切,盡未來世,咸欲使之覺妙明心,不墮邪見,凡有可以開羣迷者,不遺餘力。衆生因心有想,因想有妄,掃除妄想,使得正觀,佛所説經,其法具在。依佛所説而修習之,非有嚴淨處所,道將安寄?故通都大邑,往往皆有觀堂。而吳興觀堂,特爲宏敞,池水行樹,莊嚴靚深。蓋創建於宋嘉泰間,經始之者,講主行瓊,輔成之者,澧王師揆也。宋之末年,住持者非才,葺治弗勤,漸至頽廢。甲戌乙亥之際,兵事滇洞,奸民乘之,剽竊摧剥,棟宇傾圮,風雨不蔽,仰見日星。暨聖元統一區宇,人獲奠居,乃相與謀曰:觀堂,吾邦一大道場也,今廢壞至此,非得有福德力量者主之,其何以興起乎?衆咸曰:非雲岩饒公不可。於是相與告之澧王之孫孟齊,深以爲允,遂具禮延請,以至元十三年之春來主法席,約己劬躬,振飾補苴。由是聲譽藉甚,聞于摠統所,摠統所賢其人,給札以命之。雲岩乃殫智悉力,思所以宏其教者,無所不至。昔者常住之田僅四頃餘,雲岩出衣鉢,日益增廣,齋鼓粥魚,聲和響答,迺以至元二十一年,鳩材僝工。因寶殿之舊,而一新之;堂宇丈室,左右列祠,三門廊廡,瓴甓之破缺者,完之;榱桷之毀折者,易之,歷十年而後備。至於莊嚴像設,金碧輝映,光采奪目,父老興歎,謂逾厥初。而翠柏紅蓮,清涼香潔,淨土境界,種種現前,然後修觀想之業者,乃始得其所。雲巖於佛事,可謂勤矣。余觀天地間物,廢興雖有時,然常係乎其人,得人則興,失人則廢,蓋古今一致也。向使觀堂不能致饒公,則瓦礫茂草,亦已久矣,其能興建於積壞之餘哉!予常嘉饒公之爲人,而公以記請,故遂次第其狀而記之。雲岩名廣饒,俗姓陳氏,長興之蘆碕人也。大德元年九月記。　　(同上　外集)

十、天目山大覺正等禪寺記奉勅撰

延祐三年四月十有九日，三藏法師般剌那室利言："臣僧往年遊江南，歷禪剎多矣，獨天目山大覺正等寺，爲高峰妙禪師道場，地勢清高，人力壯偉，實杭州一大伽藍。而高峰之道，遠續諸祖，座下僧常數十百人，皆清齋禪定，有古叢林之風。 高峰既寂，其教至于今不少衰，獨寺未有紀載之文，臣僧請下文學之臣文之，以刻諸石，誠聖世一盛事也"。於是詔臣孟頫，汝爲文以記之。

臣謹按天目山在杭州，於潛縣爲涮，右羣山之宗，圖經云："廣八百里，高三萬餘尺，界乎杭、湖、宣城之間，窮巖幽壑，雪古雲深，仙人神龍之所窟宅。"大覺正等禪寺居山之蓮花峰高峰。禪師名原妙，吳郡吳江人，早得法於雪巖欽公，臨濟十七世孫，盡得瞿曇氏靈明真覺之要。行業孤峻，機用險絕，影不出山者三十年。道風日馳，遠方學徒，如西域南詔，不遠數萬里，雲臻水赴，師悉拒不納，至栖巖席草以依師。至元辛卯，故兩淛運使臣瞿霆發，嚮師道望謁師，于師子巖之死關，仰扣玄音，心領神悟，恍若宿契，欸禪衲之至，無所於容，慨然有建寺之志。迺割鉅莊先後凡二百頃有畸，及買山田若干，指其歲入，首刱梵宇，命嗣法沙門祖雍洎久參上首弟子等，各盡才能，以董其役。當是時，山靈地媼，見聞驚異，大奮神功，搜奇材，揭巨石，不容有所藏而獻之。閱五年，則廚庫大殿，輪奐參差，宛如天降。師知時至，囑祖雍攝主持，而告寂焉。衆心悲感，檀戶益張，走斧飛斤，鼓舞羣力，千楹萬礎，海湧雲騰，與夫雕鏤髹飾，陶冶丹腹，百爾咸臻。大德庚子，成宗皇帝首降玉音，作大護持；至大戊申，締搆之功，充擴大備，高閣周建，長廊四起。飛樓湧殿之雄麗，廣堂邃宇之靚深，像設鼓鐘之偉奇，金繩寶鐸之嚴整，凡庖湢賓舍，床榻器用，所求皆足。是歲開堂，臣霆發大營齋饌，煙包雲衲，遝邐奔湊，會者數萬指。坐立圍繞，禪影山齊，梵音雷動，人天交贊，得未曾有。臣聞覺樹垂陰，曇華現瑞，以甘蔗種，哀憫羣迷。乘積生大願輪，不起寂場，遍入塵刹，未搖舌本，大闡玄音。其聲光震耀，雖日麗霆轟，不可爲比。道場塔廟，曾不期建立，而二千餘年，後先出興。凡大林深藪，覰史夜摩，忽從地涌，惟罔知所自者，既疑且駭，異議紛然。殊不知大願輪中，真實種子，時緣既偶，如春發榮，萬卉千葩，不知其萌而萌矣。嘗攷竺墳，覺之爲義，有始有本，有頓有圓；惟破有法王，坐靈鷲山，堅秉化權，目之爲大覺。已而飲光傳之，曹溪唱之，臨濟握金剛王劍以振之，高峰得此而跡愈晦，聲愈彰，能大其家世。臣霆發慕此而割膏腴，樹禪宮，曲盡施心，了無難色。信大覺之念如此，以之壽國脉，祝聖筭，隆佛運，利含識，不亦宜乎！或謂："翠竹黃花，盡真如體，白雲青嶂，咸大覺場，生佛未具已前，不曾欠少，豈待梯空架險，破山壓石而爲之耶？"對曰："道場之興，覺其所以迷也，迷之不反，安知塵沙法界爲大覺場？其或徇緣而趨勝，逐境以滋塵，既昧覺因，轉增迷倒，佛化豈若是哉！"遂併書之以爲記。

　　　　　　　　　　　　　　　　　　　　（同上　外集）

十一、濟南福壽禪院記

　　余退食坐草亭，有比丘尼謁余而言曰："福聚所居福壽禪院者，自五代以來古刹也，歷宋至金。而吾師雨公，以佛法道行爲叢林表，當時戚里貴人，以禮延致者甚衆。大朝龍興，崇重佛法，遣使者馬侍讀妙選天下僧尼，而吾師實在選中，復請住福壽院。福聚因緣祖師之遺蔭，濫主斯席，不思所以傳久遠，則古迹易泯，師德不彰，福聚心實懼焉。願公作爲文章，將刻諸堅石，幸悲聚之志。"余問之曰："若所言者，吾將安據？"福聚乃出袖中錦囊，囊中出三紙書，其一則聖朝選僧尼使者請其師雨公疏也；其二則金駙馬都尉與其妻公主請雨公住積慶寺疏也；其三則周顯德三年存留院額勑牒也。余一再觀之，皆真實不虛。按周世宗卽位之明年，廢天下佛寺三千三百三十六所，今勑文云齊州奏福壽禪院殿宇頗多，尼衆不少，乞存留者，正其事也。

嗟乎！自古王侯公卿，功名富貴赫奕一時者，不可勝數，往往無幾何時，皆已灰滅，而不可紀；而此院歷周而宋而金至于今日，數百年間，常住不毀。況濟南自宋度南以來，數罹兵火，故雖顯宦之家，亦多不知其上世名諱與其姓氏所出，而二三比丘尼，乃能殷勤鄭重於膠膠擾擾之中，收拾前代遺文以爲故事，與五代史記相表裏，豈不可嘉尚哉！至若雨公之德行，已載在兩疏中，而余觀福聚之爲人，亦有以知其師之賢。何者？余嘗至其院，尼衆肅若；行其廷，草木沃若；升其殿堂，香火馥若。以是推之，其師必不碌碌矣。宜其見重當時，傳法後世，非偶然也。

院去南城幾步，入南門西行幾里許。由周以前，院之所始不可知，今爲屋凡若干楹，垣牆之內，凡若干畝，佛殿僧堂齋舍庖廩悉具，視五代時當小減，而視他院尚完整也。

初，雨公自金泰和間賜號通慧大德，金遷于汴，賜號慧嚴大師；至大朝號圓明大師，後改妙嚴大師。俗姓郭氏，禹城人也。七歲出家。嗣其法者，名皆從福，曰福祐，曰福慶，曰福聚，今院主求文於余者也，曰福寶，曰福順，曰福恩，曰福成。福之嗣名皆從善，曰善欽、善淵、善義，善因、善照、善靜、善端、善玉、善秀、善泉、善廣、善仙、善玗、善金。善之嗣名皆從慧，曰慧錦、慧滿。嗟乎！若福聚者,誠可嘉已。天下之爲人子孫,不能使其祖考之德傳於後者亦多矣;而聚當盛暑中,命工礱石,不憚喘汗,奔走求余文至十數,惟恐其師之德不傳。余雖嬾且拙,欲辭而固拒之,則不近於人情,故遂爲記。且俾刻此三紙書於背,使其徒知其師傳授之意,後之覽者, 庶有攷焉。

（同上　外集）

十二、大元大普慶寺碑銘奉勑撰

惟上帝降大命于聖元,太祖法天啓運,聖武皇帝起自朔方,肇基帝業, 兵威所至, 罔不臣服, 蓋以睿宗仁聖景襄皇帝爲之子。睿宗躬擐甲冑,薨金河南,雖不及撫有多方,篤生聖嗣,是爲世祖聖德神功文武皇帝。聰明冠古,無遠弗燭,雄略蓋世,而神武不殺,命將出師,不再舉而宋平。九域分裂者,餘二百年, 一旦一之,遐陬荒裔,咸受正朔,幅員之大,古所未有。於是治歷明時,建官立法,任賢使能,制禮作樂, 文物粲然可紀。中統至元之間, 海内晏然,家給人足,而又妙悟佛乘,欽崇梵教, 慈惠之德,洽于人心。肆世祖之享國三十有五年,施及裕宗文惠明孝皇帝,正位儲宮,仁孝而敬慎,問安視膳之暇,順美幾諫,天下陰受其賜多矣。至元廿二年,裕宗陟方未幾,順宗昭聖衍孝皇帝,亦遽賓天; 三十一年,世祖登遐。當是時,徽仁裕聖皇后不動聲色,召成廟於撫軍,萬里之外,授是神器,易天下岌岌者,爲泰山之安。大德二年,武宗撫軍于北,今上日侍隆福,怡言煦之,摩手撫之,擇師取友,俾知先王禮樂刑政爲治國平天下之具,恩莫大焉。四年,裕聖上仙,皇上追思罔極,因念在世祖時,帝師八合思巴,弘闡佛法, 故我得聞其義, 捨歸依三

寶，修崇冥福，將何以盡吾心，始建佛殿于大都。既而之國覃懷，屬成廟登遐，内難將作，上馳至京師，先事而發，殄殲大慝，封府庫，奉符璽，清宮以安。太后遣使以迎武宗，武宗既踐阼，以上至德偉功，不踰月而立上爲皇太子。

上緬懷疇昔報本之意，乃命大搆佛宇，因其地而擴之，凡爲百畝者二，鳩工度材，萬役並作，置崇祥監，以董其事。其南爲三門，直其北爲正覺之殿，奉三聖大像於其中；殿北之西偏爲最勝之殿，奉釋迦金像；東偏爲智嚴之殿，奉文殊、普賢、觀音三大士。二殿之間，對峙爲二浮圖，浮圖北爲堂二，屬之以廊，自堂徂門，廡以周之。西廡之間，爲摠持之閣，中實寶塔，經藏環焉；東廡之間，爲圓通之閣，奉大悲彌勒金剛手菩薩。齋堂在右，庖井在左。最後又爲二閣，西曰真如，東曰妙祥。門之南，東西又爲二殿，一以事護法之神，一以事多聞天王。合爲屋六百間，盤礎之固，陛阤之崇，題梲之騫，藻繪之工，若忉利兜率，化出人間。凡工匠之傭，悉皆内帑，一毫不役於民。既成，賜名曰大普慶寺。給田地民匠，碓磑房廊等，以爲常住，歲收其入，供給所須。

上既卽大位，崇祥監臣請立石紀事。勑臣孟頫等爲文，垂示久遠。臣聞佛教福田之中，以三寶爲最勝福田，皇上深參祕典，建寺造像，書經飯僧，凡此勝因，所以資裕聖暨祖宗在天之靈，證無上覺。今皇太后怡愉康强，享無量福壽，其餘澤所被，至于海隅黎庶，法界含靈，咸獲安樂，功德可數量哉！臣等謹稽首再拜爲之頌，其詞曰：

皇元應運，誕受萬方，帝以聖承，于前有光。明明天子，神明八葉，德盛功豐，富有大業。維兹大業，太祖張之，世祖皇之，天子康之。於赫皇武，皇武桓桓，聖謨孔神，神器斯安。有燄之載，有作其彬，典章具舉，煥乎堯文。道冠百王，仁覆羣生，宏觀英圖，日臻太平。粵昔裕聖,功在社稷,我報之圖,天乎罔極。惟覺皇氏,具大神力,人天共依,是資福德。迺卜陰陽,相地柔剛,歲吉辰良,大匠是將。迺斲迺繩,築構遺輿,務殫乃心,毋費是懲。役者謳歌,相厥子來,匪民是庸,一須國材。有岑其宇,有踐其廡,有楹維旅,金鋪雕礎。瞿瞿其瞻,劌劌其廉,秩秩其正,於粲其嚴。載瞻聖容,瑞相儼然,是信是崇,獲福無邊。獲福無邊,聿歸裕聖,嘉與慈闈,式普其慶。皇帝孝仁,永命于天,聖子神孫,維千萬年。

(同上　外集)

十三、仰山棲隱寺滿禪師道行碑 奉勑撰

師名行滿,號萬山,俗姓曾氏,其先出東魯,蓋曾子之後。遠祖仕江右,遂爲吉州太和人。父諱應龍,字拱辰,號翠庭先生,縣科舉入仕;母樂氏。師生而穎異,不爲兒嬉,齠齔日記數千言,學問之暇,常默然宴坐,有出塵之態。先生曰:"此兒非吾家可有。"遂捨送雲亭蕩原彌陀院爲童,行名福可。時九域甫一,師自念曰:"佛祖出世爲一大事因緣,我等溺於塵勞,何日撤去?"挈包笠北遊,首登五臺。至元庚辰至仰山,有會心處,遂留薙髮,禮澤庵公爲師,更今名。受具於大同大普恩之圓戒會。自是處叢林中,策勤砥礪,爲衆之念甚於爲己。旦夕參叩素菴璉公,至忘飢渴之節,寒暑之變,素菴深器之。一日激之以洞山寒暑因緣,師應聲云:"寒則普天寒,熱則普天熱,刀斧劈不開,我又如何説?"菴云:"畢竟如何?"師云:"紅爐一點雪。"菴云:"別別。"師云:"有什麼別處?"菴云:"若能恁麼會,方始契如如。"師扼聲云:"錯!"掩耳而出。菴付之以衣,頌曰:"從我十年談麈尾,策勳一日占鰲頭,如今分付無文印,續焰

聯芳萬古秋。"時至元庚寅歲也。爾後復參雲門、臨濟,皆能得其骨
髓。大德癸卯,仰山之學者請師歸住舊隱,師以青州大刹,非小因
緣,力辭,衆守之數日,欲逃不可,不得已升堂説法,演無量義。自
是聲聞大振,四方求法者,歸之如流水,梵僧宣政使相迦失里,功德
使大司徒輦真吃剌思,相慕爲道友,王公貴人皆稽首歸敬。

武宗皇帝在北邊時,下令施鈔萬貫,造文殊菩薩像。既卽位,
駕幸其寺,施金百兩,銀五百兩,鈔六萬貫,賜號佛慧鏡智普照大禪
師。勑尚方造織成金龍錦緣僧伽黎大衣,窮極工巧,經歲乃成,召
師至禁中,出以賜焉。

今上在春宫,嘗三幸其寺,命有司作尊勝塔於東嶺,及建明遠、
觀光二亭,以備臨幸。泊登極,廼命工部尚書臣鄭伯顏領大匠脩其
寺,凡土木之故而敝者,圖畫之,久而漫者,咸易而新之。旁彙厓
石,以方廣其基,高者至百餘尺,造普賢觀音像,增建堂殿亭臺凡
几格,供張什器之物,靡所不備。樹碑于門,頌天子聖德。既又賜蘇
杭水田五千畝,爲常住業。又同安州鵲臺福嚴寺,自木菴公没後,
爲它人所有,師奏得旨,復歸仰山爲下院云。皇慶元年,制授師銀
青榮禄大夫司空。師之大弟子曰覺用,曰善興,曰文祥,曰海深,曰
思贇,曰圓中,曰福添,曰廣壽,各能弘揚宗旨,主席名山,其門資之
盛,具列碑陰。素菴之徒曰正義,正義之徒曰圓垂,傾心竭力,謀立
石以紀師行業,且彰天子寵錫之渥。臣伯顏以聞,詔曰:"可。"乃命
臣孟頫爲文,書于石。

謹按,棲隱寺始建於遼,至師爲二十六代。臣聞浮屠氏之道,言
其廣大,則無所不容,言其變通,則無所不入,以無生爲有生之本,
以不用爲大用之原,至矣哉﹗非言語之所究也。皇元建國之大,盡
天地之所覆載,倫別類分,悉爲臣妾;出於水土,藏於山澤,悉爲府
庫。數十年之間,斯民不聞鼙鼓之聲,以聖繼聖,以明繼明,使民不

知，日趨於爲善，浮圖氏之道大矣。夫道無盛衰，所以盛衰，存乎其人。自四海一家，梵僧往往至中國，而師出於江左，能以其道鳴于京師，以承天子之寵命，真世所希有。銘曰：

峨峨仰山，如青蓮華，中有寶坊，古佛之家。天王衛門，地神扶棟，參差珠閣，葳蕤金鳳。鬱鬱青松，羅蒼玉林，清風過之，振海潮音。住此山中，有大禪老，宴處寂静，萬緣皆了。天子時巡，樂此境勝，謂師之道，與境爲稱。乃施重寶，增飾厥宇，結構崢嶸，鸞軒鳳翥。師道既弘，帝眷益隆，位以司空，實古三公。師以佛心，爲國回嚮，徧河沙界，功德無量。天子謂臣，時汝能言，勒碑此銘，惟千萬年。

（同上　外集）

十四、五臺山寺請謙講主講清涼疏

說方便法，開方便門，誘羣生於漸悟；住清涼山，講清涼疏，演諸佛之真乘，須得碩師，庶開後覺。恭惟性天開廓，心月朗明，萬論千經，皆爲正受，七處九會，久已圓融。徧恆河沙，覆以廣長之舌；作法界觀，普宣微妙之音。香風吹天雨之花，甘露洒海雲之會，請升猊座，便發塵談。寶光現五臺，讚佛恩之難盡；金輪鎮萬國，祝聖壽之無疆。

（同上　外集）

十五、請雨公長老住聖安禪寺疏

聖安名刹，鐘鼓振乎十方；禪門正宗，衣鉢傳乎六祖。必得人天之共仰,乃爲道俗之同歸。伏惟枯木寒巖,澄江孤月,道心無礙,非聲音色相之求;諸性本空,在文字語言之外。雷音響處,驚悟羣生,甘露洒時,潤沾庶品。顧禪關之虛久,徯杖錫之來臨,敢望慈仁,俯從衆願。聞第一義,覺佛日之增明;惟億萬年, 祝皇圖之永固。

(同上　外集)

十六、幻住菴主月公金書楞嚴經疏

昔阿難爲魔女所攝,故世尊現化佛説經。七處徵心,究首楞嚴之妙義;一音演法,宣般怛羅之真言。顯大神通,有勝功德,當幻住道場之新建,宜真乘法寶之莊嚴。黃金研爲泥,書十萬言而豈易;白米賤如土,舍百千石以何難? 長者但發肯心,貧道便成勝事。百寶光聚,燦爛發於毫端;千葉蓮開,芬香遍於沙界。祝吾皇之聖壽,增施主之福田。

(同上　外集)

十七、請謙講主茶榜

雷震春山,摘金芽於穀雨;雲凝建椀, 聽石鼎之松風。請陳闥品之奇功,用作齋餘之清供。恭惟心如止水,辯若懸河,天雨寶花,法潤普沾於衆渴;地生靈草,清香大啓於羣蒙。性相本自圓融,甘苦初無差別。雪山牛乳,分一滴之醍醐;北菀龍團,破大千之夢幻。舌頭知味,鼻觀通神,大衆和南,請師點化。

(同上　外集)

宋　　濂

〔簡介〕宋濂,字景濂,號潛溪,亦號無相居士,生於公元一三一
〇年(元武宗至大三年),卒於公元一三八一年 (明太祖洪武十四
年),世爲金華潛溪人,至濂遷居浦江(屬浙江省)的仁義里青蘿山,
仍以潛溪題其室,故學者稱爲潛溪先生。公元一三五八年,朱元璋
取婺州,召濂詣金陵,遂留。後除江南儒學提舉,兼授太子經。洪
武二年,除翰林院學士,又奉命主修元史。最後官至學士承旨。明
朝一代的禮樂制作,多出於宋濂的裁定。洪武十年(一三七七年),
告老還鄉。洪武十三年,因孫宋慎獲罪連坐,濂被安置於茂州; 次
年(一三八一年)過瞿塘,死于夔州。明武宗正德中,才追謚文憲。

宋濂嘗以春秋、尚書、大學等儒家經典作爲治國平天下的工
具,深得明太祖的歡心。然而,宋濂不僅博通經史,而且對於百家
之説,都能得其指要,至於佛、老之學,研究尤深,並能"皆臻其妙"。
他説:"予儒家之流也,四庫書册,粗嘗校閲,三藏元文,頗亦玩索"
(送璞原師還越中序),"逮至壯齡,又極潛心於内典"(夾註輔教編
序)。宋濂主張"空有相資,真俗並用"(送璞原師還越中序),以佛教
的内典來彌補儒家治化之不足。他認爲,佛經往往與易、論語合,
故經常用佛教思想著文談政。明太祖也很喜歡與宋濂一起,論究
佛經奥義,探討佛教"覺悟羣迷"、"幽贊王綱"之所在,因爲宋濂關
於"真乘之教與王化並行"(新刻楞伽經序)的儒釋之學,與朱元璋
的思想非常合拍,很適合鞏固封建統治的需要。

宋濂曾"閲大藏者凡三"(寶積三昧經序録),寫了很多有關佛

教的著作。朱元璋帶頭在<u>蔣山</u><u>興國寺</u>大興法會時，<u>濂</u>曾作<u>法會記</u>。<u>洪武</u>十一年，<u>宋濂</u>由家鄉來朝，又與<u>朱元璋</u>研琢<u>楞伽經</u>，寫了<u>新刻楞伽經序</u>。辭歸以後，終日閉戶，閱大藏，習禪觀，對<u>天台</u>僧<u>無聞</u>大談"割愛"，著<u>報恩説</u>。他還寫有<u>龍門子無相膝語</u>三卷、<u>般若波羅蜜多心經文句</u>一卷，並計劃著<u>金剛經集解</u>（未遂）。他寫的大量經序和有關佛教的文章，後被<u>雲棲宏公</u>輯爲<u>護法錄</u>。在這些著作中，他着重發揮了心爲萬理之原和一切皆幻的宗教唯心主義世界觀，並宣揚了因果輪迴的報應説。此外，<u>宋濂</u>還寫了約三十九篇的沙門塔銘，被譽爲當時的佛教史。

<u>宋濂</u>的著作，後人編爲<u>宋學士文集</u>或<u>宋文憲公全集</u>。他的事蹟主要見<u>明史本傳</u>、<u>潛溪先生宋公行狀</u>和<u>墓志</u>、<u>彭紹升居士傳</u>卷三十七<u>宋景濂傳</u>，以及<u>護法錄</u>等。

一、四明佛隴禪寺興修記

沙門<u>行原</u>，不遠千里，踰大江而來京師，謁余而言曰："<u>鄞</u>之<u>天童山</u>，岑鋭縣鬱，上接空際，其支隴蜿蜒南下，爭奇競秀，蒼翠相繆，信爲靈僧化士之所窟宅。<u>後唐莊宗</u>時，人見有紅光爛天，謂爲浮屠氏祥徵，因名其地爲<u>佛隴</u>焉。大比邱<u>咸啓</u>，樂其幽邃，可以縛禪，自<u>天童</u>分其徒，結廬以居，已而開拓，如他伽藍。<u>宋治平</u>元年，賜額曰<u>保安</u>，然猶以甲乙爲居守。至<u>熙寧</u>五年，始釐爲十方禪刹，主者<u>照珏</u>，乃<u>大覺璉公</u>之法嗣，黑白瞻依，如水赴壑，於是悉撤弊陋，而更新之。夫以有形之物，終歸於壞，日就月將，漸致頹圮。<u>元至正</u>某年，住持<u>文舜</u>重搆<u>釋迦寶殿</u>，未及完而去。二十四年，<u>江浙</u>行省丞相<u>康里公</u>，時領<u>宣政院</u>事，選<u>天童</u>内記<u>大基丕</u>禪師主之。禪師既至,升座説法已,環顧而歎,且曰:'起廢吾之責也,四輩其無憂居。'久之歲豐人和,儲積漸充,禪師曰:'可矣'。亟召匠氏補未完之殿,堅緻有加,若丈室,若演法之堂,則因舊而葺之;若三解脱門,則新作之;以至廡庫庖湢之屬,靡不修治如法。復集衆因搏土設像,如來中居,二弟子旁侍,曼殊師利及普賢大士,或騎獅子,或乘白象王,東西而從;護法大神,各執其物,梵容生動,如欲語者。經始於二十五年之某月,落成於國朝洪武二年之某月。惟禪師蚤得法於左菴良公,通外内典,梵行清白,薦紳之流,皆愛敬之,故能於干戈俶擾之中,成此勝緣,了無難者。今雖遷住補陀洛迦山,而猶寤寐不離於佛隴,禪師之功,我衆安敢忘?莫堅匪石,願圖文歸而鑱諸。"

　　予聞,我佛如來爲一大事因緣出現于世。蓋以衆生汩没妄塵,念念遷謝,起滅不停,過去者始息,見在者紛挐,未來者已續,二六時中,不知暫捨。以此纏縛沈痼,出彼入此,猶如車輪迴旋,無有休止。於是興大悲心,爲説三乘十二分教,諄諄誘掖。蓋欲衆生捨妄趣真,以成正覺。像教東漸,日新月盛,凡方州列邑,名區奧壤,莫不有梵宇禪廬,以安處其徒衆,亦欲解佛之言,行佛之行,以究夫妙湛圓明之性而已。俗習下衰,或藉此爲利養,而不知先佛忘形爲道之計。盍不思之:香積之供,五味豐美,視日中一食者爲何如?穹居華寢,方牀邃筵,視樹下一宿者爲何如?是宜精進策勵,如上水舟,單篙直進,如磨鐵杵,必欲成針,不至於成功不止可也。禪師之締搆艱勤,其意誠出于此。圓頂方袍之士,于于而來,熙熙而處者,尚無負禪師之所望哉!雖然,如來出紅蓮舌輪,徧覆大千界中,至今演説妙法,大地衆生,無不得見,無不得聞。況日照而月臨,風馳而雨駛,山峙而川流,真常之機,時時發見,無一刻止息。有能於此證入,世間名相一時頓忘,其與如來清淨法身非同非别。回視是刹,飛樓湧殿,雖居塵世,亦與香水海中、華藏世界,等無有異。予也不

敏，盡閱三藏，灼見佛言不虛，誓以文辭爲佛事。今因行原之請，略
爲宣説，以記寺之成，使其徒知所自勵。若曰專紀歲月，以告來者
嗣葺之，則其意末矣。

（選自四部叢刊影印明正德本宋學士文集鑾坡前集卷十）

二、送天淵禪師濬公還四明序

　　文辭之美者，見之於世何其鮮哉|非文辭之鮮也，作之者雖
精，而知之者未必真知之者；固審而揚之者未必至，此其每相值而
不相成。唐有柳儀曹，而浩初之文始著；宋無歐陽少師，而祕演之
名，未必能傳至於今。蓋理勢之必然，初不待燭照龜卜而後知之
也。嗟夫|浩初祕演，何代無之，其不白於當時，卒隨煙霞變滅而
無餘者，豈有他哉，由其不遇夫二公故然爾。此余讀天淵師之所
作，其有感於中矣乎|

　　天淵名清濬，台之黃巖人，古鼎銘公之入室弟子，嘗司內記。
雙徑説法於四明之萬壽，近歸隱於清雷峯中，蓋法筵之龍象也。余
初未能識天淵，見其所裁輿地圖，縱橫僅尺有咫，而山川州郡，彪然
在列，余固已奇其爲人，而未知其能詩也。已而有傳之者，味沖澹而
氣豐腴，得昔人句外之趣。余固已知其能詩，而猶未知其能文也。
今年春，偶與天淵會於建業，因相與論文，其辯博而明捷，寶藏啓而
琛貝焜煌也，雲漢成章而日星昭煥也，長江萬里，風利水駛，龍驤之
舟藉之以馳也。因徵其近製數篇，讀之皆珠圓玉潔，而法度謹嚴，
余愈奇其爲人。傳之禁林，禁林諸公多歎賞之。余竊以謂天淵之
才，未必下於祕演浩初，其隱伏東海之濱，而未能大顯者，以世無儀
曹與少師也。人恆言文辭之美者蓋鮮，嗚呼，其果鮮乎哉|方今四

海會同,文治聿興,將有如二公者出,苟斯文之任,倘見天淵所作,必亟稱之,浩初祕演當不專美於前矣。或者則曰:天淵浮屠氏也,浮屠之法,以天地萬物爲幻化,況所謂詩若文乎?是固然矣。一性之中,無一物不該,無一事不統,其大無外,其小無內,誠不可離而爲二,苟如所言,則性外有餘物矣。人以天淵爲象爲龍,此非所以言之也。天淵將東還,賢士大夫多留之,留之不得,詠歌以別之。以余與天淵相知尤深也,請序而送之。

(同上　鑾坡前集卷八)

三、送覺初禪師還江心序

往時有大比邱孚中信公,以松源五傳之學,提唱護龍湖上,覺初恩公實與之分坐說法。鑪鞴宏施,烹凡煅聖,機鋒所觸,抉颷奔霆,四衆歸依,如水赴海。曾未幾何,孚中示寂,覺初乃出世於建業之聖泉,遷永嘉之雅山,法道亦既大行於時。已而江心虛席,若牧守,若戍將,若賢士大夫,僉以謂江心古叢林,思陵昔日駐蹕之地,其名列在江南十刹,非有名德如覺初,不足以厭服人心,各具書疏,以延致覺初,覺初以慈憫故,亦起而赴之。

及我皇上,正位宸極,隆興佛乘,開善世院於大天界寺,置統領、副統領、贊教、紀化等員,海內諸名山悉隸之,掄選有禪行涉資級者,俾爲之主,其非才而冒充者斥之。於是循例爲江心擇賢,然終無踰於覺初者,統領遂合羣議,仍請覺初居其職。會余奉詔總修元史來南京,覺初亦挮錫自江心而至,握手共語,情蓋懽如也。覺初一旦忽來別曰:“吾將還江心,子可無一言以贈乎?”嗚呼!大雄氏之道,頓與漸之謂也。以漸言之,初臨十信,伏三界見思煩惱,外凡之位也。次至十住位，斷見思惑兼斷界內塵沙及伏界外塵沙，用從假入空觀；次至十行位，斷界外塵沙，用從空入假觀；次至十回向位，則伏無明而習中觀。已上之種三十通，爲三賢，內凡之位也。次至十地位。各斷一品無明，證一分中道，入等覺位，又破一品無明，入妙覺位。至於妙覺，始名爲佛。以類言之，則不階等第，直造心源，圓妙如如，超出三界，無煩惱可斷，無真乘可證，無法門可學，無衆生可度，此心卽佛，彼佛卽心，不去不來，忘內忘外，不可以形相求，不可以方所拘也。大抵教中所攝，頓漸兼收；教外單傳，頓爲禪旨。如來五時所説，及拈花微笑，無非共一妙用，第以根有利鈍之殊，故其機有遲速之異耳。奈何末流之弊，二家角立，互相詆訶，夫豈佛意也哉！頗聞孚中雖參向上一乘，日誦法華七卷，致感異香，滿室不散；覺初於禪寂之餘，亦留心於教相，爲人演説弗置，是皆不徇一偏，而將歸於大同者也。敢以此爲説，以贈覺初，覺初其以爲然乎，否乎？雖然，大雄氏之道，不絶如綫，扶持而振起之，非吾覺初是屬，將誰屬耶？覺初之還也，布大法雲，震大法雷，澍大法雨，使小大根莖無不霑潤，豈不宏且偉歟！覺初宜憂法道之衰，而思日勉焉，可也。他日余幸杖策東歸，訪覺初於海濱，升孤雲之亭，步海月之堂，見月色與海光同一清净，余與覺初又當相視一笑，嗒然而相忘也。是爲序。

（同上　鑾坡前集卷八）

四、雪窗禪師語録序

　　或問於余曰：菩提達摩西來，以不立文字爲宗，蓋欲掃空諸相，直究本心，而趨真實覺地者也。名山宿德，何莫非達摩之子孫，爲之徒者，因其説法，往往編以成書，號曰語録，無乃與不立文字之

旨相戾乎？曰：非是之謂也。扶衰救弊，各隨其時節因緣，有不可
執一而論者矣。昔我三界大師，演說大小乘諸經，其弟子結集爲脩
多羅藏，至繁且多也。復慮後之人溺於見解，而反爲心累，故以正
法眼藏付於摩訶迦葉。拈華微笑之間，無上甚深妙法含攝無餘。此
亦化導之一法門耳，非真謂鹿野苑至跋提河所言皆當棄之也。不
然，如來自兜率下生，何不即以單傳直指示人，顧乃諄復勸誘而弗
置之耶？去佛既遠，學者纏繞名義，不能出離，誠有如如來之所慮
者。達摩出而救之，故取迦葉微笑之旨，專以示人，蓋亦有所甚不
得已焉爾。

　　育王禪師以三昧力，入智慧海，初説法於白馬寺，繼遷開元，已
而住阿育王山，兼領天童寺事。四會之間，緇素翕集，所以啓人天
龍鬼之聽。屹立不遷，如真正幢，涉險度危，類大法船，若見若聞，皆
獲利濟。至若垂三語以驗來學，又如臨萬仞懸崖，撒手而立，非上
根大器，豈易入其閫奧者哉！虞文靖公贊師之語，謂爲佛果一枝，
鳳毛麟角者，其言良可，信不誣也。

　　師入滅之十四年，其上首弟子象先輿公、月徑滿公，以所錄語
徵余爲之序。余故舉扶衰救弊，各隨其時節因緣者言之，於以見達
摩之宗，非有違於先佛諸師之錄，非有違於達摩，其事雖殊，理則同
也。有若禪師此錄之行，後有因語言而入者，雖不得見師，而師之
惠利所及益遠矣。雖然靈妙一真，直超三界，其大無外，其小無内，
雖無物之不攝，欲求一物，了不可得。於斯時也，無煩惱可除，無法
門可學，無衆生可度，無佛道可成，尚何有言語文字之足論哉！觀
斯錄者，又當於是而求之。人能於是求之，始於禪師之道與有聞
矣。

　　禪師名悟光，字公實，姓楊氏，別號曰雪巖，成都之新都人。

　　　　　　　　　　　　　　　　（同上　鑾坡前集卷八）

五、送季芳聯上人東還四明序

吾佛之學，明心而已矣。然心未易明也，結習之所膠滯，根塵之所蓋纏，沈冥於欲塗，顛倒於暗室，而不能自知。必處乎重山密林之中，木茹澗飲，絶去外緣，而直趣一真之境，水漂麥而不顧，雷破柱而弗驚，久之馴熟，忽然頓悟，大地山河，咸作碧琉璃色，能如是，不可謂無所證入矣。然恐墮於空寂，未敢自信，又必擔簦裹糧，不遠數百千里，求明師而證之。機鋒交觸，如短兵相接，失眼之頃，輒至喪身失命，及其印可已定，退藏於密，如護明珠，須臾不敢忘去。然而脩多羅藏，其多至於五千四十八卷，大無不包，細無不統，其可委之爲賸語耶？又必出司藏鑰，晝夜研窮之，而畢知其説，證之於言，驗之於心，既無分毫之不同矣。於是不得已，出世度人，續佛慧命，其階級之不紊，功用之甚嚴乃如此，奈之何今之執法柄者，或不能皆然也。

余方爲之浩歎不止，有若季芳上人，其蓋有以起余者哉！季芳名道聯，鄞人也，幼讀傳書，窮理命之學，長依薦嚴羲公脩沙門行，尋掌內記於大天界寺，遂嗣法於淨覺禪師，矩度雍容，進退咸有恒則，蓋温然如玉者也。叢林之中，咸器重之，或挽其爲住持事，則謙然不敢當，且曰："我心學未能盡明也，三乘十二分之説亦未能盡通也，我歸四明山中，求諸己而已矣。"嗚呼！若吾季芳之才之美如此，苟使之主一刹而領四衆焉，何不可者，而乃退然不居，則夫不及季芳而奔競欲得者，爲難言矣。季芳行哉！臨濟之子孫，多有隱於鄞山鄞水之間，季芳尚卽而求之，探古佛之真如，繙諸經之妙義，證入無量薩婆若海，江南十刹諸名山，當有遲吾季芳來説法者，季芳雖欲自謙退，不可得矣。季芳行哉！　　（同上　鑾坡前集卷八）

六、贈定巖上人入東序

大雄氏之道，洪纖悉備，上覆下載，如彼霄壤，無含生之弗攝也；東升西降，如彼日月，無昏衢之不照也。宏敷固假於教儀，妙悟須資於禪定，所以銷融其麤濁，振拔其精明，降伏其塵勞，躋登其實際，非知力之所强，必頓覺而後成，蓋亦戞戞乎其難矣。爲其學者，當究厥誠，一法不立，而日用燄然；六入本空，而真機獨露。雖有所證，未能自信，於是遠訪師資，以求印可。利鋒相觸，雨電爲之交馳；疑網既祛，星月爲之朗耀。非具大慧，充大量，要不足以與於斯也。

定巖戒師，吳興士族，積菩提之因，勵精進之學，美譽流於四方，純行信於四衆。且以見聞未溥，踐履或礙，泛東大洋海，而觀古佛顯化之跡；登天台靈巖，而詢應真示現之方。波濤春撞，皆談苦空；林木蔥蒨，各彰實相，此其立志甚不小也。嗟夫！世道既降！正法不傳，辭章之錦繡，足以移易其性情，勢位之肥甘，足以斷喪其智慧，雖方袍而圓頂，或塵容而俗狀，滔滔不返，可勝歎哉！有如定巖，溥心爲道，如孤雲野鶴，弗爲世氛之所染；如崇蘭幽芷，弗爲無人而不芳，寧不爲君子之所取乎！所謂充大量具大慧者，異日當於定巖徵之也。定巖之還也，且過南潯省親，身居桑門，心存孝道。大雄氏所說大報恩七篇，皆言由孝而極其業，定巖又能行之矣，則其所可取，豈直前所云云哉？會余詞林請書首簡，顧文逋之叢沓，兼羈思之繽紛，筆無停思，語多未醇，同志之士，删而正之可也。

（同上　鑾坡前集卷八）

七、楚石禪師六會語序

大慧提唱圓悟之道於徑山，神機妙用，廣大無礙，入其門者，凡情盡喪。得法弟子，不翅千餘人，各闡化原，而佛照於其中，稱爲善繼，佛照之後，而妙峯紹之，妙峯之後，而藏叟承之，如持左券相授，器度脗合，無差爽者。寂照在四傳之餘，復能克肖前人，誠所謂世濟其美者。然而諸師證入，雖有不同，其上接西來宗旨，使人離垢氛而發精明者，則一而已矣。

寂照之弟子楚石禪師，盍以穎悟之姿，銳意於道。一時名德，若晦機，若虛谷，若雲外，爭欲令出坐下，師皆謝之，惟詣寂照之室，反覆參叩。一聞鼓鳴，羣疑冰消，世間萬物，總總林林，皆能助發真常之機。自是六座道場，說法度人，嬉笑怒罵，無非佛事。至於現寶樓閣，及種種莊嚴，導彼未法，因相生悟；其與一實境界，未嘗違背，聲聞之起，水涌山出。迨世緣將盡，顏色不異常時，翛然坐脫，如返故廬。則其俊偉光明，較於恃口給而昧心學者，其果何如也哉？嗚呼！大慧之道至矣。

自他宗言之，執持正法，作獅王哮吼者，固往往有其人，第近年以來，傳者失真，瀾倒波隨，所趣日下。司法柄之士，復輕加印可，致使魚目渾珍，揚眉瞬目之頃，輒曰彼已悟矣。何其易悟哉？人遂誚之爲瓠子之印。非特此也，五家宗要歷鈔而熟記之，曰此爲臨濟，此爲曹洞法眼，此爲溈仰雲門，不問傳之絕續，設爲活機，如此問者即如此答，多至十餘轉語，以取辦於口，名之曰傳公案。若是者，皆見棄於師者也。今觀師之六會語，小入無內，大包無外，機用真切，無愧先德，唯具金剛眼者，有以知余言之有在也。余耄矣，厄於索文者繁多，力固拒之，此獨樂序之而弗責，憫魔說之害教，表正傳以勵世也。

師諱楚琦，其字楚石，行業之詳，則備見塔銘中。其來徵序者得法上首瑩中瓛公也。

（同上　鑾坡前集卷八）

八、寶積三昧集序錄

釋氏之書，有三法藏焉，曰經、曰律、曰論。經則佛與菩薩等所說，論則諸賢聖僧所著，唯律必佛口親宣，而非諸大弟子之得與聞也。然而三藏之間，統爲十二部，分爲大小中三乘，廣大殊勝，無所不攝。其文久流中國，至秦而絕。漢遣郎中蔡愔及秦景往使天竺，受其書以歸，自是譯師疊至，代有所增。以卷計者，梁則五千四百；隋則六千一百九十八。唐承隋亂之後，稍有廢逸，開元之目，則五千四百八；至貞元中，則又增二百七十五。宋太平興國以來，或翻譯或編纂，或收貞元未附藏者，又增七百七十五。逮元有國，又增二百八十六，其中頗不能盡知。今以千文紀之，自“天”至“遵”爲號者，五百八十六通，爲六千二百二十九卷。

噫嘻！其廣矣哉！學其書者，茫若望洋，至於皓首而不能周覽。唐僧智昇嘗編入中國歲月，及譯人姓氏，名曰開元釋教錄，美矣，而不采其文也。宋戶部尚書王古隨其次第，而釋其因緣，至於佛會後先，華譯同異，咸志之名曰法寶，標目佳矣，而弗表其義也。優婆塞陳實，分門別科，頗括祕詮，名之曰大藏一覽，近矣。惜粦之自造諸偈，而又擇焉不能精也。東山立菴大師崇志頗病焉，迺於延祐之初，掇拾三藏英華，上自三寶流通，中至天仙天標坤維，人倫之凡，時劫根塵，世諦塔寺，道具眾器之屬，下及珍寶飲食，花木禽獸，地獄之品，析二十門，釐爲四卷。文貫始終，事有源委，部居整比，秩焉不紊，遂取法界體性經中語，名曰寶積三昧集，鋟梓於壽聖禪林。立菴既示寂，板廢不存。白菴禪師萬金以精進力，深入禪教三昧，旁事孔籍，亦臻其閫奧，悼立菴利物之心勤，而傳世之不遠也，復爲詮次義例，分卷爲五，重刻而布之。以瀹閱大藏者凡三，稍涉户庭，請序其首簡。瀹取覽之，儼然如探故物，雖未獲窺其全，而金銀琉璃，車渠瑪瑙，珊瑚琥珀，衆寶之積，爛然溢目矣。於是胡跪作禮而説贊曰：

巍巍法王寶，號爲修多羅，毗尼阿毗曇，三千大千界，以及無算數，無物不含攝，無土不現身。護法金剛王，手持蓮花杵，或執七寶劍，各逞神通力，晝夜不暫離，魔軍及末伽，無有能壞者。善慧施方便，爲轉大法輪，一轉千佛轉，佛佛具千佛，千佛亦復然，輾轉至無邊。此最勝功德，如雲雨太空，草木花藥等，根莖皆沾溉。如來真正幢，無鉅亦無細，汪洋四大海，了不見涯涘，苟取一滴水，濕性靡不具。炎炎大火聚，力可鑠天地，餘爐存一粟，炎體終弗滅。日輪行中天，其廣千由旬，光入寸隙中，圓明具日相。若耆闍堀山，山立五萬仞，一沙細於塵，孰敢謂非石？所以二尊者，各出本來智，一取六千卷，束之四卷間，如將須彌盧，納之於鍼孔，一嘘寒灰燄，死後使復然。光照閻浮提，利彼有情衆，智者能移物，勿爲物所移，佛言雖至寶，執著亦爲障。我有大寶藏，不落文字中，六處放光明，七佛時行道，時時宣妙法，法法悉皆忘，定見自性佛，共成無上道。

　　　　　　　　　　（同上　欒坡後集卷四）

九、送璞原師還越中序

柳儀曹有云：“真乘法印與儒典並用，人知嚮方。”誠哉是言也。蓋宗儒典則探義理之精奧，慕真乘則盪名相之麤跡，二者得兼，則空有相資，真俗並用，庶幾周流而無滯者也。禪林之規，分職授事，各因其才而責以成功，而於內記之選，尤難其人。凡有關於文辭之事，頗資之以達務，非熟采竺墳，旁通孔籍，未易以致之。苟能從事於斯，則說法名山，師表後進，階級將自此而升矣。其任之重，不亦宜乎！

會稽璞原師，其名爲德瓘，幼學浮屠法於諸林院，長游大方，遂於善世禪寺充內記之任。善世爲海內僧伽所宗，龍象之所經，瓶錫之所聚，揮汗成雨，張袂成帷，一時號爲極盛。璞原非惟稱其職，兼能近取遠攬，深涵淺受，而其學益進於前。一旦將還東海之上，與璞原游者咸惜其去，相率發爲聲詩，命予執簡而序之，因繫其辭曰：

世之學者夥矣，溺文學者，則局促經畬，馳騁藝苑，其流必外騖而忘返；泥苦空者，則措情高遠，游志疎曠，其流必內躁而失守，所以皆悢悢他適，不知正塗之從。有若璞原，其知真乘法印與儒典並用者歟！處乎世間，不着世間，如環之無端，不見其止，如刀之剖水，不見其跡，其知空有相資、真俗並用者歟！循序而上，此焉發軔，他時出世爲人，其知所自重者歟！予儒家之流也，四庫書册，粗嘗校閱，三藏玄文，頗亦玩索，負誇多鬬靡之病，無抽關啟鑰之要。近惟默坐存誠，屏斥而銷鑠之，於是天光駿發，靈景自融，方知儀曹之云，爲漸門者設。璞原春秋甚富，宜達圓頓之旨，尚思得魚兔而忘筌蹄歟！白雲悦公，時碩德也，身居巖壑，名聞禁闥，璞原嘗師事而親炙之，當以予言質其然否？白雲又將有以爲璞原告也。

（同上　欒坡後集卷八）

十、楞伽阿跋多羅寶經集註題辭

大雄氏所説阿跋多羅寶經，凡經三譯：其四卷者，宋元嘉中，中印度求那跋陀羅也；其十卷者，後魏延昌中，北印度菩提流支也；追至於唐，實叉難陀來自于闐，復以跋陀之譯未宏，流支之義多舛，與僧復禮重翻爲七卷，則久視初也。於是判教諸師，提綱挈領，李通玄則以五法三自性、八識二無我爲言，智覺延壽則以實相佛語心自覺聖智爲言。一則因理以顯事，一則從事以推理，理事兼究，則經之奧義無餘蘊矣。

然自菩提達磨，東來震旦，謂此經四卷，可以印心，遂授其徒慧可。故宗禪定者，世受其説，而其文辭簡嚴，卒未易通，所以傳之者寖微。至宋，張文定公方平見於南譙，悟其爲前身所書，乃以錢三十萬，屬蘇文忠公軾，印施江淮間，蘇公親爲書之，且記其事，自是流布漸廣。雷菴禪師正受，病句讀之難通也，與同袍智燈，據跋陀之本，而參以魏唐二譯，原其異同，歷疏於經文之下；復稽唐註古本，暨宋僧寶臣、閩士楊彥國之説，而折衷之，凡經論疏録，有涉於經者，亦摭其精華附焉，名之曰楞伽寶經集註。自慶元乙卯之三月，至丙辰之四月，始克就緒，其用心可謂勤矣。

且如來説經，不卽語言，不離語言。矧此楞伽，實詮圓頓，八識洞然，號如來藏；大包無外，小入無内，本性全真，卽成智用，觀身寶相，與浄名同。若彼二乘，滅識趣寂，譬如迷人，忘已之頭，狂走呼號，別求首領，卒不可得。此乃諸佛心地法門，不假脩證，現前成佛，禪宗之要，蓋莫切於此矣。或者則曰："西來之宗，一文不設，若謂初祖持此印心，非愚則惑。"子不聞達觀穎公之言乎？曰："不然也。佛法隨世以爲教，當達摩時，衆生滯相離心，故入義學者，悉斥去之。"達觀之言，猶達摩之意也。苟不察其救弊微權，而據以爲實，則禪那乃六度之一，先佛所指，持戒爲禪定智慧之本者，還可廢乎！

雷菴之註，其有功於禪宗甚大，非上根宿智，不知予言之爲當也。此經舊嘗刻板姑蘇幻住菴，近毀於火，天界禪師白菴金公意欲流通，乃購文梓，重刻於栴檀林，來徵余爲之序。予幼時頗見正平張戒集三譯之長，采諸家之註，成書八卷以傳，大意略同，惜雷菴不及見之。白菴妙悟真乘，旁通儒典，爲叢林之所宗師，苟求其說而補入之，則其功又豈不大於雷菴哉！

　　　　　　　　　（同上　鑾坡後集卷五）

十一、故文明海慧法師塔銘

能仁氏之教流入中夏，愈傳愈熾，於是諸師各有所建立，譬如一燈分爲十燈，燈之用雖殊，而光明則一也。天台四教，法性觀行之宗，自南嶽以來，開空假中三觀，丕闡三千性相，百界千如之妙，一念之間，具足無減。其說尊勝宏特，縱歷百千萬劫，洸洸乎，皦皦乎，不可尚已。某竊怪方袍之士，幸得與聞其教，多視爲空言，卒局於小智之域，良可悲也。其真見實踐，有若文明海慧法師者，某安得不喜談而樂道之哉！

法師諱善繼，字絕宗，族婁氏，越之諸暨人。考某，姒王氏，當有姙，夢神人授白芙蕖，法師乃生。始能言，見母舉佛號，合爪隨聲和之。年稍長，季父客授山陰靈祕寺，從治春秋經。稍竊窺三藏諸書，喟然歎曰："春秋固佳，乃世間法，欲求出世間，非釋氏將疇依？此身不實，有如芭蕉，穹官峻爵，縱因書而致，寧得幾何時耶？"大德乙巳，投其寺僧思恭祝髮，明年受具戒，從西天竺大山恢公習天台教觀，大山甚器重之，每言數百人中，唯繼上人爾。

暨大山遷雲間延慶，法師復往南天竺，從湛堂澄公，湛堂器之如大山，間問之曰："入不二門，屬何觀法？"法師曰："三種觀法，屬對三部，此文既與止觀同成，觀體的是從行。"湛堂又問："諸經之體爲迷爲悟？"法師曰："體非迷悟，迷悟由人，顧所詮經之旨何如耳。"湛堂喜溢顏色曰："法輪之轉，他日將有望於斯子乎¡"宗周文公，時住集慶寺，豔法師之學，延主賓朋，尋領其懺事。湛堂復速法師還，俾居第一座。南天竺素稱教海，法師提唱宗乘，有聲絕出於四方，會湛堂遷上竺，而玉岡潤公來補其處，仍留法師居其職，學徒四集，無不涵腴飲醇，充足而後去。

天曆己巳，法師出世，主良渚大雄教寺，日講金光明經，感法智見夢謂之曰："爾所談經，與吾若合符節，惜乎所踐，猶未逮其言耳。"法師遂益篤精進之行。至正壬午，浙省平章高公納璘，兼領行宣政院，移住天竺薦福教寺。某甲子，左丞相朵兒只公繼領院事，陞主天台能仁教寺。法師凡三主伽藍，執經輪，下者多豪俊之士，宏闡法華玄義文句，朝講暮解，五章四釋，奧義昭晰，且策勵之曰："吾祖有云，止觀一部，即法華三昧之筌蹄；一乘十觀，即法華三昧之正體。須解行並馳，正助兼運，則圓位可登，而不負吾祖命宗之意矣。"蓋法師抉剔經髓，敷繹祖訓，如山川出雲，頃刻變化，而雨澤滂然四施，若諸草木，纖洪短長，無不霑句，識者咸謂慈雲神照之再世云。

辛卯之春，俄謝事超然獨往，時蘙落師與湛堂歸寂已久，法師既於靈祕葺舊廬，以奉祠事，又往居南山明静院，灑掃湛堂之塔，其報本之念，尤惓惓也。曾未幾何，兵難薦作，其高弟是乘，請法師東還。華徑池深木寒，法師驟然就之。且以無常迅速，嚴修净業，繫念佛名，晝夜不輟。一夕集衆而言曰：“佛祖宏化，貴乎時節因緣，緣與時違，化將焉託乎？吾將歸矣。”遂索筆書偈，端坐而逝。時丁酉歲七月二十二日也，世壽七十有二，僧臘六十又三。火化牙齒及舌根弗壞，舍利纍纍然滿地，其徒以某月日斂骨塔于靈祕之西坡。所度弟子三十二人，嗣其法者，則靈壽、懷古、延慶、自朋、崇壽、是乘、廣福、大彰、雷峯、净昱、演福、如珇、報忠、嗣璉、車溪、仁讓、香積、曇冑也。

　　法師氣局衍裕，行履淳固，台家諸書，無不精徹，而大江東南，恆推爲教中之宗。講演妙法華、金光明諸部經，凡若干會；主修法華净土懺，凡若干期，所感靈異，不一而足。是乘嘗請著書，以淑後人，法師曰：“吾宗本離言説，不得已而有言，爲彰授受也。是故意以至章安結集之後，不過代相緘授而已，其間或有斥邪衛正者，亦豈好辨哉！今大經大法，粲如日星之懸，汝輩宜修習不暇，奚俟予言？”聞者咸服。其一時士大夫，若趙文敏公孟頫，黄文獻公溍，周内翰仁榮，李著作孝光，張鍊師天雨，皆結法師爲方外交，時相唱和於風月寂寥之鄉。晚與黄張二公，欲結樓煩净社，未果而法師殁。當没之日，叢林中皆相哀慕曰：“吾宗法幢仆矣。”後十七年，演福伴繫法師梵行，徵濂爲塔上之銘。濂嘗游文獻公之門，聞公談法師之德之盛，以爲無讓古人，恨不得映白月而濯泠風。今法師不可見矣，幸其嘉猷茂行，猶得聞其梗概此無他，遺光之所照者，尚有人言之。後三十年，則言之者鮮矣，又後三十年，則誰復知之者？此金石之勒，不可不致謹也。因從演福之請，歷敍而鋪張之。千載之下，有來讀斯文者，儼然如見法師於定慧光中，其有不蹶然興起而惕然自屬者乎﹗銘曰：

性具之正宗兮，一念具三千；三千卽一念兮，不後亦不先。正依及假名兮，各含空假中；攝歸於一妙兮，互具而互融。七祖旣善闡兮，諸佛復靈承；洞照六合內兮，日月行太清。慧命之攸寄兮，文明得其宗；總攝大化機兮，正受究始終。法輪左右旋兮，晝夜如環循；隨其利鈍根兮，導入不二門。開權以顯實兮，懇懇爲敷辭；一多曁小大兮，非卽亦非離。明暗色空相兮，事法皆寂然；眞勝在妙圖兮，非可以言詮。談辯析玄微兮，人天皆共聽；幽通於至神兮，現夢顯祥徵。三坐大道場兮，手執青楊枝；灑物了無迹兮，物得罔其私。結期脩靈懺兮，瑞異駢然臻；吾法本無作兮，有作卽爲塵。商飆一朝興兮，吹仆正法幢；清净大海衆兮，蠹然爲增傷。繼述幸有子兮，龍象方駿奔；建塔爲西坡兮，庶以表化源。

（同上　欒坡後集卷十）

十二、瑞巖和尚語録序

　　予觀大梵天王問佛決疑經所載，梵王以金色波羅夷花獻佛，請爲説法。佛拈花示衆，人天百萬，悉皆罔措，獨金色頭陀破顏微笑。佛云："吾有正法眼藏，湼槃妙心，實相無相，分付摩訶迦葉。"嗚呼﹗此非禪波羅蜜之初乎﹗

　　人生而静，性本圓明，如大月輪，光明徧照；凡蘇迷盧境界，具濕性者，大而河海，小而沼沚，無不有月。是故有百億水，則百億之月形焉，仰而瞻之，而中天之月未嘗分也。月譬則性也，水譬則境也，一爲千萬，千萬爲一，初無應者，亦無不應者，體用一源，顯微無間也。大聖全體皆真，不失其圓明之性，如月在寒潭，無纖毫障翳，清光燁如也。凡夫爲結習所使，業識所縛，而唯迷暗是趨，如月在濁水，固已昏冥無見；加以獝飈四興，翻濤鼓浪，魚龍出没，變幻恍惚，欲求一隙之明，有不可得矣。故聖人之心主乎靜，靜而非靜，而動亦靜也；凡夫之情役於動，動而不靜，而靜亦動也。

吾達摩大師，特來東土，以迦葉所傳心學，化被有情，或澄濁爲清，止浪爲平，直入於覺地而後止。故其體常寂，而寂無寂也；其智常照，而照無照也；其應常用，而用無用也。至此，則其妙難名矣，然未易以一蹴到也。惟一惟虛，坐忘其軀，或緩或徐，長與神明居。懼其散而弗齊也，設疑情以一之；恐其至而自畫也，假善巧以引之；慮其偏而失正也，挽沈溺以返之，其道蓋如斯而已。歷代諸師，各尊所聞，守此而不敢失。

逮我育王琰公，起於東海之濱，秉執法柄，宏開度門，達摩大師之道，焕然中興。入其門者，無非龍象，而竺元道公，號爲世嫡。今吾恕中愠禪師，則又竺元之入室弟子也。初受度於元叟端公，多聞法要，拈香酬恩，則歸之道公。厥後俯徇衆請，出世象山之靈巖，黃巖之瑞巖，皈依者日益衆，名聞東夷。使者入貢中國，兼奏請住持，師因奉詔來南京，力辭其行，皇上憫其耄也，特從所請。一旦將歸隱鄞江，其徒居頂以二會語徵予序。予久聞師名，亦嘗窺見語言之一二，兹又獲視其全，驚霆奮而疾飈馳，山嶽移而海水立，鬼神泣而魑魅奔，有聞之者，凡情盡喪。予故不辭，爲稽決疑經所載，以啓禪源；法水月之喻，以明性源；推達摩之教，以爲學源，歷題之於首簡。予老且病，凡求文繽紛於前，悉皆謝絕，而獨爲師拈此者，憫大法之陵夷，樂師言之契道也。

（同上　翰苑續集卷一）

十三、徑山愚庵禪師四會語序

　　或問於濂曰："世間至大者何物也？"曰："天與地也。"曰："至明者又何物也？"曰："日與月也。"曰："然則佛法亦明且大也，其與天地日月並乎？"曰："非然也。"曰："其義何居？"曰："天地日月，寓乎形者也，形則有成壞，有限量，雖百億妙高山中，涵百億兩曜，百億四天下，以至于恆河沙數，皆有窮也，皆有止也，此無他，囿乎物者也。若如來大法則不然，既無體段，又無方所，吾不爲成，孰能爲之壞？吾不爲後，孰能爲之先？吾不爲下，孰能爲之上？芒乎忽乎，曠乎漠乎，微妙而圓通乎，其小無內，其大無外，真如獨露，無非道者。所以超乎天地之外，出乎日月之上，大而至於不可象，斯爲大矣；明而至於不可名，斯爲明矣。是故以有情言之，則四聖以至六凡，或覺或迷，佛法無乎不具也；以無情言之，則火水土石與彼草木，或洪或纖，佛法無乎不在也。三乘十二分教，不能盡宣也；八萬四千塵勞門，不能染汙也。"嗚呼！罄祖徠之松以爲煤，斷淇園之竹以爲管，其能盡贊頌之美乎？然而佛法固明且大也，其靈明之在人者，萬劫雖遠，不離當念，一念不立，卽證菩提，亦在夫自勉之而已。濂雖不敏，每遇學佛者，喜談而樂道之初，不以其證入淺深而有間其意，頗有見於斯也。

　　徑山住持以中禪師名智及，學徒尊之號曰愚庵，俗姓某，世居姑蘇，得法於元叟端公，歷住隆教普慈二刹，帝師錫以明辯正宗廣慧禪師之號。已而陞淨慈，遂主今山，四據高座，敷揚佛法，以聳人天龍鬼之聽，緇素相從，如雲歸岫。其弟子某，會粹成書，介吾友用堂梗公，請文以題其首。濂懸燈而疾讀之，其解人膠纏，如鷹脫絛鏇，摩雲而奮飛也；其方便爲人，如慈母愛子，一步而三顧也；其

宏機密用，如大將臨陣，旗鼓動而矢石集也。誠一代之宗師，而有
德有言者歟！雖然不二門中，一法不存，何況於言？覽者當求禪師
言外之意，使意見兩忘，而忘忘亦忘，方近道矣。嗚呼！佛法超乎
天地之外，出乎日月之上，豈細故哉？人患不求之爾。今極其贊
頌，而書于此錄之端，實欲起人之敬信也。繪畫虛空，非愚則惑，濂
蓋無以逃其責矣。

（同上　翰苑續集卷一）

十四、夾註輔教編序

　　天生東魯、西竺二聖人，化導烝民。雖設教不同，其使人趨於
善道，則一而已。爲東魯之學者則曰，我存心養性也；爲西竺之學者
則曰，我明心見性也。究其實，雖若稍殊，世間之理其有出於一心之
外者哉！傳有之："東海有聖人出焉，其心同其理同也；西海有聖人
出焉，其心同其理同也；南海北海有聖人出焉，其心同其理同也。"
是則心者，萬理之原，大無不包，小無不攝。能充之則爲賢知，反之
則愚不肖矣；覺之則爲四聖，反之則六凡矣。世之人但見修明禮樂
刑政爲制治之具，持守戒定慧爲入道之要，一處世間，一出世間，有
若冰炭晝夜之相反。殊不知，春夏之伸而萬彙爲之欣榮，秋冬之屈
而庶物爲之藏息，皆出乎一元之氣運行，氣之外初不見有他物也。
達人大觀，洞然八荒，無藩籬之限，無戶闃之封，故其吐言持論，不
事形迹，而一趨於大同。小夫淺知，肝膽自相胡越者，惡足以與於
此哉！
　　宋有大士，曰鐔津嵩禪師，實洞山聰公之法嗣，以二氏末流之
弊，或不相能也，取諸書會而同之，曰原教，曰廣原教，曰勸書，曰孝

論，而壇經贊附焉。復恐人不悉其意，自注釋之，名之爲輔教編。若禪師者，可謂攝萬理於一心者矣。予本章逢之流，四庫書頗嘗習讀，逮至壯齡，又極潛心於内典，往往見其説廣博殊勝，方信柳宗元所謂與易論語合者爲不妄，故多著見於文辭間。不知我者，或戟手來詆訾。予嘿不答，但一笑而已。今因虚白果公重刻是編，其有功學者甚大，故執筆言之。嗚呼｜孰能爲我招禪師於常寂光中，相與論儒釋之一貫也哉｜獨視霄漢，悠然遐思者久之。

（同上　翰苑續集卷九）

十五、傳法正宗記序

表大法之真傳，起羣生之正信，宜莫如書。然而真丹身毒，相去絶遠；梵語華言，重譯或殊。況屢遭滅斥之禍，生乎其後者，必蒐羅墜逸，徧觀會通，然後能定是非之真；護聞之士，苟獲窺其一偏，遂執爲確然之論，斯亦過矣。嗚呼｜闢邪説之膠固，伸正義於千載之下，不有先覺學者，將何所從哉｜

昔者，漣讀涅槃經及智度論，頗知釋迦文佛，以正法授迦葉，世世相傳，具有明證。故自前魏支彊梁樓至洛邑，譯續法傳，自七佛至二十五祖婆舍斯多而止。東晉佛馱跋陀羅至廬山，所譯禪經，自迦葉至二十八祖達摩多羅而止。逮夫後魏之時，崇道屏釋，而沙門曇曜蒼黄逃竄，單録諸祖之名，匿嚴穴間，僅及二十四祖師子尊者而止。佛運重啓，曇曜進爲僧統，吉迦夜等遂因之爲付法藏傳，其去前魏已一百九十餘年，東晉亦六十二年矣。東魏那連耶舍至鄴，復備譯西域諸所傳授事跡，其次第與禪經不差毫髮，則全闕之分，有不待辯而自明矣。

唐興，曹谿大宏達摩之道，傳布益衆。義學者忌之，而神清爲甚。乃據法藏傳所列，謂師子遭難，絶嗣不傳。猶以爲未足，誣迦葉爲小智，不足承佛心印；指禪經實後來傅會，難以取徵。而好論議之徒，紛紛而起矣。

宋明教大師契嵩，讀而病之，博采出三藏記泊諸家紀載釋迦爲表，三十三祖爲傳，持法一千三百四人爲分家略傳，而旁出宗證繼焉，名曰傳法正宗記。復畫佛祖相承之像，明其世系，名曰定祖圖。申述禪經及西域諸師爲證，以闢義學者之妄，名曰正宗論，共十二卷。其衛道之嚴，凜凜乎不可犯也。

濂竊聞之，太平眞君之七年，魏太武用崔浩言，宣告征鎮，佛像胡書，皆擊破焚燒。當是時，諸種經論多煨燼之末，屋壁之深藏，蓋至於久而後出。以此觀之，曇曜之流，固未必能見禪經，至於諸師之論，義學者亦未必得盡聞之，顧執一時單録不全之文，而相爲垢病，猶將十指而掩日月之光，一口而汲滄溟之水，多見其不知量也。大師之辨析，夫豈得已者哉！甬東祖杲禪師以誠篤契道，汲汲焉，唯恐法輪不運，合衆緣重刻以傳。嗚呼！書不流通，與無書等。大師固有功於宗乘，而杲公之爲，則又有功於大師者也。皆不可以不紀，因追序其作者之意於首簡云。

（同上　翰苑續集卷十）

十六、重刻護法論題辭

衢州天寧住持端文禪師，不遠千里而來請曰："吾宗有護法論，凡一萬二千三百四十五言，相傳宋觀文殿大學士、太保張天覺之所撰，其宏宗扶教之意，至矣盡矣。昔者閩僧慧欽嘗刻諸梓，翰林侍講學士虞集實爲之序，兵燹之餘，其版久不存。端文以此書不可不傳也，復令印生刻之，今功已告完，願爲序其首簡。"序曰：

嗚呼！妙明真性，有若太空，不拘方所，初無形段，沖澹而静，寥漠而清，出焉而不知其所終，入焉而不知其所窮，與物無際，圓妙而通。當是時，無生佛之名，無自他之相，種種含攝，種種無礙，尚何一法之可言哉？奈何太樸既散，誕勝真漓，營營逐物，唯誠緣業識之趣。正如迷人身陷大澤，煙霧晦冥，蛇虎縱横，競來追人，欲加毒害，被髮狂奔，不辨四維。西方大聖人，以慈憫故，三乘十二分教，不得不説，此法之所由建立也。衆生聞此法者，遵而行之，又如得見日光，逢善勝友，爲驅諸惡，引登康衢，卽離怖畏，而就安穩。其願幸孰加焉，不深德之，反從而詆之斥之，是猶挾利劍以自傷，初何損於大法歟！

嗚呼！三皇治天下也，善用時，五帝則易以仁信，三王又更以智勇，蓋風氣隨世而遷，故爲治者，亦因時而馭變焉。成周以降，昏嚚邪僻，翕然並作，絏縲不足以爲囚，斧鑕不足以爲威。西方聖人，歷陳因果輪迴之説，使暴強聞之，赤頸汗背，逡巡畏縮，雖螻蟻不敢踐履，豈不有補治化之不足？柳宗元所謂陰翊王度者是已。此猶言其粗也，其上焉者，炯然内觀，匪卽匪離，可以脱卑濁而極高明，超三界而躋妙覺，誠不可誣也，奈何詆之！奈何斥之！世之人觀此論者，可以悚然而思，惕然而省矣。雖然，予有一説，并爲釋氏之徒告焉。棟宇堅者，風雨不能漂搖；榮衛充者，疾病不能侵凌，緇衣之士，盍亦自反其本乎！予竊怪夫誦佛陀言、行外道行者，是自壞法也；毗尼不守軌範，是棄者，是自壞法也；增長無明嗔恚不息者，是自壞法也。傳曰："家必自毀，而後人毀之。"尚誰尤哉！今因禪師之請，乃懇切爲緇素通言之，知我罪我，予皆不能辭矣。

禪師豫章人，知寶大法，如護眼目，然身服紙衣，躬行苦行，遇川病涉者梁之，塗齟齬者甓之，枯骼暴露者掩之，今又刻此論以傳，誠無愧於有行沙門者矣。

（同上　翰苑續集卷八）

十七、阿育王山廣利禪寺大千禪師照公石墳碑文

西方聖人，示現世間，百億三昧，無非度門，而禪定之宗，實爲之錧鎋。蓋覺性圓朗，本來充滿，包三界而不礙，窮萬劫而不昏，非涉善惡，了無顯晦。巖棲澗飲之士，能泯諸塵，刹那之頃，證入一實境界，光明殊勝，與虛空同體，不起不滅，所以其教熾然，常盛而不衰。有能知之而又能遵行之者，其我大千師乎！

師諱慧照，大千其字也，永嘉麻氏子，麻號積慶之家，宜生上士。父均，母黃氏，既誕育師，寶之勝摩尼珠。師自童年，亦駿利倍常，堅欲入道，聞人誦習契經，合爪諦聽。年十五，往依沙門了定于縣之瑞光院。了定，師從兄也。長老良公知爲法器，即薙落爲弟子。明年，稟持犯於處之天寧，蟬蛻萬緣，誓究大乘不思議事，首謁晦機熙公於杭之淨慈，未契圓證。一日閱真淨語，至頭陀石擲筆峯處，默識懸解，流汗浹背。時東嶼海公以石林鞏公世嫡，提唱於蘇之薦嚴，師杖錫往謁，東嶼問曰：“東奔西走，將欲何爲？”師曰：“特來參禮爾。”東嶼曰：“天無四壁，地絕八荒，汝於何地措足耶？”師抵掌於几而退。東嶼知其夙有所悟，尋復召至，反覆勘辨，師如宜僚擲丸，飛舞空中，東嶼甚嘉之，遂留執侍左右。師以爲心法既通，不閱脩多羅藏，無以闡揚正教，聳人天之聽，乃主藏室於郡之萬壽。及東嶼遷淨慈，邀師分座，以表儀四衆。已而無言宣公主溫之江心，

豔師高行,復招師至,處之如淨慈。

天曆戊辰,出世樂清之明慶,據師子坐,集諸僧伽而誨之曰:"佛法欲得現前,莫存知解,縛禪看教,未免皆爲障礙,何如一物不立,而起居自在乎?所以德山之棒,臨濟之喝,亦有甚不得已爾。"聞者説繹而去。至正乙未,遷四明之寶陀。先是寺以搆訟而廢,師以訟興在乎辯難太迫,一處之以寬慈,絶弗與較,且曰:"我佛得無諍三昧,所以超出羣品,我爲佛子,可不遵其教耶!"衆服其化。寶陀僧夢一神人,衣冠甚偉,飛空而來,僧作禮問之,神人曰:"我從阿育王山來,欲請大千師赴供耳。"未幾,行宣政院署師住是山,識者以爲玄應。師既至,羣疑景附,遠衆響臻,師亦憫大法陵夷,孳孳誘掖,不遺餘力。嘗垂三關語以驗參學,其一曰:山中猛虎以肉爲命,何故不食其子?其二曰:虛空無向背,何緣有南北東西?其三曰:飲乳等四大海水,積骨如毗富羅山,何者是汝最初父母?此第三關最爲峻切,惜未有契其機者。居九年,退於妙喜泉上,築室曰夢菴,因自號爲夢世叟,掩關獨處,凝塵滿席,不顧也。

洪武癸丑十月朔,召門弟子曰:"吾將西歸,汝輩有在外者,宜趣其還。"越七日,屬後事於住持約之裕公,沐浴更衣,索紙書記,書已,恬然化滅在菩提位中。歷七十夏,示人間壽相八十五年。經三日,用茶毗法焚之,牙齒眼睛及數珠不壞,餘成舍利,羅五色爛然。約之因造四偈贊之,且竭力爲治喪事云。師三坐道場,有語録若干卷行世。凡一燈所傳,一雨所潤,雖淺深有殊,各得分願,弟子某等若干人,得法上首某某等若干人。是年十二月九日,葬靈骨於夢菴之後者。至大也,師智度沖深,機神坦邁,晝則凝坐,夜則兼修淨業,真積力久,至於三際不住,覺觀湛然,非言辭之可擬議。且服用儉約,不如恆僧,雖不與時俗低昂,賢士大夫知其誠實,不事矯飾,多傾心爲外護。其遇學徒亦以真率,或以事忤之,而聲色不變動,出語質朴，不尚葩藻，而指意超於言外，名聞燕都，帝師被以佛德圓明廣濟之號，師略不少動于中。

初橫川珙公入滅之年，師始生，及其受業，又同在瑞光，至於歿也，又同住阿育王山，君子或異之。嗟夫！禪定之宗至宋季而敝，膠滯局促，無以振拔精明，使直趣於覺路。橫川當斯時，密受天目法印，持降魔杵，樹真正幢，升堂入室者，不翅受靈山之所付囑，佛法號爲中興。橫川之同門，有石林者奮興，實角立東西，共幹化機，西來之道於斯爲盛。師蓋石林之諸孫也，故其死生之際，光明盛大有如此者，豈無自而然哉！某雖不敏，每以文辭爲佛事，今因文妥之請，故歷序師之行業，勒諸琬琰，而復繫之以銘，用勸方來。繼師而興起焉者，世當有其人乎？銘曰：

萬緣紛紜，逐物而競，曷以攝之，實惟禪定。禪定斯何？言辭罔宣，浮翳盡斂，月輪在天。初分一燈，千燄交映，如百鍊餘，金色逾勝。師之挺生，銳思絕塵，萬里咫尺，欲趣頓門。片簡雖微，中具全體，瞥爾觸之，凡情盡死。從抵碩師，勇決其私，振迅奮擲，類獅子兒。出世爲人，澍大甘雨，法雷轟轟，震驚百里。海岸孤絕，潮音吐吞，與此大法，殊流同源。神人飛空，持疏來謁，孰知元微，若合符節。彼舍利羅，寶塔晝扃，助我發機，靈光晶熒。翩然西歸，趺坐而滅，示不壞相，火中珠結。生死之關，鮮執其樞，坦然弗惑，如人歸廬。前脩漸遠，後武思屬，不有昭之，遺則淪墜。太史著銘，勒石山樊，虛空有盡，師道永存。

（同上　翰苑續集卷六）

十八、贈令儀藏主序

予聞佛書：一須彌山攝一四天下，一四天下共一日月；須彌有百億，則日月有百億焉。如是，乃至恆河沙不可算數之，天下佛法，未嘗不流布其間，況震旦一國耶？日本在東海，同爲震旦之國，又可分疆界之內外耶？此所以同慕真乘，而至人攝化者，亦未嘗遺之也。

達摩氏自身毒西來，既至中夏，復示幻化持隻履西歸。後八十六年，當推古女主之世，達摩復示化至其國，世子豐聰過和之片岡，達摩身爲餒者，困臥道左，世子察其異，解衣衣之，已而入寂，遂藏焉，及啓棺無所有，唯賜衣存。事與隻履西歸絕類，所異者，當時無人嗣其禪宗爾。自時厥後，橘妃遣慧萼致金繒，泛海來請齊安國師，卒令義空比丘入東，其首傳禪宗之碑，信不誣矣。至覺阿之嗣佛海遠，道元之承天童淨，達摩之宗駸駸向盛。原大法之蘖芽，實肇見於世子之時歟！嗚呼！亦可謂遠也已矣。

範堂儀公，日本之人也，俗姓藤氏，恬習禪觀，夙夜匪懈，至正壬寅秋，航海自閩抵浙，三叩尊宿，咨決法要。洪武癸丑冬，復來蔣山爲侍者，尋遷掌藏史，叢林中以法筵龍象期之。範堂以予頗究內典，圓頂方袍之士，無不獲文句而去，謁予以徵贈言。予謂三藏靈文，琅函玉軸，世所嚴奉者，凡五千四十八卷，六百億三萬一千八百八十八言。其刊定因果，窮究性相，則謂之經；垂範四儀，嚴制三業，則謂之律；研真顯正，攝僞摧邪，則謂之論。三者莫不具焉，範堂既司之矣，司之寧有不受持讀誦之乎？脫若以言演說之多，無踰於此也。如曰直指人心，片言已爲餘賸，何在於博求耶！雖然，萬錢陳於前，非緡無以貫之，萬法散於事，非心無以攝之。假言以明心，挈其綱而舉其要，亦古人之甚拳拳者也。大抵人有內外，佛性無內外，人有東西，佛性無東西。一真無妄，充滿太虛，大周沙界，細入藐微，光輝洞達，皆含攝而無所遺，範堂於此而證入焉。一念萬年，何今何古；寂然不動，誰佛誰生？當此之時，殆非世諦文字之可形容也。達摩氏之所傳，其大旨不過如是而已。

範堂徧參諸方，諸方尊宿以範堂精進，多所印可，不知曾有不自寶祕而昌言若斯者乎？予見範堂向道之切，故舉百億須彌皆有佛法，佛法肇興於日本者，稍著見焉；而末復申之以此者，衛法之事嚴，而利物之心急也。

（同上　翰苑別集卷八）

十九、跋日本僧汝霖文稿後

右日本沙門汝霖所爲文一卷，予讀之至再，見其出史入經，旁及諸子百家，固已嘉其博贍；至於遣辭，又能舒徐而弗迫，豐腴而近雅，益歎其賢。頗詢其所以致是者，蓋來游中夏者久，凡遇文章鉅公，悉趨事之，故得其指教，深知規矩準繩，而能使文字從職無難也。汝霖今泛鯨波東還，以文鳴其國中，蓋無疑矣。

嗚呼！汝霖禪家之流也，蕩空諸相，視五蘊四大猶爲土苴，況身外之文乎？苟執此而不遷，或將與道相違矣。雖然，汝霖徧參名山，精於禪觀，其於此義未嘗不知之，特以如幻三昧，游戲於翰墨閒爾。游戲翰墨非難，而空其心爲難。所謂心空則一切皆空，視諸世諦文字，雖有粗迹而本無粗迹，雖有假名而實無假名，惟一惟二，惟二惟一，初何礙於道哉！觀汝霖之文者，又當於此求之。

汝霖名良佐，遠州高園人，姓藤氏，嘗掌書記於蘇之承天寺，繼同五山諸大老人鍾山，點校毗盧大藏經，其同袍皆畏而愛之云。

（同上　翰苑別集卷七）

二十、金華清隱禪林記

清隱禪林在婺城西三里所，禪林而謂之清隱者何？昔者郡人士劉主簿嶠嘗隱居於此。嶠字子淵，事親極孝，家雖貧力學，聚徒以養，非道義錙銖不取，蓽門土銼，怡愉如也，老於場屋，一試吏而止。風節行義，翕然爲邦人所稱，說齋先生唐公仲友父子，王莊敏公師心，尤敬慕之。宋淳熙初，文閣待制南澗韓公元吉來守婺，訪主簿君於隱所，愛其林壑幽清，而汲其遠，爲鑿井竹閒，名之曰君子泉，泉至今猶存。

後一百七十餘年，爲元之至正壬辰，有大比邱蘭室馨公，既得法於千巖長禪師，乃與同袍古道猷公，飛錫而來，欲建禪林，說法度生。於是月溪壽公，聞二師之賢，詣前作禮，亟捐茲地以爲之基，而里中樂善者曰章壽之，倡衆聚貲，爲建殿宇及雕飾諸佛尊像。已而棲僧之堂，會食之所，與夫門廡庖庫，諸室次第告完，皆二師同心化導之所致。而名之曰清隱者，蓋不忘其故云。

當是時，五山十刹，鐘魚絶響，游方之士，至無憩足之所，君子爲之慨焉永歎。獨此禪林，僻處斗隅，往來者憧憧非絶，靡所不容，多或一二千指，皆使其忘行役之勞，飽香積之味，是誠何理哉？蓋二師以誠感人，以勤率物，故施者川至，而日用不匱也。予聞佛說毗奈耶律云：“父母於子，有大勞苦，護持長養，資以乳哺，假使一肩持父，一肩持母，亦未足報父母恩。”由是觀之，大雄氏言孝，蓋與吾儒不異。夫名區勝地，世豈無之，二師不彼，即而來卓錫於茲，誠

欲表主簿君之高風，而以孝道化度衆生，庶幾弗悖如來説律之本旨
也。嗚呼，賢或！圓頂方袍之士，入斯林者，談空説有之餘，尚思感
發奮勵，有以念其親可也。蘭室既已示寂，古道今主持其事，堅苦
清峻，爲四衆所傾慕云。

（同上　芝園前集卷四）

二十一、金華安化院記

　　金華安化院，在縣東二十里，舊號安國，宋治平二年，更今名，
嵩頭陀法師所立道場。稽諸傳記，法師名達摩，西域人，梁天監十
七年，自金陵攜鐵魚磬來烏傷之香山，尋於龍腋置寺。普通元年，
南行經余山，江水大溢，法師張蓋水中，亂流而濟，至稽亭塘，發善
慧大士神蹟，創伽藍於萊山；已而西入金華，建龍盤寺以及今院，後
入滅於龍邱。

　　資政殿學士洪文安公作郡志時，既失於蒐輯，不載院之緣起，
而復謂法師以吳赤烏二年實建龍盤。夫赤烏二年，係已未歲，天監
十七年，則戊戌也，凡歷二百八十年，當是時，法師之齒又不知其幾
矣，何其壽耶？他不足徵者，蓋可知已。院既多歷年所，其佛菩薩護
法天神諸像，乃唐貞觀元年所雕。宋慶曆三年，重加藻繪。國朝洪武
十年冬十月，郡之善士唐良、胡貞及比邱宣政各飾其一，悉塗以黃
金，良又勸聚羣力，以畢其餘。其釋迦寶殿，舊構於宋淳熙三年，歲
久弊壞，元至正十七年冬十二月，住持元厚新之。其潮音堂，至正
四年冬十二月，主僧宗肯作之。其七佛殿，建於泰定三年秋七月；
三解脱門，造於至正元年秋九月；皆住山祖良成之。其兩廡，仍宋
德祐元年之舊庫院，復營於元延祐元年冬十一月，則諸僧捐貲之所

致也。精進沙門彌堅,今已甲乙嗣補其處,念院故無碑碣,詢謀於衆,命其徒永琇齊賢詣青蘿山中,徵文以爲記。

濂聞之,西域之僧來中夏者,自攝摩滕竺法蘭之後,代不絶人,往往以宣譯教相、建置梵字爲急,如法師者,亦其一人也。菩提達摩之來,在普通二年,正與法師同時,雖曰絶去文字,以矯末流之弊,而其理行貳人,固兼取籍教悟宗之言,奈何後世歧而二之？禪則直究心源,以文句爲支離;教則循序進脩,以觀空爲虚妄,互相訾警,去道逾遠。然以密意言之,依性説相,非息妄修心者乎！破相顯性,非泯絶無寄者乎！以顯示言之,真心卽性,非顯明心性者乎！軌轍雖若稍殊,究其歸極,則一而已,奈何後世歧而二之？此濂之於法師,不能無所感也。

斯院乃法師肇立,歷代嗣守,遺緒隨成,至保雕像於七百餘年之久。外藉勝因,内修覺觀,理事雙至,不卽不離,其於達摩氏之道,固未始有異也。嗚呼,悕矣！是尚可與俗人言哉！濂嘗過院中,見二豫章,圍可十五尺許,鬱鬱然如車蓋,屹立於門,氣象森邃,不問知其爲古招提剏居。是者多樂善好施,而永琇等又頗注意禪教,不敢墮於一偏,有足嘉者,故勉從其請,而發吾之所感,授之以文,非爲補郡志之闕,緇素讀之,必有蹶然而興起者。

(同上 芝園前集卷七)

二十二、大般若經通關法序

大般若波羅蜜多經,凡六百卷,唐三藏法師玄奘所譯。卷帙紛紜,浩如煙海,學者未易背之。鳳城雪月大師大隱發其巧智,創爲通關之法,而四明演忠律師省悟,重爲編定,而益加精嚴。其法晝

十二圖,用十三法、二十九界、八十四科爲之。都凡諸圖所列,或齊
行,或各行,或單位,或避位,或閒位,或加法,或鈎鎖連環,或廣略,
不過一千言閒。總攝初分難信解品一百三卷,無一字或違。噫,亦
異矣!先是浙水東見者甚鮮,逮宋淳熙中,有異僧載經行甬東,暗
誦弗休,大姓沃承璋以爲疑,抽一二卷試之,其誦如初,且出關法以
授承璋,承璋乃刻版流通。元至正初,黃巖沙門絶璘琚公獲拾儀
真,歸刊雲峯證道院,未幾燬於火。雪山成公嘗受經於絶璘,思繼
前志,復重刊而行之,增以佛國白禪師所解名相,繫諸關後,使人了
知義趣。云惟般若尊經乃統攝世、出世閒,色心諸法,皆歸實相,
其功用不可思議。譬如四大海水,茫無邊際,攝之入一毛孔,無所增
減,而彼大海,本相如故,所謂舒之則大包無外,卷之則小入無內者
也。雪月以方便智造是通關之法,一彈指頃,能背其經六分之一,
其饒益羣生甚大;雪山父子又能篤意傳布,唯恐或後,皆不負先佛
囑累者矣。雖然真覺性者中,一辭不立,光明殊勝,洞照無礙,大阿
難等結集八藏諸文,一一自光明中發現;讀是關者,儻能於此求之,
則山河大地,有情無情,咸成文句身,不待較繁簡於卷帙之閒也。雪
山徧參諸方,嘗主藏鑰於靈隱景德禪寺,其衛道之志,蓋皦然云。

(同上　芝園前集卷二)

二十三、育王禪師裕公三會語録序

古之人,道感而形化,曷嘗貴於言哉!甚不得已而有言。言或
易於遺忘,又甚不得已而記録之。雖曰形諸簡編,然懼不能行遠,
又甚不得已,始刻文梓而傳之。其言之也,欲擊蒙於當時,其傳之
也,將澤物於後世,惓惓爲道之心,爲何如哉!此濂於歷代諸師之

言，不能無感也。激者則曰：靈明中居一塵不可留，況語言文字，紛穢龐雜，足以礙沖虛而窒真如？達摩氏東來，持楞伽經以印人心。楞伽，佛口所宣也，君子尚謂其墮於枝蔓，況後來師弟子策勵之言乎？曰：不然也。人之根性不同，而垂接之機亦異。其上上者，一見之頃，情塵自然銷竇，何假於言哉！若下下者，朝夕諄諄誨之，淡如嚼蠟，竟不知其味，苟欲絕文字，令其豁然自悟，是猶采鳧藻於山巓，求女蘿於海底，終不可得也。今之去古亦遠矣，自大鑒以來，其語具在人，仰之者如應龍升天，海立雲流，或現大身，或現小身，不可以凡情測度。儻不因其言而求之，則其超然獨立、不墮色聲者，奚從而知之？既知之，必將則而象之，若以其窒真如而礙沖虛，一切斥去，溓不識其可乎？不可乎？雖然，寶積經云：“如來所演八萬四千法藏，聲教皆名爲文，離諸一切言音文字，理不可説，是名爲義。”法藏且爾，況下於斯者乎？以此觀之，當略其文而究其義可也。然而取魚者必資筌，搏兔者當用蹄，兔與魚既獲，而無事於蹄筌；吾心源既澄，識浪自息，復何義之云乎！溓之區區，又不能無感於後之人也。

育王禪師裕公，三坐道場，策勵學徒，如青天霹靂，聞者掩耳；演説無上妙道，如升蘇迷盧山，闞視四天下，百物無所遁藏。大司徒楚國歐陽文公，謂其言出入宗乘内典，左右逢原，其文涉獵百氏，燦然可賭鞾峯佳山。恕中愠公謂其設施踔厲，不愧爲大慧七世孫，皆知言。溓頗獲與同游，嘗以臘語三卷質正於公，公不鄙而題識之，許其可以入道。今已十閲寒暑矣，公之徒師秀，不遠千里，以公三會語請溓序而傳之。嗚呼！公之有言與秀之汲汲圖此者，夫豈得已者哉！溓雖不文，因不辭而書諸首簡云。

（同上　芝園前集卷三）

二十四、新刻楞伽經序

洪武十年秋九月丙子朔,濂朝京師,冬十有一月丙申,入辭將還山,時皇上御武樓,下顧濂言曰:"卿言楞伽爲達摩氏印心之經,朕取而閲之信然。人至難持者心也,觸物而動,淵淪天飛,隨念而遷,凝冰焦火。經言操存制伏之道,實與儒家言不異,使諸侯卿大夫,人咸知此,縱未能上齊佛智,其禁邪思絶貪欲,豈不胥爲賢人君子之歸?"濂謹對曰:"誠如聖諭,第其文學簡古,義趣淵微,宋臣蘇軾頗嘗患其難讀耳。"上曰:"此書生纏蔽文義之過也,朕於宮中略覽數過,已悉領其大旨。"卽敕奉御取經示濂,且默誦曰:"如佛語心品第一卷所言諸識,有二種生,謂流注生及相生;有二種住,謂流注住及相住;有二種滅,謂流注滅及相滅,此三相者,最爲微隱,唯佛能究言之。第四卷所言自心忘相非性,智慧觀察,不墮二邊,先身轉勝,而不可壞,得自覺聖趣,是般若波羅蜜,此言六度。萬行互相融攝,成菩提分,皆由般若成立,尤爲深切。若般若心經,若金剛般若經,皆心學所繫,不可不講習也。"言已,上復口解心經數章,睿識神見,皆超出乎常倫,於是賜食禁中而退。

又明日戊戌,考功監臣某,奉旨於大天界寺,俾天下諸浮屠咸讀三經。命既下,育王禪師崇裕,靈承德意,矯矯如弗及,且以二經世已盛行,獨楞伽見者殊寡,乃購求雷庵受公集註,鏤版而行之,徵濂爲其題辭。惟我釋迦如來五時説法,而此楞伽實與維摩、思益、楞嚴、三昧、金光明、勝鬘等經,皆在第三方等時所説。疏經之家謂以楞伽爲名,實相爲體,佛語心爲宗,自覺聖智爲用,經凡一百五十一品,茲所存者,特其一爾。其言幽眇精深,誠爲攝心樞要之書也。

欽惟皇上,以生知之聖,一觀輒悟,詔天下諸浮屠,是習是講,

將使眞乘之教，與王化並行，治心繕性，遠惡而趨善。斯心也，卽如
來拯度羣生之心也，何其盛哉！禪師敬恭明詔，罔敢怠遑，日以流
通爲務，亦可謂之賢矣。爲沙門之學者，宜受而持之，庶幾上報寵
恩，而不負靈山之付囑。濂故備著天語之詳於篇首，使讀者各有所
警發焉。

（同上　芝園前集卷五）

二十五、金剛般若經新解序

　　金剛般若經，世尊第四時所説，中更六繹，互有不同，唯童壽本
詳略適中，甚得義趣。名僧達賢箋之者，亡慮千餘家，唯天親無著
二論師，探索微隱，不失説經本意。無著以一十八住爲義，天親以
二十七疑爲宗，發明理觀事行之詳，破一切執，斷一切疑。至於智
境相卽，能所俱妙，三觀之圓融，三諦之冥泯，卽一而三，卽三而一，
蓋有不可思議者矣。

　　其經之至中夏，殆將千年，或顯或晦，各繫其時，若論遭逢之
盛，則未有如今日者也。欽惟皇帝陛下，懋昭大德，建中於民，欲使
感發自新，一歸至化，甞以三界大師，行深願重，其利濟羣生爲甚
急，演説言教雖多，而金剛經專言住修降伏，而與心經楞伽二經大
旨略同，其舉揚心學最切。乃詔天界禪師季潭泐公，會江南禪教有
學諸師，參用古註而定其説。於是季潭與演福法師、大璞玘公，同
加箋釋，且懼二論師文旨元奧，學者未能卒曉，因據二十七疑，而革
蕭統分第之陋，仍推問答深意，而究脈絡之貫通，務令明白簡切，而
免纏繞支離之患。既成，諸師重加校訂，始入奏於華蓋殿，皇上覽
而可之，勅同新箋二經，鋟梓流通。季潭貽書，俾濂序其事，濂以昏

耄爲辭，雙林住持南翁凱公，復來請之甚力，乃爲言曰：

西方聖人以一大事因緣出現於世，無非覺悟羣迷，出離苦輪；中國聖人受天眷命，爲億兆生民主，無非化民成俗，而躋於仁壽之域。前聖後聖，其揆一也。金剛經凡五千八百二十四言，揭之篇端，從長老須菩提以至菩薩，但應如所教住，不過三百九十六耳。三問三答之閒，其大體咸具，已無餘蘊矣；而乃躡前語跡，斷後疑情，展轉滋多，直至二十有七方止。其諄諄善誘，欲啟人信解者，爲何如哉？皇上自臨御以來，宵衣旰食，勵精圖治，禮樂刑政，粲然備舉，所以裁成天地之道，輔相天地之宜，以左右民者，既無所不用其極，今又彰明內典，以資化導，唯恐一夫不獲其所，其設心措慮，實與諸佛同一慈憫有情，所謂仁之至義之盡者也。於戲，盛哉！濂幼齡時，輒讀金剛感應傳，見其所紀神異事甚衆，然皆持誦精誠之所格。持誦猶爾，況通其義趣者乎？又況達性相二空，而歸於一實境界者乎？殊盛之利，誠未易窺測也。誦是經者，宜思皇上之大德，孳孳焉以進道爲念，斯可也；不然，則天龍鬼神實鑒臨之，可不畏哉！

（同上　芝園前集卷七）

二十六、報恩説爲罕無聞沙門作

如來所説父母恩難報經云："父母於子，有大增益，設使右肩負父，左肩負母，經歷千年，正使便利背上，未足報父母之恩。"佛言如是，則凡有父母者，不問在家出家，皆當報恩。何以故？我之肌膚筋骸，非父母不生；我之飢飽寒燠，非父母不節；我之出入勞逸，非父母不念；我之就安避危，非父母不分；我之循理屛欲，非父母不教;我之離俗學道,非父母不成。父母恩德,至廣至大,雖竭恆河演算數,亦不能盡。

天台有一沙門,名曰無聞,既著福田衣,參善知識,晝夜六時,每思父母恩深,未知所報,不遠千里,特來娑羅林中,五體投地,而白無相居士曰:"難報經中所説父母之恩,鴻博勝羡,不可思量,弟子欲假如來三昧之力,升濟神明,未知何法而可,唯願居士慈悲,分明開示。"居士告言:"沙門,汝善念之,夫愛者,生死之根,輪回之本。何以故?衆生由情生恩,由恩生愛,由愛生執,由執生戀,由戀不捨,遂成忘緣,輾轉出没,無有休息。沙門,汝欲報恩,莫先入道;汝欲入道,莫先割愛。愛盡情盡,性源自澄,能如是者,名大報恩。何以故?愛爲欲水,混混不窮,能滋長一切無明枝葉,茷兪纏結,難可剪除;能割愛者,乃菩提道。愛爲利劍,鋒刃難觸,能斬伐一切智慧善果,生意刊落,不使萌發;能割愛者,乃菩提道。愛爲毒藥,衆苦慘刻,能斲喪一切衆生身命,七竅流血,彈指變壞;能割愛者,乃菩提道。愛如猛燄,光芒燭天,能焚毀一切廬舍器物,化爲灰燼,無復孑遺;能割愛者,乃菩提道。愛如虎狼,爪牙鈷利,能吞噉一切有生等類,窺伺搏噬,最可怖愕;能割愛者,乃菩提道。愛如魑魅,幻化不一,能迷惑一切修善之士,顛倒錯繆,喪其本真;能割愛者,乃菩提道。愛如敗航,檣傾橶弊,能沈溺一切渡河海者,漂流轉涉,不到彼岸;能割愛者,乃菩提道。愛如枳棘,叢生道傍,能鈎里一切塗行商旅,冠服綻裂,惱人心意;能割愛者,乃菩提道。愛如傾崖,摧墮無時,能壓碎一切動植諸物,有識無識,皆爲齏粉;能割愛者,乃菩提道。愛如蚖蛇,口噴毒火,能戕賊一切血肉身軀,裂膚墮指,受其毒苦;能割愛者,乃菩提道。以是思惟,愛之爲害,不可具言。沙門,汝善念之:汝能割愛,即可破妄,汝能破妄,即是返真,直入菩提之路,福德所被,無量無邊,雖聚七寶,高如蘇迷盧山,持用布施,不是過也；是爲大功德力，是爲不思議勝力，是爲十方大覺如來三昧神力。報父母恩，孰出於此？"沙門聞已，得大饒益，頓然了知，恩愛本空，法塵清淨。

（同上　芝園前集卷一）

二十七、聲外鍠師字說

曇鍠上士以聲外爲字，請予爲之説。夫鍠，鐘之聲也。聲果在外乎？曰外也。鐘雖在內，其扣擊之也，其音遠揚，或一里所焉，或四三焉，或十焉，鏗鞫震撼，如雷霆發於太空，果在外非內也。然而人必有形，而影始隨之，天必行雲，而雨始從之，銅必成鐘，而聲始應之。不然，則搏泥肖鐘，叩之則統然，寂無遐聲；削木爲鐘，撞之魄然，縱有聲不踰於戶閾矣，如是謂之內可也，非外也，此猶涉於偏也。由體以達其用，內而外也；從末以推其本，外而內也，此猶局於器也。一沙之內，法界具焉，內乎內而非外也；虛空無盡，何有限封，外乎外而非內也，此猶未能忘乎境也。我無內，孰能求吾之外？我無外，孰能求吾之內？此非內非外也，非外非內，則內外混融矣。

雖然，聲無內外也，心有內外也，心生而內外生，心滅而內外滅，即大雄氏所謂知一切法，即心自性者也；心實即有，心虛即無，慎勿爲內外所惑也。余嘗宴坐般若場中，深入禪定，有鉅鐘朝夕出大音聲，我未嘗聞之也，此無他，所聞既寂，能聞亦泯，能所雙絕，非聞聞而聞聞自見矣；於斯時也，求聲之在內者尚不可得，況聲外者乎？上士以聲外爲字，蓋欲離夫聲塵，而超出其閒也，非謂鐘之聲有內外也。然有外則有內，既曰聲外，而未忘乎內，是逃影而行日中也。予懼其泥夫迹也，因辨聲之有內外者以貽之。

　　上士四明人，蒲庵翁入室弟子也，禪宗教典，皆潛心探賾，而尤精詩文，叢林中咸敬禮之。蒲庵寓居京師護龍河上，上士凡三次來省，士大夫高其行義云。

（同上　芝園前集卷八）

二十八、吳門重建幻住禪庵記

　　姑蘇幻住庵者，元普應國師中峯和上本公所建立也。國師既得法於高峯妙公，唯恐人知而挽其出世，深自韜晦，往游三吳閒。大德庚子，國師年三十又八，嘗憩閶門之西麓，見松檜蔚然成林，問名於居人，則曰此雁蕩也，國師喜曰："永嘉有雁蕩山，乃應真諾矩羅示下現之所，名與之同，其般若之當興耶？"吳士陸德潤聞其言，遽以地施之，國師縛草庵三間以居，趙魏公孟頫爲扁之，曰棲雲。國師趺坐其中，而問道者連翩而來，至於五百指之多，乃創精舍一區，僧俗趨功，不三月而就，所謂堂房門廡咸具，乃請名於國師，國師曰："澄澄水鏡所現之幻體，昭昭影象所現之幻跡，幻與幻盡，覺與覺空，斯則超悟之極至也。吾儕依此如幻三昧而住，宜以幻住名之。"當是時，若南詔之無照鑑，西江之定叟泰，荊南之鐵印權，冀北之指堂月，號爲一時麟鳳，咸集輪下，幻住之名，藉藉於四方矣。

　　又明年壬寅，松江瞿霆發延主天目山大覺正等禪寺，國師不俟終日，避走南徐，而向之相從者，皆水流雲散，唯絕際中、玉亭立二師，素掌庵政，相守於寥莫之濱。自時厥後，二師復入寂，立之徒湛源止、止之徒用庵照，補苴罅漏，而思繼承爲尤謹。元季兵亂，一旦蕩爲塵埃，而不可致詰矣。用庵日憂之，圖爲興建之計，僅四三年，皆次第就緒，而復國師舊觀，實國朝洪武戊申之春也。庭曲之碑，久未有刻文，會濂朝京師，道過吳中，用庵以記爲請。

濂聞國師之道，東行三韓，南及六詔，西連印度，北極龍沙，莫不躡屩擔簦，咨決法要，然其心未嘗自以爲足，屢却名山而不居，飄蕩窮崖孤洲之上，誅茅結廬，在在以幻住名之，其故何耶？蓋謂主持宗教，必無上大道，必夙植福緣，必明智通變，具是三者然後可。其意誠有所激，欲以身捍大法，俾之去澆而還淳也。用庵思祖武是繩，木茹澗飲，夙夜究明本心，其亦可謂無忝於國師孫曾者乎！嗟夫！諸法固幻也，而住者亦幻也；知住者之非住，始知幻而非幻也；幻而非幻，則如幻三昧在焉。雖然，非幻亦幻也，是爲記。

（同上　芝園續集卷九）

二十九、釋氏護教編後記

西方聖人以一大事因緣出現于世，自從鹿野苑中，直至於跋提河，演說苦空無我無量妙義，隨機鈍利，分爲頓漸，無小無大，盡皆攝入薩婆若海。既滅度後，其弟子阿難陀，多聞總持，有大智慧，結集爲修多羅藏，而諸尊者或後或先，各闡化源。優波離集四部律，謂之毗尼金剛；薩埵於毗盧那前親受瑜珈五部，謂之祕密章句；無著、天親頻升知足天宮，咨參慈氏，相與造論，發明大乘，謂之唯識宗旨；西竺龍勝以所得毗羅之法，宏其綱要，謂之中觀論；燉煌杜法順深入華嚴不思議境，大宣玄旨，謂之華嚴法界觀毗尼之法。

魏嘉平初，曇柯羅始持僧祇戒本至洛陽，而曇無德曇諦等繼之，立羯磨法，唐南山澄照律師道宣作疏明之，四分律遂大行，是爲行事防非止惡之宗。薩埵以瑜珈授龍猛，猛授龍智，智授金剛智，唐開元中，智始來中國，大建曼荼羅法事，大智道氤、大慧一行及不空三藏，咸師尊之，是爲瑜珈微妙祕密之宗。唐貞觀三年，三藏玄奘往西域諸國，會戒賢於那蘭陀寺，因受唯識宗旨以歸，授慈恩窺基，基乃網羅舊説，作唐制疏論，是爲三乘法相顯理之宗。梁陳之間，北齊惠聞因讀中觀論悟旨，遂遥禮龍勝爲師，開空假中爲三觀止觀法門，以法華宗旨授慧思，思授天台國師智顗，顗授灌頂，頂授智威，智威授惠威，惠威授玄朗，朗授湛然，是爲四教法性觀行之宗。隋末順以法界觀授智儼，儼授賢首法藏，至清涼大統國師澄觀，追宗其學，著華嚴疏論數百萬言，圭峯宗密繼之，而其化廣被四方，是爲一念圓融具德之宗。瑜珈久亡，南山亦僅存，其盛行于今者，唯天台、慈恩、賢首而已，此則世之所謂教者也。

　　世尊大法，自迦葉二十八傳至菩提達摩，達摩悲學佛者纏蔽於竹帛間，乃宏教外別傳之旨，不立文字，而見性成佛。達摩傳慧可，可傳僧璨，璨傳道信，信傳宏忍，忍傳曹溪大鑑禪師慧能，而其法特盛。能之二弟子懷讓、行思，皆深入其閫奧。讓傳道一，一之學江西宗之，其傳爲懷海，海傳希運，運傳臨濟慧照大師義玄，玄立三玄門，策厲學徒，是爲臨濟之宗。海之旁出，爲潙山大圓禪師靈佑，佑傳仰山智通大師慧寂，父唱子和，微妙玄機，不可湊泊，是爲潙仰之宗。思傳希遷，遷之學湖南主之，其傳爲道悟，悟傳崇信，信傳宣鑑，鑑傳義存，存傳雲門匡真大師文偃，偃之氣宇如玉，三句之設，如青天震雷，聞者掩耳，是爲雲門之宗。玄沙師備，偃之同門友也，其傳爲桂琛，琛傳法眼大師文益，雖依華嚴六相唱明宗旨，迥然獨立，不涉凡情，是爲法眼之宗。遷之旁出，爲藥山惟儼，儼以寶鏡三昧、五位顯訣、三種滲漏傳曇晟，晟傳洞山悟本大師良价，价傳曹山元證大師本寂，而復大振，是爲曹洞之宗。法眼再傳至延壽，流入高句驪；仰山三傳之芭蕉徹，當石晉開運中，遂亡弗繼；雲門曹洞，僅不絶如綫；唯臨濟一宗，大用大機，震盪無際，若聖若凡，　無不宗仰，此則世之所謂禪者也。

　　嗚呼！教之與禪，本無二門，依教修行，蓋不出於六度梵行，而禪定特居其一，由衆生根有不齊，故先佛示化，亦不免其異耳。奈何後世各建門庭，互相盾矛，教則譏禪滯乎空寂，禪則譏教泥乎名相，藉藉紛紛，莫克有定，是果何爲者耶？此則教禪異塗，猶可説也。自禪一宗言之，佛大勝多與達摩同學禪觀，達摩則遠契真宗，勝多所見一差，遂分爲有相無相，定慧戒行，無得寂静六門，非達摩闢之，安能至今廓如也？慧能與神秀同受法于宏忍，能則爲頓宗，秀則別爲漸宗，荆吳秦洛，各行其教。道一、神會，又同出於能者也，道一則密受心印，神會則復流於知解，一去弗返，而其末流，若大珠、明教、慈受輩，尚何以議爲哉！自教一宗言之，慈恩立三教，天台則分四教，賢首則又分五教，龐妙各見，漸圓互指，終不能歸之一致，可勝歎哉！此雖通名爲教，各自立宗，猶可説也。自夫本教之内言之，律學均以南山爲宗，真悟智圓律師允堪，著會正記等文，識者謂其超出六十家釋義之外，何不可者；至大智律師元照，復別以法華開顯圓意，作資持記，又與會正之師殊指矣。不特此也，四明法智尊者知禮、孤山法慧大師智圓，同祖天台，同學止觀，真妄之異觀，三諦之異説，既已牴牾之甚；雪川仁岳以禮之弟子，又操戈入室，略不相容，諫書辯謗之作，逮今猶使人凜然也，其他尚可以一二數之哉！

　　嗚呼！毗盧華藏，圓滿廣大，徧河沙界，無欠無餘，非相而相，非緣而緣，非同而同，非別而別。苟涉思惟，即非聖諦，又何在分教與禪之異哉！又何在互相盾矛，業擅專門哉！又何在操戈相攻，違背其師説哉！雖然，適長安者南北異塗，東西殊轍，及其所至，未嘗不同，要在善學者，慎夫所趨而已。比丘永壽，嘗以閩僧一源所著護教編示予，自大迦葉至于近代諸師，皆有傳贊，文辭簡古，誠奇作也；壽獨

惜其不著教禪承傳同異之詳，請予爲記，以補其闕略。予因以所聞
疏之如右文，繁而不殺者，欲其事之.著明，蓋不得不然也。

（選自四部備要本宋文憲公全集卷三十五徐刻八編）

三十、送慧日師入下竺靈山教寺受經序

西竺之書，動數百萬言，雖其廣博漫衍，若大海杳無津涯，其義
趣未嘗不著明劃切，可以習而通之；自判教諸師，各執一説，甲是乙
非，學者始不知夫所趨矣。

天台智者國師以五時八教判東土諸經，五時則華嚴、鹿苑、方
等、般若、法華湼槃也，八教則頓、漸、祕密、不定、藏、通、別、圓也，
其規模宏深，節目森嚴，可謂盡矣。至真諦三藏則不然，以湼槃等
經爲漸，華嚴之經爲頓，頓漸之外，別無他也。新羅元曉復造華嚴
疏，分四教四諦，緣起爲別，般若爲通，瓔珞梵網爲分，華嚴爲滿，滿
則一乘，別通分則三乘也。吉藏師復立三法輪教，華嚴爲根本法
輪，三乘等説爲枝末法輪，法華爲攝末歸本法輪，法輪言其流轉而
不息也。自時厥後，以釋迦經爲屈曲，舍那經爲平道者，此二教乃
江南印之所建也。 以四阿含爲四諦，般若爲無相，華嚴爲觀行，
湼槃爲安樂，大集爲守護者，此五教乃波頗三藏所説也。 以阿含
等爲四諦相，大般若等爲隱密相，華嚴等爲顯了相者，此三時教，乃
三藏奘及慈恩基，依解深密經所立也。而賢首法藏復尊華嚴，立爲
五乘：初爲愚法小乘；二爲大乘之始，三爲大乘之終，終始二教，並
依地位漸次而成，四則爲頓，不階等級，一念弗生，即入覺地；五則
爲圓，一即一切，一切即一，是爲真俗互融，具是圓滿無礙。法門長
者李通玄，又別分爲十時：始爲小乘有教，爲諸凡夫繫著世法以爲

實有，還將有法彎勒彼心；次言般若破有明空；次言解深經和會空有，令其不滯一邊，不有不空；次言楞伽明假卽真；次言維摩卽俗恆真；次言法華引權歸實；次言湼槃令諸三乘，捨權向實；次言華嚴於刹那際，通攝三世圓融，盡入一際；次言大乘人天三乘，雖是同聞，得益皆別，名共不共；次言華嚴會中，十方菩薩，其來不同，共會說法，名不共共。如是教相，離析尤繁，然猶據教觀而判之，初不若近代寧師，合禪教祕密而混言之也。寧師以諸乘經律論而祖摩騰，曰顯教輪；以瑜珈灌頂五部，護摩三密曼拏羅法而祖金剛智，曰密教輪；以直指人心，見性成佛之言，而祖菩提達摩，曰心教輪。其言非不佳，而去佛之意益遠矣。判教諸師，家異説而人異論，其紛紜有如此者。嗚呼！爲釋子之學者，不既難矣乎！然不敢以此而遽少之也。

　　原其立教，皆爲對機，機有不同，教亦多種；譬大醫王，方便治疾，疾有實虚，鍼有補瀉。隨其所見，因時制之，苟執于一，爲害滋甚。彼諸師者，亦復如是，或遂以甲是乙非咎之，不已過乎！雖然，九師興而易道微，三傳作而春秋散，吾儒且爾，予又不得不爲學者懼也。今日師久游方外，以教乘之不易明，將往大叢林，從碩師而受其説，聞予頗究内典，求片言以爲贈，予言贅矣。一真法性，本自圓明，其可以語言文字求之哉！予言贅矣。

（同上　卷三十五徐刻八編）

三十一、般若波羅蜜多心經文句引

　　實際理地，不染一塵，固在於心明；萬事門中，不離一法，必資於言解，此古今之通義也。昔我三界大師，從兜率天化成白象，冠日之精，降神於維羅衞國，苦行於伽闍山中，得無上道，成最正覺。蓋憫大地衆生，不知真性，染纏使以成有漏，逐色聲以陷諸妄，汩没死生，弗能解脫，於是坐寶蓮華師子之坐，演説無上甚深妙法，開頓漸之正門，垂權實之祕教。其第四時，廣宣諸般若經，而大部般若合六百卷，凡四處一十六會所説，顯之以五蘊以總其綱，申之以十二處以覈其變，廣之以十八界以極其趣，小無不該，大無不統，誠所謂冥衢之燈燭，業海之方舟也。

撮其樞要，惟實心經。是經凡三譯，今世所傳二百五十八言者，乃貞觀間三藏法師玄奘所翻，攝須彌於一毫芒，斂溟渤於一涓滴，其神功浩浩乎不可思議，是以歷代寶之如摩尼珠，爲之注釋凡百十家。溺教文者，曲引傍喻，自相疑難，其失也蕪；尊禪義者，逐字爲訓，辭荒意幻，其失也鄙；務高深者，獨研大旨，盡略微文，其失也簡；安淺陋者，不知次序，前後失倫，其失也雜。殊不知了空法塵，事依佛智，皆不出乎是經。雖法華十萬餘言，華嚴四天下微塵數品，廣略固殊，旨義無二，奈何以至精至微之典，而以小德小智之見，輕測真乘，妄談般若也哉！

如濂不敏，粵自壯齡，頗閱三藏諸文，於是不量蕪陋，爲之訓解，蕪者剔之，鄙者雅之，略者補之，雜者一之，裁成文句一卷，總數千言，宿學之士，其亦何事於斯，庶以便初機者爾。或者則曰：三千性相盡屬空名，一實境界諸念不立，何爲執滯於教體之間哉？是不然，渡巨河者，必用筏以濟，見明月者，須假指以標，若欲廢法觀空，因空顯性，何異采蘋於山隈，而求魚於木末也，不亦慎乎！雖然靈光獨耀，迥脱根塵，體露真常，不拘文字，苟徒隨語生解，其去一真薄伽梵地，蓋益遠矣。忘白馬之舊馱，焚青龍之新鈔，必有蓋世人豪者興，濂日望之。

（同上　卷三十六徐刻八編）

三十二、跋金剛經後

先佛所説大部般若合六百卷，凡四處一十六會，而此金剛經，實當第二處第九會，第五百七十七卷，姚秦鳩摩羅什始用華言翻定，元魏菩提流支、陳真諦、隋笈多、唐玄奘義淨，相繼各有所譯，號爲六家。唯什本詳略適中，甚得義趣。而梁蕭統復分第爲三十二，故今特盛行於世，其二十一分增多六十二字，即非什本，而後人據五譯以鈔入之爾。世之名僧達賢，銓釋此經，殆且百家，獨無著天親二論師配一十八住，斷二十七疑，允合先佛微妙第一真實了義。濂欲據之作集解一部，病於烽火未息，志莫能遂，因繕錄成卷，寘巾箱中，朝夕玩繹，庶幾了空名相，洞明覺地，他日於一毫端現諸萬象，破種種迷，成種種智，尚未爲晚也。

（同上　卷三十九徐刻八編）

三十三、跋戒環師首楞嚴經解後

首楞嚴經，其立題凡三：一名徧知海妙蓮華王十方佛母，一名悉怛多般怛囉無上寶印清淨海眼灌頂章句，合今題而爲三。其本指則五：以人法爲名，常住真心爲體，圓通妙定爲宗，返妄歸真爲用，上妙醍醐爲教。大槩欲使衆生開圓解、立圓行、登圓位、證圓果而已。若稽其何時所説，其在法華開權顯實之後，涅槃扶律談常之前乎！蓋波斯琉璃之異代，持地耶輸之所證，左右參驗，誠足取信，所以長水璿、孤山圓、長慶懺、泐潭月諸師，號爲科判名家，未敢有易斯説者。

予在虎林見五臺沙門善攝解本，獨判楞嚴在般若之後，法華之前，心雖奇其説，而頗意其爲一人之私言。今觀温陵戒環師所論，正與善攝同。其謂阿難既於法華諸漏已盡，不應於楞嚴未盡諸漏，而經中言最後垂範，實楞嚴法會之最後，非臨滅之最後者，尤發善攝之所未發。余竊自歎，玄理之在人心，雖南北之殊，風土頗異，而其不隨物以變遷者，未嘗不同，惜余儒家者流，弗悟建相分別之理，無以知其孰淺而孰深也。謹用識其立題本旨及異同之説於卷末，具金剛觀察智者，當能有以決之。

（同上　卷三十九徐刻八編）

朱 元 璋

〔簡介〕　朱元璋，幼名重八，又名興宗，字國瑞，生於公元一三二八年（元文宗天曆元年），卒於公元一三九八年（明太祖洪武三十一年），濠州鍾離（今安徽省鳳陽東）人。他出身貧苦，後來成了明朝的開國者。一三四四年（元順帝至正四年），朱元璋入皇覺寺爲行童，後曾雲游淮西潁川一帶。一三五二年，投郭子興部下爲兵，參加了反元斗争。一三六一年，被進封爲吳國公；一三六四年，他自立爲吳王。一三六八年，朱元璋在南京稱帝，國號大明，年號爲洪武。同年攻克大都（今北京），推翻了元朝的統治，以後逐步地統一了中國。

朱元璋青年時代當過和尚，卽使在做了皇帝之後，對佛教仍然有崇敬之情。他曾經下詔徵集東南的戒德名僧，在南京蔣山大開法會，親自率領大臣們向佛菩薩頂禮膜拜，十分隆重。他不僅寫了釋道論、三教論、習唐太宗聖教序、明施論、心經序等有關佛教方面的文章，而且還親自著了集註金剛經一卷，下詔天下僧並讀楞伽經。他雖然強調過對“造愆而犯憲”的和尚要“論如律”（僧犯憲說），但對那些嚴守佛教清規戒律的大德高僧却表示尊重。當然，朱元璋並不欣賞佛教的消極避世主義，而主張佛教徒們應該積極入世，直接爲封建王朝服務。他甚至還寫了拔儒僧文、拔儒僧入仕論等文章，鼓勵有真才實學的和尚還俗做官。朱元璋認爲，以“三綱五常”爲核心的孔聖之道，是“萬世永賴”（三教論）的“不易之道”（宧釋論）。佛教則能够“暗理王綱，於國有補無虧”（釋道論）、“暗助王綱,益世無窮"(三教論)。他援佛入儒,以儒解佛,竟然说甚麼釋迦佛"演説者乃三綱五常之性理也"(心經序)。他反對有人把佛教看成是"空虛而不實"的説法,認爲這些人不懂得佛教的真諦,而實際上,"佛之教實而不虛,正欲去愚昧之虛,立本性之實","如心經每言空不言實,所言之空乃相空耳,除空之外,所存者本性也"(心經序)。因此,朱元璋十分重視佛教的去惡揚善的作用,但反對像梁武帝等人那樣盲目地佞佛。

朱元璋的著作,主要見明太祖集。其事蹟見明史本紀、明太祖實録、吳晗著的朱元璋傳等。

一、命應天府諭鍾山僧敕

且佛之爲教也,善其大也,溥被生死,仲尼有云,西方有大聖人,不言而不化,不治而不亂,可謂能人矣。云何大覺金仙,又讚之以能仁?以其不繩頑而頑化,美善而善光,其行苦而不苦,其心素而弗素。雖儔雪嶺之孤燈,侶白晝之單影,目星見性,超出塵渝,復有人天之説,四十九秋,其演也妙,備戰大藏,未嘗有訴逋逃於廷,致愆於水火耶?況昔禪祇樹千二百五十人從,逋逃者未聞。仲尼有云:"道千乘之國,敬事而信,節用而愛人。"今僧佃逃,未審節用而致然耶?抑愛人而有此耶?若非此而有此,則府謂僧云,當自善來;若論以如律,恐傷佛性。如敕奉行。

(選自浙江圖書館藏四庫全書集部繕本明太祖集卷七)

二、諭善世禪師板的達敕

禪師自西而來，朝夕慕道，務在濟人利物。朕觀禪師之立志也，努力甚堅，其歲月之行也甚深，故得諸方施供，善者頂禮，惡者歡心。前者東達滄海，而禮補陀；旋錫錢塘，而蹔禪天目；西游廬嶽，中國之名山，遂禪師之意已達。復來京師，駐錫鍾山之陽，曰禪巖穴，禪師之所以玄中，仰觀俯察，志在神游八極，惟神天昭鑒。邇者，朕建陵山前，聞禪師欲徙禪他往，被無知者所惑，乃曰："非旨不前，是致躊躇。"朕今敕禪師，凡欲所向，毋自猜疑，當飛錫而進，錫止而禪，樂自然之天地，快清净之神魂，豈不道成也哉！

（同上　卷七）

三、諭　僧

佛始漢至，教言玄寂，機秘理幽。以其有傳也，抵期而無教，以其無教，而有印心之旨。愚不知旨，故乃求旨切，無乃顛荒恍惚，茫昧於未判之先，後累劫之丹衷，何見一微塵之旨云何？以旨問旨，故指空談空，謂空無際而無依，忽焉無倚；愚不知，跼蹐不已，特以色求色，以音求音，孰不以謂利便而可也歟！斯愚而問求旨之切，故聰者孰可謂歟！既聰者不以爲可，將焉求諸所以然乎？而或云：佛本昭示善道，大張法門，豈有昧而又昧，玄之而又玄？蓋昧在昧出，玄在玄生，故遠求之雖在天外，遍歷八荒，亦何有知之見耶！朕嘗聞知，有好寢者，通宵烈風迅雷，而寢者恬然無覺，此果心已矣乎？神已矣乎？果心已乎，則以心問心；果神已乎，則以神問神；亦不亦易乎，然此若是之易難，使佛見前，安不爲諸徒之所辯，而知所措其法焉。法本無門，而有由道，由何而止焉，焉知知止而無識焉？所以我空非空，我相非相。要見覿體無知之態，似奔星廓落，電影馳雲；或爲虛妄而妄，則妄起無端。所以今之修業者，棄本宗而逐末，猶不知陷身於水火，將焚而灰，溺而腐，尚以樂而不逼，以爲快哉！斯愚不知旨，故特以爲然。或聰者以爲利根雖搜，空萬劫之虛靈，亦何見旨之有耶？且以大藏教中，諸佛泛言，今之修者以爲經之泛耶，旨之異耶？若以經泛旨異，則古智人夜孤燈於嶺外，晝侶影於林泉，趣不我知，我不趣知，愚豈不謂嗤嗤然而以爲譏乎！審者以謂不然動靜，動靜以爲天下樂是，則以爲智人便信，則以爲天下安化，則以爲天下幸行，則以爲天下福。朕罔知所以舉大，一藏教云："諸佛之説，鑪磨鈍根，而爲説法。"朕不知法，故特以儒書之所云。子釣而不綱，設使綱而絶流，衆目既張，子必歸於何處？假使誠有歸處，則一大藏經添一倍不爲多，減一倍不爲少，孰盡去之，而願受謗周？無文而備，有法還契，不立文字者，互相妄誕，如斯之説，特救智禪而云乎！

（同上　卷八）

四、諭天界寺僧

諭天界寺善世諸行人，吾聞釋迦之教，務靖不喧，時洗心而刻滌慮，去五欲之魔，清六根之本，雖不至六通圓覺之果，其報也必將來。所以修行者，磨厲也，行者行也，功者造積也；凡云修行者，先置驗不速，又將不期然而然歟！今之修者，期驗欲疾，茫然久之，心不耐已，慮不隔塵，世之有者，念無不在，由是而失道迷宗，慇重覬山。信之乎？

　　邇來左善世、右善世、左覺義，欲不絕而事生曠，致伽藍之有鑑，使犯憲章，斯非他人訐告，亦豈朕之不然。自作而爲定業，將欲以去難，實艱於解紛，是何行哉？皆不務靖而好喧，生事自取者也，行人悟焉。且二善世一覺義，奏溧水一莊收糧五百有零，除納官糧外，餘四百二十二石九斗六升，盡爲役夫之用，不足又四百貫鈔，益之猶以謂不足，今來需者甚溧陽莊。如之朕准其奏，而欲收司者稽之，及至寺取人，而乃將司者半隱而半出，亦云莊所並無司者；至於再三物色，難以抵諱，尚且東支西吾，行止不顧。豈有奏僧糧有礙，朕將理之，反匿其司者，此果實歟？不顧行止而誑歟？於戲！欲世之不可絕而絕之，嗣祀之道不可無而忘矣，何爲苦心志而勞用婓，機設妄語於無端，斯智禪乎！

（同上　卷八）

五、問　佛　仙

　　佛仙有無，誠如黑白，惟釋迦與叱羊者能之。噫！道矣哉靈如是。然昔人見，今之聞之，相傳數千年，一體如斯者，未覩散聖有之，尚未得其傳，方今凶頑是化，良善契從。仙乃務思凌烟霞而蹁昂霄，會王母于天京；釋乃斂神一志，靜觀玄關，意在出無量劫而昇兜率。志斯二事者，道盈菴而僧滿寺，以百人爲數，九十九人失道迷宗，或曰陸沉其一。傍曰鬼神不洩機，仙有尸解，佛有千百億態，孰知昇沉迷失者耶？爲此有慕而不絕者，有毀而不滅者，此豈佛仙有無之驗哉！洪武八年，見二教中英俊羣然，博才者衆，特以二敕諭之。敕以捨彼而從事傑乎？捨事而從彼志乎？聰愚者必皆兩圖，諭由己而救不專。信乎諭爾，僧道備以陳之。

又

朕觀如來修行，雖苦之至，但六載而道成，其妙覺之靈，則有千百億化，効之者莫知至微，或得之者亦不知自何而至。道祖老子，神仙繼之，或幻而或真，神通盛効之者，亦莫知源何。夫子之立教，彝倫攸敍，効之者可以探其趣，誠如夫子者鮮矣。于斯三者，可以興滅乎।

（同上　卷十）

六、誦　經　論

暇遊天界，入寺聞鐘，且經聲嘹亮，正行間，遙見長老持鑪而來，少時詣前禮畢，朕問和尚："彼中撞鐘擊鼓，香烟繚繞，經聲瑯然，必好善者送供以飯諸僧乎?"長老對曰："近日並無飯僧者。"朕又問長老："既無飯僧者，諸人止可寂寥面壁，以觀想爲然，何故周旋精舍，衆口喃喃?"長老曰："僧之所以諷經者，恐有過失，誦之不過釋愆耳。"朕既聽斯言，忽然嗟嘆: 噫।愚哉，豈不聽解之差矣，所以僧多愚而不善，民廣頑而不良，以其悟機錯矣。且佛之有經者，猶國著令，佛有戒，如國有律，此皆導人以未犯之先，化人不萌其惡，所以古云天下無二道，聖人無兩心，名雖異，理則一。然以朕觀之，佛所以教人諷經者有二: 若談經說法化愚者，必瑯然其聲，使觀聽者解其意而善其心，所以不慮其意，止諷誦之; 若自欲識西來之意，必幽居淨室，使目誦心解，歲久而機通，諸惡不作，百善從心所至。於斯之道，佛經豈不大矣哉। 利益甚矣。豈有誦經不解其意，止顧口熟，心懷惡毒，歲月以來，集業深重，自知非禮，却乃誦經以欲釋之，可乎？譬猶國之律令，所以禁暴止邪，皆出之于未犯之先，乃救狂惡而生善良者，上自三皇以至于唐宋元，列聖相傳，觀斯之道，豈不天地者歟！

　　或曰，民有善誦律令者如流，朕將爲識其意，不墮刑憲；又知却乃真愚夫愚婦，徒然誦熟，罔識其意。忽一日有奏朕曰："民有犯法者，捶父凌母。考之于律者，犯者重莫過于此。臣將施行，其犯人親屬印律成千，誦聲琅然，有此知律善諷者，以此爲贖罪，臣不敢施行，特來上聞，幸望宥之。"朕謂奏臣曰："古者帝王立法令，所以申明之律，所以戒責之一定不易之法，民有知而不善者，法當尤重，安有贖焉？經云：'五刑之屬三千，而罪莫大于不孝。'雖古聖人，亦惡其惡，朕薄德之見，安敢易古人之法歟！佛猶人，人亦佛，性也既有違背經戒之徒，在佛必律之以深重禍愆，安肯釋宥者。"於戲！愚至于酩酊之酣，撼之而不醒；濁至于大河之流，澄之而不清。愚哉愚哉！可不修悟之。

（同上　卷十）

七、釋　道　論

　　夫釋道者，玄也，自太古至于三皇，不聞其説。後梁武帝時，有番僧其狀頗異，自西來中國，棲江左，于是乎面壁九年，號曰達磨，乃西天佛子，相紹二十八祖，傳來東土作初祖。彼説有佛，武帝欽之。且道者何也？因周柱下史李氏，紀國家之興廢，有衝太虛、察九泉之機，遂隱入山，名老聃，凡事有先知之覺，務生而不殺，故稱曰道。此有而真傳，其説可爲信也。時人妄立名色，以空界號上、玉二清,與聃共三,曰三清;説大羅、兜率天界,使人慕而隱其機,與僧悟禪如是。僧亦地獄鑊湯,道言洞裏乾坤,壺中日月,皆非實象,此二説俱空,豈足信乎1然此佛雖空,道雖玄,于内奇天機,而人未識何也?假如三教,惟儒者凡有國家不可無,夫子生于周,立綱常而治禮樂,助國宏休,文廟祀焉;而有期除儒官,叩仰愚民,未知所從,夫子之奇至于如此。釋迦與老子雖玄奇過萬世,時人未知其的,每所化處,宫室殿閣,與國相齊,人民焚香叩禱,無時不至。二教初顯化時,所求必應,飛悟有之,于是乎感動化外蠻夷及中國。假處山藪之愚民,未知國法,先知慮生死之罪,以至于善者多而惡者少,暗理王綱,于國有補無虧,誰能知識?凡國家常則吉,泥則誤國甚焉。本非實相,妄求其真,禍生有日矣。惟常至吉。近代以來,凡釋道者,不聞談精進般若虛無實相之論,每有歡妻撫子,暗地思欲,散居塵世,汙甚于民,反累宗門,不如俗者時刻精至也。

（同上　卷十）

八、三 教 論

夫三教之説,自漢歷宋至今,人皆稱之。故儒以仲尼,佛祖釋迦,道宗老聃。于斯三事悞陷老子,已有年矣。孰不知老子之道,非金丹黄冠之術,乃有國有家者,日用常行有不可闕者是也。古今以老子爲虛無,實爲謬哉1其老子之道,密三皇五帝之仁,法天正己,以時而舉合宜,又非昇霞禪定之機,實與仲尼之志齊,言簡而意深,時人不識,故弗用,爲前好仙佛者假之。若果必欲稱三教者,儒以仲尼,佛以釋迦,仙以赤松子輩,則可以爲教之名,稱無瑕疵。況於三者之道,幽而靈,張而固,世人無不益其事而行于世者,此天道也。古今人志有不同，貪生怕死，而非聰明。求長生不死者，故有爲帝輿之爲民，富者尚之，慕之有等；愚昧罔知所以，將謂佛仙有所惧國扇民，特敕令以滅之，是以興滅無常。此蓋二教遇小聰明而大愚者，故如是。昔梁武帝好佛，遇神僧寶公者，其武帝終不遇佛證果；漢武帝、魏武帝、唐明皇皆好神仙，足世而不霞舉。以斯之所求，以斯之所不驗，則仙佛無矣，致愚者不信。若左慈之幻操，欒巴之噀酒，起貪生者慕；若韓退之匡君，表以躁不以緩，絶鬼神無毫釐，惟王綱屬焉。則鬼神知韓愈如是，則又家出仙人，此天地之大機，以爲訓世。若崇尚者，從而有之，則世人皆虛無，非時王之治；若絶棄之而杳然，則世無鬼神，人無畏天，王綱力用焉。於斯三教，除仲尼之道祖堯舜，率三王，刪詩制典，萬世永賴；其佛仙之幽靈，暗助王綱，益世無窮，惟常是吉。嘗聞天下無二道，聖人無兩心，三教之立，雖持身榮儉之不同，其所濟給之理一。然於斯世之愚人，於斯三教，有不可缺者。

（同上　卷十）

九、明　施　論

朕嘗觀世俗善良者，慕佛敬僧，于心甚切，往往大捨布施，傾心向道，意在積功累行，欲目前之福臻，身死不墮地獄，亦欲延及子孫者也。觀斯之善，豈不良哉！奈何認僧差矣。爲何？蓋爲聞僧善者，及住持名寺，加衣鉢整齊者，往往廣與布施。若善者果有微覺，則將所得之物，轉與貧難者，于前好善者，頗相增福；若不知覺，集之無窮，則禍增而福減。若住持名寺者，廣得布施，貧難不濟，與同黨類私相盜用，非理百端，寺頹而無補，于前好善者，亦加禍焉。于斯之道，好善之心固篤，布施之心甚差，若善人欲功德延及子孫者，當捨物于力修之僧，然後方有功德，足慕道之心。所以力修之僧者誰？隆冬之時，衣服頹靡，疊膝禪房，慕如來六年之苦行，意欲了心性以化世人，皆同善道，雖嚴寒肌膚爲之凍裂，雖酷暑蚊蟲爲之吮血，亦不相告。若出禪房，遊市井，使俗人見之，則衣頹而形槁，故所以世俗耳目，無所驚眩，不得布施耳。嗟夫！以此僧之狀，以好善者求佛，雖真佛臨世，化爲力修僧人，亦不爲凡夫所識。朕所以言者，令好善者濟貧而不濟富，無名者愛之，有名者敬之，其福將源源焉。

（同上　卷十）

十、拔儒僧入仕論

丈夫之于世，有志者事竟成。昔釋迦爲道，不言而化，不治而不亂，仲尼亦云西方有大聖人；然釋迦本同于人，而乃善道若是，斯非人世之人，此天地變化，訓世之道，故能善世如此。且諸羅漢住世應真，幻化不一，亦此道也。或居天上人間。以朕觀之，若此者不可多，釋迦安可再生？今雖有僧閭能昂然而坐去者，不過幻化而已矣；卽目修行之人，皆積後世之事，或登天上及人間好處。以此觀之，遐邇之道，時人不分，假如方今天堂地獄昭昭于目前，時人自不知耳。且今之天堂，若民有賢良方正之士，不干憲章，富有家貲兒女，妻妾奴僕滿前。若仕以道，佐人主，身名于世禄，及其家貴，爲一人之下，居衆庶之上，高堂大廈，妻妾朝送暮迎，此非天堂者何？若民有頑惡不悛，及官貪而吏弊，上欺君而下虐善，一旦人神見怒，法所難容，當此之際，抱三木而坐幽室，欲親友之見杳然，或時法具臨身，苦楚不禁，其號呼動天地，亦不能免，必將殞身命而後已,斯非地獄者何?其天堂地獄,有不難見也。

爾晐嚴輩等,堂堂儀表,已入清虛之境,若志堅而心永,則樂清風于翠微深處,吟皓月于長更歲,覘山嶽之青黃,目百川之消長,雖咫尺紅塵,而乃一塵不染,障礙全亡。非獨將來有率陀之登一方,今寂寞之趣,比俗者之無知止可行之道,而竟趨火赴淵,其天堂地獄,豈不兩皆邇耳!若僧之不穀,兼通漏未具,宿本無緣,加之累惡積愆,豈異俗者趨火赴淵之愚者矣。爾必欲異此道而傑爲,須知利害之兩端,然後從之所利者,居官食祿,名播寰中。若欲高名食祿,同君不朽,必持心以義,練志以忠,佐君以仁,夙夜在公,無虐下而罔上,乃得利貞斯利也;若視祿之少,見贓之重,如淵底之魚,聞餌而浮,吞鉤于腹,此其所以害也。朕今以天堂地獄之由示之于爾,爾當深思熟慮,剖決是非,然後來朝,則當授之以官,未審悅乎? 若果悅而仕,則虛名泯而實名彰,其丈夫之志豈不竟成哉!

(同上 卷十)

十一、宦 釋 論

古今通天下居民上者,聖賢也。其所得聖賢之名稱者云何? 蓋謂善守一定不易之道,而又能身行以化天下愚頑者也,故得稱名之。其所以不易之道云何? 三綱五常是也。是道也,中國馭世之聖賢,能相繼而行之,終世而不異此道者,方爲聖賢,未嘗有舍此道而安天下,聖賢之稱未之有也。所以世人于世,善獲生全者,託以彝倫攸序,乃爲古今之常經。於戲! 于斯之道,聖賢備而守行之,不亦善乎! 斯道自中古以下,愚頑者出,不循教者廣,故天地異,生聖人于西方,備神道而博變化,談虛無之道,動以果報因緣。是道流行西土,其愚頑聞之,如流之趨下,漸入中國,陰翊王度,已有年矣。斯道非異聖人之道,而同焉;其非聖賢之人,見淺而識薄,必然以爲之異。所以可以云異者, 在別陰陽虛實之道耳。所以佛之道云陰者何?舉以鬼神,云以宿世,以及將來,其應莫知,所以幽遠不測,所以陰之謂也,虛之謂也。其聖賢之道爲陽教,以目前之事,亦及將來,其應甚速,稽之有不旋踵而驗,所以陽之謂也, 實之謂也。斯二説名之則也異,行之則也異,若守之于始,行之以終,則利濟萬物, 理亦然也,所以天下無二道,聖人無兩心。

　　其佛道之初立也,窮居獨處,特忘其樂之樂,去其憂之憂,無求豪貴,無藐寒微;及其成也,至神至靈,游乎天外,察乎黄泉,利生脱苦,善便無窮。所以當時之愚頑,耳聞目擊而效之;今世之愚頑,慕而自化之。鳴呼!不亦善乎?吁艱哉!今時修行者, 反是道而行之。何以見反是道而行之?方今爲僧者,不務佛之本行,污市俗,居市廛,以堂堂之貌,七尺之軀,或逢人于道,或居菴受人之謁,其所謁者,賢愚貴賤皆有之,必先屈節以禮之然後可, 然修者以此爲忍辱之一端耳。若以堂堂之貌,七尺之軀,忍辱于人,將後果了此道,何枉辱也哉!若將後不能了此道,其受辱屈節,果何益乎?況生不能養父母于家,死無後嗣立姓同人于天地間,當此之時,如草之值秋,遇嚴霜而盡槁,比木之有叢,凌風寒而永歲月,使飛者巢顛,走者窩下。惜哉! 惜哉! 不亦悲乎? 今之時,若有大至智者,入博修之道,律身保命,受君恩而食禄,居民上而官稱,若輔君政, 使冤者離獄,罪者入囚,農樂于隴畞,商交于市廛,致天下之雍熙,豈不善哉博修之道乎! 陰隲之後益乎! 今之官吏者不然,往往倒持仁義,酷害良民,使民視之如蛇蝎之附體,蚊蚋之吮身,無啟敬之前,有畏避之却,安得不惡聲四出,難于後乎! 若欲聖賢之名稱,僧之行立,不亦難乎!

　　　　　　　　　　　　　　　　　　　　（同上　卷十）

十二、修 教 論

佛之教上古未聞，惟始自周之時，方聞異人生于西域。其人也，淨飯王之子，既生既長，觀世人之禍福，覩日月之昇沉，見人之造非也，如酩酊之醉未醒，如中睡酣而未覺，以致罪重危山，愆深曠海，愈墮瀰漫，無自由釋，佛因是而起大悲願心，立忍辱苦行之法門，意在消愆而息禍，利濟羣生。時乃登雪嶺而靜居，觀心省性，六載道成。及其歸演大乘，雖有二千五百人，俱人皆未解幽微；佛見愚多而賢少，改演小乘之法，使昏愚者聽之，如醉而復醒，睡而復覺，人各識禍而知愆，惟修善而可弭。嗚呼！佛之心爲世人，乃有若是之舉。吾中國聖人有云：“天命之謂性，率性之謂道，修道之謂教。”今聞佛有二乘之說，豈不修道之謂教乎！今之人罔知所以修道教人之何如，乃有廢道積愆之舉，更不知存心何如？

邇聞天界住持者，每晨昏有儀，有向諸佛之禮。所以禮向者，則當徒步周旋頂禮，方爲啟敬之道，而爲修道之行也。今是僧懶于周旋，不敢越向佛之儀，故廢修以行之，特以轎令人昇之，周旋于諸佛之前，于禮未宜，于勤苦不當，若以今後人法之，斯乃率性者歟？修道者歟？若以此觀之，必失修道之謂教矣，可謂廢道積愆矣。俄而有來告者，昨日天界住持，向佛瞻禮，墜轎失足，數日不聞鐘鼓之聲，虛堂廢法。因是而致吾有嘆：嗚呼！昔禪之謬儀，積之今日方應，可謂定業難逃矣，果報昭然矣！今後若欲同佛之修，則當苦行勿華，勿勞人以自逸，乃稱斯道；不然愆重危山，禍深瀰海，于斯效驗，可不警戒之哉！

（同上　卷十）

十三、拔儒僧文

朕聞三皇五帝，夏商文武之治天下，分民以四業：曰士、曰農、曰工、曰商，凡四者備，天下國家用無闕焉。列聖相傳，至漢之明帝，又加民業以二，曰釋、曰道，六藝雖各途，惟釋道同玄。儒雖專文學而理道統，其農工商三者，皆出于斯教，至如立綱陳紀，輔君以仁，功莫大焉。論辭章記誦，儒者得其至精，苟非其類而同其門，未必得獲至微。且農勤于畝者歲成，工乃時習而巧精，商能不盜詐而利本俱長。今之釋道者，求本來之面目，務玄悟之獨關，至妙者隻履西歸，飛錫長空，笑談定性，化兇頑爲善，默佑世邦，其功浩瀚，非苦空寂寞，忘嗜欲絕塵世者，莫探其至玄。未聞農工商釋道者精于儒。

正默論間，俄而侍講學士宋濂言及有僧名傳者，儒釋俱長，邇來以文求臣改益，臣試開展過目，篇篇有意，文奇句壯，奚啻于專門之學，臣故不益而不改，以全僧之善學者也。臣昧死敢煩聖聽，誦之再三，可知其人矣。朕是許之。不時之間，學士以誦再三，聽文思意，果如濂言。然僧所以求改益者，非也，其文深意曠，非久覽豈得其本源？朕謂僧之意有所精學，卒無揚名之處，故特求名儒以改益之，由此而揚名，欲出爲我用。濂曰："恐無此乎！"朕謂濂曰："云何如是觀人，古賢人君子，託身隱居，非止一端，如甯戚扣角，百里奚飯牛，望釣于磻溪，徵隱于黃冠，此數賢能者，未必執于本業，而不爲君用。朕觀此僧之文，文華燦爛，若有光之照耀，無玄虛弄假之訛，語句真誠，貼體孔門之學，安得不爲用哉！"

　　　　　　　　　　　　　　　　（同上　卷十三）

十四、遊 新 菴 記

鍾山之陽有谷，谷有靈泉，日八功德水，不稽何代僧，因水以見庵，不過數間而已。其向且未的然，而遊人信士，無問春秋四季，時時來往酌水焚香，滌愆懺罪，已有年矣。朕自至此二十年餘，每觀此地景雖佳麗，庵將頹焉，朕嘗歎息。蔣山住持寺者，自建菴以至於斯時，前亡後化者，疊不知幾人，曾有定向而革庵者乎？故空景美而庵頹。一日暇遊於此，有僧求布施於朕，以崇建之。朕謂僧曰：“愚哉！爾知梁武帝崇信慧超雲光等，捨身同泰寺，陳武帝敬真諦等，捨身大莊嚴寺；又如信道家之説者，秦皇遣方士而求神仙，漢武帝因李少君等而冀長生，魏道武因寇謙之行天宮靜輪之法，唐玄宗與葉法善同遊月宮，宋徽宗任林靈素度道士數萬，此數帝之心未必不善，然善則善矣，何愚之至甚？其僧道能則能矣，何招禍之如是？”答曰：“未知。”曰：“前數僧道，當是時，日習世法，頗異常人，故作聰明於王侯。僧特云天堂地獄，道務云壺中日月，洞裏乾坤，八寒八熱，致使數帝懼地獄，懼八寒八熱，願登天堂，入壺中洞裏，所以昧之，國務日衰，海内不安，社稷移而君亡。謗及法門，是後三武因此而滅僧，不旋踵而覆，豈佛老之過歟！蓋嘗時僧道不才，有累於一時，社稷移而異姓興，非天不佑乃君，愚昧非仁，連謗於佛老，其三武罔知佛老之機，輒毀效者。因二教之機微而理祕，時難辨通，致令千古觀於諸帝臣之紀録，達斯文者，無不切齒奮恨。以其所以，非獨當時為人唾罵，雖萬古亦污名，罪囚天地間耳尚弗識，何愚之篤！近者有元京師，有異僧名指空，獨不類凡愚之徒，元君順帝，有時問道於斯人，斯人答云：‘如來之教，雖云色空之比假，務化愚頑，陰理王度，又非帝者證果之場。若不解而至此，糜費黔黎，政務日杜，市衢嗸嗸，則天高聽卑，禍將不遠，豪傑生焉。苟能識我之言，悟我誠導，則君之脩甚有大焉。所以脩者，宵衣旰食，脩明政刑，四海咸安，彝倫攸敍，無有紊者；調和四時，使昆蟲草木，各遂其生，此之謂脩。豈不彌綸天地，生生世世，三千大千界中，安得不永爲人皇者歟।'指空曰：'以此觀之，貧僧以百劫未達於斯，若帝或不依此而效前，其墮彌深，雖千劫不出貧僧之右。'又丞相搠思監至，齋盛素羞以供，亦問於指空，意在增福。指空曰：'凶頑至此而王綱利，愚民來供則國風淳，王臣遊此民無益，公相之來是謂不可。脩行之道，途異而理同，公相知否？'曰：'不知。'曰：'在知人，在安民，終於君，孝於親，無私於己，公於天下，調和鼎鼐，燮理陰陽，助君以仁，誠能足備，則生生世世立人間天上王臣矣，吾將數劫不達於斯。苟不依此，刻剝於民，欺君罔上，用施於我，雖萬劫奚齊吾肩？'朕觀指空之云如是，爾僧欲以庵爲朕增福，可乎？彼雖有營造之機，朕安有己財於此？"僧曰："富有天下，肯若是耶？""不然。國之富乃民之財，君天下者主之，度出量入以安民，非朕之己物，乃農民膏血耳。若以此而施爾，必不蒙福而招愆。"僧云："佛法付之國王大臣。"曰："當哉।所以付之者，國令無有敢謗，聽化流行，非王臣則不可。"僧乃省而叩頭，時朕不施。

後更一住持法印者，朕務繁不暇來此。將歲過七年冬十一月二十有五日，因暇入山，遂達斯地，想昔日之迤，崎嶇高下，今者崎而平，嶇而直，坦途如是，豈不異乎।何止此迤而已，其庵架空幕谷，凌巖而出松智；流泉欲以成瀑布，飛吼長空。致猿啼夜月於峰巓，白鶴巢柯而每顧，深隱翠微缺，有飄風而不至，遊人遂樂，禽獸情歡，煥然一新。觀斯創造，庸愚者弗能。噫।有非常之人，建非常之功，法印如是，安得不神識者哉।傍曰："僧於此不貪而不盜，無私於己，有功於衆，叢林仰之。"於戲।菴爲僧所新，僧爲庵所名，人能知一軀爲襄神之室，以神脩軀，若不知脩軀使神，豈不愚人者歟！

（同上　卷十四）

十五、遊寺記

朕因憂慮既多，特入寺中與禪者盤桓，暫釋幾冗之一時。入寺既行，凡所到處，無不有佛，及至方丈，平視兩壁，皆懸水墨高僧，凡四軸六人，一軸三禪海水，一軸了經松下，一軸撫鹿溪邊，一軸樂水於巖前。嗚呼，住持者志哉！所以設此，意在感動心懷，堅立寂寞之機，甚得其宜也。何以見之？如三禪海水者，其海潑天飛浪，煙海四際，其高僧凝然，犖塵而揮，鼎足而坐，可謂奇矣，動脩者一也。又了經於松下，對月於昊穹，可謂清之極矣。復有一僧，前撫鹿於溪，後山神以密護，可謂行至矣。又坦然而無慮，樂然而無憂，樂水於山根，可謂寂寞而已。斯四軸六人，是可堅脩者之心，朕爲斯而樂，至暮而歸。

餘月復至寺，由東廡而入，見畫像圖形，皆男女夾雜，濃梳艷裹者紛然，將謂動小乘而堅大乘也。徐至苑中，見有數架缺上薔薇，朕亦謂非宜也。少時憩方丈，顧左右壁，亡其前日所有高人四軸，不覺興歎矣。何者？所以歎者，不惟畫於薔薇，不合有而有，四軸高僧當懸，除去皆非所宜，故興歎息焉。

（同上　卷十四）

十六、靈谷寺記

　　朕起寒微，奉天繼元，統一中外，鼎定金陵，宮室於鍾山之陽，密邇保誌之刹。其詧脊者，升高俯下，日月殿閣，有所未宜，特勅移寺，凡兩遷方已。當欲遷寺之時，命大師築諸山淨地，及其歸告，乃云山川形勢，非等常之地，其旁川曠水縈，且左抱以重山，右掩以峻嶺，皆靠穿岑，排森松，以摩霄漢。虎嘯幽谷，應孤燈而侶影；鶯囀巖前，啟脊人之清興。飲潔流於山根，洗金鉢於湍外，魚躍於前淵，鳥棲於喬木，鹿鳴呦呦，爲食野之萍。云之若是。既聽斯言，朕懽欣不已，此真釋迦道場之所也。

　　即日召工曹，會百工，趨所在而見址。百工聞用伎，以妥保誌，曜靈佛法，人皆如流之趨下。嗚呼！地勢之勝，豈獨禽獸水族之樂，伎藝之人惟利是務。云何開建道場，不憚勞苦，一心歸向？自洪武某年某月某日某時甲子興工，至某月日時，工曹奏朕，爲釋迦道場役百工，各施其伎，今百工告成。朕善其伎，特命禮曹賜給之。工曹復奏，伎藝若是，有犯役者五千餘人，爲之奈何？朕忽然有覺，噫！佛善無上道場既完，安可再罪？當體釋迦大慈大憫，雖然真犯，特以眚災。一赦既臨，輕者本勞而逸，死者本死而生，歡聲動地，感佛慈悲。吁！佛之願力，輝增日月，法輪建樞，燈繼香連。於戲盛矣哉，願力之深乎！然是時國務浩繁，不暇禮見，身雖未至，夢遊幾番。此觀之歟？夢之歟？嗚呼！未嘗不欲體佛之心，而謂衆生悮奈何？愈治而愈亂，不治而愈壞，斯言乃格前王之所以，今欲寬不可，猛不可，奈何？然一日潔己而往禮視，去將近刹餘里，俄谷深處，嵐霞之杪，出一浮圖。又一里，既將近三門，立騎四顧，見山環水迁，禽獸之所以，果然左羣山，右峻嶺，北倚天之疊嶂，復窮岑以排空,諸巒布勢,若堆螺髻於天邊。朝鶴摩天而翅去,暮猿挽樹而跳歸,喬松偃蹇於崖畔,洞雲射五色以霞天,此果白毫之像耶?谷靈之見耶?朕嘗云事,惟恐惑人,故默是耳。今天人師有殿,諸經有閣,禪室有龕,雲水有寮,齋有大廈,香積之所周全,莊嚴備具,以足朕心矣。故勅記之。

(同上 卷十四)

十七、習唐太宗聖教序

乾旋坤寧,覆載物無以窮其常經;以四時鑑,見榮枯雖目前之易省;化機之運,上古之哲奚能備知其的?然榮枯隱顯陰陽,見之易解,及其大造者,乾為陽而坤為陰,所以難窮其至微,以其不知其本源也。設若有實之可稽,縱是癡愚者,亦所不疑,所以至微形隱,人莫測窺其哲,能不得無惑?況如來之教,指實言虛,因空談有,化及萬類,善被諸方;現千百億態,罔有上下,鴻濛其靈,寰宇是塞。斂之則毫釐潛蹤,示生死之俱無,幾風霜而不腐,其斂其張臻洪,休於斯時覺道,而幽靈效之者,奚知其垠?玄傳寂寞,稽莫知其本根,致使德小而量薄者,窺探旨趣,能無他論者哉!然洪法之肇,根於西域,顯金身而會漢帝於夢中,獲演流於東土。曩因化形跡之時,不言而化,示不生不滅,民不教而治。及雙林之有,故金色是藏,斂光不鏡,時又畫像而舒形,金容示現。妙音博被,拔苦趣於幽冥;遺教遐荒,濟萬類於三塗。故真妙之難瞻,不易能於一旨,傍謀他術,雜正法以紛紜,致使色空之比假不無,有謗三車之覆馳。

沙門玄奘者,釋氏之領袖也,生而慈敏,棄親以明心壯,而舉動皆契善符。堅持忍辱,碧潭印月,暑夜松風,難同其清潔;玉露野田，未比其膚潤。方寸將及無礙，諸漏彷彿其盡，久必躡昂霄而凌烟，霞單萬歲而無雙。歘成静觀，傷大教之傾頹，歎文繁之差謬，欲定真析僞，以滋學者之誠，故延頸西土，孤筇廣漠，履險隻征。朝飛凝雪以迷空，生巡難分；夕風浩瀚，走黃沙以幕川。孤進前蹤，冒冰霜而侶影，幾楊柳之青黃，皆途中之數覩。求深願重，至勞猶精。遍五印之寶刹，越恒河之渡，立雙林之陰，洗鉢八水，登雞足之巒，禪鷲峰之大會，受直指於心，歸演洪音，如瀚海之波瀾。經分六百，譯布中華，闡揚奧典，宥罪釋愆，臻善良於百福。其玄如日中之捕影，水底之捫月，潔若青蓮，出汙泥之不染，猶桂芳秋蕋，香浮室野之馨。慈航業海，倏渡滄溟，體天之造，日月之明。大哉之無爲，奚可論乎？

（同上　卷十五）

十八、心　經　序

二儀久判，萬物備周，子民者君；君育民者，法其法也，三綱五常以示天下，亦有五刑輔弼之。有等凶頑不循教者，往往有趣火赴淵之爲，終不自省；是凶頑者，非特一國有之，盡天下莫不亦然。俄西域生佛，號曰釋迦，其爲佛也，行深願重，始終不二，於是出世間、脫苦趣；其爲教也，仁慈忍辱，務明心以立命。執此道而爲之，意在人皆若此，利濟羣生。今時之人，罔知佛之所以，每云法空虛而不實，何以導君子訓小人？以朕言之則不然。佛之教實而不虛，正欲去愚昧之虛，立本性之實，特挺身苦行，外其教而異其名，脫苦有情。昔佛在時，侍從聽從者皆聰明之士，演說者乃三綱五常之性理也，既聞之後，人各獲福。自佛入滅之後，其法流入中國，間有聰明者,動演人天小果,猶能化凶頑爲善,何況聰明者,知大乘而識宗旨者乎！如心經每言空不言實,所言之空乃相空耳,除空之外,所存者本性也。所以相空有六：謂口空說相,眼空色相,耳空聽相,鼻空嗅相,舌空味相,身空樂相。其六空之相,又非真相之空,乃妄想之相爲之空相。是空相愚及世人,禍及古今,往往愈墮彌深,不知其幾。斯空相前代帝王被所惑,而幾喪天下者,周之穆王,漢之武帝,唐之玄宗,蕭梁武帝,元魏主燾,李後主、宋徽宗,此數帝廢國怠政,惟蕭梁武帝、宋之徽宗,以及殺身,皆由妄想飛昇及入佛天之地。其佛天之地,未嘗渺茫,此等快樂,世嘗有之,爲人性貪而不覺,而又取其樂。人世有之者何？且佛天之地,如爲國君及王侯者,若不作非爲善,能保守此境,非佛天者何？如不能保守而偏爲,用妄想之心,即入空虛之境,故有如是斯空相。富者被纏,則婬慾並生,喪富矣;貧者被纏,則諸詐並作,殞身矣;其將賢未賢之人被纏,則非仁人君子也;其僧道被纏,則不能立本性而見宗旨者也。所以本經題云心經者,正欲去心之邪念,以歸正道,豈佛教之妄耶！朕特述此,使聰明者觀二儀之覆載,日月之循環,虛實之孰取。保命者何？如若取有道,保有方,豈不佛法之良哉！色空之妙乎！

（同上　卷十五）

十九、僧道竺隱説

僧之殊俗者,去姓是也,務立字爲名爾,以道竺隱稱,自以爲奇。孰不知色界之道,無盡法界之道,無窮斯道,幽乎顯乎？有相無相,曲如羊腸;一縱一橫,誠如十字。又若弦在雕弓,其世之君子小人,故有馳之異同,今爾擅道名,可謂志矣。且竺者西域之國名也，我中土智僧，此立爲佛刹爾，云於此而隱其道，承如來之教乎？說者如來成道時，放眉間白毫光相，照大千界，指迷破暗，利濟羣生，豈不彰之顯之爾，乃以隱自任何也？且隱者匿也，吾所不取。至智人明其道，幽其德，名彰不朽，果隱其道，則不許。然嘗聞聖人有云：“德不在彰，道不在顯，終日乾乾。”汝若是乎？若此，後必了然哉！

（同上　卷十五）

二十、僧犯憲説

佛之立教也，惟慈以及衆，身先忍辱；所修者諸惡不作，百善奉行。斯佛出世，始此因由，於西域五天竺國，賢愚敬之，無有慢心五百年；然後流傳中國，賢信愚化，又二千年。其間智人亦因是而通神者有之，有流此而無終者有之。然凡居是者，必忘憎愛，去貪嗔，却妄想，雖不前知，亦能效佛之宜。洪武十一年秋八月，天界有僧訴於中書，其辭曰：“爲主僧者非理，辱甚。”中書下刑部究其源，其間觀形狀，識緣由，自妬忌而起，信讒而亂，以致福消禍增，累及平人若干，比問分明，人各受刑矣。於戲！禍福無門，惟人召而速至。僧不務修，造愆而犯憲，法司論如律，宜哉！

（同上　卷十五）

二十一、佛教利濟説

釋迦之爲道也，惟心善世。其三皇五帝教治於民，不亦善乎，何又釋迦而爲之？蓋世乖俗薄，人從實者少，尚華者衆，故瞿曇氏之子，異其修，異其教，故天假其靈神之。是說空比假，示有無之訓，以導頑惡。斯成道也，今二千餘年，雖有慕道者衆，躔斯道者鮮矣。然而間有空五蘊、寂憎愛、度世之苦厄者有之，此所以佛之妙，或張或歛。斯神也，巨則靈通上下，微則潛匿毫端，是故聰者欲得杳然，愚者無心或有善之。其故何也？所以天機之妙，人莫能與知。設使與知，則人與肩也，奚上之而奚下之耶？且佛之教，務因緣，專果報，度人之速，甚於飆風驟雨，急極之而無已，人莫佛知。今之人愚，乃曰佛善超生度死，朕嘗咲之。所以超生度死，朕嘗分析愚誰？我知妙哉佛之靈，人能生肯爲善，則死亦昇矣；設使生弗爲善，死亦弗昇，豈不定業者歟！夫何時人不知修持之道，頑者而爲者曠，獲宗旨者少，縱得之者少，縱得之者甚微。若時人知修持之道，以道佐人主，利濟羣生，其得也廣，若量後世子孫，其福其博。所以者何？蓋濟衆則衆報之，其修身者否，濟衆一身而已，云何巨福之有哉！

（同上　卷十五）

李　贄

　　〔簡介〕　李贄原名載贄，號卓吾，又號宏甫，生於公元一五二七年(明世宗嘉靖六年)，卒於公元一六〇二年（明神宗萬曆三十年)，福建泉州晉江人。因泉州是温陵禪師住地，故他又號温陵居士。李贄二十六歲中舉，做過河南輝縣教諭、南京刑部主事等小官，歷時二十餘年。五十一歲時，他出任雲南姚安知府，三年後就辭官。此後，就與仕途絶迹，過獨居講學的生活。先移居湖北黄安，和耿定理一起講學。定理死後，又移居麻城龍潭芝佛院。一六〇〇年，他被從麻城趕走；一六〇一年，館於通州馬經倫家。一六〇二年，被言官奏劾下獄，自殺於獄中。

　　李贄説：“余自幼倔强難化，不信學，不信道，不信仙釋，故見道人則惡，見僧則惡，見道學先生則尤惡”(王陽明先生道學鈔，附王陽明先生年譜後語)。中年以前，他學不守繩轍，“排擊孔子，別立褒貶，凡千古相傳之善惡，無不顛倒易位”(清紀昀：四庫全書總目提要)。這時，也没有甚麼明顯的宗教信仰。但在四十歲左右，開始接受王陽明的學説，五十歲左右開始研究佛經，五十四歲以後，更“入雞足山，閲藏經不出”。他自稱“流寓客子”，“既無家累，又斷俗緣，參求乘理，極其超悟，剔膚見骨，迥絶理路”(袁中道：李温陵傳)。晚年隱居麻城龍潭湖時，更薙髮去冠服，並把自己所居之地改爲禪院，與僧無念、周友山等人談經讀書，儼然像一個出家的和尚了。

　　李贄由於政治失意，看破紅塵，就開始追求精神解脱，學出世法，妄圖以出世來度世，做一個"出格丈夫"。他的思想，起初出入於儒釋之間，最後則以佛理爲其歸宿。李贄認爲，"人倫物理"都是所謂"真空"的表現，"學者只宜於倫物上識真空，不當於倫物上辨倫物"（焚書答鄧石陽）。甚麼是"真空"呢？他說："其實我所說色，卽是說空，色之外無空矣；我所說空，卽是說色，空之外無色矣。非但無色，而亦無空，此真空也"（焚書心經提綱）。他主張"心性本來空"（焚書觀音問），認爲"真空"卽是"妙明真心"，客觀世界只是它的"一點物相"，這顯然是對佛教禪宗思想的繼承和發揮。

李贄的著作很多，有焚書、續焚書、藏書、續藏書等。其中，有關佛教的文章，主要集中在焚書、續焚書中。他的事蹟，參見明文偶鈔、溫陵外紀、袁中道的李溫陵傳以及彭紹升的居士傳卷四十三李卓吾傳等。

一、答周西巖

天下無一人不生知，無一物不生知，亦無一刻不生知者，但自不知耳；然又未嘗不可使之知也。惟是土木瓦石不可使知者，以其無情，難告語也；賢智愚不肖不可使知者，以其有情，難告語也。除是二種，則雖牛馬驢駝等，當其深愁痛苦之時，無不可告以生知，語以佛乘也。

據渠見處，恰似有人生知，又有人不生知。生知者便是佛，非生知者未便是佛。我不識渠半生以前所作所爲，皆是誰主張乎？不幾於日用而不知乎？不知尚可，更自謂目前不敢冒認作佛。既目前無佛，他日又安得有佛也？若他日作佛時，佛方真有，則今日不作佛時，佛又何處去也？或有或無，自是識心分別，妄爲有無，非汝佛有有有無也明矣。

且既自謂不能成佛矣，亦可自謂此生不能成人乎？吾不知何以自立於天地之間也。既無以自立，則無以自安。無以自安，則在家無以安家，在鄉無以安鄉，在朝廷無以安朝廷。吾又不知何以度日，何以面於人也。吾恐縱謙讓，決不肯自謂我不成人也審矣。

既成人矣，又何佛不成，而更等待他日乎？天下寧有人外之佛，佛外之人乎？若必待仕宦婚嫁事畢然後學佛，則是成佛必待無事，是事有礙於佛也；有事未得作佛，是佛無益於事也。佛無益於事，成佛何爲乎？事有礙於佛，佛亦不中用矣，豈不深可笑哉？纔等待，便千萬億劫，可畏也夫！

（選自中華書局 1975 年版　焚書　卷一）

二、答鄧石陽

穿衣吃飯，卽是人倫物理；除却穿衣吃飯，無倫物矣。世間種種皆衣與飯類耳，故舉衣與飯而世間種種自然在其中，非衣飯之外，更有所謂種種絕與百姓不相同者也。學者只宜於倫物上識真空，不當於倫物上辨倫物。故曰："明於庶物，察於人倫。"於倫物上加明察，則可以達本而識真源；否則只在倫物上計較忖度，終無自得之日矣。支離、易簡之辨，正在於此。明察得真空，則爲由仁義行；不明察，則爲行仁義，入於支離而不自覺矣。可不愼乎！

昨者復書"真空"十六字，已説得無滲漏矣，今復爲註解以請正何如？所謂"空不用空"者，謂是太虛空之性，本非人之所能空也。若人能空之，則不得謂之太虛空矣，有何奇妙，而欲學者專以見性爲極則也耶！所謂"終不能空"者，謂若容得一毫人力，便是塞了一分真空,塞了一分真空,便是染了一點塵垢。此一點塵垢便是千劫繫驢之橛,永不能出離矣,可不畏乎! 世間蕩平大路,千人共由,萬人共履,我在此,兄亦在此,合邑上下俱在此。若自生分別,則反不如百姓日用矣。幸裁之!

弟老矣,作筆草草,甚非其意。兄倘有志易簡之理,不願虛生此一番,則弟雖吐肝膽之血以相究證,亦所甚願;如依舊橫此見解,不復以生死爲念,千萬勿勞賜教也!

(同上 卷一)

三、復 丘 若 泰

丘書云:"僕謂丹陽實病。"柳塘云:"何有於病? 且要反身默識。識默耶,識病耶?此時若纖念不起,方寸皆空,當是丹陽,但不得及此境界耳。"

苦海有八,病其一也。既有此身,即有此海;既有此病,即有此苦。丹陽安得而與人異耶! 人知病之苦,不知樂之苦——樂者苦之因,樂極則苦生矣。人知病之苦,不知病之樂——苦者樂之因,苦極則樂至矣。苦樂相乘,是輪迴種;因苦得樂,是因緣法。丹陽雖上仙,安能棄輪迴,舍因緣,自脫於人世苦海之外耶?但未嘗不與人同之中,而自然不與人同者,以行糧素具,路頭素明也。此時正在病,只一心護病,豈容更有別念乎?豈容一毫默識工夫參於其間乎?是乃真第一念也,是乃真無二念也;是乃真空也,是乃真纖念不起,方寸皆空之實境也。非謂必如何空之而後可至丹陽境界也。若要如何,便非實際,便不空矣。

(同上 卷一)

四、與李惟清

昨領教，深覺有益，因知公之所造已到聲聞佛矣。青州夫子之鄉，居常未曾聞有佛號，陡然劇談至此，真令人歡悅無量。

蒙勸諭同皈西方，甚善。但僕以西方是阿彌陀佛道場，是他一佛世界，若願生彼世界者，卽是他家兒孫。既是他家兒孫，卽得暫免輪迴，不爲一切天堂地獄諸趣所攝是也。彼上上品化生者，便是他家至親兒孫，得近佛光，得聞佛語，至美矣。若上品之中，離佛稍遠，上品之下，見面亦難，況中品與下品乎？是以雖生彼，亦有退墮者，以佛又難見，世間俗念又易起，一起世間念卽墮矣。是以不患不生彼，正患生彼而不肯住彼耳。此又欲生西方者之所當知也。若僕則到處爲客，不願爲主，隨處生發，無定生處。既爲客，卽無常住之理，是以但可行遊西方，而以西方佛爲暫時主人足矣，非若公等發願生彼，甘爲彼家兒孫之比也。

且佛之世界亦甚多。但有世界，卽便有佛；但有佛，卽便是我行遊之處，爲客之場。佛常爲主，而我常爲客，此又吾因果之最著者也。故欲知僕千萬億劫之果者，觀僕今日之因卽可知也。是故或時與西方佛坐談，或時與十方佛共語，或客維摩淨土，或客祇園精舍，或遊方丈、蓬萊，或到龍宮海藏。天堂有佛，卽赴天堂；地獄有佛，卽赴地獄。何必拘拘如白樂天之專往兜率內院，天台智者永明壽禪師之專一求生西方乎？此不肖之志也。非薄西方而不生也，以西方特可以當吾今日之大同耳。若公自當生彼，何必相拘。

所論禁殺生事，卽當如命戒殺。又謂僕性氣重者，此則僕膏肓之疾，從今聞教，卽有瘳矣。第亦未可全戒，未可全瘳。若全戒全瘳，卽不得入阿修羅之域，與毒龍魔王等爲侶矣。（同上　卷二）

五、與 明 因

世上人總無甚差別，唯學出世法，非出格丈夫不能。今我等既爲出格丈夫之事，而欲世人知我信我，不亦惑乎！既不知我，不信我，又與之辯，其爲惑益甚。若我則直爲無可奈何，只爲汝等欲學出世法者或爲魔所撓亂，不得自在，故不得不出頭作魔王以驅逐之，若汝等何足與辯耶！況此等皆非同住同食飲之輩，我爲出世人，光彩不到他頭上，我不爲出世人，羞辱不到他頭上，如何敢來與我理論！對面唾出，亦自不妨，願始終堅心此件大事。釋迦佛出家時，淨飯王是其親爺，亦自不理，況他人哉！成佛是何事，作佛是何等人，而可以世間情量爲之。

（同上 卷二）

六、復澹然大士

易經未三絕，今史方伊始，非三冬二夏未易就緒，計必至明夏四五月乃可。過暑毒，卽回龍湖矣。回湖唯有主張淨土，督課西方公案，更不作小學生鑽故紙事也。參禪事大，量非根器淺弱者所能擔。今時人最高者唯有好名，無真實爲生死苦惱怕欲求出脫也。日過一日，壯者老，少者壯，而老者又欲死矣。出來不覺就是四年，祗是怕死在方上，侍者不敢棄我屍，必欲裝棺材赴土中埋爾。今幸未死，然病苦亦漸多，當知去死亦不遠，但得回湖上葬於塔屋，卽是幸事，不須勸我，我自然來也。來湖上化，則湖上卽我歸成之地，子子孫孫道場是依，未可謂龍湖蕞爾之地非西方極樂淨土矣。

（同上 卷二）

七、心 經 提 綱

心經者，佛説心之徑要也。心本無有，而世人妄以爲有；亦無無，而學者執以爲無。有無分而能、所立，是自罣礙也，自恐怖也，自顛倒也，安得自在？獨不觀於自在菩薩乎？彼其智慧行深，既到自在彼岸矣，斯時也，自然照見色、受、想、行、識五藴皆空，本無生死可得，故能出離生死苦海，而度脱一切苦厄焉。此一經之總要也。下文重重説破，皆以明此，故遂呼而告之曰：舍利子，勿謂吾説空，便卽着空也」如我説色，不異於空也；如我説空，不異於色也。然但言不異，猶是二物有對，雖復合而爲一，猶存一也。其實我所説色，卽是説空，色之外無空矣；我所説空，卽是説色，空之外無色矣。非但無色，而亦無空，此真空也，故又呼而告之曰："舍利子，是諸法空相"。無空可名，何況更有生滅、垢净、增減名相？是故色本不生，空本不滅；説色非垢，説空非净；在色不增，在空不減。非億之也，空中原無是耳。是故五藴皆空，無色、受、想、行、識也；六根皆空，無眼、耳、鼻、舌、身、意也；六塵皆空，無色、聲、香、味、觸、法也；十八界皆空，無眼界乃至無意識界也。以至生老病死，明與無明，四諦智證等，皆無所得。此自在菩薩智慧觀照到無所得之彼岸也。如此所得既無，自然無罣礙恐怖與夫顛倒夢想矣，現視生死而究竟涅槃矣。豈惟菩薩，雖過去現在未來三世諸佛，亦以此智慧得到彼岸，共成無上正等正覺焉耳，則信乎盡大地衆生無有不是佛者。乃知此真空妙智，是大神呪，是大明呪，是無上呪，是無等等呪，能出離生死苦海，度脱一切苦厄，真實不虛也。然則空之難言也久矣。執色者泥色，説空者滯空，及至兩無所依，則又一切撥無因果。不信經中分明讚嘆空卽是色，更有何空；色卽是空，更有何色；無空無色，尚何有有有無，於我豈礙而不得自在耶？然則觀者但以自家智慧時常觀照，則彼岸當自得之矣。菩薩豈異人哉，但能一觀照之焉耳。人人皆菩薩而不自見也，故言菩薩則人人一矣，無聖愚也。言三世諸佛則古今一矣，無先後也。奈之何可使由而不可使知者衆也？可使知則爲菩薩；不可使知則爲凡民，爲禽獸，爲木石，卒歸於泯泯爾矣！

（同上　卷三）

八、祭 無 祀 文代作

竊以生而爲人，不得所依，則不免凍餒而疾病作。是故聖帝明王知而重之，仁人君子見而矜之，於是設養濟之院，建義社之倉，以至鄰里鄉黨之相賙，車馬輕裘之共敝，皆聖帝明王所謂煢獨之哀，仁人君子之所以周急也。而後四海始免怨號之夫矣，而豈徒然也哉！死而爲鬼，不得所依，則誰爲享奠而疫癘作。是故聖帝明王哀而普度，仁人君子憐而設饗。於是乎上元必祭，中元必祭，以至清明之節，霜降之夕，無不有祭。蓋我太祖高皇帝之所諄切，更列聖而不敢替者，又不獨古聖昔王相循已也。而後天下始無幽愁之鬼矣，而豈無謂也哉！何也？聖帝明王與仁人君子，皆神人之主也。不有主，將何所控訴乎？又何以諧神人而協上帝，通幽明而承天休也？生人之無依者，又是何等？若文王所稱四民，其大概也。死人之無依者，又是何等？若我太祖高皇帝所錄死亡，至詳悉也。是故京則祭以上卿，郡則祭以大夫，邑則祭以百里之侯，至於鄉祭、里祭、村祭、社祭，以及十家之都，咸皆有祭；而唯官祭則必以城隍之神主之。前此一日，本官先行牒告，臨期詣壇躬請，祭畢，乃敢送神以歸而後妥焉。此豈無義而聖人爲之哉！此豈諂黷於無祀之鬼，空費牲幣以享無用，而太祖高皇帝肯爲之哉！

今茲萬曆丁酉之清明，是夕也，自京國郡國，以至窮鄉下里，莫敢不欽依令典，相隨赴壇而祭，或設位而祭矣。況我沁水坪上，仁人君子比屋可封，生人無依，尚仰衣食，鬼苟乏祀，能不望祭乎？所恨覊守一官，重違鄉井，幸茲讀禮先廬，念焄蒿之悽愴，因思親以及親，爲位北郭，請僧諷經，自今夕始矣。凡百無主鬼神，有飯一飽，無痛乏宗；有錢分授，無爭人我：是所願也。

抑余更有説焉：凡爲人必思出苦，更於苦中求樂；凡爲鬼必愁鬼趣，更於趣中望生乃可。若但得飽便足，得錢便歡，則志在錢飽耳，何時得離此苦趣耶？醉飽有時，幽愁長在，吾甚爲諸鬼慮之。竊聞阿彌陀經等，金剛經等，諸佛真言等，衆僧爲爾宣言，再三再四，皆欲爾等度脱鬼倫，卽生人天，或趣佛乘，或飯西方者，誠可聽也，非但欲爾等一飽已也。又聞地藏王菩薩發願欲代一切地獄衆生之苦，此夕隨緣在會，有話須聽。又聞面然大士統領三千大千神鬼，與爾等相依日久，非不欲盡數超拔爾等，第亦無奈爾等自家不肯何耳。今爾等日夜守着大士，瞻仰地藏菩薩，可謂最得所主矣。幸時時聽其開導，毋終沉迷，則我此壇場，其爲諸鬼成聖成賢，生人生天之場，大非偶也。若是，則不但我坪上以及四境之無祀者所當敬聽，卽我宗親並內外姻親，諸凡有人奉祀者，亦當聽信余言，必求早早度脱也。雖有祀與無祀不同，有嗣與無嗣不同，然無嗣者呼爲無祀之鬼，有嗣者亦呼爲有祀之鬼，總不出鬼域耳。總皆鬼也，我願一聽此言也。我若狂言無稽，面然大士必罰我，地藏王菩薩必罰我，請佛諸大聖衆必罰我，諸古昔聖君賢相仁人君子必罰我。兼我太祖高皇帝，成祖文皇帝，以及列聖皆當罰我矣。不敢不敢，不虛不虛。謹告。

（同上　卷三）

九、篁山碑文代作

篁山庵在江西饒州德興縣界萬山中，其來舊矣，而人莫知。山有靈氣。唐元和間，有張庵孫者修真得道於此。迨勝國至元，里人胡一真又於此山修真得道去。相傳至今，山蓋有二真人焉。嗣後山缺住持，庵院幾廢，失今不修，將不免爲瓦礫之場矣。一興一廢，理固常然；既廢復興，寧獨無待。此僧真空之所爲作也。

真空少修戒律，行遊京師，從興聖禪師説戒。比還故里，纔到舟次，忽感異夢：彷然若見觀音大士指引入篁山修行者。歸而問人，人莫曉也。真空遂發願：願此生必見大士乃已。撥草窮源，尋至其地，果見大士儼然在於廢院之中。真空不覺進前拜禮，伏地大哭。於是復矢心誓天，務畢此生之力修整舊刹，復還故物。苦行齋心，戒律愈厲。居民長者感其至誠，協贊募化，小者輸木石，大者供糧米。未及數年而庵院鼎新，聖像金燦，朝鍾暮鼓，燈火熒煌。非但大士出現，僧衆有飯，且與山陬野叟、巖畔樵夫同依佛日，獲大光明。向之悶然莫曉其處者，今日共登道場，皆得同遊於净土矣。向非真空嚴持有素，則大士必不肯見夢以相招；又非發願勤渠，禮拜誠篤，則居民又安肯捐身割愛，以成就此大事乎？固知僧律之所繫者重也。

佛説六波羅蜜，以布施爲第一，持戒爲第二。真空之所以能勸修者，戒也；衆居士之所以布施者，爲其能持戒也。真空守其第二，以獲其第一；而衆居士出其第一，以成其第二。可知持戒固重，而布施尤重也。布施者比持戒爲益重，所謂青於藍。衆居士可以踴躍讚嘆，同登極樂之鄉矣，千千萬萬劫，寧復是此等鄉里之常人耶！持戒者寧爲第二，而使世人盡居第一布施波羅蜜極樂道

場，所謂青出於藍也。僧真空雖居衆人後，實居衆人前，蓋引人以
皈西方，其功德益無比也，余是以益爲真空喜也。向兩真人已去，
今戒真人復繼之，千餘年間，成三真人。然戒真人念佛勤，皈依切，
定生西方無疑。他日如見向者兩真人，幸一招之，毋使其或迷於小
道，則戒真人之功德益溥矣。

　　兹因其不遠數千里乞言京師，欲將勒石以記，余以此得與西方
之緣。戒真人見今度余也，余其可以不記乎？若其中隨力散財之
多寡，隨分出力之廣狹，興工於某年月，訖工於某時日，殿宇之宏
敞，僧房之幽邃，以至齋堂廚舍井竈之散處，其中最肯協贊之僧衆，
最肯竭力之檀越，各細書名實于碑之陰矣。

（同上　卷三）

十、書黄安二上人手册

　　出家者終不顧家，若出家而復顧家，則不必出家矣。出家爲
何？爲求出世也。出世則與世隔，故能成出世事；出家則與家絶，
故乃稱真出家兒。今觀釋迦佛豈不是見身爲净飯王之子，轉身卽
居轉輪聖王之位乎？其爲富貴人家，孰與比也？内有耶輸女之賢
爲之妻，又有羅睺羅之聰明爲之兒，一旦棄去，入窮山，忍饑凍，何
爲而自苦乃爾？爲求出世之事也。出世方能度世。夫此世間人，
猶欲度之使成佛，況至親父母妻兒哉！故釋迦成道而諸人同證妙
樂，其視保守一家之人何如耶？

　　人謂佛氏戒貪，我謂佛乃真大貪者。唯所貪者大，故能一刀兩
斷，不貪戀人世之樂也。非但釋迦，卽孔子亦然。孔子之於鯉，死
也久矣，是孔子未嘗爲子牽也。鯉未死而鯉之母已卒，是孔子亦未

嘗爲妻縶也。三桓薦之，而孔子不仕，非人不用孔子，乃孔子自不欲用也。視富貴如浮雲，唯與三千七十遊行四方，西至晉，南走楚，日夜皇皇以求出世知己。是雖名爲在家，實終身出家者矣。故余謂釋迦佛辭家出家者也，孔夫子在家出家者也，非誕也。

今我自視聰明力量既遠不逮二老矣，而欲以悠悠之念證佛祖大事，多見其不自量也，上人又何爲而遠來乎？所幸雙親歸土，妻宜人黄氏又亡。雖有一女嫁與莊純夫，純夫亦是肯向前努力者。今黄安二上人來此，欲以求出世大事，余何以告之？第爲書釋迦事，又因其從幼業儒，復書孔子生平事以爲譬。欲其知往古，勉將來，以不負此初志而已也。

（同上　卷三）

十一、解經題

大佛頂者，至大而無外，故曰大：至高而莫能上，故曰頂。至大至高，唯佛爲然，故曰大佛頂也。夫自古至今，誰不從是大佛頂如如而來乎？但鮮有知其因者耳。能知其因，如是至大，如是至高，則佛頂在我矣。然何以謂之至大？以無大之可見，故曰至大也。何以謂之至高？以無高之可象，故曰至高也。不可見，不可象，非密而何？人唯不知其因甚密，故不能以密修，不能以密證，而欲其決了難矣。豈知此經爲了義之密經，此修爲證明之密修，此佛爲至大至高，不可見，不可象，密密之佛乎？此密密也，諸菩薩萬行悉從此中流出，無不可見，無不可象，非頑空無用之比也。是以謂之首楞嚴。首楞嚴者，唐言究竟堅固也。究竟堅固不壞，則無死無生，無了不了之人矣。

（同上　卷四）

十二、書決疑論前

　　經可解，不可解。解則通於意表，解則落於言詮。解則不執一定，不執一定即是無定，無定則如走盤之珠，何所不可。解則執定一說，執定一說即是死語，死語則如印印泥，欲以何用也？

　　此書千言萬語，只解得心經中"色即是空，空即是色"兩句經耳。經中又不曰"是故空中無色"乎？是故無色者衆色之母，衆色者無色之色，謂衆色即是無色則可，謂衆色之外別無無色豈可哉！由此觀之，真空者衆苦之母．衆苦者真空之苦，謂真空能生衆苦則可，謂真空不能除滅衆苦又豈可哉！蓋既能生衆苦，則必定能除滅衆苦無疑也。衆苦熾然生，而真空未嘗生；衆苦卒然滅，而真空未嘗滅。是以謂之極樂法界，證入此者，謂之自在菩薩耳。今以厭苦求樂者謂之三乘，則心經所云"照見五蘊皆空，度一切苦厄，"又云"能除一切苦，真實不虛"者，皆誑語矣。

　　十法界以佛界與九界並稱，豈可即以娑婆世界爲佛界，離此娑婆世界遂無佛界耶？故謂娑婆世界即佛世界可也，謂佛世界不即此娑婆世界亦可也。非厭苦，誰肯發心求樂？非喜於得樂，又誰肯發心以求極樂乎？極樂則自無樂，無樂則自無苦，無罣礙，無恐怖，無顛倒夢想。非有苦，有罣礙，有恐怖，有顛倒，而見以爲無也。非有智有得，而見以爲無得也。非有因有緣，有苦有集，有滅有道，而强以爲無苦、集、滅、道也。非有空有色，有眼耳鼻舌身意，而强以爲空中無色，無眼耳鼻舌身意也。故曰："但有言說，皆無實義。"

　　夫經，言教也。聖人不得已而有言，故隨言隨掃，亦恐人執之耳。苟知凡所有相皆是虛妄，則願力慈悲尤相之大者，生死之甚者，而可藉之以爲安，執之以爲成佛之根本乎？凡有佛，卽便有願，卽便有慈悲。今但恐其不見佛耳，不患其無佛願，無慈悲心也。有佛而無慈悲大願者，我未之見也。故有佛，卽便有菩薩。佛是體，菩薩是用；佛是主人翁，菩薩是管家人；佛是聖天子，菩薩是百執事。誰能離得？若未見佛而徒與假慈悲，殆矣！

（同上 卷四）

十三、解 經 文

晦昧者，不明也。不明卽無明。世間有一種不明自己心地者，以爲吾之真心如太虛空，無相可得，衹緣色想交雜，昏擾不寧，是以不空耳。必盡空諸所有，然後完吾無相之初，是爲空也。夫使空而可爲，又安得謂之真空哉！縱然爲得空來，亦卽是掘地出土之空，如今之所共見太虛空耳，與真空總無交涉也。夫其初也，本以晦昧不明之故而爲空；其既也，反以爲空之故，益晦暗以不明。所謂晦暗，卽是晦昧，非有二也。然是真空也，遇明白曉了之人，真空卽在此明白之中，而真空未始明白也。苟遇晦暗不明之者，真空亦卽在此晦暗之中，而真空未始晦暗也。故曰：“空晦暗中。”唯是吾心真空，特地結起一朵晦暗不明之色，本欲爲空，而反爲色，是以空未及爲而色已暗結矣。故曰：“結暗爲色”。於是卽以吾晦暗不明之妄色，雜吾特地爲空之妄想，而身相宛然遂具，蓋吾此身原從色想交雜而後有也。

既以妄色妄想相交雜而爲身，於是攀緣搖動之妄心日夕屯聚於身內，望塵奔逸之妄相日夕奔趨於身外，如衝波逐浪，無有停止，其爲昏擾擾相，殆不容以言語形狀之矣。是謂心相，非真心也，而以相爲心可歟！是自迷也。卽迷爲心，則必決定以爲心在色身之內，必須空却諸擾擾相，而爲空之念復起矣。復從爲空結色雜想以成吾身，展轉受生，無有終極，皆成於爲空之一念，始於晦昧之無明故耳。夫既迷爲心，是一迷也。復迷謬以爲吾之本心卽在色身之內，必須空却此等心相乃可。嗟嗟！心相其可空乎！是迷而又迷者也。故曰：“迷中倍人。”豈知吾之色身泊外而山河，遍而大地，並所見之太虛空等，皆是吾妙明真心中一點物相耳。是皆心相自然，誰能空之耶？心相既總是真心中所現物，真心豈果在色身之內耶？夫諸相總是吾真心中一點物，卽浮漚總是大海中一點泡也。使大海可以空却一點泡，則真心亦可以空却一點相矣，何自迷乎？

比類以觀，則晦昧爲空之迷惑，可破也已。且真心既已包却色身，泊一切山河虛空大地諸有爲相矣，則以相爲心，以心爲在色身之內，其迷惑又可破也。

（同上 卷四）

十四、念 佛 答 問

小大相形，是續鳧短鶴之論也。天地與我同根，誰是勝我者；萬物與我爲一體，又誰是不如我者。我謂念佛卽是第一佛，更不容於念佛之外復覓第一義諦也。如謂念佛乃釋迦權宜接引之法，則所謂最上一乘者，亦均之爲權宜接引之言耳。古人謂佛有悟門，曾奈落在第二義，正仰山小釋迦吐心吐膽之語。後來中峯和尚謂學道真有悟門，教人百計搜尋，是誤人也。故知此事在人真實怕死與不耳。發念苟真，則悟與不悟皆爲戲論，念佛參禪總歸大海，無容着脣吻處也。

（同上 卷四）

十五、讀若無母寄書

　　若無母書云："我一年老一年，八歲守你，你既捨我出家也罷，而今又要遠去。你師當日出家，亦待終了父母，纔出家去。你今要遠去，等我死了還不遲"。若無答云："近處住一毫也不曾替得母親。"母云："三病兩痛自是方便，我自不欠掛你，你也安心，亦不欠掛我。兩不欠掛，彼此俱安。安處就是靜處，如何只要遠去以求靜耶？況秦蘇哥從買寺與你以來，待你亦不薄，你想道情，我想世情。世情過得，就是道情。莫說我年老，就你二小孩子亦當看顧他。你師昔日出家，遇荒年也顧兒子，必是他心打不過，纔如此做。設使不顧，使他流落不肖，爲人笑耻。當此之時，你要修靜，果動心耶，不動心耶？若不動心，未有此理；若要動心，又怕人笑，又只隱忍過日。似此不管而不動心，與今管他而動心，孰真孰假，孰優孰劣？如此看來，今時管他，迹若動心，然中心安安妥妥，却是不動心；若不管他，迹若不動，然中心隱隱痛痛，却是動心。你試密查你心：安得他好，就是常住，就是金剛。如何只聽人言？只聽人言，不查你心，就是被境轉了。被境轉了，就是你不會安心處。你到不去住心地，只要去住境地。吾恐龍潭不靜，要住金剛；金剛不靜，更住何處耶？你終日要講道，我今日與你講心。你若不信，又且證之你師，如果在境，當住金剛；如果在心，當不必遠去矣。你心不靜，莫說到金剛，縱到海外，益不靜也"。

　　卓吾子讀而感曰：恭喜家有聖母，膝下有真佛。夙夜有心師，所矢皆海潮音，所命皆心髓至言，顛撲不可破。回視我輩傍人隔靴搔癢之言，不中理也。又如説食示人，安能飽人，徒令傍人又笑傍人，而自不知耻也。反思向者與公數紙，皆是虛張聲勢，恐嚇愚人，與真情實意何關乎！乞速投之水火，無令聖母看見，説我平生盡是説道理害人去也。又願若無張掛爾聖母所示一紙，時時令念佛學道人觀看，則人人皆曉然去念真佛，不肯念假佛矣。能念真佛，即是真彌陀，縱然不念一句"彌陀佛"，阿彌陀佛亦必接引。何也？念佛者必修行，孝則百行之先。若念佛名而孝行先缺，豈阿彌陀亦少孝行之佛乎？決無是理也。我以念假佛而求見阿彌陀佛，彼佛當初亦念何佛而成阿彌陀佛乎？必定亦只是尋常孝慈之人而已。言出至情，自然刺心，自然動人，自然令人痛哭，想若無必然與我同也，未有聞母此言而不痛哭者也。

（同上　卷四）

十六、三大士像議

觀世音像高一尺四寸，文殊像高一尺二寸，面俱向南，而意思實時時照觀世音。獨普賢像高一尺二寸，面正向如觀世音然，而趺坐磐石則如文殊。普賢與文殊二大菩薩所坐石崖，比觀世音坐俱稍下三四寸，俱相去一尺九寸。羅漢等像俱高六七寸，有行立起伏不同。觀音坐出石崖一尺三寸，文殊、普賢坐出石崖一尺一寸。別有玲瓏山石，覆罩其頂，俱出崖三尺四寸，直至橫斷崖遂止。高處直頂穿山穴，石崖自東來，至正中亦遂止。觀世音旁有善財執花奉獻。崖又稍斷，復起一陡崖，轉向正中坐，坐文殊師利。又自西斜向東，連生兩崖：一崖建塔，一崖坐普賢。即此三坐。上方，迢遞逶迤，或隱或現，或續或絶，俱峻險古怪，則羅漢等往來其間。用心如意塑出，用上好顏料裝成，即有賞；不則明告佛菩薩，即汝罰也。

時有衆僧共見，曰："崖上菩薩法身莫太小麼？"和尚曰："只有山藏人，未有人包山。"後菩薩像出，和尚立視良久，教處士曰："三大士總名菩薩，用處亦各不同。觀音表慈，須面帶慈容，有憐憫衆生没在苦海之意。文殊表智，凡事以智爲先，智最初生，如少兒然，面可悦澤豐滿，若喜慰無盡者。普賢表行，須有辛勤之色，恰似諸行未能滿足其願。若知此意，則菩薩真身自然出現，可使往來瞻仰者頓發菩提心矣。豈不大有功德哉！不但爾也，即汝平生塑像以來一切欺天誆人之罪，皆得銷殞矣"。時有一僧對曰："也要他先必有求懺悔之心乃可。"和尚呵之曰："此等腐話再不須道！"處士金姓，眇一目，視瞻不甚便，而心實平穩可教。像之面目有些不平整，和尚每見，輒嘆以爲好，豈非以其人乎，抑所嘆在驪黄之外也？衆僧實不知故。因和尚歸方丈，即指令改正。和尚大叫曰："叫汝不必改，如何又添改也？"金處士牙顫手摇，即答云："非某甲意，諸人教戒某也"。林時亦在旁，代啓和尚曰："比如菩薩鼻不對嘴，面不端正，亦可不改正乎？"和尚忻然笑曰："爾等怎解此個道理，爾試定睛一看：當時未改動時，何等神氣，何等精采。但有神則自活動，便是善像佛菩薩者矣，何必添補令好看也。好看是形，世間庸俗人也，活動是神，出世間菩薩乘也。好看者，致飾於外，務以悦人，今之假名道學是也。活動者，真意實心，自能照物，非可以肉眼取也。"

適居士楊定見攜寶石至，和尚呼侍者取水净洗，因置一莖草於净几之上，取石吸草，以辯真不。蓋必真，乃可以安佛菩薩面頂肉髻也。乃石竟不吸草。和尚乃覺曰："寶石不吸腐草，磁石不引曲鍼，自古記之矣。快取一莖新草來投之！"一投即吸。和尚喜甚，曰："石果真矣！此非我喜真也，佛是一團真者，故世有真人，然後知有真佛；有真佛，故自然愛此真人也。唯真識真，唯真逼真，唯真念真,宜哉！然則不但佛愛此真石,我亦愛此真石也。不但我愛此真石,卽此一粒真石,亦惓惓欲人知其爲真,而不欲人以腐草誣之以爲不真也。使此真石遇腐人投腐草,不知其性,則此石雖真,畢竟死于腐人之手決矣。"

　　佛像菩薩胚胎已就,處士長跪合掌而言曰:"請和尚看安五臟！"和尚笑曰:"且住！我且問爾！爾曾留有後門不？若無門,卽有腹臟,屎從何出？所以你們愚頑,未達古人立像之意。古人立像,以衆生心散亂,欲使之覩佛皈依耳。佛之心肝五臟,非佛罔知,豈是爾等做得出也！且夫世之塑神者必安五臟,穿七孔,何也？爲求其靈而應也,庶幾祈福得福,祈免禍得免禍也。此世人塑神事神之本意也。若我與諸佛菩薩則不然。若我以諸佛菩薩爲心,則吾心靈;衆僧若以諸佛菩薩爲心,則衆僧心靈。借佛菩薩像以時時考驗自己心靈不靈而已。靈則生,不靈則死。是佛菩薩之腹臟常在吾也。"處士又曰:"某日開光,須用活雞一隻刺血點目睛。"和尚曰:"我這裏佛自解放光,不似世上一等魍魎匠、魑魅僧巧立名色,誆人錢財也。爾且去用心粧出,令一切人見之無不生渴仰心,頓捨深重恩愛苦海,立地欲求安樂解脱.大光明彼岸,卽爾塑事畢矣,我願亦畢矣。無多言！再無多言！"故至今未安五臟,未開光。然雖未開光,而佛光重重照耀,衆僧見之,無不渴仰。

　　至五月五日,和尚閒步廊下,見粧嚴諸佛菩薩及韋馱尊者像,嘆曰:"只這一塊泥巴,塑佛成佛,塑菩薩成菩薩,塑尊者成尊者,欲威則威,欲慈則慈,種種變化成就俱可。孰知人爲萬物之靈,反不如一泥巴土塊乎！任爾千言萬語,千勸萬諭,非聾卽啞,不聽之矣。果然哉,人之不如一土木也！"懷林時侍和尚,請曰:"和尚以人爲土,人聞之必怒;以土比人,人聞之必以爲太過。今乃反以人爲不如土木,則其以和尚爲胡説亂道,又當何如也？然其實真不如也,非太過之論也。記得和尚曾嘆人之不如狗矣,謂狗終身不背背主人也。又讀<u>孫堅</u>義馬傳,曾嘆人之不如馬矣,以馬猶知報恩,而人則反面無情,不可信也。今又謂人更土木之不如,則凡有情之禽獸,無情之土木,皆在人上者,然則天亦何故而生人乎?""噫!此非爾所知也。人之下者,禽獸土木不若,固也;人之上者,且將咸若禽獸,生長草木,又豈禽獸草木可得同乎?我爲下下人説,不爲上上人説。"<u>林復</u>請曰:"上下亦何常之有?記得<u>六祖大師</u>有云:'下下人有上上智',有上智則雖下亦上;'上上人有没意智',没意智則雖上亦下。上下之位,固無定也"。"噫!以此觀之,人決不可以不慎矣。一不慎即至此極,頓使上下易位。我與子從今日始,可不時時警惕乎!"沙彌懷林記。

(同上 卷四)

十七、戒衆僧

佛説波羅蜜。波羅蜜有六,而持戒其一也。佛説戒、定、慧。戒、定、慧有三,而戒行其先也。戒之一字,誠未易言。戒生定,定生慧。慧復生戒,非慧離戒;慧出於戒,非慧滅戒。然則定、慧者成佛之因,戒者又定、慧之因。我<u>釋迦老子</u>未成佛之先,前後苦行一十二年,其戒也如此,汝大衆所知也。我<u>釋迦老子</u>即成佛之後,前後説法四十九年,其戒也如此,亦汝大衆所知也。若謂佛是戒空,戒是佛縛,既已得道成佛,不妨毀律破戒,則舍精舍,歸王宮,有何不可,而仍衣破衲,重持鉢,何爲者哉?須知父母乳哺之恩難報,必須精進以報之。所謂一子成道,九族生天,非妄言也。十方顆粒之施難消,必須精進以消之,所謂披手戴角,酬還信施,豈誑語耶！

　　然則戒之一字，衆妙之門，破戒一言，衆禍之本。戒之一字，如臨三軍，須臾不戒，喪敗而奔；戒之一字，如履深谷，須臾不戒，失足而殞。故知三千威儀，重於山岳；八萬細行，密如牛毛。非是多事强爲，於法不得不爾故也。毋曰“莫予覩也”，便可閒居而縱恣。一時不戒，人便已知，正目而視者，非但一目十目，蓋千億目共視之矣。毋曰“莫予指也”，便可掩耳而偸鈴。一念不戒，鬼將誅之，旁觀者而嗔者，非但一手十手，蓋千億手共指之矣。

　　嚴而又嚴，戒之又戒。自今以往，作如是觀：生受齋供，如吞熱鐵之丸，若不膽顫心寒，與犬豕其何異！行覔戒珠，如入清涼之閣，若復魂飛魄散，等乞丐以何殊！如此用心，始稱衲子。如水行舟，風浪便覆；如車行地，敧斜卽敗。風浪誰作？覆没自當。敧斜誰爲？顛仆自受。凡我大衆，其愼之哉！除年長久參者無容贅示，間有新到比丘未知慚愧，不得不更與申明之耳。凡此大衆，幸各策勵，庶稱芝佛道場；猛著精神，共成龍潭勝會可矣。

（同上　卷四）

十八、六 度 解

　　我所喜者學道之人，汝肯向道，吾又何説？道從六度入。六度之中，持戒禪定其一也。戒如田地，有田地方有根基，可以爲屋種田。然須忍辱。忍辱者，謙下以自持，虛心以受善，不敢以貢高爲也。如有田地，須時時澆糞灌水，方得有秋之穫。不然，雖有田地何益？精進則進此持戒忍辱兩者而已。此兩者日進不已，則自然得入禪定真法門矣。既禪定，不愁不生智慧而得解脱也。故知布施、持戒、忍辱真禪定之本，而禪定又爲智慧解脱之本。六者始終不舍，如濟渡然，故曰六度。此六度也，總以解脱爲究竟，然必須持戒忍辱以入禪定，而後解脱可得。及其得解脱也，又豈離此持戒忍辱而別有解脱哉！依舊即是前此禪定之人耳。如離禪定而説解脱，非唯不知禪定，而亦不知解脱矣。以此見生死事大，決非淺薄輕浮之人所能造詣也。試看他靈山等會，四十九年猶如一日，持戒忍辱常如一年。今世遠教衰，後生小子拾得一言半句，便自猖狂，不敬十方，不禮晚末，説道何佛可成。此與無爲教何異乎？非吾類也。

（同上　卷四）

十九、觀　音　問

答澹然師

昨來書，謂：“觀世音大士發大弘願，我亦欲如是發願：願得如大士圓通無障礙。聞庵僧欲塑大士像，我願爲之，以致皈依，衹望卓公爲我作記也。”余時作筆走答云：“觀音大士發大弘願，似矣。但大士之願，慈悲爲主：以救苦救難爲悲，以接引念佛衆生皈依西方佛爲慈。彼一切圓通無障礙，則佛佛皆然，不獨觀音大士也。彼塑像直布施功德耳，何必問余？或可或否，我不敢與。”余時作答之語如此，然尚未明成佛發願事，故復言之。

蓋言成佛者，佛本自成，若言成佛，已是不中理之談矣，況欲發願以成之哉！成佛者，成無佛可成之佛，此千佛萬佛之所同也。發願者，發佛佛各所欲爲之願，此千佛萬佛之所不能同也。故有佛而後有願，佛同而願各異，是謂同中有異也。發願盡出于佛，故願異而佛本同，是謂異中有同也。然則謂願由于佛可也，而謂欲發願以成佛可乎？是豈中理之談哉！雖然，此亦未易言也。大乘聖人尚欲留惑潤生，發願度人，況新發意菩薩哉！然大乘菩薩實不及新發意菩薩，大願衆生實不及大心衆生，觀之龍女、善財可見矣。故單言菩薩，則雖上乘，猶不免借願力以爲重。何者？見諦未圓而信心未化也。唯有佛菩薩如觀音、大勢至、文殊、普賢等，始爲諸佛發願矣。故有釋迦佛則必有文殊、普賢，釋迦爲佛而文殊、普賢爲願也。有阿彌陀佛則必有觀音、勢至，彌陀是佛而觀音、勢至是願也。此爲佛願，我願澄師似之！

又

佛之心法，盡載之經。經中一字透不得，卽是自家生死透不得，唯不識字者無可奈何耳。若謂經不必讀，則是經亦不必留，佛亦不用有經矣。昔人謂讀經有三益：有起發之益，有開悟之益，又有印證之益。其益如此，曷可不讀也！世人忙忙不暇讀，愚人懵懵不能讀，今幸生此閒身，得爲世間讀經之人而不肯讀，比前二輩反在其後矣。快刻期定志立限讀之，務俾此身真實可以死乃得。

又

世人貪生怕死，蠅營狗苟，無所不至，若見此僧端坐烈焰之中，無一毫恐怖，或遂頓生念佛念法之想，未可知也。其有益于塵世之人甚大，若欲湖僧爲之津送則不可。蓋凡津送亡僧者，皆緣亡者神識飛揚，莫知去向，故藉平時持戒僧衆誦念經咒以助之。今此火化之僧，必是了然自知去向者，又何用湖僧爲之津送耶？且湖上僧雖能守戒行，然其貪生怕死，遠出亡僧之下，有何力量可以資送此僧？若我則又貪生怕死之尤者，雖死後猶怕焚化，故特地爲塔屋于龍湖之上，敢以未死之身自入于紅爐乎？其不如此僧又已甚遠。自信、明因餉往俱切，皆因爾澹師倡導，火力甚大，故衆菩薩不覺不知自努力向前也。此其火力比今火化之僧又大矣。何也？火化之僧只能化得自己，若澹師則無所不化。火化僧縱能化人，亦只化得衆人念佛而已，若澹師則可以化人立地成佛，故其火力自然不同。

又

學道人大抵要跟脚真耳，若始初以怕死爲跟脚，則必以得脱生死、離苦海、免恐怕爲究竟。雖遲速不同，決無有不證涅槃到彼岸者。若始初只以好名爲跟脚，則終其身只成就得一個虚名而已，虚名於我何與也？此事在各人自查考，别人無能爲也。今人縱十分學道，亦多不是怕死。夫佛以生死爲苦海，而今學者反以生死爲極樂，是北轅而南其轍，去彼岸愈遠矣。世間功名富貴之人，以生爲樂也，不待言。欲學出世之法，而唯在于好名，名只在于一生而已，是亦以生爲樂也，非以生爲苦海也。苦海有八，生其一也。即今上亦不得，下又不得，學亦不得，不學亦不得，便可以見有生之苦矣。佛爲此故，大生恐怖。試看我輩今日何曾以此生身爲苦爲患，而決求以出離之也。尋常亦會説得此身是苦，其實亦只是一句説話耳，非真真見得此身在陷阱坑坎之中，不能一朝居者也。試驗之自見。

又

閩師又得了道，道豈時時可得耶？然真正學者亦自然如此。楊慈湖先生謂大悟一十八遍，小悟不計其數，故慈湖於宋儒中獨爲第一了手好漢，以屢疑而屢悟也。學人不疑，是謂大病。唯其疑而屢破，故破疑即是悟。自信菩薩於此事信得及否？彼以談詩談佛爲二事，不知談詩即是談佛。若悟談詩即是談佛人，則雖終日談詩何妨。我所引"白雪陽春"之語，不過自謙之辭，欲以激勵彼，俾知非佛不能談詩也，而談詩之外亦別無佛可談。自信失余之意，反以談詩爲不美，豈不誤哉？歷觀傳燈諸祖，其作詩説偈，超逸絶塵不可當，亦可以談詩病之乎？唯本不能詩而强作，則不必；若真實能詩，則因談佛而其詩益工者又何多也，何必以談詩爲病也？

與 澄 然

認不得字勝似認得字，何必認得字也？只要成佛，莫問認得字與否，認得字亦是一尊佛，認不得字亦是一尊佛。當初無認字佛，亦無不認得字佛。無認字佛，何必認字；無不認字佛，何必不認字也？大要只要自家生死切耳。我昨與丘坦之壽詩有云："劬勞雖謝父母恩，扶持自出世中尊。"今人但見得父母生我身，不知日夜承世尊恩力，蓋千生萬劫以來，作忘恩背義之人久矣。今幸世尊開我愚頑，頓能發起一念無上菩提之心，欲求見初生爺娘本面，是爲萬幸，當生大慚大愧乃可。故古人親證親聞者，對法師前高叫大哭，非漫然也。千萬劫相失爺娘，一旦得之，雖欲不慟哭，不可得矣。慎莫草草作語言戲論，反成大罪過也」世間戲論甚多，惟此事是戲論不得者。

答 自 信

既自信，如何又説放不下；既放不下，如何又説自信也？試問自信者是信個甚麼？放不下者又是放不下個甚麼？於此最好參取。信者自也，不信者亦自也。放得下者自也，放不下者亦自也。放不下是生，放下是死；信不及是死，信得及是生。信不信，放下不放下，總屬生死。總屬生死，則總屬自也，非人能使之不信不放下，又信又放下也。於此着實參取，便自得之。然自得亦是自，來來去去，生生死死，皆是自，可信也矣。來書"原無生死"四字，雖是諸佛現成語，然真實是第一等要緊語也。既説原無生死，則亦原無自信，亦原無不自信也；原無放下，亦原無不放下也。"原無"二字甚不可不理會：既説原無，則非人能使之無可知矣，亦非今日方始無又可知矣。若待今日方始無，則亦不得謂之原無矣。若人能使之無，則亦不得謂之原無矣。"原無"二字總説不通也。故知原無生者，則雖千生總不妨也。何者？雖千生終不能生，此原無生也。使原無生而可生，則亦不得謂之原無生矣。故知原無死者，則雖萬死總無礙也。何者？雖萬死終不能死，此原無死也。使原無死而可死，則亦不得謂之原無死矣。故"原無生死"四字，不可只恁麼草草讀過，急着精彩，便見四字下落。

又

一動一靜，原不是我，莫錯認好。父母已生後，即父母未生前，無別有未生前消息也。見得未生前，則佛道、外道、邪道、魔道總無有，何必怕落外道乎？總無死，何必怕死乎？然此不怕死總自十分怕死中來。世人唯不怕死，故貪此血肉之身，卒至流浪生死而不歇；聖人唯萬分怕死，故窮究生死之因，直證無生而後已。無生則無死，無死則無怕，非有死而強説不怕也。自古唯佛、聖人怕死爲甚，故曰"子之所慎，齋戰疾"，又曰"臨事而懼，若死而無悔者吾不與"，其怕死何如也？但記者不知聖人怕死之大耳。怕死之大者，必朝聞而後可免于夕死之怕也，故曰"朝聞道夕死可矣"。曰可者，言可以死而不怕也；再不復死，亦再不復怕也。我老矣，凍手凍筆，作字甚難，慎勿草草，須時時與明因確實理會。我於詩學無分，祇緣孤苦無朋，用之以發叫號，少洩胸中之氣，無白雪陽春事也。舉世無真學道者，今幸有爾列位真心向道，我喜何如！若悠悠然唯借之以過日子，又何必乎？

又

若無山河大地，不成清浄本原矣，故謂山河大地卽清浄本原可也。若無山河大地，則清浄本原爲頑空無用之物，爲斷滅空不能生化之物，非萬物之母矣，可值半文錢乎？然則無時無處無不是山河大地之生者，豈可以山河大地爲作障礙而欲去之也？清浄本原，卽所謂本地風光也。視不見，聽不聞，欲聞無聲，欲嗅無臭，此所謂龜毛兔角，原無有也。原無有，是以謂之清浄也。清浄者，本原清浄，是以謂之清浄本原也，豈待人清浄之而後清浄耶？是以謂之鹽味在水，唯食者自知，不食則終身不得知也。又謂之色裏膠青。蓋謂之曰膠青，則又是色，謂之曰色，則又是膠青。膠青與色合而爲一，不可取也。是猶欲取清浄本原於山河大地之中，而清浄本原已合於山河大地，不可得而取矣；欲捨山河大地於清浄本原之外，而山河大地已合成清浄本原，又不可得而舍矣。故曰取不得，舍不得，雖欲不放下不可得也。龜毛兔角，我所説與佛不同：佛所説以證斷滅空耳。

又

念佛是便宜一條路，昨火化僧只是念佛得力。人人能念佛，人人得往西方，不但此僧爲然，亦不必似此火化乃見念佛功効也。古今念佛而承佛接引者，俱以無疾而化爲妙。故或坐脱，或立亡，或吉祥而逝。故佛上稱十號，只曰"善逝"而已。善逝者，如今人所言好死是也。此僧火化，雖非正法，但其所言得念佛力，實是正言，不可因其不是正法而遂不信其爲正言也，但人不必學之耳。念佛須以見佛爲願，火化非所願也。

又

無相、無形、無國土，與有相、有形、有國土，成佛之人當自知之，已證涅槃之人亦自知之，豈勞問人也？今但有念佛一路最端的。念佛者，念阿彌陀佛也。當時釋迦金口稱讚有阿彌陀佛，在西方極樂國土，專一接引念佛衆生。以此觀之，是爲有國土乎，無國土乎？若無國土，則阿彌陀佛爲假名，蓮華爲假相，接引爲假説。互相欺誑，佛當受彌天大罪，如今之衙門口光棍，當卽時敗露，卽受誅夷矣，安能引萬億劫聰明豪傑同登金蓮勝會乎？何以問我有無形、相、國土爲也？且夫佛有三身：一者清浄法身，卽今問佛問法與問有無形、相、國土者也，是無形而不可見，無相而不可知者也。是一身也。二者千百億化身，卽今問佛問法問有無形、相、國土，又欲參禪，又欲念佛，又不敢自信，如此者一日十二時，有千百億化現，故謂之化身。是又一身也。卽法身之動念起意，變化施爲，可得而見，可得而知，可得而狀者也。三者圓滿報身，卽今念佛之人滿卽報以極樂，參禪之人滿卽報以浄土，修善之人滿卽報以天堂，作業之人滿卽報以地獄，慳貪者報以餓狗，毒害者報以虎狼，分釐不差，毫髮不爽，是報身也。報身卽應身，報其所應得之身也。是又一身也。今但念佛，莫愁不到西方，如人但讀書，莫愁不取富貴，一理耳。但有因，卽有果。但得本，莫愁末不相當；但成佛，莫愁佛不解語，不有相，不有形，不有國土也。又須知我所説三身，與佛不同，佛説三身，一時具足，如大慧引儒書云："'天命之謂性'，清浄法身也。'率性之謂道'，圓滿報身也。'修道之謂教'，千百億化身也。"最答得三身之義明白。然果能知三身卽一身，則知三世卽一時，我與佛説總無二矣。

答　明　因

昨有客在，未及裁答。記得爾言"若是自己，又何須要認"。我謂此是套語，未可便説不要認也。急寫"要認"數字去。夫自己親生爺娘認不得，如何是好，如何過得日子，如何便放得下，自不容不認得去也。天下豈有親生爺娘認不得，而肯丢手不去認乎？決無此理，亦決無此等人。故我作壽<u>丘坦</u>之詩有云："劬勞雖謝父母恩，扶持自出世中尊。"尊莫尊于爺娘，而人却認不得者，無始以來認他人作父母，而不自知其非我親生父母也。一旦從佛世尊指示，認得我本生至親父母，豈不暢快！又豈不痛恨昔者之不見而自哀鳴與流涕也耶！故<u>臨濟</u>以之築<u>大愚</u>，非築<u>大愚</u>也，喜之極也。夫既認得自己爺娘，則天來大事當時成辦，當時結絶矣。蓋此爺娘是真爺娘，非一向假爺娘可比也。假爺娘怕事，真爺娘不怕事：入火便入火，燒之不得；入水便入水，溺之不得。故唯親爺娘爲至尊無與對，唯親爺娘能入於生死，而不可以生死；唯親爺娘能生生而實無生，能死死而實無死。有此好爺娘，可不早親識認之乎？然認得時，爺娘自在也；認不得時，爺娘亦自在也。唯此爺娘情性大好，不肯强人耳。因復走筆潦倒如此，甚不當。

又

<u>無明</u>"實性即佛性"二句，亦未易會。夫既説實性，便不可空身；既説空身，便不宜説實性矣。參參！"但得本，莫愁末"。我道但有本可得，即便有末可愁，難説莫愁末也。"自利利他"亦然：若有他可利，便是未能自利的矣。既説"父母未生前"，則我身尚無有；我身既無有，則我心亦無有；我心尚無有，如何又説有佛？苟有佛，即便有魔，即便有生有死矣，又安得謂之父母未生前乎？然則所謂真爺娘

者，亦是假立名字耳，莫太認真也！真爺娘不會説話，乃謂能度阿難，有是理乎？佛未嘗度阿難，而阿難自迷，謂必待佛以度之，故愈迷愈遠，直至迦葉時方得度爲第二祖。當迦葉時，迦葉力擯阿難，不與話語，故大衆每見阿難便卽星散，視之如讐人然。故阿難慌忙無措，及至無可奈何之極，然後舍却從前悟解，不留半點見聞於藏識之中，一如父母未生阿難之前然，迦葉方乃印可傳法爲第二祖也。設使阿難猶有一毫聰明可倚，尚貪着不肯放下，至極乾净，迦葉亦必不傳之矣。蓋因阿難是極聰明者，故難舍也。然則凡看經看教者，只要舍我所不能舍，方是善看經教之人，方是真聰明大善知識之人。莫説看經看教爲不可，只要看得暼脱乃可。

明因曰：諸相原非相，只因種種差別，自落諸相中，不見一相能轉諸相。

諸相原非相，是也，然怎見得原非相乎？世間凡可得而見者，皆相也，今若見得非相，則見在而相不在，去相存見，是又生一相也。何也？見卽是相耳。今且勿論。經云：“若見諸相非相，卽見如來”，既見了如來，諸相又向何處去乎？抑諸相宛爾在前，而我心自不見之耶，抑我眼不見之也？眼可見而强以爲不見，心可見而謬以爲不見，是又平地生波，無風起浪，去了見復存不見，豈不大錯！

明因曰：豁達空是落斷滅見，着空棄有是着無見，都是有造作。見得真爺娘，自無此等見識。然卽此見識，便是真空妙智。

棄有着空，則成頑空矣，卽所謂斷滅空也，卽今人所共見太虛空是也。此太虛空不能生萬有。既不能生萬有，安得不謂之斷滅空，安得不謂之頑空？頑者，言其頑然如一物然也。然則今人所共見之空，亦物也，與萬物同矣，安足貴乎！六祖當時特借之以喻不礙耳。其實我之真空豈若是耶！唯豁達空須細加理會，學道到此，已大段好了，願更加火候，疾證此大涅槃之樂。

明因曰：名爲豁達空者是誰，怕落豁達空者是誰，能參取豁達空者是誰。我之真空能生萬法，自無莽蕩。曾有偈云："三界與萬法，匪歸何有鄉，若只便恁麼，此事大乖張。"此是空病，今人有執着諸祖一語修行者，不知諸祖教人，多是因病下藥，如達磨見二祖種種説心説性，故教他外息諸緣，心如牆壁。若執此一語，卽成斷滅空。

真空既能生萬法，則真空亦自能生罪福矣。罪福非萬法中之一法乎？須是真曉得自無罪福乃可，不可只恁麼説去也。二祖當時説心説性，亦只爲不曾認得本心本性耳。認得本心本性者，又肯説心説性乎？故凡説心説性者，皆是不知心性者也。何以故？心性本來空也。本來空，又安得有心更有性乎？又安得有心更有性可説乎？故二祖直至會得本來空，乃得心如牆壁去耳。既如牆壁，則種種説心説性諸緣，不求息而自息矣。諸緣既自息，則外緣自不入，内心自不惴，此真空實際之境界也，大涅槃之極樂也，大寂滅之藏海也，諸佛諸祖之所以相續慧命於不斷者也，可以輕易而錯下注脚乎？參參[1]

明因云：那火化僧説話亦通，只疑他臨化時叫人誦彌陀經，又説凡見過他的都是他的徒弟。

臨化念彌陀經，此僧家常儀也。見過卽是徒弟，何疑乎？能做人徒弟，方是真佛，我一生做人徒弟到老。

（同上　卷四）

二十、復陶石簣

　　心境不礙，非是意解所到。心卽是境，境卽是心，原是破不得的，惟見了源頭，自然不待分疏而了了在前矣。翁之清氣自是見性人物，翁之定力自是入道先鋒，然而翁之資質稟賦原不甚厚，則此生死一念，決當行住坐卧不舍。讀經看教，只取道眼，再不必急求理會，以自有理會得時也。時來如今日春至，雪自然消，冰自然泮，學道之人宜有此等時候。

　　生因質弱，故儘一生氣力與之敵鬭，雖犯衆怒，被謗訕，不知正是益我他山之石，我不入楚被此萬般苦楚，欲求得到今日，難矣。此觀世音菩薩與我此地，賞我此等人，故我得斷此塵勞，爲今日安樂自在漢耳。

　　文殊話乃得道後所謂無師自悟，盡是天然，外道者不可不覽。此事於今尚太早，幸翁只看"父母未生前"一語爲急，待有下落，我來與翁印證。近老刻留覽，當如命批請。

　　　　　　　　　　　　　　（同上　續焚書　卷一）

二十一、重刻五燈會元序

　　宋季，靈隱太川禪師濟公，以五燈浩博，乃集學徒作會元以惠後人。至元至正四年，杭天竺萬壽禪寺住持番易、釋廷俊，因會稽沙門業海清公見五燈會元板燬，罄衣鉢以倡施者，於是康里公首捐俸以助，而板刻復成，故廷俊序之，此第二梓也。至我明嘉靖，平湖陸太宰五臺公，始諾徑山慈上人之請，爲疏勸化，復鋟五燈會元之板，則爲第三梓矣。唯茲板印行，而五燈罕覩。余念楊億通宗高禪，李遵勖時爲同參，氣蓋宇内，廣燈、傳燈既經二老手訂筆敍，必有大可觀者，余雖老，猶將翻而閲之，以快没齒也。

抑廷俊又有言曰："至元間，于越雲壑瑞禪師，曾作心燈録，最爲詳盡，中間特援丘玄素所製塔銘。以龍潭信公出馬祖下，以至汩抑，不大傳世，識者惜焉"。噫！是余又未曾見瑞公所作心燈録矣。

（同上　卷二）

二十二、法華方便品説

此增上慢者不知佛之方便，而遂信以爲佛之貞實，一聞妙法，能無畏乎？此世尊所以三止舍利弗之請而不告，五千比丘所以遂退而不返也。

夫此妙法，如優曇鉢華時一見耳，三乘聖人猶不可以遽語，而況於增上慢之人哉！舍利弗雖曰聲聞之選，然植根深矣，沐浴膏澤也久矣，其爲慶快，當有不言而喻者，惜乎不一記述當時所以深信之妙法也！所有記者，安知卓吾子讀之不望涯而亦返乎？然苟有妙法可記，卓吾老子雖欲不返，亦不可得也。

是經二十八品，品品皆説妙法蓮華，至求其所謂妙法蓮華者竟不可得。嗚呼！此所以爲妙法蓮華也歟！

（同上　卷二）

二十三、金剛經說

金剛經者，大般若經之一也。吾聞經云："金最剛，能催伏魔軍，普濟羣品，故謂之金剛云。"人性堅利，物不能壞，亦復如是。故忍和尚爲能大師說此經典，至應無所住而生其心，豁然大悟，便爾見性成佛，一何偉也。

說者謂朱夫子曾關此語，以爲得罪於吾聖門，不知朱子蓋有爲也，蓋見世人執相求佛，不知卽心是佛，卒以毀形易服，遺棄君親之恩而自畔於教，故發此語，初非爲全忠與孝，能盡道於君臣父子之間者設也。使其人意誠心正而倫物無虧，則雖日誦金剛，亦何得罪之有？今觀朱夫子平生博極羣書，雖百家九流靡不淹貫，觀其註參同契可見矣。然則學者但患不能正心耳。

夫誠意之實，在毋自欺；心之不正，始於有所。有所則有住，有住則不得其正，而心始不得自在矣。故曰"心不在焉，視不見，而聽不聞"，而生意滅矣。惟無所住則虛，虛則廓然大公，是無物也。既無物，何壞之有？惟無所住則靈，靈則物來順應，是無息也。既無息，何滅之有？此至誠無息之理，金剛不壞之性，各在當人之身者如此。而愚者不信，智者穿鑿，宋人揠苗，告子助長，無住真心，妄立能所，生生之妙幾無息滅，是自欺也。故經中復致意云："應生無所住心。"是心也，而可與不忠不孝削髮異服者商量面目哉！

（同上　卷二）

二十四、五 宗 説

青原有曹洞、雲門、法眼三宗，南獄有溈仰、臨濟二宗，所謂五家宗派是也。

是五宗也，始于六祖而盛于馬祖，蓋至馬祖極盛，而分派始益遠耳。故江西馬大師亦以祖稱，以其爲五家之宗祖也。雖藥山諸聖咸嗣石頭之胄，而機緣契悟，實馬大師發之，馬祖之教不亦弘歟！唯其有五宗，是以其傳有五燈。因其支分派別，源流不絶，則名之曰宗；因其重明繼餤，明明無盡，則稱之曰燈：其實一也。此五宗之所由以大，而五燈之所由以傳以續也。在我後人，寧可不知其所自耶！

若永嘉真覺大師與南陽忠國師，雖未暇敍其後嗣，然其見諦穩實，不謬爲六祖之宗明甚，乃傳燈者卽以己意抑而載之旁門，何其謬之甚歟！余故首列而并出之。

（同上　卷二）

二十五、三 教 歸 儒 説

儒、道、釋之學，一也，以其初皆期於聞道也。必聞道然後可以死，故曰："朝聞道，夕死可矣。"非聞道則未可以死，故又曰："吾以女爲死矣。"唯志在聞道，故其視富貴若浮雲，棄天下如敝屣然也。然曰浮雲，直輕之耳；曰敝屣，直賤之耳：未以爲害也。若夫道人則視富貴如糞穢，視有天下若枷鎖，唯恐其去之不速矣。然糞穢臭也，枷鎖累也，猶未甚害也。乃釋子則又甚矣：彼其視富貴若虎豹之在陷阱，魚鳥之入網羅，活人之赴湯火然，求死不得，求生不得，一如是甚也。此儒、道、釋之所以異也，然其期於聞道以出世一也。蓋必出世，然後可以免富貴之苦也。

　　堯之讓舜也，唯恐舜之復洗耳也，苟得攝位，即爲幸事，蓋推而遠之，唯恐其不可得也，非以舜之治天下有過於堯，而故讓之位以爲生民計也。此其至著者也。孔之疏食，顏之陋巷，非堯心歟！自顏氏没，微言絶，聖學亡，則儒不傳矣。故曰：“天喪予。”何也？以諸子雖學，夫嘗以聞道爲心也。則亦不免仕大夫之家爲富貴所移爾矣，況繼此而爲漢儒之附會，宋儒之穿鑿乎？又況繼此而以宋儒爲標的，穿鑿爲指歸乎？人益鄙而風益下矣！無怪其流弊至於今日，陽爲道學，陰爲富貴，被服儒雅，行若狗彘然也。

　　夫世之不講道學而致榮華富貴者不少也，何必講道學而後爲富貴之資也？此無他，不待講道學而自富貴者，其人蓋有學有才，有爲有守，雖欲不與之富貴，不可得也。夫唯無才無學，若不以講聖人道學之名要之，則終身貧且賤焉，恥矣，此所以必講道學以爲取富貴之資也。然則今之無才無學，無爲無識，而欲致大富貴者，斷斷乎不可以不講道學矣。今之欲真實講道學以求儒，道、釋出世之旨，免富貴之苦者，斷斷乎不可以不剃頭做和尚矣。

（同上　卷二）

二十六、東土達磨

　　東土初祖，即西天第二十八祖菩提達磨尊者。自西天來東，單傳直指明心見性直了成佛之旨以授慧可，遂爲東土初祖。蓋在西天則爲二十八代尊者相傳衣鉢之祖，所謂繼往聖之聖人也，猶未爲難也; 在此方則爲東土第一代祖師之祖, 所謂開來學之聖人也, 難之尤難焉者也。

嗚呼! 絶言忘句, 玄酒太羹, 子孫千億, 沿流不絶, 爲法忘軀, 可謂知所重矣。　　　　　　　　　　　　　　　(同上　卷四)

二十七、釋 迦 佛 後

釋迦佛説法四十九年, 畢竟不曾留一字與迦葉, 其與達磨東來不立文字, 蓋千載同一致也。迦葉無故翻令阿難結集, 遂成三藏教語, 流毒萬世。嗟夫! 釋迦傳衣不傳法, 傳與補處菩薩者, 衣也, 非法也。傳衣者傳補處; 傳補處者, 蓋合萬億劫以爲一劫, 合萬億世以爲一世, 又非止於子孫相繼以爲一世者之比也。此其識見度量爲何如哉!

余偶來濟上, 乘輿晉謁夫子廟, 登杏壇, 入林中, 見檜柏參天, 飛鳥不敢棲止, 一草一木皆可指摘而莖數, 刺草不生, 棘木不長, 豈聖人之聖真能使草木皆香潔, 烏鵲不敢入林窠噪哉! 至德在躬, 山川效靈, 鬼神自然呵護, 庸夫俗子無識不信, 獨不曾履其地乎? 何無目之甚也!

夫孔夫子去今二千餘歲矣, 孔氏子姓安坐而享孔聖人之澤, 况鯉也爲之子, 伋也爲之孫, 纍纍三墳, 俎豆相望, 歷周、秦、漢、唐、宋、元以至今日, 其或繼今者萬億劫可知也。蓋大聖人之識見度量總若此矣, 而又何羨於佛與釋迦乎?

元黨懷英有詩云:"魯國餘蹤墮渺茫, 獨遺林廟歷城荒。梅梁分曙霞棲影, 松牖迴春月駐光。古柏嘗霑周雨露, 斷碑猶載漢文章。不須更問傳家事, 泰岱參天汶泗長。"至矣哉! 宜自思惟: 孰與

周、秦、漢、唐、宋、元長且久也｜　　　　　　（同上　卷四）

二十八、棲霞寺重新佛殿勸化文

　　竊惟六度萬行，以布施爲第一；三毒五戒，以貪毒爲最先。蓋緣衆生以財爲命，苟未能真知性命所在，則財未易施也。佛憫此故，乃呼而告之曰：“爾等當皈依自心三寶，勿貪世寶也。何謂三寶？皈依佛，兩足尊，此佛寶也；皈依法，離欲尊，此法寶也；皈依僧，衆中尊，此僧寶也。三寶一心，靡求不應。故有能獻華供我，我知是人必能覩佛世界，坐寶蓮花，見佛成道；有能喜捨一笠，我知是人必能成就慧業，無始習氣，頓然冰消。”

　　噫嘻！佛豈有誑語乎，人特不信爾。所以者何？蓋以因果之説尚未明了，輪迴之語猶自生疑故也。夫因果之説，種桃之喻也。種桃得桃，必不生李；種李得李，必不生桃。投種于地，寧有僭乎？輪迴之語，因果之推也。果必有因，因復爲果；因必生果，果仍爲因。如是循環，可思議乎？由此觀之，報施之理，感應之端，可以識矣。自種自收，孰能與之；自作自受，孰能禦之。但捨一文，決不虛棄，如其未曾，請從此始，種德君子當知所發心矣。

　　棲霞寺住持僧清栢，舊曾謀於雲谷老宿，欲大新佛殿未果；今平湖陸公既已發疏募諸學士大夫，人成斯舉矣，余復何言？不過發明因果大義，獨與一二信心道人共結良因爾。異日金碧騰輝，照映山谷，經聲自天而下，老釋扶攜，遶殿三匝，拜舞歡呼，共祝今皇億萬萬歲壽，十方讚歎，皆曰“某州某鄉某善男子善女子等信施某某等”，余知爾某等功德非細也。

　　　　　　　　　　　　　　　　　　　　　（同上　卷四）

袁 宏 道

〔簡介〕　袁宏道,字中郎,號石頭居士,又號空空居士,生於公元一五六八年(明穆宗隆慶二年),卒於公元一六一〇年(明神宗萬曆三十八年),湖北公安人。他與兄袁宗道（一五六〇年——一六〇〇年)弟袁中道(一五七〇年——一六二三年),並稱"三袁",是明朝著名的文學家,"公安派"的創始者。袁宏道在萬曆年間中進士以後,曾做過吳江知縣、吏部主事等官;謝病家居一段時間之後,又被起復故官,再遷至稽勳司郎中;不久又病歸故里,死於荆州的一個僧寺中。

袁宏道"弱冠卽留意禪宗"(袁中郎全集曹魯川)。他最初學禪於李卓吾,"根性猛利,十年內洞有所入,機鋒迅利,珠語走盤"(袁宗道西方合論原序),但後來感到禪學雅尚空談,不切實際,就轉而皈依净土,且十分虔誠。袁宏道認爲,只要晨夕禮誦,兼持禁戒,口念阿彌陀佛,卽可離開五濁世,往生極樂净土——佛國。不過,在歸心净土的同時,他對許多佛教經論,仍然細心披讀。袁宏道説:"四卷楞伽;達摩印宗之書也;龍樹智度論,馬鳴起信論,二祖師續佛慧燈之書也;萬善同歸六卷,永明和尚救宗門極弊之書也"(答陶石簣)。在辨析佛教各家"差別之行"的過程中,他更加深信净土,並寫了西方合論一書。

西方合論是袁宏道三十二歲(公元一五九九年)時,花了兩個月時間寫成的。該書共分十卷,實際上是佛教諸經論和名僧語錄的彙編。不過,由於他根據净土宗的觀點,附以己意,以剎土、緣起、部類、教相、理諦、稱性、往生、見綱、修持、釋異十門爲綱，構成了一個完整的思想體系，概述了西方净土的要義，故影響頗大，成了净土"十要"之一。關於該書的鎖鑰，袁宗道説過："其論以不思議第一義爲宗，以悟爲導，以十二時中持佛名號一心不亂，念念相續爲行，以六度萬行爲助因，以深信因果爲入門"（西方合論原序）。

袁宏道關於佛教的文章很多，除了西方合論之外，尚有許多佛經的序引、碑記、贊頌，以及關於佛教的信札，這些都收在袁中郎全集中。

袁宏道的事蹟，見明史本傳、明文偶鈔、彭紹升所撰居士傳卷四十六袁伯修中郎小修傳等。

一、八識略説敍

性一而已，相惟百千。離百求一，一亦不成；離相言性，性復何有？是故非耆德大宿，登相家之閫閾，鮮有能涉性海之洪瀾，躋智嶽於層顛者也。今夫天地一世界也，合而爲娑婆，剖而爲四州，界而爲華夷，裂而爲郡縣，㶱而爲聚落。萬法齊張，城邑之姓號歷然；一道圓融，娑婆之名稱不壞。性相之説，理圓於此。所以卽城邑爲娑婆者，儱侗之所蔽也；謂娑婆非城邑者，邊見之所執也。卽異爲同，同相本空；由同觀異，異亦不立。卽未始是，不卽亦非；非未始非，不非亦是。向非身歷其境，惡能窮其邊崖，指其歸宿者哉！

夫識之相，亦玄矣奥矣，前六易竟，二細難推，語其障則聲聞猶墮，究其陰非互用莫盡。是故趨寂而求者，知生滅之爲識，而不知寂滅之亦識也；如理而修者，知昏沉之爲識，而不知精進之亦識也；標頓爲宗者，知擬議之爲識，而不知無住之亦識也；倚圓爲則者，知分別之爲識，而不知平等之亦識也。合之則娑婆見，故煩惱卽菩提海；分之則界限立，故湛入歸識邊際。故曰："惟佛與佛，乃能知之。"又曰："賢者過之，不肖者不及。"

相宗之不明久矣。無際大師，法中之虎，竟一心之差別，洞八相之微芒。略而非略，見千月於指端；言顯無言，總萬流於智海。使該博者服其精當，苦難者悅其易簡，法師之功德普矣哉！

（選自上海古籍出版社一九八一年版袁宏道集箋校卷十八）

二、金剛證果引

經云："若以色見我，以音聲求我，是人行邪道，不能見如來。"又云："有能受持誦讀若供養者，其福德不可思議。"夫供養是以色見也，誦讀是以聲求也，色見聲求，大慈所訶，而得無量不可譬喻功德，何耶？今觀載籍所傳，誰非以誦經獲果者？其求佛於聲色之外，世蓋無幾也。後之人執功德之說者，恒欲取實聲色以獲果；而譏取相之非者，又欲求之聲色之外，將若爲和會也。余觀經中佛言："云何爲人演說，不取於相，如如不動。"當知佛所謂聲色者，不取相之聲色也。又云："發阿耨多羅三藐三菩提心者，於諸法不說斷滅相。"當知佛所謂無相者，不捨聲色之無相也。佛語本自和會，讀者自作分別解耳。會法師某刻金剛證果，屬余爲引。余恐今時狂禪，有爲取相之譏者，爲之略述其概焉。

（同上）

三、壇經節録引

　　古今譚禪者，皆祖是經。數傳之後，燈分派別，若不可詰，而智者了之，惟是一法。初祖曰："心如牆壁，可以入道。"大鑒曰："本來無物，何用掃除？"是卽祖師門下金剛圈棘栗蓬之前麈也。一切五位三句，玄要料揀，總不離是。夫扄篋閉鑰，以防盜也，而盜之竊篋也，惟恐鑰之不堅。我以干櫓禦，而彼卽竊吾干櫓以來。故曰爲之符璽以防之，彼併吾符璽竊之。或銅或竹，或龜或魚，或科斗或虎爪，以示不可測，而僞滋甚，然終不得廢符。惟智者善通其變，以救一時之詐，而所謂符乃益多。後來者見方圓之各異，黑白之各不相入，以爲古法廢盡，而不知本一符也。其用在可爲信，不在符之同異也。孔子曰："殷因於夏，損益可知。"今之讀尊宿語録及提唱綱宗者，以爲古人如是平常，後人如是奇特，疑謗取捨，囂然百出，而不知世道之機，實使之然，祖師無是也。且世道何過，法立而敝生，敝更而法移，法與敝自相乘除，要之世道亦無是也。世不信，不得已而有符，道不信，不得已而有法，法豈有實哉！壇經符之始也，中頗有贗者。夫披沙而見金，不若純金之愈，故略删其贗與其俚而複者。要以天下有道，守在四夷，雖符亦無所用之矣。

（同上　卷三十五）

四、題碧空禪人誦法華經引

　　予每讀法華經，卽不能終卷，如世尊放眉間光，文殊卽爲慈氏說日月燈明佛過去因緣，證知世尊當説此經。若爾，則法華一經，是古佛説。今經中種種譬喻，種種受記，皆目前事，當以何者爲古佛語耶？又如現寶塔品，多寶如來遇諸佛説法華經處，即現兹瑞，則是經又過去諸佛同宣，將諸佛出世，同説是法華耶？抑各有一法華耶？若各各異者，即不定名法華，云何多寶如來，懸作記莂？若同一法華者，即同一放光，同一語言，同一弟子，同一現瑞，猶如排場，有何奇特？而諸佛如來遞相倣效，作此小兒戲耶！余一誦此經，至文殊師利大海湧出，適女蟬在旁問曰："經文誤矣。適來文殊方與彌勒對談，云何一會未終，即從海中教化來耶？"余笑曰："釋迦如來説法四十九年，今日向一小女兒前納敗闕了也。"

昔首山念常持法華經，風穴謂之曰："吾甚望子，但恐耽着此經，不能放下。"念曰："此亦可事。"風穴上堂，舉世尊以青蓮目顧視大衆，乃曰："正當爾時説個甚麼，若道不説而説，又是埋没先聖。"念乃拂袖下去。風穴謂侍者曰："念法華會也。"夫此法華經，諸佛以此開示悟人，首山捨經而去，乃得契證，其故何也？昔項王欲烹太公以挾漢高，高帝曰："幸分我一杯羹。"太公得還。宋人有脱其公子於門者，鞭其背而詈之曰："奴也不力。"門者不疑而遣之。以此兩人者，謂不愛其君若父可乎？噫！此活祖師意也，是又一法華也，是即日月燈以來所共説之法華也。

碧空法師爲余鄉人，博綜諸經，如水傳器。慈聖高其行，賜紫衣，令講是經於銀山鐵壁。余與上人譚義，知其胸中能轉法華者，故因諸高足之請，而以所疑于法華者求證。

（同上　卷五十四）

五、天皇山護國寺自來佛碑記

張無盡有慈氏瑞像讚，蔣氏有記，傳者以爲天皇山自來像。余初疑之，卽讀法苑珠林，載廣州商舶事，與記略同。然據像，乃迦文非補處也，時乃東晉永和，非高氏清泰時也。二公或別有所見耶？抑偶得於傳聞，而遂據以爲文耶？按記：永和五年，有廣客舟，下載未竟，夜覺有人弃船，跡之不得，而載忽重。既達渚宮，若有人躍而上，舟遂輕。是夕現像於郡城之北，鎮牧而下，傾懷渴仰，如睹慈母，千衆咸迎，凝然不動。有道安弟子曇翼卓錫長沙寺，聞之嘆曰："斯余本誓。"令小師三人導之，颯然輕舉，遂歸長沙。後罽賓僧伽難陀瞻像悲咽，謂曇翼曰："近失天竺，何爲遠降此土？"詰其年月，無不符合。細勘像文，有梵書"阿育王造"四字。宋齊以來，放光現瑞，異迹尤多，今其像貌衣褶，已被庸工數髹，髣髴不可見字。長沙寺者，郡人滕畯捨宅爲寺，故長沙守也。

夫宣父不語怪，而至於禘嘗郊社，則云不可知。聖人蓋以不可知爲怪，非直無之也。又云"治國如視掌"，此歡喜讚嘆之極，形容不及之詞也。聖人蓋以形容不及爲不語，非直蔑視之也。以爲直無而蔑視，此宋儒師心之敝，是波旬説，非聖説也。言者以爲堯舜禹湯文武，其迹皆平平無他異，而釋氏幻詭奇變，似非經常之旨。夫世代有升降，而聖賢之軌轍亦異，故禮樂盡而刑書出，鞭撻窮而靈怪顯。夫盜不知有法也，而其詛而誓，必質於神，故怪之懾人也，捷於詩書劍戟。故天不有祥雲異氛、珮玦流字之怪，則天不畏；地不有芝草靈木、崩吼震竭之怪，則地不靈。夫天地非故爲妖異以駭世也，所以導聖而警頑也。且佛未始不常，其談心談理，使人蹈律而行義，則固典彝也；聖未始不怪，如儀鳳洛鳥，出圖躍魚，金泥玉

簡之錫，龍孽水妖之伏，固亦世儒之所怖聞也。或曰：“信爾，聖賢
奚不恆爲怪，以懾天下？”是不然。辟如花之根株梢葉，常物也，而
偶爾一萼，則人爭異；萼愈難，人愈怪。使花而常萼，花將不重；花
而止於根株梢葉，花之廢久矣。此佛與聖賢之微旨也。

　　郡侯徐見可以常道治民，又推宣尼歡喜讚嘆之意，莊嚴佛廬，
善巧導世，王政所不廢也。林君茂化，吳人也，郡侯嘉其賢，託以茲
殿，堅緻完好，若鬼工焉。其人雅士，樂其奇而悼其廢，非區區爲福
田者也。蘇潛夫別有文悉其事，余故不贅。

（同上　卷三十八）

六、祇園寺碑文

　　浙西佛寺，甲于東南，至浙東，荒涼不可言，余每見未嘗不發
笑。問之僧，皆曰：“貧甚，僧口腹之不給，何暇爲朽木治宮室？”余
曰：“不然。夫修廢舉墜，長吏之事，卽公帑不繼，下一令當有以檀
波羅密應者，一方民豈盡闡提也。”僧笑不對。旁有識者應曰：“而
安知，而安知！夫簿書之吏，迫於酬對；縫衣之儒，束于名教。彼束
于名教者，方借勢洙泗，託忠濂洛，熟讀原道諸篇，以恐嚇佛徒，幸
不廬若居丁若人足矣，何下令之敢望？”因相顧太息而去。

　　余既自五泄歸，憩舟湘湖，睹蕭城中有四剎凌空者，異之，偕數
友支策而至。入門，有額曰“祇園”。規制甚敞，寶廬金地，爛焉一
新，不覺吐舌曰：“怪哉！浙東固性理國也，安所得檀越而輝張如
此？”詢之父老，始知爲吾友縣令沈君所募修，莫不狂呼歎賞。按舊
記，祇園始於玄度，成於嶽陽王，相輪香剎，飛自天竺，故像遺廬，驗
於曇彦，雖因果之常然，實寰中之稀有。自勝國末，僧道拳改創之

後，至今始三百餘年，頹敝不堪。吾友沈君，始再修葺。余觀野史載，蕭詧爲玄度再來，詧之後爲裴休，休之後爲一小國王，願力所乘，當非虛謬。今吾友現身宰官，慈悲堅忍，事事等佛，且以二三百年之廢寺，而一旦改轍，時節因緣，似亦有以，倘亦玄度最後之身，乘願力而來者耶？

　　宏子曰：象法之盛，佛法之衰也。佛法莫盛於梁，亦莫敝於梁。當是時，寶刹如雲，神僧如林，以至天子爲奴，卿相授具，浮屠之盛絶，今古無兩。然而戒律成縛，義解爲崇，溺情因果，蕩心虛滅。誌公杜口，達磨不識，卒使後世理學大儒譚心性者，以果報疑佛。溺果報者，又以佛法之不效疑佛，名爲崇佛，實佛寃耳。夫佛之言覺也，禪之言定也。雪山出家，偶爾示現；毗邪示疾，非無妻子。假使悉達長自衰周，未必不轍環鈎用；尼丘種出甘蔗，安知不削髮偏衣？釋迦孔子，易地皆然。而一二高識之士，見夫事佛道者如事竈奧，戚戚捨身，沾沾利益，遂欲絶口性命，塞路蔥嶺，此何異聞噎廢食，見蹶停驂者哉！昔韓退之抗表佛骨，攻擊佛法，不遺餘力，及一見大顛，乃曰：“和尚門風高峻，弟子於侍者得箇入處。”攻其皮，嗜其髓。吁！若退之者，豈非善護佛法者哉！沈君雋人，善譚名理，當知余言不謬。至於祇園之舉，似猶以像法教民者。諺不云乎：“多處減些子，少處添些子。”今浙東像法之衰極矣，此舉殆如瑞矣。

（同上　卷十）

七、聖母塔院疏

荆州碑云：“智者禪師辭親出家，母以甘旨爲言，師遂指茅爲穗。”其説頗不經,然邑中茅穗村名始此,今聖母塔卽其故封也。邑自漢唐來無文士,故舊事多略,而塔碑剥蝕盡,逸事僅見統紀中。所謂荆州碑,乃統紀夾註所拾耳,亦不知碑爲何人作也。嘆先蹟之久湮,悲文獻之殘闕,後來者彌永彌敝,他日摩耶藏骨地,焉知不爲卜兆者所奪略也。

　　夫中國之有智者,猶西土之有釋迦也。以藏通別圓判一代時教而教意盡,以空假中三觀發明真諦而禪那啓,以十疑釋西方浄土之旨而往生決。夫四字盡四十九年之微言,則馬鳴龍勝所未發也;三觀直指心宗,攝無量義海,則惠安生什所未詮也;約十六觀門而皆歸之第一義,則永明天衣諸大師所共祖述也。蕞爾小邑,生此大聖,辟彼盲龜,值浮木孔,而鄉里後生至不聞其名,遺文闕略,抑至於此。

　　余友崔生,去塔五里,近欲募修一院,以永此塔。牆宇堂廚之類,費青銅將八十千,合衆佛子之力,而供一佛母,計當不難,生第勉爲之,惟漸而恆乃可成。

　　　　　　　　　　　　　　　　　　　　（同上　卷四十）

八、普光寺疏

　　茅穗佛所自出,震旦之法由之以興。荆州碑所載,與統紀雖不甚合,然覈其名與其故蹟,智者爲里人,無疑也。今里中人指其近似,皆附會大師,或云智者於里中建名刹六,而普光、報本、南觀音皆是。智者嘗云:“建寺三十六。”疑此亦在。大師以酬恩南還,此地乃其生緣,安得無刹?迨台教東渡,中國之人,至不知有三觀,而錢氏王臨安,始還故物,大師之迹,晦而不章久矣。夫中國學者至并其教而亡之，而何有於尺橡寸塊也。且屠陵自隋唐迄今代，人物寂寞，文采著聞，不得一指，中間闡宗乘者，亦纔得一二衲，要之門庭互異，則又非彼門下客也。普光寺頹久矣，近邑長者多談禪那，諸鄉落所謂藍舍者皆雲興，而大師所創立尤屬意焉。里大姓競爲光復，且曰："值今大有年，半村落中可具，無煩他營。"以告袁子，袁子曰："去聖人之居若此其近也，以其時考之則可矣。"

（同上　卷四十）

九、管東溟（書）

天台去書，議論妙甚，但以圓判見地，以方判教體，未免意圓語滯。何也？若見定圓，則圓亦是方·此一個圓字，便是千劫萬劫之繫驢橛矣，可不慎與！若教定方，則歷代聖賢，各具一手眼，各出一機軸，而皆能垂手爲人，何與？見若定圓，見必不深；教若定方，教必不神，非道之至者。夫見即教，教即見，非二物也，公試思之。見即教，金剛以無我相滅度衆生；教即見，楞嚴以一微塵轉大法輪。寫至此，葛藤滿紙，幸有以復我。

（同上　卷五）

十、曹魯川（書）

走弱冠即留意禪宗，迄今無所得。然竊聞之，禪者定也，又禪代不息之義，如春之禪而爲秋，晝之禪而爲夜是也。既謂之禪，則遷流無已，變動不常，安有定轍？而學禪者，又安有定法可守哉？且夫禪固不必退也，然亦何必於進？固不必寂也，亦何必於鬧？是故有脫屣去位者，則亦有現疾毗那者；有終身宰執者，則有沉金湘水者。人心不同，有如其面，可以道途轍跡，議華嚴不思議境界耶？

夫進退事也，非進退理也。卽進退，非進退，事理無礙也；進不礙退，退不礙進，事事無礙也。卽進卽退，故曰行布不礙圓融；進者自進，退者自退，故曰圓融不礙行布。法爾如然，豈容戲論？且佛所云小始終頓等敎云者，豈真謂諸敎之外，別有一圓敎哉！政以隨根說法，故有此止啼之黃葉耳。不知諸佛出世，小卽是圓，何必捨小？圓亦是權，何必取圓？尚無有深，何有於淺？華嚴迥出常情，政在於此。故經中如主山神，主河神，飛行夜刹，大刀鬼王，人非人等之類，一切皆冠以佛號。微而一草一木，皆是毗盧遮那見身。各各不相羨，各各不相礙，安有初中等敎爲小乘，而圓敎爲大乘之理？此皆後來小根阿師傳虛證實，故有此謗法之談。試看通玄解中，有此情量之語否耶？若謂真有小始等敎，又自有一圓敎，是敎外有剩法，不得謂之圓矣；若謂圓敎可以該小始等敎，而小始等敎不能該圓敎，是大中能現小，小中不能現大，亦不得謂之圓矣。佛不舍太子乎？達摩不舍太子乎？當時便在家何妨，何必掉頭不顧，爲此偏枯不可訓之事？似亦不圓之甚矣。要知佛之圓，不在出家與不出家；我之圓，不在類佛與不類佛；人之圓，不在同我與不同我。通乎此，可以立地成佛，語事事無礙法界矣。

區區行藏，如空中鳥跡，去卽是是，留亦非非，自不必以佛法爲案。且佛亦人也，豈有三頭六臂乎？何用相慕哉！因來諭及華嚴法界，故敢盡其狂愚，唯終敎之，千萬着眼。準提像華嚴文，謹領。謝謝。昨因伏枕，不能裁答，今晨强起，草草奉復。

（同上　卷五）

十一、陳　志　寰（書）

徽州之治行，卓絕乃爾，往來談者，稱不容舌，足驗吾兄道力。華
嚴經以事事無礙爲極，則往日所談，皆理也；一行作守，頭頭是事，
那得些子道理？看來世間畢竟没有理，只是事，一件事是一個活閻
羅。若事事無礙，便十方大地，處處無閻羅矣，又有何法可修，何悟
可頓耶？然眼前與人作障，不是事，却是理。良惡叢生，貞淫蝟列，
有甚麽礙？自學者有懲刁止惡之説，而百姓始爲礙矣。一塊竹皮，
兩片夾棒，有什麽礙？自學者有措刑止辟種種姑息之説，而刑罰始
爲礙矣。黄者是金，白者是銀，有什麽礙？自學者有廉貪之辨，義
利之别，激揚之行，而財貨始爲礙矣。諸如此類，不可殫述。沉淪
百劫，浮蕩苦海，皆始於此。雖然，世豈有貪酷不事事，可一日安於
民上者乎？則中郎此言，未免爲無忌憚小人增一番口實矣。請急
着眼，無事虛談，有便誨我。

（同上　卷六）

十二、與仙人論性書

讀吳觀我問答文字，知師卓識玄旨，斷斷乎以形神俱妙爲期，
下土賤士，踴躍慶幸之不暇，何敢妄置一辭。雖然洪鐘法鼓，不叩
不鳴，浮漚細沫，巨海不擇，試竭蛙腸，敢陳膚論。

夫心者萬物之影也，形者幻心之託也，神者諸想之元也。生死
屬形，去來屬心，細微流注屬神。形有生死，心無生死；心有去來，
神無去來。形如箕，然諸仙赴箕，偶爾一至，箕之成壞，無與於仙。

若使爲仙者，認箕爲我，必欲使之堅固不壞，則亦愚惑甚矣。心雖不以無物無，然必以有物有，辟之神，若無箕則無所託。因問有對，因塵有想，因異同有分別。此心無前塵，與瓦石無異，故曰妄言。妄者言其謬妄不實。如俗言説謊扯淡是也。神者變化莫測，寂照自由之謂。然莫測卽測，自由亦自，自卽有所，由是何物？極而言之，亦是心形鍊極所現之象，雖脱根塵，實不離根塵，經曰"湛入合湛，歸識邊際"是也。識卽神也。玄沙云："縱汝到秋潭月影，静夜鐘聲，隨叩撃以無虧，逐波濤而不散，猶是生死岸頭事。"正是指此神識。此識生天生地，生人生物，不識不知，自然而然。從上大仙，皆是認此識爲本命元辰，所以個個墮落有爲趣中，多少豪傑，被其没溺，可不懼哉！然除却箕，除却形，除却心，除却神，畢竟何物爲本命元辰？弟子至此亦眼横鼻豎，未免借註脚於燈檠筆架去也。笑笑。

夫師現今有知所不足者，非身也；一靈真性，亘古亘今，所不足者，非長生也。毛孔骨節，無處非佛，是謂形妙；貪嗔慈忍，無念非佛，是謂神妙；天堂地獄，無情有情，無佛非佛，是謂拔宅飛身，但恐師未到此境界耳。若透此關，我身我心我神，皆如鏡中之影，水上之沫，有何閒圖度爲他計算長久哉！一切計較，皆緣見性未真，誤以神識爲性。既誤認神，便未免認神之軀殼；既誤認軀殼，便將形與神對，性與命對。性與命對，故曰性命雙修；形與神對，故曰形神俱妙。種種過計，皆始於此。若夫真神真性，天地之所不能載也，净穢之所不能遺也，萬念之所不能緣也，智識之所不能入也，豈區區形骸所能對待者哉！

鄙意如此，不知玄旨以爲如何？唯終教之。

十三、答　陶　石　簣

一

　　石簣寄伯修書云："近日看宗鏡録，可疑處甚多。即如'三界唯心，一切惟識'二語，三歲孩兒説得，八十歲翁行不得。"又問**伯修**："此事了得了不得。"

　　記去歲此時，正與兄登天目，今弟走驢灰馬糞中，而兄亦閉門讀書，雖較之弟少爲安閒，而離索之苦，當倍於弟幾十分也。

　　讀來書，極知真切，但既云"唯心"，一切好惡境界，皆自心現量也，更何須問行與不行？此何異牛肚中蟲，計量天地廣狹長短哉！夫三歲孩兒説得，此是三歲孩兒神通也；八十歲翁行不得，此是八十歲翁衰頹也，於本分事何涉，而自作葛藤耶？了事不了事，此在當人，但不知兄以何爲了？若以不疑爲了，則指屈項伸鼻高眼低，種種可疑者甚多；若**石簣**又謂指屈項伸鼻高眼低，此是當然，原不足疑，則世間舉無可疑者矣。若以不怕死爲了，世間自有一等決烈男子，甘刃若飴者矣，可俱謂之了生死乎？且夫怕死者，爲怕痛也，痛可怕，死獨不可怕乎？又怕死後黑漫漫，無半個熟識也，今黑夜獨坐尚可怕，何況不怕死後無半個熟識乎？弟於怕死怕閻羅，雖不敢預期，然怕痛怕黑夜獨坐，則已甚矣；兄縱不澈，決不以怕痛怕黑夜爲有疑。於道明矣，何獨至於死而疑之？**孔子**曰："道不遠人，人之爲道而遠人，不可以爲道。"所爲遠人者，遠人情也。知人情之道，則知己之證聖，與一切人之爲聖人久矣，又安問了不了哉？

　　小説載一擔夫，爲聖僧肩行李入山，途中問曰："觀公威德，與佛何別？"聖僧曰："佛自在，我却不自在。"擔夫乃聳肩疾走而言曰："你看我有甚不自在？"聖僧具天眼者，即時見夫相好具足，因合掌作禮，取行李自肩，行未數步，擔夫忽念："彼從萬劫修來，尚未成佛，我乃凡夫，安得詎爾？"念未既，聖僧見擔夫威光頓滅，因訶之曰："爾依前不得自在矣，速荷擔去1"此語淺率，大有妙義，願兄着眼，無作退心擔夫也。笑笑。

（同上　卷二十一）

二

弟學道至此時，乃始得下落耳，非是退却初心也。此道甚大，今人略得路，便云了事，此實可笑。如村間百姓，不曾見考童生考秀才，及入場屋得雋等事，但見扮演蔡中郎傳，接唱一曲，便中狀元，遂謂及第如此之易，輒生希冀，雖三尺童子，亦笑之矣。妙喜與李參政書，初入門人不可不觀，書中云："往往士大夫悟得容易，便不肯修行，久久爲魔所攝。"此是士大夫一道保命符子，經論中可證者甚多。姑言其近者：四卷楞伽，達摩印宗之書也；龍樹智度論，馬鳴起信論，二祖師續佛慧燈之書也；萬善同歸六卷，永明和尚救宗門極弊之書也。兄試看此書，與近時毛道所談之禪，同耶否耶？近代之禪，所以有此流弊者，始則陽明以儒而濫禪，既則谿渠諸人以禪而濫儒。禪者見諸儒汩没世情之中，以爲不礙，而禪遂爲撥因果之禪；儒者借禪家一切圓融之見，以爲發前賢所未發，而儒遂爲無忌憚之儒。不惟禪不成禪，而儒亦不成儒矣。

海門居士，於此事亦有入處。弟許之者，非謂其止此而已，若復自以爲足，則尚是觀場之人，與此道何啻千里。先儒一二相似之語，今時作舉業者，亦往往有之，此何足貴，且此與生死何干？所選先儒書，弟已見之，要之無足道，聖人之門閫，尚未夢見，況其奧者？近讀雜花經，中間種種奇特事，可疑甚多。若是表法，則是本無是事，而記者故張大之，與假門第虛飾詞者何異？裹柏論華天宗旨，一切俱以爲表，其中若<u>文殊普賢</u>等，皆宗而表矣。然則所謂表法者，有是事謂之表耶？抑無是事耶？<u>裹栢</u>又云：“古來聖賢如<u>仲尼顏淵</u>等，皆是表法，實無是人。”是明明説二經所載諸事，如<u>論語</u>記<u>孔顏</u>一般，果可謂之有耶？抑可謂之無耶？兄試爲弟道之，幸勿以相似言語，巧作和會也。

　　<u>西方合論</u>是弟殘冬所著，恐尚有不親切處，幸詳悉正之。夏月入<u>盤山</u>，東南無此奇觀，西方自當退一舍。拙詩寄覽。弟自去年九月，已斷作詩，偶探奇，不免見獵耳。

（同上　卷二十二）

十四、德山塵譚_{並引}

　　甲辰秋，余偕僧寒灰、<u>雪照</u>、<u>冷雲</u>，諸生<u>張明教</u>，入桃花源，餘暑尚熾，遂憩<u>德山</u>之塔院。院後嶺有古樟樹，婆娑偃蓋，<u>梁山青色</u>，與水光相盪，蒼翠茂密，驕黲如洗。櫛沐未畢，則諸公已先坐其下。既絕糅雜，闕號呶，閒言冷語，皆歸第一。<u>明教</u>因次而編之。既還，以示余。余曰：“此風痕水文也，公乃爲之譜邪？然公胸中有活水者，不作印板文也。”遂揀其近醇者一卷，付之梓。甲辰冬日，<u>石公宏道</u>識。

　　問：“如何中庸不可能？”答：“此正是雖聖人亦有不能處。蓋中庸原不可能，非云不易能也；君子之中庸，只一時字，非要去能中庸也。<u>孔子</u>可以仕則仕，可以處則處，可以久則久，可以速則速，正是他時中。小人而無忌憚，只爲他不能時中。聖凡之分，正在於此。”

　　問：“何謂時中？”答：“時卽春夏秋亥子丑之時也。頃刻不停之謂時，前後不相到之謂中。金剛經'應無住而生其心'。亦此義，不停故無住，不相到故心生。"問："何謂不相到？"答："如駛水流，前水非後水，故曰不相到。"問："何謂心生？"答："如長江大河，水無腐敗，故曰心生。"

問："何謂無忌憚？"答："不知中庸之不可能，而欲標奇尚異以能之。此人形迹雖好看，然執着太甚，心則死矣。世間唯此一種人最動人，故爲夫子所痛恨。"

曾子所謂格物，乃徹上徹下語。紫陽謂窮致事物之理，此徹下語也。殊不知天下事物，皆知識到不得者，如眉何以豎，眼何以橫，髮何以長，鬚何以短，此等可窮致否？如蛾趨明，轉爲明燒，日下孤燈，亦復何益？

問："妙喜言諸公但知格物，不知物格。意旨如何？"答："格物物格者，猶諺云'我要打他，反被他打'也。今人盡一生心思欲窮他，而反被他窮倒，豈非物格邪！"

"小人行險以徼倖，"非趨利也，只是所行不平易，好奇過高，故謂之險、謂之倖。

孟子説性善，亦只説得情一邊，性安得有善之可名？且如以惻隱爲仁之端，而舉乍見孺子入井以驗之，然今人乍見美色而心蕩，乍見金銀而心動，此亦非出於矯強，可俱謂之真心邪？

問："何謂如是我聞？"答："心境合一曰如，超於是非兩端曰是，不落眼耳鼻舌身意曰我，不從語言文字入曰聞。"

無明即是明，世界山河所由起，當始於求明一念，故明即無明。今學道人無一念不趨明者，不知此即生死之本。

問："如何是知見立知？"答："山是山，水是水，此知見立知。""如何是知見無見？"答："山不是山，水不是水，此知見無見。"數日又問："如何是知見立知？"答："山不是山，水不是水，此知見立知。”“如何是知見無見？”答：“山是山，水是水，此知見無見。”

經云：“能平心地，則一切皆平。”顧心地豈易平哉？曾子之絜
矩，孔子之忠恕，是平心的樣子。故學問到透徹處，其言語都近情，
不執定道理以律人。

問：“諸佛兩足尊六句，當如何解？”答：“知法常無性卽慧足，
佛種從緣起卽福足。知法無性，所以不斷一切法，是謂從緣起也。
二乘遺緣，故折色明空，一乘卻不然，蓋一切法，各住在空位，世間
相卽是常住，無緣非法，安用遺緣？此大慈所以訶焦穀也。今師家
作了因緣因法住法位解者大非。”

經云：“一稱南無佛，皆已成佛道。”又云：“大通智勝佛，十劫
坐道場。”佛法不見前，何相矛盾也？蓋時劫本無定，故一稱與十
劫，同是一樣，非分久暫。如二人同在此睡，睡時同，醒時亦同，而
一人夢經歷數日，一人夢中止似過了一刻，此二人可分久暫邪？

往有問伯修，“居一切時，不起妄念”四句，作何解者，伯修曰：
“居一切時，不起妄念，是止病；於諸妄心，亦不息滅，是作病；住妄
想境，不加了知，是任病；於無了知，不辨真實，是滅病。要知此四
句，是藥亦是病。”

問：“楞伽百八句中，佛詰大慧所來，問者皆極細事，有何緊
要？”答：“辟之有人問曰：‘云何地動？’達者應曰：‘此何足問，汝
眼睛如何動，手足如何動，何故不問？’蓋佛見得天地間事物，總不
可窮詰，勿以尋常奇特，大小遠近，作兩般看也。佛意原如此，若真
正要大慧問眉毛有幾，微塵有幾，此有何關繫？今法師家作總相別
相解者大非。”

問：“維摩以火喻無我，以水喻無人，何也？”答：“火必藉薪，
無有自體，故喻身之無我；水有自體，不藉他物，故喻身之無
人。”

　　凡經教皆有權有實，不達其權，往往牽纏固執，看不痛快，惟祖師不認權教，故單以實相接人。

　　問："權教豈佛誑語邪？"答："非誑語也。如小兒不肯剃髮，父母語之曰：'剃了頭極好看，人都把果品與你。'此語非實事，然父母無誑子之罪，以爲不如是語，則彼不肯剃髮。故曰權以濟事，則非誑也。"

　　問："華嚴經'一身入定多身起，男子入定女人起'。"答："有分段識，則一多不能互融，男女不能互用，惟分段識盡者有之。"

　　問："何謂入定？"答："人人皆有定，不必瞑目靜坐，方爲定也。"問："菩薩跏趺，入定多年，又何謂也？"答："此以定爲定者也，華嚴所論入定，則以慧爲定者也。蓋所謂定者，以中心明了，不生二念曰定；儻不明了，心生疑怖，斯名不定。譬如我今認得某村路，隨步行去，此即是定；若路頭不明，出門便疑，是爲不定。又如我在此坐，聞垣外金鼓聲，我已習知，便定；若從來不聞，未免有疑，是爲不定。"

　　經云："心不妄取過去法，亦不貪着未來事，不於現在有所住。"然吾人日用間，於過去事有即今要接續做者，難道不去做？明日要爲某事，今日須預備者，難道不預備？過去事續之，未來事預備之，便即是現在矣。要知此中有活機，不是執定死本的。

　　問："三界惟心，萬法唯識，於八種識內何屬？"答："心是八識，意是七識，識是六識。三界惟心者，以前七識不能造世界，惟第八能造，爲前七不任執持故。萬法惟識者，法屬意家之塵，故意識起分別，則種種法起。如飯內有不淨物，他人私取去，我初不知，便不作惡，以意識未起故；若自己從盞內見，決與飯俱吐。可見吐者，是吐自己之見，非吐物也。又如鄉人，以彼處鄉談，詈此土人，此土人不知，怡然順受；若以詈彼土人，其怒必甚。可見怒者，是怒自己之知，非怒物也。以此見萬法惟識，定是六識，非屬前五與七八也。以五八無分別故，第七但思量故，但執我故。"

問："前五識屬性境，屬現量，何以有貪嗔癡？"答："貪嗔癡乃俱生惑，不待意識而起者。如小孩子眼識不曾分別，然見好花則愛，此眼識之貪也；小孩子舌識亦無分別，然去卻乳則哭，此舌識之嗔也；至於癡，則不待言矣。"

第六識審而不恆，如平時能分別，至熟睡時則忘，迷悶時則忘。第八識恆而不審，雖持一切種子，能自體昏昧。惟第七識亦恆亦審，是爲自然。老氏之學，極玄妙處，唯止於七識。儒家所云格致誠正，皆第六識也。至云"道生天地"，亦是以第八識爲道。

問："第八識別有體性邪？"答："前六識卽第八見分，前五根塵卽第八相分；色聲等疎相分也，眼耳等親相分也。"

問："云何又有七識？"答："七識無體，卽前六中之執我一念；如大海水，波濤萬狀，濕體則一。"

問："凡屬思量，卽有間斷，七識何以獨恆？"答："六識思量，附物而起，故有起有滅。七識惟我愛一念，依我而起，生與俱來，寧有起滅？蓋雖癡如孩提，昏如睡眠，此念隱然未間斷也。何故？我卽我愛，故自然而有，不覺知故。"

問："貪嗔癡相因而起，七識何以有貪癡而無嗔？"答："七識以我爲貪。既云我矣，豈有我嗔我之理邪！然我愛一念甚細，二乘雖極力破除，居然是我在。"

問："妙喜語錄云：'將八識一刀兩斷。'八識如何斷得？"答："杲公以種種文字記憶，爲第八識也。記憶是第六識，八識乃持種，非記憶也。八識如斷，則目前山河大地，一時俱毀矣。"

儒者但知我爲我，不知事事物物皆我；若我非事事物物，則我安在哉？如因色方有眼見，若無日月燈山河大地等，則無眼見矣；

因聲方有耳聞，無大小音響，則無耳聞矣；因記憶一切，方有心知，若將從前所記憶者，一時拋棄，則無心知矣。

今人皆謂人有礙於我，物有礙於我，庸知若論相礙，卽我自身亦礙，如眼不能聽，耳不能見，足不能持是也。如說不相礙，則空能容我，舍空無容身處，是空亦我也；地能載我，舍地無置足處，是地亦我也；夏飲水則不渴，而冬煨火則不寒，是水火亦我也；故地水火風空見識，教典謂之七大，總是一箇身耳。

問："八種識一時具不？"答："皆具。譬如有人名趙甲者，趙甲之身，及諸受用，則第八識所變；呼之卽聞，此前五中之耳識分別；所呼之字爲趙甲，則第六識：餘人不應，獨趙甲應，斯第七識，就中七識最難別出，今略指其凡耳。"

問："根與塵分明是兩物，如何經言各各不相知，各各不相到？"答："有兩箇則彼此相到，今只是一心，寧有心知心，心到心者乎？如耳不到眼，以眼耳雖兩形，同是一頭；指不到掌，以指掌雖兩形，同是一手。"

東坡諸作，圓活精妙，千古無匹，惟說道理，評人物，脫不得宋人氣味。

王龍溪書多說血脈，羅近溪書多說光景。譬如有人於此，或按其十二經絡，或指其面目手足，總只一人耳。但初學者，不可認光景，當尋血脈。

問："儒與老莊同異？"答："儒家之學順人情，老莊之學逆人情。然逆人情正是順處，故老莊嘗曰因，曰自然。如'不尚賢，使民不爭'，此語似逆而實因，思之可見。儒者順人情，然有是非，有進退，卻似革。夫革者，革其不同，以歸大同也，是亦因也。但俗儒不知以因爲革，故所之必務張皇，卽如耕田鑿井，饑食渴飲，豈不甚好？設有逞精明者，便創立科條，東約西禁，行訪行革，生出種種事端，惡人未必治，而良民已不勝其擾，此等似順而實革，不可不知。"曰："儒者亦尚自然乎？"曰："然。孔子所言絜矩，正是因，正是自然。後儒將矩字看作理字，便不因，不自然。夫民之所好好之，民之所惡惡之，是以民之情爲矩，安得不平？今人只從理上絜去，必至內欺己心，外拂人情，如何得平？夫非理之爲害也，不知理在情內，而欲拂情以爲理，故去治彌遠。"

一切人皆具三教：饑則餐，倦則眠，炎則風，寒則衣，此仙之攝生也；小民往復，亦有揖讓，尊尊親親，截然不紊，此儒之禮教也；喚着卽應，引着卽行，此禪之無住也。觸類而通，三教之學，盡在我矣，奚必遠有所慕哉！

問："古來諸師，何爲多有神通？"答："蠅能倒棲，此蠅之神通也；鳥能騰空，此鳥之神通也；役夫一日能行百餘里，我卻不能，役夫之神通也；凡人以己所能者爲本等，己所不能者爲神通，其實不相遠。"

常見初學道人，每行人難行之事，謂修行當如是。及其後，卽自己亦行不去，鮮克有終。可見順人情可久，逆人情難久。故孔子說："道不遠人，遠人不可爲道，索隱行怪，吾弗爲之。"夫難堪處能堪，此賢智之過也。賢智之人，以難事自律，又以難事責人，故修齊治平，處處有礙，其爲天下國家之禍，不小矣。

從法師門中來者，見參禪之無色鼻，無滋味，必信不及；從戒律門中來者，見悟明之人，灑灑落落，收放自由，必信不及，二者均難入道。

世人終身受病，唯是一明，非貪嗔癡也。因明故有貪有嗔及諸習氣。試觀市上人，衣服稍整，便恥挑糞，豈非明之爲害？凡人體面過不得處，日用少不得處，皆是一箇明字使得不自在。小孩子明處不多，故習氣亦少。今使赤子與壯者較明，萬不及一，若較自在，則赤子天淵矣。

問："學人管帶有礙否？"答："亦何礙！若管帶有礙，則穿衣喫飯亦有礙矣。"

問："大慧云：'不許起心管帶，不得將心忘懷。'似非初學可到。"答："譬之諸公，長日在敝舍聚首，並不見走入內宅，此心何曾照管，亦何曾非照管也？又今在座謝生多髯，然其齒頰間談笑飲食，自與髯不相干，非要忘其爲髯，始得自在也。卽此可見，是天然忘懷，不是作爲。"

佛喻五陰之中，決無有我，譬如洗死狗相似，洗得止有一絲毫，亦是臭的，決無有不臭者。此喻絕妙。今學道者，乃在五陰中作工夫，指五陰光景爲所得，謬矣。

僧問："偷心處處有，何以盡之？"先生曰："你想今年生孩子否？"答："豈有此理！"先生曰："這便是偷心盡處。"

凡人以有想爲心，修禪天者以無想爲心，又進之至非非想。以無想亦無爲心，種種皆非心體，故楞嚴逐處破之。

達磨西來，只剗除兩種人：其曰齋僧造像，實無功德，乃剗除修福者；其曰廓然無聖，乃剗除修禪定苦行及說道理者。

羅近溪有一門人，與諸友言，我有好色之病，請諸公一言之下，除我此病。時諸友有言好色從心不從境者，有言此不净物無可好者，如此種種解譬，俱不能破除。最後問近溪，近溪厲聲曰："窮秀才家，只有個醜婆娘，有甚麽色可好？"其友羞慚無地，自云除矣。

問："道理未能盡徹，宜如何體會？"答："你說世間何者爲理？姑舉其近者言之。如女人懷胎，胎中子女，六根臟腑，一一各具，是何道理？初生下子女來，其母胸前便有白乳，是何道理？一身之脈，總見於寸關尺，而寸關尺所管臟腑各異，是何道理？只是人情習聞習見，自以爲有道理，其實那有道理與你思議！"問："孔孟及諸佛教典,豈非理耶?"曰:"孔孟教人,亦依人所常行,略加節文,便叫做理;若時移俗異,節文亦當不同。如今吳蜀楚閩各以其所習爲理,使易地而行,則相笑矣。諸經佛典乃應病施藥,無病不藥,三乘不過藥語,那有定理?故我所謂無理,乃無一定之理容你思議者。人惟執着道理,東也有礙,西也有礙,便不能出脱矣。試廣言之,汝今觀虛空中,青青的,是氣邪,是形邪?氣則必散,形則必墜。莊子説:'上之視下亦蒼蒼。'夫下之蒼蒼,乃有質的,上之蒼蒼何質邪?天之上有天邪?天果有盡邪?地之下果有地邪?地果有窮邪?此義愈説愈荒,諸君姑置之。"

百花至春時便開,紅者紅,白者白,黃者黃,孰爲妝點?人特以其常見,便謂理合如此。此理果可窮邪?若梅花向夏秋開,便目爲異矣。問:"此與老莊自然何别?"答:"這裏如何容得自然?"

問:"天地間事,皆謎之不可思議邪?"答:"知者通其所以然,是不消思議;迷者不知其所以然,是不能思議。"

問:"如何説看公案不要求明?"答:"有個喻子極妙。往在沙市舟中,有僧暗中自剃頭,一僧燃燈見之,驚云:'你自家剃頭,又不用燈?'舟人皆笑。"

問:"正用功時,偶有應酬,未免間斷。"答:"如好秀才,落第歸來,雖下棋飲酒,而真悶未嘗解。"

問:"一面應事,一面於工夫上有默默放不處,恐多了心,分了功?"答:"如人打你頭,曉得痛,并打你足,亦曉得痛,通身打,通身痛,如何不見多了心,分了功?"

有人問近溪先生云:"如何是不慮而知?"近溪云:"你此疑,是我説來方疑,是平時有此疑?"答:"是平時有此疑。"近溪云:"既平時有此疑,乃不得不疑者,此謂不慮而知。"

問:"每見學道人於疾病臨身,便覺昏憒,如何平昔工夫,到此卻使不上？”答：“觀人當觀其平日用功，得力不得力，莊生所謂‘善吾生者，所以善吾死也。’至於疾病生死現前，雖悟明人，有病亦知痛苦，其臨終亦或有昏憒者，皆不足論。蓋昏憒與不昏憒，猶人打瞌睡與不打瞌睡，安有高下邪？夫疾病已是苦矣，復加個作主宰之念，則其苦益甚。況臨病時，且不愁病，先愁人看我破綻，説學道人如何亦怎的受苦，遂裝扮一個不苦的人，此便是行險僥倖入三塗的種子。噫！自爲已知幾之學不講，世間好人以生死爲門面者多矣，不如那昏憒的卻是自在。”

問：“病中如何做主宰？”答：“汝勿以病爲病，即今好人都在害病。”問：“如何好人亦病？”答：“眼欲看色，耳欲聞聲，以至欲食欲衣，無非是病，此中甚難作主宰，何況寒熱等症，一時纏身，能作主宰耶？”問：“真歇了師云：‘老僧自有安閒法，八苦交煎總不妨。’未知何等是安閒法？”答：“不必到病中，汝即今推求，渾身所思所作，皆是苦事，何者是你安閒法？”

今之慕禪者，其方寸潔净，戒行精嚴，義學通解，自不乏人，我皆不取。我只要個英靈漢，擔當此事耳。夫心行根本，豈不要净？但單只有此，亦没幹耳。此孔子所以不取鄉愿，而取狂狷也。

問：“如何是人鬼關？”答：“鬼屬陰，人屬陽。古云：‘思而知，慮而解，鬼家活計。’故凡在情念上遏捺者，是鬼關；在意識上卜度者，是鬼關；在道理上湊合者，是鬼關；在行事上妝點者，是鬼關；在言語文字上探討者，是鬼關。”

頓漸原是兩門，頓中有生熟，漸中亦有生熟。從頓入者，雖歷阿僧祇劫，然其所走，畢竟是頓的一路；從漸入者，雖一生即能取證，然其所走，畢竟是漸的一路。

有聰明而無膽氣，則承當不得；有膽氣而無聰明，則透悟不得。膽勝者，只五分識，可當十分用；膽弱者，縱有十分識，只當五分用。

问:"一切现成,只要人承当,如何是承当的事?" 答:"今呼汝名,汝即知应,叫汝饮食,汝便饮食,此即承当。"

未悟时,触处皆妄。如与人争竞,固人我相,即退让亦人我相,以我与人争,我能让人,总之人我也。既悟时,触处皆真。如待人平易,固无人我相,即与人争竞,亦非人我相。永嘉云:"不是山僧逞人我,修行恐落断常坑。"是也。

问:"先生言洪觉范,有道理知见,然予观觉范提唱公案,其识见议论,似与大慧不殊。"答:"透关的人,亦分两样,有走黑路者,若大慧等是也;走明白路者,洪觉范、永明寿是也。有人举似小修,小修云:'觉范亦是走黑路的,但其中微带有明耳。'先生曰:'不然,觉范是死语,是实法。'"

小修又云:"走明白路亦有两种,有于经纶上求明白,如法师是也;乃认贼为子,决不可用。有言语道断,心行处灭,亦是走明白一路者,如觉范、豁渠其人也,观林间、南询二录自见。"

问:"言语道断,心行处灭,如何亦有两种?"答:"有假有真。譬如要北人说闽中乡谈,此真言语道断;若本处乡谈,但只不说,此假言语道断。寻常做官,要林下去,此假心行处灭;若遇考察去了官,此真心行处灭。"

问:"道贵平常,炫奇过高,是多了的?"答:"平常亦是多的。"

僧问:"如何是修证则不无,污染则不得?"先生曰:"汝曾往南北二京否?"答:"曾往。"曰:"这个是修证不是修证?"又问:"汝往京城中听经否?"答:"曾听。"曰:"这个是污染不是污染?" 僧复拟答,先生摇手曰:"不是,不是。"

先生举"僧问赵州:'万法归一,一归何处?'赵州曰:'我在青州做一领布衫,重七斤。'"诸君平日作何道理会? 答:"作顺应会。"先生曰:"若问和尚有衣么?答'我在青州做领布衫,重七斤',这方叫順應。今問‘一歸何處’，豈是順應？此義覺範已曾笑破。”

　　問：“從上祖師，亦有死於刑戮者，何故？”答：“死於刀杖，死於牀榻，一也。人殺與鬼殺何殊哉？但有好看與不好看之異耳，於學問卻不相干。”

　　“隨緣消日月，任運着衣裳。”此臨濟極則語，勿作淺會。若偷心未歇，安能隨緣任運？

　　學道人須是韜光斂跡，勿露鋒芒，故曰潛曰密；若逞才華，求名譽，此正道之所忌。夫龍不隱鱗，鳳不藏羽，網羅高張，去將安所？此才士之通患，學者尤宜痛戒。

　　我輩少時，在京師與諸縉紳學道，自謂吾儕不與世爭名爭利，只學自己之道，亦有何礙？然此正是少不更事。自今觀之，學道不能潛行密證，乃大病也。即如講聖學，向節義，係功令所有者。然漢時尚節義，而致黨人之禍；宋朝講聖學，而有僞學之禁。都緣不能退藏於密，以至於此。故學道而得禍，非不幸也。

　　勿爲福始，勿爲禍先，非禁人作福，惟不可自我倡耳。

　　吾儒講學，亦事好事，然一講學，便有許多求名求利及好事任氣者，相率從之。及此等不肖之人生出事來，其罪皆歸於首者。東漢而後，君子取禍皆是也。這樣涉世機關，惟老、莊的然勘得破。

　　修行人始初一二年内，嗔嫌他人不學好，到久後，方知自家不好處。

　　凡人脾胃好者，不論飲食粗細，食之皆甘；脾胃薄者，遇好物則甘，粗物則厭；至害病人，則凡味皆揀擇矣。今人見一切人無過者，是自己脾胃好；檢點一切人者，是自己脾胃有病，與人無干。試觀兇暴人，未有不作惡者。故好字從好，惡字從惡，此意羅盱江發得極透。

　　儒者曰：“親君子，遠小人。”斯言是而非也。人誰肯自居小人，甘心爲人所遠邪？夫君子不屑爲人使，凡任役使者，皆小人也；小人貪名逐利，故甘心爲人用，非小人將誰與奔走哉？故古來英主，皆是尊君子而役小人。

應以宰官得度者，卽現宰官身而爲説法，陽明是也；應以儒教得度者，卽現儒者身而爲説法，濂溪是也。

問："如何方是無爲？"答："所謂無爲者，非百事不理也。漢文帝稱無爲之主，吳王不朝，賜以几杖，張武受賂，金錢愧心，此無爲也。舜放四凶舉八愷，亦無爲也。故曰無爲而治，其舜也歟！"問："有放有舉，何名無爲？"答："因人情好惡而好惡之，亦是無爲。"問："此與外道自然何異？"答："老莊之因，卽是自然，謂因其自然，非强作也。外道則以無因而生爲自然，如烏黑鷺白，棘曲松直，皆無因而自爾，此則不通之論矣。"

漢高帝見蕭何治田宅則喜，及見其作好事則下獄，恐其收人心也；宋真宗見人心歸其子，則嘆曰："人心遽屬太子，奈何？"夫漢高、宋真，皆英主也，一則以利之故忌其臣，一則以利之故忌其子，此一念可輕易責恆人乎！

問："人情未有不相同者，然而聖凡之異，卻在甚處？"答："我説人情相同，但論其理耳，然人誰肯安心謂我與常人一樣者？雖屠兒樵子，開口亦曰'我便如何，彼卻不能'。至於學道之人，曉得幾句道理，行得幾件好事，其憤世嫉俗尤甚。此處極微極細，最難拔除。若能打倒自家身子，安心與世俗人一樣，非上根宿學不能也。此意自孔老後，惟陽明、近溪庶幾近之。"

（同上　卷四十四）

十五、西方合論

序

夫滯相迷心，有爲過出；著空破有，莽蕩禍生。達摩救執相之者，説罪福之皆虚；永明破狂慧之徒，言萬善之總是。滅火者水，水過有沉溺之災；生物者日，日盛翻爲枯焦之本。如來教法，亦復如是。五葉以來，單傳斯盛，迨於今日，狂濫遂極。謬引惟心，同無爲之外道；執言皆是，趨五欲之魔城。不思阿難未得盡通，頭陀擯斥；達摩微牽結使，尊者呵譏。蟬翅薄習，寶所斯遠，丘山叢垢，净樂何從？至若楞伽傳自達摩，悟修並重；清規創始百丈，乘戒兼行。未聞一乘綱宗，呵叱净戒；五燈嫡子，貪戀世緣。昔有道士夜行，爲鬼所著，有田父見之，扶掖入舍，湯沃乃醒。道士臨別謂田父曰："鶻客無以贈主人，有辟鬼符二張，願以爲謝。"聞者笑之。今之學者，貪瞋邪見，熾然如火，欲爲人解縛，何其惑也。

余十年學道，墮此狂病，後因觸機，薄有省發，遂簡塵勞，皈心净土。禮誦之暇，取龍樹、天台長者、永明等論，細心披讀，忽爾疑豁。既深信净土，復悟諸大菩薩差別之行。如貧兒得伏藏中金，喜不自釋。會愚菴和尚與乎平倩居士，謀余裒集西方諸論。余乃述古德要語，附以己見，勒成一書，命曰西方合論，始於己亥十月廿三日，成於十二月廿二日。既寡檢閲，多所脱漏，唯欲方便初心，尚期就正有道。略稽往哲，分敍十門：

第一、刹土門；　　第二、緣起門；　　第三、部類門；

第四、教相門；　　第五、理諦門；　　第六、稱性門；

第七、往生門；　　第八、見綱門；　　第九、修持門；

第十、釋異門。

第一、刹土門

夫一真法界，身土交參，十佛刹海，净藏無別。秖因衆生行業有殊，諸佛化現亦異，或權或實，或偏或圓，或暫或常，或漸或頓。一月千江，波波具涵净月；萬燈一室，光光各顯全燈。理即一諦，相有千差，若非廣引靈文，衆生何所取則？爰取諸教，略敍十門：

一毘盧遮那净土；二惟心净土；三恆真净土；四變現净土；五寄報净土；六分身净土；七依他净土；八諸方净土；九一心四種净土；十攝受十方有情不思議净土。

一毘盧遮那净土者，即諸佛本報國土，十蓮花藏世界海。一一華藏最下世界，皆有十佛世界微塵數，廣大刹清净莊嚴；一一廣大刹，復有十佛世界微塵數小刹圍遶，倍倍增廣。一一華藏世界，皆滿虛空，互相徹入，净藏總含，重重無盡。如法而論，一毛一塵，各皆具此無盡法界，佛及衆生，無二無別。或曰：此衆生實報莊嚴，不同權教推净土於他方，是爲實教。或曰：衆生雖具此實報，爭奈真如無性，不能自證，非假方便，由權入實，衆生豈有證毘盧之日也？答：約諸佛化儀則可，實相土中，無此戲論。毘盧遮那，此云偏一切處；偏一切處，即無量壽表義，豈有勝劣？如來說阿彌在西方，亦如大雲經阿彌陀佛言釋迦在娑婆也。夫釋迦爲主，則釋迦偏一切，而阿彌爲所偏之一處；阿彌爲主，則阿彌偏一切，而釋迦爲所偏之一處。如一人之身，自呼爲自，他呼爲他。故自自時，不妨爲一切人之他；他他時，不妨爲一切人之自。以是義故，自他不成；自他不成，自亦偏一切處，他亦偏一切處，豈定有他方可執？是故西方毘盧，非自他故。何以故？毘盧無不偏故。若言權，言方便，即有不偏；不偏者，毘盧之義不成。可見西方即毘盧净土，毘盧是實，則西方決非權矣。

二惟心淨土者，直下自證，當體無心，即是淨土。維摩經："直

心是菩薩淨土,菩薩成佛,不諂衆生來生其國;深心是菩薩淨土,
菩薩成佛,具足功德衆生來生其國;大乘心是菩薩淨土,菩薩成
佛,大乘衆生來生其國。乃至欲得淨土,當淨其心;隨其心淨,
則佛土淨。夫心是即土之心,土是即心之土,心淨土淨,法爾如故。”
此語豈非西方註脚?多有執心之士,卑西方法門爲單接鈍根者,由
心外見土故也。夫念即是心,念佛豈非心淨;心本含土,蓮邦豈在
心外?故知約相非乖惟心,稱心實礙普度矣。

　　三恆真淨土者,即靈山會上所指淨土。引三乘,權教菩薩,令
知此土即藏恆淨,諸衆信而未見。夫藏性本寂,俗相恆空,故菩薩
居藏恆寂,入俗常空,正顯淨義。但衆生執海難清,識繩易縛,言業
本空,則恣情作業;言行無體,即肆意冥行。犯永嘉所呵,墮善星所
墜,以致生遭王難,死爲魔眷者,往往而是。嗟夫!使盡大地皆菩
薩,斯言誠爲利益;儻菩薩少,而凡夫多,則斯言之利天下也少,而
害天下多矣。誰敢以恆真淨土之言曰利少害多?非大悟者,不能有此膽識。

　　四變現淨土者,法華三變淨土,移人天於他方,維摩足指按地,
即時大千世界,若百千珍寶嚴飾。此是如來暫令顯現,亦是法爾。
然智如鶖子,尚且如盲,劣根衆生,無由獲見。且人天置諸方外,全
無接引之緣;神力暫現還無,詎是恆常之土?豈若安養淨邦,塵劫
常住,阿彌慈父,十惡不遺者哉!國土勝劣,居然可知。

　　五寄報淨土者,四禪地中摩醯首羅天,如來於彼成等正覺。起
信論:“菩薩功德成滿,於色究竟處,示一切世間最高大身。”藏和尚
謂:“別十地寄報十王;第十地寄當此天王,即於彼示成菩提,然彼
天雖三災不到,未若蓮邦直出三界,以在色究竟故。”

　　六分身淨土者,涅槃經“度三十二恆沙佛土,有世界名無勝,我
於彼出現,爲化衆生,於此界轉法輪。”又佛謂央崛:我住無生際,而
汝不覺知。東方有佛,往問之,彼佛言:釋迦即是我身。大意謂彼

淨土是佛實報，此是分身，雖彰一佛報境，未具攝化之義。佛分上即有，衆生分上即無，未爲殊勝。

七依他淨土者，梵網經："我今盧舍那，方坐蓮華臺，周匝千花上，復現千釋迦。""一花百億國，一國一釋迦"等者，以初地化百刹，有百葉之花，二地化千刹，則有千葉，三地萬葉，四地億葉，次第倍增。依他受用身，分示報境，入地乃見，非如蓮池會上，十念衆生，頓見淨佛國土。

八諸方淨土者，如東方藥師，南方日月燈，上方香積，佛佛各有淨土，皆是實報莊嚴。或佛神力顯現，或菩薩詣彼供養，緣彼佛未言攝生，故衆生無緣生彼。卽妙喜世界，雖有往生者，未聞無動有普引之言，且有須彌諸山，及鬼神婦女，嚴淨不如安養也。又瑠璃世界，釋迦亦勸往生，然藥師經正旨，爲助生極樂，勸人息滅惑業，成就念佛三昧，還同折門教意，非比阿彌如來，純以念佛攝一切人往生彼土也。

九一心四種淨土者，一凡聖同居土，分淨穢二類。穢土之中，凡聖各二：凡二者，一惡衆生，卽四趣也；二善衆生，卽人天也。聖二者，一實聖，卽四果，辟支，通教七地，別十住，圓十信後心，通惑雖盡，報身猶在，皆名實也；二權聖，謂方便實報寂光土中，法身菩薩，及妙覺佛，爲利有緣，應生同居，皆是權也。是等與四趣共住，故名穢土。淨土者，如妙喜國，雖有鐵圍男女之類，以無四惡趣，故名淨也。二方便有餘土，下方便等三土，各分淨穢，唯西方極樂，橫具四土，而四土皆淨，所以最妙，尚宜細細發揮。謂二乘，三種菩薩，破見思惑，證方便道。捨分段身而生界外，故曰方便；而塵沙別惑無明未斷，故曰有餘。釋論："出三界外有淨土，聲聞辟支佛出身其中，受法性身，非分段也。"三實報無障礙土，純諸法身菩薩所居，盡塵沙惑，分破無明，得真實果。而無明未盡，潤無漏業，受法性報身，亦名果報國。仁王經:"三賢十聖住果報,以觀實相,發真無漏,感報殊勝,故名實; 色心不二,毛刹相容,故名無障礙,華嚴因陀羅網世界是也。" 四常寂光土,妙覺極智所照如如法界,名之爲國,亦名法性身。但一真如佛性,非身非土而説身土,離身無土,離土無身,諸佛如來所遊居處。妙宗曰:"經論言寂光無相者,謂已盡染礙之相,非如太虛,空無一物,良由三惑究竟清淨,則依正色心究竟顯明。"大經曰:"因滅是色,獲得常色;受想行識,亦復如是。仁王稱爲法性五陰,是爲極果。"已上四土,名義迥别。雖一切淨蘊佛土,各具此四,只在一心,而境界不同,非異成異。是故同居是退地,方便是亦退亦不退地,謂退墮二乘,不退墮凡夫; 實報是不退地,寂光是非退非不退地,但有豎出義,無横具義。故最初同居一關,無不思議因果可論也。

十攝受十方有情不思議淨土者,卽阿彌陀佛西方極樂淨土。其中大功德海,大悲智海,大願力海,若具説者。假使盡十方諸佛菩薩聲聞辟支,下至蜎飛蝡動,草木瓦礫,鄰虚微塵之類,一一具無量口,口一一具無量舌,舌一一出無量聲,常説、倍説、熾然説、無間説,經百萬億塵沙阿僧祇劫,亦不能盡,且約五義釋之,一謂阿彌身中有無量衆生,衆生身中有無量阿彌。國土亦然。是故一衆生念阿彌,一阿彌見; 衆衆生念阿彌,衆阿彌見; 衆生念念阿彌,卽念念阿彌見。若衆生身中無阿彌者,阿彌不見,如陽燧中能得火,不能得水故; 阿彌身中無衆生者,阿彌亦不見,如胎中兒與母俱,不與石女俱故。是故身含身,身含身身; 土含土,土含土土; 身土交含,重重無盡,是身土不思議義。二謂若離性言土,土卽心外,是幻化故,幻化卽斷滅相,衆生不生; 若卽性言土,土是有形,是一定故,一定卽無變易,衆生亦不生。卽性卽相,非性非相,存非非亡,存卽卽壞,是性相不思議義。三謂卽念佛,卽見佛,卽成佛,卽度生,一時具足。如人三十至四十歲,無間斷相,若離三十至四十者,中間卽有分限,而我此身，無分限故；若由三十至四十者，中間即有相續，而我此身，乃至相續不可得故。念佛因果，亦復如是，是因果不思議義。四謂若阿彌因念而來此，衆生因憶佛而生彼，即有去來；有去來，即有程途；有程途，即有險易。般舟三昧曰："不於是間終，生彼間佛剎，佛無所從來，我亦無所至。"先德云："生則決定生，去則實不去。"如天鼓鳴，遠近齊聞，非去來故；如水中月，東行則東，西行則西，非去來故，是去來不思議義。五謂如澄潭山影，如春暘百草，如衆生業力，如日月光相，如胎中根，如身中我，如齒堅舌柔，如眉橫髮長，是畢竟不可思議不思議義。所以十方諸佛，吐心吐膽，亦只道得希有難信而已，雖大千舌相，詎能分疏其萬一哉！孔子曰："夫婦之愚可與知，及其至也，聖不知。"至哉言也，無量法門，一以貫之矣。

第二、緣起門

夫樂鮑肆者，不念檀旃，非實不念，以不厭故；乍使引之晤室，爇旃炙沈，不終日而悲其昔之藏，厭離之不早也。夫生死臭藏，愈於鮑肆；衆生貪嗜，倍彼蠅蚋。諸佛爲鬻香長者，愍一輩人天，沒溺濁海，是故阿彌導師，廣開香嚴之肆；釋迦慈父，確指淨域之門。盡大地無非貧兒，一佛號便爲資本。莫離十念，足驗誠言，塞鼻膻腥，久當自厭。今約西方起教，略分十義：

一一大事；二宿因深；三顯果德；四依因性；五順衆生；六藏相空；七勝方便；八導二乘；九堅忍力；十示真法。

一一大事者，衆生處五濁世，如囚處獄，等不等罰，未有一得免者；以入獄者皆罪人，處人天六道者，皆業報分段之身故也。然人入獄，無刻不求出離，良由獄之煎苦，難忍難堪，棘牆外更有許大安樂世界，此之苦樂，但入獄者無不知也。今衆生以煩惱爲家，以生死爲囿，繫心衣冠之囚長，適情金玉之桁楊；豈知大鐵圍山，是我棘牆，三界法場之外，各有家鄉田地也？諸佛憫此，酸心痛骨，爲分別淨薉，指以脫歸路程。而歲久拋業之人，了無歸處，又大建宅舍以安之：一則往來獄門，爲治道途；一則長伺獄外，修飾旅館。如是之恩，何由可報？嗟夫！燭長夜，揭覆盆，諸佛不惜垂手，衆生何苦戀戀也。經云：“如來爲一大事出現於世。”大事者，即此事也。衆生反戀毛頭許事，以小易大，甘心痰死，何哉！ _{奇曰：“囚以饑寒死，曰痰。”}

　　二宿因深者，一正因，即三世諸佛與諸有情自清淨體，如萬象依空，山川依地，穀依種子，花果依仁。若無此因，佛果不成，一切悲智，純依此因而得建立。長者論：“如來藏身，諸佛智海，莫不居中；若不見法身，一切福智大慈大悲，總屬生滅。”法身者，即正因是。二正願，如本經法藏比丘於自在王如來所，發四十八大願，一願不成，不取菩提。此依自性無量悲智，發如是不可思議願力，非心外見有衆生，發願欲度，以衆生非心外故。三正行，如本經法藏發願已，如是安住種種功德，修如是菩薩行，經無數億那由他百千劫。又一向出生菩薩經：“阿彌昔爲太子，聞此妙法，七千歲脅不至席，不念愛欲財寶，不問他事，常獨處止，意不傾動，復化八千億萬那由他人得不退轉。”此自性行持，自性精進，非有作功德，雖歷億劫，不離一念，以微妙法門，離一切行、一切劫故。是謂正因正願正行。如伊三點，缺一不成，非作得，非不作得。先德云：“根深果茂，源遠流長，宿因既深，教起亦大。”然乎哉！

　　三顯果德者，華嚴普賢行願品：“諸佛如來，因衆生而起大悲；因大悲，生菩提心；因菩提心，成等正覺。如曠野有大樹王，若根得水，枝葉華果悉皆繁茂；生死曠野菩提樹王亦如是，一切衆生而爲樹根，諸佛菩薩而爲華果，以大悲水饒益衆生，則能成就諸佛菩薩智慧華果。”是故諸佛取佛果者，依於衆生；若無衆生，佛果不成。如漢祖以救民，故有百戰；以百戰，故登寶位；登寶位故，百姓樂業；若無百姓，卽無如上等事。究而論之，凡行一德一事一利一名者，無衆生，皆悉不成。是故我無衆生，卽不成我，衆生是依我卽正，衆生是正我卽依，人我平等，依正無礙，是法爾故。法爾卽自然果德，若向外建立，不成果義。縱迷心性，向外建立，亦不在心性外，以心性無外故。

四依因性者，一切衆生，皆有如是淨性。譬一精金，冶爲釵釧溺器，金性是一，溺器者具藏，非金藏故。生佛亦然，同一淨性，但以釵釧溺器而有差別，非是性異。是故博地凡夫十念卽生者，以本淨故；阿彌陀佛欲攝受是衆生卽攝受者，以衆生本淨故。如鏡中之光，非不磨得，非從磨得。生淨土者，非是行願及與念力所能成就。何以故？念行如鑪錘等，但能銷金，無別有金生故。

五順衆生者，樂兒童者以竹馬，樂老耄者以笻鳩，衆生所重，惟寶玉衣食，故有自然七寶，樓閣妙麗，衣服飲食等事。辟火宅諸兒，非羊鹿等車，決不肯出，出已，純與大車。如來順衆生情，說阿彌寶土，衆生生已，各各自見細妙淨相，無可比喩，方知琉璃硨璖，猶如瓦礫。如達官貴人，向田舍兒說王宮精麗，姑就彼極珍異者爲擬，向非情量所及；如對生盲說色，無所用其方比矣。

六藏相空者，智論："有一子喜在不淨中戲，聚土爲穀，以草木爲鳥獸，人有奪者，瞋恚啼哭。其父思惟：此事易離，兒大自休。衆生愛著不淨臭身，及種種五欲，信等五根成就時，卽能捨離。"何以故？若小兒所著是真物，雖至百歲，著之轉深；若衆生所著物實有者，雖得五根，亦不能捨。以諸法空誑不實，衆生所著，卽易爲訓化。如人少悅色，壯營官，老嗜利，若實可好者，不應年變月易，以變易故，但是情妄。如夢中人，喚之卽醒；若夢實者，雖喚無益。以俱非實，是故佛爲一切衆生說淨土法門。

七勝方便者，此方便非自力，亦非他力，自性海中，具有如是自在功德，一切現成。是故一句聖號，無復煩詞，十念功成，頓超多劫。如萬竅怒號，力在扶搖，因竅顯故；幽谷洞明，功在晨曦，因谷見故。一綫蟻孔，能穿連山之堤，是水力，因蟻透故；一葉葦席，能遲萬斛之舟，是風力，因葦張故。總皆法界性海，無作無爲，不思議力所現，非自非他，自他具足，故有如是殊勝方便，是謂捷中之捷，徑中之徑，舍此不修，是真愚癡。千古不易之論。

八導二乘者，二乘避境趣寂，證假涅槃，不得如來法身，受業惑苦。一者無明住地，不得至見煩惱垢濁習氣臭藏究竟滅盡净波羅蜜果；二者因無明住地，有虛妄行未除滅故，不得至見無作無行我波羅蜜果；三者因微細虛妄，起無漏業，意生諸陰未除盡故，不得至見極滅遠離樂波羅蜜果；四者變易生死，斷續流注，不得至見極無變易常波羅蜜果。以是四種業惑，未證真理。如來憫之，教令回斷滅心，修净土行，令知即空不斷，即有不常，乘大乘智，入涅槃海。

九堅忍力者，龍樹曰："菩薩學般若波羅蜜，常欲不離諸佛。"何故？未入菩薩位，未得阿鞞跋致受記莂，若離佛便壞諸善根，没在煩惱，自不能度，安能度人？如人乘船，中流壞敗，欲度他人，反自没水；如少湯投大冰池，雖消少處，反更成冰；以少功德，無方便力，欲化衆生，雖少利益，反更墜落。聲聞辟支，雖有涅槃利益，無一切智故，不能教導菩薩。如象没泥，非象不能出。菩薩若入非道，唯佛能救，同大道故。復次菩薩作是念，我未得佛眼，如盲無異，若不爲佛所導，則無所趣，錯入餘道；設聞佛法，異處行者，未知教化時節，行法多少。復次菩薩見佛，或眼見，心清净，若聞所説，心則樂法，得大智慧，隨法修行而得解脱。如是等值佛無量益利，豈不一心常欲見佛？如嬰兒不應離母，行道不離糧食，大熱不離凉風冷水，大寒不離火，度深水不離船，病人不離良醫。菩薩不離諸佛，過於上事。父母親屬知識人天王等，皆不能如佛益利，佛益利諸菩薩離諸苦處，住世尊之地。問：云何得不離諸佛？答：衆生有無量劫罪因緣，雖行福德，智慧薄少；雖行智慧，福德薄少。菩薩求佛道，要行生忍法忍。行生忍故，一切衆生中發慈悲心，滅無量劫罪，得無量福德；行法忍故，破諸法無明，得無量智慧。二行和合，須世世不離諸佛。復次菩薩常愛樂念佛故，捨身受身，恆得值佛。如衆生習欲重，受婬鳥身，瞋恚多，生毒蟲中；菩薩不貴轉輪聖王人天福樂，但念諸佛，故隨心所重而受身形。復次菩薩常善修念佛三昧因緣故，所生常值諸佛。所以天如禪師或問："謂悟達之士，政願求生，汝但未悟，悟則淨土之趣，萬牛莫挽者此也。"又云："汝將謂一悟之後，習漏永除，便不退轉耶？更無偏學佛法，修行證果等事耶？便上齊諸佛，入生入死，不受障緣所撓耶？審如是，諸大菩薩修六度萬行經恆沙劫者，是皆媿汝。"教有聲聞出胎之昧，菩薩隔陰之昏，況近時薄解淺悟，自救不了者乎！縱悟處深遠，行解相應，奈何未登不退，力用未充；居濁惡，化剛強，先聖未許。如未完不固之舟，濟多人於惡海，自他俱溺，其理必然。故往生論："欲遊戲地獄門者，必生彼土，得無生忍已，還入生死，救苦衆生，以此因緣，求生淨土。"先聖云："未得不退轉位，不可混俗度生；未得無生法忍，要須常不離佛。譬如弱羽，只可傳枝。"今釋迦已滅，彌勒未生，四惡趣苦，因果牽纏，外道邪魔，是非扇亂。女色淫聲之相惑，惡緣蠆觸之交侵，無現佛可依，又境緣所撓，初心悟達之人，尠不遭其敗者。所以世尊慇勤指歸極樂，良有以也。蓋彼彌陀，現在說法，樂土境緣，種種清淨，儻依彼佛，忍力易成，高證佛階，親蒙授記，然後出化衆生，去來無礙。多見今之禪者，不究如來之了義，不知達摩之玄機，空腹高心，習爲狂妄，見修淨土則笑曰：彼學愚夫愚婦之爲。余嘗論其非鄙愚夫婦，乃鄙文殊、普賢、龍樹、馬鳴等也。非特自迷正道，失善根，喪慧身，亡佛種，且成謗法之業，鄙聖之殃，佛祖視爲可哀憐者。於是永明和尚，深憐痛哀，剖出心肝，主張净土；既自修，又化世，臨終種種殊勝相現，徑生極樂上品。夫永明悟達摩直指之禪，又致身極樂上品，以此解禪者之執情，爲末法勸信，余謂其深有功於宗教者此也。真歇了禪師云："洞下一宗，皆務密修，其故何哉？良以念佛法門，徑路修行，正按大藏接上上器，傍引中下之機。"又云："宗門大匠，已悟不空不有之法，秉志孜孜於净業者；非淨業見佛，尤簡易於宗門乎！"又云："乃佛乃祖，在教在禪，皆修淨業，同歸一源，入得此門，無量法門，悉皆能入。"至如天衣懷、圓照本、北磵簡、天目禮等諸大老，皆禪門宗匠，究其密修顯化，發揚淨土之旨，不約而同。廣如彼文，不能盡録。是故當知禪宗密修，不離淨土；初心頓悟，未出童真。入此者，方爲堅固不退之門。

　　十示真法者，一切法門，言空言有，未爲究竟。此念佛三昧，卽念而净，净非是無；卽净而念，念非是有。達净無依，卽是念體；了念本離，卽是净用。是故非净外有念能念於淨，淨外有念，念卽有所，所非淨故；非念外有淨能淨於念，念外有淨，净卽有二，二非淨故。當知諸佛順寂滅心而嚴淨土，念淨土當入一切寂滅門；諸佛順常樂我淨心而嚴淨土，念淨土當入一切常樂我淨門；諸佛順平等衆生心而嚴淨土，念淨土當入一切平等衆生門；諸佛順大悲智業而嚴淨土，念淨土當入一切大悲智業門；諸佛順無作無爲不可思議業而嚴淨土，念淨土當入一切無作無爲不可思議門；諸佛順塵勞煩惱性而嚴淨土，念淨土當入一切塵勞煩惱門；諸佛順微塵芥子相而嚴淨土，念淨土當入一切微塵芥子門。以上諸大法門，但一聲阿彌陀佛，皆悉證入，亦無能證所證之相。若不爾者，則是有餘之淨，念佛三昧卽不如是。

第三、部類門

夫如來説教,廣有多門,或偶拈一題,或因緣舉出,唯念佛一門,頻形讚歎。如高巒之峙平原,躍空而出;金星之晃沙磧,映日卽明。法門殊勝,未有逾此者也。今約諸經,言西方大事者,一槩收入,分經緯二義:經非專談安養者不收,緯則泛舉念佛者亦入。登蔥山而樵玉,首採羊脂;泛溟海而斯香,忍捐牛首。聞所未聞,望於來哲。

一經中之經;二經中之緯;三緯中之經;四緯中之緯。

一經中之經者,無量清淨平等覺經、無量壽經、阿彌陀經、無量壽莊嚴經、大寶積第十八無量壽如來會,五同一經,前四譯稍不精。六大阿彌陀經,龍舒居士將前四譯和會者;然寶積一會,旨富詞法,不知龍舒何以不見? 又佛説阿彌陀經、稱讚淨土佛攝受經,二同一經,而初簡淨;又觀無量壽經,言十六觀,修持法門,備載此經。上三種經,專爲西方起教,如天中天,人中王,不必排抑,太虛空一尚不得,豈有二哉! 經中妙義,具見餘門。

二經中之緯者, 鼓音聲王經:“持阿彌陀佛名,臨命終時,佛與聖衆,接引往生。”又後出阿彌陀偈經,共五十六句。二經亦專言淨土,言義較前甚略。又鼓音重持咒、偈經伽陀部,皆非教本故。

三緯中之經者, 華嚴經:“普賢菩薩發十大願,臨命終時,一切諸根散壞,一切威勢退失, 惟此願王,不相捨離,於一切時,引導其前,一刹那間往生極樂世界, 卽見阿彌陀佛。其人自見生蓮華中,蒙佛授記,經無數劫,普於十方不可説,不可説世界,以智慧力,隨衆生心而爲利益,乃至能於煩惱大苦海中, 拔濟衆生,令其得生極樂世界。”又解脱長者云:“我欲見安樂世界無量壽如來,隨意卽見; 如是十方如來,欲見卽見。我能了知如來國土莊嚴神通等事,無所從來，亦無所去，無有行處，亦無住處；亦如己身，無來無去，無行住處。"法華經："聞是經典，如説修行，命終卽往阿彌陀佛大菩薩衆圍繞住處，生蓮華中寶座之上，得菩薩神通無生法忍，眼根清淨，見七百萬二千億那由他恆河沙等諸佛如來。"楞嚴經："大勢至白佛：超日月光佛，教我念佛三昧。譬如有人，一專爲憶，一人專忘，如是二人，若逢不逢，或見非見，二人相憶，二憶念深。如是乃至從生至生，同於形影，不相乖異。十方如來憐念衆生，如母憶子，若子逃逝，雖憶何爲？子若憶母，如母憶時，母子歷生，不相違遠。若衆生心，憶佛念佛，現前當來，必定見佛，去佛不遠，不假方便，自得心開，如染香人，身有香氣，此則名曰香光莊嚴。我本因地，以念佛心入無生忍，今於此界，攝念佛人歸於淨土。""佛問圓通：我無選擇，都攝六根，淨念相繼，得三摩地，斯爲第一。"寶積經："佛告父王：一切衆生，皆卽是佛。汝今當念西方世界阿彌陀佛，常勤精進，當得佛道。王言：衆生云何是佛？佛言：一切法無生、無動搖、無取捨、無相貌、無自性，可於此法中安住其心，勿信於他。爾時父王，與七萬釋種，信解歡喜，悟無生忍。佛現微笑而説偈曰：釋種決定智，是故於佛法，決信心安住，人中命終已，得生安樂國，面奉阿彌陀，無畏成菩提。又佛告彌勒：發十種心，往生極樂。一於衆生起大慈，無損害心；二起大悲，無逼惱心；三於佛正法不惜身命，樂守護心；四於一切法發生勝忍，無執著心；五不貪利養恭敬尊重，淨意樂心；六求佛種智，一切時無忘失心；七於衆生尊重恭敬，無下劣心；八不著世論，於菩提分，生決定心；九種諸善根，無有雜染清淨之心；十於諸如來捨離諸相，起隨念心。此十心隨成一心，欲生彼佛世界，若不得生，無有是處。"般舟三昧經："若沙門白衣所，聞西方阿彌陀佛剎，常念彼方佛，不得缺戒。一心念，若一日晝夜，若七日七夜，過七日已，見阿彌陀佛。覺不見，夢見之如夢中所見，不知晝夜，不知內外,不用在冥,故不見不用,蔽礙故不見。菩薩心當作是念時,諸佛國境界名,大山須彌山,其有幽冥之處,悉爲開闢,目亦不蔽,心亦不礙。是菩薩摩訶薩不持天眼徹視,不持天耳徹聽,不持神足到於佛刹,不是生彼刹乃見,便於是間坐,見阿彌陀佛,聞所説經悉受得,從三昧中,能具足爲人説之。"觀佛三昧經:"文殊自敍宿因,謂得念佛三昧,當生淨土。世尊復記之曰:汝當往生極樂世界。"大集經賢護品:"求無上菩提,應修念佛禪三昧:若人稱念彌陀佛,號曰無上深妙禪,至心想像見佛時,即是不生不滅法。"十住斷結經:"有四億衆,自知死此生彼,牽連不斷,欲爲之源,樂生無欲國土。佛言:西方去此無數國土,有佛名無量壽,其土清淨,無淫怒癡,蓮花化生,不由父母,汝當生彼。"如來不思議境界經:"菩薩了知諸佛,及一切法,皆惟心量,得隨順忍。或入初地,捨身速生妙喜世界,或生極樂淨土。"隨願往生經:"佛國無量,專求極樂者,以因勝,十念爲因故;以緣勝,四十八願普度衆生故。"稱揚諸佛功德經:"聞無量壽如來名,一心信樂,其人命終,佛與諸比丘住其前,魔不能壞彼正覺心。又持諷誦念,此人當得無量之福,永離三途,命終往生彼刹。"大雲經:"善男子,西方安樂土,佛號無量壽。告一菩薩:娑婆世界釋迦牟尼佛,爲薄福鈍根衆生説大雲經,汝可往彼,至心聽受。彼菩薩欲來,汝觀彼土諸菩薩身,滿足五萬六千由旬,是菩薩名無邊光,通達方便,善能教導。"入楞伽經:"善逝滅度後,南天竺國中,大名德比丘,厥號爲龍樹,能破有無宗。世間中顯我無上大乘法,得初歡喜地,往生安樂國。"大悲經:"有比丘祈婆伽,修習無量最勝善根,命終生西方無量壽佛國,以後成佛,號無垢光如來。"

四緯中之緯者,華嚴毘盧遮那品:"大威光童子得念佛三昧,名無邊海藏門。"光明覺品:"爾時光明過千世界,一切處文殊菩薩,各於佛所，同時説言：一切威儀中，常念佛功德，晝夜無間斷，如是業應作。"賢首品："見有臨終勸念佛，又示尊像令瞻敬，俾於佛所深歸仰，是故得成此光明。"十無盡藏品："第八念藏，此念有十種：寂靜念、清淨念、不濁念、明徹念、離塵念、離種種念、離垢念、光耀念、可愛樂念、無能障礙念。"兜率偈讚品："以佛爲境界，專念而不捨，此人得見佛，其數與心等。"十回向品："第十回向，以法施回向，願得憶念與法界等，無量無邊世界，未來現在一切諸佛。"十地品中，從初至末，地地皆云："一切所作，不離念佛。"佛不思議法品："如來十種佛事，謂若有衆生專心憶念，則得現前，心不調順，則爲説法等。" 入法界品："德云比丘得憶念一切諸佛境界智慧光明普見法門，所謂：智光普照念佛門，常見一切佛土種種宮殿嚴淨故。令一切衆生念佛門，隨衆生心樂，皆令見佛得清淨故。令安住力念佛門，令入如來十力中故。令安住法念佛門，見無量佛聽法故。照曜諸方念佛門，悉見一切諸世界中，等無差別諸佛海故。入不可見處念佛門，悉見一切微細境中，諸佛自在神通事故。住諸劫念佛門，一切劫中，常見如來諸所施爲，無暫捨故。住一切時念佛門，於一切時常見如來，親近同住，不捨離故。住一切刹念佛門，一切土咸見佛身，超過一切，無與等故。住一切世念佛門，隨自心樂，普見三世如來故。住一切境念佛門，普於一切境界中，見諸如來次第現故。住寂滅念佛門，於一念中，見一切刹一切佛示涅槃故。住遠離念佛門，於一念中，見一切佛從其所住而出去故。住廣大念佛門，常觀察一一佛身充徧一切諸法界故。住微細念佛門，於一毛端有不可説如來出現，悉至其所而承事故。住莊嚴念佛門，於一念中，見一切刹皆有諸佛成等正覺現神變故。住能事念佛門，見一切佛出現世間，放智慧光轉法輪故。住自在心念佛門，知隨自心樂，一切諸佛現其像故。住自業念佛門，知隨衆生所積集業，現其影像令覺悟故。住神變念佛門，見佛所坐廣大蓮華周徧法界而開敷故。住虛空念佛門，觀察如來所有身雲，莊嚴法界虛空界故。"法華經："若有因緣，獨入他家，一心念佛；乞食無侶，一心念佛。"又："若人散亂心，入於塔廟中，一稱南無佛，皆已成佛道。"淨名經："直心是菩薩淨土，菩薩成佛，不諂衆生來生其國；深心是菩薩淨土，菩薩成佛，具足功德衆生來生其國；大乘心是菩薩淨土，菩薩成佛，大乘衆生來生其國。布施是淨土，一切能捨衆生來生；持戒是淨土，行十善道，滿願衆生來生；忍辱是淨土，三十二相莊嚴衆生來生；精進是淨土，勤修一切功德衆生來生；禪定是淨土，攝心不亂衆生來生；智慧是淨土，正定衆生來生。四無量心是淨土，成就慈悲喜捨衆生來生；四攝法是淨土，解脫所攝衆生來生；方便是淨土，於一切法方便無礙衆生來生；三十七品是淨土，念處正勤神足根力覺道衆生來生。回向心是淨土，菩薩成佛，得一切具足功德國土；說除八難是淨土，菩薩成佛，國土無有三惡八難；自守戒行、不譏彼缺是淨土，菩薩成佛，國土無有犯禁之名。十善是菩薩淨土，菩薩成佛，命不中夭，大富梵行，所言誠諦，嘗以軟語，眷屬不離善和諍訟，言必饒益，不嫉不恚，正見衆生來生其國。菩薩隨其直心，則能發行；隨其發行，則得深心；隨其深心，則意調伏；隨意調伏，則如說行；隨如說行，則能迴向；隨其迴向，則有方便；隨其方便，則成就衆生；隨成就衆生，則佛土淨；隨佛土淨，則說法淨；隨說法淨，則智慧淨；隨智慧淨，則其心淨；隨其心淨，則一切功德淨。菩薩欲得淨土，當淨其心；隨其心淨，則佛土淨。又菩薩成就八法，於此世界行無瘡疣，生於淨土。何等爲八？饒益衆生不望報；代一切衆生受諸苦惱；所作功德盡施之；等心衆生，謙下無閡；於諸菩薩視如佛；所未聞經聞不疑；不與聲聞違背，不嫉彼供，不高已利，而於中調伏其心，常省己過；不訟彼短，恆以一心求諸功德。"涅槃經："菩薩六念，念佛第一。"又"繫念思惟因緣力故，得斷煩惱。"大悲經："一稱佛名，以是善根，入涅槃界，不可窮盡。"大般若經："佛告曼殊室利，菩薩能正修一相莊嚴三昧，疾證菩提，應離喧雜，不思衆生相，專念一如來。審取名字，善想容儀，即爲普觀三世諸佛，即得諸佛一切智慧。"坐禪三昧經："菩薩坐禪，不念一切，惟念一佛，即得三昧。"增一阿含經："四事供養閻浮提一切衆生，若有稱佛名如擊乳，頃功德過上不可思議。"文殊般若經："欲入一行三昧，應處空閑，捨諸亂意，不取相貌，繫心一佛，專稱名字，隨彼方所，端身正向。能於一佛，念念相續，即是念中，能見過去未來見在諸佛。念一佛功德，與念無量佛無二。阿難聞法，猶住量數。若得一行三昧，諸經法門，一一分別，皆悉了知，畫夜宣説，智慧辯才，終不斷絶。阿難多聞辯才，百千等分不及一。"大集經："若人專念一方佛，或行或坐，至七七日，現身見佛，即得往生。"法華三昧經云："衆生一稱南無佛者，皆作佛。惟一大乘，無二三，一切法一相一門，所謂無生無滅，畢竟空相。習如是觀，五欲自斷，五蓋自除，五根增長，即得禪定。"那先經："人生造惡，臨終念佛，得生佛國。如大石置船得不没，惡因念佛，不入泥犁；其小石没者，如作惡不知念佛，便入泥犁。"總前經緯作頌曰：

　　如來金口言，讚歎西方土，如入長安城，別無天子都。普賢佛長子，文殊七佛師，授記及迴向，是果位往生。釋種得法忍，善財證佛果，面奉阿彌陀，是菩薩往生。龍樹破有無，祈婆最勝根，皆得佛授記，是禪師往生。聞佛心信樂，誦念與持諷，大石置船上，是下劣往生。阿難世多聞，佛子中第一，不如念一佛，頓了諸經法。云何義解家，得輕易念佛？諸正念法門，經中皆悉載，但一大乘法，無二亦無三。奉勸悟達士，趁時歇狂解，一心念阿彌，蓮華念念生。此是常寂光，非報非方便，作是觀爲正，勿妄生分別。禪教律三乘，同歸淨土海，一切法皆人，是無上普門。教海義無量，甕觀抬少許，一臠徧鼎味，是中有全藏。

第四、教相門

夫一大藏教，如器銜空。空無相體，器有方圓；器盡空除，緣忘教滅。是故隨緣普應，則湼槃真如一器也；稱智自在，則名相專持一空也。藥無定方，定方以病，豈玉屑珊瑚，槩治四百四病哉！病除藥貴，便溺卽是醍醐；異證同方，參苓化爲酖毒。何況無上醫王，治三乘出世之藥，療人天凡小等瘡者哉！先德約教，或一或多，名相雖別，理趣是同。道人不揣固陋，竊附先哲，分別諸句，用彰一乘。使知淨土法門，攝一代時教，毋爲儱侗禪宗，輕狂義學，誑惑云爾。

一假有教；原名純有。二趣寂教；三有餘教；四無餘教；五頓悟教；六圓極教。純有，卽人天乘；趣寂等五，卽小始終頓圓也。若論判教，須約化儀四教，化法四教，通別五時，方可全收一代所説法門。今僅依五教，尚可商，惜中郎四十餘歲已棄世，未入台宗之室也。又純有不能出世，不得立教，衹可附在三藏教耳。

一假有教者，凡夫耽愛染，造黑業，如來悲憫，爲説地獄苦、餓鬼苦、畜生苦、無福德著我所苦，欲生人天，當修善根。佛初爲提胃説世間因果，五百賈人同受五戒，先懺五逆十惡謗法等罪，是爲有教。觀經修三福，首言孝父母，奉師長，慈心不殺，修十善業。無量壽經極言五惡五痛五燒之苦，教化羣生，令持五善。二經爲求往生，遮諸不善，非忻人天小果，修持同，證果別。楞嚴華嚴諸方等經，亦兼帶之，不名爲有。觀經鈔曰："圓頓行者，豈違小乘出家之式、三皈衆戒威儀等事？"又曰："得前前不得後後，得後後必得前前。何故？諸佛無不以十善得度故。"華嚴經："十不善業道，是地

獄畜生餓鬼受生因。十善業道，是人天乃至有頂處受生因。又上
品十善業道，以智慧修習，心狹劣，怖三界，闕大悲，從他聞聲而了
解故，成聲聞乘。若修治清淨，不從他教，大悲方便不具足，悟解甚
深因緣法故，成獨覺乘。若修治清淨，心廣無量，具足悲愍，方便所
攝，發生大願，不捨衆生，希求諸佛大智，淨治菩薩諸地，淨修一切
諸度故，成菩薩廣大行。又上上品十善業道，一切種清淨故，乃至
證十力無畏故，一切佛法，皆得成就。是故我今等行十善，應令一
切具足清淨，乃至菩薩如是積集善根，成就善根，增長善根，思惟善
根，繫念善根，分別善根，愛樂善根，修習善根，安住善根，以此善根
所得依果，修菩薩行，於念念中，見無量佛，如其所應，承事供養。”
又云：“雖無所作，而恆住善根。”又“雖知諸法無所依”，而說“依善
法出離。”奉勸悟達之士，猛省永嘉谿達之言，早尋白社不請之友。
勿輕戒律，無作業之佛；勿貪虛名，有對證之鬼。蓮邦不遠，請卽
加鞭。

　　二趣寂教者，小乘寂滅，趣向涅槃，嚴土利他，不生喜樂，與淨
土大乘之教正反。然無量壽及觀經，皆有須陀洹，乃至阿羅漢。先
德謂小乘定性不生，若先發大心，熏成種子，退心小乘，垂終回小向
大則得生。以退大既久，習小功深，彼佛稱習說小，且令證果，然不
住小位，還起大心，進行彌速。或五劫，或十劫，得成初地。如是階
級，猶是殊勝，是故不同。

　　三有餘教者，了二空真理，修萬行，趣大乘佛果。唯不許闡提
二乘成佛，謂闡提無性，二乘定性，決不可成。未盡大乘真理，故名
有餘。此經五逆二乘種不生，教義似同，然五逆不生，以謗法故。
是無信心，非無性。觀經：“毀戒衆生，臨終惡現，聞讚佛功德，地獄
猛火化清涼風，五逆十惡具足十念；見金蓮如日輪，刹那頃得往
生。”此自性不思議功德，仗不思議佛力顯現，若不具佛力，如頑石

豈能透月？當知念能顯性，如是往生，是性力故，如日能顯空，空非因日。是故一切衆生皆成佛，不同有餘之敎。

四無餘敎者，一切衆生平等一性，悉當成佛，爲大乘極則之敎。唯一自心爲敎體，故云無餘。淨土法門，依正信願等法，究極皆歸一心。故言一心不亂，卽得往生。又大本三輩生者，皆云發無上菩提心。菩提心，佛性是。華嚴曰："菩提心如種子，生一切佛法故；如良田，長衆生白淨法故；如大地，持一切世間故；如淨水，洗一切煩惱垢故；如大風，普於世間無所礙故；如盛火，燒一切諸見薪故。"廣在彼經，當知菩提心是鐵砲中利藥，念佛是藥線，華嚴初發心時便成正覺，卽是此義。菩薩五位加行，亦藥中引線耳。無量妙行，詎有加一行三昧者哉！

五頓悟敎者，長者論："一念不生，卽名爲佛，不從地位漸次，故爲頓敎。"思益經："得諸法正性者，不從一地至一地。"楞伽經："十地則爲初，初則爲八地，乃至無所，有何次？當知頓者，謂階級卽非階級。如空中鳥跡，速而無痕，由此出生一切階級，而俱非階級。故頓敎者，敎之綱領，亦名敎外別傳。本不可名別傳，尤不可別立一敎，若可別名別立，早已落階級矣；然名別傳，立頓敎者，如棋譜中，譜活眼法耳。"觀經鈔曰："經於化法，以圓爲頓。何故？無生忽位，別在初地，圓在初住，別敎凡夫經無數劫，方至此位，唯有圓敎，卽生可入。韋提及侍女，並是凡夫，卽身得忍，判爲頓者，是圓頓故。此經五逆十惡，持名卽生，皆得不退，正合頓義。所謂是心作佛，是心是佛，直指心宗，更無迂迴。且如阿彌一聲，是非俱剗，何等直截，古人謂之頭則公案。鑊湯波底，豈貯寒冰；烈火燄中，詎容寸草？達摩復起，不易吾言；更或踟躕，萬年千里。"

六圓極敎者，慈恩謂先德判經論有四宗，第四顯實宗，涅槃、法華、華嚴等，顯眞實中道義，捨化城而歸寶所，故知彌陀經，乃第四宗也。又謂以教准宗，宗有其八，一我法俱有宗，此乃外道，列於正宗，爲不可曉，乃至八應理圓實宗，如華嚴及彌陀經，是第八宗收。真歇了禪師等，以帝網千珠，發明淨土圓融之義，諸書具載。近有以華嚴配此經，謂圓全攝此，此分攝圓，得圓少分，但圓義無全無分。如月在川，川川皆有全月，乃至瓶池寸水亦是全月，無分月故；如風在樹，樹樹皆有全風，乃至寸葉莖草亦是全風，無分風故。若圓有分，圓卽有段；若分非全，圓卽不徧；分全雙乖，圓義不成。今約蓮宗圓極，分五種義：

一刹海相含義。一切諸佛報化國土，互相攝入，全他全此，而無留礙。若計不相入者，此卽情見，情見非實。如室中含空，其中若人若畜，若鬼若蟲，若几若瓶若架之類，皆依空建立。空屬人時，則鬼畜蟲几瓶架所依之空，一切攝入人中；空屬畜時，則人鬼蟲几瓶架所依之空，一切攝入畜中。乃至鬼蟲几瓶架等，一一皆然，參而不雜，離亦不分，非入非不入。是故經云：“國土光淨徧無與等，徹照無量無數不可思議世界，如明鏡中現其形像。當知一切淨方濁土，交光相入，如千燈一室故。”

二三世一時義。衆生情見，執有時分過見未來等事，實相中無時體可得。何故？若計晦明是時，晦明是業相，如病眼見眚，非定相故；若計老少是時，老少是幻質，如敝網裏風，非定質故，云何是中而有實義？今約延促相入以明時體：一促中有延，如人假寐，夢經城邑聚落，及見故人，悲笑分明，經歷時月，醒問幾時，數千錢耳。其人自思：假寐無幾，云何經歷許事？了了記憶，非病非醉，展轉追惟，終不可解。二延中有促，如人暴死數日，忽起語人曰：“門外羅刹，捉我欲唆，裂袖得脱。”家人曰：“爲汝燒銀燭已數十枝了也。”其人異曰：“適從門外一揮臂耳，何遽越幾晝夜耶！”以是二喻，進退互觀，畢竟無有三世可得。是故經云：“觀彼久遠，猶若今日，經須臾間，歷事諸佛，徧十方界，是謂三世無間。"三世無間者，時體不可得故。

三無情作佛義。權教中有情有佛性，無情無佛性，一切草木器界，不能成道轉法輪。此執情強計屬意卽有，屬物卽無，不了諸法皆住法位。何以故？意是色故，是空根故，是往古來今故，是無情故，一無一切無故；青黄是意故，風鳴谷響是意故，草木瓦礫是意故，是有情故，一有一切有故。故知情可説自，亦可説物，不應言誰無誰有。夫筋骨血肉，亦無情慮，是衆生耶，非衆生耶？夢中見山見水見木見石，亦是無情，是情想攝耶，非情想攝耶？是中尚無是我非我，云何更計有情無情？是故經中道場寶樹，能淨諸根，風枝水響，咸宣妙法，無一物非佛身，無一物不轉法輪，豈情見妄知所能計度？

四依正無礙義。依是器界，正是身根，凡情橫計有依有正，是義非實。何以故？若言虛空是依者，如人張口，則虛空入，乃至毛孔骨節心腹之內，皆有虛空，是依耶，是正耶？若言地水火風是依者，如涎液入器爲水，髮焦爲土，兩手相觸成火，噓氣爲風，是依耶，是正耶？是故經中無量寶華，一一華出三十六億那由他百千光明，一一光明出三十六億那由他百千佛，普爲十方，説一切法。以佛力故，現有寶華；以寶華故，復現諸佛。是故當知盡一刹是佛身，刹刹皆然；無一身非佛刹，身身皆然。非佛神力變現，唯一真法界智爲依正故。

五充徧不動義。衆生妄計佛身卽有去來，而實佛身無去無來，亦無不去不來；辟如鳥飛空中，一日千里，空非隨鳥，鳥不離空；是故經言阿彌陀佛常在西方，又言至一切行人之所。湼槃經："佛言：波羅奈城，有優婆夷，割髀肉爲臛，送病比丘。優婆夷患瘡苦惱，卽發聲言：南無佛陀，南無佛陀。我在舍衛城，聞其音聲，起大慈心，是女尋見我持良藥塗其瘡上,還合如本。我卽爲説種種法,聞法歡喜,發菩提心。我實不往波羅奈,持藥塗優婆夷瘡,慈善根力,令彼女人見如是事。調達多服酥,頭痛腹滿,受大苦惱,發如是言:南無佛陀,南無佛陀。我在優禪尼城,聞其音聲,卽生慈心,調達尋見我至其所,摩鹽湯令服,服已平復。我實不往調達所摩頭腹,授湯令服,慈善根力,令調達見如是事。憍薩羅國,有五百賊,王捕挑目,逐著黑林,受大苦惱,各作是言:南無佛陀,南無佛陀,啼哭號咷。我在祇桓精舍,聞其音聲,卽生慈心,時涼風吹香山種種香藥,滿其眼眶,尋還得眼,諸賊開眼,卽見如來立其前,而爲説法。賊聞法已,發菩提心。我實不作風吹香山藥,住其人前而爲説法,慈善根力,令彼羣賊見如是事。"如上之法,豈容思議? 皆是一真法界。不得言自心感見,亦不得言心佛和合,以佛地中,離自離他離和合故。是故入此門者,莫同凡夫情見,分別計度,如清涼云:"阿彌陀佛,卽本師盧舍那,猶屬情量。何以故? 十方世界,惟一智境,無別佛故。"

第五、理諦門

　　夫卽性卽相,非有非空,理事之門不妨,遮表之詮互用。言無者,水月鏡花,不同龜毛兔角;言有者,風行雲起,不同石礙金堅。是故若滯名著相,卽有漏凡夫;若撥果排因,卽空見外道。夢中佛國,咸願往生;泡影聖賢,誓同瞻仰。説真説相,似完膚加瘡;道有道無,類洪鑪點雪。爰約真諦,分別四門:一卽相卽心門;二卽心卽相門;三非心非相門;四離卽離非門。

　　一卽相卽心門者,净土境觀要門曰:"心包太虛,量周沙界。是故極樂國土,寶樹寶地寶池,彌陀海衆正報之身,三十二相等,皆我心本具，皆我心造作。不從他得，不向外來了此，方可論卽心觀佛觀經。諸佛如來是法界身，入一切衆生心想中，天台有二釋：一約感應道交釋，二約解入相應釋。若無初釋，則觀非觀佛；若無次釋，則心外有佛。至釋是心作佛，是心是佛，從修觀邊爲心作，從本具邊爲心是。"又曰："觀心觀佛，皆屬妄境。意在了妄卽真，不須破妄顯真。"故荆溪云："惟心之言，豈惟真心？煩惱心徧不知煩惱心徧，安知生死色徧色何以徧？色卽心故若爾。不須攝佛歸心，方名約心觀佛如此，非但滾得佛意，亦乃迥出常情。"宗鏡録曰："自心徧一切處，若見他佛，卽是自佛，不壞自他之境，惟是一心。衆生如像上之模，若除模，既見自佛，亦見他佛。何者？見他佛，卽是自佛，以自鑄出故。亦不壞他佛，以於彼本質上變起他佛之形，是自相分故。"又曰："自心感現，佛身來迎，佛身常寂，無有去來，衆生識心，託本佛功德勝力，有來有去。如面鏡像，似夢施爲，鏡中之形，非内非外，夢裏之質，非有非無，但是自心，非關佛化。故知净業純熟，目睹佛身，惡果將成，心現地獄。如福德執礫成金，貧人變金成礫，礫非金而金現，金非礫而礫生，金生但是心生，礫現唯從心現。轉變是我，金礫何從？"正法念處經："善巧畫師，取種種彩色，取白作白，取赤作赤，取黄作黄，取鴿作鴿，取黑作黑。心業畫師，緣白取白，於天人成白色，欲等漏垢所不染汙；取赤彩色，於天人作赤色，所謂愛聲味觸香色；取黄彩色，於畜生道作黄色，遞互飲血噉肉，貪欲嗔癡，更相害故；取鴿彩色，攀緣觀察，於餓鬼道作鴿色，身猶火燒林樹，饑渴所惱，種種苦逼；取黑彩色，於地獄作黑色，以黑業故，有黑鐵壁，被燃被縛，得黑色身。乃至心業畫師，善治禪彩，攀緣明净，如彼畫師，善治彩色，畫作好色，皆是自心，非他所作。心業畫師，以純净色，畫作净土，亦復如是般舟三昧，菩薩得是三昧，便於是間坐，見阿彌陀佛。如毗耶有婬女名婆利，舍衛婬女名曼那，王舍婬女名檠那，有三人各聞，晝夜專念，心著不捨，夢與從事。覺已心念，彼不來我不往，而事得辦。一切法皆如是耶？往告跋陀惒菩薩，答言：'諸法實爾，皆從念生。'如是種種，爲三人說，得不退轉地。菩薩於是間，聞阿彌陀佛，數數念，用是念故，見阿彌陀佛。如人念鄉里，夢歸故鄉，見家室親屬共語，覺爲知識說之。菩薩如所向方聞佛名，常念所向方，欲見佛菩薩一切見。如比丘觀死人骨著前，有觀青時，觀白時，觀赤時，觀黑時，其骨無持來者，亦無骨，亦無所從來，是意所作。菩薩如是，欲見何方佛即見，持佛威神力，持佛三昧力，持佛功德力，用是三事得見佛。如年少人，端正姝好，以淨器盛好麻油及淨水，或新磨鏡，或無暇水精自照，以明淨故，自見其影，影不從中出，不從外入，菩薩以善清淨心，隨意即見諸佛。見已歡喜作是念，佛從何來，我身不去，即時便知佛無所從來，我亦無所去。復作是念，三界所有，皆心所作。何以故？隨心所念，悉皆得見。以心見佛，以心作佛，心即是佛，心即我身；心不自知，亦不自見，若取心相，悉皆無智。心亦虛誑，從無明出，因是心相，即入諸法實相。當知心外見佛，即成魔境，以心外無一法可得故。" 以心性無外故，以一切十方三世諸法，皆不在心外故；若達心外無法，則魔界即佛界，以一如無二如故。

　　二即心即相門者，謂諸法畢竟空，故有諸法；若諸法有決定性，則一切不立。般若經："諸法不空，無道無果。" 法句經："菩薩於畢竟空中，熾然建立。" 華嚴經："菩薩摩訶薩了達身及衆生，本來寂滅，而勤修福智，無有厭足，於諸境界，永離貪欲，而常樂瞻奉諸佛色。知佛國土，皆如虛空，而常莊嚴佛刹，以是義故，菩薩樂修淨土。"羣疑論："問：'佛土皆空，衆生如第五大，何得取著有相，捨此生彼？'答：'佛說法不離二諦，成就一切法而離諸法相。成就一切者，世諦諸法也；離諸法者，第一義諦無相也。雖知諸佛國，及與衆生空，常修净土行，教化諸羣生。汝但見圓成實教破徧計所執畢竟空無，而不信依他起性因緣之教，卽是不信因果，説諸法斷滅，爲邪見外道。'"十疑論："不生不滅者，於生緣中，諸法和合，不守自性，求於生體，亦不可得，此生生時，無所從來，故名不生。諸法散時，不守自性，此散滅時，去無所至，故言不滅。非因緣生滅外，別有不生不滅，亦非不求生净土，喚作無生。偈云：'因緣所生法，我説卽是空，亦名爲假名，亦名中道義。'又'諸法不自生，亦不從他生，不共不無因，是故説無生。'智者熾然求生净土，達生體不可得，卽真無生，此謂心淨故佛土淨。愚者爲生所縛，聞生卽作生解，聞無生卽作無生解，不知生卽無生，無生卽生。不達此理，橫相是非，瞋他求生淨土，幾許誑哉！"長蘆曰："以生爲生者，常見也；以無生爲無生者，斷見也；生而無生，無生生者，第一義諦也。"永明曰："卽相之性，用不離體；卽性之相，體不離用。讚性卽是讚相，毀相祇是毀性。"天如曰："性能現相，無生卽生；相由性現，生卽無生。是則無聲聲中，風枝水響；非色色裏，寶樹欄干。豈同灰飛煙滅之頑空，與撥無因果之魔屬哉！"

三非心非相門者，婆沙論："新發意菩薩念實相佛，得上勢力，不貪著色身，法身亦不著，善知一切法，永寂如虛空。"實性論："佛非可見法，眼識不得見；法非可説事，非耳識所聞。僧名無爲，不可身心供養，禮拜讚歎。"摩訶般若經："菩薩摩訶薩念佛，不以色受想行識念，以諸法自性空故。不應以三十二相、八十隨行好念，不應以戒、定、慧解脱，解脱知見，念不應以十力、四無所畏、四無礙智、十八不共法而念，是諸法自性空故。自性空則無所念，無所念是爲念佛。"智度論："於過去諸佛取相，分別迴向，不名迴向。有相是一邊，無相是一邊，離是二邊行中道，是諸佛實相。若不取相數迴向，是爲不顛倒。"佛藏經："以是畢竟空無所有法念佛。念佛者，離諸想，諸想不生，心無分別，無名字，無障礙，無欲無得，不起覺觀。隨所念起一切諸想，皆是邪見，隨無所有，無覺無觀，無生無滅，通達是者，名爲念佛。如是念中，無貪無著，無逆無順，無名無想。"舍利弗："無想無語，乃名念佛。是中乃至無微細小念，何況麤身口意業？無身口意業處，無取無攝，無諍無訟，無念無分別，空寂無性，滅諸覺觀，是名念佛。若人成就如是念者，欲轉四天下地，隨意能轉，亦能降伏百千億魔，況弊無明，從虛誑緣起，無決定相。是法如是，無想無戲論，無生無滅，不可說，不可分別，無暗無明。魔若魔民所不能測，但以世俗言説，有所教化，而作是言。汝念佛時，莫取小想，莫生戲論，莫有分別。何以故？是法皆空，無有體性，不可念。一相所謂無相，是名真實念佛。"又止觀明念佛三昧，"佛不用心得，不用身得，不用心得佛色，不用色得佛心；心者佛無心，色者佛無色，故不用色心得三菩提。佛色已盡，乃至識已盡。佛所説盡者，癡人不知，智者曉了，不用身口得佛，不用智慧得佛。何故？智慧索不可得，自索我了不可得，亦無所見。一切法本無所有，壞本、絕本。如是念者，名實相念佛門，亦名絕待門。"

　　四離即離非門者，永明謂："若言内力，是自性；若言他力，成他性；若云機感相投，是共性；若云非因非緣，即無因性。皆滯閡執，未入圓成，當知佛力難思，玄通罕測。如阿迦叔樹，女人摩觸，花爲之出，是樹無覺觸，非無覺觸，菩薩摩訶薩不思議念觸亦如是。如象齒因雷生花，是齒無聞，花云何生，若雷能生花，諸物應有，菩薩摩訶薩不思議聲塵亦如是。如勇士疑石爲虎，箭至没鏃，箭非剋石，石非受矢，菩薩摩訶薩不思議精進亦如是。如人宿空舍，有鬼擔死人來，復一鬼爭之，鬼言：此中有人。問是誰擔來？人言：前鬼擔來。後鬼大瞋，捉此人手拔斷，前鬼取死人臂附之，如是臂脚頭脅，舉身皆易，二鬼共食，拭口而去。其人思惟：我身被鬼食盡，此身盡是他肉，一切時作他身想，五欲亦不貪。是他身，不應供養，妻子亦不染；是他身，不應有染，種種苦辱皆順受；是他身，無復憍慢。後忽自計：若是他，不應有我，若非他，他身現在。是中非他，非非他，非我，非非我，我亦不可得，他亦不可得，從本已來，恆自如是。卽知一切法，是我非我，皆爲妄計，菩薩摩訶薩不思議觀力見佛自他亦如是。如貧人商丘開，信富者言，入火不燒，入水不溺，投高不折，隨諸誑語，皆得實寶物，而貧人無他術故，菩薩摩訶薩不思議貪獲佛寶王亦如是。如空谷隨聲發響，此響不從空、不從谷、不從聲來。從空來，空應有響，從谷來，應時時響，從聲來，呼平地此響亦傳。乃至非和合來，非因緣來，非自然來，菩薩摩訶薩不思議聲相非來非去亦如是。如幻人幻長者所愛馬入瓶中，瓶不加大，而馬拂尾如常，長者爲設食，馬繫柱如故，菩薩摩訶薩不思議幻法變現佛刹亦如是。如阿宅迦藥一兩，變千兩銅成真金，非千兩銅能變此藥，菩薩摩訶薩不思議丹點藏成淨亦如是。如安繕那藥，塗目行人中，人所不見，菩薩摩訶薩不思議藥力於念念生中得無生身亦如是。如無能勝香，塗鼓發聲，一切敵軍皆退散；又轉輪王有香名海藏，若燒一丸，王及四軍，皆騰虛空，菩薩摩訶薩不思議正念香伏魔軍越三界亦如是。當知念佛三昧，不可思議，如普賢毛孔，摩耶夫人腹，淨明丈室，具足優婆夷小器。何以故？一切法皆不可思議故。若有毛頭許可思議者，卽非法界性海，如上言心、言境，有相無相，皆入此不思議解脫，卽知一切分別念佛，皆爲戲論。”

第六、稱性門

夫一切賢聖，稱性而行。法性無邊，行海叵量，或刹那際行滿三祇，或恆沙劫未成一念。飛空鳥跡，辨地位之疆隔；淚日風花，明過現之影像。無脛而走，舍彌陀以何之；不疾而速，識西方之非遠。譬五色至玄而亡，萬流以海爲極者也。今約諸行入一行，略示五門：一信心行；二止觀行；三六度行；四悲願行；五稱法行。

一信心行者，經云："信爲道元功德母。"一切諸行，信爲正因，乃至菩提果滿，亦只完此。信根，如穀子墮地，迨於成實，不異初種；如稚筍參天，暨至叢葉，本是原竿。初心菩薩，無不依信力成就者，蓮宗尤仗信爲根本。一信阿彌陀佛不動智，根本智，與已無異。如大虛空，日映則明，雲來則翳，虛空本無是故，又雲日卽虛空故。二信阿彌陀佛那由他劫，難行難忍，種種修習之事，我亦能行。何以故？無始漂溺三途，生苦、死苦，披毛帶角，鐵牀銅柱，一切無益之苦，皆能受之，況今菩薩萬行濟衆生事，豈不能爲！三信阿彌陀佛無量智慧，無量神通，及成就無量願力等事，我亦當得如來自性方便，具有如是不思議事，我與如來同一自體清淨性故。四信阿彌陀佛不去不來，我亦不去不來，西方此土不隔毫端，欲見卽見。何以故？一切諸佛，皆以法性爲身土故。五信阿彌陀佛修行歷劫，直至證果，不移剎那，我亦不移剎那，位齊諸佛。何以故？時分者是業法界海中業不可得故。如是信解，是入道初心，信一切諸佛淨土之行。

二止觀行者，如圓覺、楞嚴、華嚴諸方等經，古今學者廣設觀門，唯台宗三觀，最爲直捷。示一心之筌蹄，撮諸法之要領，修行徑路，無踰於此。西方十六觀，一一具此三義。妙宗鈔曰："性中三德，體是諸佛三身，卽此三德三身，是我一心三觀。若不然者，則卻外有佛，境不卽心，何名圓宗？絕待之觀，亦可彌陀三身以爲法身；我之三觀，以爲般若觀成見佛，卽是解脫。舉一具三，如新伊字觀佛既爾。觀諸依正，理非異塗，廣如疏鈔，不能具述。知此，則知念佛一聲，具足三觀了能念之心。非肉團，非緣影，是空觀了所念之

佛。若依若正，各各主伴圓融，竪窮橫徧，是假觀了能所絕待。雙
亡雙照，是中觀又能念卽。一心三觀所念，卽一境三諦能所不二，
卽諦觀不二。三諦卽法身，三觀卽般若，諦觀不二，念佛相應卽解
脫。舉一卽三，如新伊字，是則念佛一聲，能淨四土，如拈一微塵，
變大地作黃金。是謂法界圓融不可思議觀門。”

　　三六度行者，起信論：“知法性體，離慳貪，隨順行檀波羅密；知
法性無染，離五欲過，隨順行戒波羅密；知法性無苦，離瞋惱，隨順
行忍波羅密；知法性無身心相，離懈怠，隨順行進波羅密；知法性常
定，體無亂故，隨順行禪波羅密；知法性體明，離無明，隨順行般若
波羅密。”智度論：“菩薩觀一切法畢竟空，不生慳貪，畢竟空中無慳
貪，慳貪根本斷故，乃至般若波羅密畢竟空，常不生癡心。又菩薩
雖不見施，以淸淨空心施，作是念，是施無所有，衆生須故與。如小
兒以土爲金，長者不見是金，隨意與，無所與。餘五法亦如是。是謂
菩薩行於六度。”修淨土者，不越一行，具此六義念念離。行於施念
念淨，行於戒念念寂，行於忍念念續，行於進念念一，行於定念念
佛，行於智當知離淨寂續一，必有事相隨緣而起，而皆從念佛流出，
正助不二，事理不二。是故念佛一行，能該諸行，以念佛是一心法
門，心外無諸行故。若廢諸行，卽是廢心。

　　四悲願行者，諸佛菩薩性海無盡，供養無盡，戒施無盡，乃至饒
益無盡。如普賢十大願王，虛空界衆生界無盡，我願無盡，身語意
業，無有疲厭。一切諸佛，無不成就如是願王，證涅槃果。故天親
菩薩淨土五念門，以禮拜讚歎作願觀察四種，爲成就入功德門；回
向一切煩惱衆生，拔世間苦，爲成就出功德門，菩薩修五念門，速得
阿耨菩提。難曰：“淨名經：‘觀衆生如夢所見已瘥等，發願利生，將
無眼見空華耶？’”答：“智度論引佛云：‘無佛者，破著佛想。不言取
無佛相，當知無衆生者；破衆生想，不言取無衆生相。’故淨名謂菩

薩作是觀已，自言我當爲衆生説無衆生法，即真實慈也。又般若經：'菩薩淡入大悲，如慈父見子爲無所值物故死，甚憐之，此兒虚誑死，諸佛亦如是，知諸法空，畢竟不可得。衆生不知，於空法染著，著因緣故，墮大地獄。是故淡入大悲，是則諸佛慈悲，正以衆生空故，衆生誑入生死故，豈有反息悲願之理？故知菩薩種種度生，是深達無衆生義，若見有衆生，即有我慈悲心劣，豈能行如是二種饒益之行？'先德云：'未居究竟，全是自利，妙覺佛後普賢，方是利他之行。'佛告比丘：'功德果報甚深，無有如我知恩分者，我本以欲心無厭得佛，今雖更無功德可得，我欲亦不休。當知行海無邊，非丈竿尺木所能探其底裏，癡兒見人指門前竿，云在天半，即計量言，從地至天，止兩竿許。佛法戲論，亦復如是。'"

　　五稱法行者，法界海無量無邊，行海亦無量無邊。虚空著彩，粉墨徒勞，法界無方，轍跡安用？是故菩薩一切行，皆稱自性，非有非無，非行非不行，稱法自在，非初心得，非後心得。今當略出其相：一菩薩度一切衆生，究竟無餘涅槃，而生界不減；如登場傀儡，悲笑宛然，唯一土泥，空無所有。二菩薩行五無間，而無惱患，至地獄，無罪垢，至畜生，無無明憍慢等過；如女子離魂，乃至生子，而身常在母前。三菩薩自身入定他身起，一身入定多身起，有情身入定無情身起；如猛虎起屍，跪拜作舞，唯虎所欲，而屍無知。四菩薩於一小衆生身中轉大法輪，燃大法炬，震大法雷，魔宮摧毀，大地震動，度無量無邊衆生，而此小衆生不覺不知；如天帝樂人，逃入小女子鼻孔，而女不覺知。五菩薩欲久住世，即以念頃衍無量無數百千億那由他劫，欲少住世，即以無量無數百千億那由他劫縮爲念頃；如小兒看燈中走馬，計其多寡首尾，了不可得。若證如是不思議行者，一念中三世諸佛淨土，攝入無餘，是謂菩薩莊嚴淨土之行，以無思智照之可見，非情量所能猜度。何以故，自性超一切量故。

第七、往生門

夫究竟涅槃，唯除如來。二乘破有執空，假名寂滅；菩薩發真無漏，分破無明。何況劣根淺解，大海一滴，輒逞狂慧，斷無後有？以恣情爲遊戲，以修行爲纏縛，自殺殺他，何異酖毒？佛世一比丘得四禪，生增上慢，謂得羅漢；命欲盡時，見四禪中陰相現，便生邪見，謂無涅槃，佛欺我，惡邪生故。四禪中陰滅，泥犂中陰生，卽墮阿鼻。坐禪持戒之流，一念妄證，遂沈黑獄；而今禪人得少爲足，蕩心逸軌，其惡報又當如何也？古云：不生淨土，何土可生？三祇途遠，餘門多有退墮，古今聖流，皆主此門。今略示六種，以定指南。

一菩薩生人中者；二菩薩生兜率天者；三菩薩生長壽天者；四菩薩生三界外者；五菩薩初發心時生如來家者；六菩薩三祇行滿，生十方世界利益一切衆生者。

一菩薩生人中者，般若經："有菩薩人中命終，還生人中，除阿毘跋致。是菩薩根鈍，不能疾與般若波羅密相應；諸陀羅尼門、三昧門，不能疾現在前。夫人中火宅，百苦相纏，唯大菩薩處之，則無染累，如鵝入水，水不令濕。諸小菩薩非深種善根，尺進丈退，何由得諸三昧？舍利弗六十劫行菩薩道，有人乞眼，出一眼與之，乞者嗅唾，棄地脚踏，弗思惟言：如此弊人，難可度也，不如自調，早脫生死。思惟是已，退迴小乘。又飛行仙人，以王夫人手觸，神通頓失；迦文往因，以歡喜丸媚藥，睡就婬女。賢聖猶爾，何況初心？豈若一念阿彌，三昧疾現，寄質蓮邦，永離貪欲者哉！"智度論："菩薩以不見現在佛，故心鈍；卽知菩薩常當近佛，以近佛利根，疾得般若故。"

二菩薩生兜率天者，一生補處，皆生兜率，菩薩欲隨下生，亦生彼處。十疑論："兜率欲界，退位者多，天女微妙，諸天耽玩，自不能捨,不如阿彌淨土,純一大乘清淨良伴,煩惱惡業,畢竟不起,遂致無生之位。如師子覺生彼,爲受天樂,從去已來, 總不見彌勒。諸小菩薩,尚著五欲,何況凡夫?"又彌勒上生經:"入正定始得生, 更無方便接引之義。"是則兜率内院,尚不求生,何況欲界諸天, 妙欲之藪? 豈有需飲而入焦石,避溺而沈海底者哉!

三菩薩生長壽等天者,智度論:"菩薩無方便入初禪,乃至行六波羅密無方便,謂入初禪時,不念衆生,住時起時,不念衆生,但著禪味,不能與初禪和合行般若波羅密。慈悲心薄故,功德薄少,爲初禪果報所牽,生非有想非無想處,壽八萬大劫。或言無色定, 通名長壽天,以無形不可化,不任得道,常是凡夫處;或説無想天名長壽,是外道天,必從深墜;或説從初禪至第四禪,除淨居天, 皆名長壽,以著味邪見,善心難生故。佛言:天上命終生人中者,如甲頭土;墮地獄者,如地上土。非本發菩提心,曾於禪中集諸福德,不得還生人中聞佛法。若最初發心求生淨土,常得聞法,直至不退,豈有是過?"

四菩薩生三界外者,二乘三種菩薩,折伏現行煩惱,捨分段而生界外。悲智狹劣,若不迴心行六度等行,畢竟不入大乘智海,此非所論。般若經:"有菩薩摩訶薩得六神通,不生欲界色無色界,從一佛國,至一佛國,供養恭敬尊重讚歎諸佛,所至處無聲聞辟支,乃至無二乘之名,其壽無量。"龍樹釋曰:"生身菩薩不斷結使,或離欲得五神通;法身菩薩斷結使,得六通不生三界。所至世界,皆一乘清淨,壽無量阿僧祇劫,菩薩生彼,爲樂集諸佛功德故。當知六通得生,甚爲希有,凡夫往生者,以佛力故。又念力不可思議,以念念中具六神通故。"

五菩薩初發心時生如來家者,頓示本智,初心創發,十住位即與佛同。如華嚴經:"一類菩薩經百千億那由他劫行六波羅密, 不生佛家,猶是假名菩薩,以雖見佛性，未彰智業。"長者決疑論:"從禪定顯得根本空智慧門,初生如來智慧之家,名住佛所住。以此見道,無古今中邊等見,歷五位,鍊習氣,長慈悲,名修道。" 故言發心便成正覺,方可修道,如善財云:"我已發菩提心,云何學菩薩行,修菩薩道? 若不得正覺之體，諸行竝是無常，皆是人天有生死業報也。"又云:"經此發心相應，得以正智,於分段身修觀行,兼修善業,來生入變易身;以今生分段身,是過去作業,今身以智修觀行業,來生得神通變化生也。"宗鏡錄:"初心成佛,非不具諸功德,如普莊嚴童子,一生聞善熏習,二生成解行,三生得入果海。同一緣起,而此三生,只在一念。如遠行,到在初步;然初步之到,非無後步。童子得入果海,非不久植善根。"問: 既久修,何言一念得耶? 答: 久修在三乘教,從三乘入一乘,即是一念始足。經云:"初發心便成正覺。"譬衆川入海,纔入一滴,即稱周大海,無始無終,餘百川之極深,不及入大海之一滴,如三乘中修多劫,不及一乘之一念。又時劫不定,一念即無量劫,如十玄門,時處無礙。又大乘明一念成佛有二: 一會緣以入實,性無多少,故明一念成佛; 二行行纔滿,取最後念爲一念成佛,如人遠行,以後步爲到。若一乘明一念成佛者，如大乘取後一念成佛,即入一乘;以後即初,初念即是成,因果相即,同時相應故。然一念成者,未具究竟,如人始出門,比久遊他土者,同在空中,遠近有別。是故十信十住等五位,各言成佛,而復辨其淺深,須善思之。若二大士言,即知禪門悟達之士,不得廢一切行,銷磨無始結習也。夫居此濁惡,進一退萬,若不近佛,垢膩交集,行何由成? 如善財初發心悟道時,德雲比丘教以憶念一切諸佛法門,及入彌勒閣後,普賢菩薩爲發十大願王,導生極樂。此一切如來入道榜樣,華嚴一真法界,不同餘教。是經不信，即真闡提。雖使釋迦讚歎,普賢勸進,彌勒作證,亦末如何也已。

六菩薩三祇行滿，生十方世界利益一切衆生者，菩薩功德成滿，自然有不思議業，能現十方，利益衆生。馬鳴起信論："菩薩種種性根等、發心等、所證等，無有超過之法，以一切菩薩，皆經三阿僧祇劫故。"龍樹智度論："釋迦從過去迦文，至尸棄佛爲初祇；從尸棄至然燈佛授記時爲二祇；從然燈至毘婆尸佛爲三祇。"婆沙論："三阿僧祇劫修六度行，百劫種相好因，然後獲五分法身。"唯識："謂地前歷一僧祇，初地滿二僧祇，八地至等覺是三僧祇，然後獲究竟法身。"難曰：合論："不離一念，歷阿僧祇。"何得執定永劫，乖第一義？答：長者但言三祇本空，時體不可得，非是無時。如人眼耳鼻舌身現在，説六根本無，不是廢却六根言無也。小兒見水中月，愛著欲取，智者教言，是可見，不可捉，但破可取，不破可見。諸佛菩薩三世行業，雖一切不可得，而非無行。且龍樹馬鳴二大菩薩，皆禪門傳衣之祖，豈肯自誑誑他，誤賺後來？當知生死事大，非一知半行所能蹳出，然三祇行行，非近佛不可。智度論："有菩薩利根心堅，未發心前，久集無量福德智慧，得遇佛，聞大乘法，發菩提心，即時行六波羅密，入菩薩位，得阿鞞跋致。所以者何？從佛聞法故。如遠行，或乘羊，或乘馬，或神通而去；羊車久久乃到，馬差速，乘神通者，發意頃便到。彼菩薩亦如是，從佛聞法，發菩提時，即入菩薩位。有菩薩初雖心好，復雜諸惡，時時生念。我求佛道，以諸功德，迴向菩提，是人久久無量阿僧祇劫，或至或不至。先世福德因緣薄，而復鈍根，心不堅固，如乘羊者；有人前世少有福德利根，發心漸漸行六波羅密，若三若十，若百阿僧祇劫，得阿耨多羅三藐三菩提，如乘馬者。是知成佛以智行爲根本，智行以近佛爲所依。"是故悟達之士，決當求生淨土，如法修行，免致退墮，俟忍力堅固，入世利生，方爲究竟佛果故。

第八、見網門

夫一切迷情，依諸見起，履之則爲稠林，溺之則爲熱海。如蠶作繭，住處爲受縛之因；似蛾赴燈，光明作喪生之本。先達云："行起解絕，將趨聖室，先入普賢之門；欲修正因，首割邪見之網。"今約諸家負墮，略分十則，無法可捨，是見必訶。拋家蕩子，慣憐羈旅之人；落第寒生，備識窮途之苦。幸順佛言，莫依魔教。

一斷滅墮；二怯劣墮；三隨語墮；四狂恣墮；五支離墮；六癡空墮；七隨緣墮；八唯心墮；九頓悟墮；十圓實墮。唯心頓悟圓實皆名爲墮，非真見理，那有此膽識。

一斷滅墮者，諸儒滯現在身，疑未來斷滅；新發意學人執空相，疑一切斷滅。此等尚不信有後世，云何信往生，及净土等事？今爲略釋：

一釋諸儒。楞嚴經："佛告匿王：汝傷面皺，面必皺於童年，今觀恆河，與童時觀河之見，有童耄否？王言：不也。佛言：汝面雖皺，而此見精，性未曾皺，皺者爲變，不皺非變，變者受滅。彼不變者，元無生滅，云何於中受汝生死，而言此身死後全滅？"智度論問："人死但見其滅，不見更有出者受後身。"答：若身滅便無，云何有先世所習憂喜怖畏等。小兒啼笑，無人教而憂喜續生，犢生趣乳，豬羊之生，便知牝牡之合，皆先習故。子同父母，而好醜貧富聰明闇鈍不同，若無先世因緣，不應有異。又世間有法可聞，有法可嗅，有法可味，有法可觸，有法可知，而此等法，皆不可見；然有生有死之法，亦可知，亦可見。可見者，汝肉眼不見，天眼了了見，如見人從一房出，入一房。見人捨此身至後身亦如是，汝與畜生同見何能見？可知者，如人死生，雖無去來，而煩惱不盡故。身情意相續，更生身情意，身情意造業，不至後世，而由是因緣，更生受後世果報。如乳中著毒,乳變爲酪,酪變爲酥;乳非酪酥,酪酥非乳,乳酪雖變,而皆有毒。身亦如是。今世五衆因緣,更生後世五衆,行業相續不異故,而受果報;如冬木未有華葉果實,時節會,則次第而出。復次有知宿命者,如夢覺憶所經由;又一切聖人內外經書,皆説後世。復次瞋恚嫉妒,疑悔內惱,身則枯悴,顏色不悦;若淨信業因緣,心清淨,身得輕頓,顏色和悦,當知必有後世。但衆生肉眼,智慧薄,生邪疑,是以雖修福事,所作淺薄;如醫師爲王療病,王爲起宅,而醫不知,歸見之,乃悔不加意治王。復次聖人説現在事實可信,説後世事亦可信;如夜行險道,導師授手,知可信故,則便隨逐。以上比智聖語,皆有後世。汝肉眼,比智薄,又不信聖語,云何得知身後?如宣聖言費隱,則言鬼神德盛,明明説武周達孝,在識鬼神之情狀,事死如事生處;而考亭先生,曲爲解説,歸之二氣,何敢於誣先聖,疑後來耶!稗官野史不足論,如彭生爲豕,伯有爲厲,劉聰爲遮須國王,蔣濟之子乞官於泰山令,則正史也;玄鳥生商,帝武肇周,正經也;雀化蛤,田鼠化駕,鷹化鳩,正令也。一微塵識,所知幾何?擬欲蛙嫌海量,螢掩日光,侮聖褻天,當得何罪!不過謂非人所經歷,及道理不可信者,即不足憑。日月度數,五星往來,非人所經歷也,何以推測皆驗?天何爲高,地何爲卑,風起雲行,春生秋殺,有何道理?胎中之根,無知而轉,字母之乳,無因而出,有何道理?至於一毛一塵,一草一木,若有毫頭許道理,幸爲指出。以常見故則常之,而此常見乃復無理如此,是故不應以不見而疑往生。

二釋學人執空相者。論曰:學人聞説空,於生死業因緣中生疑,謂一切法畢竟空,無來無去,無出無入,云何死而有生?現在眼前之法,尚不應有,況死後復生餘處?不知諸法畢竟空,而亦不斷滅,生死相續,亦不是常。無量阿僧祇劫業因緣雖過去,亦能生果報而不滅,是爲微妙難知。若諸法都空,佛不應説往生,何有智者,前後相違？但爲除諸法中愛著邪見顛倒説畢竟空，不爲破後身，又爲遮罪業因緣，故説種種往生。佛法不著有，不著無，不著亦有無，不著非有無，亦不著不著，如是則不容難。如以刀斫空，則無所傷，是爲畢竟空相；畢竟空，不遮生死業因緣，是故説往生。此疑甚淺，以世人此見最多，故首破之，是求往生之第一障難故。

二怯劣墮者，有三：一疑結習濃厚。凡夫但知業力，不知業性空。若業性實者，盡虚空界無容受處，如黑雲障空，風至則滅；若雲實者，吹亦不去。虚空喻性，黑雲喻業，念佛喻風。又業性卽法性。烏芻瑟摩，聞多婬人成猛火聚，却後徧觀四支百骸諸冷煖氣，神光内凝，化多婬心，成智慧火。夫同一熱惱，方其婬，成大火聚，及其離，成大寶燄，若婬性實者，云何是中而得三昧？是故迷成則處胎獄，念成則入蓮胞，以胎性卽化性，非從外來，如濁水中清，非外來故。

二疑念力輕微。衆生信有形之行業大，不信無形之念力尤大。念力是行業根，一切事業，非念不成。如人造罪，無心者重得輕報，有心者反是，以念力重故。如無記時，耳提面囑亦不記，若心在者，一入耳根，雖終身不忘，以念力堅故。蘇軾曰：“佛以大圓覺，充滿十方界，我以顛倒想，出没生死中。云何以一念，得往生浄土，我造無始業，本從一念生。既從一念生，還從一念滅，生滅滅盡處，則我與佛同。如投水海中，如風中鼓橐，雖有大聖智，亦不能分别。”浄土決云：“念頭所係最急，如水必赴海，火必炎上，刃必傷，毒必殺，無空過者。念佛之念亦如是。如婬男子，婬念堅故，化爲猛燄，延燒神廟。月光童子觀水，窺屋唯見清水。僧清辯與無想外道論議，外道化爲石以證己見，清辯書於石上，明日亦有答辭。是等皆念力堅猛，無因變化，云何念佛而佛不現？當知念力是一切法中之王。如摩訶那伽大力勇士怒時，額必生瘡，瘡若未合，閻浮提人無與敵也。"

三疑億萬剎遠。凡夫執定十萬億剎，意謂快馬疾帆，日不千里，云何剎那，得生彼處？不思國土遠近，從分段身計度生，從肉眼生。此往生者，爲分段身耶，爲是周徧含容之心耶？若分段身者，身是頑質，云何得生？若心生者，心周沙界，淨土原在心中，焉有往來？如人在長安思鄉，或閩或滇，隨念即至，豈有程途？又如夢時，身在牀而徧至他方。無功居士曰："極樂去十萬億剎，凡夫命終，頃刻至者，蓋自心本妙耳。"楞嚴云："一切浮塵諸幻化相，當處出生，隨處滅盡。因緣和合，虛妄有生；因緣別離，虛妄名滅。以此推之，當命終時，染濁緣離，故娑婆當處幻滅；清淨緣合，故極樂當處幻生。此滅彼生，間不容髮，何頃刻之可論？"余鄉有客，能致乩仙，仙即其親也；後赴京師，有所卜，虞地遠不能赴，書符宣詞，少頃即至。此是業繫，尚如是疾，況不思議念力，仗阿彌陀本願功德，順水張帆，有何障難？念佛之人，當遣此三疑。若不遣者，真結習濃厚，真念力輕微，真十萬程遠，如出門而扃其鑰，是不欲出，非無門過。

三隨語墮者，六祖言："東方人造罪，念佛求生西方，西方人造罪，念佛求生何國？"龐居士云："事上說佛國，此去十萬里，大海渺無邊，動即黑風起。"因此遂有一輩無知，傳虛接響，謂淨土不足修，自障障他，深可憐憫。若論宗門提倡，尚不有佛，何況佛國，爲破相明心，是非俱剗，吹毛利刃，執則手傷，栗棘金剛，吞則噎咽？宗語此等甚多，若執之，釋迦老子，真以飼雲門狗乎！又佛是乾屎橛，果爾則糞車溷厠，應當禮拜供養。疏鈔曰："西方十萬億土"，壇經言十萬八千者，錯以天竺爲極樂也。六祖未閱藏，聞西方以爲西竺者有之；然教中明言極樂三毒不生，得不退轉。今言西方造罪，求生何土，此相打無好拳也，祇圖著痛，豈料皮頑？然宗門一期之語，耍不足辯。學人果能頓悟頓修,解行相應如六祖; 投金漢水, 遊戲生死如龐公,雖不求生,亦何害於生哉! 六祖龐老,亦何害生西方,千古至言。

四狂恣墮者,有等魔民,專逞狂慧,不肯持戒修行,妄引經論相似語言,如煩惱卽菩提,婬怒癡卽梵行之類,隨語生解,隨解發毒。果如彼說,迦文悟道,應觀寶女; 阿難婬舍,何須提獎? 六祖初隨獵人,尚未受戒,何苦但食肉邊菜也? 經云: "尚無不殺不盜不婬,何況更有殺盜婬事?" 豈有聞人阿甘松沈水,便謂應住溷圊者乎! 昔達磨遠有辯慧,師子尊者稱其悟解,至傳法則授婆舍斯多,達心恨,獨行渡水,有女子浣,露其脛,達念白晢乃爾,者忽在旁曰: "今日之心,可授祖位乎?" 達攝念,禮足求哀。卽一婬戒,餘行可例。般若經: "罪不罪不可得故,應具足尸波羅密。"釋云: "罪不罪不可得者,非邪見顢心言不可得,菩薩深入諸法相,慧眼觀故不可得,罪無故,不罪亦不可得。若著無罪,見破戒罪人則輕慢,見持戒善人則愛敬。如是持戒,名起罪因緣,不名具足。故知住戒尚破,何況棄毀? 戒執亦戒,始名持戒。諸大經言梵行不可得等,皆此義。"永明曰: "帶習尚被境牽,現行豈逃緣縛? 猶醉象無鉤,癡猿得樹,奔波乍擁,生鳥被籠。是故菩薩稟戒爲師,常懷大懼。"又曰: "末代宗門學大乘人,多輕戒律,所以大涅槃扶律談常,乘戒俱急,號爲續常住命寶。何以故? 若無此教,但取口解脫,全不修行,則乘戒俱失故。乘,謂悟第一義; 戒,謂止一切黑業。祖師分四料簡: 一戒急乘緩,戒急生人天中,如箭射空,力盡還墜; 乘緩雖聞大法, 如聾若啞。二乘急戒緩,戒緩生惡趣中,乘急常聞大法,華嚴會上八部鬼神是也。三乘戒俱急,生人天,常聞大法。四乘戒俱緩,墮惡道,永不聞法。是故乘戒如車二輪,廢一不可。"龍樹曰: "破戒之人,如清涼池有毒蛇,不中澡浴; 其家如塚,人所不到。失諸功德如枯樹,如田被雹，不可依仰；如大病人，人不欲近；如吐食不可更噉。"祖師如是苦口呵責，曾許人破戒不？千日學解，不如一日持戒。何得貪悟道之虛名，受泥犁之實禍，欺己誑人，枉遭王難？夫狂吠人，無所不破，今獨言戒者，以邪見惡火，首燒戒寶。故又戒是淨業之基，一切白法，由戒生故。

　　五支離墮者，多有法師，涉獵教典，記注章句，執法身假名，析名相分齊，東緝西補，竟月窮年，畫面毘盧，排揚法界，貢高我慢，得少爲優。聞人念佛，則曰此攝妄想之一法；或云教海義深，爾輩鈍根，念此亦可；或云此三藏中，爲某藏攝；或云此屬何教。似坊上小兒鬬曲，以多爲勝，各爭己見，無實行履。長爪梵志，以論議摧伏諸師，搪揬蹴踏，無能制者。後至佛所白佛：我一切法不受。佛問是見受不？答亦不受。佛言：汝不受一切法，是見亦不受，則無所受，與衆人無異，何由貢高，而生憍慢？梵不得答。當知饑兒過屠門大嚼，止益饞心，無救枵腹。曩有一靈俐座主，示余所得教中奧義，名流注疏，多肆評駁。余問：是敵得生死不？傲然曰：有何生死可敵？余曰：是卽是，但恐閻羅殿前無譯字生，不會座主語言三昧也。此亦大中講席之病。奉勸少年開士，長篇短章，牽藤引蔓，口誦心憶，眼眯腦昏，究其效驗，不過上幾迴座，講幾期經，受幾箇瞎眼禮拜，若無真實功行，唯添業逋，何若一聲阿彌，直登不退，事不逮半，功乃百千。曇謨最講涅槃華嚴，領衆千人，閻羅呵云："講經懷彼我，以驕凌物，比丘中第一麤行。卽押付司，可爲明戒。"然有義解高流，因參教典，悟西方不思議大事，以此自利利他，轉益未來，燃長夜炬，功德無量。又何必懲噎廢食，見蹶停驂也哉！

　　六癡空墮者，學道稍窺法空，聞人念佛，卽曰法離名字，若狗假名，轉益虛妄，文言尚空，何況名號？答：法句經："汝觀諸佛名字，若是有，說食與人應充饑；若無，定光如來不授我記。如無授者，我不應得佛,當知名字,其已久如;以我如故,備顯諸法名字性空.不在有無。"華嚴經: "諸法不分別自性,不分別音聲,而自性不捨, 名字不滅。"羣疑論: "若言名字無用,不能詮法體,亦應喚水火來, 故知筌蹄不空,魚兔斯得,稱斯弘名, 生實净土, 何得言虛?"天台智者曰: "行人執其癡空,不與修多羅合,言心是法身,應觸處平等,何故經像生敬,紙木生慢?"答: 我以凡夫位中觀如是耳。爲欲開顯此實相, 恭敬經像, 令慧不縛; 使無量人崇善去惡, 令方便不縛, 豈與汝同耶! 上都儀曰: "皈命三寶,要指方立相,住心取境,不明無相離念,凡夫繫心尚不得,況離相耶! 如無術通人,居空造舍也。"法華經: "汝證一切智,十力等佛法,具三十二相,乃是真實滅。"南泉大師曰: "微妙净法身,具相三十二, 祇不許分劑心量。若無是心,一切行處,乃至彈指合掌,皆是正因。"百丈和尚曰: "行道禮拜, 慈悲喜捨,沙門本事,宛依佛敕, 祇不許執著。"净土指歸曰: "圓頓行人,語默動静,皆遵聖教,盡合佛心。"若以念佛生心動念成妄想者,息心無念,亦成妄想。楞嚴云: "縱滅一切見聞覺知,内守幽閑, 猶爲法塵分別影事。"若以念佛著有爲患者,執空之人,其患尤甚。永嘉云: "豁達空, 撥因果, 漭漭蕩蕩招殃禍。"若以外求他佛爲未達者,内執己心,不達尤甚。長沙云: "學道之人不識真, 只爲從來認識神, 無量劫來生死本, 癡人喚作本來人。"若以別求净土爲偏見者,執目前爲净土,其失尤甚。楞嚴經: "落魔道者, 都指現前爲佛國,別無净居。及金色相好,言眼耳鼻舌爲净土,男女二根卽菩提,弟子與師,俱陷王難,迷惑無知, 墮無間獄。"若以執有修證爲權説者,執無修證,墮落外道,其禍尤甚。楞嚴曰: "自謂已足,則有大我慢魔入其心腑。謂三祇劫,一念能越,尚輕十方如來,何況聲聞緣覺? 不禮塔廟,摧毁經像,謂檀越言: 此是金銅土木,樹葉疊華。肉身真常,不自恭敬,却崇土木,實爲顛倒。疑誤衆生,入無間獄。是故當知，執空破相，皆是魔屬。”智度論：“田舍人不識鹽，見人以鹽著食，令諸味美，便鈔鹽滿食，醎苦傷口，人言癡人。當籌多少，和之令美，云何純食？無智人聞空解脫門，斷諸善根亦如是。”思之思之，任爾一切空，生死空，爭奈閻羅大王空不得。

七隨緣墮者，有一等愚鄙邪人，取古人“隨緣消舊業，任運著衣裳”、“但順天真，萬行自圓”等語，遂謂舉足下足，誰非淨業，何用種種作爲？曾有人問：卽心是佛，豈假修行？先德云：“祇爲是故，所以修行。如鐵無金，雖經鍛鍊，不成金用。”湼槃經：“衆生皆有念心、慧心、發心、勤精進心、信心、定心，如是等法，雖念念滅，猶故相似相續不斷，故名修道。如燈雖念念滅，而有光明除破暗冥；食雖念念滅，能令饑者飽滿；藥雖念念滅，亦能愈病；日月光明雖念念滅，能增長草木樹林。”寶積經：“若無正修，猫兔亦應成佛。”牛頭融大師曰：“若言修生，則造作非真；若言本有，則萬行虛設。”長者論：“若一槩皆平，則無心修道，應須策修，以至無修。”慈愍三藏錄：“若言世尊說諸有爲，定如空華，如何敕諸弟子修六度萬行妙因，證菩提湼槃之果？豈有智者讚乾闥婆城，勸人以兔角爲梯而登陟乎！故有漏修習，是實是正。彼達摩之對梁武，雪峰玄沙之對閩王，爲貪著有漏，因病發圭，何得以一期之言，廢佛道業？且不住相戒施等者，謂有而不住耳；有而不住，故作而無作。今以本無爲不住，如下里乞兒，向人言吾不以富貴驕人，豈非夢語？又執言無作者，將槁心枯體如像塑耶，抑猶酬酢應對如常人耶？若酬酢應對，應非無作；若言不乖無作，則觀佛禮念，本自天真，豈應獨乖？二義不成，成大妄語。是故當知隨緣任運，非是無作。若無作是隨緣者，蚓壤蛙泥，亦是隨緣，何不成佛？錯認祖機，執礫爲玉，與市井兒所宗之無爲教，何以異哉！”

八唯心墮者，有人謂自性淨土，卽俗恆真，七寶瓦礫，一道平等,荆棘即爲瓊樹,雞鶩總是珍禽,稱理而説,但浄自心,何須分別?
答:汝言心浄土浄,不須分別者,引汝入厠,能久住不?入死屍場,
蕩氣熏灼,不掩鼻不?與疥癩膿血人,能同應器牀褥不?若不能
者,此即厭五濁相。若居尚浄室,遊宜浄侶者,此即忻浄土相。忻
厭熾然,何謂平等?縱能忍蕩濁,不求遠離,則蜣蜋鴉犬,亦能親此
種種物,豈皆得道?脱汝浄蕩俱離,依然取捨,於唯心義,亦不相
應。是故當知諸佛以唯心故,忻厭出生;以唯心故,説名平等;以唯
心故,莊嚴佛土。若不唯心,豈能隨念?若非平等,凡夫無分,蕩尚
不捨,何獨捨浄?捨既是心,取亦何乖?皆由不了佛旨,致斯妄執。
但識唯心,疑義斯遣。

九頓悟墮者,今世禪人,皆云一超直入,不落功勳,尚不求作
佛,何況往生?答:汝捨身之後,將灰斷永滅耶,抑尚受後有耶?若
受後有,爲生淨土耶,生三界耶?若居三界,即不如淨土;若淨土者,
即同往生。先德云:"善知識明見佛性,與佛同儔,若論其功,未齊
諸聖,須從今日,步步資熏。"又云:"未悟而修,非真修也。"唯頓悟
漸修,既合佛乘,不違圓旨。彼頓悟頓修者,亦是多生漸修,今生頓
熟,此在當人時中自驗。若所言如行,所行如言,量窮法界之邊,心
合虚空之理,八風不動,三受寂然,種現雙銷,根隨俱盡,譬諸無病,
不應服藥。如或現行未斷,習氣又濃,寓目生情,觸塵成滯,雖了無
生之義,其力未充,不可執云煩惱性空,修成顛倒。夫煩惱性空,能
令受業,業果無性,亦作苦因,苦痛雖虚,秪麽難忍,如遭重病,病亦
全空,何求醫人,徧服藥餌?祖師云:"將虚空之心,合虚空之理,亦
無虚空之量,始得報不相酬。"汾陽無業禪師云:"如今解禪解道如
恆河沙,説佛説心有千萬億,纖塵不盡,未免輪迴,絲念不忘,盡從
淪墜。如斯之類,不能自識業果,妄言自利利他,自許上流,竝他先
德,但言觸目無非佛事,舉足盡是道場。原其所習,不如五戒十善

凡夫;觀其發言,嫌他三乘十地菩薩。醍醐上味,爲世所珍,遇斯等人,翻成毒藥。假使才竝馬鳴,解齊龍樹,只是一生兩生,不失人身,臨命終時,聖凡情量不盡,纖塵思念未忘,隨念受生,輕重五陰,向驢胎馬腹托質,鑊湯爐炭煮燒,從前記持憶想見解,一時失却,依舊再爲螻蟻,從頭又作蚊虻,雖是善因,而遭惡果。"圓悟和尚曰:"生死之際,處之良不易,唯大達超證之士,一徑截斷則無難。此雖由自己根力,亦假方便。於常時些小境界,轉得行,打得徹,踐履將去,養得純熟,緣謝之時,自無怖畏。古德坐脱立亡,行化倒蜕,能得勇健,皆平昔淘汰得淨。香林四十年得成片,湧泉四十年尚走作,石霜勸人休歇去,古廟香爐去,永嘉體卽無生,了本無速。蓋兢兢業業,念兹在兹,方得無礙自在。捨生之後,隨自意趣後報,悉以理遣,不由業牽,所謂透脱生死者耶!當知諸大師密密履踐,祗是圖箇生死好處,路雖不同,期於終淨一也。"有狂僧自負見地,余問汝信得出家身在長安不?曰:惡得不信?汝或夢見父母兄弟,夢爲稚子嬉戲,是時知身在客不?曰:不知。余曰:論汝信得出家與行脚,見道明白,當不過此。然纔到枕上,返僧爲俗,易客爲家,已自不知,況生死長夜,靠些子見地,能保其不顚倒也?僧悚然。

　　十圓實墮者,謂華藏世界,一刹一塵,具含無量國土,本無淨薉,焉有往來?故長者言:"西方淨土,是權非實,以情存取捨,非法界如如之體。"答:若約眞論,華藏亦是權立,何獨西方?論言:理智無邊名普,知隨根益曰賢,是普賢菩薩亦權也。文殊師利,是自心善簡擇妙慧,覺首目首等,是隨信心中理智現前,是亦權也。又謂尼父顏淵等,皆是表法,本無是人,是一切皆權也。今試定量,文殊普賢,及此方賢聖,若言權,則現有其人,及遣言往行;若言實,則是長者誑凡滅聖,犯大妄語。於此辨得,西方亦入刹塵,刹塵亦含西方,豈有權實？論云：蓮華藏體，是法身，隨行無依住智體之所報得；宮殿，總大悲含育之所報得；樓閣，是智照觀根，順悲濟物之所報得；其地金剛，平等自性法身之所報得；摩尼莊嚴，法身戒體隨行報得；金剛，輪圍山，大悲戒防護之業之所報得；衆華莊嚴，萬行利生開敷之所報得；寶樹，建行利生覆蔭含識之所報得。但業不相應者，同居不見，猶神鬼與人同處，人不能見。若爾，則所謂華藏世界，與汝所見之剎塵，同耶，異耶？若同，目連鶖子，視聽尚隔；若異，何名一真？僧靈幹，志奉華嚴，作華嚴觀，及彌勒天宮觀，疾甚，目睛上視。童真問之，答曰：“至兜率宮，而天樂非久，終墮輪迴，蓮華藏是所圖也。”須臾復曰：“見大水徧滿，花如車輪而坐其上，所願足矣。”言終而逝。此與西方往生，爲同爲別？當知漏巵勺海，螢火焚山，徒益疲勞。諸有智者，不應如是分別。

第九、修持門

夫積劫情塵，多生愛海，似蝕劍之苔花，若吞珠之泥繡。無礙不吐，去垢方明，欲得心空，除非薉滅。悟者常須覺觀，迷人勤加鍊磨，其或愛鎖貪柳，亦當慟年惜月。孔子曰：“困而不學，民斯爲下。”今欲一生超僧祇之果，十念攝億萬之程，豈麤見浮思，結心塵口所能超越？不拚一忍，空累多生，如法而修，免墮魔胃。

一淨悟門；二淨信門；三淨觀門；四淨念門；五淨懺門；六淨願門；七淨戒門；八淨處門；九淨侶門；十不定淨門。

一淨悟者，欲生淨土，當如法了悟。悟是迷途導師，如入暗當燃燈炬；是淨國圖引，如行遠當識郵程；是諸行領首，如衝堅當隨將帥。一者，悟能了知，卽藏恆淨，不捨淨故。二聞淨佛國土不可思議，不怯弱故。三知畢竟空中，因果不失，止一切惡，不更作故。四知彼土不去不來，此亦不去不來故。五悟佛身徧虛空，衆生身亦徧虛空，如地獄業力，一人亦滿，多人亦滿故。六聞阿僧祇劫無量諸行，如說彈指頃事，不驚怖故。七修十善三福，不住人天故。八如覺憶夢事，不作有無解故。九如眼見故鄉，信不信不可得故。十知法無我，順性利生，直至成佛，無疲厭故。菩薩入此門，成就白法，隨意得生。故觀經上品："深解義趣，於第一義，心不驚動。"疏云："第一義，謂諸法實相，言語道斷，心行處滅，又安心不動，名之爲念。"鈔曰："第一義理，悉不爲二邊所動，通名爲念。"西域如韋提、善財、龍樹等，以入地往生；此方如遠公、智者、永明等，以證悟往生。經論廣載，不能具録。論中或有言生彼求悟，此爲中下人說；至言悟自己佛，不必求生，此爲十地菩薩以上說。若云悟第一義，而結使未斷者，亦不求生，則龍樹永明等，爲揑目生花，無事多事矣。

　　二淨信者，智度論："有信清淨，能入佛法，無信不能入，如牛皮未柔，不可屈折。又經說信爲手，入寶山自在能取，無手不能取。"昔王仲回問無爲子："如何念佛得無間斷？"曰："一信之後，更不再疑，卽是不間斷。"回欣躍而去，未幾得生，還來致謝。是故若未能頓悟，當深植信根，不驚不動。一信金口誠言，決定當生；二信自心廣大，具有如是清淨功德；三信因果如形影，決定相隨；四信此身形識，及一切世界，如陽燄空花，無所有；五信五濁惡世，寒熱苦惱，藏相熏炙，不容一刻居住；六信一切法唯心，如憶梅舌酸；七信念力不可思議，如業力；八信蓮胞不可思議，如胞胎；九信佛無量身、無量壽、無量光，不可思議，如蟻子身、蜉蝣歲、螢火光；十信此身決定當死。若具如是信根，擧足下足，無非念佛。故知信之一字，通上中下。若無甚深信力，如無羽之鳥，定不得飛。

　　三淨觀者，衆生無始垢蔽，徧一切法，如麪入沙，金在鑛。修淨業者，當加種種觀行，磨鍊習氣，爲白法之壇墠，作往生之津梁。一淨觀，觀佛相好，如十六觀經說。二不淨觀，觀身心不淨，器世界不淨，生厭離。三無定觀，觀一切法無定，如一美色，婬人爲樂，妒婦爲苦，觀行人觀之種種惡露，異類如土木。四和合觀，觀身及世界，并見聞覺知，如積木爲屋，積土爲壘，積雜彩爲畫，無實體。五對治觀，觀自身何結最重，當用何法對治，如藥草等，於此病爲藥，餘病非藥，如是觀察對治。六慚悔觀，觀一切衆生，無量劫來，互爲父母兄弟姊妹男女，遞相婬毒，曾不覺知；如梟獍殺父母，牛羊鴿雀配其親，彼不自知。諸佛菩薩見於我等亦如是，當生大愧恨。七念念觀，觀一切時中，幾許憶念佛心，幾許利生心，幾許垢淨沈掉心。八平等觀，觀一切色一色，無好醜；一切聲一聲，無譽毀；一切受一受，無恩讐；一切義一義，無淺深。九微細觀，觀佛念法念，起於何來，去於何往。十法界觀，觀一毛一塵，皆具無量淨佛國土。行者以第一淨觀爲主，餘九爲伴；如石中見珠，若不破石，無緣得珠。

　　四淨念者，一行三昧，惟在決定，若不得念，即有散漫，三昧不成。一攝心念，一切處攝念不忘，縱昏寐，亦繫念而寢，不隔念，不異念。二勇猛念，如好色人，聞婬女所在，燐途虎窟，必往不怯。三深心念，如海深廣，必窮其底，覺路遙遙，不竟不休。四觀想念，念念中見三十二相，八十隨形好。五息心念，息一切名心、宦心、慾心、世間心、貪戀心、貢高心、遮護心、人我是非心，念佛。六悲啼念，每一想佛，身毛豎，五內裂，如憶少背慈母，及多慧亡兒。七發憤念，如落第孤寒，負才寂寞，每念及，殆不欲生。八一切念，見聞覺知，及毛孔骨髓，無一處不念佛。九參究念，念佛一聲，不能曉了佛與念之分劑。十實相念，了此一念，從本以來不是有心，不是無心，不是亦有無心，不是非有無心，是爲上品念佛門。如是念者，現生必得見佛。

五淨懺者，經云："前心起罪，如雲覆空；後心滅罪，如炬破暗。"又云："百年垢衣，可於一日浣令鮮淨。"是故欲除重障，當勤懺悔。一內懺，懺心意識不淨因。二外懺，懺一切色聲等不淨法。三事懺，懺十八界二十五有八萬四千塵勞結使，障學阿僧祇劫見佛利生諸行業。四理懺，懺入道以來所得狂解，所學經論，所聞奧義，作止任滅等病，障佛無漏智。五過去懺，懺無始世界所作黑業。如今生縱不婬盜，不謗法妄語，但所求不如意，即盜業未盡；但值不隨意眷屬，即婬業未盡；但言出人疑信相半，即謗法妄語業未盡。於一切果中，察一切因，當知前生無惡不造，一一當懺悔。六未來懺，一切惡法，即今便止，盡未來世，永不相續。七現在懺，懺現世所有生老病死種種苦業，種種煩惱業，舉足下足業，起口動心業，一切微細不可稱量業。八剎那懺，一念中九十剎那，一剎那九百生滅，一生滅一懺。九究竟懺，等覺位一分無明，猶如微煙，誓究竟淨。十法界懺，法性無我無人無今無古，普爲十方三世一切衆生，平等懺悔。若能如是真實懺者，一切障礙，悉得消滅，不離道場，得見諸佛。

六淨願者，智度論："菩薩見諸佛世界無量嚴淨，發種種願。有世界無衆苦，乃至無三惡名，菩薩見已，發願言：我作佛時，世界亦如是。有世界七寶莊嚴，晝夜清淨光明；有世界衆生皆行十善，有大智慧，衣被飲食，應念而至；有世界純諸菩薩，如佛色身，光明徹照，乃至無聲聞辟支佛名，亦無女人，皆行深妙佛道，遊至十方，教化一切。如是種種嚴淨，願皆得之，故名願受無量諸佛世界。"問：行業清淨，自得淨報，如田家得穀，豈復待願？答：作福無願，無所標立，如銷金隨師作，金無定也。佛說：有人不知禪法，修少施福戒福，聞人中富樂，及欲天色天，心願樂者，命終各生其中。菩薩亦如是，修淨世界願，然後得之，以是故知因願受勝果。復次莊嚴佛界事甚大，獨行功德不能成，要須願力，如牛能挽車，要須御者。淨世界願，亦如是，福德如牛，願如御者。問：不作願，不得福耶？答：無願得，不如有願得。願能助福，常念所行，福德增長。以是義故，淨佛國土，當發大願：一不爲福田故願，願爲一切衆生蔭生淨土故；二不爲眷屬故願，願治一切如來家生淨土故；三不爲病苦故願，願醫一切世間無明等癡生淨土故；四不爲轉輪王故願，願轉諸佛法輪，作大法王生淨土故；五不爲欲界故願，願離一切微妙五欲生淨土故；六不爲色界故願，願離一切禪著生淨土故；七不爲無色界故願，願盡種種微細流注，證無量相好身生淨土故；八不爲聲聞辟支故願，願以福智饒益一切生淨土故；九不爲若干世界衆生故願，願代無央數世界衆生苦，拔一切世界衆生生淨土故；十不爲若干阿僧祇劫衆生故願，願代無數阿僧祇劫衆生苦，拔一切劫衆生生淨土故。如是發大願，最後刹那，定如普賢願中所說。當知願爲截苦海之舟航，導極樂之明師故。

七淨戒者，一切淨法，以戒爲址，如作舍求平地，盡先治素練，戒亦如是，爲諸善法首。入淨國之初門，若不持戒，決定障生淨土；如惡露敝女，欲事帝釋，無有是處。一慳貪戒，行財命二施，及與法施，無愛惜。二毀禁戒，五戒，律儀戒，乃至無漏戒，滿足持。三瞋恚戒，以忍調心，調身口，遇惡口刀杖，但自思惟業因緣法，作償負想、導師想、風寒冷熱想。四放逸戒，謂生死險道，無放身處，如入持滿鉢油，行懸纜上，不得左右顧視，及生第二念。五散亂戒，攝諸根，息諸緣影，如護風燈，如防生鳥。六愚癡戒，以智慧，破諸迷悶；如作務，常借日光；若長夜，諸作皆廢；如登覽，當開目；若盲及睡眠，山河大地與無等。七憍慢戒，不以才辯貢高，以悟理貢高，以静論貢高，乃至一切所得，如鏡面垢，不以此垢驕彼垢。八覆藏戒，我心中一切處諸佛，一切處菩薩，一切處神明，無可覆，如日中逃影，無可逃。九無益戒，遠離一切戲事，一切詩文，一切塵緣，一切口解脫等。十不住戒，謂持戒爲生淨土，饒益衆生，不求聞譽，及人天二乘果。菩薩如是行於淨戒，則能攝諸衆生，生於淨土；衆生雖至冥頑，莫不欽仰戒德故。

八淨處者，有志出塵，當捨惡處，若不捨者，是厭離未極；厭未極，是忻淨土未極。龍樹曰："菩薩心不貴轉輪聖王，人天福樂，但念諸佛。是故隨心所重，而生佛土。"今小適意處，尚不能捨，何況輪王？是縛足欲行，繫翅求飛也。一繁華喧闐處當遠；二歌樓酒肆處當遠；三熱餤熏灼處當遠；四論除目，及朝事處當遠；五恩愛纏縛，及熟歷處當遠；六詩壇文社，鬭章摘句處當遠；七譏刺古今，較長競短處當遠；八講無義味道學處當遠；九義解鬭名相，矜小智處當遠；十宗乘狂解，妄談頓悟，輕視戒律處當遠。是等撓道，與魔不異，若離是處，道業當辦。

九淨侶者，真機非友不發，惡法非友不止，如車二輪，去一則蹶。世間文字，諸戲論法，尚須同心印正，何況無上大道因緣？經曰："風由栴檀薝蔔林來，有妙香，若經糞藏死屍，其風便臭；如淨衣當置香篋，若處臭，衣亦臭；友亦如是，當嚴別淨藏。"一山林閑適之友當近，能止躁心；二嚴持戒律之友當近，能淡諸慾；三智慧廣大之友當近，能出迷津；四總持文字之友當近，能決疑難；五寂寞枯槁之友當近，能恬進取；六謙卑忍辱之友當近，能消我慢；七直心忠告之友當近，能抑諸過；八勇猛精進之友當近，能速道果；九輕財好施之友當近，能破大慳；十仁慈覆物、不惜身命之友當近，能摧人我等執。反上，當屏人獨處，自辦道業，以像設爲師，經論爲侶，其他遊戲之徒，寧絕勿通。園無佳花，莫植臭草，無益賞心，徒增厭藏。

十不定淨者，衆生根器，利鈍不同，如上諸法，上根利器，方得具足。如來有異方便，開九品之門，分上中下修習，今略開十種：一解義諦，未全伏惑，或不深解，但能誦讀諸經；二但依語生信，或因他生信，或遇貧窮折辱生信；三或觀金像，或隨意觀一相；四晨朝十念，乃至百念千念；五但懺鱺重習氣，及十不善業；六爲怖生死，發願往生，或遇苦難，發願往生，但不得作人天及諸福德願；七但持八戒五戒，乃至但戒殺盜婬妄；八一切喧場，不能卒離，但時時生厭離心；九諸世法中人，不能卽斷，但不隨順；十但臨終十念。如上諸法，能至心受一法者，皆得往生，唯不得疑信相參。若有疑者，諸行悉不成就，如人夜中，獨趣道路，不得生疑。聞法疑者，不如不聞；彼無聞者，但不聞法，非有障難，此則自作障難故。

第十、釋異門

夫西方大旨，經中自明；淨土要門，諸論具釋。如天親智者，海東越溪等，皆抉發幽微，舉揚宗趣，近則雲棲和尚小本疏鈔，條分類析，諸師所發，已無餘蘊。但諸經隨時立教，逗根説義，時有差別，致生學者疑畏。今略拈出，博採諸論，附以管見，會歸一處，以便參攷。

一刹土遠近釋；二身城大小釋；三壽量多少釋；四花輪大小釋；五日月有無釋；六二乘有無釋；七婦女有無釋；八發心大小釋；九疑城胎生釋；十五逆往生釋。

一刹土遠近者，大小彌陀經："西方去此十萬億刹。"觀經："阿彌陀佛去此不遠。"二説誰正？釋：以遠近無定故。凡言某方者，某方至某方，幾城幾刹是從色身建立，身相虛故，所計方向道里，亦皆不實。滇人言燕遠，是從滇計，燕實無遠；齊人言燕近，是從齊計，燕實無近。如十步之地，蟻卽遠，象卽近，不應言遠是實，是地不當從蟻計故；亦不應言近是實，是地不當從象計故；又十步亦非實，是地既不從蟻象，亦不當從人計故。蟻象人譬三根可知。智度論："隨世俗故說有方，方實不可得。"問：經說日初出處是東方？答：不然。須彌山在四洲之中，日繞須彌，照四天下。北俱盧日中，即東勝神日出，俱盧於勝神，則是東方；東勝神日中，即南贍部日出，勝神於贍部，則是東方。如是展轉，一切方皆東皆南皆西皆北，而方實無初始之處。問：且說此國中方相，非無初東？答：若此國中，日初東出，必北有斷處，乃可爲初，斷則無常，不能徧運，是故但有方名而無實。是則方所尚不可得，豈有程途？然亦不廢方所程途。何故？以但有名，亦可隨情說故。

二身城大小者，聲王經："阿彌陀佛與聲聞俱，其城縱廣十千由旬。"觀經："佛身高六十萬億那由他恆河沙由旬，眉間白毫如五須彌山，眼如四大海水，不應身城懸絕如是。"海東疏釋："彼佛有衆多城，隨衆大小，城亦大小，大城示大身，小城現小身。十千由旬，是與聲聞俱住之城，佛身相當而住。觀經身高大，其城亦隨廣大。"先德云："淨光莊嚴土唯演頓，衆香土純菩薩故；二土佛但現高大之身，若安養土頓漸俱談，聲聞菩薩共爲僧故。"佛示生身法身，三十二相，通乎生法，大小共見；若八萬相，局在法身，大乘賢聖得見也。是故應以藏塵尊特相得四悉檀益者，應以八萬尊特相得四益者，應以三十二尊特相得四益者，佛各爲現三種尊特身，如毘盧遮那，聲聞視聽，隔於對顏，不妨菩薩更見大身。何故？佛身隨所被機大小，如日光隨隙大小，而是日光，無大小故。

三壽量多少者，經云："彼佛壽命，無量無邊阿僧祇劫。"又云："彼佛般泥洹，觀世音菩薩作佛，既當入滅，即是有量。"釋：阿彌壽量，元是有量之無量。故曰：無量無邊阿僧祇劫，是舉其數也。先德云："藏通補處，彰佛有量；別圓補處，顯佛無量。以十方三世一切如來，同一法身，一智慧，菩薩機忘，如來應息。名補佛處，實異藏通前佛定滅，後佛定生，故金光明四佛降空。"疏云："若見四佛同尊特身，一身一智慧，即是常身。弟子唯一乘衆，若見四佛，佛身不同，即是應化。弟子三乘衆多，故知全法界身，非生非滅，豈得豎分當現，橫論彼此？既非生滅，無量義成。且淨佛刹中，塵刹水樹，皆是佛身。"經云："是諸衆鳥，皆阿彌變化所作，若佛壽量有盡者，道場國土，及諸水鳥音聲，亦應有盡。若有盡者，不應有補；若無盡者，不應言滅。如虛空分齊，非有分齊，非無分齊，以不思議智，照之可得。"

四花輪大小者，小本："池中蓮華大如車輪。"觀經："一一池中，有六十億七寶蓮華，團圓正等十二由旬。"大本："池中蓮華，或一由旬，乃至百千由旬。"夫人世車輪，大不逾丈，輪王千輻，縱廣不過一由旬，何得相懸乃爾？釋：花輪大小，亦如身城，以衆生機有大小，故身城水樹，現有大小。蓮華亦然。如初地見佛百葉花，二地見千葉，三地萬葉，四地億葉等，以自受用身有大小，故見花亦爾。如此方阿育王舍利塔，衆生見者，有無大小，顏色處所，動定光明，及與異相，無量差別。同一肉眼，所見尚異，何況菩薩聲聞人天等，功用懸絕，所感花輪，焉得不殊？如刹利貴種，飛樓傑閣，徧滿城邑；寒微嬖子，敝茅土窟，乃至不得，是自福德所招故。寶池花相，應亦如是。

五曰月有無者，諸本或言日月處空，或言處空而不運轉，或不言有無，或直言無有。又經："彼佛光明，普照佛刹無量無數不可思議，映蔽日月，諸聲聞衆，皆有身光，能照一尋，菩薩光照，極百千尋。"二菩薩光明，常照三千大千世界，如是雖有日月，如爝火之處太陽，豈有光照？若日月不能照者，應無晝夜，何故經言晝夜六時，及清旦食時等事？釋：此亦權説，借此晝夜，喻彼時分。且晝夜往來者，是衆生心明暗傾奪，感有此相，淨佛國土，不應有此。忉利而上，尚不假日月，何況極樂？縱令有者，亦是彼化國眾生色空見未盡，現有如是日月相。當知極樂同居，聖凡境量，絕異餘佛土，以是橫超淨土故。

六二乘有無者，問：天親菩薩無量壽偈曰："大乘善根界，等無譏嫌名。"乃至不聞二乘名，何況有實？然諸經皆言國土聲聞，不可稱量，何也？釋：先德云："二乘生者，皆是臨終回小向大，以習小功深，聞佛所說，暫證小果，漸次增進，至菩薩位，非是住小。"是故說無二乘有二義：一決定二乘不生，是實無故；二不住二乘，實是菩薩故。如二人同一官位，一人實受，一人兼攝，實授者是本職，兼攝者非本職。是故淨土不得言有二乘，以實是菩薩故。

七婦女有無者，聲王經："阿彌陀佛亦有父母。"何得言無女人？釋：本尊成佛，國土始嚴，未入妙時，相則不定，證妙覺已，母或轉現，或示滅度，皆不可知。然海東疏曰："聲王說佛母者，是變化女，非實報女。"又雖有父母，而非胎生。或說聲王經有父母，是顯彼佛所住藏土。是義不然。當知彼經，所說提婆達多，及魔王等，悉於淨土，變化所作，不因有此，便非淨土，如化畜生，非藏土故。

八發心大小者，魏譯三輩之中，皆有發菩提心。觀經下品："直言十念，諸經互異。"何也？釋：諸經皆發大菩提心以為因，若無大因，雖復經耳，亦生疑難，何得頓聞頓信？故知下品十念，是宿植大因。後生退墮，臨終遇善知識，如旱苗得雨，萌芽頓發，若無因者，知識尚不得遇，何況信受？聰慧貴遊之士，有愈聞愈不信者，即知一聞頓念，非是小緣。且此人感佛深恩，多發悲願，度惡眾生；不應以一生作惡，便謂此人無大因也。經云："世間人民，得聞彌陀名號，慈心喜悅，毛髮聳然，淚即出者，皆是累世，嘗行佛道，或他方佛所，常為菩薩。"是故不論顯愚黠慧，凡至心念佛者，皆是多劫深植善根，發大菩提心故。當知所謂善根，不專言利慧，若復無根，如種焦穀，豈有芽出？世間弈棋小事，無知賤流，頓學頓精，智士終身，居於末品，卽知是因。小技無因，尚不得入，何況大法？是故若有信是希有難信之法者，是人卽是大心菩薩。十惡五逆，若信此淨土法門，卽不思議人，決得成佛；自負大徹大悟，若謗此淨土法門，卽最下賤人，決定墮落。

　　九疑城胎生者，唐譯云：衆生未悟自心，墮於疑悔，而積集善根，以此善根，希求佛智、普徧智、不思議智、無等智、威德智、廣大智，於自善根以未悟故，不能生真實之信，由聞佛名，起求生淨土之信心故。於五百歲，處花胎中，猶如苑觀宮殿之想，不見佛，不聞法，是名胎生。魏譯：不了佛智，猶信罪福，修習善本，願生其國，是故胎生。按上二譯，以不信自性、不了佛智名胎生。嘗攷宋譯，謂念佛人修善求生人天者爲胎生，非極樂國中有胎生。王氏本：以不信佛刹，不信罪福，暫信暫不信爲胎生，異前譯中聞名起信，及修習善本二種往生。釋：淨土略言九品，廣言千萬品不能盡。是故後二譯，皆爲實語，就中唯唐譯，旨趣尤奧。以不信自善根故，依他起信，卽是疑城；信自善根者，卽頓了自心，不從他得。以入悟方能脫疑，未悟而修，終隔疑胎，胎以裹蔽爲義，未悟之人，諸障未徹，合得是報，此等當在中下下上品攝。何故？下品後二種，經六劫十二劫，方得花開，此但五百歲故。若王本，則信佛猛利，未若最後二種；又所生在其刹邊地，不應五百歲得見佛故。

　　十五逆往生者，大經往生："除造五無間惡業，誹謗正法，及諸聖人。"觀經："五逆十惡，臨終十念，皆得往生。"何也？釋：大經揀五逆者，以誹謗故。入淨土以信爲導，誹謗是信之賊。如水無所不容，但不容火，以火自不能容故；如風無所不入，但不入石，以石自不堪入故；誹謗之人，燒正法如猛燄，障佛智如鐵壁，是故法海慧風無因得受。是以觀經揀誹謗，不揀五逆者，文異義同。以五逆雖至惡，尚無決定不信之見，不應揀故；然有大心之人，始或不信，後因啟發，猛省前失。如韓昌黎始斥佛骨，後依大顛；張無盡初詆佛書，欲著無佛論，後觀淨名經，大有省發，卒爲宗門龍象，尤是法中希有之事。是故儒林英特，或有謬聽先入，誤謗佛法，但速圖改悔，卽是盛事，不應以謗爲障難故。

（據同治年間刻本淨土十要卷十）

【附】袁宗道：西方合論原序

香光子避囂山刹，修淨業。一禪人闞視高步，過舍而譚。見案上淨土合論，閱未終篇，抗聲曰：此之法門，原用接引中下，中下根智慧輕微，業力深重，以憶佛念佛，獲生淨土，如石附舟，可以到岸。吾輩洞了本源，此心是佛，何處覓佛？此心是土，何處見土？實際理中，覓生佛去來，生死三世相，無一毛頭可得。纔說成佛，已是剩語，何得更有分淨分穢，捨此生彼之事？但應於此悟去，作一自在閑人，淫怒癡皆平等道場，如如不動，何乃舍己佛，拜金銅！且謂悟與未悟，皆宜修習，無事生事，吾所不曉。

香光聞而太息曰：若所言，止圖口角圓滑，不知一舉足將墜火阬也。生死無常，轉盼卽至，如何熟記宗門見成相似語，以爲究竟。都云我已成佛，不必念佛。若約理言，一蚉一蝱，皆具如來清淨覺體，諸佛成正覺，衆生墮三塗，本體未嘗增減。生死涅槃，等是妄見。無諸佛，無衆生，於此證入，亦無能證之人，所證之法。泯絶心量，超越情有，大地無寸土，佛之一字向何處安？至於進修法門，於無修證中修證，無差等中差等，千差萬別，雖位至等覺，尚不知如來舉足下足處。

從上祖師所以呵佛斥教，一切皆遮者，因人滯教相，隨語生解，不悟言外之本體，漫執語中之方便。一向說心說性，說空說幻，頓漸因果，無不曉通，及問本命元神，便將經論抵對，除却現成言語，依舊茫然，所謂數他家錢，已無亞分。或有真實修行之士，佛性不明，辛苦行持，如盲無導，止獲人天之果，不生如來之家。諸祖知其弊端，遂用毒手，刻言語，塞解路，挦情識，令其苦參密究，逆生滅流，生滅情忘，取捨念寂，始識親生父母。歷劫衣珠，却來看論看經，一如道家中事。然後如説修進，以佛知見，淨治情緣，拜空花如來，修水月梵行，登陽焰階級，度谷響衆生，不取寂證，是謂佛種。悟後正好看經，正好修行，可見悟道是初步，看經修行是悟後功夫；不同流俗以看經修行爲淺近，悟道爲深遠，成顚倒見。正如杲日當空，行大王路，不同長夜趲走，攀棘墮荆。豈謂一悟以來，卽同極果？岑大蟲謂果上涅槃，天下善知識未證，以功未齊於諸聖，但明見佛性，亦得名善知識也。弘辨禪師曰："頓明自性，與佛同儔，然有無始染習，故假對治，令順性起用，如人喫飯，不一口便飽。"潙山曰："初心從緣，頓悟自理，猶有無始曠劫習氣，未能頓淨。須教渠淨除現業流識，卽修也，不可別有法修行趣向。"看經修行，皆所以淨除習氣，皆非別法。夫諸祖爲人，壁立萬仞，火聚觸卽燒，刀林動便割。未曾開口，已隔千山，至機緣之外，平實商量，未嘗絶階級，遮修行。傳燈録中，分明詳悉，大慧、中峰言教，尤爲緊切。血誠勉游，惟恐空解著人，墮落魔事，何曾悟後，不假修行。後世不識教意，不達祖機，取喝佛罵祖，破膽險句爲行持。昔人爲經論所障，是雜食米麥，不能運化；後人飽記禪宗語句，排因撥果，越分過頭，是取大黄巴豆爲茶飯也。自悞悞人，弊豈有極？是以纔入此門，便輕十方如來，莫不云無佛可成，無行可修。見人念佛，則曰自性是佛；見修淨土，則曰卽心是淨。言參禪，尊之九天；言念佛，踩之九地。全不思參禪念佛，總之爲了生死，同是出苦海之寶筏，越界有之橋梁，事同一家，何勝何劣？參門所悟，亦有淺深，念佛所修，亦有高下，如何執定參者卽是上器，念者便爲下根？

達摩西來，已云二百年後，明道者多行道少，説理者多通理少。今傳燈録中，如麻似粟，同云入悟，其實迥分。至如般若緣深，靈根夙植，伽陵破卵，香象截流，見根宗於片言，顯威用於一喝，一聞千悟，得大總持。或有懷出世之心，具丈夫之志，舍塵情，究大事，不怙小解，惟求實知。嘗膽臥薪，飲冰吞蘗，三四十年後，或遇明師，痛與鍼劄，偷心死盡，心華始開。此後又須潛行密修，銷融餘習，法見尚捨，況非法耶！趙州除粥飯是雜用心，湧泉四十年尚有走作，香林四十年打成一片，業業兢兢，如護頭目。直至煙消灰滅，自然一念不起，業不能拘，生死之間，隨意自在。詰其所證，恐亦未能超於上品上生之上。何以明之？龍樹菩薩，宗門鼻祖也，大智慧，大辯才，住持佛法，世尊遥爲授記，不過曰證初歡喜地，往生安樂國而已。而觀經上品“上生刹那亦證初地”。今宗門諸大祖師，縱見離蓋纏，語出窠臼，豈能卽過龍樹？龍樹悟無生無相之宗，具不墮階級之見，而生於安養，與上上輩所證正等，則禪人所證，豈能獨超？良以上上生解第一義，還同禪門之悟，深信因果，還同禪門之修止，念佛往生別耳。

吾以爲悟修之士，既不能取無餘涅槃同如來，又不肯取有餘涅槃同二乘，必入普賢行願之海。若非捨一身受一身，濟度衆生，則從一刹至一刹，供養諸佛。既見諸佛，還同往生究竟與上上生，止在鴈行伯仲之間，何以高視祖師，輕言淨侶？其或悟門已入，休歇太忽，智不入微，道難勝習。一念不盡，卽生死之根，業風所宰，復入胎獄。如五祖戒爲蘇子，青草堂作魯公，隔陰之後，隨緣流轉，道無長而有消，業有加而無減。縱般若緣深，不落三塗，而出房入房，亦大辛苦，還視中下往生輩，已天地不足喻其否泰矣。況後世宗風日下，人根日漓，發心既多不真，功夫又不純一。偶於佛祖機鋒，知識涎沫，悟得本來成佛處，當下卽是處，意識行不到，語言說不及處，一切不可得，不可得亦不可得處，將古人語句和會，無不相似，卽云馳求已歇，我是無事道人。識得煩惱如幻，則恣情以肆煩惱；識得修行本空，輒任意以壞修行。謂檀本空也，反舍檀取慳；忍本空也，反聽隨瞋忍。言戒則曰本無持犯，何必輕犯重持；言禪則曰本無定亂，何必捨亂取定？聽情順意，踏有譚空。既云法尚應捨，何爲復取非法；既云眞亦不求，胡爲舍之求妄。既云修觀習定，皆屬有爲之功，何獨貪利求名，偏合無爲之道？愛憎毀譽之火，纔觸卽高；生老病死之風，微吹已動。爭人爭我，說是說非。甚至以火性爲氣魄，以我慢爲承當，以譎詐爲機用，以誑語爲方便，以放恣爲游戲，以蔵言爲解黏，讃歎破律無行之人，侮弄繩趨尺步之士。偏顯理路，故窮玄極妙，莫之踪由；盡刻行門，故縱意任心，無復規矩。

口言往生，是小乘法。令人修習，已乃宴然，或至經年不拜一佛，不禮一懺，不轉一經，反看世間不必有之書，行道人不宜行之事。使後生小子，惟尋見解，專逞聰明，纔有所知，卽爲一超直入，輕狂傲慢，貢高恣睢，口無擇言，身無擇行，成羣作隊，舞弄猖狂。父既報讐，子遂行劫，寫烏成馬，展轉差譌。不念世間情欲無涯，隄之尚溢，如何日以圓滑之語，共破因果之門？決其防藩，導以必流，自悞悞人，安免淪墜？若不爲魔所攝，定當永陷三塗。劍樹刀山，報其前惡；披毛戴角，酬還宿殃。莫云悟達之人，業不能繫，夫業不能繫，非謂有而不有，正以無而自無。生既隨境卽趨，死安得不隨業攸往？眼前一念瞋相，卽怪蟒之形；一念貪相，卽餓鬼之種。無形之因念甚小，有形之果報甚奢。情念介然，識田持之，千萬劫簸，終不遺失。如一比丘，以智慧故，身有光明，以妄語故，口流蛆蟲。一言之微，得此惡果，雖有光智，終不能消。今煩惱無明，熾然不斷，欲以相似見解，冀消惡業，而出三塗，無有是處。嚮使此等不得少以爲足，常如説以修行，終不自言已悟卽心是佛，豈可復同中下念佛求生？了達生本無生，不妨熾然求生，卽心是土，蓮邦不屬心外。不釋禮拜，不舍念誦，智力行力，雙轂並驅，方當踞上品蓮臺，坐空中寶閣，香積朝飯，滿月夕遊。回視胎生人民，彳亍寶地，不聞法語，不見法身，象馬難羣，雞鳳非類，何況人天小果，甕中蚊虻者哉！而乃枵腹高心，著空破有，卒以偏執之妄解，攖非常之苦報，不與阿彌作子，却爲閻羅之囚，不屑淨衆傳鑣，却受阿旁之指。棄寶林而行劍樹，舍梵音而聽叫號，尚不能與世間無知無見、行少善少德、生於人天者儔，毫釐有差，天地懸隔，可不哀歟！然則宗門中人，上未必能超上品，而下之已墮三途，故知此道險難，未易遊履。成則爲佛，敗則爲魔，王賊判於彈指，卿烹別於目睫，苦樂之分，宜早擇矣。

今代悟門一脉，不絶如綫，鼓鐘之下，寂寥無人，止有二三冠纓，路途端直。然既爲俗士，不同釋子戒律縛身，方置身大火之中，浸心煩惱之海，雖於營幹世事内，依稀得一入門。而道力甚淺，業力甚深，極粗莫如淫殺之業，猶不能折身不行，何況其細？生死邊際，安能脱然？徒見豪奢如于頔，奸惡如呂惠卿、夏竦，躁進如張天覺，風流豔冶如白樂天、蘇子瞻等，皆列傳燈，摩肩列祖，便謂一切無礙，別有源流。不知彼等諸人，雖具正見，若謂從此不受分段，業不能牽，吾未敢許。方當長夜受報，未有了期。故知念佛一門，於白衣尤爲喫緊。業力重，仰仗佛力，獲免長淪，如負債藏於王宮，得不抵索。既生佛土，生平悟解，皆不唐捐，生死摧人，出息難保，早尋歸路，免致亂忙。縱使志在參禪，不妨兼以念佛，世間作官作家，猶云不礙，況早晚禮拜念誦，身心宴如者乎！且借念佛警綿，可提參禪之怠；借參門洞徹，可堅淨土之歸。適兩相資，最爲穩實，如此不信，真同下愚。

石頭居士，少志參禪，根性猛利，十年内洞有所入，機鋒迅利，珠語走盤。尋常與人論及此事，下筆傾湫，不蹈祖師陳言，直從臆臆流出，活虎生龍，無一死語。遂謂了悟，無所事事。雖世情減少，不入塵勞，然弄月嘲風，登山玩水，文酒苑，騷雅場，嬾慢疎狂，未免縱意，如前之病，未能全脱。所幸生死心切，不終陷溺，痛念觸途成滯，見境生心，浮解實情，未能相勝，始約偏空之見，涉入普賢之門。又思行門端的，莫如念佛，而權引中下之疑，未之盡破，後博觀經論，始知此門，原攝一乘，悟與未悟，皆宜修習。於是採金口所宣，菩薩所闡，諸大善知識所揮，附以己意。千波競起，萬派橫流，詰其匯歸，皆同濫始。其論以不思議第一義爲宗，以悟爲導，以十二時中持佛名號，一心不亂，念念相續爲行，以六度萬行爲助因，以深信因果爲入門。甫成，而同參發心持戒念佛者五人，共欲流通，以解宗教之惑。

香光根微識劣，久爲空見所酖，肆志縱情，有若狂象。去年沉湎之夜，親遊鬲子地獄，烈火洞然，見所熟譚空破戒亡僧，形容尪羸，跛足而過，哭聲震地，殆不忍聞。及寤，身毛爲豎，遂亦發心歸依淨土。後讀此論，宿疑冰釋。所以今日不憚苦言。病夫知醫，浪子憐客，汝宜盡劃舊日知見，虛心誦習，自當有入。生死事大，莫久遲疑。

於是禪人悲淚交集，自云：“若不遇子，幾以空見賺過一生，子生我矣。”懇案集，作禮而去。時萬曆庚子仲春廿三日也。

袁宗道伯修甫書於白蘇齋。

（同上　淨土十要卷十）

王 夫 之

〔簡介〕 王夫之，字而農，別號薑齋，中年稱一瓠道人，生於公元一六一九年（明神宗萬曆四十七年），卒於公元一六九二年（清聖祖康熙三十一年），衡州衡陽（今湖南衡陽）人。清兵入關後，王夫之曾於一六四八年（清世祖順治五年）在衡陽組織過武裝抗清鬥爭。失敗後，隱居湘西。後定居石船山，從事理論著述，學者稱船山先生，又稱爲夕堂先生。一六九二年病死於隱所。

王夫之是我國明清之際著名的思想家。他對宋明以來程、朱、陸、王的理學和心學，以及佛、老思想，進行了廣泛而深入的研究和批判，從而提出了一套有相當深度的哲學體系，達到我國封建社會哲學理論的最高水平。他對於理學、心學，以至佛、老的理論，都不是採取簡單否定的態度，而是"入其壘，襲其輜，暴其恃，而見其瑕"（老子衍序）。以佛教爲例，他隱居後，曾與不少僧徒有交往，先後遊大雲山妙峰菴，作廣明大師（黃將軍）小傳，訪茹蘗大師，爲先開上人訂相宗絡索，悼念萬峰韜長老等。在佛教理論方面，他對玄奘的法相宗特別欣賞，寫了三藏法師八識規矩贊。和相宗絡索，對佛學既有批判，又有吸取。

相宗絡索是王夫之六十三歲時寫的。在他的許多著作中，如張子正蒙注、周易外傳中，曾經批判了佛教把客觀世界説成是因緣和合的假象、追求"滅盡無餘爲大涅槃"的唯心主義觀點，對佛教的"能所"等範疇也有所改造。而在相宗絡索中，王夫之則着重從認識論的高度，吸取了法相宗對"識"的細緻分析和對認識過程的認真探討等合理因素,以之來豐富自己的哲學思想。但是,他在"出入於佛老"的過程中,却不能識破法相宗的精緻而煩瑣的唯心主義論證,結果陷入其迷宫而不能自拔。相宗絡索的基本思想,仍未擺脱佛教唯心主義的體系。它肯定了阿賴耶識的永恆不滅性,"唯此八識,實有不亡,恆相接續";它鼓吹修善去惡,從見道位至修道位,直至佛果位的漸修成佛道路;它要人們努力去"求證人空"、"求證法空"."求證人法雙空",看破紅塵中的一切。這些觀點,不僅是唯心主義的,顯然也含有出世的傾向。

王夫之的著作很多,約百十種,經後人編爲船山遺書。他的事蹟,主要見國史儒林傳.薑齋公行述、船山先生傳、船山公年譜等。

一、相宗絡索

八識

前五識:"眼"九緣生,"耳"八緣生,不擇明暗,故不緣明緣;"鼻""舌""身"三,俱七緣,香味觸俱合境方取,不緣空緣。

第六意識: 卽意卽識。五緣生不倚五根,別無浮塵根爲其根,不緣根緣;諸境不現前,意亦生起,雖緣於法,而法非實境,不緣境緣。

第七末那識: 意之識也。故成唯識論亦名此爲意識,六識緣此而生。此識雖未思善思惡,而執八識一段靈光之體相,爲自內我,全遮圓成無垢之全體。由此堅持之力,一切染品,皆從此起。故梵云末那,唐云染。染下應有汙字從三緣生。雖當不作意之時,此中耿耿不忘,知此我爲我故,不緣作意緣;無所分別,而識體不滅故,不緣分別緣。

第八阿賴耶識：本等昭昭靈靈，可以識知一切者。本是真如之智，因七識執之爲自內我，遂於廣大無邊中，現此識量；而受七識之染，生起六識，流注前五。此識從四緣生。若不作意，則此識雖在而若忘；作意乃覺此識之光，可以照境，不如七識之執滯不忘，不因作意。

九緣

"明"：日月鐙之光。眼不緣此，則色不別白，識亦不生。餘七識不緣此緣。

"空"：眼耳與境，相去中間空處。若逼近無空，及中間障隔，則眼不能取色，耳雖不受中間障礙，而空能遠聞，以生其識。餘六識不緣此緣。

"根"：眼耳鼻舌身，皆依根發識。其結成形體者，爲浮塵根；眼能見色，耳能聞聲，鼻能辨香，舌能知味，身能覺觸者，爲勝用根。餘三識不緣此緣。

"境"：色聲香味觸，皆現在實境，前五所緣。法乃過去五塵卸落影子，六識緣此境生，十八界爲境。七八二識，不緣此緣。

"作意緣"：卽八識心所中作意品。有識則自然相應，有此作意。前五待作意，識乃發生；若不作意，根雖映境，而不與己相關，見如不見，乃至觸如不觸。第六以此機爲意所自生，八識本其相應心所而作意，則識體現。七識不緣此緣。

"分別依"：卽第六識。前五與同時意識和合，乃生可忻可拒之見；六識卽其現行，非所緣；七八本無分別，不緣此緣。

"染淨依"：卽第七識。染固爲染，此淨亦法執之淨，緣末那而成。前五有淨有染，皆緣此生；第六具諸染淨，皆此決志，引爲自己現行；第七卽其本體，不名爲緣；第八緣此而不受染，名曰根緣，不名染淨依，以無染無淨故。

"根本依"：卽第八識。前六皆從此五徧行而生起，爲其根本所依；七識與第八，互相爲根，非藉八識而有，名爲根緣，不名根本；第八乃其現行，非所緣。

"種子緣"：八識皆有。種子者，親生自類種子也。過去現行，爲現在種子；現在現行，爲未來種子。故眼恆見色，耳恆聞聲，各各禀成八種境界。

四緣

此四緣，八識皆具，卽前九緣緣生之機用。合説其相，緣有三種；因法而加，等無間緣，爲生滅不停之因。

"親因緣"：卽九緣中種子，乃其自類相續，親生此識之本因。若無此緣，雖具後三緣，其識不生。如眼不聞聲，耳不見色等，非親因故。

"所緣緣"：識本無境無量，緣彼以爲境量，曰所緣。有此所緣，識乃成就，卽九緣中之境緣也。前六緣色聲香味觸法，而生同異、成毁、總別、愛憎、取捨諸識，見緣相也。第七以八識相分有所光明之體，爲所緣之境量。第八以根身器界爲可了之境，緣之而起徧行之心所。

"增上緣"：謂明、空、根、作意、分別、染淨、根本七緣也。八位識中，雖各有自類種子，不待增而自有其識；然必得此七緣，爲之增長，其覺了精審之勝用，乃益成就善染諸心所，令具種種功過。如眼本辨色，若遇天日清朗，鐙燭輝煌，愈增詳察。餘識餘緣，例此可知。其作意緣，但能發起初念，無所增長，故不在此緣。

"等無間緣"：八識自類識中，前念方滅，後念卽生，謂之無間；然必待前念之滅，後念卽生，各各相等相待。如瀑流之前波去，而後後波乘之，無一刹那間兩念竝存之理。前念已往，空其位以待後念，後念卽躡次而發，無刹那之間隙，乃至三有身，生生死死，分段變易，必滅此乃生彼，滅此則必生彼，皆等無間也。此緣在九緣之外，別有一緣，由有前，故有後，前滅故後生，生滅之門，惟識之宗也。八識皆有，故曰"若加等無間，從頭各增一"，眼十、耳九、鼻舌身八，意六，末那四，阿賴耶五。

十二支 〔自注〕：一曰十二因緣。

因緣者，因此而緣於彼也，與九緣四緣之緣，文同義別。緣謂相循不舍，此通序一期，生死相緣而起。

"無明緣行"、"行緣識"：無明，卽七識之有覆性也。行七識之別境之慧，生起四惑及前六一切心所，成種種現行煩惱也。此二屬過去支。因前生爲無明所障蔽，結成現行因，此現行熏習，執爲自內我體，遂生起不斷之阿賴耶識，在前有已滅，中有身中，此識不滅，以成後有之主公識，識下應有第字八識也。

"識緣名色"：名色，五蘊也。名者受想行識，色卽色蘊。因過去之識，執持不滅，緣坿父精母血，結成五蘊，取胎中之形，謂之色；色中卽含藏受想行識種子，以其未有發見之實，故謂之名。此中無思無爲，自然分別，故搏合而成五根，瓏巧妙，成浮塵色，具勝用根，皆是識神在內變化，成其質性，爲有生後受想行識之蘊。又云"識緣名色，名色緣識"者，則以既有色，還復生起後有中含藏之識，則名色又緣坿於識也。識緣名色者，過去之識緣後有之名色；名色緣識者，名色復緣現在未來之識也。

"名色緣六入"：入色聲香味觸法也。有此色受想行識之蘊，自然緣彼六處，而與相入。

"六入緣觸"：既入於六塵，則五蘊與彼（大）〔六〕處相遇而觸，覺彼六塵，明暗、喧寂、香臭、甘苦、冷暖、違順等相矣。

"觸緣受"：既與相觸而覺其有，則眼受色，耳受聲，鼻受香，舌受味，身受觸，意受法，引彼塵而歸我根，還與領納，而生喜樂憂苦捨諸受相。

"受緣愛"：受之則趨喜避憂，厭苦欣樂，于可喜樂，生其耽愛。

"愛緣取"：愛色則取色，乃至愛是法，則取是法。

"取緣有"：既取外塵，爲己受用，遂以長養六根，增益六識，以執持七八二識有之不離。

"有緣生"：生謂一期壽命中，成種種業，作生死相，據現在未滅者爲生，盡其壽命。

"生緣老死"：一朝之報將終，生還衰減，以至於死。若其實相，則刹那不停，方生方死，過去一刹那死，現在一刹那生，未來一刹那已生，現在一刹那又死。如鐙赴焰，焰增油減，至滅乃休。

自名色以下，皆現在支，而愛取有三支，爲"無明行識"之因，結成未來八識種子，循環生死之中，無有休息，皆此十二有支，相緣不捨，唯一阿賴耶識，貫徹始終也。〔自註〕：有謂中有後有，支者一期生死中之支派。

三境

境者識中所現之境界也。境本外境之名，此所言境，乃識中覺了能知之內境，與外境相映對立，所含藏之體相也。

"性境"：性，實也。所見所知者，於地水火風，色香味觸，既所實有。識所明了宛然之境界，亦是如實而知，非情計所測度，安立不必實然之境。前五見色果色，聞聲果聲，知香(本)〔果〕香，知味果味，覺觸果觸，不緣比擬，定非謬妄，純是此境。第六依前五隨色聲等，起如實法，不待立名思義，自爾分別者，其一分性境也。七識妄攬八識，爲自內我，立八識相分爲境，非其真實，故不具此境。第八本如來藏，無有境界，橫爲末那所執，而成見相二分，雖緣根身器界，以爲性境，而本無其境，故頌中於八識不言何境。

"帶質境"：因四大五塵之質，帶起立此一境，是執着相分而生其見分。謂之假，則有實可帶；謂之真，則本性實法所無。一切顛倒迷妄，皆此境所爲，恃其有質信可愛取，挾質妄行，堅不可破。此境前五所無，不於聲色等起意計故。第六爲似帶質，以意緣前五卸落影子法塵，於聲色等，立可忻可拒之相，其實彼質不爲吾意所帶動。如蝶戀花，花終不戀蝶，故曰似帶質。第七爲真帶質，八識本無區宇之質，第七帶起而據爲自內我，第八卽爲所帶動而成一可據之境，流轉生死中，爲自境界，故曰真帶質。八識雖有五心所，而不挾帶外境之質爲其見分，故不具此境。

　　"獨影境"：全不因實有而立其境，獨有其影，了無實用。此境唯第六有之。前五有實境，則如實而知，非影也；第七本無自體，如本無鏡，不得有影，所執乃第八實有之相分，非影也。唯第六一識，於前五過去色聲等，形去影留，忽作憶念，宛在心目之間，此名有質獨影；又或因名言配合，安立境界，如想兔有角，便儼然一戴角之兔，可說可畫，此名無質獨影。一半似真，一半是妄性境。實性所生帶質，徧計性所生獨影，依他起性所生獨影，雖非真實，然不於鏡中橫生意計，執爲自性，亦不強物從己，堅立崖岸。如鏡中見影，可卽影而知形，必不向影而求其言笑，若於此一着妄計，則卽落帶質矣。故六識通三性，因性生影，因影生帶質也。

三量

　　量者，識所顯著之相，因區畫前境，爲其所知之封域也。境立于內，量規于外。前五以所照之境爲量，第六以計度所及爲量，第七以所執爲量。

　　"現量"：現者，有現在義，有現成義，有顯現真實義。現在不緣過去作影；現成一觸卽覺，不假思量計較；顯現真實，乃彼之體性，本自如此顯現無疑，不參虛妄。前五於塵境與根合時，卽時如實覺知，是現在本等色法，不待忖度，更無疑妄，純是此量。第六唯於定中獨頭意識，細細研究，極略極迥色法，乃真實理，一分是現量；又同時意識與前五和合，覺了實法，亦是一分現量。第七所執非理，無此量。第八則但末那妄執爲量。第八本即如來藏，現量不立，何況比非？故頌但言性，不言境量。

“比量”：比者，以種種事比度種種理。以相似比同，如以牛比兔，同是獸類；或以不相似比異，如以牛有角比兔無角，遂得確信此量于理無謬。而本等實相，原不待比，此純以意計分別而生，故唯六識有此。同時意識，以前五所知相比，求其得理；散位獨頭緣前所領受，以證今法，亦多中理，皆屬比量。前五不起計較，不具比量；第七一向執持汗塵，堅信迷着，不起疑情，亦無此量。第八無量，前註已明。

“非量”：情有、理無之妄想，執爲我所，堅自印持，遂覺有此一量。若可憑可證，第七純是此量。蓋八識相分，乃無始熏習，結成根身器界幻影種子，染汗真如，七識執以爲量，此千差萬錯，畫地成牢之本也。第六一分散位獨頭意識，忽起一念，便造成一龜毛兔角之前塵，一分夢中獨頭意識，一分亂意識，狂思所成。如今又妄想金銀美色等，遂于意中，現一可穰可竊之規模，及爲甚喜甚憂驚怖病患所逼惱，見諸塵境，俱成顛倒；或緣前五根塵，留着過去影子，希冀再遇。能令彼物事，倏爾現前，皆是第六一分非量；前五見色聞聲等，不於青見黃，於鐘作鼓想等，故不具此量；第八無量，準前可知。

現量乃圓成實性顯現影子，然猶非實性本量；比量是依他起性所成；非量是徧計性妄生。瑜伽論三量外，有至教量。謂值佛出世，及法恆住，所説一實至教，聞己生信，即以所聞至教爲己識量。此量從根門入，與意識和合而成，亦三量所攝。若因聞至教，覺悟己性真實，與教契合，即現量；若從言句文身，思量比度，遮非顯是，即屬比量；若即着文句，起顛倒想，建立非法之法，即屬非量。

三性

此性指識中相應心所，有此三種差別。於見分三性中，俱依他起性攝，以皆資藉緣生故。若圓成實性，但一無三。

"善性"：能成善品十一之才質。

"惡性"：能造根本六惑，大隨八，中隨二(十)，小隨十之才質。

"無記性"：記，謂紀其功過之因，而別爲善惡之果；無記者，可以善而未即善，可以惡而尚未惡。乃識初發之機，一切惡善，皆由此作，徧行、別境、不定，三位十四心所之才質也。別有士用果，如著衣、喫飯、耕種、工技等，其果亦無記，亦由徧行別境，起其功用。此無記性復有二：

一、"有覆無記〔性〕"。覆，蓋覆也。如瓦隙日光，四邊皆受障蔽，但受一隙之影。此性覆障真如廣大之體，於五蘊中，八識執持我爲我，我法爲我法，雖未即爲惡，而爲染汙之本，乃七識別境中，一分邪慧所成。惡性成煩惱，善性成無明，而煩惱乃無明所發生。故前六隨惑，皆七識根本四惑所生，而四惑又別境慧所生。若論其本體，則此性即是無覆性，錮蔽而成有覆，如隙中日，即全日光故。統言三性，不分爲四。

二、"無覆無記性"。乃真如不守自性，加被潤生所成，本無覆障。雖爲七識所染，而本體自如，徧行初心，但有覺了，無執着，無分別。然其可善可惡，不得純淨無垢，如水初波，未有寧靜。善惡二性，唯第六通具，以一切善惡，皆緣意造也；前五善性，惡性有缺，識依根發，功不勝故。如小隨十，前五對境則有，境去則忘，不留滯結成內毒，如第六之攀緣過去未來也。前五善惡亦待一分同時意識和合乃成，若同時意識未生，但與五根和合，則前五止有"有覆無記"。無記八識俱有。此性在八識但成五徧行，未墮善惡；至七識結就，則卽此徧行，而生別境之慧；至六識生，則卽此五徧行，具諸別境；及不定四，其流注前五，則徧行生五別境。其徧行，止是一性貫串，八位識中，爲可善可惡。資糧在八識，但有初發識光，未有障覆；至結成第七，則此性自生覆矣。七識以障覆爲性，還能障覆第八，使成異熟種子，結生死因，又能障覆前六，使成根、隨諸惡。根本四惑，及八大隨，皆此有覆之所結成。此有覆性，以法執成我所，是所知障。無明現行，爲煩惱種子，非卽有煩惱現行，故但名無記，不便判作惡性耳。六識受七識之染，前五以第七建立我所，各各成自類徧行別境，不得圓通，皆是有覆，不能還歸第八無覆本位。唯八識一位，無覆無記，餘俱有覆。

見分三性

此三性，乃真妄所自分，凡有言説，俱從此證持。一乃性之本體，二性之作用，三性之變染。相宗依依他起，證圓成實。

圓成實性，卽真如本體，無不圓滿，無不成熟，無有虛妄，比度卽非，眨眼卽失，所謂止此一事實，餘二定非真。此性宗所證説，乃真如之現量也。八識轉後，此性乃現。

依他起性，或依境，或依根，或依言，或依義，展轉依彼事理，揀別真妄，而實知之。此相宗所依以立量，就流轉中證還滅理，比量也。由此度理無謬，雖未卽親證真如，而可因以證如，由八識五徧行，流注六識，而成此性。

徧計性，不依真如，不依事理，從一切世間顛倒法，相類不相類，徧爲揣度，而妄印爲真，非量也。因此而成癡慢疑邪之惑，永與真如不契，從七識有覆性中，一分邪慧，流注六識，而成此性。

五位唯識

此以唯識一宗，該盡萬法，一切事理見相，善惡凡聖，皆識所證。流轉者，此識之流轉；還滅者，卽于識而還滅之。百法統萬法，五位統百法。若非自識，彼法不成。一由阿賴耶識，旋生七位，建立種種迷悟規矩。凡一切相，皆從見生，見相皆從自證分生，一散而萬，相宗所以破逐法執理之妄也。

一、"自性唯識"：真如自性，刹那一念，結成八識，各爲心王。在含藏未發，爲阿賴耶識；轉念執染，爲末那識；發動於心意，爲紇利耶識；依五勝用根，爲眼識、耳識、鼻識、舌識、身識。總是如來藏中，一色光明，逐地流轉，是八位心王自性，皆唯識也。

二、"相應心所唯識"：八識五心所，七識十八，六識具五十一，前五約略有三十四。一一心所，成彼善惡無記。三性具諸作用，皆是識所顯現，生起於八位中，各與彼識相應。有此識，則有此心所，凡所有心所，皆是此識建立成熟，識外別無心所也。

三、"所緣唯識"：內而五根，爲根身，成種子根二緣；外而五塵，與地水火風四大爲器界，及一分法塵，結成前境，爲空明境三緣；識緣之而生者，與六七八三識互相爲緣，作分別染淨作意根，本四緣及等無間。待彼滅而此生者，亦非識外別有相資相互相待，別有可緣之色法，皆即識所結成所印持，而成乎有。彼以見立相，又因相而生見。如束蘆轉，若有眼識，不成勝用，即無青黃等色可緣之相。餘十色法，例此可知。如毛嬙麗姬，鳥見高飛，魚見淵潛，由彼識別，所緣亦別。足知地水火風，色香味觸，及一分法塵，種種名，種種義，種種功田，種種觸受緣以生識者，皆識中所現之影也。

四、"分位唯識"：乃二十四種不相應法，各自有其分位，不可分入八識分位中者。如他人識等，與己八識不相應，然唯末那執染，障礙人法二空，故有分別相應不相應法；實則統於真如中，本無異同，但因識所計較，判彼與我爲不相應耳。二十四詳唯識諦。

五、"實性唯識"：六無爲，非識所有境界，乃真如實性；然真如流轉而成八識，識還滅而即實性。如反覆掌，面背異相，本無異手。故四智卽唯識也。

二障

障者，障蔽真如也；有障則智成識，無障則識成智。

“煩惱障”：我執所成。由七識攬八識爲自內我，令諸徧行心所染著，流注前六，成諸惡業，既以患得患失自惱，還以惱害一切有情。此障以七識貪癡爲根本，至前六識，生起嗔分，增長中隨小隨，十二染品。

“所知障”：法執所成。由七識執八識相分爲己見分，生一分別境之慧，建立非法之法，卽所知者爲障，而還能障蔽所知，迷失妙悟。此障以七識慢及邪見，與癡一分爲根本，流注六識，生起狂疑，增長大隨八，及中隨一分，無慚無愧。唯前五無。以前五所知，雖一·□□之光，而實性境現量，無非量也。

我法二障各二

“分別我法執”：此二執在八識本無。至有生後，八識種子還生七識現行，遂染第六意識，於人法二障，生慢疑邪見等現行，起我非我，法非法，虛妄分別，流注前五。同時意識中，增長貪嗔癡等，直至地前，資糧圓足，入見道位，意識初轉，則現行二執，不復生起。故第六頌云：“發起初心歡喜地。”第七頌云：“極喜初心平等性。”以七識爲分別根本，六識爲分別現行，此二執於六識生，卽資六識而滅。以觀門妙察，照破二執，本非實有，皆以因緣合集而成，遂得脫離出纏，不復生起無明煩惱麤相。

“俱生我法執”：此二執，乃無始時來，以七識所染現行，薰成八識種子，伏於隱微，爲生死根本。七識拘定一竅之光，爲八識見分，遂與根身器界相依，成彼之境，爲八識相分。其執見分，爲自內我，不能打破疆界，認根身爲法器，乃至菩提自我得，涅槃自我證，皆是我執；其依相分，安立境界，乃至知有法可證，有佛可學，皆是法執。此二執，非見道位中所可還滅，以見道位中，以人空、法空、二觀，折伏現行二障。而能觀者卽是我，所觀者卽是法。由在未生以前，如影隨形，雖日月鐙光，暫滅而隱，究竟形未滅而影相暗存。不緣六識生，不於六識轉，非觀所能斷絕，須於修道位行起解滅，漸次成熟，至不動地，不勞自己功用，無能觀之。我則此我執摧滅，而猶有道可修，有佛可學，法執未除，至金剛道後，盡捨八識種子，法執方淨。然尚未能現大光明，合十方塵剎爲一智所攝，尚有微細法執，不能入異類。合四智成一智，息三界苦輪，必至佛位。具四無礙智，俱生法執，方得滅盡無餘。

四分

分者，八識位中，各各所證之分量也。前二分無後二分，第三分不能證第四分，安慧建立三分，護法加立第四。

"見分"：能見者，爲見分。

"相分"：所見者，爲相分。然惟能見，方有所見；所見者，非真實相。因我能見，認爲實相，見異則相亦異；如羅剎見雨成刀，雨遂有刀相。故謂此二，如蝸牛二角，合則一，離則二也。第八相應心品，有作意想思，乃其見分；觸受二品，所觸所受，四大六塵，卽其相分。第七以八識作意想思，生起別境之慧，爲其見分；認第八所有徧行光明之量，爲可執之實，乃其相分。第六以己徧行別境，不定心所，爲其見分；以第七非量，及前五根境現量，爲其相分。前五以瞥爾現前之知見，與同時意識和合者，爲其見分；以五浮塵根，及色聲香味觸之境緣，爲其相分。

"自證分"：自證者，不起見，不緣相，而自有能證之體。唯第八心王有之，乃見相之總持也。前七無。

"證自證分"：以真如智光，灼知八識，卽是如來藏，證知八識心王生滅之因。此唯第九白淨識有此分。自其證八識銓真，則謂之白淨識；自其普照一切見相，則謂之大圓鏡智。

五受

八識所受外緣，于身心有此五種差別。

“憂”：逆境未至而先逼心。

“喜”：順境可得而先悅心。

“苦”：逆境逼身。

“樂”：順境樂身。

“捨”：不逼不悅。若一切隨緣，應得受用，憂喜苦樂，俱不相應，名爲捨。前五有苦樂捨三受，憂喜不關身，故無。七八二識，憂喜苦樂，俱未曾領納，唯有捨受，徧受一切，未分別故。第六憂喜最重，苦樂雖在身，而意亦領納。若隨緣起意，雖極思量，不見苦樂，無所憂喜，則是捨受，意識具全。

三界九地

地猶位也，修行此地之染淨爲因，成就託生爲果。因以從染入淨，次第而臻；隨因得果，九等差別以分。要爲從根求淨，誤以八識爲聖證上地，報盡還生下地。故頌云界地，“隨他業力生三界”。界，限也。四果四空，相因成熟，故通爲二。

一、“五趣雜居地”：人、天、畜生、餓鬼、地獄爲五趣；趣有意趣、趣生二義，意趣爲因，趣生爲果。此天趣乃有分段生死，不知佛法。此宗專說當人八識，而旁及天鬼畜獄，以人造彼因，必墮彼果者言也。

二、“離生喜樂地”：發有爲心，出離生死，以淨行爲喜樂。在四果中，爲須陀洹。此地折伏鼻舌二識，雖有勝用根，聞香知味，而不起愛香甘、憎臭苦分別。

三、“定生喜樂地”：既發願出離，志不退轉，決定依淨樂生住。在四果中，爲斯陀含。

四、"離喜妙樂地"：修習淨行，不因忻慕，自領淨樂。在四果中，爲阿那含。

五、"捨念清净地"：無待欣樂，與净行自然相安，與五欲自然不染。在四果中，爲阿羅漢。

以上四地，乃人中修學二乘所得果地。皆從六根折服現行煩惱，不知唯識法卽轉成智，不能還滅根本煩惱及所知障。若於此發廣大心，從四加行、二資糧進，發心歡喜地，卽入佛乘；若但成熟不捨，墮後四地天趣中。

六、"空無邊際地"：滅盡根塵，一空無所。不空以下，不復來生人間；然報盡仍墮五趣，以八識種子未得還滅也。

七、"識無邊際地"：折伏七識一分麤障，據第八識爲涅槃境。

八、"無所有處地"：八識心所不現，心王不滅。

九、"非非想處地"：不滅之八識，時現光影，而不能成普照之圓明。

以上四地，乃四空位，隨其願力功德，依空而住，不生人間，乃阿羅漢修證之極果也。

初地爲欲界；二地至五地爲色界，不起欲想，而依色託生；後四地爲無色界，不依色託生，處於空虛，有無不定，漸高漸上，依空界住，無三有五蘊，但八識不轉，報盡還生。

三有身

"前有身"：謂壽命欲盡時，根已壞。前六無依，亦隨壞滅，唯八識依壽煖尚在時。

"中有身"：八識離根，爲七識薰染，不能解散，於虛空中摶結。自非速墮地獄者，一七日成此身，待緣託生。

"後有身"：中有身遇父母交合，見一線之光，投入母腹。初七名羯喇藍，二七名額部曇，三七名閉尸，四七名健南，五七名鉢羅奢伽，以後生髮毛指爪，具諸浮塵根，至於出胎。其受想行識，卽隨色住此。衆生死此生彼，中間三位，八識蘊結，不空而有。一謂之三陰身。

二類生死

"分段生死"：如一人報盡，中有身摶聚不散，還爲一人；乃至墮三惡道，報已還，復受生；或修淨行，生種姓家，成四果。淨染因果雖異，皆隨六根。而轉識依我執，終不捨離爲因，一類相緣、出没生死爲果。

"變易生死"：此生報盡，不復結爲中有一類，相續之身，隨緣分合，其淨行成熟，超禪入空，捨世間五蘊，依空而住，不食段食，不結浮塵根色。此上四地所得淨果，乃至劫終，方始毀壞。其分別我執已盡，去一分末那，而法執末那，亦不現前，唯阿賴耶識堅固，未轉爲因，而得此果。

六位心所

識之本體爲心王，王猶主也，統領當位心所也。心王所發之作用爲所。

一、"徧行"：八識皆有。徧者，徧四。一切心也。

（一）、"徧一切性"。善惡無記，皆因觸受而生，作意而起，想思而成。

（二）、"徧一切識"。謂八位識，皆以此五種心所而爲其體用，若此五心不動，止是無覆之光，識體不立，識用不行。自七識以下，七位識所有徧行，皆是第八徧行流注。識雖有八，徧行無二。當其瞥爾與根身器界相緣起識者，卽是八識徧行。觸八識相分而受之，因作意認爲自内我，增長想思，卽是七識徧行。于觸受作意想思上諸分別，卽於所觸受等，更增分別觸受等相，而始終以此五爲分別主，卽是六識徧行。其八識一動，卽分注五根，如一油透五鐙草，相緣起，諸苦樂捨等違，順觸受作意想思，卽是前五徧行。

（三）、“徧一切地”。謂三界九地，有此識則有此徧行心所。初地，八識徧行俱全；二地以上，除鼻舌二識徧行；六地以上，唯八識徧行，常住不滅。

（四）、“徧一切時”。謂自無始之始，至究竟之終，其餘心所，或有間斷，唯此五種心，心下應有所字貫徹八位識中，刹那不停，浩劫不息。有所緣，則緣別境以下五位；無所緣，則守其本位而自尒分明。此一位乃唯識之本領，萬法之根苗。未到金剛道後識體，此心所無可脫離，行於五位，終不休息，所謂一波纔動萬波隨也。此心所凡具五品，一發俱發。一“觸”，初與所緣相觸，覺有彼境也。二“受”，引所觸以爲自受之憂喜苦樂捨也。三“作意”，念方動之機也。四“想”，有此能想之靈，可入事理也。五“思”，有此能思，可自起作爲也。緣觸生受，緣受作意，緣作意而成想思，故成唯識論以觸爲首。凡所觸、所受、作意乃知想思，皆作意現行，故規矩以作意爲首。

二、“別境”：十徧行中，起諸心法，各各緣境而別成境界，不得一時俱有。或一品孤行，或相緣而成二，成三，乃至成五。此心所第八無有，以第八於根身器界但有觸受，具可作意想思之能，未緣境，故無別注而立一思量之境界。第七有第八相分可緣，內緣根身，遂於見分中起慧，自信爲審知明了。而餘四必待第六意起方生，故但有慧。第六全無境合。故緣所忻、所求、所喜之境，而有“欲”；於素所信可之境，見爲是處，而印可之，而有“勝解”；於曾所慣習之境，見爲利益，而記憶繫戀，則有“念”；於所印可繫心之境，一心專注不忘，則有“定”；因而於中展轉思維，智巧從之而生，則復生“慧”。此五以慧爲生起之因，以欲故而立勝解；或以所信爲勝解而欲之，以欲解故而成念，以念而成定，於所定而生慧。或展轉緣生，或一類孤行，於善於染皆有，而無記之成有覆，亦因慧而起，因餘四而盛。

三、"不定"：不定者，無有決定之心，不得安隱。乃善惡交持之際，有此心所，是比非二量之所互成，於獨影境不得自在。唯第六意識，有此四心；心下應有所字 前五現量決定，無此不定；第七堅執非量，亦無此心。心下應有所字。

意發不恆，當其習於惡，而意忽不安，則有"惡作"；其欲嚮於善，而心忽倦怠，則有"睡眠"；其修習善品，而善不現前，則旁徨急求，而爲"尋"；凝神待觀而爲"伺"。從此猛勇解脫，則純乎善；從此放散馳求，則墮於染。意識善惡之分，在此而決。

四、善十一：第八爲種子含藏之識，雖諸善品，亦其五徧行所成，而非藏中所有。第七純爲染根，卽使或成善品，亦但法執，不成爲善。唯第六全具，以一切善染，皆由意造也。前五有同時意識和合，又爲諸善之所成就，意中善染，至前五乃發見於事爲。如眼見美色，不爲欣慕、留連等，是其無貪。餘識餘品，例此可知。然前五識勝劣不等，如鼻舌二識，於信勤不放逸，行捨諸品現行，非其勝用規矩。言善十一者，統五識言之，非一一識皆具也。十一品中，以無貪、無嗔、無癡三品，爲戒定慧淨行根本，餘八皆以此三善增善防惡。其與根隨二惑對治，思之可見，不須刻意分別。

五、根本煩惱：八識雖有俱生二執，異熟二障，爲煩惱種子，而未起七識，不成現行，故無此根本六惑。第七雖未發露，而執第八爲自內我，貪戀隙光，癡迷不晤，怠慢不求，還滅失正法眼，而墮邪見，植根深固，蘊毒在中，作前六煩惱之因。至第六則以貪癡慢邪，故不得，則生嗔；聞正法，而與己異，則生疑。至前五功用短劣，雖不能起邪慢疑等見，而貪嗔癡，倍爲麤猛。根本者，隨惑三品，皆由此而生，此爲根也。貪嗔癡屬煩惱障，疑邪屬所知障，通云煩惱，所知必成煩惱也。

六、隨煩惱：隨者，隨根本煩惱而起，成諸惡也。凡一切違善順惡，成自惱惱他現行，總以根本六惑爲根，隨根隨境，相隨不捨，五趣雜生地，熾然充滿，二地以上，纔能折伏，不能斷絕，乃諸惡之綱宗。而謂之隨者，見過非自此而招，亦不在此折伏，如大盜持仗，把火者爲從，根本惑乃其主謀爲首也。第八無根本惑，故亦無隨惑。第七有四根惑，成大髓，染有覆無記性爲無明。第六三隨二十品全具，以一切煩惱皆從意生，意識備六本惑，則諸惡相隨，無所不至。前五作根依境，不留不結，故無忿恨等蘊毒深重之小隨。又大隨隨癡而起，七六前五俱有癡故，故所同具中隨，隨癡瞋二分而起。第七無瞋，故無小隨。忿恨惱害嫉依瞋慳，依貪癡覆，依疑誑諂，依邪憍，依慢，六惑皆依，故唯六識具有大中小者。隨惑有三種義：

一、"自類俱起"。不信與懈怠放逸等，同時俱起，不相妨礙，無慙無愧，本同一念。同時俱起此義，大中二隨俱有，若忿則不諂，憍則不覆，乃至乍然之忿，必有有應作無深遠之恨。小隨專注一心，不得俱起，此義無。

二、"徧染二性"。謂不善有覆二性。大隨中隨，即不成惡，亦有此心，心下應有所字是無明非獨煩惱。故小隨專是惡性，非無記，故此義無。

三、"徧諸染心"。若大隨於無慙無愧及忿恨等，皆依此不信等心，而徧互相染，由違善，故順於不善。若中隨於大小二隨，十八種心，心下應有所字不必皆染，雖不信等，未必定無慙愧；若忿恨等，尤屬慙愧心變成之惡。若小隨等，一念蘊結成毒，全不與大中二隨相應，故皆無此義。故曰皆具名大，具一名中，俱無名小。

凡此善染五十一心所，具於第六；前五善染不具；第七有染無善。故知流轉之根，禍生於末那；還滅之法，即以斬絕末那爲擒王破竹之元功矣。二乘愚者，但依六根而施折伏，不但根本未拔，萌芽復生，且其所用折伏者，即末那之雙執，豈非認賊爲子之大愚

六位心所緣生圖

前五根本三惑及中二大八,乃八識識中所薰宿業,不因同時意識而生,與同時意識和合而成。

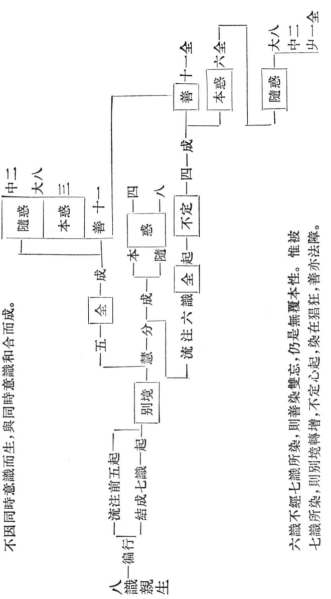

六識不緣七識所染,則善染雙忘,仍是無覆本性。惟被七識所染,則別境轉增,不定心起,染在猖狂,普亦法障。

六識不緣七識所染,則善染雙忘,仍是無覆本性。

八識心王流轉圖

現在八識，俱過去七識熏成，結真如藏爲業識藏，作總報主，受罪福果；乃果中還復生因，故還起七六前五諸王所具善染業現行，故十二因緣以無明行爲五蘊所緣。

速 與 和 合
意識同時起故

與　識　眼耳鼻舌身
生前五

第六意識　與
前五一時同起者，即
與前五速相和合。

生　緣其別境之意

第七末那識

第八阿賴耶識 ——
　　緣識生名色，故根結蘊婆
　　緣宿業熏習，熟路還生現行

六識爲七識所染，與前五和合，爲善染業現行因；乃因地果生，熏成未來種子，結如來藏爲阿賴耶藏，流轉不息，故十二因緣以愛取有爲生死根本。

乎」

六識五種

一、“定中獨頭意識”：謂入定時，緣至教量，及心地自發光明，見法中言語道斷，細微之機，及廣大無邊境界。二者爲實法中極略極迥之色法，與定中所現靈異實境，顯現在前。此意識不緣前五與五根五塵而孤起，故謂之獨頭。此識屬性境現量善性。

二、“散位獨頭意識”：從凡夫至二地無尋有伺，於一切善惡無記、士用果等境，非現前而起意，不緣前五及根塵色法，自規度，自擬議，緣過去卸落影子，作未來實相。此識不與前五和合而孤起，故名獨頭；行住坐臥時俱有，故名散位。此識當理者，屬比量獨影境；不當理者，屬非量。以其戀着過去，而生希羨，屬帶質境，三性通攝。

三、“明了意識”卽“同時意識”：五識一起，此卽奔赴與之和合，於彼根塵色法，生取分別，愛取既依前五現量實境，故得明了。初念屬前五，後念卽歸第六。其如實明了者，屬性境現量；增起分別，違順而當理者，屬比量；帶彼前五，所知非理戀着者，屬非量帶質境。此識無獨影境，三性皆通。

四、“夢中獨頭意識”：夢中前五根隱，識亦不發，但有夙習熏染，遂於幻中現其影似，而起計較、思宛、違順等想，不緣前五，故名獨頭。此識全屬非量，帶醒時，根塵以爲妄。本屬帶質境，三性皆有，俱非真實。

五、“亂意識”：謂大驚大憂，大勞大醉，及病狂人妄起意計，及一闡提人耽着顛倒，矯誣自性，但求殊異，因而生起狂想。此識意亦無主，並不得名爲獨頭，或時亦緣五根而起，不得明了，全屬非量帶質及惡無記。二性雖有，皆非真實。

八識十證

一名十理，以十理證知八識體相。此護法師以二乘不知八識，證明其於前五外，實有非妄。

"特種"：謂執持一切善染種子，流轉還滅，皆依持此識。以此識本是如來藏，白淨識之本體，即可復真歸元，故能持菩提涅槃之種，不爾衆生，必無成佛之理。乃爲七識熏染，受異熟果，成阿賴耶，則順流注於七六前五，生諸心所，作不淨因，結輪迴果，故能成十二因緣流轉不息之種。

"異熟心"：異熟有三義：一變異而熟，謂如貪因得貧果，與因相反；一異時而熟，過去因作現在果，現在因作未來果；三異類而熟，謂人中因天中得果。五趣異類，通受爲因爲果。夙習熏染善惡等因，乃至不相應心所，不於當時當位當類得果，而此識流轉趣生，爲總報主。前七斷滅，不復受報，唯此雖異必熟，非但罪福不爽，亦且習氣中，於不知不覺之中成熟，而成自然矣。

"趣生"：一期報盡，前七俱已消滅，唯此八識，實有不亡，恆相接續，徧生五趣中趣意，而分段不雜，隨其善染，周歷五趣。

"有受"：色身所有浮塵勝用二根，各各不相執受，五識各依其根，無能統攝，且有間斷昏忘，唯八識總合諸有而攝受之。

"生死"：初生前六，雖有勝用根，而未能發識，末那亦隱，不成心所。壽命將終，惟餘壽未盡，煖息未散，諸識消滅，唯此八識，持壽煖不卽散滅。與生俱生，至死不離，唯八識心王而已。

"緣"：謂十二因緣中識緣，名色之識，卽此識也。從中有身，見一線之光，萬里立赴，卽時緣坿，父精母血，結成五蘊，故曰識緣名色；五蘊既結成後，有識卽處蘊中，故又曰名色緣識。此中前七俱未發起，故知所言識者，卽是八識。

"依食"：謂受生後，至命終時，依四種時而生，食爲所依。其依之而住者，乃此八識，一類相持，無有間斷。若非此識，前五雖能取食,而何所滋養,令其恆住?

"滅定心":謂二乘入滅盡定,前六王所皆滅,第七染心不起,唯此識不散。其七識一分非染,我障雖未還滅,然亦卽是所執第八之相分,非別有體性。乃至無想天,入九地,真滅盡定,亦有此八識心王,但無心所。除菩薩定中白淨識,佛定中大圓鏡智,皆是此識爲在定之心。

"心染淨":染淨至七識而結,至六識而具,然染之卽成染,淨之卽成淨,受染受淨之心,八識心王也;所因以成染淨者,卽用八識心所之五徧行也。七識攬之以爲染根,前六藉之以成現行,離八識外,別無可染可淨之心。蓋前七俱無自體,隨緣現影,此乃染淨真心也。此義直窮染淨根本,徹底透露,異於二乘。但據前六爲染淨心,於彼折伏,冀得清淨,乃惟識之綱宗,於斯炳矣。此中誤將生死時心與持壽煖識合而爲一,故但有九證。

八識三藏

阿賴耶此翻爲藏。藏有三義,前一就本識言,後二依他立義,其實一也。能藏義兼王所、所執二義,專指心王。

"能藏":此識體本虛,故能含藏前七無始熏習染所有善惡種子,又能藏現有前七所作善染諸法現行爲未來種子,心王既尒,心所亦然,以五徧行中一切心所,皆能建立也。此就八識體量功用而言,謂之能藏。

"所藏":此就前七依之以藏而言,謂之所藏。前七所有善染心所,皆藏於此識之中,爲彼所藏,卽定爲彼所染。如一庫藏,本無銅鐵,而用貯銅鐵,爲銅鐵所藏,則名爲銅鐵庫矣。從彼得名,卽受彼染。八識不自還其真空本來之體量,聽前七據爲所藏,遂無自位,爲前七作總報主。

"我愛執藏":就末那識堅執爲自內我而寶惜不捨者而言,則爲執藏。乃至九地四空,此愛不忘,此識不轉,直至八地菩薩,方能除執。能所無執,則雙泯矣。此八識流轉生死之禍苗,皆由七識强攬,而其還滅轉智,亦在七識解縛,還其無所無能之本體,我恆一摧,藏卽捨矣。

八識所熏四義

所熏者,被前七熏成種子,非自有種子也。必揀所熏,非能熏者,見還滅轉智,不於此識著絲毫工夫。但絕能熏,自無熏染。

一,"堅住性":無始以來真如一分本體,爲末那所執,受其熏染,成其分段種子現行,展轉相因,不離不散,以堅住故,持彼所熏永不忘失。異生滅法,不能生起,抑不忘滅,故受前七熏,而不能熏前七。

二,"無記性":謂無覆無記也。既本無善惡,亦無障礙。如清水流於大地,遇沙石則潔,遇泥垢則濁。無必受之熏,亦無不受之熏,力弱志遷,異有勝用,可自作善惡有覆等現行。

三,"可熏性":此揀心所,專言心王,常住自如,無所發動,熏至則坐受,不待捐己徇他,異有增減。可者因其可而受之,如人善飲啖,能勝酒食,不傷醉飽,發爲心王,卽有所注嚮,不徧可熏矣。

四,"與能熏和合":謂八識緣名色而生前七見相二分,和合成一人,分段自然。如父依子,從其安養,全付家業,任彼營爲,受其安危,異他人識,與己有分段,雖熏不受。

七識能熏四義

能熏者,能熏第下應有"八"字識也。前五熏八識相分,成未來一切相;七識熏八識見分,成未來一切見;第六二分通熏。

一,"有生滅":遇緣則生,緣滅則滅,異堅住性,能久持受。而以有生故,生起八識本無之色法,以熏八識,是有能熏之資。此義,前六顯有,第七雖堅持我執,而瞥尒妄生,卽有生命終消滅,後有變易,卽有滅,持不似前六之速遷耳。

二、"有勝用":七識有執持之强力,六識有分別之善巧,前五有覺了之明慧,異無覆性之體,虛而作用不行。以我足熏之力,熏彼普受之量,是具能熏之才。

三、"有增減":增則自增,減則自減,善染輕重,皆由乎己。欲熏則熏,不受他熏,異可熏性,是有能熏之權。

四、"與所熏和合":由自阿賴耶生自末那及前六識,自然此熏彼受,如子依父。故能熏彼而不遭違拒,是有能熏之緣。此義緣兼王所而言,前七王所,皆與八識心王相和合也。若八識心所亦有生滅勝用,應不受熏,還自熏心王,與前七同爲能熏,以徧行五心心下應有"所"字貫徹八位識中,雖各分屬,原無二致,非八位中有四十徧行也。

邪見五種

此六七二識心所根惑中不正見也。其類甚多,要不出此五見之中。

一、"身見":執妄身爲我,起種種貪着,如此土玄門之類。此見,七識爲根本,至六識而增長,屬我執無明。

二、"邊見":不得中道墮於一邊,凡有二種,一切不正之見,皆此二見爲主。一"斷見",謂一切法究竟消滅,無因果;二"常見",謂一切法常在不滅,破如幻,於非斷非常、亦斷亦常法各得一邊,執之成妄。此見從六識生起,七識以恆審持之,結習不捨,屬法執無明。

三、"邪見":妄立魔天神鬼,信爲生緣,如今世天主教之類。此見全是六識妄結,惱亂他人,屬煩惱。

四、"見取":於非果計果,如以無想天爲涅槃之類。此見緣七識,執八識爲自內我,因據八識心王不生滅爲果,屬無明。

五、"戒禁取":於非因計因。如持牛狗戒、衣草木、食穢惡、拔髮、熏鼻、臥刺、投棘，今之穿脇、燒指、打餓七坐、釘關，乃至積薪自焚、跳火坑等，皆其眷屬。此見全是六識非量結成七識癡疑迷，自惱惱他，屬煩惱。

迷悟二門

二門皆盡唯識宗旨。規矩頌前八句恭頌流轉門，後四句頌還滅門。

"流轉門"：門者如共一室，內開二門，一門爲吉祥之路，一門爲凶禍之塗。唯人所趣。所趣一異，則安危懸隔。蓋生人趣中，同此阿賴耶識，悟者由之證涅槃菩提，迷者由之墮五趣生死，惟自所向往之門，決於發足時耳。流轉者，五趣生死之門也。從八識順其習氣瀑流之機，起五徧行，不復回顧真如，一注七六二識，一注前五識，生諸心所，成隨煩惱，謂之流。從七識違背真如，轉變其圓實之性，染八識無覆爲有覆，變六識別境，令生不定，而具根本六惑，乘前五之發，卽與和合，變成三惑重障，謂之轉。且流且轉，轉而復流，現行種子互相生而不已，因果相仍而不捨，永無出離十二因緣之業海，皆由此門而出也。成唯識論以流轉顯生死因，故順其緣生之勢，立三變門：從真如變賴耶爲一變，從賴耶變末那爲二變，從末那變前六爲三變，順序也。

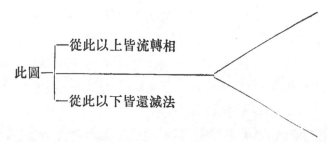

"還滅門"：還滅者，滅妄還真。非滅妄不能還真，還真則妄自滅，此所謂十方薄伽梵，一路涅槃也。

"還"者,逆八識順流之波,窮前五之妄,歸同時之意識,卽還六識妙觀,不轉前五成妄。窮六識之妄歸七識,卽還七識本無之體,不染六識,具諸惑障。窮八識之染因於七識,而本自無覆,卽還本體,不受其染,漸漸捨彼異熟,卽還真如。

"滅"者,於七識命根,一刀斬斷,絕滅無餘,六識枝蔓隨之摧折。七識滅則六識滅,六識滅則七識後念滅;前五同時意識,八識見相二分,皆滅此門。唯博地凡夫,早悟唯識宗旨,不爲二乘根門所惑,及阿羅漢加行成熟,不自憍疑,發大乘心,精進不已,由四資糧至初地,入見道位。於六識滅現行二障,於七識滅分別二執,至二地入修道位。漸次成熟,入第七遠行地,不假觀門,六識滅盡,至第八不動地,七識我執永滅,唯餘間起之法執,八識因之將還白淨,唯異熟識在,至等覺位。一刹那頃,微細俱生法執,斷盡無餘,第八異熟,卽此頓空,入佛果位。六七二識得復,無妨再用爲利他權法,照大千界,應十地機,而第八轉成無垢,卽證大圓鏡智。前五因其現量成無漏功德,分三類身,總還圓成實性,真如本體矣。六七二識還滅最在前,自初地初心而始以見修二位,皆於此二識施功用故;故謂六七因中轉,還滅之(切)〔功〕,在此二識也。前五及八識還滅在後,前五尤在最後。八識至八地賴耶始滅,至等覺異熟乃空,還歸無垢;前五直至佛果,乃得圓明。初發無漏分身,應衆生之用,蓋其還滅之功在六七二識,在八識尚有一分無功之功,在前五並此而無,故謂五八果上轉。若欲於前五施還滅之功,則是二乘折伏根門愚法;若欲滅盡八識,卽墮外道斷見;七識純用滅;六識半滅半還。自類種子不因七識染者,亦八識之分注,可用爲觀門,還其本智;因七識染者,七識滅則自滅。前五第八唯還無滅。規矩説還滅法,立四頌,從粗入微,以前五始,以第八終,逆序也。

八識轉四智次弟

此約漸教而說。若從相宗悟入，只有徑滅七識，餘七一齊俱轉，相宗顯標漸教，密示頓宗，在人自悟耳。

"前五識轉唯一品"：變相觀空，乃同時意識入人空觀，雖前五異前，心所不立，仍是六識帶轉，前五未能自得無漏真智，不可謂轉。直至佛果，方證卽相卽空，無觀無變，分身無漏。前五之果，頓轉成智。蓋前五雖與第八俱於果轉，因中無功，而八識猶有澄定擴充，無功之功，唯前五自見道、修道，直至等覺位，全不於此用修用證，不動絲毫，卽成無漏，故言如來亦有肉眼，八識轉後，依舊是舊時人，而三類之身，自現（□）（前）所以大異於二乘，守定根門，下折伏死功，打車不打牛之大愚者在此。

"六識三品轉"：初三資糧位，入初地見道位中，斷分別我法二執，現行無明煩惱上品障；自二地至七地修道位，斷分別二執中品障；以未能常在雙空觀，俱生二障，猶然間起而成現，行七位後常在觀門，俱生二障，永不現行，斷下品障。此識但有現行，七識乃其種子，故但於現行轉，不能轉種子，卽能轉分別種子，不能轉俱生種子。從八地至等覺位，不於此識修因，亦不於此識得果。八地以上，觀察智不行。

"七識三品轉"：初地，初心入見道位，以六識無漏智，觀我執不生，而法執猶恆，此因六識而轉，爲下品轉。至第八不動地，我執永伏，法執間起，染性已空，有覆未泯，覺爲有智可得，有佛可乘，爲中品轉。至等覺位一刹那頃，俱生法執，盡滅無餘，入佛果位，不妨仍示平等智中差別，應十地菩薩堪受之機，爲上品轉。雖有三品，而初發心時，早識此末那爲八識流轉根本，一刀斬斷，不假六識觀門，漸次降伏，尤唯識祕密法也。

"八識三轉異名"：初次凡夫，直至遠行地，名阿賴耶識，此翻藏識，皆被七識執爲自內我，令藏過去末那所熏一類相續種子，亦藏现在前七现行我法二执种子。至远行地入第八不动地，七识俱生，我执不起，解放八识之缚，不受拘染，不熏未来种子，而七识俱〔生〕法执未泯，执此八识有可修可证之法，此无始来时暗藏种子，虽现行不起，而未即消灭，累此八识带一分镜中远影，藏已捨而此不捨，名毘播伽识，此翻异熟。因伏果中，果位不圆，智成有漏，至等觉位一刹那顷，七识转尽，从此尽未来际，不受一毫熏染，无始以来，原不曾熏动丝毫，还与真如契合无二，名无垢识，一曰白净识。解深密经立为第九识，实即八识转后之异名尔。八识与七识同时俱转，八识无孤转之理，故曰如束芦交转。转入之功全在第七，有一分因即获一分果，更无观待。此已得阿罗汉果。不自憍怀放逸，堕四空天趣，而加修习之功，成熟净行四品，凡二位升进。

四加行

此位未证唯识，乃二乘进道之阶基。二品通四，前二因，后二果。

一、"煖"：用智慧火烧烦恼薪，薪不尽，火必不断，常令温煖，不受业风阴暗逼恼，身心喜悦和畅。

二、"忍"：於一切净行难行难忍者，不怖不忧，不惮不逡，如法修习，忍受擔荷。

三、"顶"：煖品既熟，一切烦恼，尽皆逡伏，超出浊欲界中，终不堕陷。

四、"世第一"：修习忍行已熟，於精进勇猛，成殊胜净行，世所希有。此四位於阿罗汉果中，勤行不怠，不贪天乐，乃得不入四空界地，但犹於根门修习，未证唯识，灭七净八，故顶者不脱身中之顶。世第一者，於俗第一，未离三界，特其精进既熟，自然一旦能发大心，入三资糧位。

资糧三位

此三位俱於六識用功,淨其現行,未證七八還滅境界。資糧三位,凡三十品。

"十住":始捨二乘根門之學,住菩薩道中。

"十行":捨二乘獨覺行,行菩薩行。

"十迴向":以十行迴向,直如發廣大願,得廣大心,超彼根門,證知人法二空。在此一位,疾入初地。

資糧者,見道之資糧,此大心阿羅漢,至頂世第一位,功熟慧生,發廣大心,捨其已證之果,依菩薩道,雖未即證,知而如法修行,皆出離分別二障之實法。如人行路,行至方知,不尒但從人問,未能悉彼程塗曲折境界。故從十住,進十行、十迴向,修習圓滿,得登初地,入見道位,與所住、所行、所迴向,一一印合雙空至理。

"十住"者,以方便三昧,無沈掉心,現自體無生滅智慧,住於真如圓性之中,不以生滅心爲其信解。此位初捨二乘自守根門之愚,如人捨其卑陋之居,從大宅中安心而住。

一、"初發心住"。從二乘見佛威神而發,依菩薩道住。

二、"治地住"。初捨二乘深重我執,發哀閔衆生欲度之心,而安住之莊嚴佛土。

三、"修行住"。觀前諸法皆非堅實,而欲修妙淨之行,常住不倦。

四、"生貴住"。於諸佛至教,深生淨信,如托生佛家,不墮下品。

五、"具足方便住"。凡所修行,皆悉護念衆生,觀知衆生無邊境界,樂住其中。

六、"正心住"。一心依佛,於諸贊毀,心皆不動。

七、"不迟住"。不因佛難出世,佛法難學,而生迟轉,久住不離。

八、"童真住"。身語意三業長淨，無失，全童真性。

九、"法王子住"。觀察審知眾生煩惱習氣，知所調護，可以代佛說法，無所疑怯。

十、"灌頂(生)〔住〕"。爲佛乘，甘雨灌注，智光加被，世界眾生，通體明了。〔自注〕：十品中有初終次序，漸進至十。

十住初住佛乘，十行則捨根身，而以智慧通行菩提道中，其知佛所恆行，卽如法行之，無有疑礙。如住大宅已定，知彼室中所有壁宇，應當修治，所有器具，應當足用。
以十波羅密爲其實行。

一、"歡喜行"。行檀波羅密，具足喜捨。

二、"饒益行"。行戒波羅密，饒益淨行。

三、"無違逆行"。行忍辱波羅密，順受有情。

四、"無屈撓行"。行精進波羅密，不生怯逞。

五、"無癡亂行"。行禪波羅密，澄定不惑。

六、"善現行"。行般若波羅密，空智現前。

七、"無著行"。行方便波羅密，無所執著。

八、"難得行"。行願波羅密，發廣大心。

九、"善法行"。行力波羅密，護持正法。

十、"真實行"。行智波羅密，如法實知。〔自注〕：十品同時並修，無有漸次。

于一切住、一切行，皆悉迴念所發大願深心，不求別福及餘善果，但用修所應修，覺所應覺，趣入佛位，利益眾生。至此體道功用，將次圓足，分別我法二執，以廣大資糧厭伏不起，于佛境界，親所歷證，功不淆訛，一登初地，見道圓滿。

一、"救護一切眾生，離眾生相迴向"。求證人空。

二、"等不壞迴向"。一切平等，不壞世法，求證法空。

三、“等一切諸佛迴向”。求證法空。

四、“至一切處迴向。”求證人空。一切處，三界九地。

五、“無盡功德藏迴向。”不以現得功德而自厭足，求證法空。

六、“入一切平等善根迴向。”求證法空。

七、“隨順衆生迴向。”求證人空。

八、“真如迴向。”捨智求智，求證法空。

九、“無縛無著解脫迴向。”求證法空。

十、“入法界無量迴向”。求證人法雙空，出離分別二障。〔自注〕：十品一心普攝，無分別漸次。

十地

自地前至初地爲見道位，二地至七地爲修道位，六識七識轉盡。七識初地轉起，與八識前五，佛果位方轉盡。

一、“歡喜地”：從地前一資糧位如法修習，親歷親證，忽尒得廣大心，灼知分別二執之我見法見皆與自性了不相關，頓然捨盡。見道位中，功已圓滿，識得大自在，生大觀喜，于雙空觀中，意識發現無漏智觀，乃六識轉成妙觀察識之始也。七識因六識後念增長二執者，亦因六識妙觀之力，現行不起，不復增長昏迷，得現行平等，唯除自類末那種子未淨，故此地于八識全不相應，前五亦不受轉。

二、“離垢地”：初地於見道位中，功已圓滿，而俱生二障伏八識種子中，成七識現行，非見所能摧伏，以見從六識觀起，仍用八識流注見分，不與八識相應。故菩薩進此地時，行起解滅，入修道位，勤修戒、定、慧三品。雖此三品，二乘於根門亦嘗修習，而此地分別執滅，則原是舊時人，不是舊時行。履處此地，以純淨心，具足菩薩圓滿妙戒，遠離塵垢，無不嚴淨。

三、“發光地”：此地以純淨心入最勝定，總持大(□)〔明〕，(□)〔一〕切清淨妙湛之理，定中顯現。

四、"餤慧地"：此地以純淨心證菩提法，智火餤生，燒盡煩惱，燭破無明，永離暗蔽。此三地戒、定、慧一時同證，而由戒得定，由定得慧，有升進機。

五、"難勝地"：此後三地，乃前三地戒、定、慧增長圓滿所登。難勝者，淨戒圓滿，無所揀擇，於真俗二諦，行相相違，皆悉融通，入纏不怖，一切世間出世間無能勝者。

六、"現前地"：印合無爲真如，無境不定，隨所安住，菩提妙法無不現前，無入定、住定、出定、差別相。此諸位中，增一分進修，則滅一分習氣，所謂六七俱生地。地，除也。

七、"遠行地"：充滿慧體，盡法界際，皆其智量所攝，雙空常在，不立入觀出觀，有間斷法。修道位中，功已圓滿，至此捨分別意識，而行別路，脫盡情想，全不依根發識，生有漏心，此妙觀察智之極境，六識轉智之勝果，盡於此矣。此上第六識、智雙遣，專於意不起，徧行處，淨七八二識。

八、"不動地"：見修二位，功俱圓滿，至此無見無修，於不作意中妙凝智體，不再餘有俱生我執，得相惱亂，七識已淨，八識（□）〔以〕有我愛執之爲藏者，遂捨藏名。蓋初地以六識淨七識，故但伏現行，不伏種子；八地不假六識觀門，直從七識淨其根本，乃與俱生二惑，相應對治。除一分七識，即淨一分八識。乃七識因，窮八識果，淨之始也。

九、"善慧地"：藏識既捨，廓然無我，得大神力，轉諸根身器界，皆成般若智體，淨諸生法執中一分粗障，永除帶質境惑。

十、"法雲地"：大智充滿，如雲集空，一切諸法，悉受總持，無有一法而不在其智中者，將降法雨，加被法界。若大用流行，則俱生二執俱捨，但在靜函妙法之際，法見獨存，亦是無始以來熏成種子所持。如鑒外遠影；不即不離，則是俱生一分微細對影之障未能消隈。以故前五勝果，未得分身無漏，息法界苦輪，法猶在自而不在他也。從此以上，法雲久滿，靈雨忽飛，至等覺位，一刹那頃，脫盡無始以來異熟種果中一分法相，相分融化，見分自無，自證分無可證，乃得還其真如本體，成白淨識。前五分日，分日二字義未詳，或是見分二字。無量所作，所爲皆證妙果，在識名爲白淨，盡脫七六前五色名；在智名爲圓鏡，亦無觀察平等之異。前七絲毫不存，第八自然還元，前五自然圓通，等覺道成佛，果即得矣。

八識轉成四智

前五識轉爲"成所作智"。三類分身，光明相好，成就衆生，各得解脫。以眼耳鼻舌身現諸功德，成其所作，隨緣利物。此佛果位中，用此智爲化身大用，若在修習位中，則二地初禪已捨鼻舌二識，至第三無尋無伺地，五識俱不起，識既不存，智亦不顯，乃至十地。於此前五，因地無二，二應作工夫果位無功德，直至佛地，智果乃圓。蓋前五直從八識五徧行流注，成諸心所，故隨八識而轉，在大圓鏡根本智後，故名後得智。此轉乃就其現量，而成化身功德，還而非滅，順轉也。

第六意識轉爲"妙觀察智"。妙觀察者，觀中察出人法雙空，不同二乘有相觀也。能使極略極迥之法，昭朗現前。此智最爲先轉，地前已證見道位。初入觀喜地，便能觀察現行，分別二執之妄，而證二空。至遠行地，常在雙空觀中，則俱生二執雖未除，種子已永不現行，然意識所轉之智，盡于此地。六地以上，不待作意觀空，自證本智，此智不用。佛果位中一切妙智，一大圓鏡智所攝，更無用此觀察矣。此有順逆二轉：自八識流注之意，亦是如來藏一分淨光，有觀察之能，以之觀空，即成妙智，順轉也。其自七識所染發見之識，一動念即屬非量，無分善染，俱成有覆，則須滅除，逆轉也。

第七末那識轉爲"平等性智"。由有我執故，與物不平；由有法執故，所見不等。初由第六意識入雙空觀，折伏現行二障，漸證平等，至修道位。已滿證無功之功，一刀割斷末那，不執八識爲自內我，不再重染八識相分染之作相，且不就八識見分作自證之總持，則不平不等之根，斷絕無餘。至佛果位中，就菩薩機，應菩薩化，而成就之。又若有修有證，一分法相，以八識見分隨緣化導，然他受用則然：若自受用，則一色平等，卽大圓鏡智，無可現起。就其光明普照，則謂之大圓鏡；就其本體一如，則謂之平等性，其實一智也。此轉滅盡末那，卽成平等，逆轉也。

第八阿賴耶識轉爲"大圓鏡智"。八識本體，本如來藏，無有境量而大，無有虧欠而圓，無不普照而如鏡。由無始以來，七識剗地，忽生熏習覆障，將此執爲內自我，遂成阿賴耶識。然本七識熏成有漏之體，非如來藏，遂爲拘礙縮小，蒙昧不可還復，在見道位中，不得親證。至不動地，七識不能拘執，使成賴耶，則此識乍爾脫縛輕安。金剛道後，宿習消盡，入佛果位，刹那之間，大圓鏡智，卽爾現前；七識滅盡，平等智自顯，還白淨識，卽圓鏡智不持滅。

（據太平洋書店印行本船山遺書冊六十六）

胤　禛

〔簡介〕　胤禛,清世宗雍正帝,康熙帝玄燁第四子,生於公元一六七八年(清聖祖康熙十七年),死於公元一七三五年(雍正十三年)。胤禛少年時卽喜閱佛典,常與一些僧侶交往,自號圓明居士。胤禛在禪理方面有相當的造詣,自集談禪語錄、詩文爲圓明居士語錄。登帝位後,又與當時一些名僧和親王大臣們談禪講佛,並集成所謂當今法會一書。

　　胤禛登帝位後,在佛教方面有以下三件事值得一提。一是親撰了一部揀魔辨異錄,此書表面上是評論明末清初臨濟宗內部天童圓悟,與其弟子三峰漢月法藏(以及法藏弟子弘忍)兩系之間的爭論。胤禛以帝皇之權威,公開站在圓悟一方,直斥法藏與弘忍的理論爲魔說,並下令削去其所傳的所有支派,永遠革除於"祖庭"之外,將他們的著作盡行毀版。其實,在這場所謂維護"諸佛法眼"、"衆生慧命"爭論的背後,有着隱深的政治原因。這就是在法藏系下,多有明末遺民逃禪者,他們多懷故國之思,多有忠義之士,這就不能不遭到清統治者的注目,必欲盡除之而後安也。

　　其二是,在雍正十一年間,胤禛親自編選了一部禪宗語錄,題名爲御選語錄,共十九卷。其中以選錄歷代禪宗名師語錄爲主,同時也特別表彰明代雲棲大師袾宏的淨土法門。在每選成一篇後,胤禛卽親撰序言一篇,計有二十餘篇。在這些序言中,反映了胤禛對佛教的一些基本看法。如在禪宗方面,他强調五家宗旨,同是曹溪一脈;在禪教方面,則强調宗教合一,特別是禪淨無二;進而在儒佛道三教關係上，他認爲："三教之異用而同體"，倡導三教一致，"並行不悖"。

其三，在雍正十三年，他特開藏經館，進行再次雕刻大藏經的工作，但半年後他就去世了。乾隆帝弘曆繼位後，繼續了這一事業，並於乾隆三年（一七三八年）完成。此藏經是在明北藏的基礎上增訂而成的，計收一六七二部，七二四七卷，史稱龍藏，是我國封建社會的最後一部官刻佛教大藏經。

一、御選語録序選

總　序

如來正法眼藏，教外別傳，實有透三關之理，是真語者，是實語者，不妄語者，不誑語者。有志於道之人，則須勤參力究，由一而三，步步皆有著落，非可顢頇函胡，自欺欺人。朕既深明此事，不惜話墮，逐一指明。夫學人初登解脱之門，乍釋業繫之苦，覺山河大地，十方虛空，並皆消殞。不爲從上古錐舌頭之所瞞，識得現在七尺之軀，不過地水火風，自然徹底清淨，不挂一絲，是則名爲初步破參。前後際斷者，破本參後，乃知山者山，河者河，大地者大地，十方虛空者十方虛空，地水火風者地水火風，乃至無明者無明，煩惱者煩惱，色聲香味觸法者色聲香味觸法，盡是本分，皆是菩提，無一物非我身，無一物是我己。境智融通，色空無礙，獲大自在，常住不動，是則名爲透重關，名爲大死大活者。透重關後，家舍卽在途中，途中不離家舍，明頭也合，暗頭也合，寂卽是照，照卽是寂。行斯住斯，體斯用斯，空斯有斯，古斯今斯，無生故長生，無滅故不滅。如斯愜愜行履，無明執著，自然消落，方能踏末後一關。雖云透三關，而實無透者，不過如來如是，我亦如是。從茲方修無修，證無證，妙覺普明，圓照法界。一爲無量，無量爲一，大中現小，小中現大。坐微塵裏轉大法輪，於一毫端現寶王刹。救拔衆生，利用無盡，佛佛祖祖皆爲此一大事因緣出現於世。達摩西來，歷代授受，古德傳燈，無盡光中，大圓鏡裏，日往月來，以至於今。雖然，廣大法門，聖凡並托，華嚴香海，細鉅同歸，得骨得髓者固多，如麻如粟者何限？去聖遥遠，魔外益繁，不達佛心，妄參祖席，金山泥封，慧日雲蔽，約其訛謬，亦有三端：其上者，纔見根塵互引，法界相生，意識紛飛，無非幻妄，頓生歡喜，謂是真常。休去歇去，以空爲空，不知性海無邊，化城無住。果能見性，當下無心，心既見空，卽未見性。於是形同槁木，心等死灰，萬有到前，一空不敵，從能立亡坐脱，仍是業識精魂，況乃固執斷見，必至變作狂華。謂因果之皆空，恣猖狂而不返，豈非一妄在心，恒沙生滅，能不造生死業，斷菩提根。又其下者，見得箇昭昭靈靈，便謂是無位真人，面門出入，揚眉瞬目，豎指擎拳，作識神之活計，張日下之孤燈。實魚目爲明珠，覓栴檀於糞土，噙著鐵丸，口稱玉液，到得臘盡歲除時，方知依舊是箇茫茫無據。又其下者，從經教語録中，挂取葛藤，從諸方舉揚處，拾人涕唾，發狂亂之知見，翳於自心，立幻化之色聲，作爲實法，向真如境上鼓動心機，於無脱法中自生繫縛。魔形難擀，遁歸圓相之中；解路莫通，躱向藤條之下。情塵積滯，識浪奔催，瞞己瞞人，欺心欺佛，全是爲名爲利，卻來説妙説元（玄）。盲驢牽盲驢，沿磨盤而遶轉；癡夢證癡夢，拈漆桶爲瓣香。是則循覺路而撲火輪，能不由善因而招惡果？如是三者，實繁有徒，宗旨不明，沈淪浩刼矣。朕膺元后父母之任，並非開堂秉拂之人，欲期民物之安，惟循周孔之轍。所以御極以來，十年未談禪宗。但念人天慧命，佛祖別傳，挤雙眉拖地，以悟衆生，留無上金丹，以起枯朽，豈得任彼邪魔瞎其正眼，鼓諸塗毒，滅盡妙心？朕實有不得不言，不忍不言者。近於幾暇，辨味淄澠，隨意所如，閱從上古錐語録中，擇提持向上，直指真宗者，並撮其至言，手爲删輯：曰僧肇，曰永嘉，曰寒山，曰拾得，曰潙山，曰仰山，曰趙州，曰永明，曰雲門，曰雪竇，曰圓悟，曰玉林，十二禪師，藏外之書，曰紫陽真人，乃不數月之功，編次成集者。其他披覽未周，卽採掇未及，非曰此外無可取也。是數大善知識，實皆窮微洞本，究旨通宗，深契摩詰不二之門，曹溪一味之旨。能使未見者得無見之妙見，未聞者入不聞之妙聞，未知者徹無知之正知，未解者成無解之大解。此是人天眼目，無上宗乘。至於淨土法門，雖與禪宗似無交涉，但念佛何礙參禪。果其深達性海之禪人，淨業正可以兼修，於焉隨喜真如，圓證妙果。雲棲蓮池大師，梵行清淨，乃曾參悟有得者，閱其雲棲法彙一書，見論雖未及數善知識之洞徹，然非不具正知正見，如著相執有者之可比擬，亦採其要語，別爲一卷，以附於後。兼此淨土一門，使未了證者，建菩提道場，已了證者，爲妙覺果海，途路之助。爰爲總序，弁於篇端，刊示來今，嘉惠後學。庶幾因指見月，得魚忘筌，破外道之昏蒙，奪小乘之戔弆，朕有厚望焉。　雍正癸丑四月朔日。

僧　肇　編　序

漢明帝時，佛法始入中國，盛於晉宋間，遠公其殊勝者也。向傳泥洹宗旨，由遠公而始聞於此土，然觀蓮社高賢傳中所載遠公之語，遠公固非洞明泥洹宗旨者，徒聞其説耳。僧肇與遠公同時，晉有遠公，秦有僧肇。言淨土者推遠公，言講經者推僧肇，宗徒皆視爲小乘，謂是菩提達摩以前時人，震旦未聞教外別傳之旨，不得入祖席焉。朕閱肇法師所作若般若無知、涅槃無名、空有不遷、形山祕寶諸論，非深明宗旨，何能了了如斯？以此講經，正是不立文字。諸佛慧命，奚隔封疆，有何今古？豈得謂菩提達摩未來以前，震旦無宗旨哉？故刪節其要文，序而刊行之。學者勿於長江一葦、葱嶺隻屨邊，目起狂華，則知菩提達摩見梁武帝時無所從來，遇宋雲時亦無所去也。　雍正十一年癸丑四月望日。

永嘉編序

古人遇時節因緣，每云言下大悟。夫言下大悟，悟不在言也。韓盧逐塊，乃於言中求悟，夢到驢年，是爲執指求月者。黃梅曹溪，密室夜分，傳衣授受，究何曾道一字乎？迨後黃梅送曹溪，至九江驛邊，兩人共語，曹溪云：“祇合自性自度。”黃梅云：“如是如是！”夫既自性自度，則黃梅何授，曹溪何受乎？雖然，此正黃梅所授，曹溪所受也。永嘉之於曹溪，更可分明舉似天下後世。夫永嘉參承止一宿耳，故謂之“一宿覺”。今觀其問答語，永嘉全是逆水之機，毫無順水之意，然則曹溪何授，而永嘉何受乎？不知永嘉正從此得曹溪法乳，不可誣也。蓋使有一實法與人，而曰法乳，直同馬生馬、驢生驢耳。若此魔外別生魔外，又如久竹生青寧，青寧生程，尚安得稱慧命哉？永嘉言句，西竺推爲東土大乘論。朕披覽之，嘉其修悟雙圓，乘戒兼妙，自淺之深，淺深一致，實惟宗徒指南。爰加刪訂，刊示十方叢林焉。　雍正十一年癸丑四月望日。

寒山拾得編序

寒山詩三百餘首，拾得詩五十餘首，唐閭邱太守寫自寒巖，流傳閻浮提界。讀者或以爲俗語，或以爲韻語，或以爲教語，或以爲禪語。如摩尼珠，體非一色，處處皆圓，隨人目之所見。朕以爲非俗非韻，非教非禪，真乃古佛直心直語也。永明云：“修習空花萬行，宴坐水月道場，降伏鏡裏魔軍，大作夢中佛事。”如二大士者，其庶幾乎！正信調直，不離和合因緣，圓滿光華，周遍大千世界。不萌枝上，金鳳翱翔；無影樹邊，玉象圍繞。性空行實，性實行空；妄有真無，妄無真有。有空無實，念念不留；有實無空，如如不動。是以直心直語，如是如是。學者狐疑淨盡，圓證真如，亦能有無一體，性行一貫，乃可與讀二大士之詩。否則隨文生解，總無文涉也。刪而錄之，以貽後世。寒山子云：“有子期，辨此音。”是爲序。　雍正十一年癸丑五月朔日。

潙山仰山繡序

夫佛祖代代相承，稱爲父子，雖曰假世間之名教，表出世之真傳，然大死大活而慧命斯續，視屬毛離裏而四大和合者，一爲生身，一爲無生身，同是實際，本非引喻也。永明云：“須臾卽俗歸真，莫疇茲旨；頃刻從凡入聖，難報斯恩。”夫拔火宅而登清涼之山，開迷雲而入光明之海，迴視頭刺膠盆，身同繭縛之時，正所謂如人飲水，冷暖自知，豈有不念皮肉骨髓所由來者乎！莫非父子也，而其中父子濟美，以潙仰爲最。當日提唱一聲，啐啄一時，同禀法王之正令，共現瑠璃之金身。一堂兩琴，鼓宮而宮應，鼓商而商應；一龕兩鏡，胡來而皆胡，漢來而皆漢。無上妙旨，齊轉金輪，一代法門，雙標銅柱。蓋潙山仰山之父子，正同寒山拾得之弟兄，於佛法中，如世間所云：家慶人瑞矣。故合爲一編，以爲天下後世宗徒勸。是爲序。雍正十一年癸丑五月朔日。

趙　州　編　序

夫達摩西來，九年面壁，無多言句，而能直指人心，見性成佛，首開震旦之宗風。後人演唱提持，照用權實，鳴塗毒鼓，揮太阿鋒於言象不該之表，形名未兆之先。機如電掣雷奔，譚似河流海注。

青蓮花紛飄舌本，大師子吼斷十方。穿透百千諸佛耳根，踔跳三十三天空外。究其所歸，不過鋪荊列棘，徧地生枝，甘草黄連，自心甘苦耳。然則，自利利他，固不在於多言歟？趙州諗禪師，圓證無生法忍，以本分事接人，龍門之桐，高百尺而無枝。朕閱其言句，真所謂皮膚剥落盡，獨見一真實者，誠達摩之所護念。獅乳一滴，足迸散千斛驢乳，但禪師垂示，如五色珠，若小知淺見，會於言表，則辜負古佛之慈悲，落草之婆心也。觀師信手拈來，信口説出，皆令十方智者，一時直入如來地，可謂壁立萬仞，月印千江。如趙州之接人，誠爲直指人心，見性成佛之古佛云。爰録其精粹者著於篇，以示後學，俾知真宗軌範，如是如是爾。　　雍正十一年癸丑五月望日。

雲 門 編 序

顧著曰鑒，擬問即咦，揚眉眨眼，敗闕如斯。又道古來老宿，爲慈悲之故，有落草之談。如是鑒咦，落草也未。大慈大悲，那顧喪身失命，祇這註破，即今早已落草了也。佛印元曰："雲門説法，如雲雨絶，不喜人記録。見必罵逐，曰：汝口不用，反記吾語。"今室中對機録，皆香林、明教以紙爲衣，隨即書之。朕今刊録删輯雲門言句，且道與雲門意旨是同是別。雲門古德，豈畏落草？朕亦大丈夫，豈問與雲門是同是別者哉？雖然，超情絶解，直指自心，如雲門者，實爲奇特。垂示後世，雲門與朕，實是大慈大悲。設使燈籠露柱，向前致問，還慈悲個什麽？答曰：鑒。進云：落草了也。答曰：咦。雍正十一年癸丑六月朔日。

永 明 編 序

宋初，杭州永明智覺禪師，平生著述有宗鏡録、唯心訣、心賦、萬善同歸等集，凡千萬言，並在大藏，有流傳海外者。朕披閱採録，不勝敬禮喜悅，真所謂明逾曉日，高越太清。如鼓師子弦，衆響俱絕；如發摩尼寶，五色生光。信爲曹溪後第一人，超出歷代大善知識者，特加封妙圓正修智覺禪師。卷中萬善同歸集一書，禪師自謂略述教海之一塵，普施法界之含識云。自師證明，方知大小齊觀，宗教一貫。但學人須必真參，實有所悟，乃可觀此書。依教行持，可以普獨耀之神光，圓幻有之萬行，所爲無成之成，不修之修，無礙妙諦，有益圓證。若未能解縛俱空，境智雙泯，則必依情起識，執相求詮，則墮鐵圍之山，轉迷真覺之海。禪師云："先明其宗，方能進道，若一向逐末，實有所妨。"然則此書，未經參悟，不必觀讀，本禪師之志也。朕既刊其全書，頒示宗徒，又採其至言，附於本集，因恐疑悮初學，故又指述於此。　雍正十一年癸丑六月望日。

紫陽真人編序

　　紫陽真人作悟真篇以明元（玄）門祕要。復作頌偈等三十二篇，一一從性地演出西來最上一乘之妙旨。自敍云："此無爲妙覺之至道也。"標爲外集。夫外之云者，真人豈以元（玄）門爲內，而以宗門爲外哉？審如是，真人止應專事元（玄）教，又何必旁及於宗說？且又何謂此爲最上？豈非以其超乎三界，真亦不立，故爲悟真之外也歟？真人云："世人根性迷鈍，執其有身，惡死悅生，卒難了悟。黄老悲其貪著，乃以修生之術，順其所欲，漸次導之。"觀乎斯言，則長生不死，雖經八萬刼，究是楊葉止啼，非爲了義，信矣。若此事，雖超三界之外，仍不離乎一毛孔之中，特以不自了證，則非人所可代。學者將箇無義味語，放在八識田中，奮起根本無明，發大疑情，猛利無間，縱喪身失命，亦不放捨，久之久之，人法空，心境寂，能所亡，情識盡，並此無義味語一時忘卻，當下百雜粉碎，覿體真純，此從上古德所爲決不相賺者。真人以華池神水，温養子珠，會三界於一身之後，能以金丹作無義味語用，忽地翻身一擲，抹過太虛，脫體無依，隨處自在。仙俊哉，大丈夫也！篇中言句，真證了徹，直指妙圓，卽禪門古德中，如此自利利他，不可思議者，猶爲希有。如禪師薛道光皆皈依爲弟子，不亦宜乎！刊示來今，使學元(玄)門者知有真宗，學宗門者知惟此一事實，餘二卽非真焉。是爲序。雍正十一年癸丑七月朔日。

雪　竇　編　序

雪竇徧參諸方，機辯無敵，忽遇智門兩度拂子驀口打，豁然開悟，乃嗣智門。學者於此薦得，當知心不在思維而普照法界，口不必語言而遍演恆沙。如雪竇云："直饒乾坤大地，草木叢林，盡爲衲僧，異口同聲，各置百千問難，也不消長老一彈指，便乃高低普應，前後無差也。雖然，一彈指中，隨緣自結，如三十三天，共食寶器，隨其福德而飯色不同。　故經云：‘一切賢聖，皆以無爲法而有差別。’"一彈指尚且如是，況乃有答問？有字有文，豈得顢頇渾同，無復選擇？昔年雪竇，眉毛拖地，留此葛藤；今日圓明，解罸探珠，蛇足一上。兹編也，皆是第一義諦，最上宗乘，學者不假外求，直下自證，則不離此言句，而皆有從凡入聖之機。譬如以火銷冰，冰釋於水，水冰一味，得無所得，火水殊途，有何交涉？然而火力銷冰，其功曷可誣歟！　　雍正十一年癸丑七月朔日。

圓　悟　編　序

"頻呼小玉緣何事，爲要檀郎認得聲"。圓悟勤禪師因此言下頓徹。斯語也，綺語耶？禪語耶？塗毒鼓邊，豈容側耳？但於綺語禪語，一佇思擬議，則劍去遠矣。亘古亘今，亘上亘下，亘東亘西，亘南亘北，皆是微塵，一微塵中皆建寶剎，一寶剎中皆作佛事，凡諸佛事，皆具如來正法眼藏，涅槃妙心。於何開口説得，於何著手揀得？開口説者，卽是者個，著手揀者，亦是者個，豈得以者個説者個，以者個揀者個？略一佇思擬議，這邊是地水火風，鐵山岌岌；那邊是見聞知覺，玉海沈沈，何由撒手懸厓，盡是開眼説夢。所以古德云："若欠一法不成法身，若剩一法不成法身，若有一法不成法身，若無一法不成法身。"於此薦取，開口説亦可，著手揀亦可。如或未能，可惜孤負圓悟平生許多絡索，卽圓明主人一番選録，亦復鈍置不少。　雍正十一年癸丑七月望日。

玉琳茚溪編序

昔黃帝訪道於廣成子，湯問於卞隨務光。古之聖王，其於高世之士，必資其薰習身心，以爲宰制萬事之本。迨於后世，凡入帝王之門者，功業邊事尚難其人，何況心性邊事？從來宗門古德，傳靈山之心燈，其中不少大丈夫，而不入帝王之門。其居帝王之位者，悟宗旨主復少。間或浮慕教相，淺識小夫，輒以崇尚異端議之，而其所尊禮之人，多每不足以服世，徒滋疑謗。於是黃帝成湯之美事，不可復見於後世。我朝之初居東土也，風俗淳古，實忠實孝，直心直行，歷代敬禮佛天，而於僧道，並無不問高下，一概尊敬之事，與蒙古習尚迥殊。我皇祖世祖章皇帝撫有方夏，萬機餘暇，與玉琳琇、茚溪森父子，究竟心性之學，一時遇合。蓋與黃帝成湯之事，無二無別，非我朝夙有崇僧之習而然也。朕覽玉琳琇父子之書，闡揚宗乘之妙旨，實能利人濟世。如杲日在空，迷雲頓淨；如清鐘響夜，幻夢旋消。惠當來龍象於無窮，媲從上佛祖而不愧。用是採輯校刊，傳示後世。因念帝王訪道於高世之士，乃古聖之盛軌，而自昔世儒，每於二氏限量區別。朕不忍將來者之終懵，而不爲之剖晰也，故敍其説如左。至於<u>萬善殿西苑</u>説法，併奏對機緣，雖載自<u>骨</u><u>巖侍香紀略</u>，但皆佛法中事，非裝點誇張妄謬之説，亦<u>玉琳琇</u>揚日月之光華，作人天之眼目處，尚足取者，故採編數則，敬昭皇祖當日之恩遇云。　　<u>雍正</u>十一年癸丑八月朔日。

圓明居士編自序

　　夫本妙明心，大圓覺海，非見聞知解所可通，故無語言文字之可立。然而古來大德，於最上真乘灼示學人，直言無隱，於無法可説之中，演無意之言句，超情絶解，直指自心，了了可知，昭昭不昧。使聽者音前薦取，性地承當。苟非神悟於幾先，則必滯情於句下。非若秀才訓詁，法師言詮，録道德仁義之文，能言鸚鵡；説夢幻泡影之論，依樣葫蘆。此事惟證乃知，非自不悟，滔滔法海，上上真機，隔閡絲毫，暌違萬里。一音演出，徹底分明；一字繞成，大千透露。真金鑛内，必無點銅；大火聚中，寧容滴水？程途階級，歷歷若繪諸圖；真偽正邪，灼灼自呈於鏡。羣蒙易惑，明眼無花。蓋雨入草心，自分甘苦，水歸器内，各現方圓，既具正觀，難逃神聽。朕於此事，曾著參詳，藩邸清閑，化城遊歷，有向無方便中，曲伸請問，亦於絶思維處，俯徇來機，豈曰梯航不無漏逗。今乃選編數帙，垂示來兹。於所採大善知識語録之後，亦附刊焉。朕昔者雖復時談妙旨，實未徧閲羣言，任性卷舒，隨緣出没，實由杜撰，非法經文。近始披空裏之遺文，剖塵中之積卷，欲使焦枯栗棘，新刺重生，陳爛葛藤，靈花再發。今見昔人之語，與朕之所言，多不約而暗符，無心而自合，圓音如是，不禁啞然。此足表千年而異口同聲，非有意一字之雷同剿説也。朕今位居元后，豈慕作家居士之虛名？蓋既親履道場，宜宣大覺法王之正令，欲人信知。祖印親傳實有據，本來具足；言思絶處非虛説，道理昭然。非有而非空，不出而不入，妙性不遠，明覺非

遥。朕實本一性之圓通，作五般之寶語，唯此一事，餘二非真。古
德之所顯承，當來之所默印，是以序而傳之。不惜重添一番話墮，
非曰朕之言句可與從上大善知識比肩也，觀者切莫哂焉。　雍正
十一年癸丑四月八日。

蓮 池 編 序

達摩未到梁土以前，北則什公弟子講譯經文，南則蓮社諸賢精
修淨土。迨後直指心傳，輝映震旦，宗門每以教典爲尋文解義，淨
土爲著相菩提，置而不論。不知不覺，話成兩橛。朕於肇法師語録
序，已詳言宗教之合一矣。至於淨土之旨，又豈有二？這箇如摩尼
珠，面面皆圓；如寶絲網，重重交映；如大圓鏡，萬有虛空，不得而
出；如大火聚，萬有虛空，不得而入。誠乃不無不有，垂欠垂餘。果能
了悟，則終日喫飯，不曾嚼著一粒米；終日著衣，不曾掛著一條絲。
然則，終日念佛，豈有爲念佛所罣礙哉？如猶不能了悟，則色空明
暗，受想行識，盡是一場大夢，又何必但許人惡夢，而不許人善夢
也。曹溪十一傳而至永明壽禪師，始以淨土提持後學，而長蘆、北
磵諸人，亦作淨土章句。及明蓮池大師，專以此爲家法，倡導於浙
之雲棲，其所著雲棲法彙一書，於本分雖非徹底圓通之論，然而已
皆正知正見之説。朕欲表是淨土一門，使學人宴坐水月道場，不致
歧而視之，誤謗般若，故擇其言之融合貫通者，刊爲外集，以示後
世。如學人宗旨不明，卽將南無阿彌陀佛一句作無義味語，一念萬
年，與之抵對，自然摸著鼻孔。如其已得正悟，則丈六金身是一莖
草，三千世界是一微塵，延一刹那頃於萬億年，擴一毫毛端爲四大
部。寶池金地，充塞眼前，翠竹黃花，無非正受，於此淨土，正可隨
喜。花開見佛，豈不是直指心傳也耶！是爲序。　雍正十一年癸
丑八月望日。

歷代禪師前集序

朕既選刻僧肇等禪師語録，長夏幾暇，欲全覽歷代古德之所激揚，而録其真切爲人者。奈華藏浩瀚，目不暇給，臣工中與禪衲輩，具能辨別淄澠者，不得其人，莫可使分任繙閱呈朕總覽者。無已，乃就妙喜所輯正法眼藏、幻寄所刻指月録二書，採取若干則公案，以示後學。夫正法眼藏、指月録二書，行海内數百年矣。西竺四七，震旦二三，佛佛祖祖，無義味語，至今普遍閻浮提界。俾荒山古刹，渺渺禪棲，柳栗蒲團，修修釋子，皆得展卷而見，提唱而聞。妙喜、幻寄之功勳，固爲不可磨滅。但惜皆未具透關眼，所以拈提自先失利，則粉中之雪，煤裏之墨，豈能揀辨的當？擲黄金而取瓦礫，寶魚目而棄摩尼，定所不免。是以正法眼藏、指月録之外，其尚有元樞正體，靈鑑真光，開示指歸，裨益末世者，未經朕目，無可如何。在二書之中，則可以自信，選擇一無所遺矣，明眼人自能辨取。帙中所採言句，非如妙喜、幻寄所選，祇尚語句尖新，機鋒敏捷，不論與本分心地有無交涉也，皆專以提持向上。不但時人之所推尚，流俗之所盛傳，而實非旨要，未契真宗者，概置不録。卽古來大善知識，遞相拈示之公案，少或不依本分，任其口頭滑利，卽不與選焉。夫此不了言句，歷代明眼善知識，非不知其爲非第一義諦，或以祖父所遺，祇得傳爲家珍。或因諸方檢點，恐起争端，不無回互，不但不肯明以指斥，且棄短取長，附合拈提。將方寸之木，聳令高於岑樓，亦不過無奈，聊作門前之繞，豈實謂祖印在兹也。初機後學，未能人人具生知慧眼，則不無悮人。在朕今日，無罣無礙，一禀覺王正令，黜陟古今，有何忌諱，而不爲直捷指明？後世真正發心參學之人，如墮網之欲出，若沐漆而求解者，豈可不令解粘去縛之淨盡，俾少留餘地耶？如傅大士，如大珠海，如丹霞天然，如靈雲勤，如德山鑒，如興化獎，如長慶稜，如風穴沼，如汾陽昭，如端師子，如大慧杲，如弘覺範，如高峯妙，皆宗門中歷代推爲提持後學之宗匠，奈其機緣示語，無一可入選者。聊舉數端，以見其旨。如傅大士"夜夜抱佛眠，朝朝還共起，起坐鎮相隨，語默同居止"，及"能爲萬象主，不逐四時凋"之句；長慶上堂曰："撞著道伴交肩過，一生參學事畢"；僧問興化，四方八面來時如何？化曰："打中間的。"如此語句，皆是祗識得個昭昭靈靈耳，卽傅大士所云："空手把鉏頭，步行騎水牛，人從橋上過，橋流水不流"，亦祗到得脫凡情執著見耳。祗如"步行騎水牛"，較古德道士"倒騎牛"之句，雖若彷彿，而相去天淵。如普化云："明頭來明頭打，暗頭來暗頭打，四方八面來旋風打，虛空來連架打"，此語雖亦非究竟，較興化"打中間"語，奚啻霄壤？如龐居士"一口吸盡西江水"，乃從來多傳爲極則者，卻不知但祗會得個光吞萬象而已，豈曾腳跟點地？所以五祖演云："一口吸盡西江水，萬丈深潭窮到底，略彴不似趙州橋，明月清風安可比。"此頌可謂補龐縕之欠缺也。如龐婆"百草頭邊祖師意"之句，尤爲粗淺，而無知狂參亦稱爲究竟之説。如汾陽昭，除"十智同真"之外，其他語句無一可取。似此見地，則"十智同真"之設，亦從解路中得來耳。若欲如是推演敷布，豈有底止？"十智同真"亦奚足重？若爲啓初學之疑情，何必如此多言，徒使真參實悟之人，牽連入於解路耳。如德山，乃從來歷代推崇之古錐，而除一棒之外，詳細搜求，其垂示機緣，卻無一則可採，不過會得個本無言説之理，不被天下老和尚舌頭瞞地位耳，未踏向上一著在。所以溈山之語，泥裏有刺，道德山向後，孤峯頂上盤結草庵，呵佛罵祖去在。可謂將德山數語判盡也。如托鉢公案，亦祗可啓發初學疑情，與本分毫無交涉，況亦有何奇特，直得數千百年提唱？殊不可解。如巖頭雪峯，實乃見過於師，然亦未到圓通處，較伊法嗣元沙，猶欠百步在。如大珠頓悟入道要門論，不過提唱初機，全未具頂門正眼。其馬祖賞歎之説，未必確實。如妙喜乃數百年望重海内之人，其武庫全録，朕皆詳細披閲，其示語機緣中，一無可取，其拈提古德處，亦間有透脱之論，而支離謬誤處甚多。觀此，則非具真知見者，亦乃認得個本來微光，用解識學問，勉強擴充之所致，非實透關之侶。如靈雲“青山原不動，白雲任去來”之句，如“露柱懷胎，打破鏡來相見”之説，亦屬一流。至風穴録中所載，不過默悟三元要指是其極則，其語句，如“老僧闍黎，祖意教意”，皆左右兩拍之説；“家國與野老，老僧與闍黎，豈有兩個”，雖將左右兩拍，解路粉飾，似同中有異，異中同者，其鏧鏧安貼，話成兩橛，如何蓋覆？如答隨緣不變云：“披簑側立千峯外，引水澆蔬五老峯”，又如“壁立千仞，誰敢正眼覷著”之句，皆從元要中知解得來，不問可知。不但非第一義，而且貽悮後學，況與世理大相矛盾。似此不經之説，徒增文士嗤謗耳，與佛法毫無裨益。此一實事，有一絲毫，便是一絲毫，失之毫釐，差之千里，真偽之辨，若遇明眼人，斷不能逃影。如丹霞燒木佛，觀其語録見地，祇止無心，實爲狂參妄作。據丹霞之見，木佛之外，別有佛耶？若此，則子孫焚燒祖先牌，臣工毀棄帝王位，可乎？在丹霞以爲除佛見，殊不知自墮鐵圍而不覺也。意在立奇掃相，而通身泥水，自不知也。若謂院主眉鬚墮，設立疑案，究亦無可疑處，不過亦從解路中成就耳，非切實爲人開人天眼目之宗匠。況其示寂時，一足未及地而化，此亦護法神明，令伊自示腳跟不點地之一證。如一古德殿前背佛坐，又一古德入殿向佛唾，傍僧云：何得背佛坐，向佛唾？答云：將無佛處來與某甲唾，指無佛處來與某甲背。此等見解與丹霞同，但知掃目前一像，卻不覺自執千像萬像矣。當日但問此二狂徒：你道除此殿中佛，尚別有何佛，試指取看？管教立地現形。此等無稽魔説，何堪提唱，書録掛齒。更有拾狐唾以爲獅乳者，尤堪憐愍。似此者不可枚舉，以上所拈，尚皆非屬邪妄，但腳跟未踏實地，非了義之說耳。如弘覺範，指月錄中採其拈提處甚多，其支離謬妄處，與幻寄同。可謂同病相憐，不過令人作發笑之戲具，更不必論者。至如三喚侍者、婆子燒庵、喫油糍、野狐、斬猫、犀牛扇、臺山婆子、子湖狗、香嚴上樹、雲門扇子、禾山鼓、慈明榜等公案，皆古今叢林中日日舉似者，朕悉不錄。蓋雖言語道斷，不過啓發初機，非是究竟，但此等公案，尚不至榛蕪向上一路耳。總之，此事如杲日光，如大火聚，提則全提，印則全印，否乃不達佛之正旨，盡屬奪弄精魂。其言雖皆數千百年以來人人之所提唱，其人雖皆數千百年以來人人之所推崇，朕皆置之不論。蓋歷代震於其名，無人指出，殊不知此等未了之談，雜入真正人天眼目之宗師語句中，後學豈能盡具參方眼，其目光如豆者，必致金鍮莫辨，皂白不分。到此地位，自以爲已造某古德所造之境，向上自然無路，妄爲參學事畢，豈不是盡九州鐵鑄成這一大錯？此等語句，雖於提掇初機，發人淨信，未始無功，然其功甚小。能令真正發心參學之人，中止化城，過由伊造，其過甚大。如迦陵音，亦可謂具參方眼者，乃於興化古廟躱過。丹霞燒木佛，長慶路逢道伴等公案，尚被牽絆而未看破，且尤喜提唱風穴闍黎老僧一則。朕當年一一討論，爲之說破，尚不能透脫，何況初機後學耶？兹集所選歷代禪師，除六祖外，一百五十六人語句，固皆本分極則。而諸人中，如誌公、馬祖一、南嶽思、石頭遷、忠國師、長沙岑、觀國師、臨濟元、投子同、曹山寂、元沙備、韶國師，其見證與前選中諸大善知識無二無別，但其傳世語句，可採者止於此，因其難成卷帙，是以並在後集中。至於藥山儼、黃蘗運、洞山价、羅漢琛、法眼益、天依懷，細細評量，猶有珠與礫之分。其餘諸禪師公案言句，二書所載祇此一二則，語雖可錄，不能品其次第。學者能於古人語言相似，而高下懸殊之處，自具隻眼，知朕採取刪汰意趣之所歸，舉一明三，方爲於此有分。否則毋得顢頇含胡，輕言參透葛藤。轉不如講誦經典，薰此佛種，以待機緣，尚爲未昧自己。朕今此舉，若無灼知定見，豈肯多生枝節，爲天下後世之所嗤笑？實憐禪宗穨廢，慧命懸絲，皆由此輩未了宗師，開此紛雜歧徑，令魚龍莫辨，後學不知所從也，故不得不爲蛇足一上。如標月指，所指必月，無論三垣二十八宿，未嘗悮指，即弦朓之月，亦所不指。所指者，如月之恒，既圓且明，普照三千大千。後學但毋向指邊求月也。是爲序。　　雍正十一年癸丑八月望日。

歷代禪師後集前序

達摩西來，不立文字，直指人心，以此慧燈，續佛慧命。到者裏，唯證乃知非可測，見聞知覺，一點難容，才辨聰明，絲毫無涉，但將一句無義味話，似銀山鐵壁看去。一時不了閱一歲，一歲不了閱一紀，拚卻今生來生，與之抵對，久之久之，一時參破，萬有皆空，併此無義味話亦了不可得。樹頭果熟，因風墮地，五花八裂，因地一聲，自然無著落處，而知有著落在。然此無義味話，本同兔角龜毛，豈爲真實？曰末後句、曰活句者，惟用以接引初機，千篇一律。正是敲門之瓦，意在門開。若持瓦不敲，唯向門前之遶，摩挲把玩，瓦不釋手，甚至謂人之瓦不良，謂己之瓦至美，張旗樹幟，爲瓦交鋒。瓦戰彌深，去門愈遠，不曰狂徒，不可得也。今之宗門，每以藏頭白、海頭黑、院主眉鬚墮落、掇退菓桌之類，謂之末後句。蓋因先從解路推求，推到解路斷絕處，則強爲末後句，翻成虛套實法也。更有以父母未生前本來面目、萬法歸一一歸何處、念佛的是誰等爲死句；以東山水上行、庭前柏樹子、唵啞吽、蘇嚕蘇嚕嗢唎嗢唎等爲活句。蓋謂有字義可尋則爲死句，無字義可尋則曰活句也。如此會取，則末後句尚未是初句，而活句已盡成死句矣。水裏月輪，豈容捞淲；空中火聚，安可推排？果能化毒藥爲醍醐，嚼金剛爲香飯，腳跟著地，鼻空撩天，自然知得祖師所言，無非末後句，無非活句，卽至三藏十二分，亦無非末後句，無非活句。否則千七百則公案，盡是死句，亦無一末後句。古德云："有句無句，如藤倚樹，樹倒藤枯，好一堆爛柴。" 古人與麼老婆心切，明明道出，猶自不悟，不肯向藤樹爛柴中直下承當，體取活句，祇管向有句無句邊分別初末。衆生顛倒，實爲可憐。甚至各立門庭，回護祖父，或乃當場敗闕，嫉妬同參。揮剿情絕見之太阿鋒，爭情爭見；用療患醫癡之甘露味，增恚增癡。不知轉得句圓，辨得機捷，與吾靈覺有何交涉」佛祖慧命，豈其在斯？況此因緣，本同龜毛兔角，如曰勝，則有言亦勝，無言亦勝；如曰負，則一場懷懼固負，便百轉不窮，愈見其貪。豈得曰勝者活句，負者死句，勝者知末後句，負者不知末後句也。朕二十餘年來，於本分少得相應，於藩邸時，頗閱今時禪侶伎倆，大抵不過如是，嘗於此作游戲三昧。巍巍堂堂者，折其頭角；窈窈沈沈者，碎其窟窠。出泥牛於海心，載之片葉；驟玉麟於天上，控以單絲。機辨紛馳，遇者盡屈於句下。方之於古，朕實不後於人，然於所爲本分相應者，何嘗於此有絲毫交涉耶？爲憫學人，身住大圓覺場，而不得正悟，魔外滋繁，狂參益熾，故選錄從上古德專提向上之語，刊示叢林，以期燈傳無盡。而凡接引初機，及問答如流，機鋒迅利者，並不入選。又恐未經舉出，學人眼目不明，用是取其中不惧學者中止化城，有礙正知正見者，別錄一帙，以供隨喜。蓋古人既於無梯航處設茲梯航，朕卽於無等次中分其等次。譬如虛空，方則空方，圓則空圓，朕以方還方，以圓還圓，而爲分別。然而方空圓空，等是虛空，非因分別而有同異也。是選也，譬如鼓瑟彈琴，敲金擊石，丹青書翰，詠月吟花，無非游戲三昧，可佐法喜禪悅，尚不得作楊葉止啼會云。至其中有數十則可入前集者，則以選閱指月錄等書之後，採輯教外別傳、禪宗正脈,其時前集已經刻成,難於按次添入,因卽編之後集卷內。事出偶然,遂成別例。閱此書者,玩千番之珉石,忽遇九華;散百斛之小璣,間逢七采。發心參學,未妨引起疑情;明眼宗徒,不必逐條指出。譬如曾遊龍藏,自然到眼立分,若其生長蓽門,且任目迷五色。爰識其緣起,俟學人自擇焉。　雍正十一年癸丑八月望日。

歷代禪師後集後序

朕少年時喜閱內典,惟嘉有爲佛事,於諸公案,總以解路推求,心輕禪宗,謂如來正教,不應如是。聖祖勅封灌頂普慧廣慈大國師章嘉呼土克圖剌麻,乃眞再來人,實大善知識也。梵行精純, 圓通無礙,西藏、蒙古、中外諸土之所皈依,僧俗萬衆之所欽仰。藩邸清閟,時接茶話者十餘載,得其善權方便,因知究竟此事。壬辰春正月,延僧坐七、二十、二十一,隨喜同坐兩日, 共五枝香,卽洞達本來, 方知惟此一事實之理。然自知未造究竟, 而迦陵音乃踴躍讚嘆,遂謂已徹元微,儱侗稱許。叩問章嘉,乃曰:"若王所見,如針破紙窗,從隙窺天,雖云見天,然天體廣大,針隙中之見,可謂徧見乎?佛法無邊,當勉進步。"朕聞斯語,深洽朕意。二月中,復結制於集雲堂,著力參求。十四日晚,經行次,出得一身透汗,桶底當下脫落,始知實有重關之理。乃復問證章嘉,章嘉國師云:"王今見處,雖進一步,譬猶出在庭院中觀天矣。然天體無盡,究未悉見,法體無量,當更加勇猛精進"云云。朕將章嘉示語問之迦陵音,則茫然不解其意。但支吾云:"此不過剌麻教回途工夫之論,更有何事?"而朕諦信章嘉之垂示,而不然性音之妄可,仍勤提撕。恰至明年癸巳之正月二十一日,復堂中靜坐,無意中勿蹋末後一關,方達三身四智合一之理,物我一如本空之道,慶快平生。詣章嘉所禮謝, 國師望見卽曰："王得大自在矣。"朕進問更有事也無？國師乃笑展手云："更有何事耶？"復用手從外向身揮云："不過尚有怎麼之理，然易事耳。"此朕平生參究因緣。章嘉呼土克圖國師刺麻，實爲朕證明恩師也。其他禪侶輩，不過曾在朕藩邸往來，壬辰癸巳間坐七時曾與法會耳。迦陵性音之得見朕也，乃朕初欲隨喜結七，因柏林方丈年老，問及都中堂頭，僉云祇有千佛音禪師，乃命召至。既見，問難甚久，其伎倆未能令朕發一疑情，迫窘詰屈，但云："王爺解路過於大慧杲，貧衲實無計奈何矣。"朕笑云："汝等祇管打七，余且在傍隨喜。"爾時醒發因緣，已具述如左。若謂性音默用神力，能令朕五枝香了明此事，何得奔波一生，開堂數處，而不能得一人，妄付十數庸徒耶？向後性音惟勸朕研辨五家宗旨。朕問五家宗旨如何研辨？音云，宗旨須待口傳。朕意是何言歟？口傳耳受，豈是拈花別傳之旨？堂堂丈夫，豈肯拾人涕唾？從茲棄置語錄不復再覽者二十年，此府中宮中人人之所盡知者。夫五家宗旨同是曹溪一味，不過權移更換面目接人，究之皆是無義味語。所爲毒藥醍醐攪成一器，黃金瓦礫融作一團，用處無差，拈來有準，並皆一代之宗師，百世之模楷。奈庸流不了自心，累他塗污有分，鼓動識情，橫生法執，謬加穿鑿，取笑傍觀，明眼人前，不堪舉似。因見性音諄諄於此，是及逐語分宗，齊文定旨也，甚輕其未能了徹。如使性音明知之勸朕於此打之遶，更是何心行也，則其限於見地可知矣。如達摩傳衣偈云："一花開五葉，結果自然成。"後世附會其説，以爲五葉者五宗也。夫傳衣止於曹溪，則是從慧可而下五世矣。因震旦信心已熟，法周沙界，衣乃爭端，不復用以表信。達摩、黃梅之言具在，由可至能，豈非五葉？後來萬派同源，豈非結果自然成耶？何得以五宗當之？且傳衣公案，世多囫圇吞棗，全未明白。世尊至多子塔前，命摩訶迦葉分座令坐，以僧伽黎圍之。遂告曰："吾以正法眼藏密付於汝，汝當護持。”繼又告迦葉："吾將金縷僧伽黎衣傳付於汝，轉授補處，至慈氏佛出世，勿令朽壞。”世尊所分之座，究是何座？僧伽黎究是何物？如云卽是此金縷僧伽黎衣，從迦葉傳至六祖者，豈有自周昭王至梁武帝時，尚不朽壞？卽屬異寶，不可思議便能常存世間，又與正法眼藏有何交涉？且自六祖以後，何以又復消泯？世尊明言至慈氏佛出世勿令朽壞，乃未至唐時卽已無存，豈世尊妄語誑語耶？且以僧伽黎圍迦葉者，又是何意？總之未悟正法眼藏，從何推測，人必明取僧伽黎，定然留得到慈氏出世之故，然後可與論傳衣之事。何得支離穿鑿，妄定宗旨，更以五宗牽合附會耶？況五宗前後參差，亦非一時，卽五宗所明，同是大圓覺性，宗若有五，性亦當有五矣。古人專爲剗情絕見，惟恐一門路熟，又復情見熾然，是以別出一番手眼，使人悟取衆生心不能緣於般若之上。今乃轉以情見分別之，埋沒古人不少。朕既深明本旨，祇圖真實，以辨平生，豈肯被伊牽絆葛藤窠也。因一年之後，自清涼山回，宗教兩不拈提。迨卽位以來，十年不見一僧，未嘗涉及禪之一字。蓋此事，實明者少，逐塊之流，徒勞延佇，求名之輩，更長業緣，而世間井底蛙，又必妄生議論。朕愍諸有情，無知愚陋，恐其因此造諸謗般若大罪孽，不談之意，良非偶然。今見去聖日遠，宗風掃地，正法眼藏垂絕如線，又不忍當朕世而聽其滔滔日下也，乃選輯從上宗師喫緊爲人之語，刊示天下後世，使之擺脱生死根塵，掀翻輪迴陷穽。學者當知朕今此舉，實爲佛祖慧命所繫，不惜眉毛拖地，非與十方常住行腳秉拂之徒，較論見地短長。朕此選出，莫又緝緝聚頭，妄論是何宗派，卻與朕莫交涉在。天下宗徒，能爲自己一大事勇猛精進，如救頭然，立雪不寒，斷臂無痛，自然黑漆桶攔空撲破，玉麒麟就地勒回，那時方省得朕此一番話墮無量慈悲。如或此心不真不誠，不苦不切，但從語言文字，放出見聞覺知，任情卜度，細意推求，此一則是臨濟宗，那一則是曹洞派，起模畫樣，滯相執緣，以此求契求證，所爲將空塞空，徒使朕與從上諸古德百千方便。亦如取聲鎖向匣中，吹網欲令氣滿耳，豈不鈍置人耶？朕在藩邸時，亦以本分事接人，不無漏逗，所有語句並已刊入圓明居士語錄卷內，此外並無一則機緣流布人世。況朕身居帝王之位，口宣佛祖之心，天下後世理障深重者，必以教外別傳之旨，未經周公孔子評定，懷疑而不肯信。然此其爲害猶淺。若夫外託禪宗，心希榮利之輩，必有千般誑惑，百種聲訛。或曾在藩邸望見顏色，或曾於法侶傳述緒言。便如骨巖木陳之流，揑飾妄詞，私相紀載，以無爲有，恣意矜誇，刊刻流行，煽惑觀聽。此等之人，既爲佛法所不容，更爲國法所宜禁，發覺之日，即以詐爲制書律論。朕今此舉，實以教外別傳將墜於地，不得已而爲此。至於宗門能殺能活，能縱能奪之趣，皆由宗師所參不謬，所悟無垠。如千里駒，隨意舉步便是追風逐日，其不可及者，皆其所不自知。苟存一與奪自在，擒縱無偏之見於八識田內，則人法不空，能所交接，其與魔外有何分別？兹選之有正集外集，前集後集，而又諄諄提示，各序其旨於篇端者，專欲學人真參實悟，各得本分正知正見。如象渡河，腳踏實地，便能超出三界，而一一具足六度萬行，切莫仍向此中轉求口頭滑利也。此事不由語言文字分迷悟，豈由語言文字定是非？已悟已證者，有語有句，固能爲人解粘去縛；若平生無一則機緣語句傳世者，豈得遂謂未悟未證乎？如西天四七，所垂言句甚少，東土二三，惟達摩曹溪尚傳語句，璨大師尚有信心銘一篇，其他二祖四祖並無一語垂後，豈皆是未悟未證人也？應知何在語錄之流傳與否。乃近代宗徒，動輒拾取他人涕唾，陳爛葛藤，串合彌縫，偷作自己法語，災黎禍棗，誑惑人家男女。其口頭實能滑利者，便鳴鐘擊板，豎拂擎拳，彼建立則我掃蕩，彼掃蕩則我建立，各出妄見爭持，大家一場懡㦬。禮拜者作出身之活路，棒喝者成漂墮之黑風。如此心行，稱曰度人，佛祖門庭豈不污辱！又如古人契證無差，每有拈代偈頌以相印合，今則不然，不於契證處自了自心，但於公案上盲拈瞎頌，剽竊成語，差排牽合，爲可解不可解之語，作若通若不通之文。千七百則，皆可通融，百千萬語，無非活套。以此爲拈代偈頌，豈不塗污古人，誤累自己，有何交涉，虛費鑽研。夫講師詮解教典，何嘗不同於如來之語，而不得謂傳如來之心者，以心宗非語言文字所可傳，故曰教外別傳。今將教外別傳所有公案作文字，則是又成一教外別傳之教典矣。況文字邊事，欲其工妙，亦非聚數十年心力不能到家。至作得文字好，則此數十年不究本分可知。教外別傳祇是本分二字，安可離卻而爲此門庭以外事？拈代偈頌四者，頌最爲後，學人於頌古切用工夫，遂漸至宗風日墜。此端一開，盡向文字邊作活計，趙州所呵，枝蔓上生枝蔓，正爲此輩。至乃子孫稍得世榮，便欲將祖父言句夤緣入藏，不思千古自有明眼人，豈得欺盡謾盡？夫本爲利益將來，流芳百世，夤緣入藏，而乃忘其貽誤後人，遺臭萬年也。何苦夤緣，自貽伊戚？平素一無所事，喫得飯飽，長連床上，三三五五，握管伸紙，商量作一部好語録垂後，縱使句句如初祖所説，亦乃餕羹餲飯，與靈覺有何交涉？況此實非學問之所能及，思慮之所能到，何苦造大罪孽，同於謗佛。古人云："佛法不怕爛卻"，又云："但得成佛，不愁不會説法。"朕願天下宗徒，參則實參，悟則實悟，此是菩提道場，其中無求名利處。於此尚不無污染，可見從初發心，便非真實爲生死出家也。若爲名利，何如耕農，作一孝弟力田之民，不然應試，作一科舉文學之士？留此宗門，以待真正發心參學之人，免致塗污佛祖之慧命。朕閲指月録、正法眼藏、禪宗正脈、教外別傳諸書，所選古德機緣語句皆錯雜不倫，至於迦陵音所選宗統一絲者，尤爲乖謬。古人語句專爲開人迷雲，後人選輯專爲垂諸久遠，今乃挨門逐户拾取剩遺，或珠或璣，或金或鍮，或絲或布，或柴或草，或瓦或礫，或垢或膩，一家强收一物籠中，更自誇曰秉公，何庸愚之甚也。但圖人人有分，個個不遺，紛紜雜陳，撩亂錯出，蝌斗與神龍並游，野狐與師子齊吼，飽參者尚或一時目迷，況初學之人，豈不觀之而愈惑，求之而愈遠？其爲毒害，奚可勝言！此選，朕近日方見，未料性音昏憒卑鄙至於此極也。至於取本朝開堂説法之衲僧，平生所有亂統，各各人編一則，錯雜不堪。謂之宗統一絲，直接西天四七，東土二三，真令人笑之齒冷。若然，則禪宗之統，實危如一絲也。其意不過取媚同門參學之徒，俾感其選録伊祖父言句入集，以爲榮華。此何異世間澆薄士子，彼此標榜選刻文字，自稱名士乎？噫！可爲宗風太息流涕者矣。如朕於涌泉欣、天衣懷、韶國師等古德語句，寶之如摩尼夜光，赤刀大貝，而諸書所載極少，徧求不可復得。蓋瞿汝稷輩，自然皆是性音心行，既雜取下等語句，又畏繁多，自然將真正師範至言，轉播棄之而不惜，歷年既久，漸以無傳，良可歎惋。因念從上古德，不肯以佛法當人情，一任香火歇絶，不妄付拂者，其與盲傳盲受，祇圖支派藩衍之人，高下相去，天地懸隔。夫慧命絶續，正同父子，但與身體髮膚之稟受，其理相不可强同，雖瓣香所承，定不容昧。但如朕所採語句中諸禪師，現在已無法嗣者，天下宗徒之祖父，豈得不從此摸著鼻孔？是則亦爲伊祖父生身之所自也。凡爲嗣續，正當飲水思源，奈何各立門庭，同於世間種族，趙甲之家，不祀錢乙之祖，橫分畛域，各守封疆。況伊輩盲傳盲受，並未大死大活，有何法乳，所報何恩？倘從此選中諸禪師垂示處，得個入頭，是乃瓣香法乳之恩，理宜酬答者也。如或未能，則姑如先聖先賢列祀學宮之例，使人人致敬，要亦未爲不可。天下叢林古刹衲子，除各自供養伊本支祖父外，應將從來拔萃古德一一設位於堂，朝夕供養禮拜，使其香火絶而復續，徧滿震旦，不但爲後世真參實學者勸，亦報本酬源之正舉。再者，從上祖師設呵佛罵祖之路，蓋爲學人聖見不除則觸途成礙，苟不向腳跟下。如斬一握絲，一斬一齊斷，則見相橫前，仍沿此岸。夫如來直指靈鑑心體，不特破根塵相對之妄，亦乃破離妄絕對之真。真妄兩途，皆衆生無始以來之見病，大善知識，透天透地，泯妄泯真，是以掃空生佛之虛華，蕩盡妄真之閒説，喫緊爲人，無奈立此呵佛罵祖之説，所謂以慈悲之故，而有落草之談也。其實水月道場，空花萬行中，此等語言，何處安著？如德山鑒，平生語句都無可取，一味狂見恣肆，乃性音選宗統一絲，採其二條內，一條截去前後語言，專録其辱罵佛祖不堪之詞，如市井無賴小人詬誶，實令人驚訝不解其是何心行。將以此開示學人耶，是何爲耶？近世宗徒，未踏門庭，先決堤岸，一腔私意，唯恐若不呵佛罵祖，則非宗門。强作解事，學人饒舌，狐行象跡，鴉學鳳音，是何言歟，是何言歟！釋子既以佛祖爲祖父，豈得信口譏訶？譬如家之逆子，國之逆臣，豈有不人神共嫉，天地不容者，閻羅面前刀山劍樹，專爲此輩而設，極宜猛省。如南泉願牧水牯牛公案，最爲下品，因南泉願頗有本分之語，是以朕未加訶斥。而性音則於其他語句概置不録，所録二條，其一即是此條。具此凡眼，有何聖見可除？輒敢見人呵佛罵祖，便生歡喜採輯，鴟鼠嗜糞，斯之謂矣。又如大慧杲云："今時宗師爲人，入室三五徧，辨白不出，卻教他説悟處，若恁麼地，如何爲人"等語，此論大誤。從來如永嘉一宿覺之類，祇因當時但知教乘，初聞禪宗，所以一言半語漏逗本分，皆胸襟流出，便可印合。自唐季以後，古德垂示流布海內，人人捃摭攘竊，預備應機，若不入室細扣，知其是何心行？朕亦頗能爲人，然實不能不令入室三五徧，而即悉其底蘊。開堂説法，臨機問答，固不可無，若止憑一二語以定虛實，此盲傳盲受之根。大慧杲悞人謬論，叢林當爲炯戒。況大慧杲既具如此眼目，所談奇妙法何耶？所得英俊才誰耶？

朕實深嘗上乘圓頓甘露之味，非依牆摸壁率意之亂統，既知之無疑，豈忍不報佛祖深恩！因不辭話墮，竭力爲宗門一番整頓。所冀天下禪僧，改往修來，英靈輩出，如朕所選中諸禪師者，唱導十方，使如來正教有振興之象，是則朕之深願。如爾等僧徒仍執迷不悟，將朕一片慈悲全不領受，仍以無明緇素人我心會取，如世尊所説三藏十二分，一例束之高閣，則宗風之衰，朕亦無如之何矣！選輯既竣，書此以爲後序。　雍正十一年癸丑九月朔日。

（以上均選自<u>金陵刻經處</u>本<u>御選語録</u>）

二、御製揀魔辨異録上諭

佛祖之道，指悟自心爲本。是此説者，名爲正知正見，用之以利人接物，令人直達心源，方得稱佛祖兒孫。所言外道魔道者，亦具有知見。因其妄認識神生死本，以爲極則，誤認佛性，謗毀戒行，所以謂之外道魔道。朕覽<u>密雲悟</u>、<u>天隱修</u>語録，其言句機用，單提向上，直指人心，乃契西來的意，得<u>曹溪</u>正脈者。及見<u>密雲悟</u>録内，示其徒<u>法藏</u>闢妄語，其中所據<u>法藏</u>之言，駁其全迷本性。無知妄説，不但不知佛法宗旨，卽其本師悟處，亦全未窺見。肆其臆誕，狂世惑人，此真外魔知見。所以其師一闢再闢，而<u>天隱修</u>亦有釋疑、普説以斥其謬。然當日魔心不歇，其所著述，不行卽燬。如魔嗣<u>弘忍</u>，中其毒者，復有<u>五宗救</u>一書，一併流傳，冀魔説之不朽，造魔業於無窮。天下後世，具眼者少，不知其害，卽有知而闢之者，有德無位。一人之言，無徵不信，將使究竟禪宗者，懷疑而不知所歸。而傳染其説者，將謂禪宗在是，始而起邪信，繼而具邪見。起邪信則正信斷，具邪見則正見滅，必至處處有其魔種，人人承其魔説，自具之性宗不明,而言條之枝蔓肆出。今其魔子魔孫,至於不坐香,不結制,甚至於飲酒食肉,毁戒破律,唯以吟詩作文,媚悦士大夫,同於倡優伎俩,豈不污濁祖庭¡ 若不剪除,則諸佛法眼,衆生慧命,所關非細。朕爲天下主,精一執中,以行修齊治平之事,身居局外,並非開堂説法之人。於悟修何有? 又於藏忍何有? 但既深悉禪宗之旨,洞知魔外之情,灼見現在魔業之大,預識將來魔患之深,實有不得不言,不忍不言者。

夫禪宗者,教外別傳,可以無言,可以有言。古德云: 窮諸玄辨,若一毫置於太虛; 竭世樞機,若一滴投於巨海。如是言者,言言從本性中自然流出。如三藏十二部,千七百則公案,何一非從本性中自然流出¡ 從無一實法繫綴人天。今魔藏立一〇相,爲千佛萬佛之祖,以袈裟縷縷,爲宗旨所繫。有四法,有雙頭,有小法大法,有大法之大法,稱爲細宗密旨,有傳有授。而魔嗣弘忍,以僧伽難提遇童子持鑒直前,爲從來有象可示,證其魔師一〇之象爲不悖。又以多子塔前袈裟圍繞一事,作袈裟爲宗旨所繫之明證。又以臨濟打克符普化,鑿爲黄蘗三頓棒之象象。種種作爲實法,不勝枚舉,全從知解穿鑿,失卻自心。黄蘗云: 今時人祇欲多知多解,翻成壅塞。唯知多與兒酥喫,消與不消,都總不知。三乘學道人,皆是此樣,盡名食不消者。所以知解不消,皆爲毒藥。盡向生滅中取,真如之中,都無此事。夫食不消之人多,而魔藏父子則是已經飽毒者也。佛法不二,豈可執定三四,而更有密傳三四之宗旨? 廣引從上古德言句相似者爲之注腳,轉以較勘不立言説、單提向上之正宗,仰面唾雲,反污己面。趙州云: 老僧此間,即以本分事接人,若教老僧隨伊根基接人,自有三藏十二部接他了也。祇説無是非分別相,早不本分,何況宛立箇是非分別相。世尊四十九年所説,古錐千七百則公案,總是語言文字。若不識得這箇,縱使字字句句依樣葫蘆，卽爲魔説，卽爲謗佛。縱能記得佛祖所説，三藏十二部，千七百則公案，字字句句不差，正是光明海中多著泥滓。況既落言詮，卽同教相，既同教相，則三藏十二部現在，又何必立教外別傳之旨？任伊横説豎説，能出三藏十二部之外乎？聖人多能，佛多神通；能非聖本，神通亦非佛宗。仲尼何嘗知西方之梵語？如來不能作震旦之唐言。能與神通，各有所窮，與這箇有何交涉，何況文字一端？魔藏父子輒以不識字譏密雲，意謂不如伊等學問。若要詮理論文，自有秀才們在，何用宗徒？識字不識字與這個又有何交涉！博通經史，如剪綵以添樹上之生花；目不識丁，亦飯熟不藉鄰家之水火。若魔藏父子，其大病根正在識丁，而不識這箇。今使蒙古人來，便接蒙古；俄羅斯人來，便接俄羅斯；暹羅、蘇禄、琉球、日本人來，便接暹羅、蘇禄、琉球、日本。若必待伊識得文字，然後接得，則佛法不能蓋天蓋地矣。魔藏邪外知見，自以爲言言據古，字字禀經，豈知盡三藏十二部，乃至十三經，二十一史，諸子百家，盡世間四庫縹緗，所有文字，並與貫串配合，極其稜消縫泯，自道佛來，也開口不得，正是佛出世也救不得也。阿難三十年爲侍者，祇爲多聞智慧，被佛呵云：汝千日學慧，不如一日學道，若不學道，滴水難消。況魔藏以邪外知見，唐突佛祖向上邊事，尚安得有呵斥分？祇瞞得有眼無珠之徒，明眼人前，魔形自露。趙州云：如今知識，枝蔓上生枝蔓，都大是去聖遥遠，一代不如一代。只如南泉尋常道，須向異類中行，且作麽生會！如今黄口小兒，向十字街頭，説葛藤，博飯噇，見禮拜，聚三五百衆，云：我是善知識，爾是學人。可知法藏父子之魔形，從數百年前，趙州早爲判定，更不必到眼始知也。

　　悟、修皆以臨濟一棒指人，魔藏斥曰一橛頭禪，躱跟窠臼。若論箇事，無論奇言妙句俱用不著，雖一棒一喝，亦爲剩法。古人不得已而用棒喝，原爲剗絶情見，直指人心，魔藏若以情見解會，乖謬之甚。古不云乎，一棒喝，不作一棒喝用，何嘗執此一喝一棒也，魔意但欲抵排棒喝，希將伊所安立之一〇相，雙頭四法之實法，以逞奇取勝。殊不知其大乘教外別傳，無法可傳之旨也。且悟修未嘗謂一棒爲千佛萬佛之祖，而魔藏妄捏一〇相爲千佛萬佛之祖，獨非躲跟窠臼乎，若將一〇相作棒喝用，猶是躲跟窠臼，若將一〇相爲千佛萬佛之祖，直是魔家窟宅矣。忠國師以九十七〇相示耽源，耽源以示潙仰，魔藏杜撰，稱爲然燈以前無文密印。當日耽源示仰山，仰山一見即焚却。源後問仰，仰即重集一本呈源，更無遺失。又潙山舉〇相內作一日字，仰山就地畫一〇相內作一日字，以腳抹之，潙山大笑。魔藏但於仰山一見即能記憶處，詫爲神奇，而不於潙山大笑處，仰山焚却及腳抹處薦取，所謂韓盧逐塊。若謂九十七〇相奇特者，朕今作八萬四千〇相，歸於八千三百九十七〇相，又歸於七百九十一〇相，又歸於九十五〇相，又歸於九〇相，又歸於一〇相。正如入海算沙，亦遊戲華藏之一具，有何奇特，至於三玄三要，自臨濟唱出以來，古今宗師無不拈提，而皆不能分明舉似。魔藏乃執黃檗三頓棒以附會之，杜撰差排，是乃全不知三玄三要。臨濟不云乎，大凡演唱宗乘，須一句語具三玄門，一玄中須具三要。首提演唱二字，演唱不能無言句，言句須識玄要，方成活句。然一玄而三要即具，三玄而九要全具。如此☰☰，乃玄以立要，要以貫玄。非九要不能貫三玄，得九要而三玄始圓，不分而分，分而不分。所以玄要之法，無法不該，如一棒喝，不作一棒喝用，顯而易見者。又如四料揀之法，亦如春夏秋冬之四時，雖寒暑變遷，總不出此一年，此一年即棒喝也。曹洞之五位，亦如五行之互具，不出此一氣，此一氣即棒喝也。若夫浮山九帶，朕謂一句中須具九帶，而九帶中須具五十五束。又如汾陽十智同真，朕謂一句中須具十智同真，而一同真中須具五十五實。如此與玄要之旨何別？推而廣之，難以悉數。總之，歷代祖師雖更換面目接引世人，總不離世尊拈花、臨濟棒喝之旨，離此者卽爲魔説。況此棒喝，能具萬法，能消萬法，此棒喝豈有定相？一棒喝何得作一棒喝用？魔藏不識，目爲一橛禪。如果言禪，卽一橛已屬多設，魔藏意猶未足，不知必待幾橛，方稱其魔意也。三頓棒與三日耳聾，豈更有別意，有何交涉乎？

又，魔藏作五宗録序，以窣堵波爲喻，以九級爲五時教義，以結頂處爲如來禪，以千丈旃檀從空破頂爲祖師禪，以五光三昧爲五家宗派，又自詡其言爲塔頂上加聚沙一掬，種種魔説。夫一切教相皆屬筌蹄，墾土種瓜，瓜成非土；金從鑛出，鑛豈卽金？乃謂教之級盡，其結頂處卽如來禪，直同夢囈。且西來大意，卽是如來涅槃妙心，五家分派，的的歸宗，何可分佛分祖，而又分五家。雖二乘之與大乘，尚如皮肉骨髓，層次歷歷，而分拆不開，何況單提向上邊事，五光五派有何交涉？大似漢代迂儒，謂尚書二十八篇，應雲臺二十八將。魔意祇欲推五宗爲超佛越祖，而掬沙加頂，已又度越五宗，如來所謂大妄語成者。

又，魔藏指曹溪本來無一物爲落空亡外道，而弘忍泥黃梅亦未見性一語死在句下。夫祇就本來無一物句論，固似自了之見，而下既云何處惹塵埃，亦可謂超越功勳，直臻向上也。黃梅亦未見性一語死在句下者，且不必論，若言掩人耳目者亦非，黃梅豈肯疑誤衆生？而未白無篩之對，曹溪又豈世法謙讓？悟修所判雖稍儱侗，而藏忍直斥爲空亡外道，轉見不堪。可見其自了尚未能，一味有爲實法，邪知邪見耳。弘忍又指斥密雲情與無情煥然頓現爲閫閾中物，引雲門直得大地，無纖毫過患爲轉句，不見一色爲半提，須知更有全提底時節爲證。殊不知密雲之一棒到底，正是處處全提，皆是情與無情煥然頓現之力。彼既來到密雲悟處，乃牽引雲門言句附會蓋覆。狐憑於城，鼠依於社，使人不敢焚熏。究竟城社自是城社，狐鼠自是狐鼠，何能混狐鼠同於城社？

弘忍又云：三峰師天童，師其源流；我輩師三峰，師其法乳。魔罪不問自承，豈非並未會實無一法可得，故曰源流；所得有憑有據，故妄云法乳耶？夫工夫了徹，識得自心，師資道合，針芥相投，啐啄同時，從上心印，亦惟言汝如是，吾亦如是耳，何曾有一法可傳？況亦實無一法可得，一言相授受者。如是，方名法乳。若藏忍之邪知邪見，魔外師徒以密傳口授爲乳，是乃毒乳，何云法乳！

朕謂，魔藏原非全無知識，祇因離師太早，煩惱妄想，貢高我慢，祇圖爭勝，欲於法門中獨出一頭，不顧己之腳跟全未著地，欲裝點智過於師伎倆，揑定一〇、四法雙頭等名相，擬爲超師之作。每立一妄語，卽掊摭文史，穿配古德言句以證實之，正如永明云：以限量心，起分齊見。局太虛之闊狹，定法界之邊疆，遂令分別之情，不越衆塵之境。向真如境上鼓動心機，於寂滅海中奔騰識浪。於管中存見，向壁罅偸光；立能所之知，起勝劣之解。齊文定旨，逐語分宗，蟭螟豈健於鵬翼，螢照那齊於日曜！魔藏父子之語言著作，永明數語可爲判盡。

當日魔藏取悅士大夫爲之保護，使緇徒競相逐塊，遂引爲種類，其徒至今散布人間不少，宗門衰壞，職此之由。朕今不加屛斥，魔法何時熄滅？著將藏內有所藏忍語録，並五宗原、五宗救等書，盡行毀板，僧徒不許私自收藏，有違旨隱匿者，發覺以不敬律論。另，將五宗救一書逐條駁正，刻入藏內，使後世具正知見者，知其魔異，不起他疑。天童密雲悟派下法藏一支所有徒衆，著直省督撫詳細查明，盡削去支派，永不許復入祖庭。果能於他方參學，得正知見，別嗣他宗，方許秉拂。諭到之日，天下祖庭係法藏子孫開堂者，卽撤鐘板，不許説法，地方官卽擇天童下別支承接方丈。凡祖庭皆

古來名刹，且常住本屬十方。朕但斥除魔外，與常住原自無涉，與
十方參學人更無涉，地方官勿誤會朕意。凡常住內一草一木不得
動搖，參學之徒不得驚擾。奉行不善，卽以違旨論。如伊門下僧
徒，固守魔説，自謂法乳不謬，正契別傳之旨，實得臨濟之宗，不肯
心悦誠服，夢覺醉醒者，著來見朕，令其面陳。朕自以佛法與之較
量，如果見過於朕，所論尤高，朕卽收回原旨，仍立三峰宗派；如伎
倆已窮，負固不服，以世法哀求者，則朕以世法從重治罪，莫貽後
悔!

　　從來邪説之作，易惑人心，然內道外道，是非邪正，亦不難辨。
本乎自性，而爲修爲説，卽謂之內，不本乎自性，而妄修妄説，卽謂
之外。釋宗每闢玄門爲外，如紫陽真人於所註悟真篇後，另註外
集，不離玄門一語，一一從性地演出禪宗。卽從上宗門禪師，似此
曉暢無礙，包括於數篇之中者，亦爲罕見。而目之爲外可乎？如真
人者，是外之內也。如魔藏之徒，攘佛法而壞佛法，乃內之外也。
曹溪清派，何可容此濁流？況此魔説與魔子孫，流落人間，末學受
其無窮之遺毒。法眼慧命之所關，朕豈忍不辨其是非？天下後世，
必有蒙朕眉毛拖地之深恩者。須知此魔之不可不辨，因其爲佛界
之魔；此異之不可不揀，因其爲同中之異。傳曰：息邪説，正人心。
夫祛邪扶正，朕之所不得不然者也。粤稽三教之名，始於晉魏，後
世拘泥崇儒之虛名，遂有意詆黜二氏。朕思老子與孔子同時，問禮
之意，猶龍之褒，載在史册，非與孔子有異教也。佛生西域，先孔子
數十年，倘使釋迦、孔子，接迹同方，自必交相敬禮。蓋五典九經，
三物六行，治天下之大綱小紀，固始自二帝三王，而集成於我至聖。
然必解脱諸相，而後此心方能達萬事萬物之性理，此則其必然者。
後世或以日月星比三教，謂某爲日，謂某爲月，謂某爲星。朕意不
必如此作拘擬之見，但於日月星之本同一光處，喻三教之異用而同

體可也。觀紫陽真人之外集，自可無疑於仙佛一貫之旨。道既一貫，愈可以無疑於三教並行不悖之說。爰附及於此，使天下後世，真實究竟性理之人，屏去畛域，廣大識見，朕實有厚望焉。（雍正十一年四月初八日）

又

朕意禪宗莫盛於今日，亦莫衰於今日。直省刹寺棋布，開堂秉拂者不可勝計，固莫盛於今日也。然天下宗徒，不特透得向上一關者罕有其人，卽能破本參、具正知見者亦不多得。宗風如此，實莫衰於今日也。夫達摩西來，九年面壁，方得二祖慧可傳衣，以佛之慧力接引人天，尚俟九年之久始得一人。今溥天之下，萬刹萬僧，萬僧萬拂，師以盲傳，弟以盲受，人人提唱宗乘，箇箇不了自心，豈不使正法眼藏，湼槃妙心，垂絶如線。雖曰豈能必如達摩之傳二祖，然亦必真參實悟，自具正知正見，而得正知正見之人而授之，豈有盲傳盲受，毫無著落！若以此爲振興佛教，續佛慧命，與毀佛滅法何殊？甚至名利熏心，造大妄語，動稱悟道，喝佛罵祖，不重戒律，彼此相欺，賣拂賣衣，同於市井，將佛祖之慧命作世諦之人情，雖竊有佛祖兒孫之名，並無人天師範之實。如法藏弘忍輩，惟以結交士大夫，倚託勢力，爲保護法席計。士大夫中，喜負作家居士之名者，受其顧頂，互相標榜。世尊當日雖以佛法付囑國王大臣善信護持，未有令枉道而從人也。況乃不結制、不坐香、惟務吟詩作文，以媚悅士大夫，捨本逐末，如是居心，與在家何異？若此，則將來佛法掃地矣。夫西來的意，不落言詮，綱宗之設，所以揀魔辨異，雖更換面目接人，何嘗有意別立言說，離單提向上之正旨，橫分畛域，各立門庭也。於今宗徒，多將識神生死本，傍語言文字邊，拾人唾餘，學人饒舌，問者答者，互相亂統，棒者喝者，翻成躲跟。忽於解路中相逢，便作交融之水乳，謂是我宗密意。若然，與外道邪魔何異？正所謂一盲引衆盲，相牽入火坑。自負良重，何言利生？以限量心，起分別見，向真如境上，鼓動業識，齊文定旨，逐語分宗，令後學者雖欲勤心力參，奈荆棘布地，熱毒迷空，措足無從。依心生業，日積月久，雖宗徒愈盛，而宗旨愈泯矣！良可慨歎。特頒明諭，曉示叢林：目今直省諸刹堂頭，若有自信無疑，已臻向上，如願來見朕者，著來京，朕自以佛法接之。其深山窮谷之中，或有獨老煙霞，不肯受盲師衣拂，自具正知正見之人，宜念宗風頹敗，當出而仰報佛恩，果是實蹋三關，知見超越，朕必褒賜禪師之號，令續從上諸祖法乳。設若以名利心，生徼倖想，一至朕前，水落石出。伊既希冀世榮，朕卽投諸法網。其或本未自信，不過依樣葫蘆，既稱禪徒，衹得說法，正見魔見，兩皆不具者，聞朕此旨，當竭力領衆結制坐香，勤求本分。或摘鐘撤板，或棄拂捨篦，重復加力參學，必期了證，毋再自欺誤人。若大誑語成，則善因而遭惡果，何苦如此。其餘緇侶未受付囑者，當念佛祖留此法門原爲衆生生死，若不以了生死爲念，披裟何事？要了生死，須明心地，勿守一知半解，得少爲足；勿墮學識依通，未證爲證；勿但圖妄囑，出頭誤人；勿苟合世法，求名損己。所謂業識茫茫，無本可據。上則孤負佛祖眉毛拖地之深恩，下則孤負自己本來具足之面目，長受沈淪，永依苦趣，誠爲可憫，豈不惕然？是宜真心切念，求了求當。惟有大悟大徹，方免醉生夢死。其或未能，且堅守佛制，嚴淨梵行，莫犯貪瞋癡，常修戒定慧，不可妄爲知證，貽誤後學，存此佛種，以待機緣。若惟以邪知邪見密傳口授，欺己欺人，貪名逐利，世諦流布，毀戒犯律，則俗子之不如，豈法門所宜有，亟須自省，知往修來，毋負朕諄切護法訓誨之至意。著該部傳諭直省督撫，曉示天下宗門禪林。

（選自金陵刻經處本御選語錄卷十二）

彭 際 清

〔簡介〕 彭際清,名紹升,字允初,號尺木, 又號知歸子、二林居士,際清是他受菩薩戒的法名,生於公元一七四〇年（清高宗乾隆五年）,死於公元一七九六年（清仁宗嘉慶元年）,長洲（今江蘇蘇州）人。他出生於一個仕宦家庭, 少年時習宋、明理學, 攻科舉制義,於乾隆三十四年（一七六九年）進士及第,授縣官,辭而不就。

他青年時曾從友人薛家三聽聞佛法,入京應試時結識了好佛書的瑞金羅有高（臺山）,後又結識同好汪縉（大紳）,他們以佛學相切磋,成爲莫逆之交。彭際清是在讀了明末名僧真可的紫柏全集後, 始決心歸於佛的。他於乾隆三十八年（一七七三年）從蘇州華藏庵實定（聞學）受菩薩戒。他衷心信奉淨土法門,晚年於杭州武林門外,常和二三禪侶静修念佛。

彭際清和羅有高、汪縉都是“理學而兼通釋典”者,因而成爲清代的“理學別派”（見張之洞書目答問附: 國朝著述諸家姓名略）,這在彭際清與戴震的論學書札中可以看到。他會通儒佛思想, 對程、朱等理學家的排佛言論進行了評論,寫成專著一乘決疑論, 認爲儒佛思想是“圓融無礙”的。

彭際清雖專修淨土法門,但仍廣讀大小乘經論,他寫有三十多種經論的讀後感,勾玄提要,對初次閱讀這些經論者很有幫助。彭際清的思想和作文,都深受佛典的影響。他曾自述説: 自讀佛經後, 始得爲文之旨。其中,受華嚴、般若、四十二章經的影響尤深。

彭際清的著述甚多,主要有: 無量壽經起信論三卷,觀無量壽佛經約論一卷，阿彌陀經約論一卷，一乘決疑論一卷，華嚴經念佛三昧論一卷，居士傳五十六卷，善女人傳二卷，一行居集八卷，二林居集二十四卷，觀河集一卷，測海集一卷等。

一、一乘決疑論

予初習儒書，執泥文字，效昌黎韓氏語，妄著論排佛，然實未知佛之爲佛，果何如者也。已而究生死之說，瞿然有省，始知回向心地。從宋明諸先輩論學書，窺尋端緒，稍稍識孔顏學脈，而于明道、象山、陽明、梁谿四先生，尤服膺弗失。以四先生深造之旨，證之佛氏，往往而合。然四先生中，獨陽明王氏無顯然排佛語，而明道、象山、梁谿所論著，入主出奴，時或不免。豈世出世間，其爲道固不可得而同與？抑法海無邊，罕能盡其原底與？予畜疑久之，累數年而後決。蓮華經云："十方佛土中，唯有一乘法，無二亦無三，除佛方便說。但以假名字，引道于衆生。"予讀孔氏書，得其密意，以易繫"无方"、中庸"無倚"之旨，游于華嚴藏海，世出世間，圓融無礙。始知此土聖人，多是大權菩薩，方便示現。乃以名字不同，橫生異見，鬭爭無已，不亦大可悲乎？既自信于中，又懼天下萬世之疑，不能直決也，因疏暢其說，以解諸儒之惑，以究一乘之旨。自四先生外，有顯然排佛者，並附論之。

程子曰：佛學祇是以生死恐動人，聖賢以生死爲本分事，無可懼，故不論生死。知歸子曰：朝聞道，夕死可矣。然則未聞道而死，其可不謂之虛生乎？夫虛生者，聖人之所甚懼也。是故，學易而假年，發憤而忘老，其爲性命之憂，豈不大哉！佛言生死事大，正欲策人聞道耳,何嘗怖死哉! 故曰不生不滅,名一往來,而實無往來,祇作尋常本分事説也。

程子曰:傳燈録諸人如有達者,臨死時決定當尋一尺布裹頭而死,必不肯削髮胡服而終也。知歸子曰:法法不相知,法法不相到,法法空寂,法法平等。如以一尺布爲實法,則世間以尺布裹頭而死者,其皆得謂之聞道邪! 古之人固有斷髮文身而稱中權者,又何説也? 不知實際理地,不受一塵,四大本空,尺布何有? 若論佛事門中,竿木隨身,逢場作戲,其爲尺布也多矣! 即安得以我之所餘,傲彼之不足也。

程子曰:佛氏之術,其爲忠孝仁義,皆以爲不得已,直欲和者些秉彝都消殺得盡,然後可以爲道。然而畢竟消殺不得。如人之有耳目口鼻,則須有此識;人之有喜怒哀樂,亦其性之自然。今必盡絶爲得天真,是喪天真也。知歸子曰:此殆非佛氏之言也。佛言以無我、無人、無衆生、無壽者,修一切善法,即得阿耨多羅三藐三菩提。清淨海中,本無一法,而不舍一法,忠孝仁義,感而遂通。如谷響應聲,來無所從,去無所至,又孰爲不得已哉? 必以消殺秉彝爲佛罪,則未知夫世之能報親恩者,固未有如佛者也。夫佛者非他,覺圓滿而已矣。覺圓滿故,所有一切衆生之類,若胎生、若卵生、若溼生、若化生、若有色、若無色、若有想、若無想、若非有想、若非無想,我皆令入無餘涅槃而滅度之。如是滅度無量無數無邊衆生,實無衆生得滅度者,是之謂窮盡生之流。窮盡生之流者,舉十方世界之爲人子者而胥覺之矣,是之謂究竟生之原。究竟生之原者,舉十方世界之爲人父爲人母者而胥覺之矣,孝莫大焉,慈莫加焉。姑以其跡言之,淨飯王之生也,得無生忍,其殂也,生淨居天,而摩邪夫人亦且升天宮、坐道場,爲善財童子説菩薩大願智幻解脱門。使佛不離王宮,正位金輪,其榮施所生,亦不過受宗廟之享,保子孫之祚而已，其遂能斷生死苦輪乎哉？耳目口舌之欲，喜怒哀樂之情，苟逐于物，皆私意也，絕之可也。不斷淫怒癡，亦不與俱，絕無所絕，是名如來。隨順覺性，其得爲喪天真乎？是故，聖之爲聖，在于意必固我既亡之後，復于喜怒哀樂未發之先，亦若是而已矣。

程子曰：今語道，則須待要寂滅湛静，形如槁木，心如死灰。所貴乎智周天地萬物而不遺，又幾時要如死灰？所貴動容周旋中禮，又幾時要如槁木？知歸子曰：吾讀華嚴經時識得此意，曹溪亦云，第一莫著空。

程子曰：佛以所賤輕施于人，自己不爲君臣父子夫婦之道，而容人爲之，若以率人，是絕類也。知歸子曰：有漏國土，妄想所成，聖人因幻起幻，即幻歸真，物各付物，原自一絲不挂，一毫不著。堯舜事業，如太山上一點浮雲過目，程子亦言之矣。佛方欲普度四生入無餘涅槃，又何嘗以所賤施人？使人盡從佛教，同入泥垣，不難轉五濁成淨土。是則九品蓮臺，不離當處，永辭胎獄，成就莊嚴，何憂絕類邪？如謂胎生是實化生爲妄，不知混沌初開，始生之人何胎所出？蝨生于肌，螢生于草，濁者既爾，淨亦宜然，微者既爾，巨亦宜然。

程子曰：釋氏祇到止處，無用處，無禮義。又曰：釋氏于敬以直内則有之，義以方外則未之有也，故滯固者入于枯槁，疏通者歸于放肆，此佛之教所以爲隘也。又曰：釋氏説道，譬如以管窺天，祇務直上去，唯見一偏，不見四旁，故不能處事。又曰：釋氏唯務上達，而無下學，然則其上達處豈有是也。孟子曰："盡其心者，知其性也。"彼所謂識心見性是也，若存心養性則無之矣。知歸子曰：程子此語，以譏定性、聲聞及豁達狂禪則諾，真見心者，體用一如，渾無内外。有内有外，則有所住矣，無所住而生其心，故寂而常照，用而常寂，初未嘗專内而遺外也。嚴淨毘尼，勤行六度，不盡有爲，不住無爲，初未嘗語上而遺下也。達摩西來，九年面壁；趙州除二時粥飯外，無雜用心。長養護持，其勤若此，謂一知而遂已乎？佛爲二乘弟子說沙彌戒、比丘戒，爲在家二衆說五戒、八關齋戒，爲大乘弟子說菩薩戒。或寬或嚴，或詳或略，大要使人因其所居之位，曲爲之防，止惡而進善，譏心達本，解無爲法，祇務直上，豈不信然！然亦何偏之有？乃其示現入山，示行苦行，既成道已，偕諸梵侣，蘭若安居，遠離喧憒。誠以大火宅中，五欲所纒，八風所鼓，種種退緣，無時暫息。一入此門，絶無罣礙，聞法得果，直至泥洹，是爲入道最勝方便。故曰：百工居肆以成其事，君子學以致其道。其不以此哉？至教相所垂，又往往與儒言相表裏。梵網經言孝名爲戒，修淨業者，以孝養父母爲第一福田，而以臣欺君、子欺父爲大惡，其他概可推矣。或謂，由佛之說，一切法空，則忠孝皆爲贅設。不知夫忠孝者吾固有之心，非作而致之也。解一切法空，無以後起者汩之，則忠孝亦行所無事而已，而又何贅焉？如不解一切法空，則忠孝翻成繫縛。何則？殉于名，激于氣，牽于情，與清淨心不相應故。然則，由佛之道，師其心，勿泥其跡，豈獨不戾乎名教，抑深有助焉！異同之論，不可已乎！

程子論地獄曰：至誠貫天地，人尚有不化，焉有立僞教而人可化乎？又曰：釋氏之說，其歸欺詐。始以世界爲幻妄，而謂有天宮，後亦以天爲妄，卒歸之無。知歸子曰：以地獄天宮爲僞教者，將謂六經所弗道邪？夫六經之嚴鬼神，炳如矣。有情焉，有狀焉，有言語詔告焉。皇矣上帝，臨下有赫，其于人也，或命之，或顧之，或憎且怒之，福極之數，有主之者矣。紫微帝庭，太乙所都，懸象著明，昭昭在上矣，非天宮之證邪？文王陟降，在帝左右，其生天之謂矣。周公請代武王曰：予仁若考，能多才多藝，能事鬼神。使死而無知，公之言其欺誕矣乎？至如鯀之爲熊，彭生之爲豕，伯有、渾良父之爲屬，緣業所感，因果無差，是決不可得而泯滅者也，于地獄又何疑焉！夫三界皋福，都由心造，如鏡取影，妍醜在人，鏡體本虛，影何可得。楞嚴經明七趣輪轉妄想受生，妄想隨業于妙圓明無作本心，都無所著。是故，了心則卽幻恒真，迷本則全真是幻。佛說是有，有本不有；佛說是無，無卽非無。坐斷有無，方明中道，豈邊見之所能測乎！

伊川程子曰：釋氏要屛事，不問者事合有邪，合無邪。若是合有，又安可屛；若是合無，自然無了，更屛什麼？又曰：學佛者都要忘是非，是非安可忘得？自有許多道理，何事忘爲？人只爲物所役，便苦事多，若物各付物，便役物也。知歸子曰：屛事之說，蓋爲初機學人，未獲本明，多諸障礙，故令暫息塵勞，回光自照。所謂制心一處，無事不辦，是爲入道方便，而非究竟地也。程子亦嘗教人靜坐矣，不有類于屛事者邪？若真見心者，不如此。舍利弗宴坐林中，維摩詰語之言：夫宴坐者，不于三界現身意，是爲宴坐；不起滅定而現諸威儀，是爲宴坐；不舍道法而現凡夫事，是爲宴坐；心不住內，亦不在外，是爲宴坐；于諸見不動，而修行三十七品，是爲宴坐；不斷煩惱而入涅槃，是爲宴坐。若能如是坐者，佛所印可。大鑒亦言：若欲成就種智，須達一相三昧，一行三昧。于一切處而不住相，于彼相中不生憎愛，亦無取舍，不念利益成壞等事，安閒恬靜，虛融憺怕，此名一相三昧；若于一切處行住坐臥，純一直心，不動道場，真成淨土，是名一行三昧。具二三昧，復有何事而可屛邪？至如一切是非，當體空寂，忘則成頑，執亦是病，唯一直心，圓融法界，不起分別，成就莊嚴，物各付物，其在斯乎！詩云："不識不知，順帝之則。"又曰："奏假無言，時靡有爭。"何是非之可執，亦安用忘爲哉？

程子曰：聖人本天，釋氏本心。知歸子曰：後天而奉天時，是之謂本天；先天而天弗違，又將安本邪？乾知大始，亦本心而已矣。

程子曰：若謂既反之氣，復將爲方伸之氣，則殊與天地不相似。天地之化，自然生生不窮，如鼻息然，不必假吸以爲呼氣。又曰：游魂爲變，既是變，則存者亡，堅者腐，更無物也。知歸子曰：盈天地間，一靈而已矣，氣不足以盡之。靈乘氣而有生，猶龍乘雲而爲雨；雲有起滅而龍自若也，氣有聚散而靈自若也。是故，幽有鬼神，明有聖人，宰制陰陽，役使羣動，氣爲之邪，抑靈爲之邪？其必曰靈爲之矣。靈爲之，是決不可得而散滅者也。如日月然，今日之日，即前日之日，今月之月，即前月之月。如可得而散滅，則天地之化或幾乎息矣。且不獨人爾，飛走之羣，蠢動之族，莫不柄靈以生。既柄靈以生，即皆不可得而散滅者也。然則，善惡之報，升沈之果，其理自然，又何疑焉！

程子論佛戒殺生之説曰：儒者有兩説，一説天生禽獸本爲人食。此説不是。豈有人爲蟣蝨而生邪？一説禽獸待人而生，殺之則不仁。此説亦不然。大抵力能勝之者皆可食，但君子有不忍之心爾。先兄嘗見一蝎，不忍殺，放去。頌中二句曰：殺之則傷仁，放之則害義。知歸子曰：誠知天生禽獸不爲人食，則當體天之心爲心，與之並育而不害可矣。而曰力能勝之者皆可食，推是説也，苟可充庖，物無遺類矣，不忍之心安在邪？且伯子所謂仁義者，抑何其抵捂邪？仁，人心也，行而宜之之謂義，以生爲仁，以殺爲義，大不可也。蝎無可殺之辜，放之宜矣。殺之豈獨傷仁，又且害義，而程子弗加察焉。嗚呼！吾懼夫世之託于義以果其殺者，皆自程子斯言爲之鴟也。萬物一體之學荒，而仁義之塗塞，可不痛哉！

張子曰：知虛空即氣，則有無隱顯，神化性命，通一無二。若謂萬象爲太虛中所見之物，則物與虛不相資，形自形，性自性。形性天人不相待而有，陷于浮屠以山河大地爲見病之説。此道不明，正由懵者略知體虛空爲性，不知本天道爲用，反以人見之小，因緣天地。明有不盡，則誣世界乾坤爲幻化；幽明不能舉其要，遂躐等妄意而然。知歸子曰：佛在楞嚴會上，爲諸弟子説一切衆生二種根本：一者無始生死根本，則汝今者與諸衆生用攀緣心爲自性者；二者無始菩提涅槃元清淨體，則汝今者識精元明，能生諸緣，緣所遺者。由諸衆生遺此本明，雖終日行而不自覺，枉入諸趣，不知色身外洎山河虚空大地，咸是妙明真心中物。譬之澄清百千大海，棄之，唯認一浮漚體，目爲全潮，窮盡溟渤，汝等即是迷中倍人。後文所言山河國土，皆是無始見病所成，正由迷失本心，爲物所轉，攀緣前境，都成見眚。其與張子所譏，以萬象爲太虚中所見之物，初無二指。故云：若能轉物，則同如來，身心圓明，不動道場。于一毛端，徧能含受十方國土。是則，山河大地，即妄全真，形性天人，通一無二。恒沙性德，當念周圓，幽明之故，神化之理，斷可識矣。不應割裂全文，乖違本意。

張子曰：釋氏語大語小，流遁失中。其過于大也，塵芥六合；其蔽于小也，夢幻人世，謂之窮理可乎？不知窮理，而謂之盡性可乎？塵芥六合，謂天地爲有窮也；夢幻人世，明不能究所從也。知歸子曰：形而上者謂之道，形而下者爲之器，天地一器耳，器有分際，即有成壞。落下之所營，大章之所步，邵堯夫之所推，具此矣。夫孰爲無窮者？其形而上者乎？性，形而上者也，知性之無窮，即欲不塵芥六合，夢幻人世，得乎？故曰：登東山而小魯，登泰山而小天下。張子所譏，亦昧于道器之分矣。語其至，則道即器，器即道，本無大小，安有成壞？是故，于一毫端，現寶王刹，坐微塵裏，轉大法輪。衆生見劫盡，大火所燒時，我此土安隱，天人常充滿，非盡性者，其孰能與于斯。

朱子曰：宇宙之間，一理而已，天得之而爲天，地得之而爲地，張之爲三綱，紀之爲五常。此理無適而不在，儒者于此，因其自然之理而成自然之功。若夫釋氏,惡此理之充塞無間,而使己不得一席無理之地以自安;厭此理之流行不息,而使己不得一息無理之時以自快。是以畔君親,棄妻子,入山林,捐軀命,求其所謂空無寂滅之地而逃焉。知歸子曰:吾于前文絶類之譏,消殺秉彝之説,已略剖其疑,而未盡也。華嚴四法界:曰理法界,曰事法界,曰理事無礙法界,曰事事無礙法界。此四法界,豎窮三際,横亘十虚,誠所謂充塞無間,流行不息者矣。凡夫計有,深怖法空,不知法本自空,無可怖故;聲聞滯寂,樂離生死,不知徧界爲身,無可離故;皆緣不識本來自性,横生諸見,乖隔真如。若入華嚴廣大圓融無礙之門,順一切法空,起大智願,潤物利生,世出世間,重重涉入,隱現隨緣,都無作者。法爾如然,絶諸思議,是故,毘盧遮那徧一切處,其現比丘身而説法者,特釋迦應化之一隅耳。入法界品善財童子徧參知識,或現人王身而爲説法,或現長者居士身而爲説法,是之謂無礙。然則,謂羲、皇、堯、舜、周、文爲千百億化身中之一身可也,所謂現人王身而説法也;謂孔子爲千百億化身中之一身可也,所謂現長者居士身而説法也。張三綱,紀五常,範圍天地,曲成萬物,胥大千而經綸之,曾不滿普賢一毛孔中億萬分之一。何則?理無盡,事亦無盡,事無盡,行亦無盡。唯其無盡,是以無礙,何厭之有,何惡之有。

　　朱子之論觀心也,曰:心者,人之所以主乎身者也。以心觀物,則物之理得。今復有物以反觀乎心,則此心之外,復有一心,而能管乎此心也。是以心求心,以心使心,如口齕口,如目視目也。知歸子曰:謂以心觀物者,是外心以求物也;謂以物觀心者,是外物以求心也。心無内外,故物無内外;物無内外,故觀無内外。然則,以心求心可也,如空合空而已矣;以心使心亦可也,如身使臂而已矣。古德不云乎,觀是何人,心是何物?

　　朱子答連嵩卿云:所謂天地之性,即我之性,豈有死而遽亡之理」不知爲此説者，以天地爲主邪？以我爲主邪？若以天地爲主，則此性卽是天地間一箇公共的道理，雖曰死而不亡，然非有我之得私矣。若以我爲主，則祇是于自己身上，認得一箇精神魂魄有知有覺之物，卽便目爲己性，把持作弄，到死不肯放舍，謂之死而不亡，是乃私意之尤者，尚何足與語死生之説，性命之理哉？若果如此，則是一箇天地性中，別有若干人物之性，每性各有界限，不相交雜，自生自死，更不由天地陰陽造化，而爲天地陰陽者，亦無所施其造化矣。豈有此理乎？知歸子曰：以天地爲主，不由乎我，是謂斷見；不知既已無我，誰名天地，誰爲不亡，以我爲主，不由天地，是謂常見。不知見有我者，卽生死根，性真常中無彼我故。由前之見，世間聖人初無是説。論語曰：“未知生，焉知死？”是謂生死無二理也。曰：“未能事人，焉能事鬼？”是謂人鬼無異情也。其不得以斷見測之明矣。由後之見，出世間聖人亦無是説。圓覺經云：“有我愛者，亦愛涅槃；伏我愛根，名涅槃相；有憎我者，亦憎生死。不知愛者，真生死故，別憎生死，名不解脱。”其不得以常見求之決矣。二見坐斷，生滅平等，去來一如，是則名爲真解脱者，豈把持作弄不肯放舍之謂哉？至人物之性，雖同出一原，而其流各別。如月印千川，川各一月，清濁既隔，明暗迥殊，豈以一月既同，遂謂千川無別？雖則川川有別，何礙一月之同」其生既爾，死復何疑？陰陽造化，神感神應，亦物各付物而已，初何嘗有意其間哉」

朱子云：佛氏磨擦得者心極精細。如一塊物事，剝了一重皮，又剝一重皮，至剝得極盡，無可剝處。磨弄得者心精光，他便認做性。殊不知，此正聖人之所謂心。佛氏原不曾識得者理，便認知覺運動爲性。如視聽言貌，聖人則視有視之理，聽有聽之理，言有言之理，動有動之理，思有思之理，所謂明聽從恭睿是也。佛氏則祇認那能視能聽，能言能思能動的便是性，橫來豎來，他都認做性，最

怕人説者理字，都要除掉了。此正告子生之謂性之説也。知歸子
曰：視聽言貌，不外一心，一心之精，斯之謂睿。誠如所謂，剥了一
重，又剥一重，剥得盡時，天明斯復。天明既復，天則自呈，視聽貌
言，從此流出，自然明聽恭從，不過其則，豈非作聖之功乎？若離此
一心，別有視聽言貌之理一以貫之，其謂之何？祖師偈云：在眼曰
見，在耳曰聞，在鼻嗅香，在口談論，在手執捉，在足運奔，徧現具該
法界，收攝在一微塵。識者知是佛性，不識唤作精魂。偈指正謂，
但了一心，更無餘法。識字儘有工夫，正如儒家識仁之指。用力既
久，豁露本明，湛寂真常，徧周沙界，是謂識心，亦名見性。一日克
已復禮，天下歸仁焉，其斯之謂矣。至心性二字，本無定指，儒家所
説已自不同。孟子曰：仁，人心也。或言本心，或言良心，何嘗專以
知覺運動爲心邪？子曰：性相近也。孟子道性善，必徵之于情，何
嘗離心以言性邪？佛氏言心，有真心，有妄心；言性，有徧計自性，
依他自性，圓成自性，又何嘗但以知覺運動爲性邪？要之，心性總
是强名，爲度羣迷，曲施方便。如其達本忘情，尚不見有能證之人，
所證之法，豈可横生意見，妄説是非？若夫佛事門中，須憑建立。
是故，五戒之目，全體五常；十善之條，全包五事，安有外此理以爲
教者哉！至宗門掃蕩之談，如大黄附子，祇求去病，瞑眩何傷？過
誤殺人，初非藥咎，安得以末流之弊，辠立教之人乎！

　　朱子曰：釋氏祇四十二章是古書，餘皆中國文士潤色成之，維
摩經亦南北時人作。又曰：達摩未來中國時，如遠、肇法師之徒，祇
是説老莊，後來人亦多以老莊助禪。西域豈有韻？諸祖相傳偈，平
仄協韻，皆是後人爲之。又曰：圓覺經祇有三段好，後面祇是强添；
楞嚴經本祇是咒語，後來房融添入許多道理説話。咒語想亦淺近，
但其徒恐譯出則人易之，故不譯。又曰：佛祇是説大話謾人，法華
經開口便説恒河沙幾萬劫幾千劫，更無近的年代。知歸子曰：天竺

祇有梵書,入此土時,必假法師翻譯,其法師必華梵兼通,乃能用此間文句演暢佛指,偈語協韻,亦復何疑?維摩、法華是鳩摩羅什譯,圓覺是佛陀多羅譯,楞嚴是般剌蜜帝譯,當時文士不通梵書,安知佛指而潤色成之邪?唯楞嚴爲房融筆受。筆受云者,不過書寫校讎之謂,非能有所增益也。使經果出融手,何乃諱自譯之名,而必假梵僧以爲重?至咒係密語,但取其音,不取其義,諸經所同,謂以淺近故不翻,豈其然也!佛經之指,與老莊自別。老子云:道法自然。佛則云:精覺妙明。非因非緣,亦非自然,非不自然,無非不非,無是非是。老子云:惚兮恍兮,其中有象;恍兮惚兮,其中有物。佛則云:縱滅一切見聞覺知,內守幽閒,猶爲法塵分別影事。朱子亦言,老氏尚理會自家一箇身,釋氏渾身都不管;莊子絕滅不盡,佛絕滅盡。夫老氏謂,外其身而身存,後其身而身先,猶未能遺身也。佛則了陰非我,即身無身,即身無身,是名大身,是名徧法界身。絕滅盡者,非槁木死灰之謂,三界惑盡,萬德周圓,常寂光中,有何贅法?是尚非十地菩薩所能究竟,何況聲聞及諸外道?而謂南北時人,智反出老莊上邪?法華云:是法非思量分別之所能解。時劫長短,情量所生,情量既盡,長短一如。故曰:我觀久遠,猶若今日,稱性之談,豈爲謾語。圓覺、楞嚴,初示自性真空,後顯修行軌則,頓漸並收,初中後善,是爲如來決定境界,是爲十方諸佛一門超出妙莊嚴路,奈何挾輕慢心,妄加詆毀乎哉!

陸子之判儒釋,曰義利,曰公私。唯義唯公故經世,唯利唯私故出世。儒者雖至于無聲無臭,無方無體,皆主于經世;釋氏雖盡未來際而普度之,皆主于出世。知歸子曰:否否!儒固未嘗經世,佛又未嘗出世也。夫所謂世出世間者,特分別心所見耳。古之大人,所過者化,所存者神,有天下而弗與,雖德被四海,功在萬世,初未嘗見有天下也。如必斤斤焉以經世爲心,則是有天下而與焉也,是自私者也,是用智者也,其爲方體也大矣,其爲聲臭也章矣,不足以語于羲皇堯舜周文之心也決矣。佛所謂出世間者,謂出三有世間也,出五蘊世間也。切而言之,則世間云者,一生滅心而已矣。易所謂"憧憧往來,朋從爾思"是也。生滅情盡,則出世間矣。卽生滅心,悟真常心。"艮其背,不獲其身";"行其庭,不見其人",此之謂也。卽生滅心,悟平等心。"天下同歸而殊涂,一致而百慮","天下何思何慮",此之謂也。未至于此,則所謂經世者,特虁虞小補云耳;所謂出世者,特聲聞小乘云爾。其爲私與利也,豈不大哉!

　　陸子曰:釋氏雖出家,亦上報四恩。日用之間,此理之根于心而不可泯滅者,彼固或存之也。然其爲教,非爲存此而起也。故其存不存,不足爲深造其道者輕重。若吾儒則曰:人之所以異于禽獸者幾希,庶民去之,君子存之。釋氏之所憐憫者,爲未出輪回,生死相續,謂之生死海裏浮沈。若吾儒中聖賢,豈皆祇在他生死海裏浮沈也,彼之所憐憫者,吾之聖賢無有也。然其教不爲欲免此而起,故其説不主此也。知歸子曰:一切萬法,莫不從自心中而建立,其要在知本。但得本,莫愁末,故曰:溥博淵泉而時出之。中庸一書,以天命開宗,以無聲無臭爲歸宿。其論學,有生知學知困知之別,有安行利行勉行之差,而同歸于一。一者何?本之謂也。知也者,知此者也;行也者,達此者也。知本則明,達本則誠,誠且明,一天道之不已而已矣,存不足以言之。由是施之人倫,推之庶物,不疑其所行,故不習無不利。篤恭而天下平,實無一法可得,故曰:"上天之載,無聲無臭。至矣!陸子曰:人而不盡人道,則不足與天地並;吾亦曰:人而不達天道,則安能先天而天弗違,安能範圍天地,曲成萬物。誠得其本矣,九流雜家,百工衆藝,莫不在吾範圍曲成之內,何獨至于佛而外之?有外之心,不足以達天道。不達天道,而能出生死,斷輪回,無有是處。

　　敬齋胡氏曰：佛學祇守向一路去，更不去窮天下道理，所以其
學易成，祇守一箇念頭，便要做成佛，非若儒者，智周萬物，道濟天
下，而心常存也。儒者心與理一而存，佛學心與理離而存。知歸子
曰：理無在無不在，覺之而已矣。常覺則理無不盡，時措之而宜矣。
若以理爲有在，而以心守之，是二之也。儒者戒慎不覩，恐懼不聞，
莫不歸根于獨。聖人以此洗心，退藏于密，亦未有不從一念爲之地
者。舍一念而求之萬，如無根本，如無原水，欲不枯與涸也，得乎？
是故，孔子默而識之，顏子如有所立，孟子求放心，周之主靜，程之
主敬，延平默坐澄心，體認天理，皆此志也。於此有覺，是謂知本；
覺無所覺，是謂達本。離此求道，盡爲外道，將心存理，是謂失心。

　　胡子曰：不愧屋漏，雖無一事，然萬理森然已具於中。此是體
也，但未發耳。老佛以爲空無，則本體已絶矣。今人祇言老佛有體
無用，吾謂正是其體先絶于內，故無用于外也。知歸子曰：方廣外
道立空無爲宗，佛教所斥。楞伽經云：甯取人見如須彌山，不起無
所有增上慢空見。曹溪云：世界虛空，能含萬物色像，日月星宿，山
河大地，泉原谿澗，草木叢林，惡人善人，惡法善法，天堂地獄，一切
大海須彌諸山，總在空中。世人性空，亦復如是。心量廣大，徧周
法界，用即了了分明，應用便知一切。一切即一，一即一切，去來自
由，心體無住，名爲般若。是故，普賢菩薩發十大願王，而曰虛空界
盡，衆生界盡，衆生業盡，衆生煩惱盡，我願乃盡。其有體無用邪？
抑無體無用邪？且其所謂森然已具者，謂即空而具，抑離空別有。
若離空別有，則有在何處？若即空而具，又何惡于空哉！但無取著
空耳。

　　胡子曰：儒者敬以存心，其心體湛然在腔子裏，如主人公在家，
便能整治家事，是箇活主人。釋氏默坐澄心，屏去思慮，久而至於
空豁，是無主人矣。又有祇是繫制其心使之存者，便死殺了他，做

主不得，此則禪之下者。真空無心，是禪之上者。知歸子曰：心其無方者也。有腔子可求，有湛然者可指，則塊然一物而已，非死殺而何？真空無心，亦未究竟。古德云：原來有心，無心盡成謗。彼以意見爲有無，何啻千里。

胡子曰：釋氏見道，如漢武帝見李夫人，非真見者也。釋氏祇想像箇道理，故勞而無功，儒者便卽事物上去窮究。知歸子曰：自格物之學不明，而人之以放其心爲學者多矣。大學之言格物也，前文云："物有本末，事有終始，知所先後，則近道矣。"是謂本先而末後也。後文明本末之辨，終之曰："此謂知本，此謂知之至也。"明以知本爲知之至也。本者何？明德是也。知本則知止，格物之功，莫要于此，何嘗教人專求之事物邪？楞嚴經云：精研妙明，觀察不停。精研者，儒言格致是；觀察者，儒言顧諟是。宗門教人必先參究，用力之久，一旦豁然，是名見性，何嘗以想像爲道邪？

胡子曰：佛氏言死而歸真。殊不知生有生之理，不可謂無，以死爲歸真，是以生爲不真矣。知歸子曰：佛言因緣和合，虛妄有生，因緣別離，虛妄名滅。殊不能知生滅去來，本如來藏常住妙明，不動周圓妙真如性。性真常中，求于去來，迷悟生死，了無所得。如是誠言，撥雲見日，何嘗于生滅法中，強生取舍？生寄死歸，世俗恆語，載稽梵册，未之前聞。

或問：佛氏説真性不生不滅，其意如何？胡子曰：釋氏以知覺運動爲心，是氣之靈處，故又要把持此物以免輪回。愚故曰：釋氏不識性，妄指氣之靈者謂性。知歸子曰：不生不滅，本體如然，圓裹六虛，更無他物。知覺運動，何莫非心？本無所住，安用把持？若認氣爲心，便成繫縛，是生死根，何名真性？

涇陽顧子曰：三藏十二部，一言以蔽之，曰：無善無惡。試閲七佛偈便自可見。或曰：永嘉證道歌，謂棄有而著無，如舍溺而投火，恐佛氏未必以無爲宗也。曰：此祇就無善無惡四字翻弄到底，非有別義也。棄有，以有爲惡也；著無，以無爲善也，是猶有善有惡也。無亦不著，有亦不棄，則無善無惡矣。自此以往，節節推去，掃之又掃，直掃得沒些子賸，都是者箇意頭。知歸子曰：善惡者，對待之名，感于物而形焉者也。淨智妙圓，體自空寂，不可以有無名，況善惡哉！孟子之言性也，曰："乃若其情，則可以爲善矣。"是言性之可以爲善。程子曰："人生而靜以上不容說，才説性時，便已不是性也。"以善惡名性，皆程子所謂不是性也。有棄有著，逐物而已，非性之本然也。是故，知性者不取一法而非有棄也，不舍一法而非有著也。掃之又掃，掃得盡時，二際坐斷，圓滿覺心徧周沙界。譬諸雲開則日現，原濬則流長，直下洞然，更無餘法。斯則一乘之了義，實列聖之元詮。若夫方便門中，不廢對治，以法身隨緣，起諸染法，必藉止觀薰修，成其淨用。是故，行則要于漸滿，惑則期于漸斷，六度齊修，萬善具足，方能淨諸國土，成熟有情。經云：理則頓悟，乘悟併消，事非頓除，因次第盡。識渠善惡本空，何礙止惡行善。不到至善之地，誰證善惡本空？善惡本空，理則頓悟也。止惡行善，事非頓除也，真消真盡，真盡真消，不住中涂，直趣寶所。如其執理而遺事，或逐事而迷理，詎可議于華嚴無礙之指哉！

顧子曰：無聲無臭，吾儒之所謂空也；無善無惡，二氏之所謂空也，名似而實遠矣。是故，諱言空者，以似廢真；混言空者，以似亂真，予皆不敢知也。知歸子曰：空一而已，謂無聲無臭爲有善有惡邪，則不得謂之無聲無臭矣；謂無善無惡爲有聲有臭邪，則不得謂之無善無惡矣。蓋聲臭者，善惡之萌；善惡者，聲臭之著。將取善以別空，亦猶取有而諱空也。顧子之意，豈不以有善無惡，是謂真空，無善無惡，終歸莽蕩。以此爲儒佛鴻溝之判，不知大易之文，曰虛曰寂，曰無方無體，曰何思何慮，善可得而有邪？維摩經云：雖知諸佛國，及與衆生空，而常修浄土，教化于衆生。華嚴經云：此菩薩修習一切諸善根時，作是念言，願此善根功德之力，至一切處。譬如實際，無處不至。至一切物，至一切世間，至一切衆生，至一切國土，至一切法，至一切虛空，至一切三世，至一切有爲無爲，至一切語言音聲，願此善根亦復如是。善可得而無邪？直須坐斷有無，遠離空色，一念未生，萬善普會，繁興大用，當處寂然，斯爲究竟真空，何至偏淪莽蕩？若夫取善而窒空，與取空而廢善，執心未化，戲論滋多，不獨乖釋門三觀之宗，亦豈識孔氏無言之教哉！

　　顧子一日游觀音寺，見男女載於道，過往來續，繩繩不已，謂弟季時曰：卽此可以辨儒佛已。凡所以爲此，一片禍福心耳。未見有爲禍福而求之吾聖人者也。佛氏何嘗邀之使來，吾聖人何嘗拒之使去？佛氏何嘗專言禍福，吾聖人何嘗諱言禍福？就中體勘，其間必有一段真精神迥然不同處。季時曰：此特愚夫愚婦之所爲耳，有識者必不其然。曰：感至于愚夫愚婦，而後其爲感也真；應至于愚夫愚婦，而後其爲應也真。真之爲言，純乎天而人不與焉者也。知歸子曰：嗟乎！愚夫愚婦之心，殆非徒禍福之所能動也。夫近於人而能爲禍福者，莫如城隍里社之神矣，然而城隍里社之神，能動鄉邑之人而止矣。其大者則江河海岳之神，出雲雨，見怪物；又其大者則日月星斗之神，掌皐福，主生死。然而，有司者報焉，有求者禱焉，能動方域之人而止耳。若夫佛化之所及，蓋寥廓而無終極矣，豈禍福云爾哉！誠謂證法性身，盡無明本，神感神應，非我非渠。故曰：佛身充滿于法界，普現一切衆生前，隨緣赴感靡不周，而恆處此菩提座。感應至愚夫愚婦，而其感應也始真，豈不信哉！且感應之理，儒亦言之。子曰："一日克己復禮，天下歸仁焉。"由周而來，二千餘年，自天子王侯，中國言六藝者，折中于夫子，神感神應，亦若是而已矣。

　　或問三世之説，顧子曰：域中有二，大道大法。大道者何？綱常倫理是也。所謂天敍有典，天秩有禮，根乎人心之自然而不容或已者也。有如佛氏之説行，則凡忠臣孝子，皆爲報夙生之恩而來；凡亂臣賊子，皆爲報夙生之怨而來。反諸人心之自然而不容或已處，吾見了不相干也。於是，綱常倫理且茫焉無所繫屬，而道窮矣。大法者何？黜陟予奪是也。所謂天命有德，天討有罪，發乎人心之當然而不容或爽者也。有如佛氏之説行，則凡君子而被戮辱，皆其自作之孽，而戮辱之者非爲傷善；凡小人而被顯榮，皆其自貽之休，而顯榮之者非爲庇惡。揆諸人心之當然而不容或爽處，吾見了不相蒙也。於是，黜陟予奪，且貿焉無所憑依，而法窮矣。知歸子曰：因緣法中，果報各殊。然佛之教人，唯一心法，三世本空，因緣非有。至如辟凶趨吉，長善防非，可畏者因，難逃者果。忠臣孝子知恩報恩，卽此莫之爲而爲，便是不容己之處；亂臣賊子以怨報怨，卽此不可解之結，便在無可教之條。君子而被戮辱，豈無戮辱之因，然其戮辱之者，自當獲傷善之報；小人而被顯榮，合有顯榮之福，然在顯榮之者，已難逃庇惡之誅。是故，君子之守，行其素位而已；王者之法，明其常道而已。三世之指，不外一心，因緣之理，不離當處，以爲妨道妨法，吾不知也。

　　顧子曰：吾聖人以人倫爲實際，其所謂心性，卽在君臣父子兄弟夫婦之中。佛氏以人倫爲幻迹，其所謂心性，乃在君臣父子兄弟夫婦之外。在君臣父子兄弟夫婦之中，是謂體用一原，顯微無間；在君臣父子兄弟夫婦之外，體用顯微打成兩截矣。卽口口説一原、無間，其能一原、無間乎否也？知歸子曰：性無內外，道無內外。卽君臣父子兄弟夫婦而道在焉，非有所住也，順應而已矣。卽君臣父子兄弟夫婦所不屬而道無不在焉，非有所遺也，默成而已矣。是謂體用一原，顯微無間，必君臣父子兄弟夫婦而後可以爲道，則當夫人生而靜之初，將以何者爲道？卽今不覩不聞之頃，將以何者爲道？推之一息不屬之時，又將以何者爲道？然則，原其始，要其終，反求諸現在，而離道之時固已多矣，其能一原無間否邪？故曰：道也者，不可須臾離也，可離非道也。其亦識取不可離者而可矣。

梁谿高子曰：聖人之學所以異于釋氏者，祇一性字。聖人言性所以異于釋氏言性者，祇一理字。理者，天理也。天理者，天然自有之條理也，故曰：天敍天秩，天命天討。此處差不得針芒，先聖後聖，其揆一也。此理在拈華一脈之上，非窮理到至極處，不易言也。知歸子曰：宋明諸儒爲心性之辨者多矣，大率歧性與心而二之者也；爲理氣之辨者多矣，大率歧理與氣而二之者。大學言心不言性，性卽心也。中庸言性不言心，心卽性也。大易論理不論氣，氣卽理也。孟子論氣卽論道，氣亦道也。合而言之，一心而已矣。了心者一且不立，二復何有？其見爲有二者，皆不知心者也。且高子所謂窮理到極至處，其可以知知，可以識識邪。可以知知，可以識識，則非天載之本然，何名極至？不可以知知，不可以識識，吾不知與拈華一脈有何分別，卻成高下邪？

高子曰：佛氏夷善惡是非而曰平等。彼固曰無分別心，有分別性，我則謂有分別性，亦無分別用。使天下善惡是非顛倒錯亂，舉一世糜爛之蠹壞之不顧，其亦不仁而已矣。知歸子曰：日行于天，上者若岡若岨，下者若洿池，若溷厠，無弗照也。水行于地，細者若溝若渠，大者若江淮，若河海，無弗入也。日也水也，有是非善惡于其間乎哉？有是非善惡于其間，則其明之息也久矣，其流之壅也速矣。大哉平等！其天之所以爲心乎！天之于人也，禍福升沈，榮枯生死，非有區之者，而適如其自取焉，亦平等而已矣。不聞其舉一世而糜爛之蠹壞之也。且夫佛之于是非善惡也嚴矣！五戒、十戒、十重、四十八輕戒、二百五十戒、五百戒，極之三千威儀，八萬細行，胥四衆之人，納之于清净之域。是故，處世則爲居士、爲長者、爲轉輪聖王；出世則爲聲聞、爲緣覺、爲菩薩。未聞其舉一世而糜爛之蠱壞之也。然則，無分別心，有分別用。是則，佛之所以爲佛，天之所以爲天，亦聖之所以爲聖也，其爲仁也，豈不大哉｜

　　高子曰：天地間對待之理，有陽便有陰，有吾儒便有二氏。佛氏之教，陰教也。觀其生于西方，譯自外國，所言皆鬼神之事，概可見矣。自古陽分中極治之世，何嘗有佛氏來？陽極盛則陰生，三代之時，世界已屬陰分，至孔子之時，吾道大明，其盛已極，而佛老遂並生于其間。迨後世運益下，聖道益衰，佛老司教，各以其類也。知歸子曰：陰陽二義，或名大小，或喻善惡，佛法非大小之可量，非善惡之可擬，何爲陰教歟？請得而究言之。儒者之教，以天命爲宗，以至善爲體，位之爲天地，育之爲萬物，一生生不已而已矣，一至誠無息而已矣。其機順，故其用常主于經世。老氏之教，以無極爲宗，以希夷微爲體，損之又損，以至于無爲，無爲而無不爲。其機逆而順，故其用在世出世間。佛氏之教，以一心爲宗，以盡虛空徧法界爲體，卽色卽空，非空非色，離四相，出三有。其機逆，故其道常主于出世。然而言天載者，以無聲無臭爲至，則太極反乎無極矣。吾有知乎哉？無知也，則超乎色空矣。究竟本來，湼槃生死，俱不可得，何順何逆，非世間，非出世間，同一毘盧遮那妙莊嚴海。嗚呼｜此非獨觀于昭曠之原者，孰足以知其意哉！至以西方外國爲嫌，則文王非西夷之人邪？鬼神之説，屢見于詩書，又何謂也？謂三代以還，世界屬陰，更非通論。治亂循環，陰陽迭運，漢明帝、唐太宗、明太祖時，視春秋孰治？而佛教昌焉。其果陰之所召邪？

　　或問知歸子曰：子儒者也，服習諸先生書舊矣，今舍而之佛，其不爲背本乎？答曰：予所言者，天下之公言也，非己之所得私也。佛法行世久矣，是苦海之津梁也，是衆生之眼目也，是帝天之

所呵護，神鬼之所欽崇也。六師不能沮其化，三武不能遏其流，而
諸先生顧欲以方隅之見辭而闢之，亦勞而少功矣。闢之者，一以爲
偏教，一以爲異端。以爲異端，是法執未忘也；以爲偏教，是天眼
未通也。諸先生之在今日，決定法執忘、天眼通矣。是予之所言，
皆諸先生所欲言也，又何間焉？且諸先生所造，誠未易測矣。高子
之入道也，閱程伯子語云：萬變皆在人，其實無一事。當念斬然，
曰：其實原無一事也。至末後與人書曰：心如太虛，本無生死。抑
何其言之似佛也。豈唯高子哉，陸子之言曰：不識不知，順帝之
則，此理豈容識知哉？吾有知乎哉？此理豈容有知哉？朱子曰：非
全放下，終難湊泊。是亦佛説也。明道云：與其非外而是內，不若
內外之兩忘，兩忘則澄然無事矣。伊川之將終也，曰：道著用便不
是。其果能自異於佛否邪？特其平生志事，唯在扶皇極，敍人倫，
故于佛氏之指，誠不暇深究。又以先入者爲之主，遂流于武斷而不
自知。然而，此心理之同，誠不容有二，故其深造自得處，亦不能自
揜，豈唯諸子哉！舜之無爲，文之不顯，孔子之無知，亦若是而已
矣。同此之謂大道，異此之謂異端，不由乎此，而徇生執有，妄希至
道，譬之回旋于斷港絶潢中，而蘄至于海，不可得也。

　　此論作于重光赤奮若之冬，閱今十一年矣。初脱稿時，汪
子大紳評爲決定説，又謂不獨佛氏之圓宗，亦儒門之了義，而
刪去戒殺生一節，及論老莊一節。其意在和同三教，不欲有所
軒輊于其間。又刪去末後兩節，一則謂法法無根，才費分疏，
已成死句；一則謂心言直故，無諸委曲，直收直放，一往快然，
其言亦各有指。然戒殺一事，乃儒佛共由之路，豈得謂佛好生
而儒好殺邪？誠好生，又豈得以生爲仁，以殺爲義？以殺爲
義，則義乃仁之賊矣，而豈然哉？老莊之書具在，與圓覺、楞
嚴子細較量，同異自見。實際理地，一尚不立，何有于三？然

建化門頭，不無差別，如四時之錯行，如日月之代明，分劑畫然，要不礙太虛之體。最後論諸先生所證，真實不虛，並無委曲。此論不明，則諸先生亦六師、三武之流耳，又何能模範人倫，興起百世哉！故仍依原本，而附著其説如此。乾隆五十六年九月晦，際清題。

（據同治八年如臯刻經處本）

二、書五苦章句經後

入佛有要乎？曰：有要。深信因果爲要。深信因果有要乎？曰：有要。通達一心爲要。何名深信因果？信有三界升沈，信有六道輪轉，信有菩提可證，信有净土可生。信如是因，作如是果，是名深信因果。外道凡夫，妄言死後斷滅，遂令善者不知勸，惡者不知儆。儒教聖人憫之，推言禍福感應之理，一其權於天，反其責於己，決其幾於惠逆善惡之間，其爲因果也，昭昭矣。然而，人世間貴賤貧富吉凶壽殀之數，不能適如其所感者以爲應，則不能無疑。疑斯怠，怠斯慢，而聖人感應之説，卒不能常伸於天下。夫聖人非不知有三世也，卽六經之言帝也、鬼神也，可徵矣。"文王陟降，在帝左右"。"唯嶽降神，生甫及申"。人天往來，章著如此，又何疑於六道耶？儒之未顯言者，佛特顯言之；儒之未盡言者，佛特盡言之，而非有二旨也。故曰：佛有三達之智，來今往古，靡不聞之。然則，離四相，出三有，圓滿覺心，歸無所得。卽儒教聖人，究其歸，豈能外此而別有所證！何則？因此一心，無異因，卽無異果故。何名通達一心？但了一心，因果具足，本無菩提可證，亦無净土可生。於無生無證中，方便莊嚴，如夢如幻，不離一刹那頃，成佛已竟，度生已竟，是爲通達一心。何則？離此一心，別無因果故。但能通達一心，斯能不昧因果，既能深信因果，亦漸能通達一心。世間學侶，儘有慧解過人，而一切戲具，耽戀不休，萬行門頭，多生障礙，由不能深信因果故，由不解方便莊嚴故。其有執著因果者，迷本逐末，惑幻爲真，曾不了知無造無原，無有作者，法如是故，三界皆空故。讀斯經者，敬而聽之。

　　　　　　　　　　（選自<u>金陵刻經處</u>本<u>一行居集卷</u>一）

三、書金剛般若波羅蜜經後

　　<u>六祖</u>聞金剛經而入道，<u>壇經</u>所説於無所住而生其心之旨，可謂洩盡無餘。而其後力排净土，又誤以<u>天竺</u>爲極樂，<u>雲棲</u>辯之詳矣。經曰：莊嚴佛土者，卽非莊嚴，是名莊嚴。又曰：發阿耨多羅三藐三菩提心者，於法不説斷滅相。此華嚴圓旨也。知斷滅之非法，則必不容拒净土於心外；知莊嚴之非莊嚴，是故七寶池、八功德水，如夢如幻，而不壞夢幻中諸相。故曰東方虛空可思量不？不也。南西北方、四維上下虛空可思量不？不也。盡十方微塵數佛刹，有能外此心而建立者乎？是心無際，刹土無際，以虛空之心，回向虛空法界不思量中，熾然顯現如是如是諸莊嚴。事無所住，而生其心，其不謂此乎？經曰：若見諸相非相，卽見<u>如來</u>。吾亦曰：若見非相卽相，卽見<u>如來</u>。經曰：佛説非身，是名大身。吾亦曰：佛説大身，是名非身。以是義故，特開憶佛念佛諸三昧門，示<u>觀無量壽佛</u>滿虛空身相。何以故？於是中無實無虛故，但得一念相應，便能坐斷去來現在，更何有於我人衆生壽者等相？知衆生非衆生，是故一念念佛，是心卽具三十二相、八十隨形好，直至華開見佛，圓滿菩提，初

非分外。何以故？衆生相不可得故，乃至諸佛相亦不可得故。故曰：若以色見我，以音聲求我，是人行邪道，不能見如來。斯義也，雲棲論之未盡，因推而演之。

（同上）

四、讀論語別

子曰：里仁爲美。擇不處仁，焉得知？夫世出世間，其爲里也闊矣，酣五欲之場，狎三塗之苦，其爲不仁也甚矣。有樂國焉，以法王爲師，以上善爲友，超濁垢，證無生。里仁爲美，孰大於是？而不知擇而處焉，豈不哀哉！

吾道一以貫之，言道之本一也；擇善而固執之，言學之貴一也。一則誠，誠則明。明者，達本之謂也。達本無本，一不足以名之。

廣成子曰：彼其物無窮，而人皆以爲終；彼其物無測，而人皆以爲極。是故，文王望道未見，孔子讓聖仁而不居。斯能窮無窮，極無極者與？耀爝火者，不知日月之明；安堵井者，不識江湖之大。彼且揚揚然以爲盡天下之美，豈知所謂無窮無極者哉！

曾子曰：仁以爲己任，不亦重乎！死而後已，不亦遠乎？苟不已焉，何遠之有？子曰：逝者如斯夫，不舍晝夜。言不已也。普賢云：虛空界盡，衆生界盡，衆生業盡，衆生煩惱盡，我願乃盡。言不已也。知此，則知仁矣。

君子多乎哉？不多也。人知無所不能之聖人，而不知聖人之本無能也。吾有知乎哉？無知也。人知無所不知之聖人，而不知聖人之本無知也。

唐棣之華，偏其反而，豈不爾思，室是遠而。子曰：未之思也，夫何遠之有？是故，憶佛念佛，現前當來，必定見佛，其果遠乎哉？是心作佛，是心是佛，其果遠乎哉！

色斯舉矣，翔而後集。曰山梁雌雄，時哉時哉！嗚呼！孰能畏無常之色，而超然於不死之鄉者乎？韋提希曰：唯願世尊廣説無憂惱處，我當往生，不樂閻浮提濁惡世也。其翔而後集者乎？大勢至曰：都攝六根，浄念相繼。時哉時哉，其不可失矣！

子曰：未知生，焉知死？一知而已，本無生，安有死！

羿善射，奡盪舟，俱不得其死然。禹稷躬稼而有天下，罪福之應昭矣。君子上達，小人下達，輪回之理信矣。朝聞道，夕死可矣，涅槃之路徹矣。

子曰：人無遠慮，必有近憂。凡夫以百年爲慮，豪傑以百世爲慮，佛祖聖賢以無量阿僧祇劫爲慮。保富貴，遠刑戮，長子孫，以百年爲慮者也；言可道，行可法，利澤被於時，名聲昭於後，以百世爲慮者也；出三有，證無生，普度含識，浄佛國土，以無量阿僧祇劫爲慮者也。以百年爲慮者，無一日之憂；以百世爲慮者，無百年之憂；以無量阿僧祇劫爲慮者，無百世之憂。是故，慮日長者憂日消，慮日短者憂日積。詩云：蜉蝣之羽，衣裳楚楚，心之憂矣，於我歸處。譏失慮也。

吾其爲東周乎！夫子之心切矣。然而顏氏之瓢飲則賢之，曾晢之沂浴則與之。佛言須菩提巖中宴坐，能見吾法身，不其然乎？

（選自金陵刻經處本一行居集卷二）

五、讀中庸別

世之言道者，徇有則礙無，體無則病有；又或以儒之道爲有，佛之道爲無，二俱不然。不觀之太虛空乎！太虛空非日月星辰，則世界不成安立；日月星辰非太虛空，則四時何以行，百物何以生？是故，日月星辰無體，以太虛空爲體；太虛空無體，以日月星辰爲體，二之者惑也。孔子曰：巍巍乎！舜禹之有天下也，而不與焉？程伯子云：堯舜事業，如泰山上一點浮雲過目。然則，儒之道初未嘗有也，初未嘗以日月星辰拒太虛空也。華嚴四法界：曰理，曰事，曰理事無礙，曰事事無礙。是故登地菩薩，在人王，人王中尊；在居士，居士中尊。然則，佛之道初未嘗無也，初未嘗以太虛空拒日月星辰也。是理也，中庸契之盡矣。故曰：道並行而不相悖。

子思子論君子之道曰：語大天下莫能載焉，語小天下莫能破焉。首楞嚴言：我以妙明不滅不生，合如來藏，而如來藏唯妙覺明，圓照法界。是故於中，一爲無量，無量爲一；小中現大，大中現小。不動道場徧十方界，身含十方無盡虛空，於一毛端現寶王刹，坐微塵裏轉大法輪。予讀經言，而乃廓然於中庸大小之説也。涅槃經言：我以摩訶般若，徧觀三界有情無情，一切人法悉皆究竟。無繫縛者，無解脱者，無主無依。不可攝持，不出三界，不入諸有，本來清淨，無垢無煩惱，與虛空等。不平等非不平等，盡諸動念，思想心息，如是法相，名大涅槃。詩云；“鳶飛戾天，魚躍于淵。”言其上下察也，不其然乎，不其然乎！是故，在天而日月星辰，在地而華岳河海，在人而五達道、三達德、禮儀三百、威儀三千，在鬼神而在上在左右，在聖人而議禮制、度考文、經大經、立大本、知化育。無在非天，無在非鳶之飛也；無在非淵，無在非魚之躍也。圓滿菩提，歸無所得，故曰：上天之載，無聲無臭。至矣！天下無二道，聖人無兩心，其不可易矣！

聖人之念天也，其猶行者之念佛乎！不識不知，順帝之則，文王之念天也；都攝六根，淨念相繼，大勢至之念佛也。念天者，期於人盡見天，見天故無適而非天也；念佛者，要於心開見佛，見佛故無適而非佛也。一言以蔽之，曰：至誠無息而已矣。聖人念天，終不離天。文王陟降，在帝左右，此其徵也；行者念佛，常不離佛。生蓮華中，蒙佛授記，此其徵也。夫子讀常棣之詩而暢然曰：父母其順矣乎！又曰：神之格思，不可度思，矧可射思！夫微之顯，誠之不可揜如此，豈不信哉！雖然，念佛念天，不離乎念。無念真心，非天非佛，學者參之。

（同上）

六、讀　莊　子

予始讀莊生書，以爲此出世之前茅也。其所爲一死生，等成毀，所以破人之我執；忘是非，夷善惡，所以破人之法執。二執併消，真體獨露，其於無生法忍，蓋庶幾焉。已而讀華嚴經，窺普賢菩薩所有行願，方欲隨順一切衆生，方欲嚴淨十方國土，直至萬善普會，而猶不自已。而莊生者，乃以善爲大戒，眇堯舜，薄湯武，以龍逢比干爲好名，以伯夷叔齊箕子之徒，適人之適而不自適。彼其視菩薩種種難行苦行，至以不可說不可說身命而爲布施，有不河漢其言者乎！雖然，法華會上亦有退席比丘，華藏莊嚴，佛與大菩薩同轉法輪。二乘弟子同在會中，不聞不見，於莊生何怪焉！夫誠入普賢願門者，逆行順行，無非佛事。堯舜之揖讓，湯武之征誅。總之，華嚴諸善知識，隨順衆生，欲令離苦得樂耳。以莊生之智，回小向大，去其自利自安之見，轉而安人利人，宜可與華嚴諸善知識攜手同行，不僅以聲聞獨覺作究竟地也。而耳食者流，乃以莊生書爲佛氏所從出，豈不謬哉！

（同上）

七、淨土聖賢錄敍

　　至哉！淨土之教，其諸聖人所由以踐形者乎！孟子曰：形色，天性也。知形色之爲天性，則不容離土以言心；知天性之爲形色，則不容外心以求土。離土以言心，是以天性爲有外也，其所謂心，一介然者而已矣。外心以求土，是以形色爲有外也，其所謂土，一塊然者而已矣。是皆不明乎踐形之説者也。華嚴圓教，理事無礙，事事無礙，普賢偈曰：一切刹海劫無邊，以一方便皆清淨。此踐形之極則也。又曰：願我臨欲命終時，盡除一切諸障礙，面見彼佛阿彌陀，即得往生安樂刹。此踐形之正軌也。或以毗盧遮那徧一切處，何得偏指西方，有乖全體。曾不知華藏海中，一塵一毛，具足十方無邊器界，極樂莊嚴亦復如是。然則，但見阿彌陀一佛，即已徧見十方諸佛；但生西方極樂一土，即已徧歷十方佛土。何以故？即一即多，無二無差別故。唯此法門，我釋迦尊金口所宣，十方恒河沙諸佛所共讚，諸大菩薩流通護持，轉轉無盡。至大教東來，單傳直指外，以念佛得度者，若緇若白，未易悉數。際清素服儒風，兼修淨行，常欲薈萃舊聞，用資警策，而日力倉卒，因循至今。會兄子希涑初發信心，願成此錄，以堅向往。因爲標指體要，載稽經論，次支那著述，續以耳目所及，斟酌損益，勒成一編，名之曰淨土聖賢錄。庶幾見聞隨喜，得預法流，一念歸誠，同登彼岸，豈不善哉！詩有之，緜蠻黃鳥，止于丘隅。夫淨土亦聖賢之丘隅也。隨其心淨則佛土淨，得所止矣。而下學之功，莫先於知止。故曰：于止知其所止。可以人而不如鳥乎？經云，彼國常有白鶴、孔雀、鸚鵡、舍利、迦陵頻伽共命之鳥，晝夜六時，出和雅音。其音演暢五根五力、七菩提分、八聖道分如是等法。其土衆生，聞是音已，皆悉念佛念法念僧。

心耶，土耶，形色耶，天性耶，直下知歸，絕諸戲論，蓮華種子祇在當人。覽是錄者，其諸有樂於踐形之說矣乎？踐形者，往生之謂也。

（選自金陵刻經處本一行居集卷三）

八、與　同　學

日來讀蓮池先生阿彌陀經疏鈔，及勸修淨土諸文字，瞿然警發，誓於此生歸依淨土，以南無阿彌陀佛六字作日用拄杖子。從今以後，不須復道致良知，即南無阿彌陀佛六字，便是致良知；不須復道存天理，即南無阿彌陀佛六字，便是存天理。向來載浮載沈，半上半下，說得全不濟事，說到頭白，又見囷聲落地，輪回去也，豈不痛哉！從今以後，願遯世不見，知而不悔，作一齋公齋婆，向廚房竈下安穩過日，矢決定心，驀直闖去，直待華開見佛，得無生法忍，然後回入塵勞，普度一切。今生不敢復作度人妄想。大智度論云：具縛凡夫，有大悲心，欲生惡世，救苦眾生，無有是處。何以故？煩惱強故。吾儕同志數人，年或三十或四十，不爲少矣，以今年較之去年，不過如是，則明年可知，又明年可知也。求一大根大器，直下了得者，竟難其人。若復不擇方便門，求解脫路，生死到來，作何抵對？紹升幸被我佛大恩，黑暗夜中，忽遇明燈引路，不勝慶幸之至。所願諸兄，共作蓮胎骨肉，夾輔提攜，永無相失，豈非千生萬劫一大因緣耶！

（選自金陵刻經處本一行居集卷四）

九、與戴東原書

承示原善及孟子字義疏證二書，其于烝民物則，形色天性之旨，一眼注定，傍推曲暢，宣洩無餘。其文之切深奧衍，確然戴記之遺，漢唐諸儒言義理者，未之或先也。紹升惸于學問，于從入之塗，不能無異，要其同然之理，卽欲妄生分辨，安可得邪？顧亦有一二大端不安于心者，敢質其說于左右？

竊謂，學問之道，莫切于審善惡之幾，嚴誠偽之辨。善惡之幾審，則能日進于善而終止于至善。至善者，一天道之日新而已矣。誠偽之辨嚴，則能日進于誠而終于至誠無息。至誠者，一天命之不已而已矣。天命不外乎人心，天道不外乎人事。是故，離人而言天不可也。是二書之所極論也，其或外徇于形名，內錮于意見，分別追求。役役焉，執筌蹄爲至道，而日遠乎無聲無臭之本然。不知天，其何以知人？是故，外天而言人，不可也。程伯子云：天人本無二，不必言合。一語之下，全體洞然，殆二書所未及察也。

原善之言天命也，引記云"分于道謂之命"解之曰：限于所分曰命。此恐不足盡中庸天命之義。中庸之言天命也，言上天之載而已，此上不容有加。若有加，何以云：至維天之命，於穆不已？天之所以爲天，無去來，亦無內外，人之性于命也亦然。昭昭之天，卽無窮之天，孰得而分之？命有自分，卽性有所限，其可率之以爲道邪？率有限之性以爲道，遂成位天地、育萬物邪？此其可質者一也。

虛寂之文，見于大易咸之象曰：君子以虛受人。大傳曰：寂然不動，感而遂通天下之故。不虛則不能受，不寂則不能通，清明在躬，氣志如神，虛寂之謂也。今謂犬之性、牛之性，當其氣無乖亂，莫不衝虛自然，則亦言之易矣。人于無事時，非有定力，不入于昏則流于散，而況犬牛乎？又曰：老莊尚無欲，君子尚無蔽，似亦未盡。無欲則誠，誠則明；無蔽則明，明則誠。未有誠而不明，明而不誠者也。其謂君子之欲也，使一于道義。夫一于道義，則無欲矣。程伯子云：天地之常心，普萬物而無心；聖人之常情，順萬事而無情。故君子之學，莫若廓然而大公，物來而順應。無欲之旨，蓋在于是，固非必杜耳目、絕心慮而後乃爲無欲也。此其可質者又一也。

　　疏證以朱子復其初之云本莊周書而訾之，以爲德性資于學問，進而聖智，非復其初明矣。是謂德性不足以盡道，必以學問加之，則德性亦不足尊矣。夫學問非有加于德性也，蘄有以盡乎其量而已，盡乎其量，則聖智矣。故曰：堯舜性之也，湯武反之也。性之者，明其無所加也；反之者，復其初之謂也。又以老莊釋氏之自貴其神，而轉以訾夫張朱二子。夫神之爲言，不始于老莊釋氏，易大傳曰：神無方而易無體。又曰：神也者，妙萬物而爲言者也。何謂邪？謂不當以神與形爲二本，二之非也。將先形而後神，而不知神之無可先也。此其可質者又一也。

　　合觀二書之旨，所痛攻力闢者，尤在以理爲如有物焉，得于天而具于心，謂涉于二氏。先儒語病則不無，然外心以求理，陽明王子已明訾其非矣。將欲避真宰真空之説，謂離物無則，離形色無天性，以之破執可也，據爲定論，則實有未盡。以鄙意言之，離則無物，離天性無形色。何也？物譬之方員，則譬之規矩，未有舍規矩而爲方員者也。舍規矩而爲方員，則無方員矣。形色譬之波，性譬之水，未有舍水而求波者也。舍水而求波，則無波矣。于此欠分明，則于易所謂神，詩所謂上天之載，皆將遷就以傅吾之説，而先聖之微言，滋益晦其究也。使人逐物而遺則，徇形色薄天性，其害不細，更望精思而詳説之,幸甚不宣。

（選自光緒辛巳刻本二林居集卷三）

【附】　戴震：答彭進士允初書

允初先生足下：

日前承示二林居制義,文境高絶」然在作者,不以爲文而已,以爲道也;大暢心宗,參活程朱之説,以傅合六經、孔、孟,使閎肆無涯涘。孟子曰:"資之深則取之左右逢其源。"凡自得之學盡然。求孔孟之道,不至是不可謂之有得;求楊、墨、老、莊、佛之道,不至是亦不可謂之有得。

宋以前,孔孟自孔孟,老釋自老釋;談老釋者高妙其言,不依附孔孟。宋以來,孔孟之書盡失其解,儒者雜襲老釋之言以解之。於是有讀儒書而流入老釋者;有好老釋而溺其中,既而觸於儒書,樂其道之得助,因憑藉儒書以談老釋者;對同己則共證心宗,對異己則寄託其説於六經、孔、孟,曰:"吾所得者,聖人之微言奧義。"而交錯旁午,屢變益工,渾然無罅漏。

孔子曰:"道不同,不相爲謀。"言徒紛然辭費,不能奪其道之成者也。足下之道成矣,欲見僕所爲原善。僕聞足下之爲人,心敬之,願得交者十餘年於今。雖原善所指,加以孟子字義疏證,反覆辯論,咸與足下之道截然殊致,叩之則不敢不出。今賜書有引爲同,有別爲異;在僕乃謂盡異,無豪髮之同。

昔程子、張子、朱子,其始也,亦如足下今所從事。程叔子撰明道先生行狀曰:"自十五六時,聞周茂叔論道,慨然有求道之志,泛濫於諸家,出入於老釋者幾十年,返求諸六經,而後得之。"呂與叔撰橫渠先生行狀曰:"范文正公勸讀中庸,先生讀其書,雖愛之,猶以爲未足，又訪諸<u>釋</u>老之書，累年，盡究其説，知無所得，返而求之<u>六經</u>。"知無所得者，陋之，非不知之也。<u>朱子</u>慕禪學，在十五六時；年二十四，見<u>李愿中</u>，<u>愿中</u>教以看聖賢言語，而其後十餘年有答何叔京二書：其一曰："向來妄論持敬之説，亦不自記其云何，但因其良心發見之微，猛省提撕，使心不昧，卽是做工夫底本領。本領既立，自然下學而上達矣。若不察良心發見處，卽渺渺茫茫，恐無下手處也。所諭多識前言往行，<u>熹</u>向來所見亦是如此。近因返求，未得個安穩處，卻始知此未免支離，曷若默會諸心以立其本，而其言之得失，自不能逃吾之鑒邪」"其一曰："今年不謂饑歉至此，夏初，所至汹汹，遂爲縣中委以賑糶之役，百方區處，僅得無事。博觀之弊，此理甚明，何疑之有」若使道可以多聞博觀而得，則世之知道者爲不少矣。<u>熹</u>近日因事方少有省發處，如'鳶飛魚躍'，<u>明道</u>以爲與'必有事焉而勿正'之意同者，今乃曉然無疑。日用之間，觀此流行之體，初無間斷處，有下工夫處。此與守書册、泥言語，全無交涉，幸於日間察之，知此則知仁矣。"二書全背<u>愿中</u>，復歸<u>釋氏</u>，反用聖賢言語指其所得於<u>釋氏</u>者。至<u>乾道癸巳</u>，<u>朱子</u>年四十四，門人<u>廖德明</u>録癸巳所聞云，"先生言：二三年前見得此事尚鶻突，爲他佛説得相似，近年來方看得分曉。"是後，<u>朱子</u>有答汪尚書書云："<u>熹</u>於釋氏之説，蓋嘗師其人，尊其道，求之亦切至矣，然未能有得。其後以先生君子之教，校乎前後緩急之序，於是暫置其説而從事於吾學。其始蓋未嘗一日不往來於心也，以爲俟卒究吾説而後求之未爲甚晚。而一二年來，心獨有所自安，雖未能卽有諸己，然欲復求之外學以遂其初心，不可得矣。"

  <u>程朱</u>雖皆先入於釋氏，而卒能覺寤其非。<u>程子</u>曰："吾儒本天，異端本心。"<u>朱子</u>曰："吾儒以理爲不生不滅，<u>釋氏</u>以神識爲不生不滅。"僕於<u>孟子字義疏證</u>辯其視理也，與<u>老釋</u>之視心，視神識，雖指

歸各異，而僅僅就彼之言轉之，猶失孔孟之所謂理，所謂義。朱子稱"爲他佛說得相似"者。彼之心宗，不特指歸與此異也，亦絕不可言似。程朱先從事於彼，熟知彼之指歸：既而求之此，見此之指歸與彼異矣，而不得其本，因推而本之天。夫人物，何者非本之天乎，豈得謂心必與天隔乎，彼可起而爭者也。苟聞乎此，雖愚必明，雖柔必強；擴而充之，何一非務盡其心以能盡道，苟自以爲是而不可與入堯舜之道，雖言理、言知、言學，皆似而非，適以亂德。

在程朱先入於彼，徒就彼之說轉而之此，是以又可轉而之彼，合天與心爲一，合理與神識爲一；而我之言，彼皆得援而借之，爲彼樹之助。以此解經，而六經、孔、孟之書，彼皆得因程朱之解，援而借之爲彼所依附。譬猶子孫未覩其祖父之貌者，誤圖他人之貌爲其貌而事之，所事固己之祖父也，貌則非矣；實得而貌不得，亦何傷，然他人則持其祖父之貌以冒吾宗，而實誘吾族以化爲彼族，此僕所由不得已而有疏證之作也。破圖貌之誤，以正吾宗而保吾族，痛吾宗之久墜，吾族之久散爲他族，敢少假借哉，

宋儒僅改其指神識者以指理，而餘無所改；其解孔孟之言，體狀復與彼相似。如大學章句於"在明明德"，中庸章句於"不顯維德"，尤渾合幾不可分。足下遂援"上天之載，無聲無臭"，爲心宗之大源；於宋儒之雜用老氏尚"無欲"，及莊周書言"復其初"者，而申之曰："無欲，誠也；湯武反之，'復其初'之謂也。"僕愛大戴禮記"分於道謂之命"一語，道，卽陰陽氣化，故可言分；惟分也，故成性不同；而易稱"一陰一陽之謂道"，中庸稱"天命之謂性"，孟子辨別"犬之性""牛之性""人之性"之不同，豁然貫通。而足下舉"維天之命，於穆不已"，以爲不得而分。此非語言之能空論也，宜還而體會六經、孔、孟之書本文云何。詩曰"予懷明德"，對"不大聲以色"而言；大學之"明明德"，以"明德"對"民"而言；皆德行行事，人咸仰見，如

日月之懸象著明，故稱之曰"明德"。倘一事差失，則有一事之捭
觸。其由近而遠，積盛所被，顯明不已，故曰"明明德"，曰"明明德
於天下"。詩之"不顯""不承"，卽書之"丕顯""丕承"，古字"丕"通
用"不"，大也。中庸言"聲名洋溢乎中國"；其言"闇然"也，與"日
章"並言，何必不欲大顯，而以幽深玄遠爲至！夫晝日當空，何嘗有
聲臭以令人知？而疇不知之，不可引"上天之載無聲臭"以言其至
乎！"上天之載"二語，在詩承"駿命不易"言，鄭箋云："天之道難知
也，耳不聞聲音，鼻不聞香臭；儀法文王之事，則天下咸信而順
之。"在中庸承"化民之德"言，不假聲臭以與民接也。談老釋者，有
取於"虛靈不昧"，"人欲所蔽"，"本體之明"，"幽深玄遠"，"至德淵
微"，"不顯之妙"等語與其心宗相似，不惟大學中庸本文差以千里，
卽朱子所云，雖失大學中庸之解，而其指歸究殊。

又，詩書中凡言天命，皆以"王者受命於天"爲言；天之命王者
不已，由王者仁天下不已。中庸引"維天之命，於穆不已，於乎不
顯，文王之德之純。"其取義也，主於不已，以見至誠無息之配天地。
"於穆"者，美天之命有德深遠也；譬君之於賢臣，一再錫命，惓惓不
已，美君之能任賢者，豈不可欺其深遠。引之者豈不可曰："此君之
所以爲君也。"凡命之爲言，如命之東則不得而西，皆有數以限之，
非受命者所得踰。試以君命言之，有小賢而居上位，有大賢而居下
位，各受君命以居其位，此命數之得稱曰君命也；君告誡之，使恭其
事，而夙夜兢惕，務盡職焉，此教命之得稱曰君命也。命數之命，限
於受命之初，而尊卑遂定；教命之命，其所得爲視其所能，可以造乎
其極；然盡職而已，則同屬命之限之。命之盡職，不敢不盡職，如命
之東，不敢不赴東；論氣數，論理義，命皆爲限制之名。

譬天地於大樹，有華、有實、有葉之不同，而華、實、葉分於樹；
形之鉅細，色臭之濃淡，味之厚薄，又華與華不同，實與實不同，葉

與葉不同; 一言乎分,則各限於所分。取水於川,盈罍、盈瓶、盈缶,
凝而成冰,其大如罍、如瓶、如缶,或不盈而各如其淺深; 水雖取諸
一川,隨時與地,味殊,而清濁亦異,由分於川,則各限於所分。人
之得於天也,雖亦限於所分,而人人能全乎天德。以一身譬之,有
心,有耳目鼻口手足,鬚眉毛髮,惟心統其全,其餘各有一德焉,故
記曰,"人者,天地之心也。"瞽者,心不能代目而視,聾者,心不能代
耳而聽,是心亦限於所分也; 飲食之化爲營衛,爲肌髓,形可並而一
也。形可益形,氣可益氣,精氣附益,神明自倍; 散之還天地,萃之
成人物; 與天地通者生,與天地隔者死。以植物言,葉受風日雨露
以通天氣,根接土壤肥沃以通地氣; 以動物言,呼吸通天氣,飲食通
地氣; 人物於天地,猶然合如一體也。體有貴賤,有小大,無非限於
所分也。

　心者,氣通而神; 耳目鼻口者,氣融而靈。曾子曰: "陽之精氣
曰神,陰之精氣曰靈; 神靈者,品物之本也。"易曰: "精氣爲物,游魂
爲變,是故知鬼神之情狀。""精氣爲物"者,氣之精而凝,品物流形
之常也; "遊魂爲變"者,魂之遊而存,其形敝而精氣未遽散也,變則
不可窮詰矣。老、莊、釋氏,見於遊魂爲變之一端,而昧其大常; 見
於精氣之集,而判爲二本。莊周書曰: "一受其成形,不亡以待盡。"
釋氏"人死爲鬼,鬼復爲人"之說同此。周又曰: "其形化,其心與之
然,可不謂大哀乎!"老氏之"長生久視",釋氏之"不生不滅",無非
自私,無非哀其滅而已矣,故以無欲成其私。孟子曰: "廣土衆民,
君子欲之。"又曰: "欲貴者,人之同心也。"又曰: "魚,我所欲也; 熊
掌,亦我所欲也;""生,亦我所欲也; 義,亦我所欲也。" 在老釋皆無
之,而獨私其遊魂,而哀其滅以豫爲之圖。

　在宋儒惑於老釋無欲之說,謂"義亦我所欲"爲道心,爲天理,
餘皆爲人心,爲人欲。欲者,有生則願遂其生而備其休嘉者也; 情

者，有親疏、長幼、尊卑感而發於自然者也；理者，盡夫情欲之微而區以別焉，使順而達，各如其分寸豪釐之謂也。欲，不患其不及而患其過。過者，狃於私而忘乎人，其心溺，其行慝，故孟子曰："養心莫善於寡欲。"情之當也，患其不及而亦勿使之過。未當也，不惟患其過而務自省以救其失。欲不流於私則仁，不溺而爲慝則義；情發而中節則和，如是之謂天理；情欲未動，湛然無失，是謂天性；非天性自天性，情欲自情欲，天理自天理也。

足下援程子云："聖人之常情，順萬事而無情；故君子之學，莫若廓然而大公，物來而順應。"謂無欲在是。請援王文成之言，證足下所宗主，其言曰："良知之體，皦如明鏡，妍媸之來，隨物見形，而明鏡曾無留染，所謂'情順萬事而無情'也。'無所住而生其心'，佛氏曾有是言。明鏡之應，妍者妍，媸者媸，一照而皆真，卽是'生其心'處；妍者妍，媸者媸，一過而不留，卽是'無所住'處。"程子説聖人，陽明説佛氏，故足下援程子不援陽明，而宗旨則陽明尤親切。陽明嘗倒亂朱子年譜，謂朱陸先異後同。陸王，主老釋者也；程朱，闢老釋者也。今足下主老、釋、陸、王，而合孔、孟、程、朱與之爲一，無論孔孟不可誣，程朱亦不可誣。抑又變老釋之貌爲孔、孟、程、朱之貌，恐老釋亦以爲誣己而不願。

老氏曰："唯之與阿，相去幾何；善之與惡，相去何若？"告子曰："性無善無不善也。""義，外也，非内也。"釋者曰："不思善，不思惡，時認本來面目。"陸子静曰："惡能害心，善亦能害心。"王文成曰："無善無惡，心之體。"凡此，皆不貴善也。何爲不貴善？貴其所私而哀其滅，雖逐於善，亦害之也。今足下言之，則語益加密，曰："形有生滅；神無方也，妙萬物也，不可言生滅。"又曰："無來去，無内外。"引程子"天人本無二，不必言合"，證明全體，因名之曰"無聲無臭之本"；謂之爲"天命之不已"，而以"至誠無息"加之；謂之爲

"天道之日新"，而以"止於至善"加之。請援王文成之言證足下所宗主。其言曰："夫良知一也，以其妙用而言，謂之神；以其流行而言，謂之氣。"又曰："'本來面目'，即吾聖門所謂'良知'；隨物而格，是致知之功。佛氏之'常惺惺'，亦是常存他'本來面目'耳，體段功夫，大略相似。"陽明主扞禦外物爲格物，隨物而格，所謂遏人欲也。"常惺惺"，朱子以是言存天理，以是解中庸"戒慎恐懼"，實失中庸之指。陽明得而借中庸之言以寄託"本來面目"之説，曰："養德養身，止是一事；果能'戒慎不睹，恐懼不聞'，而專志於是，則神住，氣住，精住，而仙家所謂'長生久視'之説亦在其中矣。"莊子所謂"復其初"，釋氏所謂"本來面目"，陽明所謂"良知之體"，不過守己自足；既自足，必自大，其去中庸"擇善固執"，"博學、審問、慎思、明辨、篤行"，何啻千萬里⌐

　　孟子曰："反身而誠，樂莫大焉。"曰："反身不誠，不悦於親矣。"中庸孟子皆曰："不明乎善，不誠乎身矣。"今舍明善而以無欲爲誠，謬也。證心宗者，未嘗不可以"認本來面目"爲"明乎善"此求伸其説，何所不可⌐老子告子視善爲不屑爲，猶能識善字；後之宗之者，並善字假爲己有，實並善字不識。此事在今日，不惟彼所謂道德非吾所謂道德，舉凡性與天道，聖智、仁義、誠明，以及曰善，曰命，曰理，曰知，曰行，無非假其名而易其實。"反身不誠"，言事親之道未盡也；"反身而誠"，言備責於身者無不盡道也。孟子曰："堯舜，性之也；湯武，身之也；五霸，假之也。久假而不歸，惡知其非有也⌐"性之，由仁義行也；身之，仁義實於身也；假之　假仁義之名以號召天下者，久則徒知以仁義責人，而忘己之非有。又曰："堯舜，性者也；湯武，反之也。"下言"動容周旋中禮者，盛德之至也"，申明性者如是。言"哭死而哀，非爲生者也；經德不回，非以干禄也；言語必信，非以正行也；君子行法以俟命而已矣。"皆申明

“反之”謂無所爲而爲，乃反而實之身；若論“復其初”，何用言“非爲生者”，“非以干禄”，“非以正行”，而且終之曰“俟命”！其爲“反身”甚明，各覈本文，悉難假借。

足下所主者，老、莊、佛、陸、王之道；而所稱引，盡六經、孔、孟、程、朱之言。誠愛其實乎？則其實遠於此。如誤以老、莊、佛、陸、王之實爲其實，則彼之言，親切著明，而此費遷就傅合，何不示以親切著明者也！誠借其名乎？則田王孫之門，猶有梁丘賀在。況足下閲朱子答何叔京二書，必黙然之，及程朱闢老釋，必不然之；而至於借助，則引程朱爲同乎己。然則所取者，程朱初惑於釋氏時之言也。所借以助己者，或其前之言，或其後之似者也。所愛者，釋氏之實也。愛其實而棄其名，借其名而陰易其實，皆於誠有虧。足下所云“學問之道，莫切於審善惡之幾，嚴誠僞之辨”，請從此始！倘亦如程朱之用心，期於求是，不雜以私，則今日同乎程朱之初，異日所見，或知程朱之指歸與老、釋、陸、王異。

然僕之私心期望於足下，猶不在此。程朱以理爲“如有物焉，得於天而具於心”，啓天下後世人人憑在己之意見而執之曰理，以禍斯民；更淆以無欲之説，於得理益遠，於執其意見益堅，而禍斯民益烈。豈理禍斯民哉？不自知爲意見也。離人情而求諸心之所具，安得不以心之意見當之！則依然本心者之所爲。拘牽之儒，不自知名異而實不異，猶貿貿争彼此於名而輒蹈其實；敏悟之士，覺彼此之實無異；雖指之曰“沖漠無朕”，究不得其仿彿，不若轉而從彼之確有其物，因卽取此以賅之於彼。嗚呼，誤圖他人之貌者，未有不化爲他人之實者也！誠虚心體察六經、孔、孟之言，至確然有進，不惟其實與老釋絶遠，卽貌亦絶遠，不能假託；其能假託者，後儒失之者也；是私心所期於足下之求之耳。

日間因公私紛然，於來書未得從容具論；大本苟得，自然條分

理解。意言難盡，涉及一二，草草不次。南旋定於何日？十餘年願
交之忱，得見又不獲暢鄙懷。伏惟自愛。震頓首

（選自<u>中華書局</u>一九八二年版<u>孟子字義疏證</u>）

十、羅子遺集後敍

于<u>易</u>，<u>文王</u>、<u>周公</u>、<u>孔子</u>之所述；于<u>書</u>，<u>禹</u>、<u>咎繇</u>、<u>箕子</u>之所陳；
于<u>詩</u>，<u>周公</u>、<u>尹吉甫</u>所稱道。其于天人之故，性命之精，言之至明且
哲。及<u>孔子</u>之徒傳之，于是有<u>大學</u>、<u>中庸</u>、<u>論語</u>之作，而其恉益顯。
然而<u>端木氏</u>曰：夫子之言性與天道，不可得而聞也。果何謂哉？戰
國時，<u>孟氏</u>纘<u>子思</u>之緒，作七篇，尊<u>孔氏</u>；<u>莊生</u>之辯，切于天；<u>郇氏</u>
之説，詳于禮。其于羣聖人之教，或離焉，或合焉，而異同之論起
矣。佛之教入<u>中國</u>最晚，其爲道，推本還原，窮幽極博；語其至，則
言思斷、擬議絶。殆<u>端木氏</u>所謂不可得聞者。後之儒者，誕其道，
辭而闢之，亦不能盡絀其説也。<u>韓退之</u>作原道，拒佛甚嚴，然頗降
心<u>大顚</u>，取其能識道理、外形骸。<u>李習之</u>作復性書，以無思爲至；
<u>周子</u>闡圖説，以無極爲本；<u>朱子</u>推而衍之，而<u>象山陸子</u>疑之爲禪，
<u>朱子</u>亦復以禪詆<u>陸子</u>。<u>陸子</u>之徒爲<u>慈湖楊氏</u>，聞<u>陸子</u>之風而興者，
爲<u>陽明王氏</u>，一以無意爲心宗，一以無善無惡爲心體，其于<u>達摩氏</u>
西來之恉，同邪否邪？夫自<u>韓李</u>以降，暨于<u>楊王</u>諸君子，其生平自
任，莫不欲扶皇極、敍彝倫、正人心、屛邪説。顧其所造益微，往往
欲自異于西來之恉而不得。而此諸君子者，即不得自異于西來之
恉，至其所以扶皇極、敍彝倫、正人心、屛邪説，卒亦未嘗少弛其自
任之實。然則，佛之説其終不可絀邪。其爲道，真<u>端木氏</u>所謂，不
可得聞者邪！且夫佛之異于儒者迹爾，迹也者，教之所由立，而非教

之所從出也。若乃教之所從出，尚不可言，同異安從生？

吾友羅子臺山，躬明粹之資，志高而行篤，其學原本乎六經，出入乎思孟莊郇，馳騁乎韓李，由儒入佛，沈潛天台永明之書。久之而悟其所從出者，因之旁推，交通四達而不悖。其著于言者，在儒而儒，在佛而佛，初未嘗見其同且異也。且夫扶皇極、敍彝倫、正人心、廓邪説，亦臺山志之所存也。顧其著于言者若此。儵亦有欲自異而不得者邪？其學與其志固有適相成而不相謬者邪？後之學者，誠盡心于端木氏所謂不可得聞者，一旦豁然而無疑，則亦可無疑于臺山之言矣。

（選自光緒辛巳刻本二林居集卷六）

十一、汪子文録敍

予年二十餘，始有志于學，其端實自汪子大紳發之。予之志于學也，初學于程朱，汪子則與予言程朱。汪子之言程朱也，非猶夫人之言程朱也。繼學于陸王，汪子則與予言陸王。汪子之言陸王也，非猶夫人之言陸王也。已而予學于佛，學于淨土，汪子則又與予言佛言淨土。蓋予之學日以變，而汪子之言日以新，而汪子一若無與于其間者。善哉！汪子之妙于言也！異哉！汪子之切于予也！予之于汪子之言也，一以爲創獲，一以爲固然，其不合者則希矣。持以示人，人莫測其所謂，獨羅子臺山見而識之曰：是無師智之所流也。汪子既樂與予言，及見臺山而大樂，遂樂與臺山言，又樂與予言臺山。其言臺山也，不獨贊歎而已，詆訶笑謔，無弗有也。其與予也亦然，時或與臺山言予，詆訶笑謔，無弗有也。汪子之文，經臺山手訂者，予輒録藏之，久之成帙。已而爲汪子取去，閲三年乃復以畀予。于時臺山已下世，摩挲故迹，執卷慨然，蓋自是罕有知汪子之文者矣。往者，臺山自南海還，入洞庭山，予慮其往而不返也，因取臺山文錄而敍之，及是汪子亦將入洞庭，尋臺山異時讀經處。汪子非往而不返者，其于洞庭郵傳焉而已。雖然，汪子壯歲負經世志，喜道陳同甫之爲人，其深識遠慮，具見于所爲三錄中。頃屢困于鄉舉，髮禿貌積然老矣。方今王路蕩平，庶職就理，雖有不羈才如同甫輩，吾猶將招之青山白社間，彷皇乎無何有之鄉，以盡此生也，汪子其能無意乎！汪子嘗評予文曰：釀華成蜜。予則評汪子文曰：噓氣成雲。噫！自臺山而外，世尚有知汪子如予者邪！于其入山也，援敍臺山之例敍之。是予之切于汪子也，汪子其有以報予矣！

（同上）

龔　自　珍

〔簡介〕　龔自珍，又名鞏祚，字璱人，號定庵，生於公元一七九二年(<u>清高宗乾隆</u>五十七年)，死於公元一八四一年(<u>清宣宗道光</u>二十一年)，<u>仁和</u>(今<u>浙江杭州</u>)人。他是我國十九世紀上半期著名的詩人和政論家，也是鴉片戰争前出現的一位愛國的進步思想家。他積極主張抵制外國資本主義勢力的侵略，堅決支持<u>林則徐</u>的禁烟運動。他對晚<u>清</u>封建社會的腐朽和没落進行了深刻的揭露，認爲卽使没有外國勢力的侵入，<u>清</u>王朝統治也已面臨着崩潰的危險。爲此，他提出了各種改革社會積弊的主張和方案。但是，他的這片愛國救國的熱情，不僅没有得到重視，反而不斷遭到當權派的排斥、打擊。

<u>龔自珍</u>在萬分苦悶中，袛好到佛教的出世主義中去尋求思想上的慰藉，而到他的晚年，尤爲好佛。正如他在一首詩中所説的："吟罷江山氣不靈，萬千種話一燈青，忽然閣(擱)筆無言語，重禮天台七卷經。"在佛學理論方面他主要崇信<u>天台宗</u>，這在他的世界觀、認識論和人性論方面都有明顯的反映。他有關佛學方面的著作，現已都收入<u>龔自珍</u>全集一書中了。

一、支那古德遺書序

觀<u>實相</u>之者愀然曰：學術有升降，人心有誠僞，水有淄、澠，樂有雅、鄭，豈獨九流之通蔽，儒門之口實而已乎？原夫禪者，佛説六波羅密門之一門，古所謂禪，盡事禪也。千佛所胎息，三乘所劬勞，八教所筦鑰，盡事禪也。入之也有門，踐之也有塗，譬彼登山，足無藉則何以爲之階？手無捫則何以爲之援？而且導之也有師，扶持之也有相，尚猶慮夫涉之也有淺深，閱之也有久暫，則有諸境以爲之策，有化城以爲之止息，乃有大事因緣以爲之歸墟。其言明且清也，故被乎三根，其術至樸實平正也，故其書三根學焉而各無弊。莊論法語，尚懼不聰，烏有所謂機鋒者乎？名身句身，尚懼不明，烏有所謂參悟者乎？是非有檢束，烏有所謂一千七百則公案者乎？通塞視前塗，烏有所謂看話頭者乎？慈和煖愛，烏有所謂棒喝者乎？有聞、有思、有修，以言説説其無言説，以思議思議其不思議，心有悉檀焉，烏有一切鏡者乎？傾肝吐鬲而予之，烏有設伏以俟敵者乎？蓋惟恐人之不好問也，烏有來卽攔，到卽斫者乎？無量人問，當用無量法門悉檀答之，譬如醫門四百四病，四百四藥，診脈處方，臨時區配，烏有以現成語句，囫圇籠罩人者乎？或宗華嚴經，或宗法華經，或宗湼槃經，荊谿讚天台云：“依經帖釋，理富義順。”烏有所謂教外別傳者乎？或難之曰：天台所云云，都在法華七卷內耶？應之曰：書不盡言，言不盡意，作者無之，述者有之，九流之通例如此矣。智者大師卽補結集者之略，又正翻譯者之拙，又或囊括大意，或融合衆文，或發揮孤文，或不忽旁瀋，或搜剔隙罅，或舉一例諸，微獨禪人而已。支那賢者讀周公、孔父之書，皆如此矣，烏有所謂教外之別傳者乎？如青天白日，欲人之無不見也，烏有所謂祖師向上事，密密不通風者乎？幽探冥討，旁引殼證，尚懼靈文之不富也，烏有撥去語言文字者乎？其書不幸而埋藏，千載無詶者宜也，其書幸而流布，得道者如麻、如菽、如竹葦又宜也，烏有所謂孤提祖印，密付衣盂者乎？以佛爲師，以佛知見爲歸，以經論爲導，以禪爲行，烏有所謂不向如來行處行者乎？

悲夫！晚唐以還，像法漸謝，則有斥經論用曹溪者，則有祖曹溪並失夫曹溪之解行者，愈降愈濫，愈誕愈易，昧禪之行，冒禪之名，儒流文士，樂其簡便，不識字髡徒，習其狂猾，語錄繁興，夥於小説，工者用廋，拙者用謠，下者雜俳優成之，異乎聞於文佛之所聞，狂師召伶俐市兒，用現成言句授之，勿失腔節，三日，禪師其徧市矣。佛言：吾如師子王，不畏百獸，畏師子身自生蛆蟲，噉師子肉。佛法之衰，爲支那所舐，不絶如線，則豈非蛆蟲僧之召之也哉？予欸焉！又盡焉！亟思所以報佛恩者，乃寫法華宗魏南岳思大師書一種四卷，隋天台智者大師書若干種，唐荆溪湛然大師書若干卷，涅盤宗唐永嘉無相大師書一種一卷，華嚴宗唐帝心大師書一種一卷，圭峯密大師書一種二卷，書其地曰支那，尊其人曰古德，目其教，信其必不離語言文字也，故謂之遺書。既寫定，藏之乎羽琌之山，支那緇白，容有續九流謏古今審正變者焉。以二百本施諸寺。

二、爲龍泉寺募造藏經樓啟

大法之東也，寄囑人王，寄囑宰官、長者、居士。予讀全藏，有官譯，有官寫，有官判，其目録盡在官。宋藏、元藏，今頗有存者，皆官紙，紙尾有官牒。其世近尤易徵者，永樂中詔刊全藏一萬一千餘卷，依周興嗣千字臚而次之，頒天下諸寺。今在大江以南者爲南藏，在京師者爲北藏，香木銅鐶，象玉錦繡，以爲裝函；高樓飛宇，以爲庋閣；名稱歌曲、香火之田，以爲贊歎、護持、供養。明祚久長，十五陵巋然。明之士大夫，席承平之清暇，往往探祕典，問玄文，支那盛有述作。萬曆中，浙之徑山，始易梵夾爲冊書，別刊經論五千卷，剞劂浩穰，亦問之一時士大夫。予讀徑山藏，識其卷尾，考其出貲之家，盡科目之選，而志乘之傑也。垂三百載，其雲礽遺裔，多豐饒貴顯未艾者，功德吉祥，豈其誣乎？微獨往古，我世宗憲皇帝，神聖天縱，留意內學，謂是與周孔之言，異名同實，不可執一廢一者也。爰頒大帑，契衆經二十八種，合二百餘卷；又刊古德祖師語錄三十八種，百餘卷；又刊宗鏡錄百卷，頒諸寺。又詔以潛邸之雍和宮爲奉佛處，以大臣專領之。高宗朝，益置內府匠人其中，月塈象三百尊，萬世勿減，其象歲頒京師諸寺。自法流此土，功德無如聖清者；國祚世運，自有書契，則亦無如我聖清者。通儒大方，可以篤信，可以力行也矣。夫有倡於上，則必有貴種福德之臣助於下，相與報佛恩，祈福德，以合成一世界之福德，豈可闕也？永樂北藏全千函而不缺者，今玆僅矣。京師九門，不滿三十分。宣武門西南龍泉寺，古刹也，實有一分，完不蝕，望之櫛然，觸之鬍然。寺卑溼，慮其久而蠹也，無樓居，慮不足以極崇奉之美也。且龍泉地勢清遠，水木之表，宜有鬱然靈然者峙焉，使民望焉爲祈嚮之宗，百福之匯，而以庇國庇民，不亦美乎？王公貝勒，貴官大夫，無使徑山專美明代」

（同上）

三、發大心文

震旦苦惱衆生某，稽首盡十方三世諸佛前：伏以人身難得，佛法難聞，我今得少善力，得生人中，正像雲遲，末法現在，欲報大恩，須發大願，依經論説，行是車船，願是馬檝，有船無檝，難可到也。

我自諸劫以來，佛加被我，佛教誨我，佛憶念我；我有眼根不見，耳根不聞，意根不覺，流轉生死，旋出旋没，至於今生，今生更遲，何生可待？父母生我，善友教我，一切有情，咸加被我，況自諸劫來，若父若母若眷屬，或生天中，或生人中，或生畜生中，地獄中；我若不以今生坐大願船，自鼓願檝，盡諸後身，終成蹉忽，負恩無極，是謂枉得人身，虛聞佛法。是故欲修檀者，一本"檀者"作"布施"。發心爲先; 欲修羼提，一本"羼提"作"安忍"。發心爲先，欲修尸羅，一本"尸羅"作"止得"。發心爲先; 欲修毘黎耶，一本"毘黎耶"作"精進"。發心爲先; 欲修禪那，一本"禪那"作"静慮"。發心爲先; 欲修般若，一本"般若"作"智慧"。發心爲先。我今先願斷種種心。何謂種種心? 瞋心差別有三: 曰嫉惡心，曰怨懟心，曰難忍辱心。貪心差別有三: 曰樂世法心，曰羨慕心，曰憶世法心。癡心差別有五: 曰善感心，曰纏綿心，曰疑法心，曰疑因果心，曰昏沈心。有境相應行心，有非境不相應行心; 若廣分別言，則有八萬四千塵勞，皆起一心。

　　我今誓發大心，凡生人倫，受種種惱，大心菩薩深知因果，各各有故，略可設説。脱令我今世適發善念，欲入正受，卽有魔事，不得成就，便當知前生善根微淺，嬈善友故。脱令我今世出誠實言，而以恕人，人反譏笑，便當知我前世信根微淺，不聽它言故。脱令我今生多受浮言，無情淺夫，或用見成言説而成謗論，便須知我前世處境亨泰，但能坐議，不察人世一切真實煩惱故。脱令我今世於人有禮，人見凌侮，便須知我前生忍辱根淺，或加報復，或喜我慢，今迴報故。脱令我今生如孩如提，純取真初而以待人，人--本"人"作"大"。相機詐，受種種惱，便須知我前生閱歷太深，厚貌深中，今受報故。脱令我今世既招謗議，復值嫌疑，難可解説，便須知我前生坐於堂上，身爲理官，但據形迹故。脱令我今世自細及巨，萬事萬狀，不得擇術直行，如頭欲前而足欲後，便當知我前生直截如意，平生處置，數言可了，不知它苦故。脱令我今世進身坎軻，橫見貶抑，便知我前生僥取榮利，貪賂罔法，不畏人王，一本"王"作"言"。不恥姍笑故。脱令我今世種種處置，雖竭仁智，終無善局，便須知我前生害他眷屬，累其一生故。脱令我今生於世間愛樂，百求無遂，凡所施作，垂成忽敗，便須知我前生於它若有仇若無仇，一切破壞故。脱令我今生遇有惡緣，未可明言，便須知我前生誤作媒孽害它人故。脱令我今世受無量冤讒，無量憂泣，不可明言，便須知我前生順遂享福過故。脱令今生遇凶人暴辱，如豺虎行，便須知我前生無禮以凌人故。

復次，諸佛，我若後身仍生人倫，或生此世界，或生餘世界，依雜華普賢説，東南西北世界，東西南北四角世界，上方下方世界，乃至盡毘盧遮那海世界，皆當發心而正思惟。如遇它横逆，應正思惟，生安受心；遇它機械，應正思惟，生憐他心；遇他作惡，應正思惟，生度他心；遇他冥頑，不忠不孝，不存血性，於家於國，漠然無情，應正思惟，生感動他心；遇他遏仰我，噬負我，皆正思惟，而生憐他心；遇他頑癡，應正思惟，生敬他心；遇它妬忌，生讓它心；遇它醜惡，應正思惟，生愛它心；乃至見他十惡五逆，亦將我心置他胸臆，而替他想，生種種憐他心，宥他心，度他心，乃至一切施不如願於我，我皆如是思惟，此我夙業，今生幸已受報，已償已訖，生自慶幸心。

復次，諸佛，我若後身仍生天倫，若日天子，若月天子，若星辰天子，或生忉利天，或生須燄摩天，或生四天王天，或生它化自在天，乃至生諸梵天，乃至生五不還天，生色究竟天，皆當發心，憶見衆生，照見衆生，我生天上，入於内院，值補處佛，佛已降時，最先請佛説法，佛涅槃時，受我最後法供，如純陀事，佛祐第一，當念世人不值佛世，或又遭遇滅法人王，我皆衍佛法緒而以度之。

我生天上，身有千頭，頭有千舌，舌有千義，氣足音宏，辯才第一，當念衆生冤枉蹇澀，若忠臣，若孝子，若賢婦、孝女、奴僕，種種屈曲繚戾，千幽萬隱，我皆化身替他分説而以度之。我生天上，威德自在，尊嚴第一，當念衆生賤苦而以度之。我生天上，寂然安隱，得諸三昧，陀羅尼門定慧第一，當念衆生或困色陰，或困想陰，種種顛倒，我施安隱而以度之。我生天上，壽命第一，當念衆生朝有夕無，

哭泣相續，我施壽命而以度之。我生天上，安居第一，當念衆生或
涉大水而困濤波，或從高山跌落，不得至地，心怖神飛，我當化身空
中，爲其接住而以度之。我生天上，調適第一，當念衆生生惡毒瘡，
種種苦病，或遇刀刃，或落半頭時，或斷手脚時，或刳腸胃及兩眼
時，求死未死時，我皆分身而以度之。我生天上，潔淨第一，當念衆
生在於地獄，既受無量痛苦，仍在沸屎，受無量穢，我皆不憚親往而
以度之。我生天上，慧照天人，多聞第一，當念衆生少見寡聞，於一
切處自疑自駭，我當令其到心皆平，而以度之。我生天上，久遠超
出因明，內外五明，神明第一，當念衆生小聰小辨，世法多聞，或困
名身，或困句身，或困文身，顛倒日夜，我先化身令其成就，然後解
脫而以度之。我生天上，春吐栴檀氣，夏吐芬陀利氣，秋吐蘭氣，冬
吐須曼那氣，身長由延，端正第一，當念衆生現富單那形，鳩槃茶
形，夜迦形，或人生中粗弊如畜，福力輕微，或生疣贅，五官不全，同
倫譏厭，己亦厭苦，我當巧術而以度之。我生天上，八萬四千微妙
侍女，來相親娛，著微妙衣，出微妙聲，或以攜手爲極樂，或以相笑
爲極樂，當念衆生困於粗重滛欲，不知厭苦，復有慧根男女，想陰熾
盛，生諸疾病，種種粗細境界，我皆化作色身，爲其成就如願，然後
解脫而以度之。我生天上，供養第一，當念貧窮衆生，我以法力取
龍宮寶貝，或美衣食，而以度之。

　　復次，諸佛，我若度人，當發大願心，先度此生父身、母身、眷屬
身，再度曠劫以來，不可說、不可說，父身、母身、眷屬身；又當度此
世一切知識我之身，又當度曠劫以來，不可說、不可說，知識我之
身，又當度曠劫以來至於此世，與我有仇、有怨之身，乃至遍度曠劫
以來，至於今世，若因緣，若增上緣，若等無間緣，若所緣緣，若有情
而作緣，若無情而作緣，人所不見天眼乃見之身，依首楞說，十二類
生，各各入其類中，而說法要而化導之。雖有化導化身勞苦，我實

寂然，不出於定，安坐本所，不離三昧，身心如故。

凡此所願，我實誓發，無虛誑心，所願佛加被我，佛證知我，佛提撕我，佛成就我，使我盡此一形，乃至千形萬形無量形，盡諸後有。一本"有"作"身"。無凡夫障，無小乘障，無中乘障，無外道障，無魔民障，無魔王障。正念相續，正願相續，正知相續，正見相續，正行相續，我盡諸身，若毛髮，若肝腦，若頭目，而以作供，不作爲報。我雖化身，橫盡虛空，竪盡來劫，作其塵沙，一一沙中，有一一舌，一一舌中，出一一音，而以讚佛，不能盡也。又以化身，竪盡來劫，橫盡虛空，作其塵沙，沙中一一舌，舌中一一音，而以勸人讚佛，不能盡也。世界無盡，佛力無盡，衆生無盡，一切法無盡，我願亦無盡。

（同上）

四、知歸子讚

懷歸子曰：震旦之學於佛者，未有全於我知歸子者也。佛之徒吾能言之，大都夙生所造，糾纏至煩重，其生也，心抱民生絶幽苦之一境，所苦不同，要皆今古無比例，語言文字所窮，以爲其根本，於以束其靈異智慧之心，而不得試於外，則尚不知有佛也，乃遁而之于惝怳、曲屈、淒異、幽靈、孤譎之一境。語言文字所窮，以爲其徑竇，久久而自知其不得以試於世，乃姑蓄之而佯與世謀。於是食萬斤之牛，建摩天之旗，以號於天下曰：吾當卽世謀。自羲、炎以來文字，無不受也；日星河海之行，帝王、妃后、臣宰、農工、徒隸之法，無不籀也；當世人民、鳥獸、龍魚、蚰蟲之情狀，無不隨也；身命色力，畢耗於是，久久而自思其何所返？且求諸外，且索諸内，皆不厭吾意。於斯時也，猝焉而與其向者靈異智慧之心遇；遇而不逝，乃決定其心，蓋三累三折之勢，知有佛矣。之人也，設震旦之人，從而尸

祝之，則徒能見其中央而已矣。其學於佛也，又以其十之四習密
部，以祈其災而澹其憂，其爲第一大事謀，十之六耳。惟知歸子不
然，初亦不然，中亦不然，終乃愈全，豈非大菩薩度世示現者哉？合
十翹誠而製讚曰：有美一人不可測，色究竟天三昧出，示來震旦往
淨域。眷屬如意名聞昌，衆生大福一身當，之人尚然思故鄉，汝何
人斯戀一方？重曰：有美一人兮青蓮之華，美人思我兮無以爲家。
嗚呼！我如肯思兮亦既有家。

（同上　定盦文集）

魏　　源

〔簡介〕　魏源,字默深,號承貫(受菩薩戒的法名),生於公元一七九四年(清高宗乾隆五十九年),死於公元一八五七年(清文宗咸豐七年),湖南邵陽人。他在當時是與龔自珍齊名的著名愛國學者和先進思想家。鴉片戰爭期間,他親自參加了抵抗英國侵略軍的鬥爭。他是我國近代史上最早提倡放眼世界、瞭解世界、學習西方先進科技知識、鼓吹採用機器生產的代表人物。爲了瞭解世界,他編集了介紹世界各國情況的專著海國圖志,提出要"師夷之長技以制夷","盡得西洋之長技爲中國之長技"。他的改革社會的主張和方案,比之龔自珍要具體得多,切實得多,大大地前進了一步。

但是,由於他也同樣把改革的希望寄托在清王朝封建統治者身上,結果也是無法得到實現。因此,他也祇得到老、莊、佛教中去"求出世之要"了。他在佛學上主要信奉淨土宗,編集出版了淨土四經,並寫了敍跋。魏源的著作很多,有關佛教方面的著作均收在魏源集中。

一、淨土四經總敍

世宗憲皇帝御選語録,輯蓮池大師淨土諸語,御製序文,闡揚宗淨合一之旨。高宗純皇帝南巡,親詣雲棲,拈香禮佛。御製詩有"由來六字括三乘"之句。大矣哉,西方聖人之教,得東方聖人而表章乎!

夫王道經世,佛道出世,滯迹者見爲異,圓機者見爲同。而出世之道，又有宗教、律、淨之異。其内重己靈，專修圓頓者，宗教也；有外慕諸聖，以心力感佛力者，淨土也；又有外慕諸聖，内重己靈者，此則宗、淨合修，進道尤速。至律則宗教、淨之基址，而非其究竟焉。然宗教、律皆發心童真出家，動經久劫，由初地至十地，方稱等妙覺；卽不蒙佛記，亦自成佛。此是何等根器？但從無一生了辦之法。此我佛<u>無量壽世尊</u>淨土往生之教，橫出三界較豎出三界者，其難易遠近有霄壤之分。此<u>永明壽禪師</u>所謂：“有禪無淨土，十人九錯路；無禪有淨土，萬修萬人去；有禪有淨土，猶如戴角虎”也。

<u>雲棲師</u>中興淨土，乃專宏小本<u>彌陀</u>；而於大本<u>無量壽經</u>及<u>十六觀經</u>，普賢行願品，皆不及焉。夫不讀<u>無量壽</u>，何以知法藏因地願海之宏深，與果地之圓滿？不次以<u>十六觀經</u>，何以知極樂世界之莊嚴，與九品往生之品級？大心既發，觀境親歷，然後要歸於持名，非可以持名而廢發願觀想也。持名至一心不亂，決定往生，而後歸宿於普賢行願品。以十大願王括<u>無量壽</u>之二十四願，以每願末，念念相續，無有間斷，身語意業，無有疲厭，括<u>彌陀經</u>之一心不亂。故現宰官、長者、居士身者，持誦是四經，熟讀成誦之後，依解起行。須先發無上菩提之心。大之則無邊煩惱誓願斷，無盡衆生誓願度，無量法門誓願學，無上佛道誓願成；邇之則廣行布施，供養三寶，多刊大乘經典及淨土諸經論，使叢林皆於禪堂外別開念佛堂，使出家者皆往生西方，固極順之勢。卽在家白衣，未悉朝聞夕死之義，驟覩四經，未必聽受。然疑佛謗佛，皆種信根，況蠢動含靈，固皆具佛性乎？夫勸化一人成佛，功德無量；況勸化數十百僧，輾轉至千百萬，皆往生西方成佛，功德可思議乎？

　　古德有言，己先自度而後度人者，<u>如來</u>應世；未能自度先願度人者，<u>菩薩</u>發心。然後閉七日念佛之關，以求一心不亂；再閉七日觀佛之關，以求親見西方極樂依正。蓋入門必次第修而後圓修，圓

莫圓於普賢行願品，故爲華嚴之歸宿矣。此天然之次第，修持之定軌，故合刊四經，以廣流通，普與含靈，同躋正覺。

　　　　　咸豐四年菩薩戒弟子魏承貫謹敍。

（選自中華書局版魏源集）

二、無量壽經會譯敍

　　蓮池大師舍大本彌陀及觀經，而專宗小本彌陀，固已偏而不全矣。及雲棲法彙刊大本彌陀經，又專用魏譯，且謂四十八願古今流通。夫天親菩薩無量壽偈，已言誓二十四章，是西域古本如是；故漢、吳二譯宗之，爲二十四願。自魏譯敷衍加倍，重複杳宂，前後雷同。是以唐譯省之，爲四十六願；宋譯省之，爲三十六願；是古不流通，今亦不流通也。加之五痛五燒，宂複相等，惟寶積經唐譯無之。故無量壽經，至今叢林不列於日課；使我佛世尊因該果海、果徹因源之大願，不章於世，豈非淨土經教之大憾哉！謹會數譯，以成是經，無一字不有來歷，庶幾補雲棲之缺憾，爲法門之善本矣。或謂據子別本經注，仿雲棲彌陀疏，一一銷歸自性，且愛不盡，不出娑婆。彼玻瓈、硨磲、珊瑚、瑪瑙、黃金、白銀、真珠、寶樹、瓔珞天樂，何預性分中事；而經言極樂世界，津津道之者何？曰：此法身報化之自然也。娑婆世界，本華藏世界第十三重，衆生視爲坑坎土石者。世尊以神足蹋之，立地皆爲琉璃寶地，及攝神足，還復如故。此生佛因果之異感也。

　　衆生無不有六根，有六根即有六塵六入。是以目欲極天下之色，耳欲極天下之音，舌欲極天下之味，鼻欲極天下之香，身欲極天下細滑之觸，心欲極天下快意之法；其求而得之者，爲諸天福報，不知天福享盡之易墮也。其次爲人道，人道終身爲形骸妻子所役，苦樂相半，且富貴溺人，易入三途也，在家之難如此。即出家之僧，宗教二門，自智者、永明宗、淨合修而外，餘皆大乘自命，欲由初地以登十地，動經長劫。且菩薩有隔陰之迷，雲門青草堂五祖戒其前車之鑒，此豎出三界之所以難也。是以大聖覺王憫之，故於豎出三界之外，創橫出三界之法，卽安全真，會權歸實，攬大海水爲醍醐，變大地爲黃金，一聲喚醒萬德洪名。人人心中，有無量壽佛，放光動地，剖塵出卷，自衣獲珠。乃知欲爲苦本，欲爲道本，欣不極則厭不至，厭不極則三界不得出，如是嚮往，如是取舍，如是出離。而後一禮拜，一觀想，一持名，念念仰彌陀如慈父，如疾苦之呼天，如逃牢獄而趣寶所；雖欲心之不專，不可得矣。不然者，口持洪名，心懸世樂，欲其竟出三界也，不亦難哉」

菩薩戒弟子魏承貫謹敍

（同上）

三、觀無量壽佛經敍

蓮池大師之不疏十六觀經，以有智者之疏、四明尊者之鈔也。天台以三觀三諦釋一切經，而於是經尤切。一心三觀者爲能觀，一境三諦者爲所觀。然卽佛卽心，卽心卽境，則所卽是能，能卽是所，初無彼此之別。台宗一色一香，無非中道，所謂卽安全真，況我佛依正，無上勝境乎？但在行人根器不同，修持有序，則有次第三觀、一心三觀之別。次第三觀者，從空入假，從假入空，從空入中，此經先觀依正；日水、冰地、寶樹、樓臺，以漸及觀金容，因以漸契心源也。一心三觀者，卽假卽空卽中，諸佛正徧知海，從心想生；故行者觀佛時，此心卽是三十二相八十相好，則無次第之可言矣。

徹悟禪師語錄曰："觀經是心作佛，是心卽佛。"此言較之宗門見性成佛，尤爲直捷。何者？以成佛難而作佛易也。見佛時卽成佛時。知此則以彌陀之自性，念自性之彌陀；以淨土之惟心，念惟心之淨土；而淨業純是第一義諦矣。古德曰："諸佛心內衆生，塵塵極樂；衆生心內諸佛，念念證真。"自非用志不分絕利一源者，豈易語此哉！但需依經次第，諦審觀境，如對目前，自然定中夢中默爲感應，心境圓融，入不思議。略述指歸，以告持誦是經者。

　　　　　　　　菩薩戒弟子魏承貫蓮敍。

　　　　　　　　　　　　　　　　　　　　　（同上）

四、阿彌陀經敍

　　彌陀一經，得雲棲大師疏鈔，可謂大涵細入，盡美盡善矣。大師以乘願再來之人，爲淨業中興教主，後學仰鑽不暇，何敢置議！惟科判太多，初心難入，故爲疏鈔節要，删繁就簡，於大師之精華，實一字不遺焉。夫念佛之聲，或默持，或金剛持，或經行閉關時持，其聲至近也；去阿彌陀佛極樂世界十萬億刹外，豈能得聞！乃念者往生，不念者不得往生，豈非無邊刹海，自他不隔於毫端乎！又念佛之念，惟自知之，何故一心不亂者往生，散心不一者不得往生，豈非十世古今，始終不離於當念乎！

　　蕅益大師彌陀要解："自十方佛贊以後，卽判爲流通。"良爲直捷，可以並行。惟其弟子成時作淨土十要序，專主持名，而斥觀想參究之非。其言譬如魘人，不可照以燈燭，照則失心，止宜喚其本名，自然醒寤。夫魘人待他人喚醒，與醒人之觀佛依正，卽心卽佛者，何可同年而語。又斥參究之人，曰纔見得些活計，急須吐棄無餘。此謂參念佛是誰話頭，難起疑情，故有是詞。若其他話頭公案，多可逆流而入，直徹真源者。上品上生，卽契無生法忍；上品中生，亦必契第一義諦；雲棲師禪關策進，以制心一處，無事不辦，爲參究之要。其疏鈔中言言歸性，昔有人問雲棲師者曰："參禪與念佛二事，還可通融否？"師應聲曰："若言是兩事，用得通融著。"請舉之以告持誦是經者。

菩薩戒弟子魏承貫謹敍。

（同上）

五、普賢行願品敍

　　普賢菩薩行願品，乃華嚴一經之歸宿，非淨土一門之經也。華嚴以華藏世界海，諸佛微塵國，無量無邊，明心佛之無盡，何嘗專指極樂。然清涼疏分信解、行證，而自下法界品下，普賢告善財五十三參，徧游佛國，得無量法門，皆證道之實。而末後獨以十大願王導歸極樂者，蓋以經十大願末，皆結曰："念念相續，無有間斷；身語意業，無有疲厭。"則是併法界微塵數佛、微塵數衆生而念之也。人以爲念盡法界微塵之生佛，卒歸於彌陀，而不知自性彌陀之一心本周乎法界；雲棲所謂傾華藏海水，入西方一蓮華中，曾不滿蓮之一蕊也。盡法界爲一念，故爲念中之王。修淨土而不讀行願品，則其教偏而不圓；故以殿四經之末，爲淨土之歸宿。

　　蓋念佛人至一心不亂，則千念萬念，並爲一念，猶之煉乳出酪也。由一心之淨，而更念至於卽假卽空卽中，離四句，絶百非，是事一心入理一心，猶從酪出酥也。從一念佛法門，徧通華藏海一切法門，一卽一切，一切卽一，此從酥出醍醐也。世之以宗教輕淨土者，曷一誦普賢十大願王乎！

菩薩戒弟子魏承貫謹敍

（同上）

附　録

一、元劉謐：三教平心論

序

三光麗天，亘萬古而長耀；百川到海，同一味以亡名。三教之興，其來尚矣，並行於世，化成天下。以迹議之，而未始不異；以理推之，而未始不同。一而三，三而一，不可得而親疏焉。孤山圓法師曰："三教如鼎，缺一不可。"誠古今之確論也。嗟呼！執迹迷理者，互相排斥，致使先聖無爲之道，翻成紛諍之端，良可歎也！比觀靜齋學士所著一理論，言簡理詳，盡善盡美，窮儒道之淵源，啓釋門之玄閟，辯析疑惑，決擇是非，未嘗不出於公論。譬猶星之在稱，輕重無差；鏡之當臺，妍醜難隱。斯論之作，良有以矣。通城實堂居士吳鼎來，智識超邁，黨與至公，黨與，出史記，謂言意相合而與之友善也。命工繡梓，以廣其傳。欲使覽者如白居易、張商英等唐、宋諸賢，察其至理，直趣真際，同脱塵累，豈小補哉！時龍集甲子秋七月上日謹序。

卷　上

嘗觀中國之有三教也，自伏羲氏畫八卦，而儒教始於此；自老子著道德經，而道教始於此；自漢明帝夢金人，而佛教始於此。此中國有三教之序也。大抵儒以正設教，道以尊設教，佛以大設教。觀其好生惡殺，則同一仁也；視人猶己，則同一公也；懲忿窒慾，禁過防非，則同一操修也；雷霆衆蟄，日月羣盲，則同一風化也。由粗迹而論，則天下之理，不過善惡二塗，而三教之意，無非欲人之歸于善耳。故孝宗皇帝製原道辯曰："以佛治心，以道治身，以儒治世。"誠知心也、身也、世也，不容有一之不治，則三教豈容有一之不立？無盡居士作護法論曰："儒療皮膚，道療血脈，佛療骨髓。"誠知皮膚也、血脈也、骨髓也，不容有一之不療也，如是則三教豈容有一之不行焉？

儒教在中國，使綱常以正，人倫以明，禮樂刑政，四達不悖，天地萬物，以位以育，其有功於天下也大矣，故秦皇欲去儒，而儒終不可去。

道教在中國，使人清虛以自守，卑弱以自持，一洗紛紜膠輵之習，而歸於靜默無爲之境，其有神於世教也至矣，故梁武帝欲除道，而道終不可除。

佛教在中國，使人棄華而就實，背偽而歸真，由力行而造於安行，由自利而至於利彼，其爲生民之所依歸者，無以加矣，故三武之君欲滅佛，而佛終不可滅。

隋李士謙之論三教也，謂佛，日也；道，月也；儒，五星也。豈非三光在天，缺一不可，而三教在世，亦缺一不可？雖其優劣不同，要不容於偏廢歟！然而人有異心，心有異見，慕道者謂佛不如道之尊，向佛者謂道不如佛之大，儒家以正自處，又兼斥道佛以爲異端。是是非非，紛然淆亂，蓋千百年于此矣。吾將明而辨之。竊以爲不可以私心論，不可以愛憎之心論，惟平其心念，究其極功，則可以渙然冰釋也。蓋極功者，收因結果處也。天下事事物物，皆有極功。沾體塗足,耕者之事也,至於倉廩充實,則耕者之極功也。草行露宿,商者之事也,至於黃金滿籯,則商者之極功也。惟三教亦然,儒有儒之極功,道有道之極功,佛有佛之極功。由其極功,觀其優劣,則有不待辨而明者。自今觀之,儒家之教,自一身而一家,自一家而一國,自一國而放諸四海,彌滿六合,可謂守約而施博矣。若夫四海六合之外,則何如哉?其説曰:東漸西被,訖於四海。是極遠不過至四海訖則止,於此而更無去處矣,是儒家之教然也。故學儒者,存心養性,蹈仁履義,粹然爲備道全美之士,而見諸設施,措諸事業,可以致君,可以澤民,可以安國家而立社稷,可以扶世教而致太平,功成身老,名在青史。儒之極功,如此而已。曾子曰:"死而後已,不亦遠乎?"蓋至於死則極矣。

道家之教,自吾身而通乎幽冥,自人間而超乎天上,自山林巖穴而至於渺渺大羅,巍巍金闕,可謂超凡而入聖者。若夫天地造化之外,則何如哉?其説曰:大周天界,細入微塵。是極大不過周天界,界則限於此,而外此者非所與知矣,是道家之教然也。故學道者,精神專一,動合無形,翹然於清淨寡欲之境,而吐故納新,積功累行,可以尸解,可以飛昇,可以役鬼神而召風雨,可以贊造化而立玄功,壽量無窮,快樂自在。道之極功,如此而已。黃庭經云:"長生久視乃飛去。"蓋至長生則極矣。

佛家之教,一佛出現,則以三千大千世界爲報刹。姑以一世界言之,一世界之中,有須彌山,從大海峙出於九霄之上,日月循環乎山之腰而分晝夜。須彌四面爲四洲,東曰弗于逮,西曰瞿耶尼,南曰閻浮提,北曰鬱單越。四大洲之中,各有三千洲。今此之世界,則閻浮提也。今此之中華,則南洲三千洲中之一洲也。

釋迦下生於天竺,乃南洲之正中也。須彌四旁上臨日月之處,謂之帝釋天。又上於虛空之中,朗然而住雲層四重天,總名欲界。又上雲層十八重天，總名色界。又上空層四重天，總名無色界。如是三界中諸衆生輩，有生老病死，是爲一世界也。如此一千世界，謂之小千。如此一千小千世界，謂之中千，卽百萬也。如此一千中千世界，謂之大千，卽百億也。以三次言千，故云三千大千，其實一大千爾。一大千之中，有百億須彌山，百億日月，百億四天下，如小錢一百萬貫，每一界置一錢，盡此一百萬貫，方爲大千世界。此一佛報刹也。一佛出現，則百億世界中有百億身同時出現，故梵網經曰："一華百億國，一國一釋迦，各坐菩提樹，一樹成佛道。如是千百億，盧舍那本身，千百億釋迦，各接微塵衆。"是之謂千百億化身也。以千百億化身，而化度千百億世界，其中胎卵溼化，無足二足，四足多足，有色無色，有想無想，乃至非想非非想，皆令得度，是佛家之教然也。故學佛者，識五蘊之皆空，澄六根之清淨，遠離十惡，修行十善，觀四念處，行四正勤。除六十二見，而邪僞無所容；斷九十八使，而煩惱莫能亂。三千威儀，八萬細行，無不謹守；四無量心，六波羅蜜，常用熏修其間。爲法忘軀，則如割皮刺血書經，斷臂投身參請，而不怯不疑；爲物忘己，則如忍苦割肉餒鷹，捨命將身飼虎，而不怖不畏。錢財珍寶，國城妻子，棄之如弊屣；支節手足，頭目髓腦，捨之如遺脫。從生至生，經百千萬億生，而此心不退轉也；從劫至劫，經百千萬劫，而此心愈精進也。由是三祇果滿，萬德功圓，離四句。四句者，謂諸法不自生，亦不從他生，不共不無因，是故說無生。絕百非，通達無量無邊法門，善入無量無邊三昧。成就五根五力，具足三達三明，圓顯四智三身，超證六通五眼。得四無礙辯而演說無窮，入四如意分而神通自在。八勝處八解脫，常得現前，四無畏四攝法，受用無盡。八聖道支十八不共法不與三乘同等，三十二相八十種好莊嚴微妙法身。過去塵沙劫，未來塵沙劫，無不洞見。現在塵沙界，衆生塵沙心，無不了知。圓明十號之尊，超出三界之上，是爲

一切種智,是天中之天,是爲無上法王,是爲正等正覺,超諸方便成
十力,還度法界諸有情。佛之極功,如此而已。法華經云:"如
來爲一大事因緣,故出現於世,普欲令衆生,皆共成此道。"蓋其大
願大力,誓與一切含靈,皆證無上涅槃妙果者也。是故辨三教者,
不可以私心論,不可以愛憎之心論,惟平其心念,究其極功,則知世
之學儒者,到收因結果處,不過垂功名也; 世之學道者,到收因結
果處,不過得長生也; 世之學佛者,到收因結果處,可以斷滅生死,
究竟涅槃,普度衆生,俱成正覺也。其優劣豈不顯然可見哉? 故嘗
試譬之: 儒教之所行者,中國也,道教之所行者,天上人間也; 佛
教之所行者,盡虛空徧法界也。儒猶治一家,威令行於藩牆之内,
若夫藩牆之外,則不可得而號召也。道猶宰一邑,政教及於四境之
中,若夫四境之外,則不可得而控制也。佛猶奄有四海,爲天下君,
溥天率土,莫非臣民,禮樂征伐,悉自我出。此三教廣狹之辨也。
學儒者死而後已,蓋百年間事也; 學道者務求長生,蓋千萬年也;
學佛者欲斷生死,湛然常住,蓋經歷塵沙劫數無有窮盡也。儒猶一
盞之燈,光照一夕,鐘鳴漏盡,則油竭燈滅也。道猶阿闍世王,作百
歲燈,照佛舍利,經百歲已,其燈乃滅也。佛猶皎日照耀,萬古常
明,西没東升,循環不息也。此三教久近之辨也。

　　以是知有世間法,有出世間法。儒、道二教,世間法也,佛教則
始於世間法,而終之以出世間法。何以謂之世間哉? 華嚴經曰:
"有天世間,有人世間,有餧摩王世間。"是三界之内,皆謂之世間
也。有法於此,使人周迴生死,循環無已,不出乎三界之内者,謂之
世間法。一真覺性,含裹十方,非三界之所能繫者,謂之出世間法。
佛以五乘設教,前之二乘曰人乘、天乘者,世間法也,後之三乘曰聲
聞、緣覺、菩薩乘者,出世間法也。人乘者,五戒之謂也。一曰不
殺,謂當愛生,不可以輒暴一物,不止不食其肉也。二曰不盜,謂非

義不取，不止不攘他物也。三曰不邪淫，謂不亂非其匹偶也。四曰不妄語，謂不以言欺人。五曰不飲酒，謂不以醉亂其修心。持此五者，資之所以爲人也。儒家之五常，即是其意也。

　　天乘者，十善之謂也。一不殺，二不盜，三不邪淫，四不妄語，是四者其義與五戒同。五曰不綺語，謂不爲飾非言。六曰不兩舌，謂語人不背面。七曰不惡口，謂不罵，亦曰不道不義。八曰不嫉，謂無妒忌。九曰不恚，謂不以忿恨於心。十曰不癡，謂不昧其善惡。兼修十善者，報之所以生天也。道家之九真妙戒，即是其意也。人乘所以種人之因，天乘可以獲天之果，世間之法，蓋在於此，是三教之所均得也。若夫後之三乘者，蓋導其徒超然而出世者也，使其善惡兩忘，直趣乎真際，神而通之，世不可得而窺者也。

　　或者徒見公孫弘之曲學阿世，祝欽明之五經掃地；揚子雲明太玄之妙，而詔事漢公；許敬宗知帝丘之義，而失身女主，是皆自儒家出也。鼠道士以子夜術欺東坡，林靈素以神霄夢惑徽廟。天上神仙鄭化基，而實一庸流；地下神仙何得一，而實一凡庶，是皆自道家出也。胡僧呪術，不能殺傅奕，石佛現光，不能欺程顥。佛齒靈矣，而碎於傅奕之羊角；佛牙神矣，而壞於趙鳳之斧鉞，是皆自佛家出也。疊而觀之，則三教之在中國，皆未能粹然一出於正，尚何區區於優劣之辨哉？抑不思吾之所論者，儒也，道也，佛也。儒以剛大正直教人爲儒，而所行多叛道者，是皆儒家之罪人也。道以清淨無爲教人奉道，而甘心於邪術者，是皆道家之罪人也。佛以好生爲心，不許以人足踐生草，而謂其說呪語以殺人，可乎？佛以無相爲宗，不可以身相見如來，而謂其憑頑石以惑衆，可乎？齒而可碎，石而非齒也；牙而可壞，僞而非真也。凡假托教門，造妖設僞者，皆是佛家之罪人也。庸可執是以議三教哉！

　　或者又徒見道家有化胡經，謂釋迦、文殊，乃老子、尹喜所化也。佛家有破邪論，謂佛遣三弟子震旦教化，孔子乃儒童菩薩，顏回乃光淨菩薩，老子乃摩訶迦葉也。審如此，則三教優劣，豈易以立談判哉？殊不知二書之作，各欲尊己而抑彼，遂至於駕空而失實。

王浮作化胡經，稱老子、尹喜欲化胡成佛，遂變身爲釋迦、文殊，而後胡人受化也。抑不思佛生之年，周昭王二十四年也，佛滅之年，周穆王五十二年也。佛滅後三百四十二年，至定王時，老子始生於楚峩縣，爲周柱下史。過函谷關見尹喜時，佛已示滅四百餘歲。以後世之道，而變身爲上世之佛，是乃道不足以化胡，必假佛以化胡也。隋僕射楊素曰："聞老君化胡，胡人不受，乃與尹喜變身作佛，胡人方受。"審爾則老君不能化胡，胡人奉佛有素明矣！素又嘗謂道流曰："老子何不化胡爲道！安用化胡爲佛？豈非道化不及佛化乎？"是浮之説欲以卑佛，而不料其適以尊佛也。法琳作破邪論，大略謂佛教徹萬法之原，而孔、老特域中之治，謂可以關邪説，覺愚冥也。抑不思孔、顏決非菩薩，老子決非迦葉，欲正彼誣，豈可自出於誣哉！故謂孔、顏爲菩薩，猶未爲大失也，至於指老子爲迦葉，則大謬矣！迦葉得教之別傳，繼釋迦而作祖。當時最上一乘不可言傳之妙，人天百萬，昔皆罔措，而惟迦葉得之，老子豈迦葉變化哉！故迦葉付法於阿難，即入定於雞足山，以伺慈氏下生，慈氏未生，其定未出，是迦葉之肉身，今猶在定也，其不出而爲老子也明矣！若以迦葉爲老子，則老子乃宗之祖師也，不亦謬之甚乎？是琳之説，將以卑道，而不料其適以尊道也。杜撰之言，矯誣已甚，識者奚取哉！

或者又徒見元城先生之言曰："孔子與佛之言，相爲終始，孔、佛本一，但門庭施設不同。"是儒、釋二教，未嘗不合也。圭堂居士之言曰："佛者性之極，道者命之極，兩教對立而交攝，則先天性命之妙始全。”是釋、道二教，未嘗不同也。傅大士之詩曰：“道冠儒履佛袈裟，和會三家作一家。”是三教未嘗不合爲一也。今獨優佛教而劣儒、道，豈前賢之意哉？殊不知前賢之言；前賢之方便耳。

蓋儒家得時行道，任職居官，權衡予奪，無不出於其手，吾若尊佛教而卑儒教，則彼必仗儒教而抑佛教。武宗相李德裕，而毀招提蘭若四萬餘區，誰實致之？道家道其所道，德其所德，措心積慮，不使人得而軋己者，吾若尊佛教而藐道教，則彼必尊道教而黜佛教。崔浩信寇謙之，而悉誅沙門，毀諸經像，誰實召之？故莫若以方便之心，爲方便之說。謂佛教與儒教合，則庶不激儒教之怒；謂佛教與道教同，則庶不啓道教之爭；謂三教可合而爲一，則若儒若道，皆可誘而進之於佛。故曰：前賢之言，前賢之方便也。而世之好議論者，心心有主，咻咻爭鳴，劣儒者議儒，劣道者議道，劣佛者議佛。三教雖不同，而涉議論則一。吾將平其心以評之。竊以爲議之當其罪，則彼說不容於不屈，議之失其實，則己說有時而自屈。是非得失，至理而止，天下後世，不可誣也。今取議儒者觀之。司馬遷曰：“儒者博而寡要，勞而無功。”抑不思一物不知，君子所恥，可謂博矣；而忠恕之道，一以貫之，謂之寡要可乎？焚膏繼晷，兀兀窮年，可謂勞矣；而修身及家，平均天下，謂之無功可乎？蓋遷之學，非儒學也，宜其不足以知儒也。程頤儒者也，其論佛也，則以爲邪誕妖異之言，塗生民之耳目。蓋佛之說無涯，而頤之見有限，對醯雞而談浩劫，宜其以邪誕妖異目之也。然頤亦嘗反而思之乎？邪誕妖異，於儒教則有之。易曰：“見豕負塗，載鬼一車。”詩曰：“天命玄鳥，降而生商。”史曰：“甲申乙酉，魚羊食人。”傳曰：“齊侯見豕，人立而啼。”至于神降于莘，石言于晉，魏顆見老人，狐突遇申生，謂之邪可也，謂之妖可也，謂之異可也」詩曰：“帝謂文王，予懷明德。”夫天不言也久矣，偶有言焉，人烏得而聞之？今也，“予懷”之語，若見其口耳之相接，不謂之誕可乎？因程頤邪誕妖異之謗，而求儒家邪誕妖異之實，蓋有不可得而掩者。今取譏佛者觀之，唐有傅奕者，精術數之書，掌司天之職，前後七上疏謗衊佛教，時有李師政者，著内德論以辯之。其論曰：“傅謂佛法本出於西胡，不應奉之於中國，則不然矣。夫由余出于西戎，輔秦穆以開霸業；日磾生於北狄，侍漢武而除危害，何必取其同俗，而捨其異方乎？夫絶羣之駿，非邑中之産；曠世之珍，非諸華之物。是以漢求西域之名馬，魏收南海之明珠。物生遠域，尚於此而爲珍，道出於遠方，獨奈何而可棄？若藥物出於戎夷，禁呪起於胡越，苟可去病而蠲邪，豈以遠來而不用？夫除八苦以致常藥，其去病也久矣；滅三毒以證無爲，其蠲邪也至矣，何待拘遠近而計親疏乎？傅謂詩、書所未言，以爲修多羅不足尚，又不然也。且周、孔未言之物，蠢蠢無窮，詩、書不載之事，茫茫何限，何得拘六經之局教，而持三乘之通旨哉？夫能仁未興於上古，聖人開務於後來，故棟宇易橧巢之居，文字代結繩之制。飲血茹毛之俗，雖先用而非珍；火化粒食之功，雖後作而非弊。豈得以詩、書先播而當崇，修多羅晚至而當替哉？傅云：“佛是妖魅之氣，寺爲淫邪之祀。”其亦不思之甚也。昔自東漢，至於大唐，代代皆禁妖言，處處悉斷邪祀，豈因捨其財力，營魑魅之殿堂，放其士民，入魍魎之徒衆？況宰輔冠蓋，人倫羽儀，王導、庾亮之徒，戴逵、許詢之輩，皆厝心而崇信，並禀教以皈依，是豈尊妖干魅以自屈乎？良由觀妙知真，使之然耳。傅云：“趙時、梁時皆有僧反。”此又不思之言也。若以昔有反僧，而廢今之法衆，豈得以古有叛臣，而不任今之明士？古有亂民，而不養今之黎庶乎？夫青衿有罪，非尼父之失；卑服爲非，豈釋尊之咎？僧干朝憲，尼犯俗刑，譬誦律而穿窬，如讀禮而橋倨，但應禁非以弘法，不可以人而賤道也。傅云：“道人〔土〕梟皆是貪逆之惡種。”此又不思之言也。夫以捨俗修道，故稱道人，蠕動之物猶不加害，況爲梟獍之事乎？嫁取之禮尚捨不爲，況爲禽獸之心乎？何乃引離欲之上人，匹聚塵之下物；毀大慈之善衆，比不祥之惡鳥？以道人爲逆種，以梵行比獸心，害善亦何甚乎！傅云："西域胡人，因泥而生，是以便事泥瓦。"此又不思之言也。且中國之廟，以木爲主，豈可謂制禮君子，皆從木而育乎？親不可忘，故爲之神主，此表罔極之心；佛不可忘，故立其形像，以伸如在之敬。欽聖仰德，何失之有哉！傅云："帝王無佛，則國治年長，後世有佛，則政虐祚短。"不思能仁設教，豈闡淫虐之風；菩薩立言，豈弘桀紂之事。羲、軒、舜、禹之德，在六度而包籠；羿、浞、辛、癸之咎，總十惡以防禁。向使桀遵少欲之教，紂順大慈之道，則伊、呂無所用其謀，湯、武焉得行其計哉！傅云："未有佛之前，人皆淳和，世無篡逆。"不思九黎亂德，豈非無佛之年；三苗逆命，非當有佛之後？夏、殷之季，何有淳和；春秋之時，豈無篡逆？佛之爲教也，勸臣以忠，勸子以孝，勸國以治，勸家以和。弘善則示天堂之樂，一非則示地獄之苦，乃謂傷和而長亂，不亦誣謗之甚哉！亦何傷於佛日乎？但自淪於苦海耳。夫以傅奕而肆誣謗之言，以師政而著辨惑之論，是非曲直，坦然明甚，萬世之下，可以觀矣！

　　厥後有韓愈者，其見猶傅奕也。原道、佛骨，其作奕之章疏也。奕謗佛於前，即有師政以辯其惑；愈謗佛於後，曷爲無人以議其非？蓋奕爲太史令，時藝者耳；愈以文章顯，乃儒者也。藝者之言，夫人固得與之辯是非；儒者之論，世俗每不敢以致可否。吾則曰：言之而當理，雖非儒而可遵；言之而涉誣，雖果儒而可辯。愈不明吾道一貫之理，可不明而辯之，使其言之誤後世乎？愈之言曰："佛者夷狄之一法。"彼見佛法來自西域，遂從而夷之。殊不知佛生於天竺，而五天竺爲南閻浮提之正中，是佛家固以彼爲中也。後漢書曰："佛道神化，興自身毒，其國則殷乎中土，玉燭和氣。"是儒家亦以彼爲中也。由是知此固一中國也，（反）彼亦一中國也，而謂之夷可乎？天地之大無窮盡，列子曰："無極復無極，無盡復無盡。"是知其無極無盡者，而不知其有極有盡也。阿育王藏如來舍利於閻浮提者八萬四千所，而在今中華者，僅一十九所，則中華在閻浮提内，豈不猶稊米之在太倉乎？何以知此果爲中，而彼果非中乎？愈之見，但知四海九洲之内爲中國，四海九洲之外爲四夷，外此更無去處矣，豈知四夷之外，復有非夷者哉。愈之見，坐井觀天之見也。不然，北史所載大秦國者，去幽州數萬里，而居諸夷之外，其國衣冠禮樂，制度文章，與中華同一殷盛，故號曰大秦，而與大漢齒。由是觀之，則四夷之外，固有中國，而漢書以身毒爲中國，信不誣也。井鼃不足以語海，固非愈之所能知也。

　　愈又曰："舜、禹在位百年，此時中國無佛；漢明帝時，始有佛法，在位纔十八年。"殊不知修短之數，係於善惡，而善惡之報，通乎三世。故曰："欲知前世因，今生享者是，欲知後世果，今生作者是。"以是知今世之修短，原於前世之善惡，而今世之善惡，又所以基後世之修短。享國之久者，前世之善爲之，運祚之促者，前世之惡爲之也。豈可徒以目前論之？又豈有佛無佛之所至哉？孔子言"仁者壽"，則是仁者必長年，不仁者必折夭也。然克己復禮，回可謂仁矣，而回反夭；膳人之肝，跖可謂不仁也，而跖反壽，豈可謂孔子之説無驗，而不從其教乎？洪範以皇極五福六極教人，合極則福而壽，反極則禍而凶短折。如漢之文、景，最爲有道之主，惟皇作極，二君宜無愧矣。而孝文在位纔二十三載，年止四十七；孝景在位纔十六載，年止四十八。其歷數皆未及一世，其享年皆未及下壽，豈可謂洪範之説誣，而火其書乎？惟證之以因果之説，稽之以三世之久，則可以釋然無疑矣。如必曰無佛而壽永，則舜、禹在位，固皆至百年也，唐武宗滅佛者也，胡爲在位僅六年，而壽止三十三乎？如必曰有佛而年夭，則漢明享國緫十八年也，梁武帝奉佛者也，胡爲在位四十八年，而壽至八十六乎？

　　愈又曰：“古之教者處其一，今之教者處其三。”彼持見上古以來，惟有儒教，而今之釋教，似爲贅疣耳。殊不知釋氏設教，非與儒教相背馳，故釋氏化人，亦與儒者無差等。儒者闡詩書禮義之教，而輔之以刑政威福之權，不過欲天下遷善而遠罪耳。然固有賞之而不勸，爵之而不懲，耳提面命，而終不率教者。及聞佛說爲善有福，爲惡有罪，則莫不捨惡而趨於善，是佛者之教，亦何殊於儒者之教哉？宋文帝謂何尚之曰：“適見顏延之、宗炳著論發明佛法，甚爲有理。若使率土之濱，皆感此化，朕則垂拱坐致太平矣。”尚之曰：“百家之鄉，十人持五戒，則十人淳謹；千室之邑，百人修十善，則百人和睦。持此風教，以周寰宇，編戶億千，則善人百萬。夫能行一善，則去一惡，去一惡，則息一刑。一刑息于家，萬刑息於國，則陛下所謂坐致太平者是也。”唐李節送沙門疏言序曰：“釋氏之教，以清淨恬虛爲禪定，以柔謙退讓爲忍辱，故怨争可得而息也；以菲薄勸苦爲修行，以窮達壽夭爲因果，故淺陋可得而安矣。世降俗偷，不有釋氏以化其心，則勇者將奮而思鬭，智者將靜而思謀，阡陌之人將紛然而羣起矣。”吕夏卿得入師經曰：“小人不畏刑獄，而畏地獄，若使天下之人，事無大小，以有因果不敢自欺其心，無侵陵争奪之風，則豈不刑措而爲極治之世乎？”由是觀之，則釋教之有裨於世教也大矣，又何惡於教之三乎？

　　愈又曰：“農之家一，而食粟之家六，奈之何民不窮且盜也。”蓋謂釋氏之徒，不耕而食，致民之窮且盜也。抑不思世之不耕而食者，豈獨釋氏之徒哉？公孫丑問孟子曰：“詩曰：‘不素餐兮’，君子之不耕而食，何也？”孟子曰：“君子居是國也，其君用之，則安富尊

榮；其子弟從之，則孝弟忠信。'不素餐兮'，孰大於此。"今之以佛
爲師者，默則誠，語則善，所到勸人黜惡而趨善。其人以此相化，克
己齋戒，好生止殺，稱誦佛經，悛心改行，爲仁爲慈，爲孝爲廉，爲恭
爲順，蓋日有遷善而不自知者，則不素餐兮，亦孰大於是哉？彼民
之窮且盜，又何關於釋氏哉？詩曰："小東大東，杼軸其空。"傳曰：
"民有飢色，野有餓莩。"民之窮也若此，時中國無佛也。書曰："竊
神祇之犧牷牲，用以容。"傳曰："盜不可詰，紂又不能止。"民之盜
也若此，時則中國無佛也。太宗貞觀之間，釋氏之教殊盛，僧尼不
勝其數也，食用不勝其廣也，而外戶不閉，旅不齎糧，何斯民之不
窮不盜也？明皇開元之際，釋氏之徒愈繁，僧尼不減於貞觀也，食
用不減於貞觀也，天下富羨，攘盜株絶，何斯民之不窮不盜也？是
知民窮且盜，決非釋氏之所致明矣。如必曰有佛而民窮，則無佛之
時，成湯何必患困窮？如必曰有佛而民盜，則無佛之時，季康子何
必患盜哉？苟子之不欲，雖賞之不竊，何干出家者繁哉？

　　愈又曰："棄而君臣，去而父子。"蓋指出家者而言也。抑不思
子陵傲光武而耕富春，歐陽公稱其爲聖之清，未嘗曰棄而君臣也。
太伯捨太王而逃荆蠻，孔子美其爲德之至，未嘗曰去而父子也。以
是比之，佛何過哉？況割愛出家，非特獨善其身，證果成道，將以普
度一切。法華經云："我等與衆生，皆共成佛道。"而況於君臣父子
哉？故常人之於君父，不過極其敬順，而釋氏之於君父，則能誘之
以正法。常人之於子弟，不過致其慈愛，而釋氏之於子弟，則能化
之以正道。妙莊嚴王者，藥王之君父也，自藥王出家，而妙莊嚴王
亦出家，因得授記而成佛道。羅睺羅者，釋迦之長子也，自釋迦出
家，而羅睺羅亦出家，因得證密行而授尊記。由是觀之，出家者何
負於君臣父子哉？又況常人之心有親疏，而佛心則無親疏；常人
之心有限量，而佛心則無限量。常人知有己之君父爾，而佛則無爾

殊。故圓覺經曰："觀彼怨家，如己父母。"常人知有己之子孫爾，而佛無差等。故華嚴經曰："等觀衆生，猶如一子。"是心也，豈愈之所能識哉！

　　愈又曰："禁而相生養之道。"豈不曰，娶婦嫁女，所以生育子孫，佛戒女色，所以禁其生養。殊不知釋氏制戒，自有頓漸，易嘗使人人爲曠夫，箇箇爲怨女哉？爲出家者説菩薩戒，則曰離非梵行；爲在家者説優婆塞戒，則曰離邪淫。離非梵行者，永斷淫慾也；離邪淫者，不犯他人妻女也。般若經曰："菩薩斷欲出家，修行梵行，能得菩提。"楞嚴經曰："淫心不除，塵不可出。"若不斷淫，修禪定者，如蒸砂石，欲其成飯，雖經多劫，祇名熱沙。此爲修菩薩戒者言也。生天十善經云："盡形不邪淫，是故得生天上。"毘婆沙論云："若制其自妻，則國王宰官長者，不能棄捨自妻室，故佛惟立離犯他妻。"此爲持優婆塞戒者言也。祇儒家設教，戒之在色，亦所以戒女色也，而非戒人娶妻也。契爲司徒，教以人倫，則曰："夫婦有別。"家人畫卦，義在正蒙，則曰："夫夫婦婦。"美化行乎江漢，則漢上游女，不可求思。關雎應於麟趾，則衰世公子，無犯非禮。是皆無犯他人妻女之謂也，是卽釋氏不邪淫之戒也。故維摩居士亦有妻子，常懷遠離。楞嚴經云："於己妻妾未能遠離者，得生天福。"易嘗禁其生養之道哉？

　　愈又曰："何有去聖人之道，捨先王之法，而從夷狄之教，以求福利也。"觀愈此言，則愈之不識佛也亦甚矣。蓋佛之教人，與人之學佛，豈徒在於區區之福利哉？佛以一大事因緣，故而出現於世，吾儕亦以一大事因緣，故而歸向於佛。佛所讚者，依而行之；佛所戒者，尊而守之；由權而實，由漸而頓。蓋期以識心見性，超脱生死，而至於佛也。福利云乎哉？故自佛之五乘論之：人乘者，謂能持五戒，則其福報可以爲人；天乘者，謂能修十善，則其福報可以生天。斯二乘者，以福利言可也。若夫後之三乘，則當以理觀，不可以福言矣。三乘之理，固未易言，姑自其粗迹言之，則聲聞、圓（緣）覺猶不過爲止息之地，必至於佛、菩薩之地，而後爲理之極也。前輩曰：佛者極也。謂天下萬善萬理，至佛而極也。今之學佛者，蓋求以詣其極也。福利云乎哉？朱晦庵之論佛也，曰：“以其有空寂之説，而不累於物欲也，則世之賢者好之；以其有玄妙之説，而不滯於形器也，則世之智者悦之；以其有生死輪迴之説，而自謂可以不淪於罪苦也，則世之傭奴爨婢、黥髡盗賊亦匍匐而皈之。”若愈之所謂福利者，正晦庵所謂傭奴爨婢、黥髡盗賊亦皈之者也。愈之不識佛也如此，而乃果於謗佛，正猶越犬不識雪而吠，蜀犬不識日而吠也哉ㅣ

卷　下

愈又曰：“其身死已久，枯朽之骨，凶穢之餘，豈宜以入宮禁？”蓋以佛身之舍利，而比凡庶之朽骨，何其無忌憚一至此哉？湼槃經曰：“爾時世尊，以大悲力，從心胸中火湧棺外，漸漸闍維碎金體成末舍利。”以是知佛骨者，佛之舍利也。吳孫權赤烏四年，康居國三藏康僧會至金陵，詔至問狀。會進曰：“如來大師，化已千年，然靈骨舍利，神應無方。”於是齋潔懇求，至三七日，聞鎗然有聲，起視瓶中，五色錯發。權與公卿黎庶聚觀曰：“希世之瑞也。”使力士鎚之而砧碎，光明自若。於是建塔其地，曰佛陀里。又，秀州精嚴院有一舍利，一日行道，一日入定。行道者旋轉不息，入定者寂然不動。嵩禪師作行道舍利記，蓋以其道之驗也。九流百家紛然謂之道，則與佛未始異也，稽其驗，則天下無有也。競尊其師，謂佛不足與其聖賢校，及其死也，不數日而形腐，不百年而骨朽，其神則漠然烏有乎恍惚，豈其道亦有未臻於佛者乎？然舍利之見乎天下者，古今多矣。有盤空而翔者，有無端而至者，發光而並日月者，不可聞者，不可碎者。若此行道，晝夜振之而不息，天下未始見也。捧其塔而敬之，則金驛益轉，若與人意而相應，異乎美哉！然則舍利之神奇若此，而以之比凡骨，可乎？列子曰："生則堯、舜，死則腐骨。"故雖褒稱嘉美，以爲大而化，聖而不可知者，俱不免乎腥臊臭穢，與草木同腐也。其能若佛骨之更數千載，而神奇特異，與世爲祥爲福者耶！

　　愈又曰："乞以此骨，付之水火，然後知大聖人之作爲，出於尋常萬萬也。"夫不識佛爲大聖人，何其顚倒錯亂，一至此哉！張無盡問大慧禪師曰："堯、舜、禹、湯皆聖人也，佛竟不言之，何耶？"師曰："堯、舜、禹、湯比梵王帝釋有優劣否？"公曰："堯、舜、禹、湯，豈可比梵王帝釋？"師曰："佛以梵王帝釋爲凡夫，餘可知矣！"公乃擊節以爲高論。由是觀之，則堯、舜、禹、湯不及梵王帝釋遠矣，而梵釋猶爲凡夫。自堯、舜、禹、湯至于文、武、周公、孔子，儒家皆以聖稱也，彼伯夷、伊尹、柳下惠，各以一善自著者，亦謂之聖也，而羣聖之中，必有大者焉。宰我曰："以予觀於夫子，賢於堯、舜遠矣。"子貢曰："自有生民以來，未有盛於孔子者也。"是孔子者，儒家之大聖人也。然佛又聖中之聖也，謂予不信，則請以前所紀佛氏之極功觀之。佛則自修因於億劫，而證果於今生。六度萬行，罔不齊修，恒沙功德，皆悉圓滿。列子援孔子之言曰："丘聞西方有大聖人，不治而不亂。"范蔚宗著西域論曰："靈聖之所降集，賢懿之所挺生。"或人問佛於文中子，答之以聖人。玄奘譯經，而唐太宗名以"聖教"。本朝太宗皇帝，賜天竺三藏法師天息災譯經序，號曰三藏聖教序。有曰："翻貝葉之真詮，續人天之聖教。"真宗皇帝賜天竺明教大師法賢經序，而號曰繼聖教序。有曰："龍宮之聖藻惟新，鷲嶺之芟荑仰歟。”蕭瑀曰：“佛聖人也，非聖人者無法。”裴休曰：“佛爲大聖人，其教有不思議事。”疊而觀之，則世之所謂聖人者，孰有過於佛哉？彼不信佛而謗佛者，生爲愚人，死爲愚鬼，捨身受身，愈趨愈下。善擇術者，果如是乎？

　　愈又曰：“臣雖至愚，必知陛下不惑於佛。”又曰：“衛而出之於境，不令惑衆。”蓋謂憲宗爲佛所惑，而又因以惑衆也。愈又不思甚哉！孔子曰：“智者不惑”，謂天下之可惑者，皆愚者也。智者既明且哲，洞燭是非，凡所作爲，必真見其理之可爲而後爲之，斷斷乎不爲事物所惑矣。故以愚人而奉佛，謂之受惑，可也；以明主而奉佛，謂之受惑，不可也。若憲宗者，聰明果決，得於天性，是豈愚者？豈是易惑者乎？非特憲宗爲然也，唐世人主，如太宗之聰明英武，由漢以來，未之有也。而其篤信佛教，始終如一。觀其創弘福寺也，則曰：“專爲崇穆太后追福”，言發涕零，躬自制疏，稱皇帝菩薩戒弟子。及玄奘法師之譯經也，則爲之序，而名之曰御製三藏聖教序。覽菩薩藏經，愛其詞旨微妙也，則詔皇太子撰菩薩藏經序。虞世南之卒，而夢其進讜言如平生也，則卽其家齋僧造像，以資冥福。念建義兵以來，殞身於行陣者，莫之極也，則普爲義士兇徒建寺刹。享太平之後，念手誅千餘人者不及見也，則以御服施僧，而求薦擢。蓋太宗之聰明，遠過於憲宗也，而太宗之奉佛，尤不止如憲宗之迎骨也，是豈爲佛所惑乎？使太宗果愚而受惑，則當時房、杜、王、魏直言無隱，胡爲不諫其奉佛乎？不惟不諫其奉佛也，若房梁公玄齡則相與命玄奘譯經，杜萊公如晦則以法尊京兆玄琬，其欽崇皈向之心，君臣同一德。又不惟房、杜二公爲然也，宋璟剛介爲唐朝第一，則以佛法師於曇一，裴晉公以身繫天下安危，則執弟子禮於徑山法鋮（補校謂：疑當作“法欽”）。抱大節忠於國家，死而不變者，孰若顏魯公，則以戒稱弟子於湖州慧明，問道於江西嚴峻。輕名利、少緣飾、純孝而清正者，孰若元魯山，則以母亡而刺血書佛經數千言。至於張説撰心經之序，孟簡結塵外之交，杜鴻漸參無住之禪，權德輿著草衣之記，彼諸賢聖，皆表表然不世出者，使佛教果能惑人，亦安能惑如是之聖賢耶？以是知唐之君臣，決非受惑，而愈之惑亦甚矣！雖然，愈之惑不足論也，而其惑天下後世，則非細故也。蓋愈以儒自負，經生學士視之如太山北斗，愈之所是，從而是之，愈之所非，從而非之，誰復詳審諦察，而考其所以操履者，則何如哉？吾嘗因其遺文，考其操履，乃知愈光範三書，求售於時宰，何其急於富貴乎！孔子曰："儒有席上之珍以待聘，夙夜强學以待問，懷忠信以待舉，力行以待取。"其待而不求也如此，蓋以道義自重也。孟子曰："迎之致敬以有禮"，言將行其言也，則就之；禮貌衰，則去之。其難進易退也如此，蓋以道義自高。愈之嗜進，一至於此，則於道義掃地矣。愈之書，欲朝廷因己之爵祿，以誘至天下之遺才。殊不知天下之士，固有不隕獲於貧賤，不充溢於富貴，大能守道抱義。如尹、傅之流者，非幣帛之聘，肖像之求，不輕其身以爲世用也。古之人未嘗不欲仕也，又惡不由其道。不由其道而往者，與鑽穴隙之類也，則愈之操履，蓋可知矣。

　　及于頔之相也，愈至上書以媚之。考之唐史，頔則屈强犯命，有擅取鄧州之逆；廣募戰士，有專據漢南之心；教舞八佾，聲態雄侈，有窺覦僭竊之意。天子謂其深懷姦謀，王彦威謂其得全腰領爲幸，則頔乃少誠、元濟之流亞也。愈乃誦詠讚美，稱其有聖賢之言行，稱其有德而且有言，擬之以商書之"灝灝"，周書之"噩噩"，則愈之諛佞，不亦甚乎？昔宇文士及譽太宗，而太宗斥其佞；山人范知璿譽宋璟，而宋璟責其諛。以太宗之聰明英武，宋璟之剛正方大，二子譽之，良不爲過，而猶不能免佞諛之誚。況于頔之陰蓄異志，近（補校謂："近"疑當作"陽"）助朝廷，而愈乃極口譽之，則愈之佞且

諛也如此。巧言令色,孔子恥之:讒諂面諛,孟子戒之;則愈之操履,又可知矣।

潮陽一斥,周章惶怖,遽奉書天子,而諷其封禪,意在貢諛於朝廷,而冀脱其遷謫。抑不思封禪之説,不出於二帝、三王之書,而創建於秦皇、漢武之世,故倪寬封禪議曰:"薦享之禮,不著於經。"則封禪之不經,不待識者而後知矣。愈平生自負,謂能專明二帝、三王之道,而善斥百家不經之説,胡爲纔遭廢黜,遽自衰謬,卽以秦皇、漢武不經之事,諛其君哉?當太平極治之時,而有封禪之請,猶不可也,況藩鎮初平之後,正宜恭儉節用之不暇,而可導以侈靡乎?在都俞賡歌之列,而有封禪之請,猶不可也,況既蒙譴謫之際,正宜闔門待罪之不暇,又可出位而有言乎?方士毛仙翁者,挾左道以亂政者也,愈方抑鬱於斥逐,而仙翁執之以吉兆,於是作毛仙翁十八兄序,且曰:"兄言果有徵",以至云:"卽掃室累矣。"況一日歡笑。夫不知命無以爲君子,愈何爲易於動摇如此乎?愈詆佛爲異端,乃低首下心,鞠躬屏氣,以兄事仙翁異人,甚矣其無定守也।

黄陵二妃廟者,不在祀典之神也,愈斥潮陽而過洞庭,遂禱二妃以求脱禍。及其得還,乃出財治其廟,具禮以祀之,爲書以誌之。夫豈弟君子,求福不回,愈何爲回邪,求福如此乎?愈詆佛爲夷鬼,乃伈伈俔俔,摇尾乞憐於婦人之鬼,甚矣其不知恥也。士君子素患難行乎患難,素貧賤行乎貧賤,愈纔遭遷謫,卽顛沛擾亂,抑鬱悲悼,既以封禪諷天子,又以吉凶求仙翁,又以禍亂禱二妃,則愈豈守道不變者乎?故當時大顛謂愈曰:"予知死生禍福,蓋繫乎天,彼黄陵豈能福汝耶?主上繼天寶之後,奸臣負國而討之,糧魄(校譌云:此二字疑誤)雲合,殺人盈野,僅能克平,而瘡痍未瘳,子乃欲封禪告功,以騷動天下,而屬意在乎子之欲歸,子奚忍於是耶?且以窮自亂,而祭女鬼,是不知命也。動天下而不顧以便己,是不知仁也;强言以（校讎云；此下有脱文）。”頣之言，見於退之別傳。所紀者如此，則愈之操履，又可知矣」

孔子曰：“鄙夫可以事君也與哉？”其未得之也，患得之，愈之光範三書以自售是也；既得之，患失之，愈之諂事于頔以取容是也；苟患失之，無所不至矣，愈之請封禪、求仙翁、禱二妃是也。愈之操履若此，雖其文章高天下，何足道乎？周子通書曰：“不知務道德，而以文辭爲能者，藝焉而已矣。” 由是言之，則愈與奕等皆藝者耳，孰謂愈得爲儒哉？況愈之爲文，尤不能無可議者。原道之作，謂“博愛之謂仁，行而宜之之謂義，由是而之焉之謂道”。抑不思無極而太極，斯其所謂道也。斯時也，安有所謂愛之博，行之宜者也？愛之博，行之宜，無非斯道之流行發見也，而愈乃謂道由博愛行宜而出，毋乃顛倒之甚乎？愈之不知道也如此。

處州孔子廟碑之作，謂“社稷不屋而壇，豈如孔子巍然當座。”抑不思社稷者，用其達天地之氣，正以不屋而壇爲尊，惟喪國之社乃屋，示絕陽而通陰，乃其辱耳。愈乃以社稷無屋，不如孔子有屋之榮，毋乃悖理之甚乎？愈之不知經也如此。

原道謂“堯、舜、禹、湯以道相傳”，是矣。禹没四百年，而湯始生，謂湯接禹之傳可也，愈乃謂禹以是傳之湯；湯没六百年，而文、武始出，謂文、武接湯之傳可也，愈乃謂湯以是傳之文、武，豈有能没數百年，而能以道傳人者乎？又曰：“軻死不得其傳”，愈亦知死則不能傳道矣，何爲既死之禹、湯，乃能傳道後世哉？愈之不知道也又如此。

與馮宿書，自比揚子爲太玄時，且謂勝老子，又引侯芭之論，謂玄勝周易。夫老子五千言，固非揚子所能及，至於易，則更數聖人而後爲全經，雖孔子之聖，猶謂“五十以學易，可以無大過”。而愈乃謂不及揚子之太玄，何其謬哉？揚子作太玄以擬易，昔人謂其如吳、楚僭號以稱王。擬易猶不免乎僭，而謂其勝易，可乎？愈之不知經也又如此。

唐人黃璞論歐陽詹，謂其以一倡婦一慟而死，而譏其不孝，愈作歐陽詹哀辭，乃稱其事父母盡孝，仁於妻子。夫譽其所可毀，則其言之矯誣也甚矣﹗

作諫臣論，譏陽城非有道之士。及城守道州，而愈送太學生何堅還道州，又賢城所治爲有道之國，比之黃霸治潁川。夫前毀而後可以譽，則其言之反覆亦甚矣。

原道謂老子道其所道，非吾之所謂道，其師說乃謂孔子師老聃。審如是，則孔子之道，乃出於老氏之道，亦可謂之道其所道也。與孟簡書謂羣聖之道大壞，其禍出於楊、墨，其讀墨子乃謂孔、墨相爲用。審如是，則孔子之道，本同乎墨氏之道，亦可謂之壞羣聖之道。夫老也，墨也，異端之道也，愈既詆排之矣，而乃指孔子以爲老，又指孔子以爲墨，不亦叛孔子之甚乎？學孔子而叛孔子，猶陳相之肯師，逢蒙之射羿也。後世經生學士，以愈詆佛爲可傚，則愈之叛孔子，亦可傚乎？抑愈雖詆佛，而又取於佛。其交大顛也，則取其聰明識道理；其送高閑也，則取其一生死解外膠；其作馬彙行狀也，則取其刺血寫佛經。且詆之而且取之，既非之而又是之，愈可謂不常其德者矣。蓋愈之中心，初無定見，是非取捨，莫知適從，故肆口所言，隨時遷就，前不顧後，後不顧前，而不復慮其遺臭於萬世也。識者於此，毋以私心論，毋以愛憎之心論，試平其心而評之，則愈之爲人也，果君子乎？抑小人乎？果儒者乎？抑非真儒乎？

當是時，韓、柳俱以文鳴，韓則詆佛，柳則學佛。觀子厚贈重巽法師序曰：“吾自幼學佛，求其道積三十年。”“且由儒而通者，鄭中書、孟常州、連中丞，以中丞之辨博，常州之敏達，中書之清直嚴重，且猶崇重其道，況若吾之昧昧者乎？”其送文暢上人序曰：“晉、宋以來，有道林、道安、遠法師、休上人，其所與游，則謝安石、王逸少、習鑿齒、謝靈運、鮑照之徒，皆時之選。由是真乘法印，與儒典並用，而人知方向。”至於送琛上人序、送舉上人序、送嵩上人序、製南嶽大明律師碑、製六祖賜謚碑、製南嶽彌陀和尚碑、作法證律師塔碑、作永州淨土院記、作柳州大雲寺記，無非闡明佛法，開示冥愚。故東坡過曹溪而題曰：“釋教譯于中國，必託於儒之能言者，然後傳遠。子厚南遷，作曹溪南嶽諸碑，妙絕古今。蓋推本其言，與孟軻氏合，可不使學者日見而誦之？”然則子厚之神於佛教如此，宜東坡喜稱而樂道之也。然儒家不滿於子厚者，以其失節於王叔文耳。斯固子厚之失，而深求子厚之心，亦下惠不羞汙君之意，初非附權勢而饕富貴也。觀其永州之斥，怡然自得，所謂請封禪、求仙翁、禱二妃之事，未嘗有焉，則其安恬處順，亦可見矣。及起爲柳州刺史，而友人劉禹錫得播州，子厚曰：“播非人所居，禹錫親在堂，吾不忍其窮。”卽具表請以柳易播。雖禹錫得改連州，不待以柳播相易，然卽此一念，其賢於愈之患失者，豈不猶伯夷之於盜跖乎？深求韓、柳之爲人，大概韓嗜進而柳安静，韓奔競而柳恬退。故子厚送浩初上人序曰：“儒者韓退之嘗病予嗜浮圖，予以爲凡爲其道者，不愛官，不争能，其賢於逐逐然惟印綬是務者亦遠矣。”妙哉，子厚之言！深中愈之膏肓也。又曰：“浮圖誠有不可斥者，往往與易、論語合，不與孔子異道。雖聖人復生，不可得而斥也。”又曰；“退之所罪者，其迹也。曰：髡而緇，無夫婦父子；不爲耕農蠶桑。忿其外而遺其中，是知石而不知韞玉也。”又曰：“果不信道而斥焉以夷，則將友惡來、盜跖，而賊季札、由余乎？詳觀子厚之言，則韓、柳之見，豈不天淵也哉！後世經生學士，不及詳考韓之是非，而徒欲傚韓之詆佛，歐陽文忠公，今之韓愈也。舊唐書謂愈性愎忤，當時達官，皆薄其爲人。而公則喜其攘斥佛老，乃隱其惡，著其善，而稱其佐佑六經。太宗濟世安民，爲不世出之君，公則惡其復立浮圖，乃掩其長，責其短，而指爲中才之主。凡唐人皈向大乘教，而欽從敬信者，公則極其貶斥。其名卿賢大夫，多與禪衲遊，有機緣事迹者，公則憤憤削去而不書，且曰："無佛之世，詩書雅頌之聲，其民蒙福。"抑不思謹庠序以設教，而羊質虎皮，鳳鳴鷙翰者，滔滔皆是也，及聞作善受天堂之報，則善心不期而自生；譚禮樂以陶民，而口筆尹、旦，身心管、商者，比比皆然也，及聞作惡受地獄之苦，則惡心不期而自革。孝宗原道辨曰："佛立五戒，曰：不殺、不盜、不淫、不妄、不飲酒。夫不殺，仁也；不盜，義也；不淫，禮也；不飲酒，智也；不妄語，信也。仲尼之道，夫何遠之有？"由是言之，則佛氏之教，豈劣於詩書雅頌哉？

又曰："其言荒茫漫靡，夷幻變現，善推不驗無實之事。"抑不思言劫數之長遠，是佛之見通達過去未來，無有限礙，非若儒者據書契之紀載，僅知數千百年之事而止也。言世界之廣大，是佛之見洞燭虛空法界，無有邊際，非若儒者按職方以考驗，僅知中國四夷之事而止也。無盡護法論曰："人有極聰明者，有極愚魯者。聰明者，於上古興亡之迹，六經子史之論，皆能知之；彼愚魯者，誠不知也，又安可以彼知者爲誕乎？"由是言之，則佛氏之説，豈可謂之不驗無實哉？

又曰："憲宗幸福得禍。"抑不思莫之爲而爲者天，莫之致而致者命，儒言天命，佛言定業，蓋不可逃之數也，豈目前善惡爲之哉？盜跖壽終而子路醢，非儒教之無驗也。

又曰："佛爲中國大患。"抑不思儒固化中國以善，佛豈教中國以惡？爲善不同，同歸于治，皆不可誣之理也。夫亦何患之有哉！天人皈向，而鬼神欽心，有大利益於彼也。大槩公之詆佛，乃師於愈，而公踐履亦師於愈。大庭唱第，抗聲祈恩，卽愈之上三書也；首唱濮議，頗喧物論，卽愈之請禪也；老而悲傷，睠焉憂顧。張無盡謂,觀修之書文,諜諜以老病自悲,雖居富貴之地,戚戚無所容;視愈之不達天命,求仙禱神,同一見趣也。所修唐書,瑜不掩瑕。張無盡謂其臆説褒貶,而爲吳縝糾其繆者二百餘條;視愈之肆筆成文,頗多繆論,同一意識也。慷慨激烈,排斥佛教,至於晚年,乃以居士自號,其後覩韓愈別傳,乃跋之曰:"余官瑯琊,有以退之別傳相示者,反覆論誦,乃知大顛蓋非常人。余嘗患浮圖氏之盛,而嘉退之之説,及觀大顛之言,乃知子厚不爲過也。"夫既非釋氏,而又取釋氏,視愈之交大顛,送高閑、稱馬彙同一趣向也。道同志合有如此者,謂之今之韓愈信矣」

自公師愈,而諸儒競師愈。程明道曰:"釋氏惟務上達,而無下學。"抑不思釋氏六波羅蜜,皆下學上達之説。禪波羅蜜,謂由禪定以到彼岸也;禪定則是下學,到彼岸則上達矣。檀波羅蜜,謂由布施以到彼岸也;布施則是下學,到彼岸則是上達矣。他如精進、持戒、忍辱、智慧,而到彼岸則上達矣。故解脱了義經云:"學有六事,所謂六波羅蜜,施戒忍是增上戒學,禪定是增上心學,般若是增上慧學。"又四弘願曰:"法門無量誓願學,佛道無上誓願成。"無非由下學而至上達者,謂之無下學可乎?

朱晦庵曰:"釋氏自以爲直指人心,見性成佛,而實不識心性。"抑不思首楞嚴一經,乃心性之邃學。其言曰:"前塵虛妄,惑汝真性。"又曰:"遺失本妙圓妙明心,寶明妙性,所以破妄心也。"又曰:"若離前塵,有分別性,即汝真心。"又曰:"我見如來,手自開合,非我見性,有開有合,所以明真心也。"又曰:"不知色身,外洎山河,虛空天地,咸是妙明真心中物,所以明此心之周徧無外也。"又曰:"各各自知,心徧十方一切世間所有諸物,皆即菩提妙明元心。"了然自知,獲本妙心,常住不滅,所以證虛空妙心而入佛境界也,謂之不識心性可乎?

　　張横渠不信輪迴之説，謂佛言有識之死，受生輪迴，爲未之思。此卽莊子息我以死之見也，意謂死則休息，更無餘事矣。殊不知生死無際，輪迴不息，四生六道，隨業受報，而謂之無輪迴可乎？南史載梁武帝夢眇目僧執手爐入宮内，欲託生王宮，覺而後宮生子繹，幼卽病目，醫療不効，竟眇一目，是爲元帝。名臣言行録載范祖禹將生，其母夢一偉丈夫立于側曰："我漢將軍鄧禹也。"覺而産兒，遂名祖禹，以鄧禹内行淳備，遂字之曰淳夫。以是證之，則儒家之書，固有輪迴之説矣，乃以釋氏輪迴之説爲非是，何其不之察也。程明道不信地獄之説，謂佛爲下根者設此僞教，佈令爲善。此卽小人以小惡爲無傷之見也，意謂生作過惡，既死誰復窮治哉？殊不知天地神明，昭布森列，賞善罰惡，如影隨形，而謂之無地獄可乎？隋史載開皇中，大府丞趙文昌死而復活，云：於冥間見周武帝受罪。帝謂文昌曰，既還家，卿爲吾向隋皇帝説，吾滅佛法罪重，爲營功德，俾出地獄。文昌奏其事，文帝遂敕天下僧尼爲周武帝誦金剛經。名臣言行録載王荆公子名雱，所爲不善，凡荆公悖理傷道之事，皆出於雱，及雱死後，荆公彷彿見雱荷鐵枷立于門側。於是捨所居之半山爲鍾山寺，爲雱追冥福。以是證之，則儒家之書，固有地獄之説矣，乃謂釋氏地獄之説爲無有，何其未之思也？

　　張横渠曰："其過也，塵芥六合；其蔽於小也，夢幻人世。"抑不思莊子曰："四海在天地間，猶礨空在大澤；中國在海内，猶稊米之在太倉。"非塵芥而何？白樂天曰："昨日屋頭堪炙手，今朝門外好張羅，莫笑賤貧誇富貴，共成枯骨兩如何？"非夢幻而何？横渠自不悟此，豈可謂悟之者爲非是乎？程明道曰："釋氏要脱去根塵，然没此理，要有此理，除是死也。"抑不思大慧禪師曰："心意識之障道，甚於毒蛇猛虎。猛虎尚可回避，心意識無你回避處。"則學道者安可累於根塵哉？六祖大師曰："菩提本無樹，明鏡亦非臺，本來無一物，何處惹塵埃？”則悟道者曷嘗累於根塵哉？<u>明道</u>自不了此，豈可謂天下無此理乎？

　　<u>張橫渠</u>曰：“釋氏語實際，乃知道者所謂誠也，就使得之，乃**誠**而惡明者？”夫<u>橫渠</u>以實際爲誠，可也；而謂其誠而惡明，則未之思也。<u>楞嚴</u>曰：“明極卽<u>如來</u>，淨極光通達。”<u>法華經</u>曰：“普明照世間，明了心決定。”惡明者果能如是乎？<u>溫公</u>曰：“其妙者不能出吾宗，其妄者吾不信。妙處在無我，其言天堂地獄不足信。”夫<u>溫公</u>以“無我”爲妙，可也；而不信天堂地獄，則未之思也。

　　<u>劉元城</u>曰：“凡人耳目所不及，安可知其無有？”<u>列禦寇</u>曰：“皇子果於自信，果於誣理，不信果爲知理乎？”

　　<u>橫渠</u>曰：“釋氏誣天地爲幻妄。”何不觀<u>赤壁賦</u>曰：“自其變者而觀之，雖天地不能以一瞬。”則天地之終窮，固出於<u>蘇東坡</u>之説也，豈獨<u>釋氏</u>有是言哉？

　　<u>明道</u>曰：“謂<u>釋氏</u>實是愛身，放捨不得。”何不觀<u>五代史</u>曰：“佛於頭目手足，皆以施人。”則佛不愛身，固出於<u>歐陽公</u>之筆也，豈獨佛書有是説哉？

　　<u>伊川</u>曰：“昔之惑人也，乘其愚暗；今之惑人也，因其高明。”抑不思智者觀於未形，愚者暗於成事，既曰高明，而復謂其受惑，可乎？

　　<u>明道</u>曰：“佛、老其言近理，又非<u>楊</u>、<u>墨</u>之比，所以爲禍害甚於<u>楊</u>、<u>墨</u>之害。”抑不思萬形皆有弊，惟理獨不朽，既曰近理，而復謂其爲害，可乎？

　　<u>謝顯道</u>歷舉佛説與吾儒同處問<u>伊川</u>，<u>伊川</u>答曰：“任他同處雖多，祗是本領不是，一齊差卻。”夫<u>伊川</u>不能明指其何處差，何處不是，而徒泛言其差與不是，豈天下之公論乎？夫不能指其何處差，是終不見其有差處也；不能指其何處不是，且終不見其不是處也。直

欲以愛憎之心，而誣之曰差，誣之曰不是，天下後世，豈無根之語所能欺哉？至於晦庵指其實見之差，謂釋氏之學，正謂惡此理之充塞無間，而使己不得一席無理之地以自安；厭此理之流行不息，而使己不得無理之時以自肆。殊不知釋氏非厭惡此理，而欲無此理也，正以世有二障：曰事障、曰理障，不特事能障吾之心，而理亦能障吾之心。圓覺經曰："若諸衆生，先除事障，未除理障，但能悟入聲聞緣覺，未能顯住菩薩境界，"正此意也。故學佛者，不明此理，固無以識心性之真；而執滯此理，亦未免爲心性之礙。是以勉强力行之初，固當研窮此理，從容中道之後，則不可執滯此理。故曰："渡河須用筏，到岸不須船。"不特釋教如此，而儒教亦如此。祇如周文王不大聲，不長夏，則是除事障也；至於不識不知，則理障除矣。顏氏不遷怒，不貳過，則是除事障也；至於如愚坐忘，則理障除矣。文王聖人也，顏子幾聖也，固能不爲理所障，若分量未至於聖，則祇能改過遷善，以除事障，安能不思不勉，以除理障哉？晦庵分量，遠未到此，所以徒欲執滯此理，而謂釋氏不合厭惡此理，且指爲實見之差。識者觀之，則知差不在釋氏，而在晦庵也。嗟夫！望山者其高蒼蒼，望海者其遠茫茫。振屣而昇，蒼蒼彌高；鼓櫂而遊，茫茫彌遠，而後進向之所視未盡也。所視未盡，而輕議論，辭窮理屈，則寂無容聲。明道曰："釋氏之説，若欲窮其説而去取之，則其説未能窮，固已化而爲佛矣。"明道於此，始知釋氏之説，非儒者所能窮也。晦庵曰："就使其説有實非吾儒之説所及者，是乃過乎中正，而與不及者無以異。"晦庵於此，始知釋氏之説，非儒者所能及也。

夫釋氏之説，既非儒者所能窮，亦非儒者所能及，孰謂其可毀哉？韓愈毀之，不知佛者也；先儒毀之，傚韓愈者也。嘗於韓愈傳見其與大顛答問甚詳。愈曰："爾之所謂佛者，口不道先王之法言，安得而不斥之？"大顛曰："計子嘗誦佛書矣。其疑與先王異者，可道之乎？"愈曰："吾何暇讀彼之書。"大顛曰："子未嘗讀彼之書，則安知其不道先王之法言也？且子無乃嘗讀孔子之書，而遂疑彼之非乎？抑聞人以爲非，而遂非之乎？苟自以嘗讀孔子之書，而遂疑彼之非，是舜犬也；聞人以爲非，而遂非之，是妾婦也。昔者舜館畜吠犬焉，旦暮所見者惟舜，一日堯過舜館而吠之。非愛舜而惡堯也，正以常所見者惟舜，而未嘗見堯也。今子嘗以孔子爲學，而未嘗讀佛之書，遂從而怪之，是舜犬之見也。女子之嫁也，母送之曰：往之汝家，必敬必戒，毋違夫子。故婦人在室則從父母，嫁則從夫，夫死從子，終其身惟他人是從，是妾婦之道也。今聞人以爲非，遂從而非之，乃妾婦之見也。"由是言之，愈之毀佛，舜犬也；傚愈而毀佛者，非妾婦乎？爲舜犬，爲妾婦，無非見聞不廣而然耳。

　　漢有牟子者，嘗著書辨明佛教，名曰理惑。其説曰："吾非辨也，見博故不惑耳。吾未解佛經之時，誦五經之文，以爲天下之理，盡在於是，既視佛經之説，回視五經，猶臨天井而窺谿谷，登嵩岱而見丘垤也。"又曰："少所見，多所怪，覩駱駝言馬腫背。"然則今之毀佛教者，豈非覩駱駝言馬腫背乎？識者於此，盍亦詳觀諦察，較短量長而思之曰：我之教，果優於彼乎？抑劣於彼乎？彼之道，果劣於我乎？抑優於我乎？佛之神通妙用，所不必論，姑以其徒之至中國者觀之：明皇問一行以國祚，一行曰："鑾輿有萬里之行，社稷終吉。"其後明皇以祿山之變而幸蜀，唐祚終於昭宗，而昭宗初封吉王，悉如一行之説。儒家以聰明睿智爲至聖，果能有此先見乎？舉是説與儒教者言，彼必曰：吾儒家不貴此也。抑不思記曰："至誠之道，可以前知。"非不貴此也，特口能道此，而見不能至此也。大耳三藏法師得他心通，忠國師試之曰：　汝道老僧即今在什麼處？藏曰：在天津橋上看弄猢猻。忠又問：老僧即今在什麼處？藏曰：在西川看競渡。儒家自堯、舜迄孔、孟，果能有此默識乎？舉是説與儒者言，彼必曰：吾儒家不尚此也。抑不思詩曰："他人有心，予忖度之。"非不尚此也，特口能道此，而識不至此也。

至於達磨大師既葬之後，而以肉身西歸；萬回大士一日之間，而能往返萬里；耆域以一身而同時應百家之供；圓澤於一世而悉能知三生之事；羅漢作禮仰山寂；獄神受戒於嵩岳珪；曇始劍所不傷；寒山隱八石壁；生死去來，惟意所適，神通變化，不可測量，是雖佛教之糟粕，初非宗門之所尚。然自餘教觀之，終未有如是之奇蹤異軌。見既未能及此，而欲輕議佛教，不知其果何説也。若曰：因果之説，不足信也。則作善降之百祥，作不善降之百殃；積善必有餘慶，積不善必有餘殃，儒家固以因果教人也。豈謂敬不足行，謂暴爲無傷者，反爲知道乎？若曰：齋潔之説，不足取也。則不茹葷者，孔子以爲祭祀之齋；致齋三日者，禮記以爲清明之德，儒家固以齋潔教人也。豈垂肉爲林，日食萬錢者，反爲美事乎？若曰：殺生之戒非是，則成湯之祝綱，趙簡子之放生，皆是意也。齊宣不忍一牛，孟子謂之仁術；宋庠救諸螻蟻，君子以爲美談，儒家曷嘗不以護生爲盛德之事哉？若曰：飲酒之戒非是，則大禹之惡旨酒，光武之不飲酒，皆是意也。沉亂於酒，所以干先王之誅；醉而號呶，所以致賓筵之刺，儒家曷嘗不以沉湎爲召禍之本哉？若曰：盜取之戒，非儒家之所尚，則伊尹謂非其道也，非其義也，一介不以取諸人；東坡所謂天地之間，物各有主，苟非吾之所有，雖一毫而莫取，是果何説也？若曰：妄語之戒，非儒家之所急，則司馬溫公至誠之學，自不妄語始；又其作資治通鑑，謂秦孝公不廢移木之賞，齊威公不背曹沫之盟，晉文公不貪伐原之利，是果何意也？若曰：邪淫之戒爲臆説，則美反正，刺淫泆，見於聲詩之所詠，是儒家未嘗縱人邪淫也。若曰：布施之説爲狂言，則賜貧窮，賑乏絶，見戴禮之所記，是儒家未嘗禁人布施也。若曰：禪定非善道，則知止而後有定，大學何爲取之？若曰：忍辱非美事，則小不忍必亂大謀，論語何爲戒之？若曰：惡口不必戒，則禮記何以曰惡言不出於口？若曰：嗔恚不必戒，則尚書何以曰不啻不敢含怒？若曰：兩舌之戒非急務，則爾無面從，退有後言，何以諄複於帝舜之命？若曰：綺語之戒爲迂闊，則巧言如簧，顏之厚矣，何以見刺於小雅之章？若曰：貪欲無傷於事，則貪人敗類詩人何爲刺之？若曰：邪見無害於道，則邪説誣民，孟子何爲闢之？若曰：毀其形，緇其服，非天下之中道，則泰伯斷髮文身，何爲稱之有至德？若曰：不嫁娶，不養育，絶人倫之常道，則魯山終身不娶，何爲謚之以文行？佛之大道遠理，固未易與俗人言，姑以其粗迹論之，不知何者爲可非，何者爲可毀乎！見聞不廣，而妄肆非毀，是不免爲舜犬妾婦而已矣！

牟子曰："吾之所襃，猶取塵埃以附嵩泰，收朝露以益江湖；子之所謗，猶側一掌以翳日光，舉土塊以塞河決。吾之所襃，不能使佛高；子之所謗，不能令佛下。"今之非毀者，亦何傷於佛教哉？祇自連戾于厥躬耳。張無盡曰："韓愈謂作史者不有人禍，則有天刑，豈可不畏懼而輕爲之？"夫作史者，採摭人之實迹，設或襃貶不公，尚有刑禍，況無故輕薄以毀大聖人哉？一切重罪，皆可懺悔，謗佛法罪，不可懺悔。故法華經中載謗法之罪，至極至重。今人祇是謗佛，已種無量罪因。況佛以善道化人，信佛者必爲善，不信佛者必爲惡。惡積則滅身，身没之後，罪報愈重。"天作孽，猶可違；自作孽，不可逭，"此之謂也。若曰：死則永滅，不復有知，則繫辭云："遊魂爲變"，孝經云："以鬼享之"，左傳云："鬼猶求食"，張睢陽云："死當爲厲鬼以殺賊"，則是既死之後，固有見聞覺知之性也。若曰：死雖有知，不復有罪，則書曰："天道福善禍淫"，易曰："鬼神害盈福謙"，左傳曰："有渝此盟，明神殛之"，莊子曰："爲不善於幽閒之中也，鬼得而誅之”，則是冥冥之中，固有賞善罰惡之事也。世有發姦摘伏如神者，固不至縱有罪以長姦惡，況權衡予奪，真以神明司之乎？彼聰明正直，不可掩蔽也，不可欺罔也，不徇世人之私情，不畏陽間之權勢也，則有罪者何以逃刑哉？

　　地獄之説，前既言之矣，至於死而變爲畜生，見於儒家之所紀者非一。鯀爲黄能，彭生爲豕，載於左傳；褒君爲龍，載於史記；趙王如意爲犬，載於前漢書，是中國未有佛教之前，紀載於儒書者如此，非釋氏創爲此説也。賈誼曰：“忽然爲人兮，何足控搏；化爲異物兮，亦何足患。”信斯言也，則知人有此身，不可以常保，背善趨惡，不免爲異類。聰明不能敵業，富貴豈免輪回？今日乘肥衣錦，異時衡鐵負鞍；今日操筆弄墨，他生戴角披毛，必然之理也。故佛以廣大之心，示五乘之教：人乘者，教人持五戒，而常獲人身，不墮於異類也；天乘者，教人修十善，而報得天身，不止於爲人也。後之三乘者，教人由聲聞、緣覺以至於佛道，永斷生死，常住不滅，證無上覺，還度衆生也。天下之大道遠理，孰有過於此者？世有大道遠理，而懵然不知，方且恃其聰明，矜其聲勢，謗襲聖教，多積過愆，而自趨於惡道，其亦可哀也已。大抵人有此身，其生也甚難，其死也甚易。世尊握土以示其徒，以爲輪回於四生六道之中，得人身者如手中之土，失人身者如閻浮之土。蓋謂爲善之時少，而謂爲惡之時多，是以得人身時少，而失人身時多。則其生也，豈不甚難哉？白樂天自誨曰：“人生百歲七十稀，設使與汝七十期，汝今年已四十四，去後二十六年能幾時。汝不思二十五六年來事，疾速倏忽如一寐。”則其死也，豈不甚易哉？以難得之生，而促之以易至之死，可不兢兢業業，晝驚夕惕，爲解脱之計乎？佛以解脱法門示天下，凡有血氣心智之性者，皆可趨而入也，而唯根器不凡，智識超卓，得正知見，不墮邪見，能知之乎？備見元本，餘者不録。　　　（據商務印書館叢書集成本初編）

【附】雍正上諭

雍正十一年二月十五日奉上諭：朕惟三教之覺民於海內也，理同出於一原，道並行而不悖，人惟不能豁然貫通，於是人各異心，心各異見。慕道者謂佛不如道之尊，向佛者謂道不如佛之大，而儒者又兼闢二氏，以爲異端，懷挾私心，紛爭角勝而不相下。朕以持三教之論，亦惟得其平而已矣。能得其平，則外略形迹之異，內證性理之同，而知三教初無異旨，無非欲人同歸於善。夫佛氏之五戒十善，導人於善也；吾儒之五常百行，誘掖獎勸，有一不引人爲善者哉。昔宋文帝向侍中何尚之曰："六經本是濟俗，若性靈真要，則以佛經爲指南。如率土之民皆淳此化，則吾坐致太平矣。"何尚之對曰："百家之鄉，十人持五戒，則十人淳謹；千室之邑，百人持十善，則百人和睦。持此風教以周寰區，則編户億千，仁人百萬。而能行一善，則去一惡，去一惡，則息一刑。一刑息於家，萬刑息於國，洵乎可以垂拱坐致太平矣。"斯言也，蓋以勸善者，治天下之要道也，而佛教之化貪吝，誘賢良，其旨亦本於此。苟信而從之，洵可以型方訓俗，而爲致君澤民之大助。其任意詆毀，妄揑爲楊墨之道之論者，皆未見顏色，失平之瞽説也。朕居藩邸，留心內典，於性宗之學，實深領悟。御極以後，宵旰靡遑，且恐啓天下以崇尚釋教之疑，是以未嘗形之談論。欲俟庶政漸理，始舉三教合一之旨，提撕警覺，以明互相詆毀者之非。今逾十年矣，聽政餘暇，偶將朕之所見，並昔人論説數條，舉以示天下之學道者。古人有曰："周孔六經之訓，忠孝履其端；李老二篇之言，道德創其首；瞿曇三藏之文，慈悲爲其本。事跡雖異，理數不殊，皆可崇可慕者。"又有曰："儒以正設教，道以尊設教，佛以大設教。勸其好生惡殺，則同一仁也；視人猶己，則同一公也；懲忿塞欲，禁過防非，則同一操修也。"又有曰："以佛治心，以道治身，以儒治世。”又有曰：“佛之言性，與諸書同。聖人同其性，則廣爲道德；人能同誠其心，同齋戒其身，同推德於人，則可以福吾親，可以資吾君之安天下。”又有曰：“佛之道與王道合。王道者，皇極也；皇極者，中道之謂也。佛之道亦曰中道，不偏不邪，其旨相同。”又有曰：“佛教之設，使人棄華而就實，背偏而歸善。由力行而造於安行，由自利而至於利彼。其爲生民之所依歸者，無以加矣。”又有曰：“人謂釋氏惟務上達而無下學，不思釋氏之六波羅蜜，由禪定而到彼岸，豈非下學上達之旨乎？”又有曰：“天下無二道，聖人無兩心。蓋道者，先天地而生，亘古今而常存，聖人得道之真以治身，以其緒餘土苴治天下國家，豈不大哉！故聖人或生於中國，或生於西方，或生於東夷西夷。生雖殊方，而其道之真，若合符契，未始殊也。”以上數條，皆於聖賢之理，同流共貫，未見其爲謬異也。三教雖各具治心治身治世之道，然各有所專。其各有所長，各有不及處，亦顯而易見，實缺一不可者。夫習釋、道之學，雖有偏有正，而習儒者之學，亦有真有偽。即如釋中以狂空欺世，道中以邪術愚人，是固釋、道之罪人也。亦如儒中博覽詩書，高談仁義，而躬蹈亂臣賊子之行者，謂非名教之罪人乎！若掩人之長而斥其短，隱己之短而誇其長，互相肆口詆排者，皆私詐小人形態，非仁人君子懷德抱道之所爲，亦徒見其不自量耳！數年來，有請嚴禁私自剃度者，有請將寺觀改爲書院者，有縣令無故毀廟逐僧者，甚至有請僧尼悉行配合夫婦，可廣增人丁者，悖理妄言，惑亂國是。不思鰥寡孤獨，爲國家之所矜恤。彼既立願出家，其意亦爲國家蒼生修福田耳，乃無故强令配合，以拂其性，豈仁君治天下者之所忍爲乎！因皆下愚小輩，朕亦未窮治其妄誕之罪。至於品類不齊，其中遠理犯科者，朝廷原有懲創之條；而其清修苦行精戒明宗者，則爲之護持；其邪説外道，則嚴加懲治。如道盂、行峯之紀載謬妄，法藏、弘忍之魔説猖狂，朕悉降旨指摘，決不令混冒正法，以致真僞罔辨也。朕於三教同原之理，探溯淵源，公其心而平其論，令天下臣庶，佛仙弟子，有各挾私心，各執己見，意存偏向，理失平衡者，夢覺醉醒焉。故委曲宣示，以開愚昧。凡有地方責任之文武大臣官員，當誠是朕旨，加意護持出家修行人，以成大公同善之治。特諭。

二、明宗本: 歸元直指集（選錄）

辨明三教大理翊贊治化論

夫三界之内，三教流行。三教者，儒釋道也。三教立法，俱以使人改惡向善，返邪歸正。世人不達本根，妄分枝葉，便言窮理治天下莫大於儒，盡性超生死莫大於釋，復命御三才莫大於道。又謂之，釋之寂滅不近人情，道之虛無不足以治天下，儒之名義不能以超生死。都各執一偏而互相謗也耶！不若服儒之服，誦儒之言，行儒之行，是儒而已矣；服釋之服，誦釋之言，行釋之行，是釋而已矣。或曰: 佛氏之教，本是異端，不足信也。一元曰: 子識異端之教，可道之乎？曰: 無暇讀彼之書。曰: 既不曾讀彼之書，則安知有異端之法？今子祇讀孔子之書，而遂疑彼之非，是舜犬也；聞人以爲非而遂非之，是妾婦也。彼怒色而厲聲曰: 佛氏之教，無父無君，豈不是異端也！余曰: 盲者摸象，謂之異端，祇爲不見象之真體，無足怪也。佛氏立教，與人臣言必依於忠，與人子言必依於孝。法華經云:“我等與衆生，皆共成佛道。”而況於君臣父子哉！彼曰: 不孝有三，無後爲大，豈不是異端也。余曰: 子言過矣。孔孟取之以義，不特取之以迹。曩時夷齊不嗣，巢許無後，而孔子稱其聖之清，未聞譏其不孝。況吾宗弘道利生，自他兼濟，出世之孝，功莫大焉。今子祇知凡世胎生，安知佛國有化生也。況佛之設教，有權實之方，頓漸之法。出家者，降伏身心，精修梵行；處俗者，夫婦有別，不犯邪非。祇要清心寡欲，豈禁人生養嗣續哉！彼曰：一髮一膚，皆是父母所生，父母全而生之，子全而歸之，可謂孝矣。今見其僧，毀除鬚髮，是何孝歟？余曰：子之所說，實是知近而不知遠，見小而不見大也。昔者，泰伯文身，荊軻殞命，比干剖腹，介子焚軀，盡是毀之甚也，而聖賢皆稱至忠至德，豈可以不全形體而見責耶？況我沙門，持戒行，修佛道，度迷情，超苦海，方於焚身之類，亦以遠矣，奚在鬚髮之小事哉！彼曰：佛氏之徒，不耕而食，不蠶而衣，何也？余曰：未及佛者蠶食於人猶可，今有未能如孔孟者亦蠶食於人，何也？彼曰：儒者蠶食於人，有功於天下。余曰：佛化亦有益於天下也。何則？釋氏之所以孜孜訓世人者，無非戒惡勸善，孰不知儒教亦復然乎？且以目前言之，佛以殺生、偷盜、邪淫爲身三業，而孔子言勝殘去殺，舜好生惡殺，詩人言文王德及鳥獸昆蟲，是豈不戒殺哉！盜固不在所言矣。夫子之時，路不拾遺，一草一葉，不與不取，何況竊盜？孔子言："吾未見好德如好色者也。"詩人刺不好德而悅美色，是豈不戒邪淫哉！佛以妄言、綺語、兩舌、惡口爲口四業，孔子謂："人而無信，不知其可"，豈不戒妄言也！謂："巧言令色，鮮矣仁"，豈不戒綺語也！書稱："爾無面從，退有後言"，豈不戒兩舌也！惡口謂之惡怒之聲，尚未至於穢語。荀子謂："傷人之言，深於矛戟"，是豈不戒惡怒之口也！佛又以貪、瞋、癡爲意三業，孔子謂："見得思義"，是則戒貪矣！謂："伯夷叔齊，不念舊惡"，是則戒瞋矣！謂："困而不學，民斯爲下"，是則戒癡矣！由此言之，儒釋未嘗不同也，其不同者，唯儒家止於世間法，釋氏又有出世間法；儒家獨言一世，而歸之於天，釋氏知累世業緣之本末，此其所不同耳。欲知釋氏之所長，須看楞嚴、楞伽、圓覺，及曉金剛經之理。若能如

是,可以超出輪迴生死也;　未能如是,而遂非之,則孔子所謂"不知
而作之者",可不戒哉¡　誠如是,則釋氏爲可信矣,其言淨土,烏可
以不信哉¡　所謂出世間法,淨土尤其要者,不可以不勉也。又云:
佛家五戒:　殺、盜、邪、妄、酒,儒家五常,亦復如是。不殺,仁之大;
不盜,義之廉;　不邪,禮之正;　不酒,智之明;　不妄,信之至是也。先
德云:　百家之鄉,十人持五戒,則十人淳謹,千室之邑,百人行十善,
則百人和睦。夫能行一善,則去一惡,去一惡,則息一刑。一刑息
於家,萬刑息於國。故我能仁設教,大有補於治化矣。吁¡　假若人
人持五戒,修十善,國家刑罰可以不用,太平可以坐致也。果能如
是,況又感得諸天八部,下降閻浮,衛護凡世,風調雨順,五穀豐殷,
火盜潛消,災殃殄滅。如斯利益,非但補於治化,抑亦利於存亡矣。
蓮宗寶鑑云:　使一人能行是道,以訓於家,家以導於鄉,鄉以達於
邦,以至於無窮,則天下之民涵道泳德,融神實相,高步無何,而極
佛境界,豈止以爲善人君子而已哉?　夫如是,則何患乎忠孝不修,
禮讓不著歟¡　以此觀之,豈非能仁之道與仲尼之道,共爲表裏,以
訓於民耶¡　今之人多不察其所由,視其徒之不肖者,而遷怒於善人
教法焉。豈可以道士不肖而輕老子,士人不肖而輕孔子?　智者尚
不以人廢言,況可以其徒而輕其教乎?　亦何異乎以丹朱而罪堯,因
商均而過舜;　服藥失度,歸咎於神農;　縱火致焚,反怨於燧人也耶?
愚乃不佞,學佛之道有年矣,既粗領其旨,而頗有扶傾之心,非敢私
於己,而欲公於衆,以救其弊也。但願一人在上,高而不危,三教周
流,通而無滯。有一人,故奉三教之興;有三教,故助一人之理。猶
天之三光,世之三綱,鼎之三足,皆闕一不可也。況爲僧莫若道安,
安與習鑿齒交游,崇儒也;爲僧莫若慧遠,遠送陸修靜過虎溪,重道
也。余慕二高僧好儒重道,釋子猶或非之。我既重他,他豈輕我?
請信安、遠行事,其可法也。詩曰:"伐柯伐柯,其則不遠。"孟子曰:

"天時不如地利,地利不如人和。"斯之謂歟[

(選自歸元直指集卷上,據續藏經本第一輯第二編第十三套第二册)

毒峯善禪師三教一理述

夫空劫之先,無相有覺。虛明寂照,爲天地之根,降本流末,爲萬道之祖;還源返本,爲一法之宗。追之不見其首,伺之不聞其後,不可以智知,不可以相覷,唯真聖者自内所證而知。昔有僧問香巖云:如何是道?巖云:枯木裏龍吟。僧云:如何是道中人?巖云:髑髏裏眼睛。具得這手眼,可以論三教。故如如居士三教一理論云:硬似綿團軟似鐵,六月炎天一點雪,露柱燈籠笑點頭,啞子得夢向誰説。古來三教强安名,釋迦掩室於摩竭。夫子謂"默而識之",老聃謂"大辯若訥"。直饒剖破作一家,不免落在第二月,翻憶東坡居士言,盡把三教俱漏泄,山色無非清淨身,溪聲便是廣長舌。便恁麽去,非特法堂前草深一丈,至盡法界無一人堪爲種草。從上聖人興慈運悲,愍世流浪,不免捺下雲頭,於第二門淺近處誘引諸子,使當去古漸邈之時,若不爲通一線路,斯民詭譎日甚,且將爲魑爲魅而不返,是以三聖人同生於有周,主盟正教。儒教教之以窮理盡性,釋教教之以明心見性,道教教之以修真煉性。唯此一事實,餘二則非真。是各人胸中自有三教渾然,切不可向外騎牛覓牛去也。故前輩云:一釋一道一儒流,三人共話幾春秋,不知説箇何年事,直至如今笑未休。此詩渾無一點食煙火氣味,始於三教無負。若曰齊家治身,致君澤民,此特儒者之餘事;若曰嗇精養神,飛仙上昇,此特道家之粗迹;若曰越死超生,自利利人,此特釋氏之筌蹄耳。吁[一字三寫,烏焉成馬,後世傳訛,將謂三教止於粗迹。往往承虛接響,忘本逐末,但以耳目所可接者,争是較非,甚至言戟交攻，辭鋒競射。豈不見聖門有云：我之大賢也，於人何所不容，況三教聖人各有門户，要其至極處，未始不一，是皆不能容人之量，是己非人。及言自己性命者，盡指爲虛無怪誕之語，終日喚假爲真，認賊爲子。至於每日承他恩力一點子，問著全未有正見正悟。既無見悟，一旦翻身歸去，且道路頭向甚處去，轉見如癡如醉，不識下落，如是見解，又却不謂之虛無怪誕也。若善論三教，當略去其糠粃，別覓轉身一着可也。吁！我知之矣，運甕者必在甕外，若坐甕中，不能運甕。既自埋没於是非境中，終不謂之善論。三教者，須是具活捉長鯨底手段，生擒猛虎底機鋒，迥然獨脱於三教之表，始可出坎井而語東海也。苟區區拾前人之喀唾，竊紙上之陳言，而欲是此非彼，其不見笑於大方者鮮矣。又有一説，書曰：“非知之難，行之唯難。”當老病未至之時，誰不能高談闊論，説心説性，毁斥古人，談玄説妙，出人意表。及觀十二時中，行持履踐，寧無一念貪愛喜怒，芥蔕於胸中？寧無一念酒色財氣，鬒鬒於正見？仰視夫子之默識一貫，顏子之心齋坐忘，老子之抱一守樸，莊子之鵬鷃逍遥，世尊之拈花微笑，達摩之得皮得髓，恐古聖人未必如是行持也。故夫子曰：先行然後從之以言。未聞如患腳法師，能説不能行也。所以雪峯云：悟了須是行持，若不行持，謂之乾慧，臨生死利害處，終不得力。是知不在多言，顧力行之何如耳。自古鼎分三教，相資爲用，正如國家用兵器，豈得已哉！使後世人人相於忘隣牆，不相往來之域，清風颯至，無日不是羲皇上人，吾知三聖人決不向平地上起風波。爭奈今人不古，見地不古，踐履不古，所謂口頭説得千般妙，下腳難忘一點塵，聖人不得不曲垂一隻手。嘗觀宋朝無垢居士張狀元，一自登科之後，未嘗不遊戲禪林三昧，忽朝謁妙喜禪師，論格物之旨。喜云：公祇知格物，不知有物格。公曰：師豈無方便耶？喜舉明皇幸蜀，以劍擊閣守像話，公聞之頓悟玄旨，遂作偈云：

子韶格物，妙喜物格，要識一貫，兩箇五百。果是具眼知音。但看這般公案，豈三教之所能窒礙於人者哉！不然，更聽亂說一偈：三教由來古有之，休將黃葉止兒啼，衝開碧落松千尺，截斷紅塵水一溪。余嘗謂衆曰：儒，吾履也；道，吾冠也；釋，吾衣也。於斯三者，苟闕其一，猶跣其足而强行千里，露其首而欲見大賓，躶其形而擬朝天子，其爲君子乎？余固豈能盡三聖人之道？幸蚊蚋飲海，亦頂其味，遂敬繪是像，隨身瞻禮。表全圓極無外之誠，仍述斯文，要人各復自性本有之實，爲是故敍之云耳！

（同上）

三教真如本性說

真如本性者，父母未生前一真無妄之體，謂之本來面目。禪宗則曰正法眼藏，蓮宗則曰本性彌陀，孔子則曰天理，老子則曰谷神，易道則曰太極。名雖有異，其實同一真如本性也。此性虛而靈，寂而妙，天地未分，先有此理，歷塵劫而不朽，世界壞而不遷。祖師亦云：有物先天地，無形本寂寥，能爲萬象主，不逐四時凋，正謂此也。嗟乎！人不能任其自如之真，而梏於地水火風和合之質。方其受形也，已爲陰血濁氣昏其本然清淨之體；及其生也，六塵五欲之迷倒昧於本有之天真。是故，佛說八萬四千法門，皆是導人反妄而歸真也，其捷徑易行者，唯念佛一門。修之者心不散亂，三昧現前，是復其本性也。孔子教人克去己私，復還天理，私欲淨盡，天理流行。老子令人去爾欲，寧爾神，正是谷神不死也。谷者虛也，神者靈也，謂之虛靈不昧也。虛靈不昧者，即毀不滅性也。書云：自誠明謂之性，自明誠謂之教。誠則明矣，明則誠矣。唯天下至誠，謂能盡其性；能盡其性，則能盡人之性；能盡人之性，則能盡物之

性；能盡物之性，則知聖凡之性同體也。金剛經云："是法平等，無
有高下。"是法者，指其本性也。本性喻乎金剛，言其堅固不壞也。
無有高下者，上至諸佛菩薩，下至蠢動含靈，謂其皆有佛性，故曰平
等也。心經云："不增不減。"此性在聖不增，在凡不減，故曰不增不
減也。豈不見儒云：一切含靈，各具一太極，亦此理也。嗚呼！聖凡人
物，本乎一性，祇因迷悟之殊，染淨之別，所以有成聖也，有成凡也，
有爲人也，有爲物也。夫如是，則物命之類，豈可殺而食之乎？今時
若殺他而食之，他時必殺汝亦食之。不見楞嚴經云："人死爲羊，羊
死爲人，遞相吞噉，豈可逃哉！"或曰：天生萬物，所以養人也，若不
殺不食，使禽獸之愈多，將何以治之？答曰：因是殺食者多，墜墮者
亦多，若能不殺不食，則無遞償之患矣。何則？世間男女盡持齋戒，
則自然不食，不食則不殺，不殺則不墮，不墮則地獄變爲天堂，凡夫
成乎佛也。梵網經云："持戒比丘不殺生草，而況於有情乎？有情
者，物命含靈也；無情者，草木瓦礫也。"由是推之，則大小物命之
類，皆不可殺也。汝等諸人，切宜仔細究心念佛，啓悟真源。若也
了了自見，法法現前，是名見性成佛，超出輪迴；若也一念差遲，永
沉苦海，可謂披毛從此得，作佛也由他。

（同上）

辨 明 異 端

太原王先生名中，字克平，問空谷禪師曰：論語云，"攻乎異
端，斯害也已。"晦菴指佛老爲異端，此説何如？空谷曰：異端者，
雜學也。孔子謂，習於雜學，則害於正道之學，直言而已，且無蘊
奧，朱子何以拗直爲曲乎！孔子存時，佛法未至中國，孔子惟聞佛
之道德，故稱西方有大聖人。漢明帝時佛法纔至中國，孔子已没六

百年矣。是故，孔子不見佛法也。既不見佛法，指佛何法爲異端乎？佛法既爲異端，孔子何以指佛爲聖人乎？老子既爲異端，孔子何以言曰：老聃博古知今，則吾師也。是以博問老子，之後傳誦其語以示門弟子焉。晦菴非惟曲排佛老，亦悖孔子崇尚佛老也。後世指佛老爲異端者，圖掩其德，設此逢蒙之計也。後學自無所燭者，未免隨人指呼，效而言之，喚鐘作甕也。一朝學到李屏山、林希逸，而至景濂、大章諸公之地，自能識破矣。夫佛老者，道學也，指道學爲異端者，其爲智乎，不智乎？其爲善心乎，瞞人乎？汝亦學理者，猶未識破也。今識破之後，不可死於一人半人之語乎？韓子未知佛法之前，所以排佛，及見大顚禪師之後，深敬佛法。晦菴潛心佛學，可謂博矣，其排佛者，心病也。苟不排佛，則後學多看佛書，凡看佛書，則見其心病矣。晦菴密設牆塹，關住後學，令後學欲歸於己，是以力排佛也。要顯自己之功，圖掩他人之德，是何心乎？詩曰："採苓採苓，首陽之顚，人之爲言，苟亦無信。舍旃舍旃，苟亦無然，人之爲言，胡得焉。"此之謂也。曰：師言明矣。孔子崇尚佛老，諸書具載，晦菴排之，實悖孔子也，吾儕未之思耳。余雖未嘗排佛，然亦因其排，故余亦惑之，未克篤敬於佛。今也反而思之，余害至德甚矣，是爲大謬。痛心疾首，悔而追之，不可得矣。自今而後，受佛明教，歸依禮敬，庶爲補過之萬一矣。

（同上　卷下）

辨明虛無寂滅

太原曰：晦菴所惡，虛無寂滅之教。新安陳氏曰：老氏虛無，佛氏寂滅。此説何如？空谷曰：虛無寂滅，有權實二義。以權言之，則虛無寂滅是空幻之語。凡夫執有，小乘執空，中乘執不有不空，大乘當體即空，不墮衆數，妙有非有，真空不空，不立一塵，不捨一法，縱橫逆順，法法全真。是故大覺世尊爲破凡夫之有故，乃曰此身虛幻，令心寂滅；爲破小乘之空故，乃責其陷於解脫深坑，令求出離；爲破中乘之不有不空故，乃責其縛於幻有，令求大乘。此皆善權方便之術也。以實言之，則虛無寂滅是萬有之母，出生天地人物動植飛潛，而至萬法者也。佛教曰："從無住本，立一切法，乃至無有少法可得，然燈佛爲我授記。" 老子曰："道可道非常道，名可名非常名。無名天地之始，有名萬物之母。常無欲，以觀其妙；常有欲，以觀其徼。"孔子曰："易無思也，無爲也，寂然不動也。"寂然不動，即是虛無寂滅。虛無寂滅之中，含藏一切萬法；感而遂通之時，出生一切萬法。如斯至妙之理，非天下之至神，其孰能與此焉？禮曰："無爲而物成，是天道也。"子思子曰："上天之載，無聲無臭。"三教聖賢之旨，皆是真常寂滅，真空不空，初無少異。佛説生滅滅已，寂滅爲樂者，蓋令空其妄情也。正所謂人欲一分消，天理一分長，豈教人絶滅天理，而入枯木死灰矣！要知天地人物以及萬類，皆具真常寂滅之理，初無間然，自是愚夫不覺，喚作游魂，實可悲也。晦菴讀佛書，可祇見得破凡夫方便語乎？可是不識虛無寂滅是萬有之母乎？可是不識三教聖賢之旨，皆是真常寂滅之理乎？可是自欺其心，特爾曲説，疑誤後學乎？所以惡佛老爲虛無寂滅之教，其脱於大理豈小小哉！佛法自漢明永平十年而來，明主名賢莫不推尚爲大道之學，至於後世之下，晦菴惡之爲虛無寂滅之教。且夫晦菴所惡，果當乎，不當乎？晦菴識見可逾東漢三國之人物否乎？可逾晉宋齊梁陳南北朝之人物否乎？可逾隋唐五代之人物否乎？可逾盛宋遼金之人物否乎？太誓曰："天視自我民視，天聽自我民聽。"故孔子曰："吾從衆"，未聞從於一己之偏意也。晦菴偏意排佛，是何見乎？我今唯提大意，發覺人心，請自裁應悟之而已矣！曰：中也不敏,聞師之言,胸中有若豁然矣。

（同上　卷下）

儒宗參究禪宗

太原曰:吾儒得道學者,有幾人乎?空谷曰:真儒學禪得道者,不可知計,略言數人向子乎。

國一禪師以道學傳於壽涯禪師,涯傳麻衣,衣傳陳摶,摶傳种放,放傳穆修,修傳李挺之,李傳康節邵子也;穆修又以所傳太極圖授於濂溪周子。已而周子扣問東林總禪師太極圖之深旨,東林爲之委曲剖論,周子廣東林之語而爲太極圖説。周子長於禪學工夫,是以工夫之道過於邵子;邵子長於天時曆數,是以數理之道過於周子,至於道學則一也,初無二致。曰:禪宗既有大道傳授吾儒,晦菴何以排之?曰:晦菴排佛者,心病也。曰:所有心病,乞師言之。曰:汝但深於佛學,汎及百氏之書,汝當自見,亦見濂溪、二程以及諸子所得道學之源流矣。曰:諸子所得未暇問之,濂溪、程子所得之自,乞師言之。曰:備説則煩,姑爲略説。濂溪姓周,諱惇頤,字茂叔,春陵人也。初扣黄龍南禪師教外別傳之旨,南諭濂,其略曰:祇消向你自家屋裏打點。孔子謂"朝聞道,夕死可矣",畢竟以何爲道,夕死可耶?顔子不改其樂,所樂者何事?但於此究竟,久久自然有箇契合處。^{出附章氏家譜。}濂一日扣問佛印元禪師曰:畢竟以何爲道?元曰:滿目青山一任看。濂擬議,元呵呵笑而已,濂脱然有省。^{出寶鑑並佛印語録後跋。}濂聞東林總禪師得竹林壽涯禪師、麻衣道者二師心傳,易學窮神極性,由是扣之。總諭濂,其略曰:吾佛謂實際理地,即真實無妄,真而無妄,即誠也。大哉乾元,萬物資始,資此實理;乾道變化,各正性命,正此實理。天地聖人之道,至誠而已。必要著一路實地工夫，直至于一旦豁然悟入，不可祇在言語上會云云。濂一日與張子厚等同詣東林論性，總曰：吾教中多言性，故曰性宗。所謂真如性、法性，性卽理也。有理法界、事法界，理事交徹，理外無事，事必有理。諸子沉吟未決，濂毅然出曰：性體冲漠，唯理而已，何疑耶？橫渠曰：東林性理之論，唯我茂叔能之。出弘益記聞。濂問太極，總曰：易在先天，無形有理。蓋太極卽易也，無形之理卽無極也。天地間祇是一氣，進退而爲四時，以一氣言之，皆元之爲也。劉時中所得東林親筆論易之語。又尹氏家塾及蘇季明筆記詳備，並有程子深愛元包四德之語。五峯胡先生序通書，謂濂得太極圖於穆修，修得於种放，放得於陳搏。此其學之一師也，明說太極圖非濂所作。陳搏之學得於麻衣，得於壽涯禪師。出性學指要，並正易心法。濂問太極圖之所由，總曰：竹林壽涯禪師得國一禪師之心傳，其來遠矣非言事物，而言至理。當時建圖之意，據吾教中，依空立世界，以無爲萬有爲祖，以無爲因無卽所依之空，以有爲果有卽二氣交運，以真爲體真卽一真至理，以假爲用假卽萬物化生。故云：無極之真，妙合而凝云云。濂復造佛印之室，敍及悟由，印曰：吾多教人孔孟之大義，今公所負，可以起之，宜力行無滯。東林亦有諭濂倡儒爲道學之語。出松窗雜記。濂諭學者曰：吾此妙心，實得啓迪於南老，發明於佛印。易道義理，廓達之說，若不得東林開遮拂拭，斷不能表裏洞然，該貫弘博矣！出尹氏家塾，並性學指要。濂往潮州靈山寺，訪大顛禪師遺迹，見韓子上大顛書累幅併存，及留衣亭肅然無恙，故題詩曰：退之自謂如夫子，原道深排釋老非，不識大顛何似者，數書珍重更留衣。出性理羣書，並靈山寺留衣亭真迹。濂作愛蓮詩曰：佛愛我亦愛，清香蝶不偷，一般奇絕處，不上婦人頭。出鄭谷集。濂性簡約，平居澹如也，晚年悉屏文字，唯務靜勝，而卒得道學之傳。濂溪行狀。東林教人唯務靜勝，濂溪之久不事筆硯，終日端坐窗前，草色同一生意，蓋是靜中有得。弘益紀聞。

道學性理之始，實倡於涯師，而至於總師，總以授周子。弘益紀聞。陳忠肅公曰：性理之説，東林授之濂溪，濂溪廣之，其言徧於佛書瑩中録，並性學指要。後村劉先生詩云：濂溪學得自高僧。又云：始知周孔外，別自有英豪。出後村集。

　程子，洛中人，諱顥，字伯淳，號明道。弟諱頤，字正叔，號伊川。子野曾先生曰：程氏顥頤，同受學於濂溪，濂溪首令尋仲尼、顔子所樂何事，學成，各以斯文爲己任。出史略等。程子以太極圖授之后山先生，后山曰：余觀周程推己教人之所以，及反觀孔孟以來，實未嘗有此寂默危坐做工夫、尋樂處，以爲斯文之窮究。信乎周程體道之源，固有所別流矣。出晁説之心學淵源後跋。明道深味於華嚴合論，自謂有所心融意會爲喜，以其所由，書於雲蓋寺雲蓋寺碑刻墨蹟。明道以亡母壽安院君忌辰，往西京長慶寺修冥福，躬預齋席，見衆僧入堂，周旋步武，威儀濟濟，伐鼓敲鐘，内外整肅，一坐一起，並準清規，乃歎曰：三代禮樂，盡在是矣！弘益紀聞。靈源清禪師答伊川書曰：妄承過聽，以知道者見期，雖未一奉目擊之歡，聞公留心此道甚久，天下大宗師歷扣迨徧，猶以鄙人未足爲不足。頃年間聞先師言公見處，今覽公所作法要後序，深覩信入真實不虛也。出靈源語録。先師即晦堂心禪師也。晦堂嘗以心法授伊川。已而伊川多入靈源之室。嘉泰普燈録云：程伊川、徐師川、朱世英、洪駒父，咸問道於靈源禪師。故伊川之作文註書，多取佛祖辭意，信源流之有從也。石塘胡汲仲先生曰：孟子没一千五百餘年，道潛統絶，子周子出，然後潛者復光，絶者復續。河南程氏二子得周子之傳，周子之傳出於北固竹林寺壽涯禪師，而爲首倡。程子四傳而得朱氏文公，文公復得張敬夫講究此道，方得脱然處。乃云：昔日所聞竹林遺語未之契者，皆不我欺，元來此事與禪學十分相似。學不知禪，禪不知學，互相排擊，都不曾剳着病處，亦可笑也。出胡氏大同論。歐陽玄曰：程子平生愛讀佛書，但不及朱氏之博覽。歐陽記錄。伊川曰：明道先生出入釋老幾十年。伊川所作明道行狀。東林論濂，有一中散爲萬事，末復合爲一理，及天理之性，人欲之私，天地萬物本吾一體，元包四德，誠通誠復等辭。二程傳其學，故伊川著書立言皆本其意，或全用其語。如易傳序：「體用一源，顯微無間。」此二句出唐清涼國師華嚴經疏。濂溪太極圖説：「無極之真，妙合而凝」，此二句出華嚴經法界觀。「無極而太極」等語，全是東林口訣。周子通書，濂洛集等，皆根於此。周程取用佛語，多類此也。

　　晦菴深諱周程明露佛語，故云：周子之學，莫知其師傳之所自。又云：周子之學，得之於天。且夫周子通書師友章云：至難得者，道德有於身而已矣。求人至難得者有加身，非師友則不可得也。晦菴之言，悖於周子之語矣。意在絶其所得之自，殊不知昧於天理，愈令病彰焉。有若韓子見大顚後，所有敬佛之辭，後人删而去之。晦菴校韓文，尚留韓子上大顚三通書，後人再刊，又將此三通書一併删去。故知後人既服晦菴之藥，執迷於排佛，尤甚於晦菴。争知晦菴設此關竅，曲排之也，後人不識其所以然，將謂是實，從實而排之。所謂一人傳虛，萬人傳實也。嗟乎！晦菴設箇關竅在此，後人尚識不破，争得如薛簡、張拙、白居易、杜鴻漸、李習之、韓昌黎、陸亘、陳操、李駙馬、楊大年、富鄭公、楊次公、郭功甫、趙清獻公、周濂溪、張無盡、馬濟川、張九成、吕居仁諸大儒等，能參吾宗之禪關乎！敬佛法，明佛理，唯未透禪關者，有若許玄度、習鑿齒、宗炳、劉遺民、雷次宗、王導、周顗、沈休文、張説、李太白、王摩詰、柳子厚、王勃、李源、吕蒙正、范仲淹、范蜀公、文潞公、張約齋、吕東萊等是也。以佛學爲通家之好者，有若曹子建、王珣、王珉、文中子、杜子美、杜牧之、孟浩然、劉禹錫、劉長卿、司空曙、司空圖、李羣玉、皮日休、許渾、賈島、項斯、鄭谷等是也。佛法苟非大道，曷能感諸名賢如是崇

尚者也。諸賢才德明敏，豈不逮於後世排佛之人乎？苟不取諸賢
之大公，甘屈於一人半人之己意者，實未思之誤也。

　　太原曰：中也亦知周程道學得於禪宗，傳至晦菴，不越其教，不
知晦菴何以昧佛之德，反而排之，所以問也。獲聆斯語，已知其心
矣。空谷曰：濂溪窮究道學於黃龍、佛印、東林三禪師也。夫三師
者，端人也，其取友必端矣，濂溪取友亦必端矣。況程子多於禪室，
多讀佛書，固知程子必是慎德君子，不肯叛佛。晦菴立言汎用佛
理，反而排之者，俾人不識也。是故遮掩周程學佛之根，然亦遮掩
不盡。中庸或問謂，楊氏等受學於程門，其言皆佛老之餘緒。多説
游、楊，謝氏寺言，出於佛老。晦菴明知周、程、楊等道學出於禪宗，
適之所謂，其所排者，設牆塹也。

（同上）

學　佛　誇　佛

　　太原曰：朱子註書多引佛語，不知何書佛語註之？空谷曰：晦
菴所用佛語，若虛靈不昧，<small>此句出唐譯大智度論，並禪書。</small>不可限量，<small>出</small>
<small>華嚴、寶積、大集等經。</small>似是 而非。<small>出鐔津集。</small>大學補闕，<small>全是禪語，略翻變之。</small>
始言一理中散爲萬事，末復合爲一理；真實無妄，真實之理；有是理
而復有是事；天地之理，至實無妄，聖人之心，至實無妄；<small>皆是東林口</small>
<small>授周子語意。</small>能知覺，所知覺，<small>楞嚴經等。</small>千聖相傳心法，脫然有悟處，
又非見聞思慮之可及也。物我一理，固有之性，心之體用，吾心正
而天地之心亦正；萬物之本源，一心之妙用；活潑潑地，徹頭徹尾，
做工夫，到這裏，咬菜根，無縫塔；三句語劄着病處，一刀兩段，一棒
一條痕，一摑一掌血。<small>皆出禪書並諸經。</small>註復卦，引楞嚴經語爲證據，
云：非唯年有變，月亦有之。　　<small>云出周易附錄纂註。</small>晦菴註書，唯毛詩一

經乃是學力註成，簡用佛法。自餘四書等註，並諸製作，皆用佛法。
汎以佛經禪語，改頭換面，翻變其語，而取其意。如是用者，遍於羣
書。晦菴如是所用佛語，又諱周程明露佛語，不識晦菴是何心哉！
晦菴早從學於延平李先生，久之，恨不發明，及詢長者，咸指之禪
學，已而徧謁禪老，與呂東萊、張南軒同問道於大慧禪師。出大慧年
譜後。晦菴十八歲從劉屏山游，屏山意其必留心舉業，遂搜其篋，唯
有大慧禪師語録一帙，次年登科。出尤焴所作大慧語録序，並拱辰集等書。
晦菴致書於開善謙禪師曰：熹向蒙大慧禪師開示狗子佛性話頭，未
有悟入，願授一言，警所不逮。謙答書曰：把這一念提撕狗子話，不
要商量，勇猛直前，一刀兩段。晦菴覽之有省。出資鑑、拱辰集等、性理羣
書。晦菴於竹林小軒誦佛經，作詩曰：端居獨無事，聊披釋氏書，暫
息塵累牽，超然與道俱。門掩竹林幽，禽鳴山雨餘，了此無爲法，身
心同晏如。出朱子大全集，並道餘録。晦菴有書啓國清禪師曰寒山子詩
刻成日，幸早見寄。字蹟，見舊本寒山詩後。晦菴寄山居僧詩曰：方丈脩
然屋數椽，檻前流水自清漣，蒲團竹几通宵坐，掃地焚香白晝眠。
地窄不容揮塵客，室空那許散花天，篇中有句無人薦，不是諸方五
味禪。出事文類集。陸文安公九淵每與晦菴爭論太極圖説，蓋知晦菴
有禪學，故謂晦菴有悟入，譏之。出史略等。有問：今士大夫都入禪
家去者，何也？晦菴答曰：是他高似你。你平生讀許多書，記誦文
章，所藉以取功名利禄之計者，到這裏都靠不得，所以被他降下了。
王介甫平生學許多道理，臨了捨宅爲寺。本朝李文靖公、王文正
公、劉元城、呂申公都是甚麽人，也都去入他禪學。佛所説六根六
識，四大十二緣生之論，皆極精妙，故吾儒謂孔子所不及也。四大
卽是魂魄，十二緣生出華嚴合論。佛説本言盡去世間萬事，後却説
出實際理地不受一塵，萬事門頭不捨一法。達摩盡翻窠臼，倡爲禪
學與義學，尤爲高妙。金剛經大意祇在須菩提問：云何應住，云何

降伏其心兩句上，故説不應住法生心，不應住色生心云云。禪宗有云：有物先天地，無形本寂寥，能爲萬象主，不逐四時凋。撲落非他物，縱橫不是塵，山河及大地，全露法王身。若人識得心，大地無寸土。看他是甚麼見識，今區區小儒，怎生出得他手，宜其爲他揮下也。出朱子語録，並易解、歐陽玄雜記、性理羣書。晦菴如是博於佛學，又教人棄於佛學，此亦不識晦菴是何心哉！言語繁者不收，鳴道集、道餘録剖過者亦不收，唯竹軒誦佛經之詩簡，經亦收於此。右言晦菴自用佛語，又諱周程明露佛語，自博於佛學，又教人棄於佛學，此二章微露晦菴心病也。汝若浹洽貫通，全體皆見，始知周、程、張、謝、游、楊、晦菴等，著書立言，凡於説道理處，寸寸節節，皆是佛經禪語之意。豈不見陳忠肅公謂，性理之説，東林授之濂溪，其言徧於佛書也。近有一箇半箇指禪語曰：此一篇與宋儒言語相合，這幾句亦與宋儒相合。鳴呼！曾不知，宋儒言語盡是禪宗流將出去者也。太原曰：師之所言，皆出吾儒之書，非存私也，非不公也。且言世之排佛者，可是學力之未博乎？可是理學之未通乎？可是學佛未至而反排乎？可是紀昌之用心乎？可是局於此量，不能化之而大通乎？於戲！尚亦不致輕於常人，安忍欲治自己之幻名，曲排三界大聖人度人之大法？吾爲之憂，憂彼排者，虧損陰德，至於至也。

（同上　卷下）

辨明三教至道

如是我聞，諸佛蓋爲一大事因緣，入山修道，證果度生。後之學者，必効先覺之所爲，乃可以明此一大事也，亦以深隱山居，思惟此事。有客至而問曰：師居於此，爲何事乎？一元曰：學佛道也。曰：佛道之理，可得聞乎？曰：恣汝所問，吾即答之。客曰：釋道二

家之法，本是異端，師何以學之？曰：先生何爲出此言也」客曰：道
之虛無，釋之寂滅，豈不是異端也？余笑而反問曰：子曾讀虛無寂滅
之書否？客曰：異端之教，不足觀也。曰：彼書尚未能讀，焉識異端
之道乎？非是教之異端，自是仁者執異端也。使仁者若知孔子，則
知佛老；因不知孔子，則反謗佛老矣。不聞張無盡曰：吾學佛然後
能知儒。此言實爲至當。客拜而再問曰：三教至道，俱可聞乎？答
曰：聞可聞，唯恐不能行也。若能行持，可以爲孔子，可以爲老子，
可以成佛矣。若聞而不信，信而不行，猶畫餅之不充饑也。客曰：
師今説之，我當行也。一元曰：三教至道，但是一心。心者，人之本
源也。釋云：心是法中王。道云：心是衆之王。儒云：心是人之主。
一切諸法，皆不出於心也。王不動，萬姓自安；心不亂，諸邪不起。
正所謂，心有主則能不動矣。釋云：心地法門，非在舌辨。道云：心
地下功，全抛世事。儒云：説不如行，行不如到。俱要終窮至實，畢
到斯源，了義還宗，隨流赴感。故孔子以寂然不動爲體，感而遂通
爲用；佛以定爲體，慧爲用也。老子以虛無爲體，妙有爲用，亦此意
也。嗟乎」非獨今之學者不見夫子之道，不識夫子之心，當時聖門
顏子號爲具體，盡平生力量，祇道得箇"瞻之在前，忽焉在後，如有
所立卓爾"，竟捉摸未著。而聖人分明八字打開，向諸弟子曰："二
三子以我爲隱乎？吾無隱乎爾」"以此觀之，聖人未嘗迴避諸弟子，
而諸弟子自蹉過了。亦如佛説。法華經曰："此經開方便門，示真
實相。"是法華經藏，深固幽遠，無人能到。何以故？是法非思量分
別之所能解，一切聲聞緣覺所不能知，一切諸大菩薩亦不能知，唯
佛與佛乃能究盡。嗚呼」三乘聖賢尚不能測其佛智，況凡夫而能
測度哉？凡情欲測佛智，如取螢火燒須彌山，全無交涉，但徒勞神
爾。不知佛真法身，猶若虛空應物現形，如水中月。廣則包羅法
界，窄則纖芥難投；用時則萬境全彰，放下則一塵不立。直得虛空

粉碎,大地平沉,魔外心寒,人天膽喪。如斯至道,豈文字語言而可
測也！不見華嚴的意曰:"法界之寬,太虚莫能喻其量;一真之妙,
千聖安可齊其功？卽此用,離此用,奮然角虎之威;明頭來,暗頭
來,猛矣鐵牛之勢。擲大千於八方之外,非正非偏;納須彌於一芥
之中,不迫不隘。謂其空兮,全真獨露;謂其有兮,纖跡不存。二乘
聲聞不能窺其涯涘,登地菩薩未能了其圓融。唯上根上機,頓悟於
一時一刻;彼小乘小器,更修於多劫多生。"如此者,豈凡愚淺見之
可測哉？金剛經云:"若以色見我,以音聲求我,是人行邪道,不能
見如來。"又云:"無法可説,是名説法。"云何爲人演説,不取於相,
如如不動？道云:視不得見,聽不得聞,離種種邊,名曰妙道。又
云:道難説,須當自悟。法可傳,道不可傳也。儒云:視不用目,
聽不用耳,離耳目之用,自然得性。又云:道本無言,言生理喪,若
將聲色化民,是爲末也。深推三教至道,皆不在乎傳受文字也。莊
子云:"使道之可傳,人莫不傳之子孫;道之可獻,人莫不獻之君
親。其不可傳獻者無他,中無主而外無其證也。"又云:"夫子欲見
溫伯雪子久矣,及見寂無一言,及出子路怪而問曰:夫子欲見溫伯
雪子久矣,緣何無一言乎？孔子曰:此人目擊而道存,不可以容言
音矣。"要知夫子之道,實是超出語言,非類今之世人,祇工文字而
不修道德,但要人爵而不修天爵。不見論語云:"天何言哉！四時
行焉,百物生焉,天何言哉！"又云:"夫子之文章可得而聞也,夫子
之言性與天道,不可得而聞也。"又云:"德行本也,文藝末也。"周子
通書曰:"不知務道德,而以文辭爲能者,藝焉而已矣。"昔者齊桓公
讀書於堂上,有斲輪者告曰:公所讀者,古人糟粕也,不得真醇之
味。亦如達摩西來,不立文字,教外別傳,直指人心,見性成佛,奚
構於文字語言乎！從上三教聖人,本是無言無説,祇爲後人迷失真
智,不得已而開箇門户與後人也。惜乎後人不行,是誰之咎歟！佛

眼遠和尚曰：學者不可泥於文字語言，蓋文字語言依他作解，障自悟門，不能出言象之表。昔達觀穎初見石門聰和尚室中，馳騁口舌之辨。聰曰：子之所説，乃紙上語則，未極其奧，須用真參實悟。悟則超然卓立，不乘言，不滯句，如師子王哮吼，百獸震駭。回觀文字之學，何啻以十較百，以千較萬也。諸仁者，況以道源不遠，性海非遥，但向己求，莫從他覓。覓卽不得，得亦不真。人能弘道，非道弘人。易云："百姓日用而不知"，深可痛也。於戲！今生不了，永入輪迴，朝若得聞，夕死可矣。仲尼言，欲學至道，須當絶念於未萌，治心於未起，莫見乎隱，莫顯乎微。所謂誠其意者，毋自欺也。老子言，欲得至道，須離見聞覺知，忘心忘境，直要忘忘，忘無可忘，斯爲真忘。能仁言，欲入至道，須離作止任滅，若説有覺，猶未離幻離遠。離幻亦復遠離，一而三，三而一，皆此道也。儒曰：毋意，毋必，毋固，毋我。道曰：無相，無名，無能，無所。釋曰：無我，無人，無憎，無愛。是故三教聖人，皆不越這箇道理也。孔子曰："吾有知乎哉？無知也！"楞嚴經云："知見立知卽無明本知，見無見斯卽涅槃般若。"偈云："般若無知，無事不知；般若無見，無事不見。"空生以無説而説，天帝以無聞而聞，斯乃真般若之妙道也。列子云："是以聖人功高二儀而不仁，明逾日月而常昏。"不仁者，施恩不望報；常昏者，照而無心也。無爲而治者亦如是也。孔子教人在明明德，在新民，在止於至善，能推此理而行，可以爲孔子也。老子教人以誠而入，以默而守，以柔而用，能推此理而行，可以爲老子也。佛氏教人廣行慈悲願力之道。大慈者，與一切衆生之樂；大悲者，拔一切衆生之苦；大願者，願衆生成正覺也；大力者，度衆生出三界也。能推此理而行，可以成佛也。夫至道者，如秋月之流空，若閑雲之出岫，赤灑灑，活潑潑，圓陀陀，光爍爍，玄之又玄，妙之又妙者也。今以略説三教至道與汝知之，若談妙理，窮劫説不盡也。吁！聖人空費老婆心，知音不在頻頻舉。吾勸仁者同發佛心，同修佛道，同生佛國，同成佛果也。客稽首而退，謝曰：信受奉行。

（同上　卷下）